Thailand

Renate Loose

DUMONT
Reise-Handbuch

Inhalt

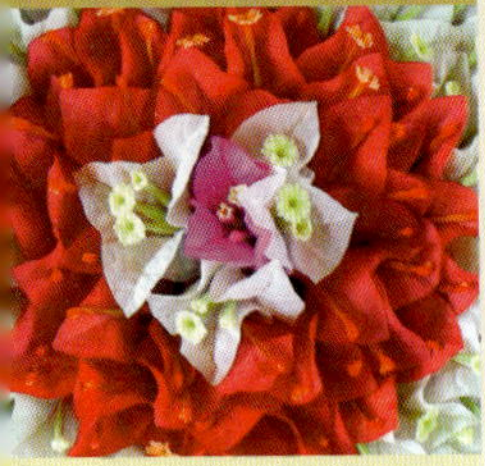

Wissenswertes über Thailand

Wissenswertes für die Reise

Unterwegs in Thailand

Kapitel 1 Bangkok und Umgebung

Kapitel 2 Der Osten

Inhalt

Kapitel 5 Der Westen

Kapitel 6 Der Süden

Inhalt

Themen

Alle Karten auf einen Blick

▶ Dieses Symbol im Buch verweist auf die Extra-Reisekarte Thailand

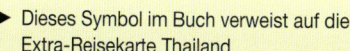

Sukhothai, eine der alten Königsstädte in der zentralen Tiefebene, ist die Wiege Siams.

Wissenswertes über Thailand

Von buddhistischen Tempeln zu tropischen Stränden

Thailand ist das beliebteste Reiseziel Asiens – und ein Einsteigerziel für alle, die Asien kennen lernen möchten, um dann gänzlich dem Zauber dieses Kontinents zu verfallen. Mit wahrhaft paradiesischen Stränden, vielfältigen Landschaften und großartigen Tempeln und Klöstern lockt Thailand Strandurlauber wie Studienreisende gleichermaßen.

Die hervorragende Infrastruktur erleichtert das Reisen im Land, sodass es ebenso leicht fällt, in die alten Königsstädte im zentralen Tiefland einzutauchen wie in die lebendige Kultur der heutigen Hauptstadt oder die traditionsreiche Architektur von Chiang Mai, der größten Stadt im hohen Norden. Besuchern stehen überall im Land die Tore zu zahlreichen Tempelanlagen offen, ob sie nur zum Schauen kommen oder neugierig in die uns fremde buddhistische Kultur eintauchen möchten. In einigen Klöstern können sogar Meditationskurse belegt werden. Liebhabern der thailändischen Küche bietet sich die Möglichkeit, in Kochkursen die Geheimnisse der leckeren Currys zu ergründen.

Gewöhnlich beginnen und enden alle Wege in Bangkok, der aufregenden Metropole, die kaum widersprüchlicher sein könnte: Futuristische Hochhausfassaden beiderseits der Schnellstraßen und Hochbahnen verweisen auf eine moderne, westlich orientierte Gesellschaft, in der Reichtum ungeniert zur Schau gestellt wird. Dahinter künden in schmalen Seitengassen einfache, einstöckige Holzhäuser und kleine Tempelanlagen von traditioneller Bescheidenheit und zeitloser Ruhe.

Erholung finden Bewohner wie Gäste an den Stränden und in den Nationalparks der Umgebung. Zunächst wurde 1962 die Bergwelt rings um den Khao Yai, kaum 200 km von der Metropole entfernt, unter Naturschutz gestellt. Seither sind über 100 Nationalparks hinzugekommen. Einige davon rings um Kanchanaburi warten mit schönen Wasserfällen und Tropfsteinhöhlen auf. In der Provinzstadt am River Kwai erinnern zudem Soldatenfriedhöfe und Museen an die Ereignisse während des Zweiten Weltkriegs, die bei einer Fahrt mit der ›Todeseisenbahn‹ über die Brücke am Kwai wieder lebendig werden.

Eine Tour von Bangkok nach Norden ist wie eine Reise in die Vergangenheit. Kurz vor den Toren der Hauptstadt liegen Bang Pa In, der märchenhafte Sommerpalast der früheren Könige, und Ayutthaya, die von Burmesen vor über 200 Jahren zerstörte prachtvolle Königsstadt. Weiter im Norden gelangt man zu den renovierten Ruinen der ersten Hauptstadt des Thaireiches, Sukhothai. Bereits Jahrhunderte vor der Einwanderung der Thai hatten die Mon und Khmer in diesem Gebiet Reisfelder angelegt, Städte, Paläste und Tempel errichtet.

Wichtigstes Ziel im Norden ist Chiang Mai, eine boomende Großstadt. Ihre Tempelarchitektur zeugt vom jahrhundertelangen Einfluss der burmesischen Nachbarn, die unübertroffene Auswahl an Kunstgewerbe belegt den Fleiß der Handwerksbetriebe und Manufakturen in der Umgebung. Neben Bangkok bietet sich hier sicherlich die beste Möglichkeit, geschmackvolle Souvenirs zu erwerben. Eine Rundfahrt durch die Bergwelt im Westen über Mae Hong Son führt durch geruhsamere, abwechslungsreichere Landschaften rings um den höchsten Berg des Landes, den Doi Inthanon.

Der Mythos vom Goldenen Dreieck mit Schmuggelkarawanen und Opiumfeldern, Gangstern und Rebellen wirkt wie ein Magnet auf Touristen, die in das Dreiländereck zwischen Thailand, Myanmar und Laos an die Ufer des Mekong streben, der hier die Grenze bildet. Das vielfältige Gesicht des Flusses entdeckt man aber erst bei einer längeren Flussfahrt oder einer Reise in den Nordosten. Dort zeigt sich Thailand von seiner dörflichen und ganz untouristischen Seite.

Wer hätte nach einer großen Rundreise keine Erholung an einem der zahlreichen Strände im Süden verdient? Die Küste und die Inseln von der kambodschanischen bis zur malaysischen Grenze bieten zahlreiche Möglichkeiten für einen Badeurlaub und es fällt fast schwer, die richtige Auswahl zu treffen. Hotels und Resorts in allen Preislagen, von der einfachen Strandhütte bis zur Villa mit privatem Pool und Butlerservice locken. Auch das große Angebot an Freizeitaktivitäten lässt bei Urlaubern kaum Wünsche offen.

Wer ein breites Unterhaltungs- und Sportangebot und eine abwechslungsreiche internationale Küche genießen möchte, findet diese sicherlich in Pattaya, Hua Hin oder Phuket. Auch Ko Samui, Ko Chang, Ko Lanta und die Strände bei Krabi verfügen über eine ausgezeichnete touristische Infrastruktur. Für körperliches Wohlbefinden sorgen fantasievoll gestaltete Wellnessoasen ebenso wie traditionelle Thaimassagen unter Schatten spendenden Bäumen am Strand. Taucher tummeln sich in den Korallenriffen vor Ko Tao, die auch von Ko Samui und Ko Pha Ngan angefahren werden, sowie in der Andamanensee vor Similan, Surin, Ko Phi Phi und den Inseln vor Phuket. Hier kreuzen auch Segler und Seekayakfahrer erkunden die kleinen Felseninseln in der Bucht von Phang Nga.

Wer ein ruhiges Plätzchen am Strand sucht, zieht sich auf kleine Inseln zurück und begibt sich an abgelegene Küsten. Dort sollte man allerdings keine Komforthotels mit Klimaanlage und Süßwasserpool erwarten.

Eine Phalanx meditierender Buddhas empfängt den Besucher in Ayutthaya ...

Steckbrief Thailand

Daten und Fakten

Name: Thailand, in Thai: Prathet Thai, Das Land der Freien, bis 1939 lautete der Name Siam.

Fläche: 514 000 km², die größte Entfernung vom Goldenen Dreieck im Norden bis zur malaysischen Grenze im Süden beträgt über 1600 km, von Westen nach Osten sind es 800 km. Hingegen ist das Land an seiner schmalsten Stelle nur 15 km breit.

Einwohner: 66 Mio.
Bevölkerungswachstum: 0,66 %
Lebenserwartung: 73 Jahre
Analphabetenrate: 7 %
Hauptstadt: Bangkok
Amtssprache: Thai

Währung: Thailändischer Baht zu hundert Satang. Geldscheine zu 1000, 500, 100, 50 (neu mit Sichtfenster), 20 und (selten) 10 Baht, Münzen zu 10, 5, 2 und 1 Baht. Nur noch wenige kleine Münzen zu 50 und 25 Satang sind im Umlauf.

Zeitzone: Die Zeitverschiebung zur Mitteleuropäischen Zeit beträgt plus 6 Stunden, zur Sommerzeit plus 5 Stunden.

Landesflagge: Die dreifarbige, quer gestreifte Flagge, außen rot, dann weiß und innen blau, wird Trirong genannt und ist seit 1917 Landesflagge. Rot repräsentiert die Nation, weiß die Religion und blau das Königshaus. Vor allen öffentlichen Gebäuden wird um 8 Uhr, häufig beim Gesang der Königshymne, die Nationalflagge gehisst und um 18 Uhr eingeholt.

Geografie

Thailand gliedert sich in vier Großräume: Die Zentralregion mit dem Großraum Bangkok (104 000 km² und 23 Mio. Einwohner) besteht aus einer weiten alluvialen Schwemmlandebene, die vom größten Fluss des Landes, dem Menam Chao Phraya, und seinen Zuflüssen durchzogen wird. Das fruchtbare Land wird überwiegend für den Reis-, Gemüse- und Obstanbau genutzt. Die Infrastruktur in diesem stark industrialisierten Gebiet ist ebenso wie die Wirtschaft auf die Metropole Bangkok ausgerichtet.

In der Nordregion (170 000 km² und 12 Mio. Einwohner) erstrecken sich die äußeren Ausläufer des Himalaya, die nur selten 2000 m Höhe erreichen. Sie verlaufen in Nord-Süd-Richtung entlang der Westgrenze des Landes bis zur Malaiischen Halbinsel. In den fruchtbaren Tälern, die von den Nebenflüssen des Mekong, Salween und den Quellflüssen des Menam Chao Phraya durchzogen werden, liegen alle größeren Siedlungen. Das von Gebirgszügen und Flüssen umgrenzte Hochplateau der Nordostregion (169 000 km^2 und 21 Mio. Einwohner) besteht aus Sandstein und nährstoffarmen Verwitterungsböden und kann die Bevölkerung nur unzureichend ernähren. Regelmäßig kommt es durch lange Trockenzeiten zu Missernten, sodass ein Großteil der Dorfbevölkerung saisonal oder ganz abwandert, vor allem in die Städte des Nordostens, wie Udon Thani, Khon Kaen und Korat (Nakhon Ratchasima), aber auch in die Hauptstadt Bangkok.

In der Südregion (71 000 km^2 und 10 Mio. Einwohner) durchziehen Bergketten in Nord-Süd-Richtung die Malaiische Halbinsel. Während an der Westküste schroffe Karstfelsen steil ins Meer abfallen, läuft das Gebirge im Osten in eine weite Küstenebene aus. Die über 2600 km lange Küste am Golf von Thailand und am Indischen Ozean (Andamanensee) bestimmt das Leben der Menschen.

Der Doi Inthanon (2565 m) ist der höchste Berg, längster Fluss ist der 850 km lange Menam Chao Phraya – Menam bedeutet Mutter des Wassers, also Fluss, Chao Phraya ist ein hoher Adelstitel. Er hat ein Einzugsgebiet von 178 000 km^2, vergleichbar mit der Oder.

Geschichte

Erste Siedlungen können bis zu 10 000 Jahre zurückverfolgt werden und größere Wanderungsbewegungen bis zu 2000 Jahre. Im 1. Jahrtausend kam es zur Gründung kleiner Thaifürstentümer, zudem lagen Teile des heutigen Staatsgebiets im Einflussbereich des Khmer-, Dvaravati- und Srivijaya-Reiches. Mit der Gründung von Sukhothai 1228 entsteht das erste Thaireich mit einer eigenen kulturellen Identität. Es folgt die Herrschaft von Ayutthaya, die mit der burmesischen Eroberung 1767 endet. Nach dem Neubeginn unter der Chakri-Dynastie in der neuen Hauptstadt Bangkok verfolgt das Land zwischen den kolonialen Einflussgebieten Englands und Frankreichs eine vorsichtige Balancepolitik und wird niemals kolonisiert.

Staat und Politik

Seit 1932 konstitutionelle Monarchie; derzeitiges Staatsoberhaupt ist König Bhumipol Adulyadej (Rama IX.). Eine siebzehnmal geänderte Verfassung garantiert allgemeine Grundrechte und die Souveränität des Volkes. Die Vertreter im Parlament werden alle vier Jahre vom Volk gewählt (Wahlpflicht). Zahlreiche wechselnde Koalitionen wurden stark vom Militär bestimmt. Nach Absetzung der Regierung Thaksin ist das Land politisch gespalten. Auf der einen Seite stehen die königstreuen Anhänger der PAD (People's Alliance for Democracy), auf der anderen die Anhänger von Thaksin und Republikaner.

Wirtschaft und Tourismus

Landwirtschaft (11 % des Bruttoinlandprodukts) und eine stark exportorientierte Industrie (45 %; wichtigste Ausfuhrgüter sind Maschinen, Computerteile, Elektrogeräte und Zubehör, Textilien, Edelsteine, Meeresfrüchte, Konserven, Reis), Dienstleistung (44 %). Der Tourismus mit 14,6 Mio. (2008) Touristen pro Jahr ist ein wichtiger Devisenbringer.

Bevölkerung und Religion

75 % der Bevölkerung sind Thai, zudem leben Bergvölker im Norden, Malaien im Süden und eine chinesische Minderheit v.a. in den Städten. Die meisten ethnischen Thais bekennen sich zum Theravada-Buddhismus. Religiöse Minderheiten bilden die Muslime und die Christen.

Natur und Umwelt

Über 1600 km erstreckt sich das Land – von den lichten Teakwäldern im Norden über die von Flüssen und Kanälen durchzogene zentrale Ebene bis hin zu den immergrünen Regenwäldern der malaiischen Halbinsel, den Mangrovenküsten und tropischen Korallenriffen. In diesem Übergangsfeld zwischen Subtropen und Tropen konnte sich eine vielfältige Fauna und Flora entwickeln.

Die malaiische Halbinsel

Der Süden des Landes wird vom Meer geprägt, das die malaiische Halbinsel umrahmt. Zur Andamanensee im Westen fallen teils schroffe Gebirgszüge steil ins Meer ab, während im Osten am Golf von Thailand weite, von Kokospalmen bestandene Schwemmlandebenen das Landschaftsbild prägen. Vor dem Eingriff des Menschen war das Landesinnere von **tropischen immergrünen Regenwäldern** überzogen. Im tiefen Süden, wo vor allem in den europäischen Sommermonaten die dreifache Regenmenge wie in Mitteleuropa fällt, konnte sich eine artenreiche Flora und Fauna entwickeln. Unter dem dichten Blätterdach der Urwaldriesen, das kaum einen Sonnenstrahl auf den Boden durchdringen lässt, finden Palmen, Rattan, Farne, Würgefeigen und Orchideen ideale Lebensräume und liefern einer Vielfalt von Tieren das ganze Jahr über Schutz und Nahrung. Nördlich von Chumphon, wo die Trockenzeit länger dauert, finden mehrere tropische Edelhölzer, wie einige Meranti-Arten, keine idealen Wachstumsbedingungen mehr vor. Die Wälder bedecken mittlerweile nur noch die steilen Berghänge, während sich in der Ebene weite Palmöl- und Kautschukplantagen erstrecken. Auch Nass- und Trockenreis, Kokospalmen, Melonen und Ananas werden hier angebaut.

Entlang der Küste erstreckt sich vor allem im Bereich der Gezeitenzone an den Flussmündungen ein Gürtel von **Mangrovenwäldern.** Die Pflanzen finden mit ihren bizarr anmutenden Stelz- und Atemwurzeln im Schlick der Uferregion Halt und sind resistent gegen Salzwasser. Gleiches gilt für die Nipa-Palme, die ebenso wie die Mangroven wirtschaftlich genutzt wird. Sind die Mangrovenwälder abgeholzt, fehlen Fischen und Krebsen die Brutplätze und die Küste ist ungeschützt der Gewalt der Gezeiten preisgegeben, sodass das Land stetig erodiert.

An sandigen Küstenabschnitten dominieren **Strandwälder** mit Schatten spendenden Kasuarinen und Kokospalmen. Diese Palme bietet so viele Nutzungsmöglichkeiten wie das Jahr Tage hat. Sie ernährt Millionen von Menschen, liefert Heiz- und Baumaterial für Häuser, Kopra für die Speisefettproduktion, Früchte für geschmackvolle Gerichte, erfrischende Kokosmilch und Palmzucker für den berauschenden Palmwein.

Das zentrale Tiefland

Je weiter man nach Norden kommt, um so deutlicher ist die mehrmonatige Trockenperiode ausgeprägt. Die zentrale Ebene des Kernlands ist wegen des geringen Gefälles der Flüsse häufig überschwemmt. Hier hat Nassreis auf den fruchtbaren alluvialen Böden die natürliche Vegetation fast völlig verdrängt. In der Umgebung von Bangkok und anderen Städten wird zudem Obst und Gemüse angebaut.

Während im zentralen Tiefland agrarisch genutzte Flächen überwiegen, bedecken **tropische immergrüne Trockenwälder** die westlichen Berge, das nördliche Hochland, die Phetchburi- und Dongrak-Gebirgskette und die Höhenzüge der Chantaburi-Region. In Gebieten, in denen die jährlichen Niederschlagsmengen 2000 mm übersteigen, herrschen immergrüne Bäume und Palmen vor.

Dort, wo die Trockenzeit ausgeprägter ist, geht die Vegetation in **gemischte laubabwerfende Wälder** über, was für 65 % der thailändischen Wälder zutrifft. Typische Vertreter dieser Flora sind der Teakbaum sowie die *Diptericarpaceen,* die größten Bäume überhaupt, zu denen auch der harzliefernde Dammarbaum gehört. Diese Wälder, wie etwa im Khao-Yai-Nationalpark, sind die Heimat von Affen, Zibetkatzen, Wildschweinen und größeren Säugetieren wie den Wildrindern, Sambar-Hirschen und Elefanten.

In feuchten Tälern erstrecken sich teils gewaltige **Bambushaine.** Zwischen Indien und China gibt es, abgesehen von der Kokospalme, wohl kaum eine universellere Pflanze. Die schnurgeraden, hohlen Stämme mit ihrer äußerst harten Oberfläche und den starken Zwischenknoten sind vielseitig verwendbar. Aus Bambus fertigt man Flöße, Wasserleitungen, Werkzeuge, Waffen, Kochgeschirr, Musikinstrumente, Matten und Möbel. Ja sogar ganze Häuser sind mit Ausnahme der Stützpfeiler aus Bambus erbaut und junge Bambusschößlinge finden als schmackhaftes Gemüse in der Küche Verwendung. Von den fingerlangen, essbaren Schößlingen des *Dendrocalamus hamiltonii* bis zu den Baumaterial liefernden hohen Wäldern des *Dendrocalamus giganteus* reicht die breite Palette der in Südostasien vorkommenden

Ko Lipe – Weite Sandstrände und einsame Inseln sind das touristische Kapital des Landes

Bambusarten. Flussläufe und Feuchtgebiete im Landesinnern bieten ideale Lebensbedingungen für diese Graspflanze, die bis zu 40 m hoch werden kann. Ein blühender Bambus ist selten zu sehen und wird immer das Absterben der Pflanze zur Folge haben.

Auf den sandigen Lateritböden im Nordosten, wo die Trockenperiode länger als vier Monate dauert und die jährliche Regenmenge unter 1200 mm liegt, wachsen **lichte Wälder** mit niedrigen Bäumen und spärlichem Unterwuchs, die in trockeneren Gebieten von Grasflächen und Zwergbambusgewächsen abgelöst werden. Beispiele dieser Vegetation findet man außer im Nordosten auch in den Nationalparks bei Kanchanaburi und weiter im Norden. In trockeneren Lagen wachsen Zuckerrohr, Baumwolle, Mais sowie Tabak und auf den sandigen Böden im Osten Kassawa (Maniok) für die Futtermittelindustrie der westlichen Welt sowie Kenaf für die Juteproduktion und Sorghumhirse.

Der Norden

In den Bergregionen über 1000 m Höhe rings um Chiang Mai dominieren Bergwälder; in einigen Gebieten mit über 1500 mm Niederschlag pro Jahr kommt auch immergrüner Bergwald vor, etwa am Khao Luang und Khao Soi Dao sowie in den höheren Lagen von Nordthailand. Hier wachsen Farne, viele Rhododendren, sogar Eichen und Kastanien, die man ansonsten nur aus gemäßigten Breiten kennt. Im immergrünen Bergwald sind viele Vogelarten und Eichhörnchen beheimatet, darunter das große Flughörnchen. Dort, wo die Böden karg und die Niederschlagsmenge gering ist, herrschen Koniferenwälder vor, so auf dem Korat-Plateau und im Norden am Doi Inthanon, bei Mae Hong Son und Chiang Rai.

In den Bergen entlang der Grenze zu Myanmar werden vor allem von Angehörigen der Bergvölker (s. S. 52) im Brandrodungsfeldbau Bergreis, Kaffee und Gemüse, aber auch Blumen angepflanzt. Landwirtschaftliche Projekte der Regierung haben den traditionellen Mohnanbau zur Opiumgewinnung fast vollständig unterbunden und durch Obst, Gemüse und Blumen ersetzt.

Umweltprobleme

In der traditionellen buddhistischen Gesellschaft bestehen enge Beziehungen zwischen Mensch und Natur, die durch Respekt gekennzeichnet sind. *Menam,* Mutter des Wassers, nennen die Menschen ihre Flüsse und bezeugen ihnen alljährlich am Loy-Krathong-Fest Dank. Im Gegensatz dazu gilt es, die dunklen Wälder, die Heimat gefährlicher Tiere und böser Geister, zu zähmen und dem Menschen nutzbar zu machen.

Noch vor zwei Generationen war weit mehr als die Hälfte von Thailand mit Wald bedeckt, eine unerschöpflich scheinende Quelle wirtschaftlichen Reichtums. Der Wald lieferte Holz zum Bauen und für die Möbelproduktion, Brennstoffe, Rattan, Bambus, Öle, Harze, Firnis, Gewürze und Früchte.

Erst als in den 1950er-Jahren der größte Teil der Wälder verschwunden war, begannen vereinzelt Naturschützer ihre Stimmen zu erheben. Mittlerweile hat die Umweltschutzbewegung durch die Gründung des Wildlife Fund Thailand (WFT) unter der Patronage der Königin sowie durch zahlreiche Aktivitäten des Königs für den Erhalt der Umwelt eine starke Position in der Gesellschaft.

Auf Schmuggelpfaden gelangen Edelhölzer aus den waldreichen Nachbarländern Laos und Myanmar über die Landesgrenze nach Thailand. Dort ist Holz knapp, seit Ende der 1980er-Jahre vom König ein generelles Einschlagverbot als Reaktion auf die zunehmende Umweltzerstörung erlassen wurde.

Die Meldungen über Umweltkatastrophen häufen sich: Überflutungen und Wirbelstürme fordern im Süden des Landes ihren Tribut. Monatelange Dürren und zunehmende Bodenversalzung bedrohen die Existenz der Landbevölkerung im Norden. Ausgetrocknete Stauseen können die Städte und Touristenzentren nicht mehr ausreichend mit Wasser und Elektrizität versorgen. Über die Ursachen

Lotos, Jasmin, Orchideen

Thema

Vor der Landung in Bangkok wird weiblichen Passagieren der nationalen Fluggesellschaft Thai Airways International als Willkommensgruß ein Sträußchen Orchideen überreicht. Die violette Dendrobium-Orchidee gilt als typische Landesblume.

Orchideen sind die am weitesten verbreiteten Blumen in Thailand. Insgesamt werden über tausend Arten, vor allem im Norden, gezüchtet oder vergoldet zu Schmuck verarbeitet. Doch die offizielle Nationalblume ist Dok Ratchaphruek, der **Indische Goldregen.** Der bis zu 15 m hohe Baum ist überall im Land zu finden und beeindruckt zwischen Februar und Mai mit seinen üppigen goldgelben Blütentrauben. Gelb ist im Buddhismus die Farbe, die das Prinzip, Unterstützung zu geben, symbolisiert.

Besonders kunstvoll gebundene, duftende Girlanden aus **Jasminblüten** werden abreisenden Freunden und Familienmitgliedern umgehängt. Später bringt man diesen Kranz mit der Bitte um eine sichere Reise in den Tempel. Kleinere Versionen fürs Autos werden für wenige Baht an großen Kreuzungen von Straßenhändlern feilgeboten. Auch vor Schreinen für brahmanische Gottheiten, wie vor dem Erawanschrein in Bangkok, finden Blumengirlanden aus Jasmin- oder **Tagetesblüten** reißenden Absatz. Sie sollen zusammen mit drei Räucherstäbchen und einer Kerze den Schutzgott milde stimmen, sodass er die Wünsche des Bittenden erfüllt.

Buddhas Lieblingsblume ist der **Lotos,** der als Symbol von Mitgefühl und Reinheit viele Tempel und Schreine schmückt. Lotosblüten in allen Schattierungen von Weiß bis Violett bedecken die Flüsse, Kanäle, Teiche und Seen des Landes. Zudem breiten sich seit hundert Jahren die aus Java importierten **Wasserhyazinthen** (Eichhornia crassipes) aus. Die zähe, schnell wachsende Pflanze mit tiefen Wurzeln und zartlila Blüten kam vor allem als Verkehrshindernis auf den Wasserwegen in Verruf. Mittlerweile hat man ihren Wert als Wasserreiniger entdeckt und nutzt sie als Viehfutter und Düngemittel. Aus ihren zähen Fasern werden sogar Korbmöbel gefertigt.

Blumen haben in Thailand eine starke symbolische Bedeutung

gibt es keine Zweifel: die Abholzung der Wälder und der Raubbau an der Natur.

Bereits 1974 wurde ein Gesetz verabschiedet, das den Staat verpflichtet, das ökologische Gleichgewicht zu erhalten und gesundheitsbelastende Umweltverschmutzung zu verhindern. 1988, nach katastrophalen Überschwemmungen und Erdrutschen, wurde der Holzeinschlag landesweit verboten – eine ökologisch sinnvolle Maßnahme, die allerdings erhebliche soziale Auswirkungen zeigte: 144 000 Menschen und etwa 3000 Arbeitselefanten, die in den Wäldern und Sägewerken beschäftigt waren, verloren ihre Arbeit. Das knappe Holz wurde teuer – ein großer Anreiz für die gewissenlose Holzmafia, die Wälder auch in den Nachbarländern zu plündern. Die illegalen Holzfäller sind gut organisiert und mit moderner Technik ausgestattet, sodass die Polizei nichts gegen sie ausrichten kann.

Mittlerweile sind die Wälder auf weniger als ein Viertel ihrer ursprünglichen Fläche geschrumpft. Immer mehr Land wird unter den Pflug genommen, große Staudamm- und Straßenbauprojekte tragen zur Vernichtung der letzten zusammenhängenden Waldgebiete bei. Unberührter Primärdschungel hat nur noch an steilen Berghängen und in unzugänglichen Gebieten überlebt, der größte Teil der Wälder ist durchforstet und besteht aus nachgewachsenem, viel artenärmerem Sekundärwald. Seit Mitte der 1970er-Jahre musste das ehemals holzexportierende Land selbst Holz einführen, um den Eigenbedarf zu decken, vor allem aus Myanmar (Burma), Laos, Malaysia und Indonesien.

Bis vor einigen Jahren wurden nur kleine Waldflächen unter wirtschaftlichen Gesichtspunkten wieder aufgeforstet, zumeist mit schnell wachsenden Monokulturen wie Eukalyptusbäumen für die japanische Papierindustrie. Diese tiefwurzelnde Pflanze eignet sich auch für trockene Regionen, denn sie kann das Wasser tiefer Erdschichten nutzen. Dadurch entzieht sie jedoch allen anderen Pflanzen das Wasser. Vor allem im trockenen Nordosten gelangen durch die Eukalyptuswurzeln wasserlösliche Salze an die Oberfläche und tragen, ebenso wie die Tiefbrunnen, zur Versalzung der Böden bei.

Nur ein Problem von vielen, denn der Reihenanbau der Monokulturen begünstigt auch Erdrutsche, die Pflanzen sind anfälliger gegen Insektenbefall und müssen daher häufiger mit Pestiziden behandelt werden. Mittlerweile versucht man in mehreren Projekten, landestypische Wälder und einheimische Nutzhölzer unter ökologischen Gesichtspunkten wieder zu etablieren.

Wo Wälder abgeholzt wurden und der Boden keine landwirtschaftliche Nutzung zulässt, siedelt sich das hohe Silbergras der Cogonal-Savanne an. Seine filzigen Büschelwurzeln schließen den Boden dicht ab, lassen ihn trocken und hart werden. Ohne schützendes Blätterdach ist der Boden der Sonneneinstrahlung ausgesetzt. Und das Regenwasser gelangt nicht mehr in die tieferen Bodenschichten, sondern fließt schnell ab. Springfluten und Überschwemmungen sind die Folge. Mit dem Ende der Regenzeit versiegen die Quellen, sodass viele Dörfer über Monate kein Wasser haben.

Sehen und Staunen: urwüchsige Landschaft im Khao Yai National Park

Nationalparks

1962 wurde rings um den Berg Khao Yai der erste Nationalpark von Thailand etabliert, um den Wald als Wasserspeicher und Lebensraum der Tiere zu erhalten. Mehr als 40 Jahre später existieren in Thailand 148 Nationalparks und Tierschutzgebiete, die insgesamt 12 % der Landesfläche umfassen. Im Gegensatz zu den Nationalparks wird in Tierschutzgebieten der Tourismus gefördert. Zudem gibt es Areale, in denen bestimmte Tierarten nicht gejagt werden dürfen, und Waldparks, die als Erholungsgebiete der Bevölkerung erhalten bleiben sollen.

Die Nationalparks reichen von den Teakwäldern in den Bergen des Nordens bis zu den Korallenriffs vor der Küste von Südthailand. Zum Teil sind sie kaum erschlossen oder nur schwer zugänglich. Der Besuch lohnt besonders am Ende der Regenzeit, wenn Flüsse und Wasserfälle genügend Wasser führen und in den Wäldern die Blumen erblühen. Von Ausländern wird für den Besuch von Nationalparks ein Eintritt von zumeist 200 Baht pro Tag verlangt.

Auch wenn sich die Attraktion vieler kleinerer Parks auf einen Picknickplatz an einem gurgelnden Bach beschränkt, lohnen viele der thailändischen Nationalparks einen Besuch. Für einen mehrtägigen Aufenthalt eignet sich der Khao Yai National Park, der gut von Bangkok aus zu erreichen ist, und der Khao Sok National Park im Süden des Landes nahe der Andamanenküste.

Weitere Nationalparks lassen sich gut in Tagesausflügen besuchen, so etwa die Parks in der Umgebung von Kanchanaburi oder Chiang Mai, wie der Doi Inthanon National Park oder der Khao Sam Roi Yot bei Hua Hin. An der Ostküste sind noch Teile des Khao Chamao und Khao Soi Dao National Park von Dschungel bedeckt. Sogar Inseln wie Ko Samet, Ko Phi Phi und Ko Chang gelten als Nationalpark, obwohl ganz offensichtlich in erster Linie wirtschaftlichen Interessen der Vorrang gegeben wird. Weitere unter Naturschutz stehende Meeresnationalparks sind das Ang Thong Archipel im Golf von Thailand, die Similan-Inseln und die Tarutao-Inselgruppe in der Andamanensee.

Der Elefant – Das Wappentier von Thailand

Bereits vor Jahrhunderten wurden zwischen Indien und Thailand wilde Elefanten eingefangen und dressiert. Mit ihrer Kraft, Größe und Geschicklichkeit ließen sie sich im Krieg, in den Teakwäldern und als Transporttiere selbst im schwierigsten Gelände einsetzen. Die Verehrung, die Elefanten zuteil wurde, erhob sie in den Rang heiliger Tiere.

In zahlreichen Legenden verkörpert der dreiköpfige Elefant Erawan die Macht des Herrschers. Am Erawan-Schrein in Bangkok bitten Tag für Tag Hunderte von Gläubigen um die Erfüllung ihrer Wünsche. Aus dem indischen Raum stammt Phra Pikanes – auch Kanapati oder Ganesha genannt – der hinduistische Gott der Wissenschaft und Künste mit dem Elefantenkopf, der auch in Thailand verehrt wird. Der Legende zufolge wurde sogar Buddha in einer seiner früheren Inkarnationen als weißer Elefant geboren. Deshalb galt im Königreich von Ayutthaya die Geburt eines solchen Tieres als gutes Omen für den Herrscher und als Symbol seiner absoluten Macht. Sogar in der Landesflagge der damaligen Zeit symbolisierte der Elefant die absolute Monarchie.

Mitte des 16. Jh. führten Burma und Siam Krieg, weil die stattliche Anzahl weißer Elefanten in Ayutthaya den Neid des burmesischen Königs erregte. Seine unerfüllte Forderung nach zwei weißen Elefanten beantwortete er mit einem Feldzug, der Ayutthaya zu einem Vasallen von Burma machte. Noch heute geht ein weißer Elefant automatisch in den Besitz des Hofes über, bekommt Adelstitel verliehen und führt ein wahrhaft fürstliches Leben. Der jetzige König Bhumipol besitzt mehrere weiße Elefanten. Sie sind jedoch nicht wirklich weiß, sondern Albinos, die am Kopf und an den Füßen etwas heller als die anderen Tiere aussehen.

Weniger gut geht es den wenigen noch wild lebenden Artgenossen in den verbliebenen Wäldern entlang der Grenze zu Myanmar (Burma), in den nördlichen Bergen von Phetchabun, im Khao Yai National Park sowie in 15 weiteren Nationalparks und 14 Tierschutzgebieten. Hier wird es für das Großwild immer enger. Es stößt bei seinen Wanderungen ständig an die Grenzen seines Lebensraums, die Nahrung wird knapp und die Herden werden immer kleiner. Sobald der Bestand eine gewisse Zahl unterschreitet, ist die Fortpflanzung nicht mehr gesichert, sodass die Tiere vom Aussterben bedroht sind. Nashörner, Tiger, Wildrinder und Tapire gibt es kaum noch und in 30–40 Jahren wird wahrscheinlich auch der Elefant, das inoffizielle Wappentier von Thailand, ausgestorben sein.

Trotz der großen Liebe, die Elefanten bei der Bevölkerung genießen, haben Wilderer sie wegen des Elfenbeins nahezu ausgerottet. Der Bestand an wilden Elefanten ist auf wenige Herden mit insgesamt 1200–1500 Tieren zusammengeschrumpft, von denen einige aufgrund der geringen Zahl bereits zum Aussterben verurteilt sind. Zudem gibt es noch etwa 3000 Arbeitselefanten, die vor allem von Karen in den Camps entlang der burmesischen Grenze trainiert werden. Aber als Nutztiere sind sie seit dem Holzeinschlagverbot ›arbeitslos‹ oder werden bei illegalen Tätigkeiten eingesetzt. Nicht selten sieht man Mahouts mit ihren Tieren bettelnd durch die Straßen der Großstädte ziehen.

Mehrere tausend Elefanten werden in der Tourismusindustrie eingesetzt. Sie führen in

Thema

Elefantencamps ihre vielseitigen Künste vor und stehen für längere Ausritte und Erinnerungsfotos bereit. Allerdings reagieren viele auf die ungewohnten Menschenmassen, lauten Geräusche und schnellen Bewegungen verschreckt oder werden gelegentlich aggressiv. Zudem machen ihnen vor allem an der Küste die heißen Temperaturen und das ungewohnte Fressen zu schaffen, sodass sie erkranken. Andere werden bei ihren Wanderungen entlang der stark befahrenen Asphaltstraßen verletzt. Elefantenbabys werden schon früh ihren Müttern weggenommen, um sie zu trainieren. Dieses hat in Thailand zur Gründung von Initiativgruppen geführt, die sich um das Wohlergehen der gezähmten wie wilden Elefanten kümmern. Über ihre Arbeit informieren u. a. die Website Friends of the Asian Elephant, www.elephants.soraida.com, und die Website www.treasurethaielephants.org.

Im National Elephant Institute in Lampang, dem auch ein Hospital angeschlossen ist, können Touristen für einige Tage zusammen mit den Elefanten und ihren Mahouts leben und sich an der Wartung und Pflege der Tiere beteiligen. Viele weitere Informationen unter www.thailandelephant.org.

Begehrt und verehrt: der Elefant steht zugleich für Kraft und Weisheit

Wirtschaft, Soziales, aktuelle Politik

Mit zweistelligen Wachstumsraten schien bis in die 1990er-Jahre der Aufstieg Thailands nicht aufzuhalten, bis 1997/98 die erste große Wirtschaftskrise der Nachkriegszeit das Land erschütterte. Nach einer Erholungsphase hat das Land nun die Erschütterungen durch die Weltwirtschaftskrise und die Folgen innerpolitischer Unruhen zu verkraften.

Vom Entwicklungs- zum Schwellenland

Als erfolgreichste Wirtschaftsregion der Erde lockte Südostasien in der ersten Hälfte der 1990er-Jahre durch eine Liberalisierung der Finanzmärkte Anleger aus aller Welt an. Schon bald waren in Thailand die überwiegend kurzfristigen Auslandskredite von 95 Mrd. US-$ nicht mehr durch Währungsreserven gedeckt, sodass spätestens mit der Abwertung des Baht Mitte 1997 internationale Anleger die Flucht ergriffen.

Kapital, leichtfertig in unprofitablen Investitionen wie unverkäuflichen Gewerbeimmobilien gebunden, stand dem Markt nicht mehr zur Verfügung und in angeschlagenen Unternehmen stapelten sich fällige Rechnungen. Die Kreditzinsen stiegen ebenso wie die Auslandsverschuldung, der Wert des Baht hingegen fiel ins Bodenlose, bis der IWF mit strikten Auflagen eingriff. Eine Politik des knappen Geldes bremste zwar den Währungsverfall und die Auslandsverschuldung, entzog jedoch der heimischen Wirtschaft Investitionskapital und führte zu zahlreichen Firmenzusammenbrüchen. Die offizielle Arbeitslosenquote verdoppelte sich auf zwei Millionen.

1999 hatte sich, trotz einem Haushaltsdefizit von 3 % und zahlreicher Unternehmenspleiten, die Währung wieder stabilisiert und die Handelsbilanz verbessert. Allerdings litt die weniger wohlhabende Bevölkerung unter den rigiden Auflagen des IWF. Trotz gestiegener Preise, vor allem für importierte Waren, waren die Löhne auf niedrigem Niveau festgeschrieben worden, sodass der Multimilliardär Thaksin mit seinen Versprechungen eines rigiden Wandels in der Wirtschaftspolitik 2001 die Wahlen gewann. Seine Ausländern kritisch gegenüberstehende Wirtschaftspolitik fand bei den meisten Wählern Unterstützung. Geldgeschenke der Regierung und öffentliche Investitionen kurbelten die Binnennachfrage an und Kleinunternehmen wurden als Gegengewicht zur überwiegend exportorientierten Massenproduktion gefördert. Aber schon 2002 wurde der duale Weg proklamiert und ausländischen Investoren vor allem in technologieorientierten Sektoren der Weg geebnet, wodurch die Exporte, vor allem in die USA, wieder stark anstiegen. Viele Exportprodukte, die mittlerweile zwei Drittel des Bruttoinlandprodukts erwirtschaften, werden jedoch im schärferen globalen Wettbewerb der jüngsten Krise immer billiger. Zudem brechen Märkte weg, sodass das Land vor neuen Herausforderungen steht.

Internationale Verflechtungen

Noch Anfang der 1980er-Jahren lag das Schwergewicht der industriellen Produktion auf Betrieben der Lebensmittel- und Textilindustrie, in denen ungelernte weibliche Arbeitskräfte und Saisonarbeiter aus dem Armenhaus Nordosten von einer exportorientierten Industrie zu Niedriglöhnen beschäftigt wurden. Reis, das bislang wichtigste Exportprodukt, wurde seit Mitte der 1980er-Jahre von Computern und Computerteilen, Elektrogeräten, integrierten Schaltkreisen, Textilien, Edelsteinen, Garnelen und verarbeiteten Nahrungsmitteln überrundet.

Recht neu sind die Zement- und Automobilindustrie, die überwiegend aus importierten Teilen Pickups montiert. Dennoch reichen die Exporterlöse nicht aus, um den Import für die Wirtschaft zu finanzieren. Neben teuren Maschinen mussten chemische Produkte, Eisen, Stahl, Öl und Autos eingeführt werden, um den Wechsel von der arbeitsintensiven Massenproduktion zu qualitativ hochwertigen, technologieintensiven Bereichen zu ermöglichen. Diese benötigten zudem besser qualifizierte Arbeitskräfte, die das Land nicht in ausreichender Zahl besaß. Zwar liegt in Thailand die Analphabetenrate mit 7 % niedriger als in allen Nachbarländern, aber drei Viertel aller Schüler gehen höchstens sechs Jahre zur Schule und nur wenige sprechen englisch.

Die meisten Waren werden aus Japan und den ASEAN-Staaten importiert. Im Verband ASEAN haben sich südostasiatische Staaten zur Förderung der wirtschaftlichen, sozialen und kulturellen Zusammenarbeit zusammengeschlossen. 1967 wurde er von Indonesien, Malaysia, den Philippinen, Singapur und Thailand gegründet, 1984 trat das Ölsultanat Brunei bei, 1995 wurden Vietnam, 1997 Laos, Myanmar (Burma) und 1999 Kambodscha als Mitglieder aufgenommen. Papua Neuguinea und Ost-Timor haben Beobachterstatus. Neben regelmäßigen Konferenzen auf Regierungsebene beschäftigen sich ständige Fachausschüsse mit länderübergreifenden Themen wie Industrie, Handel, Tourismus, Wissenschaft und Technologie oder Umweltschutz. Zudem geht es um die weitere Ausweitung der Freihandelszonen der ASEAN-Staaten AFTA und APEC, die den gesamten Pazifikraum umfasst.

Stadt-Land-Gefälle

Mit Ausnahme des Tourismus ist der Dienstleistungsbereich als wichtigster Wirtschaftszweig auf die großen Städte, vor allem auf Bangkok, orientiert. Hier konzentrieren sich

Damit das Unternehmen gelingt, ist ein Mönch dabei

Erdbeerfelder bei Chiang Mai in Nordthailand

alle Bereiche der staatlichen Administration und privaten Verwaltung, die besten Hochschulen und qualifiziertesten Arbeitskräfte, hier enden alle Überlandstraßen und Eisenbahnlinien. Die bislang auf Bangkok konzentrierte exportorientierte Leichtindustrie wird durch den Ausbau der Infrastruktur zunehmend in die Provinz verlagert.

Mit Hilfe staatlicher Maßnahmen soll das Entwicklungsgefälle zwischen der Metropole und dem Land zu reduziert und den negativen Folgen der Konzentration entgegengewirkt werden. Regionale Wachstumszentren entstehen durch die Förderung von Industrieparks in Städten wie Khon Kaen, Korat, Chonburi, Songkhla oder Chiang Mai. Die bedeutendsten zukunftsweisenden Großprojekte sind der neue Suvarnabhumi Airport, der 2006 seinen Betrieb aufgenommen hat, und das Eastern Seaboard Project in Laem Chabang am Golf von Thailand, das Bangkoks Hafen Klong Toey entlastet. Rings um den neuen Tiefseehafen entstand ein moderner Wirtschaftsraum, der in erster Linie auf der petrochemischen Industrie basiert, die die Erdgasvorkommen im Golf von Thailand verarbeitet.

Die Landwirtschaft

Trotz der zunehmenden Industrialisierung sind nur 15 % der Bevölkerung in der Industrie und noch immer knapp die Hälfte in der Landwirtschaft tätig. Diese erwirtschaftet jedoch nur 11 % des Bruttoinlandsproduktes (Industrie 45 %). Seit Jahrhunderten bauen die Thai auf den fruchtbaren alluvialen Böden der Flussniederungen Reis an. An den arbeitsintensiven Anbaumethoden hat sich kaum etwas geändert, obwohl die ›Reiskammer Südostasiens‹ seit über hundert Jahren zu den größten Reisexporteuren der Welt zählt. Durch die künstliche Bewässerung der Felder für eine zweite oder gar dritte Ernte und die erhebliche Ausweitung der landwirtschaftlichen Nutzfläche konnte die Reisproduktion in den vergangenen Jahrzehnten gesteigert werden.

Die Möglichkeiten, Wald zu roden und Feuchtgebiete trockenzulegen, sind mittlerweile ebenso erschöpft wie die Wasservorräte. Der wachsenden Bevölkerung stehen keine zusätzlichen Anbaugebiete zur Verfügung. Nur eine erfolgreiche Geburtenkontrolle und neue, nichtagrarische Arbeitsplätze in ländlichen Regionen können also Abhilfe schaffen. Während früher die Felder in der Trockenzeit brach lagen und die Menschen anderen Tätigkeiten nachgingen, werden zunehmend auf den abgeernteten Reisfeldern Feldfrüchte wie Soja, Mais, Erdnüsse, Gemüse oder Tabak angebaut, die eine ganzjährige Nutzung des Bodens ermöglichen. Besonders im Süden haben die Bauern die Plantagenpflanzen Kautschuk, Kaffee und Palmöl entdeckt und betätigen sich erfolgreich als Kleinpflanzer. Mittlerweile ist Thailand der weltgrößte Exporteur von Kautschuk. Daneben werden in großem Stil auf nicht bewässerbaren Flächen Ananas für die Obstkonservenindustrie, Cassava für die exportorientierte Futtermittelindustrie, Baumwolle und Zuckerrohr angebaut. Bergvölker, die bisher traditionellen Brandrodungsfeldbau betrieben und neben Bergreis überwiegend Opium anbauten, werden zum Anbau sogenannter *cash crops* gedrängt. Der marktfähige Daueranbau von Obst, Gemüse, Schnittblumen sowie Kaffee und Tee erzielt zwar nicht die Profite des Opiums, bietet aber ein sicheres Einkommen.

Seit den 1960er-Jahren schrumpfte der Waldanteil von 57 % auf 17 %. Riesige Mangrovenwälder fielen der industriell betriebenen Fisch- und Garnelenzucht zum Opfer und fruchtbares Land wurde von gigantischen Stauseen überflutet – Großprojekte, die zunehmend auf den Widerstand der Bauern stoßen, die sich gegen die Überflutung ihrer Häuser und Felder wehren. Auch in Thailand scheint zwischen wirtschaftlichem Wachstum und dem Schutz der Umwelt ein unlösbarer Konflikt zu bestehen.

Der Tourismus

Mit 14,6 Mio. Besuchern im Jahr beschert der Tourismus dem Land die höchsten Deviseneinnahmen. An vielen Küsten und auf Inseln hat er sich zum wichtigsten, oft sogar einzigen Arbeitgeber entwickelt. Das schafft Probleme: Traditionelle Arbeitsplätze in Landwirtschaft und Fischerei gehen verloren, überlieferte Sozialstrukturen werden zerstört. Wenn die Touristen ausbleiben, steht die Bevölkerung ganzer Inseln vor dem Ruin. Und die Umwelt wird erheblich belastet, da der Ausbau der Infrastruktur nicht mit der stark wachsenden Bevölkerung Schritt halten kann.

Beim Reisanbau hat der einachsige Traktor den Wasserbüffel verdrängt

Das Königshaus

Bhumipol Adulyadej (Rama IX.), der neunte König der Chakri-Dynastie wurde bereits 1946 in jungen Jahren zum König gekrönt und ist damit der dienstälteste Monarch der Welt. In vielerlei Hinsicht präsentiert Rama IX. das Land, er gilt als die Seele der Nation und wird vom Volk hoch verehrt.

Als übergeordnete Institution überlebte der König alle politischen Turbulenzen, Staatsstreiche und Revolten. Obwohl er nicht in das Tagesgeschehen eingreifen darf, wirkte er durch seine eindeutige Haltung, mit der er in Krisensituationen Position bezog, richtungsweisend. Als Staatsoberhaupt, religiöses Oberhaupt und Oberbefehlshaber der Streitkräfte hatte er repräsentative Aufgaben zu erfüllen. Das war keinesfalls immer so.

Erst 1932 beendete ein unblutiger Staatsstreich eine siebenhundertjährige Ära der absoluten Monarchie. Bereits zur Zeit von König Chulalongkorn (1868–1910) war eine bürgerliche Elite entstanden, die im Westen studiert hatte. Sie blieb von den höheren Staatsfunktionen ausgeschlossen, die noch immer in den Händen der Aristokratie lagen. Mit den bürgerlichen Intellektuellen verbündete sich nun das ebenfalls unzufriedene Militär. Schwer bewaffnete Soldaten stürmten am 24.6.1932 den Königspalast und setzten die anwesenden Mitglieder der königlichen Familie gefangen. Rama VII., der sich in seinem Sommerpalast in Hua Hin aufhielt, wurde ultimativ aufgefordert, der Einführung der konstitutionellen Monarchie zuzustimmen. Ein Kriegsschiff der Marine lag nahe dem Palast vor Anker und viele Prinzen befanden sich in der Hand der Aufständischen – als Geiseln, wie man dem König unverblümt mitteilte. Rama VII. musste sich fügen; die letzten drei Jahre seiner Amtszeit regierte er das Land auf der Grundlage einer parlamentarischen Verfassung.

König Bhumipol wurde 1927 in Cambridge, Massachusetts, geboren, wo sein Vater Medizin an der Harvard-Universität studierte. Dass er jemals den Thron besteigen würde, galt zunächst als unwahrscheinlich. Von 1935 bis 1946 war sein ältester Bruder Ananda Mahidol als Rama VIII. König von Thailand. Unter mysteriösen Umständen starb er 1946 im Großen Palast von Bangkok, woraufhin Bhumipol zu seinem Nachfolger erklärt wurde. Zu dieser Zeit studierte er Naturwissenschaften in Lausanne, wechselte aber nach dem Tod des Bruders in die Fachrichtungen Jura und Politische Wissenschaften. Im Jahre 1950 heiratete er Sirikit, die Tochter des thailändischen Botschafters in Frankreich, und wurde sieben Tage später feierlich zum König gekrönt.

Die Königsfamilie hat vier Kinder, Kronprinz Maha Vajrakingkorn und die drei Prinzessinnen Chulabhorn, Sirindhorn und Ubol Ratana, die mit einem Amerikaner verheiratet war und deshalb lange nicht öffentlich auftrat. Bei der Bevölkerung sehr beliebt ist Prinzessin Sirindhorn, die mit viel Engagement ihren Vater unterstützt, wofür sie den Ehrentitel Maha Chakri erhielt. 1974 wurde die Thronfolge geändert, sodass auch weibliche Nachfolger die Regentschaft übernehmen können.

Der volksverbundene Monarch, der zudem in jungen Jahren ein guter Saxophonspieler und Fotograf war, besuchte sämtliche Provinzen des Landes. Dabei lagen ihm die Probleme der Menschen am Herzen, sodass unter der Patronage der Königsfamilie weit über

Thema

tausend Dorfentwicklungsprojekte gegründet wurden. Die Bandbreite reicht von der Intensivierung landwirtschaftlicher Anbaumethoden über Gesundheitsprogramme bis zur Förderung des traditionellen Kunsthandwerks.

In den letzten Jahren engagierte sich der König für den Umweltschutz, sorgte sich um den Verkehrsinfarkt von Bangkok ebenso wie um die Wiederaufforstung der Wälder.

Der kränkelnde König Bhumipol ist nur noch selten bei religiösen Feiern persönlich anwesend. Aber wenn er sich in der Öffentlichkeit zeigt, stellt man fest, mit welcher Hochachtung die Menschen aller Schichten dem Monarchen begegnen.

Der Text der Königshymne, die während öffentlicher Veranstaltungen, in Kinos und auf öffentlichen Plätzen im ganzen Land gespielt wird, lautet:

»Wir, die loyalen Untertanen Ihrer Majestät,
beugen unser Herz und Haupt
und huldigen dem ersten Beschützer des Landes aus der großen Chakri-Dynastie,
voller höchster Tugenden,
unter dessen Schirmherrschaft wir,
seine Untertanen, Schutz und Glück,
Wohlstand und Frieden genießen.
Wir beten, dass das Schicksal Ihrer Majestät jeden Wunsch erfüllen möge.«

The Greatest King Ever: Die Thailänder lieben ihren König

Geschichte

Über Jahrtausende zogen aus angrenzenden Kulturkreisen Menschen in das Gebiet des heutigen Thailands, wo sie vor allem in Flusstälern Spuren hinterließen. Aus kleinen Fürstentümern, die sich seit dem 6. Jahrhundert etablierten, ging im 13. Jahrhundert das erste Thaireich mit einer eigenständigen Kultur hervor. Die Geburt des Nationalstaats erfolgte im Spannungsfeld großer Kulturen.

Archäologische Funde

In einem abgelegenen Landstrich, 560 km nordöstlich von Bangkok, ließen sich vor zwei Jahrhunderten laotische Flüchtlinge nieder. Als sie die Erde unter den Pflug nahmen, entdeckten sie zahlreiche Knochen und Tonscherben, denen sie glückbringende Wirkung zuschrieben. Deshalb errichteten sie bevorzugt an diesen Stellen ihre Häuser. Erst 1966 brachte ein junger Amerikaner einige Funde nach Bangkok, wo sie die Aufmerksamkeit von Archäologen erregten. Seit 1972 förderten systematische Grabungen Tonscherben mit geometrischem Dekor, Waffen aus Eisen und Bronze, Schmuck, Nägel und verschiedene Gerätschaften zutage. Nach Untersuchungen der Universität von Pennsylvania wurde das Alter der Funde auf bis zu 7000 Jahre datiert. Die Bevölkerung des Dorfes Ban Chiang hatte ihre Häuser auf den Resten einer der ältesten Siedlungen in Südostasien errichtet, die um 200 n. Chr. aus ungeklärten Gründen aufgegeben wurde.

Bereits während des Zweiten Weltkriegs hatte ein holländischer Archäologe, der als Kriegsgefangener der Japaner in der Provinz Kanchanaburi zum Bau der berüchtigten Brücke am Kwai (s. S. 300) herangezogen worden war, bei Ban Kao einige prähistorische Funde gemacht, die er jedoch bis zum Kriegsende versteckt hielt. Nach seiner Freilassung ließ er sie von Experten in Harvard untersuchen, wo man feststellte, dass es in dieser Region, ebenso wie in China und auf Java, eine altsteinzeitliche Kultur gegeben haben muss.

Die altsteinzeitlichen Jäger und Sammler, die bereits den Gebrauch des Feuers kannten, begannen vor 10 000 Jahren damit, Boote zu bauen, zu töpfern und ihre Toten in Gräbern beizusetzen. Nach weiteren 3000 Jahren organisierten sie sich in Dorfverbänden, betrieben Ackerbau und Viehzucht. Sie ernährten sich überwiegend von Reis und stellten feine Web- und Töpferarbeiten her. Die prähistorischen Funde sind im Nationalmuseum in Bangkok (s. S. 125) sowie in kleinen Museen bei den Fundstätten in Ban Kao und Ban Chiang ausgestellt.

Im Einflussbereich früher Hochkulturen

Im ersten Jahrtausend unserer Zeitrechnung hatten sich im Einflussbereich der benachbarten Hochkulturen auf dem heutigen thailändischen Staatsgebiet mehrere eigenständige Kulturen entwickelt und überlagert.

Das Dvaravati-Reich, ein lockerer Zusammenschluss mehrerer Mon-Fürstentümer, erstreckte sich zwischen dem 6. und 10. Jh. von Zentralthailand über das Tenasserim-Gebirge bis in das Irrawaddy-Delta im heutigen Myanmar (Burma).

Die Mon

Die Mon wanderten als eine der ersten Bevölkerungsgruppen aus dem Südwesten von China nach Süden, wo sie in fruchtbaren Flusstälern Reis anbauten. Aus dem ostindischen Raum hatten sie die buddhistische Religion und mit ihr Pali, die Sprache des Theravada-Buddhismus, übernommen. Seit dem 11. Jh. drangen die ihnen folgenden Burmesen jedoch immer weiter in das Siedlungsgebiet der Mon vor, assimilierten diese oder verdrängten sie in abgelegene Regionen. Heute leben nur noch 400 000 Mon im westlichen Zentralthailand und im östlichen Irrawaddy-Delta.

Die kulturellen Zentren der Mon waren Nakhon Pathom, Lopburi und U Thong. Einige Bewohner von Lopburi zogen Mitte des 7. Jh. nach Norden und gründeten das Königreich Haripunchai, das erst im 13. Jh. von den Thai erobert wurde. Hier konnten die Mon länger als in den anderen Regionen in Architektur und Skulptur einen Kunststil entwickeln, der im 7. und 8. Jh. ausreifte. Schlanke, turmähnliche Stupas mit klarer Linienführung überragten ihre Tempel, deren idealtypische Ausführungen an einem glockenförmigen Baukörper aus Ziegelstein auf einem quadratischen Unterbau zu erkennen sind. Ein knospenähnlicher Aufsatz bekrönt das Heiligtum, Ornamentbänder und Figurenreliefs aus gebranntem Ton oder Stuck mit Szenen aus dem Leben Buddhas schmücken es. Schöne Basreliefs stehen im Nationalmuseum von Nakhon Pathom. Die Plastik der Mon, zumeist aus Stein gehauen, kennzeichnen klare, symmetrische Linien. Ihre Buddhafiguren haben breite Nasen, wulstige Lippen und durchgehende Augenbrauen in Form einer doppelt geschwungenen Bogenlinie. Typisch für Mon-Plastiken sind die nahezu unbearbeiteten Rückseiten.

Srivijaya

Srivijaya, eines der ersten buddhistischen Reiche, umfasste während seiner Blütezeit Ende des 8. Jh. ein großes Gebiet, das von Java über Sumatra und die Malaiische Halbinsel bis in den Süden von Thailand reichte und dessen Hauptstadt wahrscheinlich in der Nähe des heutigen Palembang lag. Seine Macht basierte auf der Kontrolle des Seehandels zwischen China, Indien und der indonesischen Inselwelt, die den Hochkulturen wertvolle Rohstoffe und Gewürze lieferte. Entsprechend begrenzte sich sein Einfluss auf vereinzelte Stadtstaaten, die entlang der Handelsrouten an der Küste entstanden waren.

Seefahrer, Kaufleute und chinesische Pilger, die auf dem Weg nach Indien die Straße von Malakka passierten, verbreiteten den Theravada-Buddhismus in der Region. Gleichzeitig gelangten aus dem Westen hinduistische Elemente nach Srivijaya. Das kleine Reich Chaiya im Süden von Thailand erblühte zu jener Zeit zu einem kulturellen Zentrum, das sowohl von hinduistischen Einflüssen als auch von den Ideen des Theravada-Buddhismus geprägt wurde. Die wenigen erhaltenen Bauwerke dieser Periode weisen südindische Einflüsse auf, während die Skulpturen, vor allem Bodhisattva-Statuen und Votivtafeln, javanische Vorbilder erkennen lassen. Das am besten erhaltene Bauwerk aus dieser Zeit ist der Anfang dieses Jahrhunderts restaurierte Tempel Phra Boromathat, 1 km westlich von Chaiya. Er lässt deutliche Parallelen zu den Chandis in Zentraljava erkennen.

Die Khmer

Khmer-Fürsten vereinigten sich im 9. Jh. östlich des heutigen Staatsgebiets und dehnten ihren Einflussbereich von Kambodscha nach Westen aus, wo sie Ende des 10. Jh. die Mon aus der Ebene am Menam Chao Phraya vertrieben und das Lopburi-Reich gründeten. Während der folgenden 300 Jahre beherrschten die Khmer-Könige von Angkor aus ein großes Reich, das im 12. Jh., zur Zeit von Suryavaraman II., auf seinem Höhepunkt angelangt war. Damals entstanden als Zentrum des Khmer-Reiches die gigantischen hinduistischen Tempelanlagen von Angkor Wat (Kambodscha), ein Meisterwerk der bäuerlichen Khmer-Gesellschaft und Zeugnis der absoluten Macht der Herrscher, die als Gottkönige verehrt wurden.

Weit entfernt vom Hof entfaltete sich im Westen ein eigener Kunststil, der sich auch nach dem Zerfall des Khmer-Reiches weiter entwickelte. Eindrucksvolle Zeugnisse aus jener Zeit sind die Tempelanlagen von Phimai, Phanom Rung und Muang Tom im Osten von Thailand, die wie Miniaturausgaben von Angkor wirken (s. S. 191f.). War die Khmer-Kunst anfangs noch durch fein gearbeitete Skulpturen gekennzeichnet, so schlug sich der Machtzuwachs bald in kolossalen Werken nieder. Typisch sind die in Bronze gegossenen Buddhastatuen, die königliche Gewänder tragen und deren Haarknoten in Form einer Lotosblüte auslaufen.

Ein Thaireich entsteht

Die ersten Fürstentümer

Als Kublai Khan das von seinem Großvater Dschingis Khan ererbte Mongolen-Reich konsolidierte und Richtung Yünnan ausdehnte, kam 1253 auch Nan Chao, das erste nachweisbare Thaireich, unter seine Herrschaft. Die hier lebenden Thai übernahmen von den Chinesen die Staatsorganisation, Schrift und Religion. Dennoch war die Kultur von starken animistischen Tendenzen geprägt. Im 9. Jh. wanderten bereits einige Thai nach Süden, um 860 überschritten sie den Mekong. In den fruchtbaren Ebenen von Laos und Nordthailand gründeten sie kleine Fürstentümer, unter anderem in der Gegend von Chiang Saen. Zu einer Massenflucht kam es jedoch erst, als die Truppen von Kublai Khan aus dem Norden heranrückten. Eine Gruppe, die so genannten großen Thai, die heutigen Shan, zogen über Südchina nach Westen in das heutige Myanmar (Burma), während die ›kleinen Thai‹ in die geschwächten Mon- und Khmer-Reiche vordrangen.

Im 13. Jh. vereinigte Mengrai, einer der lokalen Herrscher, mehrere kleine Fürstentümer, eroberte das Mon-Reich Haripunchai und verlegte seine Hauptstadt nach Chiang Mai. Dieses Lan-Na-Reich im Norden nahm unter dem Einfluss der burmesischen Nachbarn und des unterworfenen Mon-Reiches eine eigenständige, vom Süden unabhängige künstlerische Entwicklung. Der sogenannte Chiang-Saen-Stil war anfangs stark von der nordindischen Pala-Schule geprägt. Später, im 14. Jh., machten sich Einflüsse aus Sukhothai bemerkbar. Mitte des 16. Jh. wurde das Lan-Na-Reich, das sich ständig gegen das erstarkende Thaireich im Süden zur Wehr setzen musste, von den Burmesen unterworfen und verlor damit seine Freiheit. Obwohl die Thai 1774 die Burmesen zurückdrängten, behielt der Norden des Landes bis Ende des 19. Jh. ein gewisses Maß an Selbstständigkeit. Das wirkt sich bis heute auf die Kunst und Architektur aus.

Da viele Gebäude im Norden aus Teakholz erbaut und mit Holzschnitzereien verziert

Geschichte in Stein: Kunstvoller Khmer-Tempel in Phanom Rung (Nordostthailand)

wurden, sind die meisten dem tropischen Klima und Insekten zum Opfer gefallen. Die überwiegend aus Bronze gefertigten Buddhastatuen unterscheiden sich durch ihre großen Haarlocken, breiten Gesichter und voluminösen Körper von denen des Südens. Die schönsten Figurenreliefs zieren Wat Jet Yot in Chiang Mai, einen Tempel, der 1455 nach dem Vorbild des Mahabodhi-Tempels in Bodh Gaya (Indien) errichtet wurde.

Das Reich von Sukhothai

Zu Beginn des 13. Jh. verbündeten sich einige Thaifürsten gegen das im Verfall begriffene Khmer-Reich und lösten Sukhothai aus dem Staatenbund heraus. Bereits 50 Jahre später beherrschte Rama Khamhaeng, der König von Sukhothai, das erste Thaireich. Er erhob den Theravada-Buddhismus zur Staatsreligion und entwickelte aus der Kursive der Khmer die erste Thaischrift. Nach dem Tode von Rama Khamhaeng um 1317 begann die Macht von Sukhothai zu schwinden.

Weiter im Süden hatte der Prinz von U-Thong durch Erbschaft und Heirat die Herrschaft über große Teile von Zentralthailand und die Malaiische Halbinsel angetreten. Als Rama Thibodi I. gründete er während seiner Regentschaft von 1350 bis 1369 ein vereinigtes Thaireich und baute Ayutthaya am Unterlauf des Menam Chao Phraya zur Hauptstadt aus. Sein Hauptziel, wie das seiner

König Rama Khamhaeng – Der Vater Thailands

Thema

Der dritte Thaikönig und jüngste Sohn des Staatsgründers stabilisierte durch eine geschickte Außenpolitik das neu gegründete Reich und gab ihm eine eigenständige kulturelle Identität, sodass man ihn am Ende seiner 40-jährigen Regentschaft (1277–1317) liebevoll den Vater Thailands nannte.

»Diese Stadt Sukhothai ist gut. Ihre Gewässer sind voller Fische und auf den Feldern gedeiht der Reis. Der Herrscher erhebt keine Steuern von seinen Untertanen, die ihrer Wege ziehen und ihre Büffel zum Handelsplatz leiten und mit ihren Pferden zum Markt reiten. Wer immer mit Elefanten handeln will, soll es tun. Wer immer mit Pferden handeln will, soll es tun. Wer immer mit Gold und Silber handeln will, soll es tun. Die Gesichter der Menschen leuchten hell ...«

Bereits vor über 700 Jahren wurde dieser Text über einen jungen König in eine Steinstele gemeißelt, die im 19. Jh. auf dem Gelände des Königspalastes von Sukhothai gefunden wurde. Der populäre Rama Khamhaeng hatte sich an der Seite seines Vaters bereits früh einen Namen als mutiger Krieger im Kampf gegen die Khmer gemacht. Mit väterlicher Güte verwaltete er sein blühendes Reich. So berichtet die Inschrift, dass er an einem Stadttor eine Glocke anbringen ließ, die jedermann läuten durfte, um den König herbeizurufen, auf dass dieser Recht spreche und Streitigkeiten seiner Untertanen schlichte. Rama Khamhaeng versah sein Amt von einem steinernen Thron aus, den er in einem Palmenhain hatte aufstellen lassen.

Die Grundlagen für die Stabilität seines jungen Reiches schuf er durch eine geschickte Außenpolitik. Verträge sicherten die Grenzen zu seinen machtvollen Nachbarn, wirtschaftliche Beziehungen festigten die Kontakte mit Burma und Indien. Er knüpfte enge Verbindungen zu Ceylon, dem Mutterland des Theravada-Buddhismus, um die von den Khmer geprägte Religion seines Volkes auf ihre Ursprünge zurückzuführen. Zudem stärkte er die nationale Identität durch eine eigene Thaischrift, die mit geringfügigen Änderungen noch heute verwendet wird. Besonderes diplomatisches Geschick bewies er im Umgang mit dem stärksten, dem nördlichen Nachbarn, China. Rama Khamhaeng schickte nicht nur Gesandte zum Kaiserhof nach Peking, sondern unternahm selbst zwei beschwerliche Reisen zu Kublai Khan (1282) und dessen Nachfolger (1300). Von seiner zweiten Expedition brachte er auch chinesische Kunsthandwerker mit, die in Sukhothai die feine Sawankhalok-Keramik (s. S. 66) produzierten.

Glänzte durch Diplomatie und Güte: Rama Khamhaeng

Nachfolger, war die Eroberung von Kambodscha. Im Jahre 1351 errang er den ersten Sieg über Angkor und innerhalb weniger Jahre stieg Ayutthaya zu einem der mächtigsten Reiche in Südostasien auf. König Rama Thibodi I. sicherte 1376 zudem seinen Einfluss über das geschwächte Sukhothai, das noch weitere 60 Jahre als Vasallenstaat existierte, bis es im Reich von Ayutthaya aufging.

In bewusstem Kontrast zur Khmer-Kunst hatte sich bereits in Sukhothai innerhalb kurzer Zeit unter indischen, chinesischen und ceylonesischen Einflüssen ein reichhaltiges Geistesleben entwickelt, das die Grundlage einer eigenständigen Thaikultur werden sollte. Vor allem Buddhadarstellungen erreichten einen künstlerischen Höhepunkt. Die Statuen des Erleuchteten wirken sehr harmonisch: Der Kopf ist oval, die geschwungenen Augenbrauen vereinigen sich über einer langen, spitzen Nase, während das Haar nach oben in einer stupa-ähnlichen Form ausläuft. Typische Merkmale für die Sakralarchitektur von Sukhothai sind Prangs mit Lotosknospentürmen sowie Chedis, die eine Weiterentwicklung des ceylonesischen Stupa-Typs darstellen.

Das mächtige Königreich Ayutthaya

Fast 400 Jahre lang bildete Ayutthaya das Machtzentrum des Landes. Die um 1350 von Rama Thibodi I. gegründete Stadt war Residenz von 33 Thaiherrschern, die seit der Eroberung des Khmer-Reiches zunehmend eine gottähnliche Stellung für sich beanspruchten und in diesem Bewusstsein die Geschicke des Landes bestimmten, unnahbar für das einfache Volk. Die Könige allein entschieden über Krieg und Frieden. Eine schlagkräftige Armee und ein umfassender Verwaltungsapparat halfen, ihre Macht und gleichzeitig den Wohlstand des Reiches zu sichern. Wer sein Leben erfolgreich im Kampf einsetzte, erhielt Ländereien als Lohn.

Auf Einkünfte, etwa aus Landbesitz und Handel, wurden Steuern erhoben, denn nur ein umfassendes Besteuerungssystem ermöglichte die prunkvolle Entfaltung der höfischen Kultur jener Zeit und den Bau der zahlreichen Paläste, Befestigungsanlagen und Kanäle. Diese hätten allerdings nicht ohne die Hilfe zahlreicher Künstler aus angrenzenden Regionen entstehen können. Sie wurden als Kriegsgefangene nach Ayutthaya verschleppt. Ihre Techniken übernahmen die Thai. Mit den intensivierten Kontakten zu europäischen Mächten seit der Regentschaft von Rama Thibodi II. (1491–1529) kamen auch ausländische Kaufleute und bald gab es eigene Stadtviertel für Portugiesen und Engländer, Franzosen, Holländer, Spanier und Japaner.

Mitte des 16. Jh. waren die Burmesen wieder erstarkt und eroberten 1556 Chiang Mai; 1569 unterwarfen sie auch Ayutthaya. Wenige Jahre später nahm der Thaiprinz Naresuan, der nach Burma verschleppt und dort erzogen worden war, den Befreiungskampf auf. Im Jahre 1584 erklärte er die Unabhängigkeit des Landes, doch sollte es noch weitere zehn Jahre dauern, bis er die Burmesen vertrieben hatte. Eine Zeit des Friedens begann und Ayutthaya gelangte zum Höhepunkt seiner kulturellen und wirtschaftlichen Entwicklung. Das Land öffnete sich westlichen Einflüssen, doch 1688, nach dem Tode von König Narai, fielen die Europäer wieder in Ungnade und die Grenzen des Landes blieben die folgenden 120 Jahre Ausländern verschlossen.

Die zahlreichen Kriege gegen Eindringlinge aus Burma endeten für Ayutthaya in einer Katastrophe, 1767 wurde die Stadt zerstört. Von der glänzenden Metropole blieben nur Trümmer, zahllose Kunstwerke und ein Großteil der wissenschaftlichen Aufzeichnungen gingen in Flammen auf und waren für immer verloren. Nie wieder versuchten die Thai, die Stadt neu aufzubauen. Erst das Interesse der Touristen an dieser Stätte der Vergessenheit führte zu umfangreichen Restaurierungsarbeiten und dem Bemühen, die verbliebenen Ruinen vor dem völligen Verfall zu bewahren.

Im Unterschied zu Sukhothai war das neue Reich weiter im Süden stärker von der Khmer-Kultur geprägt. Während der U-Thong-Periode (auch frühe Ayutthaya-Periode genannt, weil sie die Aufstiegszeit von

In der alten Königsstadt Ayutthaya beeindrucken riesige Buddhafiguren

Ayutthaya umfasst) wurden Regionen erobert, in denen der Dvaravati-, Lopburi- und Sukhothai-Einfluss vorherrschte, was sich in der Kunst des wachsenden Reiches niederschlug. Die in dieser Epoche entstandenen Buddhastatuen wirken weniger stilisiert als ihre Vorgänger und menschlicher; die eckigen Gesichter vermitteln einen strengen Ausdruck. In der Blütezeit von Ayutthaya vereinigten sich diese Stilrichtungen, wobei Sukhothai-Einflüsse dominierten. Der Ayutthaya-Stil breitete sich über das ganze Land aus, sodass man seit jener Zeit von einem Nationalstil spricht.

Durch den Handel mit asiatischen und europäischen Ländern gelangte Ayutthaya zu Wohlstand, der in zahlreichen prächtigen Tempelbauten zum Ausdruck kam. Deutlich verweisen die Prangs mit rechteckigem Grundriss, der hohen Basis und der Cella, auf welcher der eigentliche Turm sitzt, auf kambodschanische Vorbilder. Sie sind jedoch wesentlich schlanker und wirken eleganter. Klassische Beispiele finden sich außer in Ayutthaya in Chaliang bei Si Satchanalai und Phitsanulok.

Bei den Chedis hingegen setzt sich die Tradition von Sukhothai fort. Über dem quadratischen Sockelgrundriss, der in der Spätzeit der Ayutthaya-Periode an den Ecken mehrfach gebrochen ist, erhebt sich ein schlanker, glockenförmiger Baukörper mit vielen kleinen Kapellen oder Schreinen in allen Himmelsrichtungen. Die Spitze ist im Verhältnis zu den anderen Bauteilen höher als jene der Sukhothai-Chedis. Da die Monarchen als Inkarnation des Erleuchteten angesehen wurden, erhielten die Buddhafiguren ein königliches Aussehen und wurden mit Krone und Edelsteinen geschmückt.

Unter der Herrschaft der Chakri-Könige

Vom Rama I. zu Rama III:

Als König Rama I. (1782–1809) in Bangkok die neue Hauptstadt errichten ließ, sollte sie genauso prunkvoll wie das zerstörte Ayutthaya werden. Baumeister aus der alten Königsstadt schufen Tempelanlagen und den Großen Palast, eine Stadt in der Stadt. Die meisten siamesischen Künstler waren als Kriegsbeute verschleppt worden, sodass man versuchte, Buddhastatuen und andere Kunstwerke aus den Trümmern von Ayutthaya zu bergen und in die neuen Tempel zu bringen. Sogar die Ziegelsteine wurden auf dem Menam Chao Phraya herangeschafft, um starke Befestigungsmauern zu errichten. Innerhalb der Mauern entstand eine zum Wasser hin orientierte Stadt, zumeist mit Holzhäusern, die zum Schutz vor Hochwasser auf Stelzen errichtet wurden.

Nachdem Rama I. Teile von Kambodscha erobert hatte, wurde unter Rama II. (1809–24) auch das malaiische Sultanat Kedah in das siamesische Reich einverleibt. Der neue König setzte die Arbeit seines Vaters fort und belebte die kulturellen Traditionen des Landes. Er soll sich sogar selbst als Künstler betätigt und die dreidimensionalen Teakholztüren des Wat Suthat, ein Meisterwerk, geschaffen haben. In der Architektur erhielten in dieser Zeit die Tempelanlagen durch ihre höheren, spitzgiebeligen Dächer und die mit Porzellan- und Spiegelscherben verkleideten Fassaden ein weniger wuchtiges Aussehen. Kambodschanische Tempeltürme (Prangs) wurden nach dem Bau von Wat Arun nur noch selten verwandt.

Die glorreiche Vergangenheit versuchte Rama III. (1824–51) durch eine verstärkte Förderung der Kunst zu neuem Leben zu erwecken. Zahlreiche neue Tempelanlagen boten Künstlern ein reiches Betätigungsfeld. Vor allem in der Wandmalerei ergaben sich durch die Einführung der perspektivischen Darstellung neue stilistische Möglichkeiten. Als Motive für die Ausschmückung der Bot und Vihara wählten sie nicht nur Buddhas Lebenszyklen, sondern auch Szenen aus dem Ramayana-Epos, mythologische Fabelwesen, fremdartige Europäer und heroische Kriegsdarstellungen.

Chinesische Zuwanderung

Die chinesische Gemeinde, die bereits vor 1782 in Bangkok lebte, erhielt durch Einwanderer regen Zustrom. Viele betätigten sich als Händler oder Unternehmer, sodass sich die Handelsbeziehungen zu China stark ausweiteten. Auch in der Tempelarchitektur kamen Stilelemente der benachbarten Hochkultur immer mehr in Mode: Fassaden wurden mit blau-weißen Porzellanscherben dekoriert und Innenwände mit Wandbildern im chinesischen Stil bemalt. In den Höfen stellte man steinerne Statuen auf, die leeren Reisdschunken als Schiffsballast auf dem Weg von China zurück nach Siam dienten.

Westliche Einflüsse

Durch die Internationalisierung des Handels und das Erstarken der kolonialen Großmächte ergaben sich nun veränderte Bedingungen, auf die es zu reagieren galt. König Rama IV. (1851–68), durch seine Erziehung westlichen Einflüssen aufgeschlossen, führte den politischen Wandel herbei. Er öffnete das Land für Händler aus Europa. Die Geschäfte blühten; Edelhölzer, Reis und Gewürze wurden in den Handelskontoren an den Chao Phraya-Ufern umgeschlagen. Der umfangreiche Warentransport erforderte den Bau der ersten Straßen. Betriebe der verarbeitenden Industrie siedelten sich an und immer mehr Landarbeiter kamen aus den Dörfern in die neue wachsende Stadt, um dort ihren Lebensunterhalt zu verdienen. Die entstehende Industrie, Handel und Verwaltung, aber auch das königliche Militär boten bessere Verdienstmöglichkeiten.

Rama V. (1868–1910) setzte innenpolitische Veränderungen durch. Europäische Wissenschaftler und Beamte wurden ins Land geholt, um das Reich nach westlichen Ideen zu reformieren. Die Verwaltung wurde zentralisiert, Steuergesetze erlassen, ein Schulsystem nach englischem Muster eingeführt, die Sklaverei abgeschafft und die ersten Eisenbahnlinien bis nach Malaya und Chiang Mai erbaut. Trotz aller Umwälzungen gelang es, den Buddhismus und viele alte Traditionen in das moderne, westlich strukturierte Staatskonzept zu integrieren. Durch territoriale Zugeständnisse an Frankreich und England sowie Handelsverträge mit den mächtigsten Staaten bewahrte sich zudem Siam als einziges Land in Südostasien vor den kolonialen Ansprüchen europäischer Großmächte. Diese garantierten dem Land 1896 denn auch immerwährende Neutralität.

Mit zunehmendem Wohlstand wurden in Bangkok immer mehr Holzhäuser durch feste Bauten ersetzt. Es entstanden die Straßenzeilen mit den zweistöckigen chinesischen Geschäftshäusern und das europäische Viertel rings um das Oriental Hotel. Verschiedene, aus Europa übernommene Baustile brachten in Verbindung mit dem tradierten Thaistil eine formenreiche Architektur hervor. König Rama V. gestaltete die Neubauten seiner Residenz in dieser Mischung. Bei der Chakri Maha Prasat Hall im Großen Palast setzten seine Baumeister auf die Fassade im Stil europäischer Renaissanceschlösser spitzgiebelige, rot-grüne Tempeldächer wie beim Bau des königlichen Sommerpalastes in Bang Pa In.

Nicht nur in der Architektur, auch in der Kunst richtete sich der Blick nach Westen, vor allem unter Rama VI. (1910–25). Viele einheimische Künstler wurden von Europäern ausgebildet, Kunstwerke in Italien in Auftrag gegeben oder Künstler von dort ins Land geholt, um heroische Bronzestatuen zu schaffen oder die Thronhalle im Stil der Renaissance auszumalen. Nach westlichem Vorbild führte man die allgemeine Schulpflicht ein, wodurch die buddhistischen Tempel ihre Bedeutung als Ausbildungszentren verloren.

Ende der absoluten Monarchie

Auch Siam litt während der Regentschaft von Rama VII. (1925–35) unter der Weltwirtschaftskrise. Der Reispreis fiel durch die Abwertung des englischen Pfundes ins Bodenlose und vor allem die Beamten und Angestellten des Mittelstands litten unter Steu-

Die Europäer kommen: Wandgemälde im Wat Phumin, Nan

ererhöhungen, Lohneinsparungen oder Entlassungen. Unzufriedene Offiziere, die sich in einer Volkspartei zusammengeschlossen hatten, stürzten am 24.6.1932 die Regierung und schafften die absolute Monarchie ab – das Ende der siebenhundertjährigen absoluten Königsherrschaft.

Das moderne Thailand

Nach der Abdankung von Rama VII. wurde der erst zehnjährige Ananda Mahidol als Rama VIII. (1935–45) zu seinem Nachfolger bestimmt. Die Macht lag nun beim Regentschaftsrat, der eine nationalistische Politik vertrat und Ausländer zunehmend aus dem Land wies. Unter der Militärdiktatur von General Pibul Songkhram wurde die Pan Thaidoktrin entwickelt, die anstrebte, alle Thaivölker in einem großen Reich unter Führung von Bangkok zu vereinen. Dieser Idee war auch die Kunst verpflichtet, wie an dem Demokratiedenkmal (1939) und dem Victory Monument (1941) deutlich zu erkennen ist.

Zweiter Weltkrieg und Nachkriegszeit

Entsprechend stand das Land bei Ausbruch des Zweiten Weltkriegs im Pazifik auf der Seite von Japan, dessen Truppen von Thailand aus Burma und Britisch-Malaya angriffen. Beim Bau der berüchtigten ›Eisenbahn des Todes‹ (s. S. 300) kamen Tausende Kriegsgefangene und Zwangsarbeiter ums Leben. Doch erst die verlustreichen Kämpfe im Pazifik und der erzwungene Rücktritt von Songkhram führte die politische Wende herbei.

Die Nachkriegszeit begann mit dem mysteriösen Tod von Rama VIII. und der Ernennung seines Bruders Bhumipol zum König (s. S. 26), der seither als Rama IX. das Land regiert. Die folgende Zeit war gekennzeichnet durch Militärputsche, ständige Verfassungsänderungen und eine zunehmende Orientierung an den USA, die gegen umfangreiche Wirtschaftshilfe Truppen- und Luftwaffenstützpunkte auf thailändischem Boden einrichteten. Unter dem Kriegsrecht war die kulturelle und künstlerische Entwicklung des Landes durch strikte Zensurbestimmungen stark eingeschränkt. Das staatliche Diktat forderte realistische Kunstwerke mit heroischen Szenen. Einige Künstler zogen sich auf traditionelle Überlieferungen zurück, andere flüchteten in die Darstellung ländlicher Idylle, die sich schon bald auch touristisch gut vermarkten ließ.

Nach dem Wirtschaftsboom

Die kurze Demokratisierungsperiode Mitte der 1970er-Jahre nach der blutigen Niederschlagung der Studentenunruhen und dem Sturz des Militärregimes ließ auch bei Künstlern Fragen nach der Verantwortung der Kunst sowie ihrer Rolle in der Gesellschaft aufkommen und neue Ideen entstehen. Viele Künstler, die der Kunsthochschule in Bangkok entstammten, führten westliche und östliche Ideen zusammen.

Der Wirtschaftsschub der 1980er- und 1990er-Jahre bescherte der Metropole Bangkok eine wohlhabende, konsumfreudige Mittel- und Oberschicht sowie einen Bauboom, der erst durch die Wirtschaftskrise Ende der 1990er-Jahre leicht gebremst wurde. Neue Hochhäuser, von Stararchitekten entworfene Luxushotels und gigantische Einkaufspaläste schossen wie Pilze aus dem Boden. Noch Anfang der 1970er-Jahre war das 23-stöckige Dusit Thani Hotel das höchste Gebäude des Landes. Mittlerweile wird es von 920 Hochhäusern überragt und wirkt inmitten seiner bis über 300 m hohen Nachbarn aus Glas und Stahl eher schmächtig. Mehrspurige Hochstraßen und die Trassen der Hoch- und U-Bahn durchschneiden Bangkok, das starken westlichen Einflüssen unterliegt.

Im Gegensatz dazu schien in der Provinz die Zeit stillzustehen. Doch Motorräder, Mobiltelefone und das Internet sind inzwischen selbst in abgelegene Dörfer und auf kleine Inseln vorgedrungen und haben den Lebensalltag verändert. Man akzeptiert die rapiden gesellschaftlichen Veränderungen ebenso wie den Börsencrash oder den Tsunami: Man bittet Buddha um Beistand und macht das Beste aus seinem weiteren Leben.

Zeittafel

ab 6. Jh. v. Chr.	Sinotibetische Thai dringen in den südchinesischen Raum und von dort weiter gen Süden vor.
6.–11. Jh. n. Chr.	Die Mon, ein sinotibetisches Volk aus dem burmesischen Irrawaddy-Delta, gründen das Dvaravati-Reich mit der Hauptstadt Lopburi.
9.–13. Jh.	Teile von Thailand werden von den Khmer beherrscht, die von Angkor aus ein machtvolles Reich regieren. In dieser Zeit wandern Thai aus dem heutigen Südchina nach Süden und gründen verschiedene kleine Fürstentümer wie Chiang Saen.
1250–1300	Fürst Indraditya errichtet in Sukhothaidas erste Thaikönigreich. Im Norden gründet Fürst Mengrai Ende des 13. Jh. das Königreich Lan Na mit der Hauptstadt Chiang Mai.
1277–1317	Unter Rama Khamhaeng erreicht Sukhothai eine kulturelle Blüte.
1350–1448	Rama Thibodi baut Ayutthaya zur Hauptstadt aus. 1376 wird Sukhothai unterworfen und 1431 unter Boromaraja II. Angkor erobert.
1574–1593	Prinz Naresuan vertreibt die Burmesen aus Ayutthaya.
Anfang des 17. Jh.	Die intensivierten Beziehungen zu Europa führen zu Handelsniederlassungen der Spanier, Holländer, Briten und Dänen in Siam.
1688	Die Burmesen erobern Ayutthaya und brennen die Stadt nieder.
1733–1809	General Taksin vertreibt die Burmesen und lässt sich zum König krönen. General Phraya Chakri folgt Taksin 1782 auf den Thron und gründet als Rama I. die Chakri-Dynastie.
1809–1910	Unter Rama II. und Rama III. werden Handelsbeziehungen zu Europa aufgebaut. Rama IV. reformiert Siam nach westlichen Ideen. Rama V. modernisiert das Land.
1932	Unter Rama VII. wird die Regierung gestürzt und die konstitutionelle Monarchie eingeführt. In den Folgejahren drängt eine nationalistische Regierung den Einfluss westlicher Staaten und Chinas zurück.
1938	General Pibul Songkhram wird Ministerpräsident und errichtet eine Militärdiktatur. Er ändert 1939 den Landesnamen Siam in Thailand.

Im Zweiten Weltkrieg schließt Songkhram ein Bündnis mit Japan. Nach verlustreichen Kämpfen im Pazifik und Songkhrams Sturz verbündet sich der neue Ministerpräsident Pridi mit den Alliierten.	**1941–1942**
Bhumipol, der heutige König Rama IX., besteigt den Thron.	**1946**
Im Vietnamkrieg wird Thailand als militärische Operationsbasis der USA genutzt. Feldmarschall Kittikarchorn löst 1971 das Parlament auf und verhängt das Kriegsrecht.	**1963–1973**
Massenunruhen nach der blutigen Niederschlagung einer Studentenrevolte führen zum Sturz des Militärregimes. Der Rektor der Thammasat-Universität, Sanya Dharmasakti, regiert mit parlamentarischer Unterstützung bis zu einem erneuten Militärputsch 1976.	**1973–1976**
Unter der Regierung von General Prem Tinsulanonda stabilisiert sich das Land. Ab 1988, unter der Koalition von Chatichai Choonhavan, führen Korruption, Bodenspekulation und eine ungleiche Einkommensentwicklung zu Unruhen. Die Armee übernimmt die Macht.	**1980–1991**
Bei den Wahlen siegen die den Militärs nahestehenden Parteien; Massendemonstrationen werden blutig niedergeschlagen. Nach der Intervention des Königs tritt Suchinda zurück.	**1992**
Wirtschaftskrise, Chavalit Yongchaiyudh, ein ehemaliger General, tritt zugunsten von Chuan Leekpai zurück.	**1997–1999**
Mit einem Erdrutschsieg gewinnt der charismatische Multimilliardär Thaksin Shinawatra die Wahlen.	**2001**
Am 26. Dezember fordert eine der tödlichsten Flutwellen der modernen Geschichte an der Westküste nach offiziellen Angaben 5395 Tote und 2845 Vermisste und richtet starke Zerstörung an.	**2004**
Thaksin Shinawata wird durch einen unblutigen Militärputsch gestürzt, seine Thai Rak Thai Partei aufgelöst. Die Nachfolgepartei People Power Party (PPP) gewinnt die Wahlen, wird aber nach Protesten vom Verfassungsgericht aufgelöst.	**2006–2008**
Auch unter Premierminister Abhisit, dem Vertreter der Demokraten, dauern die Proteste an.	**2010**

Gesellschaft und Alltagskultur

Der Buddhismus in Thailand

Der Buddhismus, die Staatsreligion, zu der sich eine große Merheit der Bevölkerung bekennen, prägt in starkem Maße das Gesicht des Landes. Er beeinflusst das alltägliche Leben ebenso wie das politische Geschehen. Er fördert Toleranz und Friedfertigkeit, Bescheidenheit und Gelassenheit und schägt sich damit im Verhalten und Zusammenleben der Menschen nieder.

Das auf jeden Besucher so fremd wirkende ständige Lächeln der Thai, der Versuch, jegliche Konfrontation wie auch Aggression zu umgehen, die endlos erscheinende Geduld – all das ist das Ergebnis Jahrhunderte langer buddhistischer Traditionen. Dabei ist die Struktur dieser Weltreligion keineswegs geeignet, ein Regelwerk für das Zusammenleben in einer Gesellschaft aufzustellen, noch bietet sie Lösungen für soziale Probleme. Die buddhistische Lehre mit ihren moralischen Grundsätzen ähnelt weit mehr einer Philosophie als einer Religion.

Buddha, der Erleuchtete, kann keinesfalls als Gott oder Erlöser bezeichnet werden. Er weist nur einen Weg zur Erlösung. Er selbst benötigte über 500 Lebenszyklen, bis er so rein und vollkommen war, dass er sein ›großes Leben‹, seine historische Existenz, beginnen konnte. Diese Zyklen überliefern die Jakata-Erzählungen.

Der historische Buddha

Es wird berichtet, dass Prinz Siddharta Gautama um 560 v. Chr. in Nordindien (heute Nepal) am Fuße des Himalaya als Thronfolger eines wohlhabenden Königs geboren wird. In Gestalt eines weißen Elefanten tritt er in den Schoß seiner Mutter ein und verlässt ihren Körper wieder bei seiner Geburt durch ihre Seite. Seher erkennen seine zukünftige Bedeutung, doch der Vater erzieht seinen ungewöhnlich anmutigen Sohn zum Fürsten und umgibt ihn mit weltlichem Luxus. Er heiratet eine wunderschöne Frau, die einem Sohn das Leben schenkt. Alles weist darauf hin, dass der begabte junge Mann einmal in die Fußstapfen seines Vaters treten wird, bis ihn plötzlich vier Begebenheiten aufrütteln.

Eines Tages verlässt Siddharta Gautama die Geborgenheit seines Palastes und sieht einen Greis, der ihm das Altern bewusst macht. Er wird zudem durch die Begegnung mit einem Kranken und einer Leiche mit Krankheit und Tod konfrontiert. Das ihm bisher unbekannte Leid der Welt lässt ihn verzweifeln, bis er einen Brahmanen trifft. Daraufhin beschließt der 29-jährige Prinz, seinem Reichtum, der Macht und selbst seiner Familie zu entsagen, um die wahren Ursachen des menschlichen Leidens zu ergründen. In der gelben Robe der Mönche zieht er sich sechs Jahre lang in die Abgeschiedenheit des Waldes zurück. Dort lässt er sich von zwei berühmten hinduistischen Gelehrten unterweisen. Als er alles von ihnen gelernt hat, schließt er sich einer Gruppe von Asketen an und praktiziert Enthaltsamkeit bis an die Schwelle des Todes. Doch weder das eine noch das andere beantwortet ihm seine Fragen. So beschließt er, dem so genannten ›mittleren Pfad‹ zu folgen und sich der Ausbildung des Geistes und der mystischen Konzentration zu widmen.

In Bodh Gaya erlangt er nach 49-tägiger Meditation unter einem Feigenbaum eines Nachts die entscheidende Erleuchtung: Siddharta Gautama ergründet die vier edlen Wahrheiten, wird sich seiner mehrfachen Existenz auf dieser Erde bewusst und erkennt den Kreislauf der Wiedergeburt. Auf dieser

Basis entwickelt der ›Erleuchtete‹, der von nun an Buddha genannt wird, den Weg zur Überwindung des Leidens. Im Hirschpark Isipatana bei Varanasi (Benares) übermittelt er einer kleinen Gruppe Neugieriger seine Erkenntnis, womit er das Rad der Lehre in Bewegung setzt. Die Verkündigung der Lehre wird von nun an sein Lebensinhalt. Als Buddha am Ende seiner Wanderungen im Kreise seiner Jünger ins Nirvana eingeht, verweist er auf diese Lehre als seine wichtigste Hinterlassenschaft. Die Bekenntnisformel des Buddhismus – *tiratta,* das dreifache Juwel – betont denn auch die Einheit von Buddha, der Lehre *(dharma)* und der Jüngerschaft *(sangha).*

Die Verbreitung der buddhistischen Lehre

Die buddhistische Lehre spaltete sich in Indien bereits 100 Jahre nach dem Tod ihres Stifters. Von der eher konservativen Richtung des Theravada grenzt sich der Mahayana-Buddhismus (großes Fahrzeug) ab, der auf die Erlösung aller Wesen abzielt und den historischen Buddha nur als eine unter vielen Buddhagestalten ansieht. Von größerer Bedeutung als der aus eigener Kraft erworbene Eintritt ins Nirvana ist das praktizierte Mitgefühl mit allen Lebewesen *(karuna).* Dieses religiöse Ideal wird von Bodhisattvas (Erleuchtungswesen) verkörpert.

Der Theravada-Buddhismus dagegen hält an den strengen Lehren der alten Pali-Schriften fest, nach denen jedes Wesen auf sich allein gestellt ist und nur durch ein strikt an ethischen Normen orientiertes Handeln sein *karma* – die Bilanz seiner Lebenshandlungen – verbessern und nach Erlösung streben kann. Die südasiatischen Länder Thailand, Myanmar (Burma), Sri Lanka, Laos und Kambodscha sind Hauptverbreitungsgebiete des Theravada, während weiter im Norden, in China, Korea, Japan und Vietnam, die Lehre des Mahayana vorherrscht.

Bereits um 250 v. Chr. sandte der indische Herrscher Ashoka die ersten buddhistischen Mönche nach Thailand, das ›Goldland‹ im Osten, um die Lehre des Erleuchteten zu verkünden. Man nimmt an, dass sie nach

Im Wat Indraviharn, Bangkok, werden zu Füßen des Buddha Blumen niedergelegt

Unter einem Banyanbaum bittet man den Schutzgeist um Beistand (Phimai)

Nakhon Pathom gelangten, wo zu jener Zeit ein brahmanisch beeinflusstes Mon-Reich bestand. Einige hundert Jahre später gelangte der Buddhismus über Sri Lanka auch auf die Halbinsel Malakka. Widerspruchslos verbanden sich brahmanische und animistische Elemente mit der toleranten neuen Religion und so entstand aus verschiedenen Wurzeln eine Mischform, die heute noch vor allem bei den weniger gebildeten Schichten dominiert.

Erst die aus dem Norden einwandernden Thai gründeten im 13. Jh. das Reich, das unter Rama Khamhaeng (1277–1317) den Buddhismus als Staatsreligion annahm – Sukhothai. Seit dieser Zeit bestimmte die Lehre Buddhas die kulturelle Entwicklung. Das erste literarische Werk der Thai war eine Abhandlung über die buddhistische Kosmologie; in Malerei und Skulptur stellte man den Erleuchteten dar. Auch im alltäglichen Leben hielt die neue Religion Einzug und richtete das geistige Leben der Menschen auf den Zyklus von Geburt, Tod und Wiedergeburt aus. Unter der Obhut der Könige, die als religiöses und politisches Oberhaupt fungierten, entfaltete sich der Buddhismus in Ayutthaya und den von ihm beeinflussten Gebieten zu machtvoller Größe. Als die Hauptstadt des Reiches im 18. Jh. von Burmesen geplündert und zerstört wurde, verbrannten auch die meisten religiösen Schriften. Doch schon wenige Jahre später führte man die religiöse Tradition fort und errichtete in Bangkok neue Tempel.

Grundlagen des Buddhismus

Der Buddhismus basiert weniger auf einem dogmatischen Glauben an etwas Überirdisches als auf der Erkenntnis einer tiefen Wahrheit. Daher stellt er auch keine Verbote im Sinne von »Du sollst nicht …« auf, sondern gibt Ziele vor, die es anzustreben gilt. Die Lehren des Religionsgründers wurden erst lange nach Buddhas Eingang ins Nirvana im »Tripitaka«, dem Dreikorb, schriftlich niedergelegt, wobei der erste Korb die Ordensdisziplinen, der zweite die Lehrreden und der dritte die Dogmatik, die metaphysische Beschäftigung mit Buddhas Lehre, enthält.

Kern der buddhistischen Lehre ist die Erkenntnis der vier edlen Wahrheiten, die im Theravada stärker im Zentrum stehen als im weltzugewandteren Mahayana:

1. **Alles Dasein ist duhkha,** was nur unzureichend als Leiden übersetzt werden kann. *Duhkha* begleitet jedes Individuum vom Schmerz der Geburt bis zum Tod. Der Mensch und alles, was ihm auf dieser Welt begegnet, ist veränderlich und vergänglich, eine vorübergehende Existenzform im ewigen Zyklus des Universums. Die Vorstellung von etwas Beständigem, einschließlich dem eigenen Ich, kann daher nur eine trügerische Illusion sein.
2. **Der Ursprung des Leidens liegt im Durst** *(trishna),* der Begierde nach weltlichen Sinnesgenüssen, die ihrem Wesen nach jedoch allesamt vergänglich sind. Statt die Belanglosigkeit dieser Gelüste zu erkennen, jagt der Mensch ihnen nach. Er versucht, Flüchtiges zu bewahren und lebt daher in ständiger Angst, alles zu verlieren. Seine Gedanken und Taten werden von Gier, Hass und Verblendung bestimmt, sodass die Summe seines menschlichen Wirkens, das sein *karma* bestimmt, keinerlei Verbesserung erfahren kann.
3. **Die Aufhebung des Leidens** *(nirodha)* ist nur möglich, wenn man nicht mehr nach weltlichen Genüssen trachtet und sich von allen Begierden befreit.
4. **Ziel ist, das Leiden aufzuheben** und damit zur Auslöschung im Nirvana zu gelangen. Den richtigen Weg dorthin weist der edle achtfache Pfad *(atthangika-magga).* Wer ihn beschreitet, kann durch eigene Anstrengungen sein *karma* verbessern und sich dadurch dem Nirvana annähern. Letztlich löst sich der Mensch auf diese Weise aus dem immerwährenden Zyklus von Geburt und Wiedergeburt und findet im totalen Erlöschen, im Nirvana, endgültige Erlösung.

Der **edle achtfache Pfad** bestimmt daher die Verhaltensweise eines jeden gläubigen Buddhisten. Er besteht aus

1. **rechter Erkenntnis** (der vier edlen Wahrheiten sowie der Vergänglichkeit und Veränderlichkeit allen Seins, also der Voraussetzung für die Akzeptanz der Lehre Buddhas);
2. **rechter Gesinnung** (zu entsagen und kein anderes Wesen zu schädigen);
3. **rechter Rede** (kein anderes Wesen zu belügen und zu schädigen);
4. **rechtem Handeln** (im Sinne einer buddhistischen Ethik zu verstehen, die vor allem das Zerstören von Leben, Stehlen, unerlaubte sexuelle Handlungen und Drogen verurteilt);
5. **rechtem Lebenserwerb** (durch eine Tätigkeit, die keinem anderen Wesen zum Nachteil gereicht);
6. **rechtem Streben** (nach dem Weg zur Erlösung);
7. **rechter Aufmerksamkeit** (gegenüber dem Körper, den Sinnen und dem Denken);
8. **rechter Sammlung** (um in meditativer Versenkung zur höheren Bewusstseinsebene zu gelangen; diese schwierigste Stufe setzt das richtige ethische Verhalten voraus und führt über die Meditation zur völligen Loslösung von jeder sinnlich wahrnehmbaren Realität).

In seinem sozialen Aspekt lehrt der Buddhismus den mittleren Weg zwischen Lebensgenuss in völliger Weltzugewandtheit und strengem asketischem Verzicht. Die Gläubigen sind bestrebt, *brahma-vihara,* die **vier edlen Bewusstseinszustände**, zu erreichen:

1. **metta** (Güte)
2. **karuna** (Mitgefühl)
3. **mudita** (mitfühlende Freude)
4. **upekkha** (Bedachtsamkeit).

Ein Mensch, der nach der buddhistischen Lehre lebt, ist bemüht, Mitgefühl und Güte gegenüber allen Menschen zu empfinden. Wahres Mitgefühl darf nicht egoistisch sein. Nur wer in der Meditation Weisheit und Verständnis erlangt, kann sich von seinen egoistischen Bedürfnissen lösen und sich wohlwollend für die Allgemeinheit einsetzen. Bedachtsamkeit bildet die Grundlage eines selbstlosen Lebens, schützt vor vorschnellem Handeln, vor Vorurteilen und hilft, die Eigenheiten der Mitmenschen zu akzeptieren und ihnen mit Geduld zu begegnen. Geduld wiederum ist die Voraussetzung, um innere Ruhe zu erlangen.

Meditation – Zu Gast in einem Kloster

In einer Zeit, in der östliche Philosophien und Konzentrationsübungen selbst beim Managementtraining eingesetzt werden, nehmen verstärkt Thailandbesucher das Angebot der Klöster wahr, sich in der Meditation zu üben. Selbst Angehörige anderer Religionsgemeinschaften können an den Retreats teilnehmen.

Meditationsübungen sind in buddhistischen Universitäten ebenso wie in abgelegenen Waldtempeln selbstverständlich und können sich über mehrere Tage, Wochen oder gar Monate erstrecken. In einigen Klöstern leben europäische Mönche, die auf westliche Gäste abgestimmte Unterweisungen und Meditationen durchführen.

Verschiedene Religionsgemeinschaften der Welt praktizieren unterschiedliche Arten der Meditation. Alle zielen jedoch darauf ab, über geistige Ruhe zu innerer Einsicht zu gelangen. Der Weg dorthin führt im Theravada-Buddhismus zumeist über *samatha,* die gelenkte Meditation, oder *vipassana,* die ständige Achtsamkeit.

Viele Europäer praktizieren Meditationsübungen mit der Absicht, durch Konzentration innere Ruhe zu erlangen, die Gedanken zu beruhigen und Wahrnehmungen zu schärfen. Nur über intensive Konzentration ist es möglich, die eigenen Gedankengänge unter Kontrolle zu bringen, die ständig herumwandern. Es gibt verschiedene Formen der Meditation, die auf Atemübungen basieren. Die Vipassana-Meditation wählt zudem den Weg über die Achtsamkeit. Es erfordert ein hohes Maß an Aufmerksamkeit und Konzentration, sich jede Handlung, jeden Gedankengang und sogar jedes Gefühl oder gar den eigenen Willen bewusst zu machen. Alle Erfahrungen während der Meditation verdeutlichen, wie wenig wir unsere eigenen Empfindungen und Gedanken beherrschen und lenken können und dass sich alles in permanenter Veränderung befindet. Diese Einsicht befreit von Selbstüberschätzung und hilft, die wahre Natur des Daseins zu erkennen, womit für einen gläubigen Buddhisten ein weiterer Schritt auf dem Pfad der Erkenntnis getan wäre.

Die folgende Auswahl von Tempeln und anderen Einrichtungen in Thailand bietet auch westlichen Besuchern Meditationsmöglichkeiten an. Detailliert informiert unter anderem www.retreat-infos.de über Angebote, Ausstattung, Kosten und Anreise. Natürliche Skepsis ist gegenüber Angeboten angebracht, die ›Instant-Freizeitmeditationskurse‹ mit Erfolgsgarantie – einschließlich dem Eingang ins Nirvana – versprechen.

In Bangkok: Die *World Fellowship of Buddhists,* 616 Benjasiri Park, Thanom Sukhumvit 24 , www.wfb-hq.org, bietet Vorträge zu buddhistischen Themen auch in englischer Sprache. Im *Wat Mahathat,* der buddhistischen Hochschule am Sanam Luang, können auch Ausländer im Meditationszentrum (Section 5) an kostenlosen Kursen teilnehmen. Täglich um 7, 13 und 18 Uhr beginnen dreistündige Meditationsübungen mit einer kurzen Einführung in englischer Sprache, für die keine Voranmeldung erforderlich ist. Die Bibliothek enthält auch buddhistischen Schriften in Englisch. Weitere Kurse bietet *The Young Buddhists Association of Thailand*, www.ybat.org/english.

Im Norden: *Wat Doi Suthep,* das International Buddhism Center oberhalb von Chiang

Thema

Mai (s. S. 250), www.fivethousandyears. org, bietet Frauen und Männern 3–21-tägige Vipassana-Meditationskurse an. Im *Wat U Mong* (s. S. 252) weitere Vipassana-Meditationen und sonntags von 15–17 Uhr Unterweisungen. Im *Wat Suan Dok* (s. S. 242) Gespräche mit Mönchen im Monk Chat-Büro im Tempel Mo, Mi und Fr von 17–19 Uhr, www.monkchat.net.

Im Nordosten: *Wat Pah Nanachat,* das Internationale Waldkloster zwischen Warin und Si Saket, 15 km von Ubon Ratchathani, wurde von einem amerikanischen Mönch gegründet. Es finden keine Meditationskurse statt. Es bietet Männern und Frauen die Möglichkeit, eine Zeitlang in Abgeschiedenheit unter strikten Regeln eines internationalen Waldklosters zu leben. Die Verständigungssprache ist Englisch. Seine Erfahrungen in diesem Kloster beschreibt Timothy Ward in seinem Buch: »Wovon Buddha nicht erzählte«, Goldmann 1996.

Im Süden: In dem modernen *Wat Suan Moke,* 6 km außerhalb von Chaiya (www.suanmokkh.org), wird ein progressiver synkretistischer Buddhismus von Schülern des berühmtesten, inzwischen verstorbenen Lehrers des Landes, Achaan Buddhadasa, unterrichtet. Viele westliche Frauen und Männer nehmen an den zehntägigen Dhamma-Meditationskursen in englischer Sprache teil, die am ersten eines jedes Monats beginnen.

Im *Wat Khao Tham* auf der Insel Ko Pha Ngan (www.watkowtahm.org) werden von Rosemary und Steve Weissman 10- und 20-tägige Meditationskurse angeboten.

Die tägliche Meditation dient der Schulung von Körper und Geist

Wat Mahatat, Phitsanulok: Mönche beim gemeinsamen Mahl

Mönche – Ein Leben nach der Lehre Buddhas

Rund 200 000 Mönche und Novizen tragen in Thailand die gelbe Robe, einige nur für kurze Dauer, andere ein ganzes Leben lang. Noch vor wenigen Jahrzehnten zählte ein zeitlich befristeter Klosteraufenthalt zu den unverzichtbaren Lebensabschnitten für jeden männlichen Thai; heute folgt nur noch schätzungsweise jeder Fünfte dieser Tradition.

Sobald die Morgendämmerung beginnt, machen sich in safrangelbe Roben gekleidete Mönche auf den Weg durch die Straßen der Städte und Dörfer, die allmählich zum Leben erwachen. Frauen haben bereits den ersten Reis des Tages gekocht, in kleine Portionen aufgeteilt und mit unterschiedlichen Beilagen versehen. Vor ihren Häusern warten sie auf die Mönche, die das Essen für ihr Kloster einsammeln. Wortlos legen die Gläubigen die Gaben in die Opferschalen und bezeugen ihren Dank für die Gelegenheit, durch eine Spende besondere Verdienste für ihr zukünftiges Leben zu erwerben. Die Mönche kehren in ihre Klöster zurück und verbringen den Rest des Tages mit Unterweisung und Gebet.

Traditionell bezeichnet für einen jungen Mann der Aufenthalt im Kloster den Eintritt in die Erwachsenenwelt, denn erst nach seiner Ordination gilt er als vollwertiges Mitglied der

Gesellschaft. In seiner Mönchszeit hat er Gelegenheit, besondere Verdienste für sein zukünftiges Leben zu erwerben. Für junge Frauen hingegen ist ein Klosteraufenthalt die Ausnahme – es gibt nur etwa 10 000 Nonnen, die in wenigen Klöstern mit einem Frauenbezirk leben. Daher ist die Ordination des Sohnes für jede Mutter eine besondere Freude, zumal ein Teil der Verdienste, die er erwirbt, auf die Eltern übergeht. So dankt nach alter Sitte der Sohn den Eltern für ihre Erziehung und Fürsorge.

In der Regel tritt der junge Mann nach seinem 20. Geburtstag ins Kloster ein, bevor er heiratet und seine Berufslaufbahn beginnt. Besonders vor Beginn der Regenzeit, *khao phansa,* finden im gesamten Land Ordinationsfeiern statt. Zu Beginn der Zeremonie umrunden die Gläubigen dreimal den Tempel, begleitet von monotonen Gesängen. Festlich geschmückte junge Mädchen führen den Umzug an, ihnen folgt der zukünftige Mönch, der drei Lotosblüten, drei Räucherstäbchen und drei Kerzen in den gefalteten Händen trägt. Die magische Zahl drei symbolisiert die Grundlagen des Buddhismus: den Erleuchteten, die Lehre und die Jüngerschaft.

Dem weiß gekleideten Kandidaten folgen die Eltern mit seiner Robe, ihnen schließen sich Freunde und Verwandte an. In Pali, der heiligen Sprache des Theravada-Buddhismus, beantwortet der zukünftige Mönch im Tempel Fragen des Abtes und erhält vor der Versammlung aller Mönche eine Unterweisung in die Klosterregeln. Nachdem ihm Haare und Augenbrauen geschoren wurden, empfängt er seine wenigen Besitztümer für die kommende Zeit und legt die gelbe Robe an, woraufhin er von seinen Eltern Respektbezeugungen und Geschenke entgegennimmt.

Nun hat der Mönch alles, was ihn in seinem bisherigen Leben umgab, hinter sich gelassen. Das Weltliche ist ihm durch strenge Regeln weitgehend verschlossen, doch kann er jederzeit, wenn er es wünscht, das Kloster verlassen und in das normale Leben zurückkehren. Als Mitglied der Mönchsgemeinde steht er über den Laien und muss sich den von Buddha verkündeten Regeln für das klösterliche Zusammenleben, den *vinay,* unterwerfen.

Junge Männer unter 20 Jahren können nur als Novizen und nicht als vollwertige Mönche aufgenommen werden. Sie müssen nur zehn Novizenregeln befolgen, zu denen die fünf Grundregeln gehören, die auch für Laien gelten: kein Leben zu vernichten, nichts zu nehmen, was nicht gegeben wurde, keine unzulässigen sexuellen Handlungen zu begehen, keine Lügen zu verbreiten und sich nicht in einen unkontrollierbaren Rauschzustand zu versetzen. Der junge Novize darf darüber hinaus kein Geld berühren, kein Parfüm benutzen, nicht singen und tanzen, nicht in einem bequemen Bett schlafen sowie zwischen 12 Uhr mittags und Sonnenaufgang keine

Mahlzeit zu sich nehmen. Weitaus einschränkender ist dagegen die Liste der 227 Regeln, die vollwertige Mönche befolgen müssen und die ihnen zur Erinnerung an jedem Voll- und Neumondtag vorgelesen werden.

Aber auch an allen anderen Tagen gilt es, nach der ersten Mahlzeit die buddhistische Lehre zu studieren. Hunderte von Versen in der heiligen Pali-Sprache müssen auswendig gelernt werden. Schon bevor es staatliche Schulen gab, erhielt der männliche Teil der Bevölkerung in den Klöstern eine grundlegende Allgemeinbildung, wodurch die Analphabetenrate in Thailand stets vergleichsweise niedrig war. Nach der letzten Mahlzeit des Tages kurz vor zwölf Uhr mittags ziehen sich die Mönche zurück, um zu ruhen und zu meditieren. Gegen vier Uhr nachmittags finden sie sich zum Abendgebet zusammen.

Abgesehen von diesen klösterlichen Regelungen wird der Tagesablauf eines Mönches durch sein Wirken für das geistige Wohl der Laien bestimmt. Er gibt ihnen Ratschläge, wie sie Verdienste erwerben können und unterweist sie in den Geboten des Buddhismus. Weihen Gläubige ein neues Haus ein oder feiern sie ein Familienfest, so laden sie oft auch Mönche ein, damit jene ihren Segen erteilen. Während der großen religiösen Feiertage, insbesondere zu *visakha bucha* (Gedenktag an Buddhas Geburt, Erleuchtung und Eingang ins Nirvana), *asanha bucha* (Feiertag zur Erinnerung an das erste öffentliche Auftreten des Erleuchteten, als er das Rad der Lehre in Bewegung setzte) und *makha bucha* (Fest zum Gedenken an Buddhas Ansprache vor 1250 Jüngern), finden im Tempel feierliche Umzüge um den Bot statt.

Besondere Bedeutung für die Klostergemeinde hat die *thot kathin*-Zeremonie am Ende der Regenperiode: Sie markiert den Abschluss der Zeit, in der die Mönche nicht im Land umherwandern dürfen und sich verstärkt der religiösen Ausbildung widmen. Für einige bedeutet die Feier gleichzeitig das Ende ihres Klosteraufenthalts, der normalerweise eine Regenzeit lang dauert, und sie kehren zurück zu ihrer Familie und zu den gewohnten Tätigkeiten.

Frauen zwischen Tradition und heutigem Alltag

Im buddhistischen Thailand werden traditionell Frauen als Stütze der Familie angesehen und schon als Mädchen auf ihre spätere Funktion als Ehefrau und Mutter vorbereitet. Zudem sind sie die Finanzminister der Familie und gehen mehr als in jedem anderen Land der Welt einer Beschäftigung nach.

Überlieferungen und Erzählungen zeichnen das Bild der idealen Ehegattin, die sanft, hübsch und reizend ist, ihren Mann umsorgt und sich seinen Entscheidungen fügt, das Haus in Ordnung hält und sich als gute Mutter erweist. Daneben soll sie sich im Arbeits- und Berufsleben engagieren. Märkte und Geschäfte sind ihre Domäne, in Verwaltung und Industrie hingegen zeigt sich unübersehbar die Vorherrschaft des Mannes. Nur höchst selten gelingt es Frauen, in höhere Entscheidungsebenen vorzudringen, denn in der Regel erhalten sie keine qualifizierte Ausbildung.

Trotz ihrer immensen wirtschaftlichen Bedeutung gelten Frauen im religiösen wie im gesellschaftlichen Bereich als Menschen zweiter Klasse. Die höheren Entscheidungsebenen bleiben ihnen verschlossen und auch die Schaltzentralen der Macht am Königshof, im Militär und in der Mönchsgemeinde sind ausschließlich unter Kontrolle der Männer. Noch bis 1976 gab es ein Gesetz, das es verheirateten Frauen verbot, ohne Einwilligung des Mannes Geschäfte zu betreiben. Selbst zur Veräußerung ihres persönlichen Eigentums benötigten sie die Zustimmung ihrer Ehemänner. Im selben Jahr, in dem das Gesetz abgeschafft wurde, gestand man den Frauen erstmals gleiches Recht bei einer Scheidung zu. Vorher wurde Ehebruch bei Frauen streng bestraft, während er bei Männern ungeahndet blieb. Noch um die Wende zum 20. Jh. konnten Ehemänner ihre Frauen verstoßen, wenn die Verbindung kinderlos blieb.

Die jungen Mädchen wurden von den Eltern gegen einen Brautpreis verkauft und galten fortan als Besitz ihres Mannes. Je größer

Prostitution in Thailand Thema

So wie es Hamburgtouristen auf die Reeperbahn zieht, wollen viele Thailandbesucher das ›Sündenbabel‹ gesehen haben. Und so strömen sie Abend für Abend in den ältesten Rotlichtbezirk von Bangkok, Patpong, und wundern sich, dass die kleine Straße mit Souvenirständen vollgestopft ist und die Go-go-Bars weitaus harmloser sind als angenommen. Selbst in Pattaya sieht man abends ganze Familien das bunte Treiben in den offenen Bars beobachten, in denen die ersten Kontakte angebahnt werden oder man bei Drinks und Würfelspielen die Zeit totschlägt.

Wesentlich aggressiver ist die Stimmung in Etablissements, in denen besonders hübsche, gut gewachsene ›Mädchen‹ arbeiten, die sich letztlich als Transvestiten, *krateuys,* entpuppen. Diese Meisterwerke der plastischen Chirurgie bieten zudem auf mehreren Bühnen perfekt inszenierte Shows, die einem Vergleich mit Las Vegas durchaus standhalten.

Eher unfreiwillige Erfahrungen mit der Prostitution machen viele Touristen, die in Billighotels absteigen, deren Zimmer vor allem stundenweise vermietet werden. In teureren Hotels arbeiten Prostituierte, wenn überhaupt, sehr diskret und bei den meisten allein stehenden Damen in der Lobby wird es sich wahrscheinlich um Geschäftsfrauen handeln. Auch in den Gästehäusern sind Touristen in den allermeisten Fällen unter sich, viele Manager weisen sogar Europäer mit asiatischen Freundinnen ab.

Die ersten Ausländerbars etablierten sich in den 1960er-Jahren rings um die amerikanischen Air Bases. Sie boten GIs im Rahmen der *Rest-and-Recreation*-Programme Erholung vom Kriegsgeschehen in Vietnam. Nach dem Abzug der Amerikaner belebte eine zunehmende Zahl von Touristen aus aller Welt das Geschäft. Vor allem Mädchen aus dem armen Norden und Nordosten, denen das karge Land keine Erwerbsmöglichkeiten bot, zog es mehr oder weniger freiwillig in die Go-go-Bars und Massagesalons.

Allerdings hat das älteste Gewerbe der Welt wie in vielen anderen Kulturen eine lange Tradition. Während sich Adlige viele Nebenfrauen leisten konnten, blieb dem armen Mann der Gang ins Bordell. Hier sammelten zudem junge Männer ihre ersten Erfahrungen, denn die zukünftigen Ehefrauen sollten schließlich unberührt in die Ehe gehen. Da die Etablissements in jeglicher Hinsicht der Entspannung dienten, war es durchaus üblich, den erfolgreichen Abschluss eines Vertrages im Bordell zu feiern.

Erst im Zeitalter von Aids beginnt sich dieses Verhalten langsam zu wandeln. Obwohl man bereits seit den 1990er-Jahren das Thema öffentlich diskutiert, die rasante Ausbreitung der Seuche beschwört und von über 700 000 Infizierten spricht, fällt es schwer, überlieferte Verhaltensmuster zu ändern. An vorderster Front der groß angelegten Aufklärungskampagnen kämpft der ehemalige Gesundheitsminister Meechai, dessen erfolgreiches Programm zur Geburtenkontrolle internationale Anerkennung fand. Aber noch immer gibt es Touristen, die in unbeschwerter Urlaubsfreude verantwortungslos handeln.

Die meisten Frauen arbeiten hart: Verkäuferin auf dem Nachtmarkt in Korat ...

dessen Wohlstand, desto höher war die Anzahl der Frauen. Doch auch für arme Thai lohnte sich der Kauf einer Zweitfrau, da deren Arbeitskraft nicht unerheblich zum Familieneinkommen beitrug. Erst 1935 wurde auf internationalen Druck die Polygamie gesetzlich verboten. In der Praxis ist diese Tradition jedoch noch immer weit verbreitet und viele Ehemänner halten sich Mätressen oder gehen ganz selbstverständlich zu Prostituierten.

Die moderne Städterin sieht sich widersprüchlichen Anforderungen ausgesetzt. Filme und Frauenmagazine propagieren ein westliches Frauenbild – modisch, sexy, aufgeschlossen. Im Gegensatz dazu steht das traditionelle buddhistische Erziehungsideal, das nachhaltig das Wertesystem der Thailänderinnen bestimmt. Als Mädchen wiedergeboren zu werden, gilt als Unglück, da es dem Tier weitaus näher steht als dem endgültigen Erlöschen im Nirvana. Es bleibt den Männern vorbehalten, als Mönche ihr Karma zu verbessern, den Frauen bleibt lediglich die Hoffnung, dass ein wenig davon auch für sie abfallen möge, wenn sie den Mönchen Opfergaben überreichen oder ihr Sohn eine Zeitlang ins Kloster geht. Selbst *mae chi,* die weißgekleideten buddhistischen Nonnen, können nie den Mönchsstatus erreichen. Während Mönche die heiligen Schriften studieren, leben sie in ihren abgetrennten Bereichen und müssen sich mit der Reinigung der Gebäude und der Verwaltung der Finanzen beschäftigen – Hausfrauen im Kloster.

Das Leben in einem thailändischen Dorf

Fast die Hälfte der Bevölkerung ernährt sich von der Landwirtschaft. Auch auf dem Land haben sich die Lebensbedingungen verbessert, sind Handys und Fernsehen zum selbstverständlichen Bestandteil des Alltagslebens geworden. Nur in einigen Dörfern haben sich die Lebensbedingungen kaum geändert.

Landsiedlungen

Inmitten von Reis- und Gemüsefeldern liegen die Siedlungen – überschaubare Einheiten mit jeweils 100 bis 150 Familien. Die Holzhäuser stehen auf 2 bis 3 m hohen Pfählen, darunter, auf ebener Erde, leben die Nutztiere und lagert das Brennholz. Während der heißen Tageszeit suchen die Frauen den kühlen Schatten auf, um zu spinnen, zu weben, Körbe zu flechten oder Reis zu stampfen. Allerdings wird der Raum unter dem Haus immer häufiger eingezäunt oder umbaut, um Lagerräume, einen Stall für Kleintiere oder neuen Wohnraum zu schaffen. Leitern oder Treppen führen hinauf zu einer offenen Veranda, von der die erhöht angelegten Wohnräume zu erreichen sind. Sie bieten Sicherheit – mehr vor Ungeziefer als vor unwillkommenen Gästen, denn Besucher werden gern gesehen.

Erfrischendes Regenwasser, aufbewahrt in einem kühlenden Tontopf, offeriert man am Eingang Durchreisenden als Geste der Gastfreundschaft. Auch neben dem Haus stehen hohe Tonkrüge, in denen die Wasservorräte aufbewahrt werden, die bis zur nächsten Regenzeit ausreichen müssen. Die Küche befindet sich normalerweise in einem angrenzenden, separaten Bereich hinter dem Haus, denn beim Kochen mit offenem Feuer ist die Brandgefahr recht hoch. Leicht abgeschrägte Dächer, zumeist aus Wellblech, ragen weit über die Hauswände hinaus und bieten so während der Regenzeit ausreichenden Schutz und Platz zum Trocknen landwirtschaftlicher Produkte. Eine Fernsehantenne ziert selbst in ärmlichen Gegenden das Dach des Hauses und verleiht seinen Bewohnern – ebenso wie ein Moped – gesellschaftliche Anerkennung.

Etwas außerhalb des Dorfes befinden sich Schule und Dorfplatz, Geisterhaus und Tempel. An der Qualität der glasierten Ziegel, der Skulpturen und Wandmalereien des Wat lässt sich der Reichtum der Gemeinde ermessen. Jedes Mitglied ist verpflichtet, sich am Aus-

... und Dorffrauen im Nordosten beim Flechten von Matten

bau des Tempels zu beteiligen, soweit es seine finanziellen Mittel zulassen. Alte Mönche und Äbte sind oft einflussreicher als die Dorfvorsteher. Sie sorgen sich nicht nur um das geistliche Wohl der Gemeinde, sondern kümmern sich auch um soziale Probleme, schlichten Streitigkeiten und erziehen die jungen Novizen.

In der traditionell strukturierten Dorfgemeinschaft hat jedes Mitglied seinen fest gefügten Platz. Zusammengehalten wird sie von den Banden der gegenseitigen Verpflichtung und der Achtung von Weisheit und Alter. An der Spitze der Verwaltung steht ein gewählter Vorsteher, häufig unterstützt vom Ältestenrat sowie den Mönchen und Lehrern. Gemeinsam regeln sie alle Probleme, die innerhalb der Ortschaft anfallen. *Tambon,* der organisierte Zusammenschluss von Dorfvorstehern mehrerer Nachbargemeinden, ist für jene Belange zuständig, die über die Ortsgrenzen hinausgehen, und fungiert gleichzeitig als Mittler zwischen Distriktverwaltung und Dorf.

Ökonomische Probleme

Den Arbeitsrhythmus der Bauern bestimmt der natürliche Zyklus von Säen, Pflanzen, Ernten und Dreschen. Ausbleibende oder zu schwache Monsunregen, Überschwemmungen oder andere klimatische Unregelmäßigkeiten können die Ernte vernichten und die Menschen für lange Zeit verschulden. Die Sorge um günstiges Wetter ist daher auch Anlass für viele ländliche Feste.

Es sind aber nicht allein die Unbilden der Natur, die viele Familien in Schulden stürzen. Im fruchtbaren Menam-Delta arbeitet über die Hälfte aller Bauern auf gepachtetem Land. Zwar gibt es ein Gesetz, das den Pachtzins auf maximal 25 % der Ernteerträge beschränkt, doch trifft diese Maßnahme das Schuldenproblem nicht im Kern. Maschinen, Düngemittel und Treibstoff werden ständig teurer und sind kaum noch mit den Erträgen der sich durch Erbteilung stetig verkleinernden Betriebe zu finanzieren, deren Durchschnittsgröße nur noch 2 ha beträgt. Viele Bauern sind von Geldverleihern abhängig, die das Getreide aufkaufen und ohne großen bürokratischen Aufwand Maschinen und Düngemittel liefern. Da die Kreditgeber oft horrende Zinsen fordern, sind die Bauern häufig gezwungen, einen Großteil der Ernte bereits im Voraus zu verpfänden.

Von landwirtschaftlicher Tätigkeit lebt knapp die Hälfte der Bevölkerung, doch wird hier nur 11 % des Bruttoinlandsprodukts erwirtschaftet. Vor allem auf dem Land ist die versteckte Arbeitslosigkeit hoch. Die zunehmende Mechanisierung und Zusammenfassung kleinerer Einheiten in Export orientierte und damit profitabel arbeitende Großbetriebe setzt Arbeitskräfte frei. Durch den Ausbau der Infrastruktur und die Ansiedlung von Industriebetrieben in ländlichen Regionen werden für Pendler Arbeitsplätze erreichbar. Dadurch will man der Abwanderung in die Städte entgegenwirken.

In Thailand wurde in der zweiten Hälfte des 20. Jh. die landwirtschaftliche Anbaufläche von knapp 8 Mio. auf über 20 Mio. ha erweitert, sodass kaum noch freie Flächen für eine Neukultivierung zur Verfügung stehen.

Intensive Bodennutzung und Bewässerungsprojekte können zwar die vergleichsweise geringen Hektarerträge steigern, doch sind konservative Bauern nur schwer für moderne Anbaumethoden oder Genossenschaften zu gewinnen. Die dynamische junge Dorfbevölkerung sieht ohnehin ihre Zukunft nicht auf dem Land. Viele versuchen in den Touristenregionen eine Arbeit zu erhalten und so der Armut zu entgehen. Doch nur für wenige werden diese Träume Wirklichkeit.

Die Bergvölker in Nordthailand

Schon immer waren die Berge Zufluchtsorte ethnischer Minoritäten, die dem Druck mächtiger Völker weichen mussten. Heute leben in der Bergregion nördlich von Chiang Mai Hmong (Meo), Yao (Mien), Lisu, Lahu und Akha, weiter südlich Lawa und in der gebirgigen Grenzregion zu Myanmar bis hinunter nach Kanchanaburi Karen.

Die einwandernden Thai verdrängten bereits im 11. und 12. Jh. die zur Mon-Khmer-

Selbst bei der Feldarbeit legen Akha-Frauen ihren schweren Kopfschmuck nicht ab

Gruppe gehörenden Lawa aus den fruchtbaren Tälern in die gebirgigen Regionen. Ihnen folgten 600 Jahre später die aus dem Westen stammenden Karen, die sich an den Flüssen der Gebirgstäler niederließen. Seit Mitte des 19. Jh. führten politische und wirtschaftliche Probleme in Südchina dazu, dass die Lahu, Akha und Lisu gen Süden nach Burma wanderten und schließlich, wie auch die Yao und Hmong, die über Laos kamen, die thailändische Grenze überschritten.

Auch nach dem Ende des Zweiten Weltkriegs ebbten die Flüchtlingsströme nicht ab. Als Folge des Vietnamkriegs, der auch im benachbarten Laos tobte, und der bis zum heutigen Tag anhaltenden Karen-Aufstände in Myanmar (Burma) werden für die über die Grenze strömenden Menschen in den einstmals dünn besiedelten Wäldern immer neue Dörfer gegründet. Derzeit leben allen 156 000 registrierte Flüchtlinge aus Myanmar im Grenzgebiet.

Die wirtschaftliche Basis

Man nimmt an, dass derzeit 500 000 bis 750 000 Angehörige der Bergvölker in etwa 3000 nordthailändischen Dörfern leben, zumeist in Höhenlagen von über 800 m. Viele bauen im Brandrodungsfeldbau den aromatischen Bergreis an, aber auch Mais, Tabak und Baumwolle, Kaffee und Gemüse sowie Blumen und Gewürzpflanzen. Früher war der Opiumanbau für viele Dörfer in über 1000 m Höhe eine wichtige Einkommensquelle. Seitdem die Regierung unter massivem Druck der USA den Kampf gegen das Opium aufgenommen hat und den Anbau von *cash crops* fördert, blüht der Mohn nur noch jenseits der Grenze und Designerdrogen aus den Labors haben den Schlafmohn verdrängt.

Beim Reisanbau erschöpft sich bereits nach einer Ernte die Fruchtbarkeit des Bodens, sodass anschließend das Land mehrere Jahre lang brach liegen muss. Früher zogen ganze Dörfer weiter, wenn nicht mehr genügend fruchtbares Land in näherer Entfernung zur Verfügung stand. Da das bei der dichten Besiedlung nicht mehr möglich ist, werden selbst die letzten Wälder an steilen Berghängen durch Brandrodungsfeldbau zerstört, was zu massiven Umweltschäden führt.

Die Kontrolle des Holzeinschlagsverbotes seit 1988 und die Bekämpfung des Opiumanbaus hat zu immer stärkeren Eingriffen der thailändischen Behörden in das Leben der Bergvölker geführt, die bis in die 1960er-Jahre hinein weitgehend autark waren. Feste Siedlungen mit Schulen und Krankenstationen werden gefördert und auf dem der thailändischen Krone unterstellten Land blühen Dahlien, Gladiolen und Lilien statt Mohn, was zwar keine hohen Profite abwirft, aber ein ständiges Einkommen sichert. Dank des persönlichen Einsatzes des Königs haben sich die Lebensverhältnisse der Bergbewohner in den vergangenen Jahrzehnten verbessert. Viele Dörfer wurden an das Straßennetz angeschlossen und die meisten Kinder lernen in der Schule die Thaisprache und -schrift. Dennoch werden sie von den Thai zumeist abschätzig behandelt.

Der Alltag

Das entbehrungsreiche Leben der Bergbewohner ist vom Roden und Bepflanzen der steilen Hänge geprägt, von den geheimnisvollen Kräften der Natur, die Segen bringen oder zerstören – und das Schicksal von Mensch und Tier bestimmen. Dem Mythos messen die Bergbewohner eine große Bedeutung zu. Sie sind stets bemüht, mit den unsichtbaren Geistern der Umwelt und den verstorbenen Vorfahren in Harmonie zu leben und ihnen nach altüberlieferten Riten Respekt zu erweisen.

Medizinmänner und Schamanen treten als Mittler zwischen dem Diesseits und der Schattenwelt auf. Sie beschwören die Geister, vertreiben Krankheit und bösen Zauber, legen den richtigen Zeitpunkt für den Hausbau, die Ernte und die großen Familienfeiern

Der traditionelle Schmuck der Bergvölker ist ein beliebtes Souvenir

fest und sind für den Schutz der Siedlung und ihrer Bewohner zuständig. Innerhalb des Dorfes glaubt man sich sicher vor den realen und vermeintlichen Gefahren der Bergwelt, wilden Tieren, bösen Geistern und Banditen.

An Festtagen tragen die Frauen den Wohlstand der Familie in Form von Silberschmuck sichtbar am Körper, was ihnen ein prächtiges Aussehen verleiht. Dennoch, die Bergvölker führen ein bescheidenes Leben, nur zu oft weit jenseits des Existenzminimums. Mit einfachsten Werkzeugen errichten sie ihre Wohnhäuser aus Bambus und anderen vorhandenen Materialien. Die Mahlzeiten bestehen überwiegend aus Bergreis mit etwas Gemüse.

Schweine, Hühner und andere Haustiere – bei den Akha auch Hunde – werden für Festtage gemästet oder bei rituellen Handlungen den Göttern und Ahnen geopfert. Das Neujahrsfest ist für die Bergbewohner das wichtigste soziale und religiöse Ereignis des Jahres. Spiele, Tanz und Gesang begleiten die mehrtägigen religiösen Zeremonien. Dieses fröhliche Fest zum Segen der Götter und Ahnen wird bei den verschiedenen Bergvölkern zu unterschiedlichen Zeitpunkten begangen.

Traditionen

Selbst wenn die Menschen durch ihre weitgehende Isolation in der Bergwelt ähnliche Lebensweisen entwickelt haben, bleiben sie, mit Ausnahme der schon früh eingewanderten Lawa und Karen, ihrem eigenen Volk eng verbunden. Die Geschichte ihrer langen Wanderungen und die Regeln ihres Zusammenlebens werden, teilweise mangels einer Schrift, mündlich von Generation zu Generation weitergegeben.

Aus ihrem ursprünglichen Siedlungsgebiet haben vor allem die Yao, Lisu und Hmong ihre Traditionen mitgebracht; der chinesische Kalender wird von ihnen ebenso verwendet wie Essstäbchen. Bei den Yao sind sogar chinesische Schriftzeichen in Gebrauch. Eheschließungen werden bei Yao und Hmong noch weitgehend von den Familien arrangiert, während sich Akha-Frauen ihren Partner selbst auswählen. Schon vor der Heirat genießen die jungen Leute dieser drei Völker sexuelle Freizügigkeit, sofern sie nicht christianisiert sind. Bei den Lawa und Karen hingegen wird nur die eheliche Sexualität akzeptiert. Zahlreiche Tabus und Vorschriften regeln das Leben der Ehepartner und teilen Mann und Frau jeweils eigene Bereiche zu.

Männer und Frauen

Lahu-Frauen feiern ihr Neujahrsfest vor den Männern und bei den Akha trennt eine Wand die Häuser in einen Männer- und in einen Frauenbereich. Der überwiegende Teil der Arbeit im Haus und auf den Feldern wird von Frauen verrichtet, besonders bei den Hmong, Lisu, Akha und Yao. Es gilt als Zeichen des Wohlstands, wenn sich Lisu- und Hmong-Männer mehr als eine Frau leisten können, die für sie auf den Feldern hart arbeitet. Währenddessen genießen die Männer das Leben, treffen sich zum Essen und Teetrinken, zechen selbst gebrannten Alkohol oder rauchen Opium und messen sich in ihrer Männlichkeit. Viele sind drogenabhängig – schließlich befinden wir uns hier nahe dem Goldenen Dreieck, einer der größten Drogen-Produktionsstätten der Welt.

Kunsthandwerk

Auf Nachtmärkten und in Geschäften werden eine große Vielfalt an Textilien verkauft, die von Frauen mit kunstvollen bunten Stickereien verziert werden: Röcke, Hosen, Jacken, Taschen und Gürtel, Patchwork-Decken und Wandbehänge, zudem Silberschmuck, traditionelle Musikinstrumente und Gegenstände aus Bambus und Rattan. Selbst Textilien, die in Massenproduktion dem Geschmack der Touristen entsprechend gefertigt werden, sind überwiegend in Handarbeit nach überlieferten Methoden hergestellt.

Die in ihrer Grundfarbe überwiegend indigoblauen oder schwarzen Textilien sind bei den Hmong und vor allem bei den Akha mit farbenfrohen Applikationen besetzt und zusätzlich mit Quasten, Muscheln, Samen, Federn, alten indischen Silbermünzen oder – in der zeitgemäßen Version – mit Baht-Münzen dekoriert. Lahu und Karen nähen ihre Bekleidung aus buntgestreiften Stoffen, die sie selbst herstellen, während Lisu-Frauen ihre Kleider mit Patchwork-Arbeiten schmücken.

Tourismus

Der Tourismus hat einigen Bergdörfern neue Einkommensquellen erschlossen und bietet jungen Menschen die Möglichkeit, in ihrer Heimat zu bleiben. Es gibt aber auch Tourismusprojekte, die auf kurzfristigen Profit ausgelegt sind und keine Rücksicht auf die Traditionen der Menschen nehmen. Vor allem die Zurschaustellung der exotischen Langhals-Frauen zählt dazu. Sie gehören zum Volk der Padaung, einem Unterstamm der Karen. Anfangs kamen sie als Flüchtlinge aus Myanmar und werden mittlerweile als Touristenattraktion importiert.

Wellnessoasen und traditionelle Heilmethoden

Nahezu jedes Hotel im oberen Preissegment schmückt sich mit einem Spa. Die mit modernster Technik ausgestatteten Gesundheitstempel werden von Designern in exotische Märchenwelten oder kühle Oasen im minimalistischen Zen-Stil verwandelt. Sie duften betörend nach Sandelholz, Rosenblüten oder Ylang-Ylang, versprechen Körper und Seele zu verjüngen und vom Alltagsstress zu befreien. Licht und Wasser, tropische Gärten und traditionelle Stilelemente setzen besondere Akzente, die das Auge zur Ruhe kommen lassen. Salas im Thaistil umgeben von tropischen Gärten sorgen für eine friedliche Atmosphäre.

Die Menüs der Spas listet eine Vielzahl von Behandlungsmethoden: ein- bis zweistündige Thaimassagen, Fußreflexzonen-, Sieben-Chakra- und Ölmassagen, schwedische, balinesische, indonesische oder hawaiianische Massagen, Shiatsu und Akupressur, Massagen mit heißen Basaltsteinen und Kräuterkompressen. Kuren, Dampfbäder und Packungen dienen der Verschönerung von Haut und Haar. Ätherische Öle aus Blumen, Gräsern, Wurzeln, Kräutern, Samen und Nüssen, Pasten aus frischen Kokosnüssen, Papaya, Zitrusfrüchten, Minze, Gelbwurz und Ingwer, Kaffee und Milch entfalten ihre heilende Wirkung, ob gegessen, getrunken, inhaliert oder auf die Haut aufgetragen. Wassertherapie, Akupunktur und andere Behandlungsmethoden entgiften den Körper, fördern die Gewichtsreduzierung oder die Reinigung der inneren Organe, lindern Entzündungen, lockern die Muskulatur, lösen Blockaden, um den Energiefluss anzuregen, zu entspannen und zu beleben. Zu einer ausgewogenen Ernährung, die den Heilungsprozess fördert, bietet die Thaiküche mit ihren frischen Zutaten und vielfältigen Zubereitungsarten beste Voraussetzungen.

Im Sinne der ganzheitlichen östlichen Philosophie wird auch der Geist angesprochen. Zunehmend werden Kurse in traditionellen chinesischen und indischen Techniken angeboten, wie Tai Chi, Chi Gong, Reiki und Yoga. Selbst Meditationen ergänzen in einigen Zentren das Programm.

Das breiteste Angebot hält Bangkok bereit. In Chiang Mai wird der Akzent auf das kühle Klima und die lokalen Produkte gelegt und entlang der Küste das Wasser als Element mit einbezogen. Prominente aus aller Welt lassen sich im Chiva-Som International Health Resort im königlichen Badeort Hua Hin verwöhnen. Auch alle anderen Urlaubsorte verfügen über Hotel und Resort Spas, unabhängige Day Spas, medizinische Spas und Spas in besonders schöner Umgebung. Das breite Wellness-Angebot reicht weit über die Entspannungsoasen hinaus und umfasst Yogakurse ebenso wie Fußreflexzonenmassagen unter Palmen am Strand. Selbst für den kleineren Geldbeutel ist immer etwas dabei. Allerdings kann es Männern in gewissen Etablissements passieren, dass ihnen eine besondere Art von Body Massage angetragen wird.

Die meisten Masseure sind gut ausgebildet und gehen mit professionellen Griffen gezielt die verspannten Körperstellen an. Schließlich werden die Techniken bereits seit Jahrtausenden von Generation zu Generation überliefert. Buddhistische Mönche, brahmanische Lehrer und Händler brachten das Wissen um die heilende Wirkung von Massagen, Ölen und Kräutern aus Indien mit. König Rama III. gründete im Wat Po die erste medizinische Schule, in der bis heute die traditionellen Techniken gelehrt werden.

Feste und Veranstaltungen

In Thailand mangelt es nicht an Feierlichkeiten, bei denen Touristen gern gesehene Gäste sind. In jedem Tempel findet einmal jährlich ein großes Fest statt. Neben regionalen Veranstaltungen begeht man im ganzen Land die großen staatlichen und religiösen Feiertage. Während sich die Termine der staatlichen Feste nach dem westlichen Kalender richten, werden die buddhistischen Feiertage dem religiösen Mondkalender entsprechend veranstaltet, sodass der exakte Termin von Jahr zu Jahr innerhalb von 29 Tagen schwankt. Mit dem Neumond vor der Wintersonnenwende (zwischen dem 23.11. und 22.12.) beginnt ein neuer Jahreszyklus, wobei sich die Zeitrechnung an Buddha orientiert, also 543 Jahre unserer Zeitrechnung voraus ist.

Tempelfeste

Zu den berühmtesten Tempelfesten kommen Gläubige aus allen Landesteilen zusammen, um an religiösen Zeremonien und feierlichen Prozessionen teilzunehmen. Essensstände und Verkaufsbuden sorgen für das leibliche Wohl der eintreffenden Gäste und ein Jahrmarkt, Bootsrennen oder andere vergnügliche Veranstaltungen bieten Unterhaltung.

Volksfeste

In den Provinzstädten werden Volksfeste und Festivals mit eher regionalem Charakter begangen, die auf besondere historische Ereignisse (Brücke am Kwai in Kanchanaburi oder König Narai in Lopburi), handwerkliche Produkte (Art and Craft Fairs wie in Bang Sai) oder landwirtschaftliche Erzeugnisse (Blumenfest in Chiang Mai oder Longan-Fest in Lamphun) verweisen und deren Termine von staatlichen Stellen festgelegt werden. Höhepunkte derartiger Veranstaltungen sind zumeist die Wahl

Feiertage und Feste

Staatliche Feiertage

1. 1. – Neujahr
6. 4. – Chakri-Tag
13.–15. 4. – thailändisches Neujahrsfest Songkran
1. 5. – Tag der Arbeit
5. 5. – Krönungstag
12. 8. – Geburtstag der Königin
23. 10. – Chulalongkorn-Tag
5. 12. – Geburtstag des Königs
10. 12. – Verfassungstag

An diesen Tagen bleiben Ämter, Banken und Behörden geschlossen, viele Geschäfte aber sind geöffnet.

Die wichtigsten religiösen und regionalen Feste

Neumondtag zwischen 21. 1. und 19. 2. – Chinesisches Neujahr
Vollmondtag im Februar/März – Makha Bucha zur Erinnerung an Buddhas Predigt vor 1250 Zuhörern
Vollmondtag im Mai – Visakha Bucha zum Gedenken an Buddhas Geburt, Erleuchtung und seines endgültigen Erlöschens im Nirvana
Vollmondtag im Juni/Juli – Asalha Bucha zur Erinnerung an Buddhas erste Predigt in der Öffentlichkeit, Beginn der dreimonatigen Fastenzeit (Khao Phansa)
Oktober – Thot Kathin (Ok Phansa), das Ende der Fastenzeit
Vollmondtag im November – Loy Krathong, das große Lichterfest

Weitere Festlichkeiten werden speziell für Touristen arrangiert, wie die Light & Sound Shows in Lopburi (Mitte Januar), Sukhothai, Chiang Rai (Ende Januar), Phimai, Kanchanaburi (November) und Ayutthaya (Dezember), die Früchtefeste in den Hauptanbaugebieten (ab Mai) sowie die Bootsrennen (im September und Oktober).
Die aktuellen Termine der beweglichen Feiertage findet man im Internet z. B. unter www.tatnews.org (event updates).

Löwentänze zum chinesischen Neujahr in Bangkok

der Schönheitskönigin mit anschließendem Umzug und die abendliche Light-and-Sound-Show mit Lasereffekten und Feuerwerk.

Chinesisches Neujahr

Wie überall auf der Welt feiern in Thailand Millionen von Auslandschinesen auf traditionelle Art und Weise das chinesische Neujahrsfest, das mit dem ersten Zeichen des neuen Mondes beginnt. Mit bunten Umzügen, Löwentänzen und Essenständen wird in Bangkoks Chinatown in der Yaowarat Road sowie in anderen Städten mit großen chinesischen Minoritäten gefeiert. Am Neujahrsabend reisen die Mitglieder der Großfamilie aus allen Landesteilen zu einem gemeinsamen Festessen an, um die Familienbande zu stärken und das neue Jahr zu begrüßen. Nach alter Sitte glauben die Chinesen, dass das Glück des kommenden Jahres vom Verlauf des ersten Tages abhängt. So versucht jeder, diesen Tag so zu verbringen, wie er die restliche Zeit des Jahres leben möchte. Morgens werden Freunden und Verwandten schmackhafte Geschenke überreicht, Kinder erhalten Glücksgeld in roten Umschlägen und Angestellte einen Jahresbonus. Für das kommende Jahr wünscht man sich Freude und Wohlstand, Glück und Gesundheit. Die sonst immer geöffneten chinesischen Geschäfte bleiben für die nächsten Tage geschlossen.

Obwohl in China seit 1912 offiziell der Gregorianische Kalender gilt, spielt bis heute die traditionelle Jahreseinteilung eine wichtige Rolle. Zwölf Jahre, jeweils nach einem bestimmten Tier benannt, bilden einen Zyklus. Da gibt es das Jahr der Ratte, des Hahnes, des Hundes, des Hasen, des Pferdes usw. Nach dem zwölften Jahr wiederholt sich dieser Zyklus. Daher werden chinesische Horoskope nicht nach Tierkreiszeichen aufgestellt, sondern nach dem jeweiligen Geburtsjahr.

Lohnend ist in dieser Zeit ein Besuch bei den Bergvölkern im Norden, die etwa zur gleichen Zeit ihre Neujahrsfeierlichkeiten mit traditionellen Tänzen, Musik und anderen Veranstaltungen begehen.

Songkran-Fest

Erst Mitte April feiern die Thai Neujahr, das Songkran-Fest. Das dem Sanskrit entstammende Wort *songkran* bedeutet Beginn eines neuen Sonnenjahres. Man feiert ihn am ersten Tag des zunehmenden Mondes im fünften Monat eines Jahres, das nach Thaizeitrechnung bereits im Dezember beginnt. Nach brahmanischen Berechnungen wandert die Sonne zu diesem Zeitpunkt vom Sternbild der Fische in das der Jungfrau. Die Bauern in den Dörfern treffen während dieser heißesten Periode des Jahres die ersten Vorbereitungen für ein neues Erntejahr. Auf dem Lande, vor allem im Norden, wird das Fest noch in ursprünglicher Form gefeiert. Schon lange vor dem Neujahrstag übergießen Kinder und Jugendliche Passanten mit Wasser – zu dieser Jahreszeit durchaus eine angenehme Erfrischung. Zentrum der Songkran-Feierlichkeiten ist Chiang Mai. In den Wohnungen hält man an diesem Tag Frühjahrsputz. Aller Unrat wird verbrannt, damit sich mit ihm kein Unglück ins neue Jahr hinüberretten kann. Zu Hause badet man die Buddhastatuen in parfümiertem Wasser. In Bangkok versucht die Polizei, das Übergießen mit Wasser zu unterbinden. Dennoch wird an diesem Tag keinem Touristen der unausweichliche Kübel Wasser erspart bleiben.

Zeremonie des Pflügens

Ebenfalls brahmanischen Ursprungs ist die königliche Zeremonie des Pflügens Mitte Mai. Im sechsten Sonnenmonat gibt der König mit diesem Ritual Millionen von Bauern im Land das Startzeichen für die neue Aussaat. Während früher der König selbst den heiligen Ochsenpflug über die Felder leitete, schickt er heute einen Stellvertreter, den ›Herrn des Festes‹. Zu dem Ereignis, dessen Riten den Erfolg der kommenden Ernte voraussagen sollen, strömen Tausende von Bauern zum Sanam Luang in Bangkok. Erscheint der ›Herr des Festes‹, so wählt er aus drei Schärpen eine aus, deren Länge Aufschluss über die Regenmenge im zukünftigen Jahr zulässt. Anschließend umrunden geschmückte Ochsen mit bunten Pflügen das Feld, gefolgt von Priestern, Musikern und Frauen, die den zur Aussaat bestimmten Reis tragen. Den Ochsen werden Speisen und Getränke angeboten. Und was die Tiere davon auswählen, soll das kommende Jahr im Überfluss bringen. Nach dem symbolischen Aussäen der Reiskörner versuchen die Zuschauer, einige der glücksbringenden Samen aufzulesen, um sie zu Hause der eigenen Saat unterzumischen.

Loy Krathong

Wenn die Regenzeit ihrem Ende entgegen geht, wird im zwölften Monat des Thaikalenders (November) das schönste Fest des Jahres, Loy Krathong, begangen. Während der Vollmondnacht lassen die Menschen auf Flüssen und Seen kleine Boote schwimmen, in denen brennende Kerzen, Räucherstäbchen und Blumen stecken. Manchmal werden kleine Münzen oder Betelnüsse hinzugelegt. Die ursprünglich in Lotosform dekorierten Boote aus Bananenstrünken zeigen heute unterschiedliche Formen und Farben und bestehen leider häufig aus Styropor. Bei Dunkelheit finden sich an den Ufern der Gewässer viele Menschen mit solchen *krathong* ein. Nachdem die Kerzen und Räucherstäbchen entzündet worden sind, treiben die erleuchteten, bunten Boote langsam mit der Strömung davon, als Opfergaben an die göttliche Mutter des Wassers – *mae khongkhe.* In Sukhothai, wo das Fest seinen Ursprung haben soll, wird es besonders prunkvoll mit einer Sound-and-Light-Show gefeiert.

Die Thaisprache

Fremdartige Töne

Für Europäer ist die Landessprache ein Buch mit sieben Siegeln. Zu fremd erscheinen die Strukturen, zu unbekannt Grammatik und Schrift. Auch mit der Aussprache verschiedener Tonhöhen haben die *farang,* die Ausländer, ihre Probleme und erzielen wahre Heiterkeitserfolge, wenn sie einen Begriff in der falschen Tonhöhe aussprechen.

Für die meisten Urlauber besteht kaum die Notwendigkeit, sich mit dieser Sprache auseinanderzusetzen, zumindest so lange nicht, wie sie in den Touristenzentren weilen. Außerhalb jedoch fällt es merklich schwerer, sich zu verständigen; die meisten Thai sprechen kein Englisch. Es lohnt deshalb, sich bei Reisen in abgelegene Gegenden einen Thaigrundwortschatz anzueignen, um nach einem Hotel oder Restaurant, dem Busbahnhof oder anderen wichtigen Dingen fragen zu können.

Thai ist eine Tonsprache aus der sinotibetischen Sprachfamilie, für jedes Wort gibt es fünf verschiedene Tonhöhen mit jeweils einer anderen Wortbedeutung. So heißt *maa* im normalen Mittelton ausgesprochen ›kommen‹, in steigendem Ton ›Hund‹ und in hohem Ton ›Pferd‹. Auf die korrekte Tonhöhe kommt es also an!

Das Thai hat verschiedene Einflüsse aus anderen Sprachen aufgenommen. Es ist verwandt mit dem klassischen Chinesisch, das wie das Thai eine Einsilblertonsprache ist. Später kamen viele Khmer- und Mon-Begriffe hinzu. Mehrsilbige Wörter stammen hauptsächlich aus dem Sanskrit und Pali, beides Sprachen, die mit dem Brahmanismus und später dem Buddhismus nach Thailand kamen. Standard-Thai, die Hochsprache, wird aufgrund des gut ausgebauten Schulsystems fast überall in Thailand gesprochen und verstanden. Daneben gibt es zahlreiche regionale Dialekte, wobei der Isarn-Dialekt am weitesten von der Hochsprache abweicht und weit mehr dem Laotischen ähnelt.

Alphabet und Schrift

König Rama Khamhaeng (s. S. 32) schuf 1283 das erste Thaialphabet. Es beruht auf Mon- und Khmer-Schriftzeichen, die ihrerseits auf indische Vorbilder zurückgehen. Bis heute nahm man an der damals entwickelten Schrift nur geringfügige Veränderungen vor. Thai wird horizontal von links nach rechts geschrieben und gelesen. Anders als europäische Schriften kennt es weder Satzzeichen noch Abstände zwischen den Wörtern, sondern nur Zwischenräume, welche die Satzenden markieren. Damit wird für Europäer das Schreiben und Lesen der Sprache noch schwieriger als die mündliche Verständigung.

Das Alphabet besteht aus 44 Konsonanten und 36 Vokalen. Einfache Selbstlaute gibt es allerdings nur 14, bei den restlichen handelt es sich um Doppel- oder Mehrfachlaute. Neben den Diphthongen wie ei, eu oder au findet man im Thai noch Laute wie iau, üay, ia oder uai. Jede dieser Kombinationen ist zu einem neuen Laut verschmolzen. Schwierig wird es mit den unterschiedlichen Tonhöhen, die jede Lautfolge annehmen kann. Die Tonhöhen können durch Symbole ausgedrückt werden. Wörterbücher mit Englisch als Ausgangssprache benutzen die Abkürzungen

l *(low)*, h *(high)*, r *(rising)* und f *(falling)*, während der Normalton nicht gekennzeichnet ist.

Satzgefüge und Sprachebenen

Die Grundstruktur der Sätze Subjekt/Prädikat/Objekt ist dafür einfach. Adjektive werden dem Substantiv nachgestellt. Verben und Substantive können ihre Funktion oder die Stellung im Satzgefüge ändern, ohne dass eine Vor- oder Nachsilbe dies anzeigt. Viele Verben lassen sich durch ein vorangestelltes Wort in ein Substantiv umwandeln: Aus *khit* (denken) bildet man *kwam khit* (Gedanke).

Jedes Thaiwort ist insofern vollständig, als es keine Endungen, kein Geschlecht, keinen Artikel und keine Pluralform gibt. Um Zeiten grammatikalisch auszudrücken, benutzt man bestimmte Hilfswörter. *Pai* (gehen) verändert sich so zu *dscha pai* (gehen werden), *kamlang pai* (im Begriff sein zu gehen) oder *pai laeo* (gegangen sein).

Zudem kennt das Thai vier Sprachebenen. Ihr Gebrauch richtet sich nach der sozialen Schicht des Angesprochenen. Da gibt es eine königliche, eine religiöse, eine höfliche (Mittelschicht-)Sprache und eine Unterschichtsprache, die auch intime Freunde verwenden, anmaßend dagegen wäre sie gegenüber neuen Bekannten. Daneben existieren noch weitere umgangssprachliche Formen, deren Gebrauch als recht vulgär angesehen wird.

Für ein Schwätzchen zwischendurch ist immer Zeit

Architektur und Kunst

Architektur und Kunst, die früher vor allem religiösen Charakter hatten, wurden in den vergangenen Jahrzehnten zunehmend kommerzialisiert. Neben einer wachsenden einheimischen Mittel- und Oberschicht, die sich aus Prestigegründen mit repräsentativen Werken umgibt, bietet vor allem der Tourismus zahlreichen Künstlern ein breites Betätigungsfeld.

Klöster und Tempel

Prächtig ausgeschmückte Tempelanlagen, in Thai *Wat* genannt, künden im Zentrum eines jeden Ortes vom Wohlstand der Gemeinde. Wie christliche Klöster im Mittelalter erfüllt ein Wat neben religiösen auch soziale Funktionen, etwa als Waisenhaus, Altersheim und Schule. Es ist aber auch das geistige Zentrum der Laiengemeinde, die hier ihre Feste feiert.

Eine Mauer schirmt den sakralen Tempelbezirk und den separaten Klosterbereich, in dem die Mönche *(bhikku)* leben, nach außen hin ab. In vielen Tempeln gibt es keine Klöster, wie beispielsweise in den repräsentativen Anlagen der Königsstädte, dem Wat Mahathat.

Bot und Viharn

Der **Bot,** das zentrale Heiligtum, in dem die Ordinationsfeierlichkeiten und andere religiöse Zeremonien stattfinden, ist meist besonders prächtig ausgeschmückt. Acht Grenzsteine, deren Form oft dem Blatt des Bodhi-Baums ähnelt, umgeben den Bot, ein neunter ist häufig unter dem Gebäude verborgen. Diese so genannten *Ba sema* trennen den heiligen Bereich vom restlichen Tempelareal. Bestimmte Rituale können von der Mönchsgemeinde nur dann durchgeführt werden, wenn sich innerhalb des heiligen Bereichs kein Fremder befindet.

Außerhalb des heiligen Bezirks stehen eine oder mehere **Viharn,** öffentliche Gebetshallen, die in der Regel größer sind als das Wat. Hier versammeln sich die Mönche zur täglichen religiösen Unterweisung und zum Gebet.

Bunt glasierte Ziegel bedecken die mehrfach gestaffelten Dächer der Hallen, wobei Rot- und Grüntöne vorherrschen. Giebel und Fassaden zieren **mythologische Wesen:** Garuda-Vögel, Reittier des Gottes Indra, dreiköpfige Elefanten *(Erawan)* und graziöse Vogelmenschen (*Kinnara* und *Kinnari*). Als Giebelabschluss fungieren goldene Naga-Schlangen. Diese mythologischen Wesen, die Buddha vor Regenfluten schützen sollen, winden sich auch die Treppenaufgänge hinauf. Grimmig dreinblickende Riesen *(Yaksha)* und selbst Ramas Gegenspieler aus dem Ramayana-Epos *(Tosakan)* bewachen die Eingangstore. Feine Holzschnitzereien oder Perlmutteinlegearbeiten zieren oft Türen und Fenster. Stein- oder Zementsäulen fungieren in den relativ jungen Anlagen von Bangkok als Stützen. In den älteren Tempelbauten im Norden findet man dagegen Säulen aus Teakholz, die den Räumen einen anderen Charakter verleihen. Die Innenwände vieler Bot und Viharn sind mit detailreich gearbeiteten Wandmalereien geschmückt, die mythologische Wesen oder Szenen aus dem Leben Buddhas darstellen.

Buddhabildnisse

In jedem Bot und Viharn, aber auch an vielen anderen Plätzen im Tempel, begegnet man **Buddhabildnissen.** Sie sind in meterlangen Zyklen an die Wände gemalt, in Fresken oder

Skulpturen plastisch ausgeführt, in Bronze oder Gold gegossen. Oft gibt es Hunderte solcher Darstellungen allein in einem Wat. Gläubige erweisen dem Erleuchteten Ehre, indem sie vor den Bildnissen niederknien, sie mit Blumen und feinen Goldplättchen schmücken und Räucherstäbchen vor ihnen abbrennen. Wer bei einem Künstler eine Buddhadarstellung in Auftrag gibt, erwirbt dadurch besondere Verdienste und kann sich vor hereinbrechendem Unglück schützen.

Chedi und Prang

Stupa ist der allgemeine Begriff für einen sich nach oben verjüngenden Sakralturm. Die Legende berichtet, dass der sterbende Buddha seine engsten Anhänger darum bat, seinen Körper nach dem Tod zu verbrennen und die Überreste unter einem Hügel von der Form eines Reisbergs zu vergraben. Darauf soll die Gestalt des Stupa zurückgehen. Die thailändischen Varianten heißen Chedi und Prang.

Die Form eines **Chedi** kann am besten mit einer Glocke verglichen werden. Basierend auf einer runden Grundfläche, läuft der Bau nach oben spitz aus. Ursprünglich findet sich diese Form bei den ceylonesischen Stupas (oder Pagodas von ceyl. *dagoba*). Chedis bergen die Asche einer verehrten Persönlichkeit, sodass sie sich immer in der Nähe einer heiligen Stätte befinden. Anfänglich wurden nur Reliquien von Buddha unter einem Chedi begraben, um an seine Lehre zu erinnern. Später errichtete man auch für die Asche von Prinzen oder besonders verdienstvollen Mönchen Stupas und heute finden die kleinen Türme sogar als Grabstein für einfache Gläubige Verwendung – entsprechend groß ist die Anzahl der Stupas in einer Tempelanlage.

Ein **Prang** verjüngt sich ebenfalls nach oben, hat aber im Gegensatz zum Chedi keine runde, sondern eine quadratische oder vieleckige Grundfläche und seine Spitze ist meist phallusähnlich ausgebildet. Diese Form, bis heute charakteristisch für hindu-

Einer der größten Chedis Thailands: der Phra Pathom Chedi in Nakhon Pathom

Geisterhäuschen

Fast wie ein Zuhause für Puppen wirken die kleinen Häuschen, die auf jedem Privatgrundstück an einem exponierten Platz auf einem Pfahl in Augenhöhe stehen. Die *chao thi,* wie die Thai sie nennen, beherbergen den Hausgeist, der bereits vor einem Hausbau um Rat gefragt wird.

Vor dem ersten Spatenstich sucht ein Spezialist, der sich in den Überlieferungen bestens auskennt, einen passender Platz für den *chao thi.* Das Geisterhäuschen muss an einem astrologisch zu bestimmenden Tag aufgestellt werden, nach Norden oder Süden blicken und darf niemals im Schatten des Hauses stehen, anderenfalls wird der Geist nicht einziehen. Selbst bei den dichtgedrängt aneinanderstehenden, modernen Hochhäusern darf es nicht fehlen. Mangelt es an Grund und Boden, findet das *chao thi* seinen Platz auf dem Dach des Hauses – selbst auf dem modernen Wolkenkratzer.

Zur Einweihung stellt man einen Tisch mit Essen, Früchten, Getränken, Kerzen, Räucherstäbchen und Blumen vor das *chao thi.* Auch später legt man abends Blumen, manchmal auch Räucherstäbchen und Kerzen auf die kleine Terrasse. Essen gibt es nur zu besonderen Anlässen, wie Neujahr oder am Jahrestag des *chao thi.*

Wenn Hausbesitzer einen Anbau vornehmen, sich ein Auto oder eine anderer größere Anschaffung leisten, muss auch der Hausgeist davon profitieren. Dann wird ein größeres *chao thi* gebaut oder das alte aufgestockt – eine thailändische Variante der Hausratversicherung. Mittlerweile lebt ein ganzer Industriezweig von der Massenproduktion von Geisterhäuschen im Einheitsstil.

Wohl das berühmteste *chao thi* des Landes ist der Erawan-Schrein in Bangkok. Beim Bau des gleichnamigen Hotels Mitte der 1950er-Jahre stießen den Bauarbeitern rätselhafte Unfälle zu. Um Schlimmeres abzuwenden und die Götter zu versöhnen, wurde nach dem Rat eines erfahrenen Astrologen ein besonders prachtvolles Geisterhäuschen zu Ehren des hinduistischen Gottes Brahma errichtet. Der vierköpfige Brahma, der Schöpfer und einer der drei obersten Hindu-Götter, genießt in

Thema

Thailand noch größere Verehrung als in anderen Ländern. Ihm werden enge Beziehungen zu Buddha zugeschrieben – unter anderem gilt er als Vater von Gautama Buddha. Dieser Schrein an einer verkehrsreichen Kreuzung entwickelte sich zu einem regelrechten Wallfahrtsort. Das Hotel jedoch, das er schützen sollte, stand weiterhin unter einem unglücklichen Stern und wurde 1988 durch einen Neubau ersetzt.

Noch heute kommen viele Angestellte nach Feierabend zur viergesichtigen Brahma-Statue. Sie entzünden Räucherstäbchen, spenden Blumengirlanden oder stellen zum Dank für einen in Erfüllung gegangenen Wunsch aus Teakholz geschnitzte Elefanten auf. In einer schattigen Ecke sitzen Tänzerinnen und Musikanten, die gegen Honorar Lakon-Tänze aufführen.

Dies alles soll das Wohlgefallen von Brahma erwecken, wobei die ihm vorgebrachten Anliegen von der Bitte um einen Lotteriegewinn bis zum Wunsch nach der Geburt eines Sohnes reichen. Vor allem vor der Lotterieziehung herrscht daher der größte Andrang.

In Geisterhäuschen finden neben Brahma auch andere Hindugötter ihren Platz

Ein Yaksha bewacht den Prang des Wat Arun in Bangkok

istische Tempeltürme, kam mit der Khmer-Kultur nach Thailand. Ein typisches Beispiel ist der Prang des Wat Arun in Bangkok.

Andere Tempelbauten

Im **Mondhop** (Bibliothek), einem meist quadratischen Bau mit pyramidenförmig gestuftem Dach, werden heilige Schriften aufbewahrt. Manchmal schützt eine hohe gemauerte Basis die Schriften vor den allgegenwärtigen Kleintieren. Einige Mondhop wurden über heiligen Fußabdrücken Buddhas errichtet.

An mehreren Stellen im Wat gibt es Ruhepavillons, kleine, nach den Seiten offene **Sala.** Ein Dach über der erhöhten Plattform bietet Schutz vor Sonne und Regen. Gläubige legen hier Opfergaben für die Mönche nieder. Jeder kann sich für eine Ruhepause oder zum Gebet in die Sala begeben. Pilgern dient sie als Unterkunft und auch männliche Reisende können hier übernachten, wobei ihre (unheiligen!) Füße allerdings nie in die Richtung des großen Buddha weisen dürfen.

In einem separaten Tempelbereich befindet sich das **Kuti,** das Kloster mit den einfachen Wohnräumen der Mönche. In diesem Bezirk pflanzen die Mönche heilige Bodhi-Bäume *(Ficus religiosa),* da Buddha unter einem Bodhi-Baum die Erleuchtung zuteil wurde.

Sawankhalok-Keramik

Historische Keramik

Bereits vor über 700 Jahren exportierte das Sukhothai-Reich Keramiken aus seinen Brennöfen nach ganz Südostasien. In jedem Museum des Landes stehen einige Exemplare der unverkennbaren, milchig-grünen Sawankhalok-Keramik, nach dem Sanskrit-Wort für grünen Stein *celadon cela* genannt.

Schon die ersten Kulturen auf dem Gebiet des heutigen Thailands verwendeten Tonkrüge sowohl im Haushalt als auch bei der Bestattung ihrer Vorfahren. Unter den Khmer enwickelte sich das Töpferhandwerk mit der Verbreitung des härteren Steinguts und der

Einführung von Glasuren weiter. Im Jahr 1300 brachte König Rama Kamhaeng von seinem zweiten Besuch am Hof von Kublai Khan südchinesische Töpfer mit, die er nahe seiner Hauptstadt in den traditionellen Töpfergebieten von Si Satchanalai ansiedelte. Dort bot er ihnen die Möglichkeit, mit neueren Brennöfen, die für heißere Temperaturen ausgelegt waren, ihre Kunst zu verbessern. Die doppelt gebackenen, fein gearbeiteten Figuren und Keramiken erhielten durch Blumen- und Fischedesigns oder die grüne Glasur ihre besondere Note. Schon bald hatten sie den hohen Standard der zu jener Zeit vorherrschenden chinesischen Produkte erreicht und wurden in größeren Mengen in andere südostasiatische Länder exportiert, nach Indien und sogar nach China und Japan. Vor allem die Haushaltsgegenstände waren nicht nur wegen ihres an Jade erinnernden, schönen Aussehens beliebt, sondern auch wegen des Aberglaubens, dass Celadon brechen oder sich verfärben würde, sobald es giftige Speisen enthielte. Selbst heute noch werden die ausschließlich aus natürlichen Materialien hergestellten Krüge, Vasen und Teller, denen die gesprungene Form der Glasur ein antikes Aussehen verleiht, geschätzt.

Das Töpferhandwerk heute

In den *kilns* (Brennöfen) nahe Sukhothai und Chiang Mai kann man zusehen, wie der schwarze Ton mit einer speziellen Asche vermischt, geformt und getrocknet wird. Anschließend stempeln oder gravieren die Handwerker dekorative Muster in den Ton, glasieren ihn mit Feldspat und brennen ihn bei 1250 °C im Ofen. Die meisten *kilns* produzieren zudem Porzellan, das vor dem Glasieren mit rotem Eisenoxyd, blauem Kobalt und anderen Farben bemalt wird. Die traditionellen und modernen Muster, die durch die farblose Glasur hindurchscheinen, weisen lokale und chinesische Einflüsse auf.

Eine Besonderheit der thailändischen Keramikindustrie ist die farbenprächtige Benjarong- und Lainamjong-Keramik, die in früheren Jahren ausschließlich dem königlichen Haushalt vorbehalten war. Entsprechend sind die Motive auf den Essensbehältern oder Teetassen häufig der Mythologie oder der buddhistischen Religion entlehnt. Die Produktion ist langwierig. Vier- bis achtmal werden die Gegenstände mit verschiedenfarbigen natürlichen Glasuren bemalt, die anschließend unter jeweils ansteigenden Temperaturen gebrannt und intensiviert werden. Manchmal werden am Ende die Muster noch durch das Auftragen von Goldfarbe hervorgehoben.

Musik

Siams Vielfalt der Klänge

Musik spielt in der thailändischen Kultur eine wichtige Rolle, bei buddhistischen Zeremonien in Tempeln, bei volkstümlichen Ritualen, brahmanischen Zeremonien, als Begleitung von klassischen Tänzen und Tanztheater wie auch im großen Spektrum der Popmusik.

Klassische thailändische Musik

Der klassische thailändische Tanz und die Musik lassen sich bis zu Steinreliefs der Sukhothai-Periode (13.–15. Jh.) zurückverfolgen, auf denen Musikgruppen mit traditionellen Instrumenten, *pi-phat* genannt, zu sehen sind. Pi-phat-Ensembles mit einem größeren und kleineren Rundgong *(khong wong yai* und *khong wong lek),* zwei Xylophonen *(renat ek* und *renat thum),* verschiedenen Arten von Trommeln *(klong)* sowie Blasinstrumenten begleiten klassische Tanzdramen *(khon* oder *lakon)* und Schattenspielaufführungen. Für westliche Ohren klingt diese Musik zunächst äußerst fremd, da die sieben gleich hohen Tonstufen des thailändischen Systems genau zwischen den für europäische Ohren vertrauten Tönen liegen.

Da es kein Notationssystem gibt, wird aus dem Gedächtnis gespielt. Wie in der gesamten thailändischen Kultur wurden auch hier im Laufe der Zeit Elemente aus verschiedenen Quellen integriert und ein neuer Stil kreiert. Seit den 1930er-Jahren wurden klassische Melodien der Thai-Musik mit westlichen Stilen – meist Jazz oder Tango sowie westlicher

Klassik – vermischt. Daraus entstand die urbane, romantische Stilrichtung *luk krung,* (wörtl.: Kind der Stadt). Trotz der Verwestlichung kam es in den letzten Jahren zu einem Wiederaufleben der klassischen thailändischen Folklore, auch durch die Förderung von seiten des Königshofs.

Volksmusik

Thailands **Volksmusik** *pleng phua bahn* umfasst Stilrichtungen aus unterschiedlichen Regionen, von den Neujahrstänzen der Bergvölker über die nächtelangen Gesangsturniere des nordöstlichen *morlam,* bis zu den unvergesslichen muslimischen Gesängen der *likay wolon* im tiefen Süden. Die beliebteste Folkrichtung der letzten Jahre ist ein schneller, tanzbarer Instrumentalstil aus dem Nordosten des Landes, der *bong lang.*

Popmusik und neue Tendenzen

Die thailändische Popmusik verzeichnet eine beispiellose Popularität. »Lieder für's Leben«, *pleng phua chiwit,* entstanden während der Demokratisierungsphase Anfang der 1970er-Jahre als Protest gegen die Militärdiktatur. Gruppen wie Caravan befanden sich an vorderster Front der linken Bewegung für Demokratie mit Liedern wie »Khon Gap Kwai« (Mensch mit Büffeln).

»Gier verschlingt unsere Arbeit
und teilt die Menschen in Klassen ein.
Die Reisbauern werden
auf die unterste Stufe gestellt,
als rückständiges und
ungebildetes Pack beschimpft
und nur eines ist ihnen sicher: der Tod.«

In den 1980er-Jahren wurden sozial engagierte Themen durch solche abgelöst, die sich verstärkt auf das Individuum bezogen. Ein Trend, der sich in der erfolgreichsten Rockgruppe von Thailand, Carabou, widerspiegelt. Nach deren Zersplitterung traten neue Bands aus der urbanen, westlich orientierten Jugend ihre Nachfolge an und stellten die tradierten Werte in Frage.

Die beliebteste Stilrichtung der 1990er-Jahre heißt *string,* eine verwestlichte Form des thailändischen Pop, deren Bandbreite von Balladen über Rock und Hard-Rock bis zu Disko und Rap reichen. Im neuen Jahrtausend konzentriert sich die kommerzielle Szene auf die Clubs im Großraum Bangkok. Gute Livemusik ist zudem in Chiang Mai, Pai und Pattaya zu hören. Die bekanntesten Thai-Pop-Rock-Bands sind Big Ass, Clash, Bodyslam, Silly Fools und Slot Machine. Thai Hip-hop wird von den in New York aufgewachsenen Musikern der Band Thaitanium gespielt und Thai-Reggae von Buddha Bless.

In der Popmusik wird die Beliebtheit des *string* noch vom *luk thung* (wörtl. Kind des Feldes) übertroffen. Dutzende Tänzer führen meist stundenlange Shows unter ständigen Kostümwechseln zwischen grellen Scheinwerfern, Essensständen und Volksbelustigungen etwa in Tempeln oder Stadien auf. Die Musik verbindet Folklieder vor allem mit klassischer Thaimusik, traditionellen Unterhaltungsformen wie *likay* und auch westlichen Musikstilen. Die Sänger beweisen bei ihren Auftritten einen gewaltigen Stimmumfang. Die Lieder erzählen Geschichten von typischen Charakteren wie dem Lastwagenfahrer, dem Bauernjungen oder -mädchen, dem armen Pächter, der Prostituierten oder dem Dienstmädchen. Sie handeln vom Aufbruch in die Großstadt oder von Untreue, Schmerz und von sexuellen Genüssen. Sie gehen auf alte Markt- und Liebeslieder zurück und sprechen das Leben der Unterprivilegierten an. Im Gegensatz dazu wird der *luk grung* mit seinem hervorgehobenen Gesangsstil und romantischen Phantasien mit der reichen Oberschicht identifiziert und von staatlichen Institutionen wie Radio Thailand bevorzugt gespielt.

Zunehmende Beliebtheit genießt der *mor lam,* ein Folkstil aus dem Nordosten, der im Isarn-Dialekt gesungen wird, begleitet von einer *khaen* (Mundorgel aus Bambus), *phin* (zwei- bis vierseitigen Gitarre) und *ching* (kleinen Tempelglocken), aber auch von Gitarren und Synthesizer. Die Lieder sind am klagenden Stöhnen »Oh la naw« zu Beginn zu erkennen. Eine beschleunigte, moderne Version des *mor lam,* die dem Zeitgeist stärker

Mit traditionellen Lakon-Jatri-Tänzen werden die Götter milde gestimmt

entspricht, ist der *mor lam sing*. Die Gruppen spielen oft die ganze Nacht. Sänger und Sängerinnen tragen humorvolle Lieder vor, die auch Neuigkeiten, unanständige Witze und anzügliche Bemerkungen zum Inhalt haben.

Die Musik der Bergvölker

Die Musik der Bergvölker ist im Grunde so alt wie die Berge, in denen sich die Lahu, Lisu, Meo und andere Völker niedergelassen haben. Man hört sie während der Neujahrsfeiern im Dezember/Januar in den Bergdörfern oder bei den Aufführungen in Chiang Mai. In den Lahu-Siedlungen beginnen die Festtage, wenn die jungen Männer ihre Bambusflöten *(talula)*, die sie auf ihrem Weg zu den Feldern spielen, beiseite legen und die Maultrommel *(at-ta)* hervorholen. Sie präsentieren vor dem Haus ihrer zukünftigen Partnerin so lange traditionelle Lieder, bis das Mädchen herauskommt und ihren Freund begrüßt. Am Neujahrstag tanzt man zur Musik um einen hohen Mast und in der letzten Nacht wird unter Begleitung von Maultrommeln, Gongs und *naw* Theater aufgeführt.

Maskentanz und klassisches Tanztheater

Der Maskentanz in farbenprächtig glitzernden Kostümen, mit dämonischen Masken und mit graziösen Bewegungen zu fremdartigen Orchesterklängen lässt Sagen von heldenhaften Kämpfen zwischen heimtückischen Dämonen und mutigen Kriegern, Märchen von anmutigen Prinzessinnen und prunkvollen Festen am Königshof lebendig werden.

Das klassische Theater fand in den vergangenen Jahrhunderten in der höfischen Kultur seine Formvollendung. Es war das Privileg der Adligen, sich der Dichtkunst zu widmen. Sie verfügten über die entsprechende Bildung und konnten Schauspieler, Tänzer und Musiker finanzieren. Allein der König genoss das Vorrecht, Frauen seines großen Harems auf der Bühne auftreten zu lassen. Ansonsten durften nur männliche Schauspieler beschäftigt werden. Von seiner Gunst hing Jahrhunderte lang das Wohl oder Wehe des Theaters ab.

Einen Höhepunkt erreichte die Bühnenkunst während der Regentschaften von Rama II. (1809–24), der das Ramayana-Epos zum Theaterstück umarbeiten ließ, und von Rama VI. (1910–25), unter dessen Einfluss sich das Tanztheater zur Perfektion entwickelte. Die Weltwirtschaftskrise in den 1920er-Jahren und das Ende der absoluten Monarchie führte zum Niedergang der Künste. Erst nach dem Zweiten Weltkrieg, als es kaum mehr als eine Handvoll Schauspieler und Tänzer gab, begann man unter völlig veränderten Bedingungen mit der Ausbildung junger Künstler.

Heute ist dem Department of Fine Arts die Ausbildung der Studenten im Alter von elf bis 23 Jahren übertragen. In verschiedenen Abteilungen der Schule lernen sie Tanz und Gesang oder üben sich auf den Instrumenten des traditionellen Orchesters. Schon als Kinder beginnen die Tänzer mit einem harten Körpertraining, damit Muskulatur und Sehnen für die extremen Bewegungen elastisch bleiben.

Khon – Klassischer Maskentanz

Tanz und Schauspiel gehen beim klassischen Maskentanz, dem *khon,* ineinander über, jeder Schritt hat seine Bedeutung, jede Handbewegung symbolisiert ein Gefühl oder erklärt die dargestellte Situation. Fließende Gebärden sind Menschen und Göttern eigen; die stark nach hinten durchgebogenen Hände der Frauen drücken besondere Eleganz aus. Bei Dämonen und Affen wirken die Bewegungen der unteren Körperhälfte mit angewinkelten Beinen besonders eckig.

Der marionettenhafte Bewegungsablauf lässt Einflüsse des Schattenspiels erkennen. Neben der Körpersprache ist auch das äußere Erscheinungsbild auf den einzelnen Charakter zugeschnitten. Die fein gearbeiteten Masken aus Pappmaché und Lack sind individuell bemalt und mit Einlegearbeiten geschmückt. Sie genießen bei den Künstlern besondere Achtung, gelten sie doch als Herberge für den Geist des jeweiligen Charakters.

Im Gegensatz zu den Masken sind die prunkvoll bestickten Kostüme aus Seide und Brokat genau auf die Bühnenfigur zugeschnitten. Sie sind der traditionellen Festkleidung des Königshofs nachempfunden. Da die Masken das Sprechen erschweren, trägt ein Chor vom Bühnenrand die Texte vor: Dialoge in rhythmischer Prosa, eingebettet in poetische Erzählungen und Lieder, die von einem Orchester begleitet werden. So verschmelzen Bewegung, Musik und Sprache zu einem künstlerischen Gesamterlebnis.

Lakon – das thailändische Tanztheater

Im Tanztheater, dem *lakon,* treten die Darsteller mit stark geschminkten Gesichtern auf. Ihre Bewegungen wirken weniger stilisiert und gehen fließend ineinander über, wobei die Betonung auf dem Oberkörper, vor allem auf den Händen liegt. Außer Szenen des allseits beliebten Ramayana-Epos werden auch buddhistische Erzählungen, Märchen und Sagen, ja sogar umgedichtete westliche Operetten aus jüngerer Vergangenheit aufgegriffen.

Die älteste Form des Tanztheaters, *lakon jatri,* wurde ursprünglich nur von Männern im Süden des Landes aufgeführt. Kurze Lakon Jatri-Aufführungen kann man heute in Bangkok am Erawan-Schrein oder am Lak Muang-Schrein gegenüber vom Wat Phra Keo vor allem an Wochenenden beobachten. Die Tänzer unterstützen durch ihre Vorstellung die Wünsche von Bittstellern an die Götter und erhalten dafür eine Bezahlung. Im Gegensatz zu dem erst später entstandenen Innentheater bezeichnet man diese Aufführungen als Außentheater, *lakon nok.* Es zeichnet sich durch rasche Handlungsabläufe und eine knappe, allgemeinverständliche Sprache aus. Teilweise improvisieren die Sprecher und ihre humorvollen Bemerkungen enthalten vielfach einen Hauch von Obszönität.

In der höfischen Tradition dagegen entstand das Innentheater, *lakon nai* (im königlichen Hof), das nur von Frauen des Königs aufgeführt wurde. Größten Wert legte man auf die Einbindung der tänzerischen Bewegungen in einen graziösen, harmonischen Gesamteindruck. Die Inhalte wurden in sorgsam ausgefeilter poetischer Form vorgetragen und durch langsame, sanfte Musik untermalt.

Essen und Trinken

In Thailand scheinen sich die Currys aus Indien, die Kokosnusssaucen der tropischen malaiischen Welt und die feine chinesische Kochkunst mit den frischen Kräutern, Wurzeln und Früchten des Landes zu vereinen. Immerhin zählt die thailändische Küche zu den besten der Welt.

Wo in Thailand findet man die typische Landesküche: im weitgehend von ausländischen Einflüssen unberührten Norden und Nordosten des Landes, im tropischen Süden, auf den Straßen der Metropole Bangkok oder in deren luxuriösen Restaurants? Gelegenheiten sie zu kosten gibt es reichlich, denn in Thailand scheint man immer und bei jeder Gelegenheit zu essen.

Die Hauptmahlzeit

Eine Hauptmahlzeit zur Mittagszeit oder am frühen Abend besteht aus mehreren milden und scharfen Gerichten, die in beliebiger Reihenfolge oder auch gleichzeitig serviert werden. Im Unterschied zu Mitteleuropa isst man die Suppen nicht als Vorspeise, sondern gleichzeitig mit den Hauptgerichten. Beliebt sind saure Suppen, die klare *tom yam,* meist mit Garneleneinlage, oder die cremige *tom kha,* meist mit Geflügel, der die Kokosmilch einen milden Geschmack verleiht. Unentbehrliche Bestandteile eines Menüs sind zudem ein Curry, Reis und eine Schale der intensiven, salzigscharfen Sauce *nam prik.*

Reis ist, wie Kartoffeln und Brot für Mitteleuropäer, für Thai das wichtigste Nahrungsmittel. *Khao* gibt es als Beilage oder als eigenständiges Gericht, wie den preiswerten *khao phat* – gebratenen Reis, das Standard-

In vielen Straßenrestaurants werden kulinarische Köstlichkeiten zubereitet

Kaffir-Limetten, Zitronengras und Kaffirblätter tragen zur säuerlichen Note bei

gericht der Backpacker-Restaurants. Im Norden oder als Nachspeise wird manchmal *khao nie oh,* Klebreis, gegessen. Bereits zum Frühstück gibt es eine Reissuppe oder gebratene Nudeln. Viele Nudelgerichte sind chinesischer Herkunft. Es werden zwei Nudelsorten für Suppen, zum Braten oder als Beilage verwendet: *guäi tiao* – weiße Reisnudeln und *ba mie* – gelbliche Weizenmehlnudeln.

Snacks

Da viele Frauen erwerbstätig sind, isst man häufig außer Haus. An vielen Straßenecken wird gekocht und gebraten, fliegende Händler versorgen die Daheimgebliebenen und auf den Märkten lockt ein vielseitiges Angebot kleiner Snacks: *khao larm* – Klebreis in Bambus gedünstet, getrocknete Tintenfische, hauchdünne, süß oder salzig gefüllte Teigtaschen, *gluei tord* gegrillte kleine Duftbananen, süße Kokoskuchen in grellen Farben und nicht zu vergessen die zahlreichen tropischen Früchte, die häufig auch als Dessert gegessen werden.

Gewürze

Den ersten bleibenden Eindruck eines typisch thailändischen Essens hinterlassen überall im Land die kleinen grünen und roten **Chilischoten** *(prik kee noo),* deren im wahrsten Sinne atemberaubende Schärfe sich erbarmungslos vom Gaumen bis in die Magengegend hinein ausbreitet. Hinter der Schärfe aber entwickelt sich eine geschmacklich kaum zu überbietende Vielfalt exotischer Gewürze, Kräuter und anderer Zutaten, die höchstens in Touristenrestaurants sparsam verwendet werden.

Dabei werden die chili-scharfen Gerichte oft mit Kokosmilch gemildert, mit Palmzucker gesüßt, mit Fischsauce gesalzen, mit Shrimppaste aromatisiert, mit Tamarinde, Limetten und anderen Zitrusfrüchten gesäuert und mit frischem Knoblauch, Ingwer, Koriander, Zitronengras, Horapa, Minze und weiteren Kräutern abgeschmeckt. In den Currys kommen zudem die aromatischen indischen Gewürze Kardamom, Gelbwurz, Safran, Nelken, Muskatnuss oder Muskatblüte zur Geltung.

Currys

Vielfältig präsentieren sich die Thaicurrys, mal mit, mal ohne Kokosnussmilch und in verschiedenen Schärfegraden. Wer es gern scharf mag, bestellt das grüne Curry *gaeng khiau wahn* oder das rote *gaeng phet.* Ansonsten greift man lieber auf die etwas milderen Varianten zurück: das cremige *panaeng* oder das gelbe *gaeng massaman,* das mit Fleisch und Kartoffeln zubereitet wird. Der indischen Vorlage am ähnlichsten ist das weniger scharfe *gaeng garih.*

Gemüse, Fleisch und Fisch

Vielfältig wie die Gewürze sind auch die Gemüsesorten und andere Zutaten. Aus den Gärten des Landes stammen Wasserkastanien und -kresse, Mungo- und Schlangenbohnen sowie eine weite Palette tropischer Früchte, von denen Bananen, Papaya, Wassermelonen und Ananas das ganze Jahr über zu bekommen sind. Kaum ein Tier scheint auf thailändischen Speisekarten zu fehlen. Neben hervorragenden Geflügel-, Fleisch- und Fischgerichten entdeckt man an den Straßenständen ab und zu auch absonderliche Snacks wie fritierte Heuschrecken, Hühnerfußsalat, Krokodilsuppe oder Käfer am Spieß. Wer lieber Altbekanntes mag, bestellt *muh* – Schweinefleisch, *nua* – Rindfleisch, *gai* – Hühnerfleisch oder *ped* – Entenfleisch. Fischliebhaber haben die Auswahl zwischen *plah* – Fisch, *gung* – Garnelen und *puh* – Krebsen. Auch wenn Fisch und Fleisch nicht auf jedem Familientisch zu finden sind, gehören sie doch zu einem Essen außer Haus dazu.

Früchte

Ananas *(sap pa rot):* sollen in Thailand besonders süß und saftig sein. An vielen Plätzen kann man auf der Straße frische Stücke kaufen. Saison: April bis Juli.
Bananen *(gluei):* gibt es in verschiedenen Varianten, große und kleine, mehlige und süße. Die kleinen Früchte werden als gebackene Bananen *(gluei tord)* über offenem Feuer gegrillt.
Durian *(tunan):* auch unter der deutschen Be-

Abendmenü in Bangkok

zeichnung Käseobst bekannt. Der Name charakterisiert den Geruch der stachligen Frucht recht zutreffend, von den Asiaten jedoch wird sie als Königin der Früchte teuer gehandelt. Das helle, cremige Fruchtfleisch unter der grünlich-braunen, harten Schale isst man während der Saison (April bis August) zu klebrigem Reis.

Guave *(farang):* Wie die Touristen (die im Thai ebenfalls *farang,* Fremde, heißen), die aus unbekannten Ländern nach Thailand kommen, stammt auch die Guave aus dem Ausland. Sie wird mit Zucker und Salz gegessen (ausgenommen die Kerne). Saison: September bis Januar.

Holzapfel *(puht sa):* Die gelblich-grüne Frucht ähnelt in Größe und Geschmack Pflaumen. Saison: Oktober bis Februar.

Jackbaumfrucht *(kha nun):* Die große, gelbbraune Frucht wird bis zu 20 kg schwer. Ihr Fruchtfleisch ist gelb und fest, aber trotzdem saftig. Die Frucht kann in einzelne Segmente zerteilt werden. In deren Mitte befindet sich ein Stein, der geröstet ähnlich wie Erdnüsse schmeckt. Saison: August und September.

Longan *(lam yai):* eine sehr süße, kleine Frucht mit fester, brauner Schale. Die Kerne sind nicht essbar.

Sapodilla *(lamut):* Unter der braunen Schale verbirgt sich rings um einen großen, schwarzen Kern sehr süßes Fruchtfleisch. Saison: März bis Juli.

Langsard *(long-gong):* Die dünne, hellbraune Schale mit bräunlichen Sprenkeln kann man leicht abschälen. Die großen Kerne sind nicht essbar, das Fruchtfleisch ist süß-sauer. Saison: Juni bis September.

Longan *(lamyai):* wird im Norden des Landes angebaut. Zum Erntefest findet in der Nähe von Chiang Mai ein großes Longan-Fest statt. Die kleinen Früchte mit den dünnen Schalen werden in Büscheln verkauft. Saison: Juli bis September.

Mandarinen *(som):* Erhält man zu allen Jahreszeiten auf Märkten. Orangen werden lokal nicht angebaut; bei ›frischem Orangensaft‹

Früchte dekorativ in Szene setzen: auch das gehört zur thailändischen Kochkunst

handelt es sich daher nicht selten um frischen Mandarinensaft.

Mango *(mamuang):* Die Farbe (grün bis rötlich) und der Geschmack (nußartig, sauer bis süß) wechseln je nach Reifegrad. Die Mango wird mit klebrigem Reis in Kokosnussmilch gekocht oder in grünem Zustand und in Scheiben geschnitten mit Salz gegessen. Saison: März bis Juni.

Mangostanenfrucht *(mang kut):* apfelgroß mit dunkelrot-violett-schwarzer Schale, deren Saft stark färbt. Das weiße Fleisch schmeckt sehr süß. Saison: Juli bis November.

Papaya *(ma la kor):* grüne bis gelb-bräunliche, dünne Schale, darunter orange-rötliches, saftiges Fruchtfleisch. Wird häufig als Frühstücksobst oder Nachspeise in Hotels serviert.

Rambutan *(ngoh):* ›Die Haarige‹ macht ihrem Namen alle Ehre. Die rötlichen haarigen Früchte, die unter ihrer weichen Schale ein helles, süßes Fruchtfleisch verbergen, werden büschelweise zum Kauf angeboten. Der Kern ist nicht essbar. Saison: Juni bis Oktober.

Riesenorangen *(somoh):* ähneln in Aussehen und Geschmack der Grapefruit. Das Fruchtfleisch ist rosa und leicht trocken.

Rosenapfel *(tschom puh):* Von den kleinen, birnenförmigen Früchten sind Schale und Fruchtfleisch essbar. Je nach Farbe der wächsern glänzenden Schale schmecken sie sauer (rötlich) oder süß (grün und weiß).

Zuckerapfel *(noi sah):* Leicht in zwei Hälften zu brechen, allerdings lässt sich das Fruchtfleisch nur schwer vom ungenießbaren Kern lösen. Farbe: blassgrün mit braunen Sprenkeln.

Getränke

Wasser, *nham,* sollte aus gesundheitlichen Erwägungen immer aus versiegelten Flaschen und niemals aus der Leitung getrunken werden. Schmackhafte, erfrischende Alternativen sind *nham mahprau* – die Milch der jungen Kokosnuss, *nham manau* – frischer Limonensaft oder *nham sohm* – Orangensaft. Neben den international bekannten Softdrinks ist in Thailand auch *witamilk* – Sojabohnenmilch, in Flaschen abgefüllt, ein beliebtes Erfrischungsgetränk. Nicht jedes Eis, das die Fabriken verlässt, weist einwandfreie Qualität auf. Vorsichtige sollten deshalb außerhalb der Touristenzentren auf den kühlenden Zusatz verzichten.

Bei alkoholischen Getränken führt der lokale Whiskey vor dem Bier, obwohl in den Städten und Touristenzentren Fassbier und Wein auf immer mehr Speisekarten zu finden sind. Besonders beliebt sind in Bangkok während der Trockenzeit die großen Open-Air-Biergärten. Die Preise der aus Europa, Australien und Kalifornien importierten Weine liegen auf westlichem Niveau.

Der Tee *(tschah)* wird in thailändischen Lokalen häufig mit süßer Dosenmilch serviert, ebenso der Thaikaffee *gafä.* An die Namen dieser Getränke wird entweder *yen* (kalt) oder *rorn* (heiß) angehängt.

Regionale Besonderheiten

Da im Süden des Landes das Meer nicht fern ist, gehören Fisch und andere Meerestiere zu jedem Menü. Die tropische Vegetation und der malaiische Einfluss machen sich auch in der Zubereitung bemerkbar. Insgesamt wird im Süden des Landes mehr Kokosmilch verwendet und schärfer gewürzt.

Im Norden hingegen findet man eher Enten- und Schweinefleischgerichte, etwa *sai owa,* würzige Würste mit Kräutern. Auch das traditionelle Khantoke-Dinner offerieren einige Restaurants von Chiang Mai zahlungskräftigen Touristen zu überhöhten Preisen. Man sitzt recht unbequem um einen kleinen, runden Tisch, auf dem vier bis fünf kleine Schälchen mit lauwarmen Gerichten stehen: gegrillte Schweineschwarten, burmesisch beeinflusste Currys, ein scharfer laotischer Salat, Chilisauce und Klebreis.

Im Nordosten wird der laotische Einfluss noch deutlicher, dort spielt Klebreis in der Küche eine zentrale Rolle spielt. Typisch sind die scharfen Salate *laab* mit gehacktem Fleisch oder Innereien und *som tam* aus geraspelten, unreifen Papayas.

Kochschulen in Thailand – Thaiküche für jedermann

Thema

Die Märkte in Thailand erfreuen das Herz von Genießern. Was man aus den Bergen von Knoblauch und Chilis machen kann, wofür die kräftig riechenden Pasten, die Kräuter und Wurzeln eigentlich verwendet werden und wie die langen, grünen Bohnen oder winzigen, kugelrunden Auberginen schmecken – das verraten Thailands Kochschulen.

Wer die thailändischen Gerichte schätzen gelernt hat und zu Hause nicht auf die leckeren Suppen und Currys verzichten möchte, der kann sich in ein- bis viertägigen Kochkursen in authentischer Umgebung in die Grundlagen der Thaiküche einweisen lassen.

Bereits beim Anblick der verschiedenen Küchenmesser in der Haushaltswarenabteilung eines Supermarkts kommt der Gedanke auf, dass die korrekte Zubereitung der Gerichte nicht ganz so einfach ist, wie es das Kochbuch verspricht. Doch Pip, unsere Lehrerin, weist uns in einem kleinen, überdachten Pavillon an einem Klong, 45 Bootsminuten vom Königspalast entfernt, geduldig in die Feinheiten des Knoblauchschälens ein. Selbst erfahrene Köche fühlen sich sogleich als Anfänger, wenn sie zum ersten Mal das große Messer mit der breiten Klinge in der Hand halten und nicht, wie gewohnt, mit der Messerspitze, sondern mit dem unteren Teil der Klinge arbeiten sollen. Der Vorteil des großen Messers erweist sich schon bald, als Pip mit einem kräftigen Schlag (dabei die Klinge flach auf den geschälten Knoblauch legen) mehrere Zehen auf einmal zerkleinert, sie nach kurzem Hacken gleich mit dem Messer aufnimmt und in das siedendheiße Öl befördert.

Auch das Schneiden von frischem Ingwer will gelernt sein, damit er sein volles Aroma entfaltet. Mit jedem Schritt beginnen wir, das anschließende gemeinsame Mahl mehr zu schätzen und freuen uns bereits auf den Bummel über den großen Obst- und Gemüsemarkt am nächsten Morgen. Nach einigen Tagen können wir Ingwer- und Limonenarten unterscheiden, kennen die Schärfe der Chilipasten, den Geschmack von Zitronengras und Tamarinde. Als wir zum Abschluss mit kleinen, feinen Messern Dekorationen aus Karotten und anderen Gemüsen schnitzen wird uns klar, dass uns noch ein langer Weg bis zur Meisterschaft bleibt.

Eine Auswahl von Kochschulen

The Thai House: am Klong im ländlichen Nonthaburi, westlich des Stadtzentrums, Tel. 02-903 96 11, Fax 02-903 93 54, www.thaihouse.co.th. Hier lernt man nicht nur exzellente Hausmannsküche kennen, sondern kann auch in einem Teakhaus in ländlicher Umgebung einige Tage bei Pip und ihrer Familie verbringen.

Mandarin Oriental Hotel: 48 Oriental Ave., Tel. 02-659 90 00. Die Kochschule dieses Spitzenhotels ist für die Vermittlung der feinen Thaiküche berühmt und entsprechend teuer.

The Boathouse: Kata Beach, Phuket, Tel. 076-33 00 15. Am Wochenende unterrichtet Chef Tummanoon von 10–14 Uhr in der Restaurantküche.

Chiang Mai Thai Cookery School: 1–3 Moon Munag Rd., Tel. 053-27 80 33, www.thaicookeryschool.com. Elizabeth Nabnian und Sompon führen in Tageskursen in die nordthailändische Küche ein.

Restaurants und Garküchen

Die thailändische Küche ist vielfältig. In exklusiven Restaurants der internationalen Hotels harmonieren die kunstvoll auf Buffets dargebotenen Speisen mit den Farben tropischer Blüten. Fische, Krebse und andere frische Meerestiere, die zwischen knackigem Gemüse und Früchten präsentiert werden, lassen Passanten das Wasser im Mund zusammenlaufen. Zudem kann man selbst in preiswerten Restaurants fast immer hervorragend speisen und wird aufmerksam bedient.

Eine kulinarische Reise durch Thailand wäre unvollständig, würde man sich ausschließlich auf die Restaurants beschränken. Während dort ein Abendessen zwischen 100 und 500 Baht kostet und in den Hotels zum Teil noch mehr verlangt wird, zahlt man für eine sättigende Mahlzeit in einer Garküche und auf den Märkten kaum mehr als 50 Baht.

In den Provinzstädten ist der Besuch eines Nachtmarktes ein Erlebnis. Im Schein Mücken umschwärmter Lampen stapeln sich auf fahrbaren Marktständen appetitliche Früchte, da wird gebraten, gekocht, gegrillt und nebenher noch diese und jene Kleinigkeit verkauft. Hungrige Passanten holen sich hier eine Suppe, dort etwas Seafood oder einen eisgekühlten Drink. Man sitzt unter freiem Himmel und genießt die abendliche Kühle in angenehmer Gesellschaft.

Selbst auf dem Lande findet man immer eine Garküche, die eine kräftigende Nudelsuppe anbietet. Dazu wird eine große Schale mit Bandnudeln oder Vermicelli, Sojakeimen, Wasserkresse und anderem Gemüse sowie mit Fischbällchen oder dünnen Scheiben von rotem, eingelegtem Schweinefleisch gefüllt, mit heißer Fleischbrühe übergossen und mit Frühlingszwiebeln garniert. Zum Nachwürzen erhält man sauer eingelegte milde Chilis, Zucker, scharfe Chilipaste und Fischsaucen mit verschiedenen Zutaten. Kaum zu glauben, welche geschmacklichen Abwandlungen diese preiswerten Suppen zwischen Mae Sai im Norden und Hat Yai im Süden erfahren.

Etikette

Gegessen wird in Thailand mit Löffel und Gabel, wobei man mit der Gabel in der linken Hand die Speisen auf den Löffel in der rechten Hand schiebt. Nur zu Nudelgerichten erhält man Essstäbchen und zu Suppen einen kleinen chinesischen Löffel. Auf dem Land sitzt man zum Essen auf dem Boden und benutzt die Finger. Gelegentlich stehen Rollen mit Toilettenpapier, das als Serviette benutzt wird, auf dem Tisch.

In einfachen Restaurants wird kein Trinkgeld erwartet, aber man kann gern etwas Wechselgeld liegen lassen. Sofern man die Rechnung verdeckt in einer Mappe oder einem Kästchen präsentiert bekommt, sollten einige Scheine für den Service extra hineingelegt werden, selbst wenn das Trinkgeld, wie in den meisten Hotels, extra ausgewiesen ist.

Lesetipp

Thai Food. David Thompson, München 2002. Eine Liebeserklärung an die Küche Siams, auf moderne Weise neu präsentiert vom australischen Koch David Thompson, einem Verehrer der thailändischen Kochkunst.

Kulinarisches Lexikon

Allgemeines

Das Essen schmeckt gut!	ahahn a-roi
dasselbe noch mal	ao ik mai
durstig sein	hiu nham
essen gehen	pai tahn ahahn
essen	gin khaao
heiß	rohn
hungrig	hiju
Ich (weibl./männl.) mag …	tschan (weibl.)/phom (männl.) schop
kalt	jen
Restaurant	rahn ahahn
trinken	dühm
zahlen, bitte!	tschek bin

Zubereitungsarten

nüng	gedünstet, gekocht
phet	scharf
phat	gebraten
ping	getoastet
prih oh wahn	süß-sauer
tord	gebraten, gebacken
tom	gekocht
wahn	süß
yang	gegrillt

Eiergerichte

khai	Ei
khai gai	Hühnerei
khai ped	Entenei
khai luak/tom	weich/hart gekochtes Ei
khai tord	Omelett
khai yad sai	Gemüseomelette
khai yat sai muh	Omelette mit Gemüse und Schweinefleisch

Suppen

gaeng djüt	milde Suppe mit Gemüse und Fleisch
gaeng liang	thailändische Suppe mit Gemüse
gaeng ba tschor	Suppe mit Schweinefleisch
khaao tom	Reissuppe, wobei die Bezeichnung der jeweiligen Fleischsorte angehängt wird
khaao tom plah	Reissuppe mit Fisch
tom yam	scharfe, saure Suppe, eine besondere Spezialität
tom yam gai	die Variante mit Hühnerfleisch

Currys

gaeng gariih	mildes, indisches Curry
khiau wahn	sehr scharfes Curry
gaeng masman	mildes gelbes Curry
gaeng phet	scharfes Curry

Fleisch, Fisch, Meeresfrüchte

gai	Hühnerfleisch
gang	Garnele
gung	Hummer
muh	Schweinefleisch
nua wua	Rindfleisch
ped	Entenfleisch
plah	Fisch
plahmük	Tintenfisch
puh	Krebse

Reis- & Nudelgerichte

khaao plau	weißer, trockener Reis
khaao phat	gebratener Reis, ein typisches Gericht an den Essensständen
khaao phat gai	gebratener Reis mit Hühnerfleisch
khaao nie oh	klebriger Reis, vor allem als Nachspeise
guäi tiao	Reisnudeln (weiß)
ba mie	Weizenmehlnudeln (gelblich)
nham	Nudelsuppe
ba mie nham muh	Suppe mit Schweinefleisch und gelben Nudeln

guai tiau hang	Reisnudeln mit Gemüse und Fleisch
ba mie rahd nah	knusprig gebratene Weizenmehlnudeln

Nachspeisen & Snacks

khaao larm	gekochter Klebreis in einem Bambusrohr
khaao tom mat	mit Bananen gefüllter Klebreis, oft kunstvoll in einem Bananenblatt verpackt
gluei bod tschie	Bananen in süß-salziger Kokosnuss-creme
gluei tord	gegrillte Bananen

Obst

farang	Guave
kha nun	Jackfruit
gluei	Bananen
ma la kor	Papaya
mamuang	Mango
mang kut	Mangosteen
tunan	Durian
sap pa rot	Ananas
som	Orange/Mandarine
somoh	Riesenorange/ Pomelo

Getränke

bia	Bier
tschah	Tee mit süßer Milch
tschah dam	Tee mit Zucker
tschah manao	Kalter Tee mit Zitrone
gafä	Kaffee
lao	alkoholische Getränke
nham (yen)	(Eis-) Wasser
nham mahprau	Kokosnussmilch
nham manao	Zitronensaft
nham sohm	frischer Orangensaft
nhom sot	frische Milch
oh liang	kalter chinesischer Kaffee, süß
witamilk	Sojabohnenmilch

Spezialitäten

gai phat baikrapao	gebratenes Hühnerfleisch mit thailändischem Basilikum
gai phat metmamuang	gebratenes Hühnerfleisch mit Cashewnüssen
gai phat nohmai gap het	gebratenes Hühnerfleisch mit Bambus sprossen, Morcheln
gai takrai	Hühnerbrust mit Zitronengras
gai yahng	gegrilltes Hähnchen
khaao man gai	Reishähnchen mit pikanter Ingwersauce
gang nüng krathiam pak chii	gedämpfte Garnelen mit Knoblauch und Koriander
muh phat king	gebratenes Schweinefleisch mit Ingwer
muh tord krathiam prikthai	Schweinefleisch mit Knoblauch und Chilis
muh prih oh wahn	Schweinefleisch süß-sauer
nua phat nam manhoy	gebratenes Rindfleisch mit Austern-Sauce
ped op nam püng	Ente, gebacken mit Honig
phat nohmay sai khai	gebratene Bambussprossen mit Eiern
phat pak ruam	gemischtes gebratenes Gemüse
plahmük yat sai	Tintenfisch, gefüllt mit Gemüse und Hack
plah tord	gebackener Fisch
sate (gai, muh ...)	Fleischspießchen (von Huhn, Schwein ...) mit Erdnusssauce
tom yam talueram	sauer-scharfe Suppe mit Fisch, Garnelen und Muscheln
yam somoh	bitterscharfer Pomelo-Salat

Im Nostalgiezug Eastern & Oriental Express wird auf Komfort gesetzt

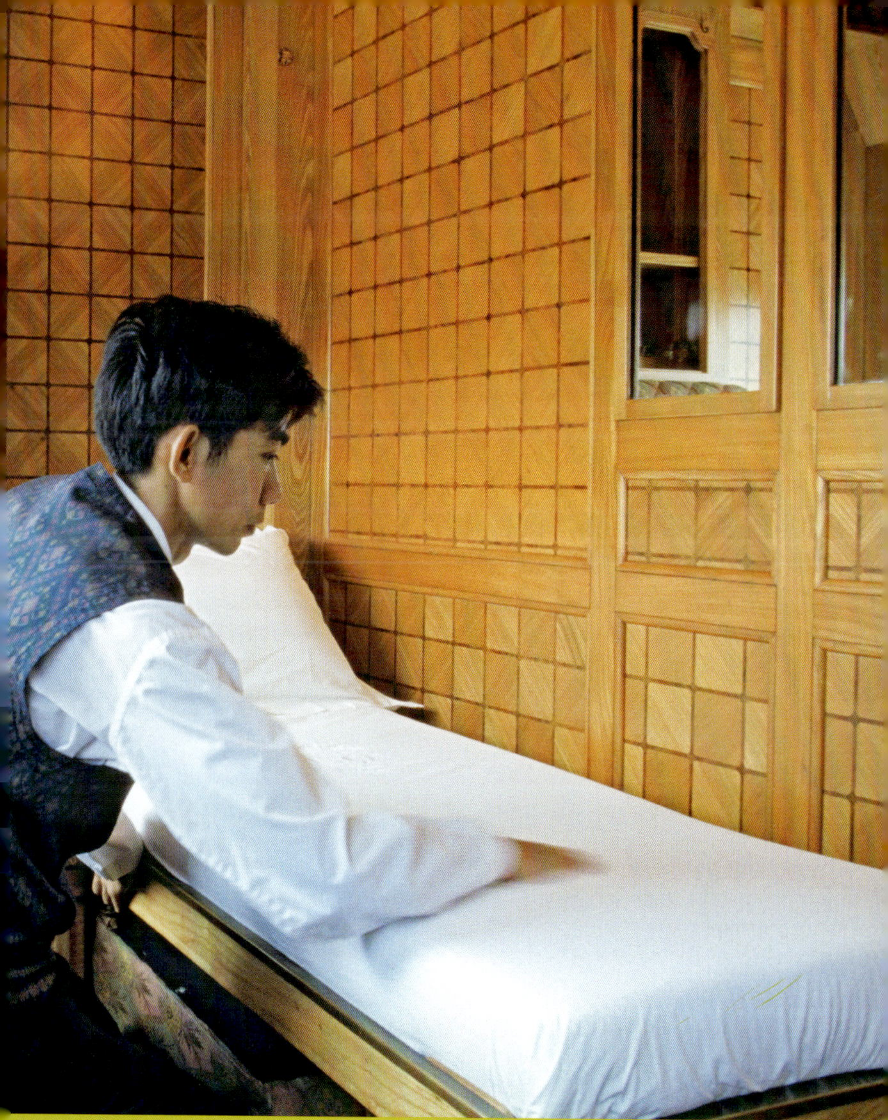

Wissenswertes für die Reise

Auskunft

Thailändisches Fremdenverkehrsamt:
60311 Frankfurt/Main
Bethmannstr. 58
Tel. 069-138 13 90
Fax 069-381 39 50
info@thailandtourismus.de
www.thailandtourismus.de

Diplomatische Vertretungen von Thailand

In Deutschland

Botschaft des Königreichs Thailand:
12163 **Berlin**
Lepsiusstr. 64–66
Tel. 030-79 48 11 17, Fax 030-79 48 11 18
www.thaiembassy.de

Thailändische Konsulate
Generalkonsulat:
60596 **Frankfurt,** Kennedyallee 109
Tel. 069-69 86 80
Visa 069-69 86 82 28
Fax 069-69 86 82 28
Honorarkonsulate:
45130 **Essen**, Christopherstraße 18–20
Tel. 02 01-95 97 93 34
Fax 02 01-95 97 94 45
20099 **Hamburg**, An der Alster 85
Tel. 040-24 83 91 18
Fax 040-24 83 92 06
80639 **München**, Prinzenstr. 13
Tel. 089-168 97 88
Fax 089-13 07 11 80
70499 **Stuttgart**, Pforzheimer Straße 381
Tel. 07 11-226 48 44, Fax 07 11-226 48 56

In der Schweiz

Botschaft des Königreichs Thailand:
3097 **Bern**-Liebefell, Kirchstr. 56
Tel. 031-970 30 30-34
Fax 031-970 30 38-39

Thailändische Konsulate:
4051 **Basel**, Aeschenvorstadt 71
Tel. 061-206 45 65, Fax 061-206 45 46
1211 **Genève** 13, 75, rue de Lyon, Case Postale 154
Tel. 022-311 07 23, Fax 022-345 12 08
8001 **Zürich**, Löwenstr. 42
Tel. 044-344 70 00, Fax 044-344 70 01

In Österreich

Botschaft des Königreichs Thailand:
1180 **Wien**, Cottagegasse 48
Tel. 01-478 33 35, Fax 01-478 29 07
www.thaivienna.at

Thailändische Konsulate:
6850 **Dornbirn**, Rieggasse 44
Tel. 055 72-25 61 46
6021 **Innsbruck**, Bozner Platz 2
Tel. 05 12-58 04 61, Fax 05 12-57 72 50
5020 **Salzburg**, Koch-Sternfeld-Gasse 7
Tel. 06 62-840 02 00
Fax 06 62-840 02 01.

Diplomatische Vertretungen in Thailand

Bundesrepublik Deutschland

9 Thanon Sathorn Tai
Bangkok 10120
Tel. 02-287 90 00, Fax 02-287 17 76
www.bangkok.diplo.de

Schweiz

35 Thanon Witthayu (North Wireless)
Bangkok 10330
Tel. 02-253 01 56-60, Fax 02-255 44 81
www.eda.admin.ch/bangkok

Österreich

14 Soi Nandha, Thanon Sathorn Tai
Bangkok 10121
Tel. 02-303 60 57-59, Fax 02-287 39 25
www.bmaa.gv.at

Infos im Internet

Zahlreiche Informationen über Thailand finden sich im Internet, allerdings bauen sich einige Seiten nur sehr langsam auf, oder ihre Informationen sind veraltet. Über das Netz lassen sich zudem viele Hotels und Touren buchen. Vorsicht ist bei der Vorauszahlung mit Kreditkartennummer angebracht.

In allen thailändischen Städten, sogar in der Provinz, finden sich Internetcafés, die zu günstigen Gebühren (Ausnahme sind die großen Hotels) das Surfen im Netz und das Versenden von E-Mails ermöglichen.

www.thaiembassy.de

Die Website der thailändischen Botschaft mit aktuellen Reiseinformationen zu Thailand. Ein besonderer Service: Die Formulare für Visaanträge gibt es zum Herunterladen.

www.thailandtourismus.de

Hier präsentiert sich das Thailändische Fremdenverkehrsamt TAT mit allgemeinen, teils veralteten Informationen auf Deutsch.

Die entsprechende englische Website des TAT **www.tourismthailand.org** ist um einiges umfangreicher als die deutsche.

Aktuelles auf der Seite **www.tatnews.org**, auf der auch die Termine der touristisch interessanten Feste im Land gelistet sind.

www.fitfortravel.de

Die Site informiert ausführlich über grundlegende gesundheitliche Aspekte bei Reisen in die Tropen. Empfehlenswert ist zu diesem Thema auch die **www.charite.de/tropen medizin.**

www.learningthai.com

Wie der Titel bereits sagt, hilft die englischsprachige Website beim Erlernen der Thaisprache. Das deutsch-thailändische Online-Wörterbuch **www.clickthai.de** enthält 19 000 Begriffe.

Insidertipps

Einige deutschsprachige Sites präsentieren ein breites und aktuelles Informationsangebot, viele ausgefallene Tipps, Hintergrundinfos, Erfahrungsberichte, Foren zum Meinungsaustausch, Thaisprachkurse und natürlich auch die unverzichtbaren Links zu Sponsoren:
www.baanthai.com
www.thailand-interaktiv.de
www.siam-info.de
www.thailand-community.de.
Folgende englischsprachigen Sites aus Thailand enthalten viele Insiderinformationen:
www.travelfish.org
www.khaosanroad.com.

Zeitungen im Internet

Deutschsprachige Zeitungen aus Thailand mit unterschiedlicher Orientierung präsentieren sich unter:
www.der-farang.com
www.pattayablatt.com
www.thailandtip.de
www.thaizeit.de
Die Websites der beiden größten englischsprachigen Tageszeitungen mit aktuellen Artikeln zum Tagesgeschehen und interessanten Links sind:
www.nationmultimedia.com
www.bangkokpost.net.

Karten

Dieses Buch enthält eine Reisekarte, die im Normalfall eine ausreichende Grundlage für Reisen in Thailand bietet. In gut sortierten Buchhandlungen im Land findet man den zweisprachigen Straßenatlas ›Thailand Highway Map‹ der Roads Association of Thailand sowie das Kartenwerk ›A to Z‹ von PN Map.

Der Bangkok-Stadtplan ›Latest Tour's Guide‹ mit eingezeichneten Buslinien hat mehr oder weniger gute Nachahmer gefunden. Er ist im Tourist Office, in Hotels, Buchhandlungen und an fast allen Postkartenständen erhältlich. Nancy Chandler's Map of Chiang Mai ist der beste Begleiter durch die Stadt im Norden. Vor Ort sind meist auch gute Regionalkarten von Krabi, Phuket und Ko Samui/Ko Pha Ngan erhältlich.

Einkaufen in Bangkok erleichtert ebenfalls die ›Market Map of Bangkok‹ von Nancy Chandler, in der die Einkaufsbezirke bunt und detailliert dargestellt sind.

Mittlerweile gibt es auch gute Karten fürs GPS.

Lesetipps

Erzählungen, Romane, Reiseberichte

Frei ist nur der Blick zum Himmel. Sandra Gregory u. a., Lübbe, Bergisch-Gladbach 2004. Beim Rückflug nach London findet man Heroin im Koffer von Sandra, die daraufhin 7 Jahre Haft in Thailand verbüßt.

Phi Phi Island. Josef Haslinger, Fischer Verlag, Frankfurt 2008. Der Autor schildert den Tsunami auf Ko Phi Phi.

Die Unsichtbaren. Karel G. van Loon, Aufbau Verlag, Berlin 2006. Der holländische Bestsellerautor hat auf der Grundlage von Interviews in den Lagern im thailändischen Grenzgebiet einen erschütternden Roman über das Schicksal der Flüchtlinge aus Myanmar geschrieben.

Der Jadereiter, Bangkok Tattoo und Der Buddhistische Mönch. John Burdett, Piper, München 2007 und 2008. Drei mit viel Insiderwissen geschriebene Krimis, in denen der Polizist Sonchai am Rand der Legalität im Drogen- und Rotlichtmilieu von Bangkok ermittelt.

Haus der Geister. Christopher G. Moore, Unionsverlag, Zürich 2000. Spannender Thriller des in Thailand lebenden und dort bekannten englischsprachigen Schriftstellers. Weitere Titel des Autors erschienen in Thailand in Englisch.

Muschelprinz und Duftende Blüte. Manesse Bibliothek der Weltliteratur, Stuttgart 1997. Liebesgeschichten aus dem Norden von Thailand.

Der Strand (The Beach). Alex Garland, Goldmann Verlag, München 1999. Das verfilmte Erstlingswerk des britischen Autors beschreibt das Abdriften einer Traveller-Gruppe in Thailand.

Joys Geheimnis. Louis Anschel, Berlin 2000. Der Kriminalhauptkommissar Ludger Bruske ermittelt nach einem Mord in Berlin auch in Thailand und kommt einem Menschenhändler auf die Schliche.

Hintergrundinformationen

Land & Leute Thailand. Rainer Bolik, Siriporn Jantawat-Bolik, Polyglott, München 2003. Kurze, alphabetisch geordnete Artikel stellen anschaulich die Kultur und das Alltagsleben dar.

Reisegast in Thailand. Robert Cooper und Nanthapa, Dormagen 2009. Darstellung thailändischer Verhaltensweisen.

Thailand verstehen. Sympathie Magazin Nr. 3; Studienkreis für Tourismus und Entwicklung. Essays zur Alltagskultur.

Bildbände

Panorama Thailand. Stefan Nink, Würzburg 2009. Bilder zum Träumen.

Thailand. Land der Freien. Paul Trummer, Frankfurt 2009. Herrliche Bilder von Tempeln und anderen Kulturgütern.

Thai Style. Luca Tettoni Invernizzi u.a., Bangkok 2001. Wunderschöne Bilder von herausragenden Beispielen der Thaiarchitektur.

Classic Thai. Design. Interiors. Architecture. North Clarendon 2007. Ein weiterer schöner Bildband von Luca Tettoni Invernizzi über das klassische Thaihaus, die religiöse Architektur und das Thaikunsthandwerk und -design.

Thailand als Reiseland

In den Anfangszeiten des Tourismus galt Thailand als ein klassisches Ziel für Kulturreisende, die von Bangkok aus Chiang Mai und die ehemaligen Königsstädte in der Menam-Ebene ansteuerten und bis Ende der 1970er-Jahre höchstens noch Hua Hin als königlichen Badeort auf dem Programm hatten. Dann gewann Thailand als wichtige Durchgangsstation für Globetrotter auf dem Weg von Europa nach Australien an Bedeutung. Von mühsamen Reisen erschöpft, legten sie an den tropischen Stränden einen preiswerten längeren Zwischenstopp ein.

Heute kehren viele Besucher immer wieder nach Thailand zurück und entdecken bei jeder Reise neue Aspekte des Landes. Wer zum ersten Mal auf eigene Faust das Land bereisen möchte, kann einen erholsamen Urlaub an einem der zahlreichen Strände mit einer interessanten Reise durch das Landesinnere verbinden.

Breit gefächert ist das Angebot – für Komfortreisende wie für Backpacker, für Aktivurlauber, die golfen, tauchen oder Kanu fahren wollen, ebenso wie für Erholungsuchende, denen nicht nur die zahlreichen Strände, sondern auch fantastische Resorts in den Bergen und sogar in Städten einen entspannten Aufenthalt ermöglichen.

Wer tiefer in die Kultur des Landes eintauchen will, kann an Thaikoch- und Massagekursen teilnehmen oder sich in einem buddhistischen Tempel in die Vipassana-Meditation einführen lassen. Kaum ein Besucher wird sich vom riesigen Angebot an Kunsthandwerk nicht hinreißen lassen, das eine oder andere attraktive Souvenir zu erstehen, sodass viele mit einem zusätzlichen, gut gefüllten Koffer aus Thailand zurückkehren.

Tipp für die Reiseplanung: Auch wenn die meisten Fluggesellschaften in Bangkok landen, kann man die Erkundung der Stadt auf die Zeit vor dem Rückflug verschieben. Dieses hat einige Vorteile: Kleinere, überschaubarere Orte eignen sich besser zur Eingewöhnung und ersten Orientierung. Es lohnt sich, einige Highlights für die letzten Tage, in denen man vieles besser aufnehmen kann, aufzusparen. Wer das prächtige Wat Phra Keo im Königspalast gesehen hat, wird danach eine Weile brauchen, bis er auch kleinere Tempel schätzen und genießen kann. Zudem umgeht man einen möglichen Kaufrausch, der in Unkenntnis des lokalen Preisniveaus schnell die Reisekasse leert und die Koffer füllt.

Eine Tempel-Städte-Tour

Wer an Geschichte, Kultur und Architektur interessiert ist, sollte in **Bangkok** keinesfalls den Königspalast mit dem königlichen Tempel Wat Phra Keo und das Nationalmuseum versäumen. Es lohnt, für die ehemalige Königsstadt **Ayutthaya** eine Übernachtung einplanen, um sie im warmen Licht der Abend- oder Morgensonne zu erleben. Auch in **Sukhothai, Si Satchanalai** und **Phitsanulok** locken großartige Sehenswürdigkeiten. Tempelliebhaber können tagelang durch **Chiang Mai** streifen und werden auch in **Mae Hong Son** oder **Lampang** beeindruckende Zeugnisse des Buddhismus vorfinden.

Traumstrände

Die meisten Besucher kommen wegen der Strände nach Thailand. In den beliebten Badeorten Hua Hin und Pattaya lockt ein breites Angebot, ebenso auf Ko Chang, Ko Samui oder Phuket, wo sich auch Familien wohl fühlen. Wer dort kein romantisches Plätzchen findet, hat die Wahl zwischen zahlreichen weiteren Inseln und Stränden am Golf von Thailand und an der Andamanenküste, wobei die legendären Full Moon Beach Parties vor allem junge Leute nach Ko Pha Ngan locken. Auf der Nachbarinsel Ko Tao tummeln sich zahlreiche Tauchschüler. Auch Phuket lockt mit einem breiten Wassersportangebot und die Andamanensee mit einigen der weltbesten Tauchreviere.

Tauchbasen gibt es u. a. an der Westküste auf Phuket, Ko Phi Phi, Ko Lanta, Ko Lipe, in Krabi und Khao Lak, im Golf von Thailand auf Ko Samui, Ko Pha Ngan, Ko Tao, Ko Chang, Ko Mak und in Pattaya. Einige Meeresnationalparks schließen in der Regenzeit (Andamanen: Mitte Mai bis Mitte November; Ang Thong: November, Dezember).

Welcher Strandort wann?

Januar: Cha-am, Hua Hin, Khao Lak, Ko Chang, Ko Lanta, Ko Phi Phi, Ko Samet, Krabi, Pattaya, Phuket, Similan, Tarutao – Hochsaison während der ersten beiden Januarwochen und zur Zeit des chinesischen Neujahrsfestes, dessen Termin zwischen dem 21. 1. und dem 19. 2. liegen kann.

Februar: Cha-am, Hua Hin, Khao Lak, Ko Chang, Ko Lanta, Ko Pha Ngan, Ko Phi Phi, Ko Samet, Ko Samui, Ko Tao, Krabi, Pattaya, Phuket, Similan, Tarutao.

März: Cha-am, Hua Hin, Khao Lak, Ko Chang, Ko Lanta, Ko Pha Ngan, Ko Phi Phi, Ko Samet, Ko Samui, Ko Tao, Krabi, Pattaya, Phuket, Similan, Tarutao.

April: Cha-am, Hua Hin, Khao Lak, Ko Chang, Ko Lanta, Ko Pha Ngan, Ko Phi Phi, Ko Samet, Ko Samui, Ko Tao, Krabi, Phuket, Tarutao – Hochsaison Mitte April während des thailändischen Neujahrsfestes Songkran.

Mai: Ko Chang, Ko Samet.

Juni: Ko Chang, Ko Samet.

Juli: Ko Pha Ngan, Ko Samui, Ko Tao.

August: Ko Pha Ngan, Ko Samui, Ko Tao.

September: Ko Pha Ngan, Ko Samui, Ko Tao.

Oktober: Ko Pha Ngan, Ko Samui, Ko Tao – nach dem Ende der Fastenzeit reisen viele Thai in ihre Heimatorte, so daß die Transportmittel häufig überfüllt sind.

November: Khao Lak, Ko Chang, Ko Lanta, Ko Phi Phi, Ko Samet, Ko Samui, Krabi, Pattaya, Phuket, Similan – Hochsaison um den Feiertag Loy Krathong, der am Tag des Vollmonds im November gefeiert wird.

Dezember: Cha-am, Hua Hin, Khao Lak, Ko Chang, Ko Lanta, Ko Phi Phi, Ko Samet, Krabi, Pattaya, Phuket, Similan, Tarutao – die Hochsaison beginnt kurz vor Weihnachten.

Natur und Abenteuer

Nationalparks: Natur pur bieten zahlreiche Nationalparks, von denen der kleine **Erawan National Park** bei Kanchanaburi und der **Khao Yai National Park** mit ihren Wasserfällen und dichten Wäldern auf alle Fälle lohnen. Das Wappentier Thailands, der Elefant, kann im Khao Yai mit viel Glück noch in freier Wildbahn beobachtet werden.

In Nationalparks wird 200 Baht Eintritt erhoben. In der Nähe des Headquarters öffnen tagsüber Essensstände oder kleine Restaurants. Vor allem Gruppen und einheimische Familien übernachten auf den Zeltplätzen und in den Bungalows innerhalb der Parks, die über **www.dnp.go.th** gebucht werden können.

Elefantencamps: Empfehlenswert ist ein besuch des Thai Elephant Conservation Center am Highway Nr. 11 nahe Thung Kwian im Nordwesten von Lampang (Zentralthailand). In zahlreichen weiteren Camps oder Touristenparks wird die Möglichkeit geboten, auf Elefanten eine Trekking- oder Dschungeltour zu unternehmen.

Trekkingtouren: Die einst abenteuerlichen Trekkingtouren zu den Dörfern der Bergvölker im Norden werden mittlerweile auch als komfortable Ausflüge angeboten. Sie werden vor allem ab Chiang Mai organisiert. Die Veranstalter sollten nur mit lizenzierten Guides arbeiten. Wer nicht bereit ist, unter wirklich einfachen Bedingungen in den Bergdörfern zu übernachten, kann eine der sozial verträglichen Touren für gehobene Ansprüche mit Übernachtung in komfortablen Lodges buchen.

Vorschläge für Rundreisen

Die meisten Reisenden bevorzugen es, den Erholungsurlaub an eine Rundreise anzuhängen. Selbst Kulturinteressierte werden einige erholsame Tage an einem der Strände einplanen. Es spricht aber nichts dagegen, es umgekehrt zu machen, sofern man nicht durch Sonne, Sand und Meer ganz dem Bann der Trägheit verfällt.

Klassische 10- bis 14-tägige Rundreise: Sie führt Richtung Norden durch das zentrale Tiefland über die ehemaligen Königsstädte Ayutthaya, Sukhothai und Phitsanulok hinauf nach Chiang Mai. Nach einem Abstecher zum Goldenen Dreieck oder nach Mae Hong Son geht es mit der Eisenbahn oder dem Flugzug wieder zurück nach Bangkok oder gleich weiter nach Phuket, Ko Samui oder an einen anderen Strand zum Baden.

Jeweils zwei bis drei zusätzliche Tage ermöglichen lohnenswerte Abstecher von Bangkok mit der ›Eisenbahn des Todes‹ nach Kanchanaburi, mit Bus oder Zug nach Hua Hin oder in den Khao Yai National Park und zu den alten Ruinenstädten bei Nakon Ratchasima (Korat). Weiter Richtung Nordosten bewegt man sich dann abseits der Touristenpfade. Für die große Shoppingtour plant man am besten einige Tage in Chiang Mai oder Bangkok ein. Gut ist das Angebot ebenfalls in Phuket und Pattaya.

Tipps für die Reiseorganisation

Eine gut entwickelte touristische Infrastruktur und ein dichtes Netz öffentlicher Verkehrsmittel erleichtert das Reisen im Land. Die Angebote zahlreicher **Reiseveranstalter** in Bangkok und den Urlaubsgebieten vor Ort umfassen Zimmer- und Flugbuchungen ebenso wie kurze und längere Touren, ob zum Trekking in die Berge und Nationalparks oder zum Tauchen und Segeln. Vor allem bei der Buchung von 4- bis 5-Sterne-Hotels lohnt ein Preisvergleich mit Angeboten im Internet (s. S. 94) oder in Reisekatalogen.

Fahrkarten für die **Eisenbahn** mit Platzreservierung können an jedem Bahnschalter über das computerisierte Reservierungssystem bis zu 60 Tage im Voraus gekauft werden. Der Fahrplan unter www.railway.co.th/eng ermöglicht eine frühzeitige Planung. Für Langstrecken sind Nachtzüge mit Schlafwagen eine angenehme Alternative zum Flug.

Frühzeitige **Reservierungen** von Zimmern, Flügen und Zügen sind während der thailändischen Feiertage und in der Hochsaison im Dezember/Januar empfehlenswert. Vieles kann übers Internet reserviert werden (s. S. 94). Auf telefonische Zusage eines Hotelmitarbeiters sollte man sich nicht verlassen. Tickets für **Überlandbusse** können kurzfristig an den Busbahnhöfen gekauft werden. Die Busse mit unterschiedlichem Komfort fahren von drei Busbahnhöfen und in Reisebüros in Bangkok aus alle größeren Orte des Landes an und verkehren zwischen den Städten. Im Nahverkehr, auf Nebenstrecken und in ländlichen Regionen werden sie durch ein Netz von Songthaew und Tuk-Tuks ergänzt, sodass mit öffentlichen Verkehrsmitteln alle Ziele preiswert zu erreichen sind.

Es macht Spass, das Land mit dem **Mietwagen** oder **Motorrad** zu erkunden, wenn man sich erst einmal mit dem Linksverkehr und den Verkehrsverhältnissen vertraut gemacht hat. Bangkok kann man mittlerweile komplett auf der Ring Road umfahren.

Reisen mit Kindern

Viele Familien verbringen mit ihren Kindern den Urlaub in Thailand. Auch Rundreisen durch das Landesinnere lassen sich mit dem Nachwuchs problemlos unternehmen, sofern man die übliche Gesundheitsvorsorge betreibt und bei der Reisegeschwindigkeit wie bei der Auswahl der Transportmittel etwas Rücksicht nimmt. Gerade für Kinder bietet Thailand traumhafte Reiseziele, von den Elefantencamps im Norden bis zu den Sandstränden an der Küste.

Trotz der Verständigungsprobleme finden die Kleinen in dieser kinderfreundlichen Gesellschaft immer schnell Kontakt zu Einheimischen, die vor allem blonde Kinder mit Zuneigung geradezu überschütten. Um gesundheitlichen Schwierigkeiten vorzubeugen, ist es wichtig, viel zu trinken, Sonnencreme und Kopfbedeckung im Freien und abends einen wirksamen Mückenschutz zu verwenden. Viele Kinder brauchen einige Tage, bis sie den Jetlag überwunden und zu den üblichen Zeiten schlafen oder Hunger haben.

Windeln gibt es in den überall vorhandenen, 24 Std. geöffneten 7Eleven-Läden. Babynahrung wird in Supermärkten und Touristenzentren angeboten. Auch Hotels und Restaurants haben sich auf kleine Gäste mit Extrabetten und Kindergerichten eingestellt.

Wer keinen eigenen Sitzplatz benötigt, kleiner als 1 m und jünger als vier Jahre ist, reist umsonst, bis Zwölfjährige bei einer maximalen Größe von 1,50 m zahlen 50 %.

Kinder benötigen bei der Einreise einen eigenen Reisepass oder müssen in den der Eltern eingetragen sein – ein Kinderausweis reicht nicht aus!

Eine Fahrt im urigen Tuk-Tuk bereitet nicht nur großen Menschen Spaß ...

Einreisebestimmungen

Reisende aus der EU und der Schweiz können mit einem mindestens noch 6 Monate gültigen Reisepass (Kinderausweise werden nicht anerkannt) über internationale Flughäfen für maximal 30 Tage einreisen. Bei der Einreise auf dem Land- oder Seeweg wird nur eine 15-tägige Aufenthaltserlaubnis erteilt. Diese kann in Notfällen verlängert werden. Bei Überziehung fallen bei der Ausreise Geldstrafen an, worauf aber kein Rechtsanspruch besteht.

Wer länger in Thailand bleiben will, beantragt vor der Reise ein Visum bei einer thailändischen Vertretung im Ausland. Zuständig ist das dem Wohnsitz am nächsten gelegene Konsulat bzw. die Botschaft (s. S. 82). Formulare können von der Website www.thaiembassy.de heruntergeladen werden. Ein Touristenvisum gilt für 60 Tage und kann bei einem Immigration Department im Land einmal um 30 Tage verlängert werden. Mit einem Re-Entry-Visum kann man bis zu dreimal in das Land einreisen. Unter bestimmten Bedingungen erhalten Personen, die mindestens 55 Jahre alt sind, ein Jahresvisum.

Die Einreise muss innerhalb von 90 Tagen erfolgen. Sie kann verweigert werden, wenn man kein gültiges Ausreiseticket oder weniger als 500 US-Dollar besitzt.

Die Bearbeitungsgebühr beträgt 25 € pro Einreise. Um ein Visum zu beantragen, benötigt man zwei Antragsformulare mit Passbildern, den Reisepass und – wenn das Visum schriftlich angefordert wird – einen als Einschreiben frankierten Rückumschlag. Informationen über Visaverlängerung im Land erteilt das Immigration Department, Soi Suanphlu, Thanon Sathorn Tai, Tel. 02-287 31 01-9.

Zoll-/Devisenvorschriften

Ankommende Passagiere müssen vor der Grenzabfertigung eine Zollerklärung (Passenger Declaration Form) ausfüllen, die beim Zoll abgegeben wird. Zollfrei sind außer persönlichen Gebrauchsgegenständen 200 Zigaretten bzw. 250 g Tabak, 1 l Wein oder 1 l Spirituosen. Verboten ist die Einfuhr von Drogen, pornografischer Literatur, geschützten Tieren und Tierprodukten sowie Waffen.

Die Ein- und Ausfuhr thailändischer Währung ist auf 50 000 Baht (1000 €) pro Person begrenzt. Ausländische Währungen können in beliebiger Höhe ein- und ausgeführt werden.

Antiquitäten und Buddhafiguren jeder Art und Darstellung dürfen nicht ohne Exportgenehmigung ausgeführt werden. Bei der Ausreise können jedoch auch Imitationen von Antiquitäten, wie sie vor allem um Chiang Mai hergestellt werden, Schwierigkeiten bereiten: Nicht jeder Zöllner ist Kunstexperte, sodass antik aussehende Reproduktionen gelegentlich für echt gehalten werden.

Das Washingtoner Artenschutzabkommen stellt den Export von geschützten Tieren und Produkten aus diesen Tieren unter Strafe. Darunter fallen nicht nur Elfenbein und geschützte Vögel, sondern auch Krokodilleder oder Schildpatt.

Die Mehrwertsteuer wird bei Einkäufen ab 5000 Baht und pro Quittung mindestens über 2000 Baht innerhalb von 60 Tagen nach dem Kauf bei der Ausreise über einen internationalen Flughafen erstattet. Allerdings müssen die Waren bei der Einfuhr im Heimatland wieder verzollt werden.

Anreise

Mit dem Flugzeug

Der internationale Suvarnabhumi Airport, www.suvarnabhumiairport.org, ein futuristisches Bauwerk, liegt 30 km östlich der Stadt und ist verkehrstechnisch gut erschlossen. Einige Charterflüge aus Europa landen auch in Phuket. Die Pass- und Zollkontrolle geht meist reibungslos vonstatten.

Transport in die Stadt

Die privaten Limousinen, die hinter dem Sicherheitsbereich angeboten werden, sind am teuersten und zu ignorieren. Vor der Ebene 1 halten alle öffentlichen Verkehrsmittel. Städtische **Taxis** fahren mit Taxameter und verlangen 50 Baht Airportzuschlag. **Airport Express Busse** für 150 Baht verkehren alle 30 Min. auf 4 verschiedenen Routen: AE 1 über die Ratchadamri Rd. zur Silom Rd., AE 2 nach Banglampoo (Khaosan Rd.), AE 3 in die Soi 3, Sukhumvit Rd. und AE 4 über den Siam Square zum Hauptbahnhof. Ein **Shuttlebus** verbindet den Airport mit dem Bus Terminal. Hier fahren **Busse nach Bangkok und ins Umland** ab. Nach Bangkok mit Nr. 551 zum Victory Monument in knapp 1 Std., Nr. 552 nach On Nut (Endstation Skytrain), Nr. 553 nach Samut Prakan, Nr. 556 zum Southern Bus Terminal. Mehrmals täglich bestehen Verbindungen nach Pattaya und zu anderen Orten an der Ostküste. Seit 2009 verkehrt der 28 km lange **Skytrain** mit dem Airport Express non-stop in 14 Min. zum Makkasan Terminal in Bangkok, östlich der Skytrain-Station Phaya Thai. Ein langsamerer Zug der City Line hält an 8 Stationen entlang der Strecke.

Über Malaysia/Singapur

Eine Eisenbahnlinie führt von Singapur über Malaysia und den Grenzübergang Padang Besar nach Thailand. Täglich verkehrt ein Expresszug zwischen Butterworth und Bangkok. Mit dem Bus gelangt man über mehrere Grenzübergänge nach Südthailand, von Penang (Westküste) über Sadao und von Kota Bharu (Ostküste) über Sungai Golok. Seltener genutzt wird die Anreise über Satun (Boot ab Kuala Perlis und Langkawi oder Überlandtaxi ab Kangar) oder Betong, der südlichsten Stadt in Thailand. Aufgrund der politischen Aufstände in den Südprovinzen Pattani, Yala und Narathiwat sollte man derzeit von einem Besuch dieser Region Abstand nehmen.

Verkehrsmittel und Verkehrsregeln

Von Bangkok fahren Busse und Züge in alle Himmelsrichtungen. Die klimatisierten Überlandbusse sind schneller als die Eisenbahn. Flüge lohnen bei größeren Entfernungen.

Flugzeug

Neben dem internationalen Airport von Bangkok ist Chiang Mai ein weiteres wichtiges Drehkreuz für den Luftverkehr. Außer der staatlichen Gesellschaft Thai Airways, www.thaiair.com, verkehren im Land private Fluggesellschaften wie Bangkok Airways, www.bangkokair.com, Air Asia, www.airasia.com, P.B.Air, www.pbair.com, Orient Thai Airline (one-two-go), www.orient-thai.com, www.fly12go.com, Nok Air, www. nokair.co.th oder SGA, www. sga.co.th. Die Gesellschaften fliegen Ziele im ganzen Land an. Die bei Abflug zu errichtende **Airport Tax** ist im Flugpreis enthalten.

Busse

Sie sind das wichtigste und preiswerteste Transportmittel in Thailand. Lokale Busse ohne Klimaanlage kosten im Nahverkehr ca. 0,50 Baht pro Kilometer. Auf längeren Strecken verkehren überwiegend klimatisierte Busse mit reservierten Sitzplätzen; die Ticketpreise liegen bei etwa 0,80 Baht pro Kilometer. Die teureren Busse haben Toiletten und schließen Essen und Getränke im Preis ein. Die teuersten VIP-24-Busse für ca. 1,30 Baht pro Kilometer haben den größten Sitzabstand und Liegesitze. Da die Klimaanlage auf Hochtouren läuft, sollte man warme Kleidung dabei haben. Einige der klimatisierten Busse und VIP-Busse holen ihre Fahrgäste am Hotel ab; andere starten von den Büros der Busgesellschaften oder vom Busbahnhof.

Eisenbahn

Fünf Eisenbahnlinien führen vom Verkehrsknotenpunkt Bangkok sternförmig Richtung

Norden, Nordosten, Osten sowie nach Nordwesten und Süden.

Der **Hauptbahnhof,** die Hua Lamphong Railway Station, von dem die meisten Züge abfahren, befindet sich am westlichen Ende der Thanon Rama IV. und ist mit der U-Bahn erreichbar. Züge nach Nordwesten fahren vom kleinen Bahnhof in Thonburi ab.

Fahrkarten können im Vorverkauf beim **Advance Booking Office** im Hauptbahnhof (tgl. 8.30–16 Uhr) und an allen Bahnhöfen, die computerisiert sind, erworben werden. Für längere Nachtfahrten empfiehlt es sich, bequeme Plätze im Liegewagen zu buchen. Die Fahrpreise unterscheiden sich je nach Zugtyp und Klasse. Sie entsprechen in der zweiten Klasse etwa dem eines komfortablen Busses. Die dritte Klasse ist billig, jedoch nur für kürzere Entfernungen zu empfehlen.

Buchungen und Reservierungen des luxuriösen **Eastern and Oriental Express** sind über jedes Reisebüro möglich oder spätestens zwei bis drei Monate vor Abfahrt in Deutschland bei Venice Simplon-Orient Express GmbH, Sachsenring 85, 50677 Köln, Tel. 0221-338 03 00, Fax 338 03 33, www.orient-express.com. Infos in Bangkok: Tel. 02-216 86 61. Das Ticket für die Strecke Singapur – Bangkok kostet etwa ab 1700 € pro Person.

Boote

Longtailboote und **Flussfähren** transportieren zahlreiche Passagiere auf dem Menam Chao Phraya und den Klongs von Bangkok, Thonburi und anderen Orten im Flussdelta. Die lauten, schnellen Longtailboote mit der weit nach hinten herausragenden Antriebsschraube fahren auch auf anderen Flüssen (etwa auf dem River Kwai und dem Kok River) und zwischen den Inseln. Zudem sind die wichtigsten Inseln, Ko Samet, Ko Chang, Ko Phi Phi, Ko Lanta, Ko Samui und Ko Pha Ngan, mit großen, überdachten **Personenfähren** erreichbar, Ko Chang, Ko Pha Ngan und Ko Samui auch mit **Autofähren.**

Pkw/Mietwagen

Nur wenige Europäer wagen sich in Bangkok hinter das Steuer, selbst erfahrene Autofahrer ziehen das Taxi einem Mietwagen vor. Hingegen ist das Autofahren außerhalb der Großstädte ziemlich unproblematisch, sofern man sich den allgemeinen Fahrgewohnheiten anpasst. Jeder Autofahrer benötigt in Thailand den **internationalen Führerschein.**

Für auf ausländischen Straßen Unerfahrene wird neben dem **Linksverkehr** vor allem das regellose Verkehrschaos in Bangkok eine schier unüberwindliche Hürde sein. Außerhalb von Bangkok genießen die mit Höchstgeschwindigkeit über die Highways brausenden Lastwagen und Busse absolute Vorfahrt.

Vier- bis sechsspurig ausgebaut sind die **Highways** von Bangkok nach Norden (Nr. 1 bis Chiang Rai), Nordosten (Nr. 2 bis Nong Khai), an die Ostküste (Nr. 3 bis Trat) und nach Süden (Nr. 4 bis Malaysia). Dank des ausgezeichneten Straßennetzes und der überwiegenden Ausschilderung in lateinischer Schrift lässt sich Thailand auch abseits der Highways gut mit dem Auto erkunden. Hilfreich ist eine gute Straßenkarte oder ein Navigationssystem, das von einigen Mietwagenfirmen gegen Aufpreis angeboten wird.

Die **Autovermietungen** in Bangkok haben die günstigsten Preise. Daneben kann man in Chiang Mai, Pattaya, Hua Hin, am Khao Lak, auf Phuket und Ko Samui Autos mieten. Einige internationale Firmen bieten zwischen diesen Orten einen *one way rental service* an, wobei man gegen einen Aufpreis das Auto an einem Ort mieten und an einem anderen Ort abgeben kann.

Taxen

Taxen sind tatsächlich nur in den Großstädten verbreitet und recht preiswert. In den Straßen von Bangkok herrscht kein Mangel an Taxen verschiedenster Bauart, Farbe und jeglichen Alters. Da es keine festen Halteplätze gibt, fährt der größte Teil ziellos auf der Suche nach

Fahrgästen herum. Alle Fahrzeuge in Bangkok sind mit Taxametern ausgestattet. In allen anderen Orten muss der Preis vorher ausgehandelt werden – durchaus ein Problem, da nur wenige Fahrer Englisch sprechen und Touristen von vornherein einen höheren Fahrpeis abverlangen. Um Missverständnissen vorzubeugen, sollte man sich das Fahrziel für den Fahrer in Thai aufschreiben lassen.

In ländlichen Regionen warten häufig **Motorradtaxen** an Bushaltestellen oder Bahnhöfen und transportieren bis zu zwei Passagiere in waghalsiger Fahrt an ihr Ziel. Auch in Städten stehen sie an Abzweigungen von Nebenstraßen, die nicht von Stadtbussen bedient werden. Der Fahrpreis muss vorher ausgehandelt werden.

Stadtbusse

In den großen Städten fahren sie auf festgelegten Routen für etwa 5–20 Baht. Das Fahrgeld ist am besten abgezählt bereitzuhalten. Da die meisten Stadtbusse nicht klimatisiert sind, kann es vor allem in der Hauptverkehrszeit im dichten Gedränge unangenehm heiß werden. Nur in Bangkok verkehren klimatisierte Busse, die bis zu 25 Baht kosten. Da das Fahrziel auf dem Bus nur in Thai angeschrieben ist, muss man sich an den Nummern orientieren. In Bangkok erleichtert eine Straßenkarte mit eingezeichneten Busrouten, die in vielen Buchhandlungen und beim Tourist Office erhältlich ist, das Auffinden des richtigen Busses.

Vorsicht im Straßenverkehr!
Gefährlicher als alle Krankheiten ist der Straßenverkehr. Täglich werden ungeübte Motorradfahrer bei **Unfällen** verletzt oder sterben, da sie unangemessen gekleidet oder alkoholisiert sind. Viele unterschätzen den ungewohnten Verkehr und die Straßenverhältnisse. Motorräder sind normalerweise nicht versichert, sodass der Fahrer auch noch für den Sachschaden aufkommen muss.

Tuk-Tuks

Die kleinen, dreirädrigen Allroundfahrzeuge knattern lautstark stinkend durch die Straßen. Zwei ausgewachsene europäische Touristen haben allerdings meist Probleme, auf der schmalen Bank hinter dem Fahrer mit Gepäck Platz zu finden. Tuk-Tuk-Fahrer bieten in Touristenzentren günstige Stadtrundfahrten an, wobei vor allem Geschäfte angefahren werden, wo sie Provision kassieren.

Songthaew

In den offenen, kleinen LKW sitzen sich die Fahrgäste auf niedrigen Bänken gegenüber. Vor allem in ländlichen Regionen bewältigen diese Fahrzeuge den Transport in die Dörfer zu festen Preisen. Bequemere Minibusse übernehmen zum Teil ihre Funktion. Nur in den Touristenzentren sprechen einige Fahrer Englisch. In Touristenzentren, vor allem auf Phuket, wird von Ausländern häufig ein um ein Vielfaches überhöhter Preis verlangt.

Fahrrad-Rikschas

Dieses traditionelle dreirädrige Nahverkehrsmittel gehört nur noch in Nordostthailand und in den ländlichen Regionen zum Straßenbild. Der Preis wird vor Fahrtantritt ausgehandelt und variiert je nach Entfernung und Gegend. Kurze Strecken kosten zwischen 20 Baht (Nordostthailand) und 50 Baht (Chiang Mai).

Hochbahn/U-Bahn/ Expressboote

In Bangkok sind die Hochbahn und die neue U-Bahn die schnellsten Verkehrsmittel außerhalb der Altstadt. Im Zentrum bieten die Expressboote auf dem Menam Chao Phraya eine attraktive Alternative zum Straßenverkehr. Die Fahrpreise betragen je nach Entfernung für die Expressboote 9–32 Baht, für die Hochbahn und die U-Bahn 16–41 Baht.

Von den Bergen Nordthailands bis zu den Stränden im tiefen Süden findet sich in allen größeren Städten und touristisch erschlossenen Regionen ein breites Angebot an Unterkünften: von Luxussuiten internationaler Hotels, die auch schon einmal über 1000 € pro Nacht kosten, bis zu preisgünstigen Gästehäusern, die ein Bett ab 2,50 € pro Nacht anbieten. Während der Hochsaison (Dez./Jan.) kann es Engpässe geben, sodass man in dieser Zeit rechtzeitig reservieren sollte.

Hotels

In den internationalem Standard entsprechenden Luxushotels mit Restaurants, Cafés, Diskotheken, Spas und Swimmingpool erhält man ab 60 € ein klimatisiertes Doppelzimmer mit Bad/WC, Satellitenfernseher, Minibar und Telefon. Die Zimmer werden relativ günstig von Reiseveranstaltern in Deutschland/Europa und auch im Internet angeboten (s. auch S. 94). Preiswertere Touristenhotels sind oft etwas spartanischer ausgestattet, besitzen aber immer Dusche/WC sowie Klimaanlage und sind überwiegend sauber. Selbst Zimmer in Provinzhotels, die es ab 6 € gibt, verfügen über eine Dusche (wenn auch nur mit kaltem Wasser und mehr braucht man nicht unbedingt) und eine Klimaanlage oder einen Deckenventilator *(fan)*. Auf alle Fälle sollte man sich vor dem Einchecken die Räumlichkeiten ansehen, um den gewünschten Standard zu prüfen.

Bungalows und Resorts

Einige Resorts an den Stränden sind wahrhaft luxuriös ausgestattet und warten mit traumhaften Außenanlagen, Swimmingpools und romantischen Spas auf. In der preiswertesten Kategorie bestehen die Anlagen aus einfachen Bambushütten, die auf Stelzen unter Kokospalmen stehen. Eingerichtet sind sie meist nur mit einer Matratze und einer Glühbirne. Nachts ist der Weg zu den Duschen und Toiletten nur mit einer Taschen-

An Thailands Küsten finden sich komfortable Resorts direkt am Strand

lampe zu finden. Diese Anlagen sind mittlerweile weitgehend durch solider gebaute, möblierte Bungalows mit Ventilator und Toilette und insgesamt mit mehr Komfort ersetzt worden. Wo Wände und Fenster nicht dicht sind, sollte man ein Moskitonetz aufspannen (s. S. 108). Den meisten Bungalowanlagen ist ein Restaurant angegliedert, das sich auf die Bedürfnisse der Touristen eingestellt hat.

Auch in den Nationalparks werden Bungalows oder Zelte nahe dem Headquarter vermietet.

Gästehäuser

Für billig reisende Traveller entstanden Ende der 1970er-Jahre die ersten preiswerten Gästehäuser in Chiang Mai, Chiang Rai und Bangkok. Mittlerweile gibt es davon hunderte. Die meist winzigen Zimmer in thailändischen Wohnhäusern verfügen manchmal nur über Gemeinschaftsduschen und -toiletten. Die Gästehäuser der jüngeren Generation sind komfortabler und haben zum Teil sogar Hotelstandard. Allerdings geht es hier nicht so anonym zu, denn die meisten verfügen über Gemeinschaftsräume oder ein kleines Restaurant, in dem man *traveller food* genießt.

Sonstige Unterkünfte

Bei mehrtägigen Trekking-Touren durch die Berge von Nordthailand übernachtet man in den Dörfern der Bergvölker. Meist haben die Veranstalter der Tour ein Haus im Dorf für ihre Gäste angemietet und das Essen mitgebracht. Die sanitären Einrichtungen sind, soweit vorhanden, sehr einfach. Da es im Winter kühl werden kann, empfiehlt es sich, einen Schlafsack mitzunehmen. Mit Ausnahme einiger Zelte, die in den Nationalparks und an den Stränden angeboten werden, gibt es in Thailand keine Campingplätze.

Spartipp: Touristenhotels mittleren und gehobenen Standards lassen sich günstiger vor der Reise über Veranstalter buchen, die komfortable Zimmer zu Preisen um 30–50 € pro Person/Nacht anbieten. Günstigere Preise erhält oft auch, wer direkt oder über eine Hotelbuchungswebsite sowie vor Ort über ein Reisebüro bucht. Die Preise variieren erheblich und sind in Hotels u. U. am höchsten, wenn man spontan vor Ort einbuchen möchte.

Reservierung

Normalerweise ist immer ein freies Zimmer zu bekommen. Schwierig wird es nur in den Urlaubsorten an Feiertagen, etwa an Weihnachten und zum westlichen, chinesischen und thailändischen Neujahr. Auch während der europäischen Sommer- und Weihnachtsferien sind viele Zimmer ausgebucht, sodass man im gewünschten Gästehaus spontan keinen Platz mehr bekommt. In der Hauptreisezeit sind besonders in Bangkok und an beliebten Stränden gute Unterkünfte bereits am frühen Nachmittag voll. Die besten Chancen auf ein freies Zimmer hat man dort gegen Mittag.

Wer während der Hochsaison anreist, kann für die ersten Nächte von zu Hause ein Zimmer buchen. Dieses ist über die Websites der Unterkünfte möglich aber auch über Reiseveranstalter und Hotelbuchungsmaschinen.

Vorausbuchung per Internet

Hotels günstig vorab buchen:
www.sawadee.com
www.hotelthailand.com
www.agoda.de
www.asiarooms.com
Preiswerte Gästehäuser vermitteln:
www.hostelworld.com
www.hostelbookers.com/hostels/thailand
In diesem Reiseführer ist bei allen Unterkünften die jeweilige Internetadresse angegeben.

Golf

Thailand ist ein Golfparadies. Bereits zu Beginn des 20. Jh. wurde in Bangkok Golf gespielt; heute besitzt das Land zahlreiche öffentliche Golfplätze, vom einfachen naturnahen 9-Loch-Platz bis zu Luxusanlagen weltbekannter Designer. Es ist kein Problem, als Gastspieler ohne Klubmitgliedschaft zugelassen zu werden, sofern man sich telefonisch anmeldet. Die gut ausgestatteten und gepflegten Plätze sind fast alle ganztags geöffnet und verlangen einen Bruchteil der in Europa üblichen Gebühren.
Infos: Das Tourist Office gibt die Broschüre ›Thailand Golf Paradise‹ heraus.

Trekking, Rafting und Elefantenreiten

Mit dieser Kombination werben Angebote in Touristenbroschüren für Ausflüge ins Landesinnere, vor allem in die Umgebung von Chiang Mai, Pai, Chiang Rai und Kanchanaburi. Die Dauer der Aktivitäten und die Preise variieren erheblich.

Trekkingtouren sollten nur mit lizenzierten Guides unternommen werden, die verständliches Englisch (oder gar Deutsch) sprechen und die Kultur der Dorfbewohner kennen, die während der Tour besucht werden.

Wenn in der Trockenzeit die Flüsse nur wenig Wasser führen, wird das Rafting zu einer gemütlichen Kahnfahrt. Hingegen sollte eine Fahrt während der Regenzeit aus Sicherheitsgründen nicht auf einfachen Bambusrafts sondern besser in Schlauchbooten erfolgen.

Viele Elefantenausritte reduzieren sich auf wenige Minuten, in denen man im Elefantencamp im Kreis herumreitet, ein Foto macht, das Tier mit Bananen füttert. Es lohnt, etwas mehr für eine längere Tour auszugeben, bevorzugt durch die natürliche Heimat des Elefanten, die Bergwälder im Norden und rings um Chiang Mai oder im Westen nördlich von Kanchanaburi.

Wassersport

Schnorcheln

Anfänger finden vor fast allen Inseln interessante Felsformationen oder gar Korallenriffe. In einigen Badeorten werden auch Schnorchelausflüge mit dem Boot inklusive Ausrüstung angeboten. Auch Tauchveranstalter nehmen Schnorchler mit auf ihre Touren.

Segeln

Beliebte Segelgebiete sind die Inselwelt um Phuket, die Bucht von Phang Nga und Ko Phi Phi. Mehrmals jährlich finden Regatten statt, so der King's Cup für Laser und Katamarane im Dezember und der Pan Sea Cup für Segelboote. Aber auch sonst liegen zahlreiche Segelboote in Phuket in der Boat Lagoon-Marina an der Ostküste sowie in Chalong und Nai Harn vor Anker. Weitere Möglichkeiten zum Segeln bieten Pattaya und Hua Hin.
Anbieter von Segeltouren in Thailand:
Thai Marine Leisure: Phuket Boat Lagoon, Phuket, Tel. 076-23 91 11, tml@thaimarine.com, www.asia-marine.net.

Wassersport in den Touristenzentren: Das Angebot in Pattaya, Ko Samui oder Phuket reicht von Wasserski, Fallschirmsegeln und Windsurfen bis zu Tiefseefischen. Von Phuket und Krabi aus lassen sich interessante Seekajaktouren in der Bucht von Phang Nga unternehmen. Während des Monsuns kann es jedoch lebensgefährlich sein, Wassersport zu betreiben. Und die Haie im Golf von Siam sind eine weitaus geringere Gefahr als die herumrasenden Motorboote. Von giftigen Muränen, Rochen, Steinfischen und Seeschlangen sollte man sich fern halten.

Raftingtouren zählen zu den sportlichen Attraktionen in Nordthailand

Tauchen

Zum Tauchen eignen sich die artenreicheren Korallenriffe der Andamanensee an der Westküste von Südthailand besser als der Golf von Siam. Allerdings liegt dieses Gebiet im Einflussbereich des Monsuns, der von Ende Mai bis Oktober das Meer aufwühlt und starke Regenfälle mit sich bringt. Zu dieser Zeit sind hingegen die Wetterbedingungen an der Ostküste von Südthailand ideal. Vor allem in Pattaya, auf Phuket, Ko Samui, Ko Tao und Ko Pha Ngan gibt es Tauchbasen, die Kurse mit internationalen Zertifikaten und Tauchausflüge anbieten. Zudem werben Veranstalter mit Liveaboard-Tauchtouren zu weiter abseits gelegenen Inseln inklusive Übernachtung auf dem Boot. Beliebt sind Touren von Phuket nach Ko Phi Phi, Surin, Similan und zu den Burma Banks.

Von Ko Samui und Ko Pha Ngan werden Touren zur kleinen Ko Tao und zum Ang Thong Marine National Park durchgeführt. Weitere schöne Tauchgebiete gibt es rings um die Inseln Samet, Chang, Surin, Racha und im Tarutao Marine National Park.

Wellness

Das zunehmende Bedürfnis, im Urlaub auch den Körper mit Massagen, Bädern und anderen Anwendungen zu verwöhnen, trifft in Thailand auf fruchtbaren Boden. Seit Jahrhunderten nutzen die Thai Massagen und Meditationen zur Entspannung, wissen um die heilende Wirkung von Kräutern, Ölen und gesunden Nahrungsmitteln. Chinesische und indische Heilmethoden sind ebenso wie westliche Techniken weit verbreitet. Das Angebot reicht von Ölmassagen am Strand und Fußzonenreflexmassagen in der Abflughalle des internationalen Flughafens bis zu mehrtägigen Antistressprogrammen mit Kräutersaunen, Blütenbädern in tropischer Umgebung und privaten Behandlungsräumen in luxuriös gestalteten Spa-Villen.

Als wahre Einkaufsparadiese erweisen sich der Chatuchak Wochenendmarkt in Bangkok sowie der Nachtmarkt von Chiang Mai und die nahegelegenen Handwerkerdörfer San Kamphaeng, Bo Sang und Ban Tawai. Das Warenangebot umfasst feine Silberarbeiten, traditionelle und moderne Keramiken, handgeschöpfte Papiere, mit Stickereien und Applikationen verzierte Textilien, Webarbeiten, Seide, gut gemachte Reproduktionen von Antiquitäten, Statuen aus Messing, Bronze und Stein, Holzschnitzereien, Einlegearbeiten aus Perlmutt sowie Schmuck und Möbel.

Das Angebot in den meisten Geschäftsstraßen, modernen Einkaufspalästen und gigantischen Supermärkten ist eher auf die zahlungskräftige einheimische Klientel ausgerichtet. Doch auch Touristen können hier englischsprachige Bücher, Computersoftware, modische Textilien, echte Markenwaren und hochwertige Artikel relativ günstig überwiegend zu Festpreisen erwerben.

Handeln

Beim Einkaufen an Souvenirständen und in vielen Touristenläden hingegen ist Handeln durchaus üblich. Vor allem Souvenirverkäufer stellen überhöhte Preisforderungen. Das sollten Sie ihnen nicht verübeln, sondern als Aufforderung zum Handeln verstehen. Am Ende wird der Händler mit seinem Gewinn und der Käufer mit dem günstigen Erwerb zufrieden sein.

Schätzen Sie also ab, wie viel Sie bezahlen wollen. Lassen Sie sich den ersten ›realistischen‹ Preis nennen und fragen Sie nach einem Rabatt. Nennen Sie dann Ihren Preis, der mindestens die Hälfte unter dem des Händlers liegt, jedoch immer noch genügend Spielraum enthalten sollte. Sobald einer der Beteiligten den Preis akzeptiert, ist der Handel perfekt und ein Rücktritt vom Kauf nur unter Gesichtsverlust möglich.

Schneider

Man kann sich in Thailand Kleidung maßschneidern lassen. Verarbeitung und Material, vom Stoff bis zu den Knöpfen, sollten genau abgesprochen werden. Planen Sie ausreichend Zeit für mehrere Anproben ein.

Schlepper

Sie brauchen zum Einkaufen keine ortskundigen Helfer. Trotz aller Versprechen, Ihnen zu einem günstigen Einkauf zu verhelfen, übervorteilen Sie diese unweigerlich. Der Preis für die ›kostenlose Stadtrundfahrt‹ wie die Provision des Führers werden am Ende auf Ihrer Rechnung erscheinen. Besondere Vorsicht ist beim Kauf von Edelsteinen angebracht.

Teure Souvenirs

Andenken können teuer werden, wenn man erst an der Grenze erfährt, dass Antiquitäten und Buddhastatuen nicht ausgeführt werden dürfen. Der Export kann nur mit schriftlicher Genehmigung des Department of Fine Art, im Nationalmuseum in Bangkok, Tel. 02-224 13 70, erfolgen. Ebenso unterliegen seltene Tierarten und entsprechende Produkte dem Artenschutzabkommen. Darunter fallen Schildpatt, Krokodilleder und Elfenbein.

Versand

Wenn Sie Einkäufe direkt nach Europa senden lassen, achten Sie auf einen exakten Beleg, auf dem die gekauften Gegenstände detailliert ausgewiesen sind und der die genaue Adresse des Verkäufers enthält. Ebenso dürfen die Adresse des Empfängers sowie die Kosten für Fracht, Verpackung und Versicherung nicht fehlen.

Nachtleben

Seit 2004 müssen Bars und Clubs in ganz Thailand um 1 Uhr schließen. Nur in bestimmten Vergnügungsvierteln dürfen sie bis 2 oder 3 Uhr geöffnet bleiben. In den überdimensionalen Unterhaltungszentren von Bangkok findet jeder, was er sucht: Massagesalons für bedürftige Männer, Diskotheken mit ausgeklügelten Musik-, Video- und Laseranlagen, Nachtklubs für romantische Pärchen und Karaokebars für japanische Besucher.

Die **Nachtklubs** der großen Hotels bieten, zumeist in gepflegter Atmosphäre, Livemusik, Jazz, modernen Pop oder romantische Evergreens. Auch in einigen **Bars** von Bangkok, Pattaya, Phuket und Chiang Mai wird engagierte Livemusik geboten. Vor allem in Bangkok bevorzugen junge Thais, trotz der hohen Preise, modern gestaltete Clubs mit internationaler Atmosphäre und sogar die aufgeputzten ehemaligen Traveller Restaurants in der Khaosan Road. In der Provinz ist die Auswahl zwar nicht so groß, doch findet sich abends in den besseren Hotels am Ort immer eine Disco oder Bar, in der zumindest am Wochenende viel los ist.

Kneipen und Pubs im englischen Stil haben sich in Bangkok und den Touristenzentren angesiedelt. Die Bandbreite reicht von irischen Pubs, die in gepflegter Atmosphäre importierte Alkoholika und westliche Gerichte servieren, bis zu Kneipen, in denen sich die europäische Männerwelt beim Bier mit einheimischen Mädchen trifft. Die Touristen verschiedener Nationalitäten bleiben gern unter sich. Es gibt sogar **Biergärten,** in denen anspruchsvolleren Biertrinkern der Gerstensaft vom Fass unter freiem Himmel ausgeschenkt wird.

Vor allem im Alcazar und im Tiffany's in Pattaya sowie im Calypso (Asia Hotel in der Thanon Phayathai) in Bangkok und in Simon Cabaret in Phuket werden große **Travestieshows** geboten; ein lohnendes Ziel für die ganze Familie. Pattaya, die Patpong und Soi Cowboy von Bangkok sowie die Soi Bangla am Patong Beach von Phuket werden allerdings dem Klischee von schummrigen Nachtklubs und freizügigen Mädchen gerecht.

Tanz und Theater

Klassische Tanzvorführungen finden am Abend statt und sind meist mit einem traditionellen Thaiessen verbunden. Drei Megabühnen, Phuket Fantasea (www.phuket-fantasea.com) auf Phuket, Alangkarn (www.alangkarnthailand.com) bei Pattaya und Siam Niramit (www.siamniramit.com) in Bangkok inszenieren ein gewaltiges Bühnenspektakel. Etwas geruhsamer geht es beim Puppentheater des Joe Louis Theatre (www.joelouistheater.com) zu.

Kino

Beim Freiluftkino unterm Sternenhimmel in den Bergen Nordthailands oder im Nordosten ist das Publikum und der zu einem Vorführraum umgebaute Lkw interessanter als der Film. Ganz anders ein Kinobesuch in Bangkok in einem der Megakinos mit Luxussaal. Dort macht man es sich auf breiten Sesseln oder Sofas bequem und lässt sich zum Film Getränke und Snacks servieren.

Thaiboxen

Ein traditionelles Sportvergnügen ist Thai-boxen. Große Stadien befinden sich in Bangkok: Lumpini-Stadion, Thanon Rama IV, Tel. 02-251 43 03; Rajadamnern-Stadion, Ratchadamnoen Nok Ave., Tel. 02-281 42 05. Die Anfangszeiten sind der Bangkok Post zu entnehmen. Eintritt: 1000–2000 Baht. Thaiboxkämpfe in Bars dienen eher der Unterhaltung als dem sportlichen Wettbewerb.

Bettler

Vor allem in den Touristenvierteln begegnet man Bettlern. Vor den Tempeln erbitten verkrüppelte, alte Menschen mit untertänigem Gruß eine Spende von den Gläubigen und in den Geschäftsstraßen sitzen verhärmte Mütter mit kleinen Kindern, um Mitleid zu erregen. Wohltätigkeit gilt als buddhistische Tugend und in einem Land ohne Sozialhilfe und Rentenversicherung erscheint Betteln als letzte Chance.

Man sollte allerdings bedenken, dass Kleinkinder für einige Baht von Slumbewohnern ausgeliehen und Kriegsverletzte aus Kambodscha geholt wurden. Einige professionelle Bettler verdienen auf den Straßen mehr Geld als auf den Reisfeldern. Kleine Kinder werden häufig zum Betteln angehalten und können deshalb nicht zur Schule gehen. Einige Baht für die Kinder ändern nichts an ihrer Situation – ganz im Gegenteil. Sinnvoller wäre es vielmehr, eine humanitäre Organisation zu unterstützen, die in Thailand tätig ist.

Wenn am frühen Morgen die Mönche durch die Straßen ziehen, um die Opfergaben der Gläubigen einzusammeln, hat das mit Betteln nichts zu tun.

Gaben an die Mönche gelten als Möglichkeit, Verdienste für ein späteres Leben zu erwerben und die Dankbarkeit ist auf Seiten des Spenders.

Buddhismus

Gleichmut und Geduld, die man bei vielen Thai feststellen kann, entspringen der buddhistischen Lehre. Keinesfalls sollte ein Besucher die religiösen Gefühle der Menschen missachten. Entsprechend ist Mönchen, Buddhafiguren und Tempeln besondere Achtung entgegenzubringen. Beim Besuch eines buddhistischen Tempels sollte man auf die ›richtige‹ Kleidung achten. Beim Betreten eines Tempelgebäudes lässt man die Schuhe vor dem Eingang stehen. Frauen dürfen nie neben Mönchen sitzen, geschweige denn sie berühren.

Drogen

Thailand ist ein bedeutender Drogenumschlagplatz. Nach dem *Thai Narcotics Act* werden der Besitz, die Produktion, der Export und Import von 100 g oder mehr Heroin mit lebenslänglichem Gefängnis bestraft. Händler erwartet die Todesstrafe. Dennoch floriert der lukrative Drogenhandel.

Heroin wird aus Opium hergestellt, das die Bergvölker im Goldenen Dreieck, vor allem jenseits der thailändischen Grenze in Myanmar (Burma) und in Laos, anbauen. Das lukrative Drogengeschäft steuern Drogenbarone aus Myanmar. In jüngerer Zeit wurde Heroin von einfacher zu produzierenden synthetischen Pillen (Speed, Yaba) aus Myanmar verdrängt, von denen mittlerweile bereits zwei Millionen thailändische Jugendliche abhängig sind.

Viele Touristen, bei denen Drogen gefunden wurden, verbüßen langjährige Haftstrafen in den unmenschlichen Gefängnissen des Landes. In Bangkok, auf Ko Pha Ngan und vor allem in Nordthailand sind Drogen relativ leicht zu beschaffen. Doch wer weiß schon, ob der Dealer nicht als Polizeispitzel sein Geld verdient? Besondere Vorsicht ist bei der Einreise nach Malaysia geboten, wo die Drogengesetze noch strenger gehandhabt werden und bereits mehrere ausländische Reisende hingerichtet wurden.

Elektrizität

Flachstecker passen in die meisten Steckdosen. Die Netzspannung beträgt 220 Volt.

Fotografieren

In großen Städten und Touristenzentren sind alle internationalen Markenfilme erhältlich (doch sind Diafilme in Deutschland billiger). Man kann schnell und preiswert Filme entwickeln, Papierabzüge und Passbilder machen lassen. In der Provinz ist das Angebot beschränkt und man ist nie sicher, ob Filme sachgemäß gelagert wurden. Filme sollten unterwegs kühl (nicht jedoch im Kühlschrank) aufbewahrt und vor direkter Sonne geschützt werden. Wer digital fotografiert, wird auch in vielen Innenräumen der Tempel ohne Blitz auskommen. Viele Menschen freuen sich, wenn sie auf dem Display ihre Fotos betrachten können und fragen dann manchmal nach einer Kopie. Wer sich die Adresse geben lässt, kann in einigen Digitalstudios in Thailand selbst gleich Kopien machen lassen und diese verschicken. Der Inhalt voller Chips kann in Internetcafés auf CD gebrannt oder auf einer externen Festplatte abgesichert werden, sodass man mit 1–2 Speicherchips auskommt.

Bei den vielfältigen Fotomotiven, die Thailand bietet, kann man gar nicht genug Speicherplatz haben. Normalerweise lassen sich die Menschen gern fotografieren. Trotzdem sollte man es nie ohne ihr Einverständnis tun. Es ist allerdings fraglich, ob man die Fotoerlaubnis in einigen touristischen Dörfern der Bergvölker durch einige Baht erkaufen sollte. Verboten ist es, im Bot des Bangkoker Wat Phra Keo und im Königspalast sowie Mitglieder der Königsfamilie zu fotografieren.

Kopf und Füße

Sie sind der höchste (heilige) und niedrigste (unheilige) Teil des Körpers. Beleidigend wäre es, einem Thai die Füße entgegenzustrecken, ihn am Kopf zu berühren oder sich über den Kopf eines Höhergestellten oder Älteren zu erheben. Wer gezwungen ist, an einem älteren, sitzenden Thai oder gar an einem Mönch vorbeizugehen, sollte höflich den Kopf senken.

Monarchie

Auch wenn der König seine Macht als absoluter Herrscher 1932 verlor, wird die königliche Familie von der Bevölkerung hoch verehrt. Selbst politische Umstürze stellten die Macht des Königs nie in Frage. Sein Porträt und Bilder der königlichen Familie sind in jedem Haus zu finden. Als Besucher des Landes sollte man dies respektieren.

Namen und Adressen

Für europäische Zungen scheinen thailändische Namen unaussprechlich. Im Alltag verwendet man allerdings nur den Vornamen oder Spitznamen. Nachnamen wurden erst zu Beginn dieses Jahrhunderts in Siam eingeführt. Bei der Anrede setzt man vor den Vornamen den Begriff *khun* (Herr/Frau).

Befindet sich eine Adresse in einer Nebenstraße oder Gasse *(soi),* wird der Name der Hauptstraße, von der die kleinere Straße abzweigt, ebenfalls angegeben. Die *Soi* sind manchmal durchnummeriert, haben aber auch Namen. Hausnummern sind eher verwirrend.

Notruf

Tourist Service Hotline: Tel. 11 55
Touristenpolizei: Tel. 16 99
Notruf: Tel. 191
Feuerwehr: Tel. 199

Öffnungszeiten

Banken sind Mo–Fr (außer feiertags) 8.30–15.30 Uhr geöffnet. In einigen Banken in den Touristenzentren wechselt ein *Currency Exchange Service* bis gegen 22 Uhr. Zudem stehen rund um die Uhr Geldautomaten zur Verfügung.

Es gibt in Thailand keine Ladenschlusszeiten, daher sind die meisten Geschäfte auch sonn- und feiertags offen. Kleinere Geschäfte schließen manchmal erst gegen 21 Uhr, Warenhäuser sind von 10–19 Uhr geöffnet. Auf den Lebensmittelmärkten wird das Hauptgeschäft am frühen Morgen getätigt, bevor die Waren in der heißen Sonne verderben.

Ämter und Behörden öffnen Mo–Fr 8.30–12 und 13–16 Uhr. Büros sind zum Teil auch am Samstag vormittags geöffnet. Die Mittagspause wird flexibel gehandhabt.

Rauchen

Das Rauchverbot gilt für Restaurants, Bars und alle öffentlichen Plätze, also auch auf Märkten und in öffentlichen Einrichtungen. Zudem dürfen Zigaretten zum Verkauf nicht öffentlich präsentiert werden.

Reisen mit Handicap

Immer wieder trifft man in Thailand Touristen im Rollstuhl. Obwohl das Land in keiner Weise eine behindertengerechte Infrastruktur besitzt, wagen sich einige Mutige sogar in die Nationalparks vor, übernachten in kleinen Gästehäusern und sind mit öffentlichen Verkehrsmitteln unterwegs. Die Freundlichkeit und Hilfsbereitschaft der Thai hilft dabei, so manches Hindernis zu überbrücken.

Sicherheit

Glücklicherweise kommt es selten zu ernsthaften Vorfällen. Im Drogenmilieu ist die Beschaffungskriminalität hoch. Auch Prostituierte und Transvestiten bessern manchmal bei leichtgläubigen Touristen ihr Einkommen auf. Frauen werden in Thailand weit weniger belästigt als beispielsweise in muslimischen Ländern. Häufiger kommen Wertsachen im Gedränge der Märkte und in überfüllten Bussen abhanden. Deshalb sollte man sein Geld nah am Körper tragen, wertvollen Schmuck zu Hause lassen und die Augen vor allem nachts und im Gedränge offen halten.

Daneben gibt es einige Tricks, auf die Reisende immer wieder hereinfallen: Straßenbekanntschaften überreden gutgläubige Touristen zu günstigen Einkäufen von Edelsteinen, die sich zu Hause vor fachkundigen Augen als minderwertig oder billige Fälschungen erweisen. Auch auf Time-Sharing-Angebote in Pattaya und Phuket sollte man nicht eingehen.

In Hotelzimmern und an der Rezeption sind Wertsachen nicht sicher aufgehoben. Mancher musste nach seinem Urlaub feststellen, dass mit der sicher verwahrten Kreditkarte eingekauft wurde. Auch beim Bezahlen sollte man Kreditkarten nicht aus dem Auge lassen. Vor allem in Touristenzentren kommt es zu derartigen Ärgernissen. In touristisch unerschlossenen ländlichen Regionen ist man hingegen sicher. Trunkenheit am Steuer und Fahrerflucht ist keine Seltenheit.

Bei Diebstählen sollte die Polizei verständigt und für die Reisegepäckversicherung ein Protokoll möglichst in Englisch abgefasst werden.

Für Reisende ist die **Touristenpolizei** zuständig, deren Beamte englisch sprechen.

Soziale Bindungen

Familiäre und soziale Beziehungen sind wesentlich stärker ausgeprägt als in Mitteleuropa, wobei festgefügte Normen das Verhalten des einzelnen innerhalb seiner Gruppe bestimmen und seinen sozialen Status fest-

Ausflugsboot am Golf von Thailand, südlich von Hua Hin

legen. Verpflichtungen gegenüber den Eltern, dem Lehrer, dem Vorgesetzten oder dem Tempel sind in Thailand von größerer Bedeutung als vergleichbare Beziehungen in Europa.

Toiletten

Die einst üblichen Hocktoiletten sind in Städten und Tourismuszentren weitgehend durch westliche Toiletten ersetzt worden. Öffentliche Toiletten in Einkaufszentren sind zumeist kostenlos und werden regelmäßig gereinigt. Das trifft auch auf die meisten Toiletten in Bahnhöfen, Zügen und Flughäfen sowie an Tankstellen und in Restaurants zu. Rechnen Sie jedoch nicht damit, in jedem Fall auch Toilettenpapier vorzufinden.

Trinkgeld

Normalerweise wird in Thailand kein Trinkgeld erwartet, denn guter Service ist eine Selbstverständlichkeit. Gepäckträgern und Hotelpersonal sollte man für besondere Serviceleistungen mindestens 10 bis 20 Baht geben. Wenn in der Restaurantrechnung 10 % für die Bedienung nicht ausgewiesen ist, sollte man diesen Betrag als Trinkgeld geben.

Wai

Beim thailändischen Gruß faltet man die Hände wie zum andächtigen Gebet vor dem Gesicht oder der Brust. Doch in welcher genauen Höhe man die Hände faltet, hängt von der Höhe der sozialen Stellung und dem Alter des Begrüßten ab. Ein Thai wird nicht erwarten, dass ein Tourist den traditionellen Gruß in all seinen Variationen beherrscht. Dennoch sollte man sich dessen bewusst sein und es, wenn angebracht, beim höflichen Kopfnicken bewenden lassen.

Zeit

Zur mitteleuropäischen Zeit (MEZ) beträgt die Zeitverschiebung in Thailand plus sechs Stunden, zur mitteleuropäischen Sommerzeit plus fünf Stunden. Da sich die Bevölkerung von Thailand nach dem buddhistischen Kalender orientiert, ist 2010 bereits das Jahr 2553.

Geld und Zahlungsmittel

Landeswährung

Landeswährung ist der Baht (1 Baht = 100 Satang). Banknoten im Wert von 10 Baht (braun), 20 Baht (grün), 50 Baht (blau), 100 Baht (rot), 500 Baht (violett) und 1000 Baht (grau) sind auch mit arabischen Ziffern beschriftet. Kaum noch im Umlauf sind Banknoten zu 10 Baht sowie Münzen zu 25 und 50 Satang (sprich: *stang)* in einer messingfarbenen Legierung und 2 Baht in Nickellegierung. Häufig sind hingegen Münzen zu 10 Baht, außen silbrig, innen goldfarben sowie 1- und 5-Baht-Münzen in einer Nickellegierung, die es in verschiedenen Prägungen, Größen und Formen gibt, wobei 1-Baht-Münzen immer wesentlich kleiner sind als die 5-Baht-Münzen. Münzen zeigen nur Thaiziffern!

Wechselkurs: Der Wechselkurs schwankt, seit er nicht mehr an den US-Dollar gekoppelt ist, zwischen 34 und 40 Baht je US-$ bzw. zwischen 42 und 50 Baht je Euro.

Lohnniveau: Der Mindestlohn in Bangkok liegt bei ca. 5 €/Tag; auf dem Land verdienen die meisten Menschen wesentlich weniger.

Geldbeschaffung

Mit einer Geldkarte mit Maestro- oder Cirrus-Symbol kann man ebenso wie mit Kreditkarten an den meisten Geldautomaten Bargeld bis zu 20 000 Baht abheben. Es wird zum aktuellen Briefkurs umgerechnet. Abhängig von den Banken im Heimatland kostet dieses pro Transaktion 3,50–8,50 € oder ist sogar kostenlos. Wer Automaten vor einer geöffneten Bank nutzt, kann bei Problemen sofort reklamieren. Reiseschecks in US-Dollar, Euro und Schweizer Franken werden von fast allen Banken in Städten und Touristenzentren eingelöst. Im Falle eines Diebstahls benötigt man die Abrechnung über die Reiseschecks und die Nummern der eingelösten Schecks.

Banken: Öffnungszeiten sind Mo–Fr 8.30–15.30 Uhr. Darüber hinaus tauschen einige Wechselschalter in Touristenzentren täglich von 7–21 Uhr. Die Wechselkurse in thailändischen Banken sind günstiger als in Hotels und Wechselstuben oder den Banken im Ausland.

Kreditkarten

Kreditkarten aller großen Organisationen werden in den meisten Hotels, Restaurants und Geschäften akzeptiert. Vor Missbrauch muss gewarnt werden. Man sollte die Karte beim Bezahlen niemals aus dem Auge lassen, damit kein zweiter Beleg erstellt werden kann.

Einige Geschäfte schlagen die von ihnen zu tragende Abwicklungsgebühr von zumeist 4 % auf den Rechnungsbetrag auf, was man nicht akzeptieren sollte.

American Express: www.americanexpress.com/germany
Visa Card: www.visa.de
Master/Euro Card: www.mastercard.com
Diners Club: www.dinersclub.com

Reisekosten/Reisebudget

Die enorme Bandbreite des touristischen Angebots macht Thailand zu einem attraktiven

Sperrung von EC-und Kreditkarten bei Verlust oder Diebstahl*:

0049-116 116

oder 0049-30 4050 4050
(* Gilt nur, wenn das ausstellende Geldinstitut angeschlossen ist, Übersicht: www.sperr-notruf.de)
Weitere Sperrnummern:
- MasterCard: 0049-69-79 33 19 10
- Visa: 0049-69-79 33 19 10
- American Express: 0049-69-97 97 2000
- Diners Club: 0049-69-66 16 61 23

Bitte halten Sie Ihre Kreditkartennummer, Kontonummer und Bankleitzahl bereit!

Nicht unerschwinglich: Ausritte auf Elefanten werden vielerorts angeboten

Reiseziel für Backpacker wie für die High Society. Traumhafte Luxusvillen an abgelegenen Stränden mit eigenem Dienstpersonal, Chauffeur und Limousine inklusive, werden wahrscheinlich das Budget der meisten Urlauber sprengen.

Hingegen liegen gepflegte Doppelzimmer in 5-Sterne-Hotels oder Bungalows in Luxusresorts mit Preisen um 100 € pro Nacht durchaus im finanzierbaren Rahmen. Für einen vergleichbaren Preis können Budgettraveller allerdings ihre Unterkunft einen ganzen Monat lang finanzieren. Dazwischen wird jeder das für sich Passende finden, wobei die preiswerteste Kategorie an den beliebten Stränden kaum zu finden ist – hier konzentriert sich das Luxusangebot. Dabei können sich in der Hochsaison die Preise durchaus verdoppeln.

Öffentliche Verkehrsmittel können preiswert und trotzdem bequem sein. Wer statt des einfachen klimatisierten Busses einen komfortableren mit breiten Sitzen bevorzugt, zahlt etwa das Doppelte und für einen Flug das Zehnfache. Schon für 50 Cent gibt es an Straßenständen eine sättigende Nudelsuppe, die man bedenkenlos essen kann. Selbst in Thairestaurants kosten die meisten Speisen weniger als 2 €. Teuer sind europäische Gerichte oder Meeresfrüchte, die vor allem in den Hotel- und Spitzenrestaurants ein europäisches Preisniveau erreichen.

Für einige Attraktionen zahlen Touristen ein Vielfaches der Eintrittspreise für Einheimische. So beträgt der Eintritt für Nationalparks 4 € pro Tag statt 80 Cent. In den meisten Museen und historischen Parks liegt der Eintritt meist bei 2 €.

Das Klima

Regionale Unterschiede

Im Süden Thailands dominiert ein tropisches Klima mit hohen Niederschlägen und einer kurzen Trockenzeit; im Nordosten, im Norden und in der Zentralregion herrscht ein Monsunklima mit einer ausgeprägten Trockenzeit vor. Die Tageshöchsttemperaturen schwanken zwischen 26 °C und 40 °C, wobei sie kurz nach der Regenzeit in den Bergen am niedrigsten und kurz vor der Regenzeit im Nordosten am höchsten sind. Das Wetter war in den vergangenen Jahren allerdings von deutlichen Anomalien geprägt und ist daher nicht zuverlässig vorhersagbar.

Regen- und Trockenzeiten

Theoretisch gibt es drei Jahreszeiten: Sobald im Mai/Juni der Südwestmonsun einsetzt, beginnt es fast überall im Land zu regnen, zumeist nur für einige Stunden, aber mit zunehmender Intensität. Das bringt die ersehnte Abkühlung mit sich und die Temperaturen, die vor allem in Zentral- und Nordostthailand am Ende der Trockenzeit die 40 °C-Marke überschreiten können, beginnen zu sinken. In der Regenzeit von Juli bis Oktober fallen stundenweise hohe Niederschläge, vor allem an der Andamanenküste (Phuket, Krabi, Khao Lak). Die stärksten Regenfälle im September führen vor allem in Bangkok regelmäßig zu Überflutungen. Mit nachlassendem Regen beginnt im Oktober/November die schönste Jahreszeit; das ganze Land ist grün, die Luft klar und die Temperaturen übersteigen selbst mittags selten die 30 °C-Grenze. Allerdings kann es in den Bergen nachts unangenehm kalt werden. In ungünstigen Lagen kann das Thermometer fast bis auf den Gefrierpunkt absinken. Bereits im Februar ist ein deutliches Ansteigen der Temperaturen zu verzeichnen. Am Ende der Trockenzeit im April/Mai kann es vor allem in den Städten unerträglich heiß und das Wasser knapp werden. Im Norden legt sich während dieser ›Brandrodungsperiode‹ ein dichter Dunstschleier über das Land.

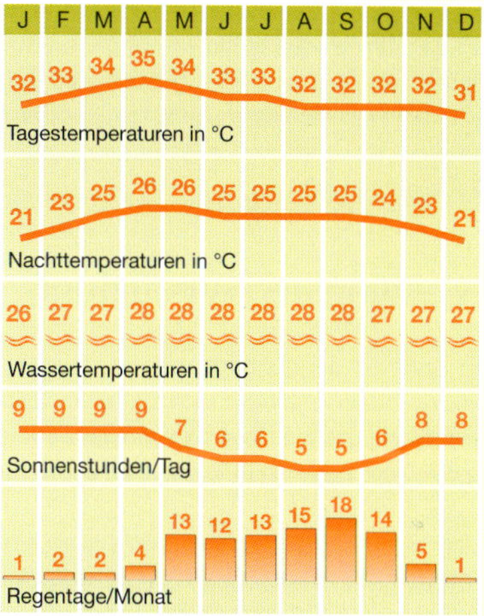

Klimadaten Bangkok

An den Badestränden

Es gibt viele regionale Abweichungen, vor allem an der Küste. Auf Phuket und Ko Samui kommt es bereits im Mai zu heftigen Schauern. Auf Ko Samui ist es bis zum Juli trocken, aber von September bis Dezember setzt kräftiger Regen ein. Auf Phuket halten die Niederschläge bis zum November an.

Reisesaison

Während der thailändischen Universitätsferien (Mitte März–Ende Mai und im Oktober/November) und der Schulferien (März–Mai sowie drei Wochen im Oktober) sind Nationalparks und viele Strände an der Küste gut besucht. Hochsaison ist an den Stränden von Dezember bis Februar, wenn sonnenhungrige Europäer einfliegen und viele Einheimische Urlaub machen. Das größte Verkehrschaos erlebt das

Land während der Songkran-Feiertage (13.–15.4.), zum chinesischen Neujahr, das zwischen dem 21.1. und 19.2. gefeiert wird, sowie zwischen Weihnachten und Neujahr. Dann sind die Verkehrsmittel ebenso ausgebucht wie die meisten Hotels.

Kleidung und Ausrüstung

In erster Linie benötigt man in Thailand leichte Sommergarderobe aus atmungsaktiven Stoffen, lange Hosen als Mückenschutz am Abend, Badekleidung und eine Jacke für stark klimatisierte Busse und Hotels. Wer in den Bergen oder Nationalparks wandern möchte, sollte feste Schuhe dabei haben.

Bei der Auswahl der Kleidung ist darauf zu achten, dass die Thai großen Wert auf ordentliches Aussehen legen und einen Fremden in erster Linie nach seinem Äußeren beurteilen. Die Wachen des Königspalastes lassen Touristen nicht hinein, wenn sie Shorts oder Sandalen tragen oder ihre Oberarme nicht bedeckt sind. Allzu freizügig geschnittene Garderobe oder gar Badekleidung sollte generell nicht außerhalb der Strände und Swimmingpools getragen werden. Auch FKK oder Baden oben ohne gilt in Thailand als unmoralisch und ist verpönt.

Da in Hotels oder Wäschereien Kleidung innerhalb eines Tages gewaschen wird, kann im Koffer freier Platz für Mitbringsel reserviert werden. Kaum jemand wird den Angeboten in Thailand widerstehen können, die von preiswerten T-Shirts am Straßenstand bis zu Maßanzügen der Schneider reichen. Medikamente und Filme sollte man, falls erforderlich, in ausreichenden Mengen mitnehmen.

Sicherheitshalber sollten Kopien der Reisedokumente (inkl. Einreisestempel) angefertigt und getrennt aufbewahrt werden.

In vielen Küstenorten des Südens schützen Strandschirme beim Sonnenbad

Vorbeugende Maßnahmen

Impfungen

Für die Einreise nach Thailand sind keine Impfungen notwendig, es sei denn, man hat innerhalb der letzten sechs Tage ein Gelbfieberinfektionsgebiet bereist. Eine Tetanus- und Polio-Schluckimpfung sind anzuraten, wenn der Schutz abgelaufen ist.

Reiseapotheke

In thailändischen Apotheken und Krankenhäusern sind Medikamente recht preisgünstig. Dennoch empfiehlt sich eine Reiseapotheke, in der folgende Dinge nicht fehlen sollten: Desinfektionsmittel und antibiotische Wundsalbe, Verbandsmaterial, Schmerz- und Grippemittel, Antibiotika, Imodium und Elektrolytlösung gegen Durchfall, Mittel gegen Reisekrankheiten, mückenabweisende Mittel, Sonnenschutz, Antiallergikum gegen Sonnenbrand und Insektenstiche.

Verhalten im Land

Viele Erkrankungen kann man durch Vorsicht vermeiden: Im Anschluss an lange Flüge aus Europa ist neben dem Zeitunterschied auch der **Klimawechsel** zu verkraften, sodass der Körper einen Tag Ruhe benötigt. Auch ausgiebige Sonnenbäder tun in den ersten Tagen nicht gut, denn selbst bei bedecktem Himmel brennt die Sonne sehr intensiv.

Um den Wasserverlust durch Schwitzen auszugleichen, sollte man ausreichend Kochsalz und viel **Flüssigkeit** zu sich nehmen, allerdings nicht in Form von Alkohol und Kaffee. **Baumwollkleidung** ist günstiger als Kunstfaser. **Schutz vor der Sonne** bieten Sonnenbrille, Sonnencreme und Kopfbedeckung.

Einen ›wandernden Magen‹, wie **Durchfall,** die typische Reisekrankheit, von den Thai genannt wird, kann man vermeiden. Selbst durch Essen und Trinken auf Märkten und Straßen drohen keine Gefahren, wenn man besonders in den ersten Tagen darauf achtet, dass die Speisen gut gekocht oder gebraten und die Zutaten frisch sind, Früchte geschält werden und Wasser abgekocht ist. Meiden sollte man Fisch, wenn Unsicherheit darüber besteht, ob er frisch ist, Salate und Eiscreme, sofern sie nicht aus der Fabrik stammt. Die großen Restaurants sowie die Küchen in internationalen Hotels entsprechen europäischem Standard; dort kann man normalerweise alles ohne Bedenken zu sich nehmen.

Streunende Hunde und Affen sind häufig Überträger von **Tollwut,** die in Thailand immer wieder Todesopfer fordert. Deshalb sollte man ihnen aus dem Weg gehen und nach einer Verletzung durch einen Hund sofort ein Krankenhaus aufsuchen.

Obwohl **Aids** in Thailand ein großes Problem ist und das Thema öffentlich diskutiert wird, scheinen das viele Touristen zu ignorieren. Schätzungen gehen davon aus, dass sich von 1984 bis 2009 in Thailand 1,2 Mio. Menschen mit dem HIV-Virus infiziert haben, darunter ein großer Teil Prostituierter und Drogenabhängiger. Man kann sich zudem mit **Hepatitis B** infizieren, auch über nicht ausreichend sterilisierte Injektionsnadeln. Im Notfall sollte man auf Einwegspritzen bestehen. Vor der weniger gefährlichen Hepatitis A, die durch verunreinigte Lebensmittel übertragen wird, schützt kurzfristig eine Immunglobolin-Impfung oder der Impfstoff Havrix.

Nur in einigen Grenzregionen zu Kambodscha und auf den Inseln Ko Samet und Ko

Reisekrankenversicherung: Es empfiehlt sich der Abschluss einer zusätzlichen Reisekrankenversicherung, die man bereits für unter 20 € in Reisebüros, bei Autoclubs oder Kreditkartenorganisationen erhält. Mit dem Auslandsversicherungschutz kann man alle Kosten zu Hause gegen Vorlage entsprechender Belege geltend machen. Außerdem ist im Extremfall der Rücktransport in die Heimat versichert.

Chang ist die **Malaria** übertragende Anopheles-Mücke verbreitet. Am besten schützt man sich von Sonnenuntergang bis Sonnenaufgang durch mückenabweisende Mittel (Lotionen, Räucherspiralen), den Körper bedeckende Kleidung und ein Moskitonetz, sofern das Zimmer nicht durch eine Klimaanlage oder durch Mückengitter an Fenstern und Türen geschützt ist. Weitere Auskunft erteilen die Tropenmedizinischen Institute telefonisch sowie das Internet (s. S. 83).

Wasser

Zum Trinken sollte nur Wasser in Flaschen verwendet werden. Hingegen ist Leitungswasser zum Zähne putzen geeignet, auch wenn in teuren Hotels dafür Flaschen bereitgestellt werden.

Ärztliche Versorgung

Selbst auf dem Land gibt es Erste-Hilfe-Stationen oder Kliniken, die unseren Privatpraxen gleichen. Alle Provinzstädte besitzen staatliche Krankenhäuser, in denen die Behandlung kostenlos ist. Empfehlenswerter sind die privaten Krankenhäuser, die mit modernster Ausstattung auf die Behandlung von Ausländern ausgerichtet sind. Ihr breites Angebot, das sie selbstbewusst im Internet präsentieren, wird nicht nur von Patienten aus Thailand und den Nachbarländern, sondern auch von Europäern wahrgenommen. Für teure Behandlungen nehmen sie gern eine Reise nach Thailand in Kauf, denn die Gebühren sind günstiger als in Europa. Vor allem im Bereich der plastischen Chirurgie und beim Augenlasern genießen einige Ärzte Weltruf. Die Krankenzimmer weisen oft Hotelstandard auf und Ärzte wie Krankenschwestern sprechen englisch, teilweise sogar deutsch. Auf den Websites der Krankenhäuser und unter **www.cdc.gov/index.htm** finden sich weitere aktuelle Gesundheitstipps auf Englisch.

Krankenhäuser

... in Bangkok

Bumrungrad Hospital: 33 Soi 3 Thanon Sukhumvit, Tel. 02-266 71 00-0, www.bumrungrad.com

BNH Hospital: 9 Thanon Convent, Tel. 02-233 26 10-9, www.bnhhospital.com

Samitivej Hospital: 133 Soi 49, Thanon Sukhumvit, Tel. 02-392 00 10-9, www.samitivej.co.th

... in Chiang Mai

Lanna Hospital: 1 Thanon Sukkasem, Tel. 053-99 97 77, www.lanna-hospital.com

McCormick Hospital: 133 Thanon Kaeo Nawarat, Tel. 053-92 17 77, www.mccormick.in.th

... in Phuket

Bangkok Hospital Phuket: 2/1 Thanon Hongyok Utis, Tel. 076-25 44 25, www.phukethospital.com

Phuket International Hospital & Medical Centre: 44 Thanon Chalermprakiat Ror 9, Tel. 076-24 94 00, www.phuket-inter-hospital.co.th

Apotheken und Drogerien

Apotheken und Drogerien verkaufen westliche Medikamente überwiegend rezeptfrei und preisgünstiger als in Europa. Allerdings sind einige Plagiate auf dem Markt. Chinesische Apotheken offerieren ein breites Sortiment exotischer Heilmittel.

Wer sich in ärztlicher Behandlung befindet, erhält auf Rezept Medikamente in abgezählter Menge direkt von den Krankenhäusern oder privaten Kliniken.

Nachsorge: Nach der Heimkehr sollte man bei gesundheitlichen Beschwerden seinen Hausarzt über alle während der Reise aufgetretenen Krankheiten informieren und gegebenenfalls in einem Tropeninstitut eine Nachuntersuchung vornehmen lassen.

Internet

Internetcafés finden sich in allen Städten, auch in kleineren Landstädtchen. Die Gebühren sind günstig. Teurer ist es in den großen Hotels. Mit einem eigenen internetfähigen Handy oder Laptop hat man in einigen Restaurants, Cafés, Hotels und öffentlichen Gebäuden Zugang ins Netz (WiFi).

Post

Öffnungszeiten: Mo–Fr 8.30–12, 13–16.30, Sa, So und feiertags 9–12 Uhr.

Postkarten und Briefe benötigen mit Luftpost nach Europa vier bis zehn Tage und kosten 12–15 bzw. 24 Baht. Pakete dürfen ein Gewicht von 20 kg nicht überschreiten. *Sea Mail* ist preiswert, dauert jedoch bis zu drei Monaten. Schneller ist SAL, Luftpost oder der Kurierdienst der Post EMS, der die Sendung zuverlässig nach drei bis fünf Tagen beim Empfänger abliefert. An einigen Schaltern mit ›Packservice‹ werden gegen eine geringe Gebühr Pakete fachgerecht gepackt.

Radio und Fernsehen

Im Kabelnetz vieler Hotels findet man neben dem einheimischen Programm auch englischsprachige Kanäle, wie CNN, den Musikkanal Channel [V] oder den Sportkanal von Star Plus.

Auch das Fernsehprogramm der Deutschen Welle in deutscher und englischer Sprache ist in den Hotels im Angebot.

Das Radioprogramm der Deutschen Welle ist mit einem Weltempfänger auf verschiedenen Frequenzen zu empfangen. Über die aktuellen Frequenzen informiert die Deutsche Welle, Abt. Hochfrequenztechnik, 50588 Köln, Tel. 02 21/389 32 08, Fax 389 32 20, http://dw-world.de.

Telefonieren

In Thailand ist die Vorwahl Bestandteil der Telefonnummer, sodass sie auch bei Ortsgesprächen mitgewählt werden muss. Ortsgespräche kosten je nach Telefon pro drei Minuten 1–5 Baht. Auslandsgespräche sind bei der Post und von internationalen Telefonzellen mit Karte oder Münzen möglich. Am teuersten sind vermittelte Gespräche vom Hotel.

Mobiltelefone sind in Thailand weit verbreitet und ein guter Empfang ist fast überall möglich. Wer sich in einem der zahlreichen Telefonläden und bei 7eleven eine einheimische SIM card von DTAC (Happy) oder 1-2-call besorgt, kann nicht nur innerhalb Thailands sondern auch ins Ausland wesentlich günstiger als beim Roaming telefonieren.

Zeitungen

In großen Städten und Touristenzentren werden außer den Thaizeitungen auch die englischsprachigen Tageszeitungen ›Bangkok Post‹ und ›Nation‹ verkauft. Hintergrundinformationen über das Zeitgeschehen liefern die englischsprachigen Magazine ›Far Eastern Economic Review‹, ›Newsweek‹ und ›Time‹. In deutscher Sprache erscheinen diverse Touristenmagazine (s. S. 83). Zudem werden in den Urlaubsgebieten internationale Zeitungen und Magazine verkauft.

Aus dem Werbeetat finanzieren sich englisch- und deutschsprachige Touristenmagazine, die kostenlos an Hotelrezeptionen, bei Reiseveranstaltern und in den *Tourist Offices* erhältlich sind. Aus Deutschland importierte Zeitungen und Zeitschriften sind recht teuer. Einige liegen im Lesesaal des Goethe-Instituts in Bangkok aus:

Goethe-Institut (German Cultural Institute): 18/1 Soi Goethe, Thanon Sathorn Tai, Tel. 02-287 09 42-4, www.goethe.de/bangkok, U-Bahn Lumpini.

Sprachführer

Thai zu sprechen ist selbst mit einem Wörterbuch schwierig, denn es gibt 44 Konsonanten und 32 Vokale sowie verschiedene Tonhöhen, mit denen eine Bedeutungsverschiebung einhergeht (s. S. 59). Doch lohnt es sich, wenigstens Begrüßungsformeln und Zahlen zu lernen. Wichtig: Männer beenden Sätze mit der Höflichkeitsfloskel ›khrap‹, Frau mit ›kha‹.

Allgemeines

Guten Morgen/Tag/Abend/auf Wiedersehen	sawat-dee kha (Sprecherin = Frau), sawat-dee khrap (Sprecher = Mann)
Achtung!	rawang
bitte (einladend)	tschuhn
bitte (fordernd)	prott
danke (Frauen)	kop khun kha
danke (Männer)	kop khun khrap
Das macht nichts!	mai pen rai
ein bißchen	nitnoi
Entschuldigung	khoo thoot
Es tut mir leid	tschan (Frau)/phom (Mann) sia chai
gut	die
gut, clever	gäng
haben …	mie …
hübsch	suäi
ja	dschai
klein	lek
können	dai
Mädchen	dek pu-jing
mögen	schop
müssen	tong
nein	mai, plaao
nicht gut	mai die
nicht	mai
schmutzig	sockapock
sehr gut	die mahk
sehr	mahk mahk
sich wohl fühlen	sabai
Spaß haben	sanuk
vielleicht	bangti
Viel Glück!	dschok die
Westlicher Ausländer	farang
wollen, möchten	jaak

Zeit

Abend	jen
gestern	müa wan-nie
heute	wan-nie
Jahr	bi
jetzt	diao-nie
Minute	natie
Mittag	tiang
Monat	düan
Morgen (früh am Tag)	tschao
morgen	prung-nie
Nacht	khühn
später	tie-lang
Stunde	tschua mohng
Tag	wan
Woche	athit
Welche Zeit/Wie viel Uhr ist es?	kie mohng

Unterwegs

Wohin gehen Sie?	khun tschai pai nai?
Ich gehe nach …	tschan (Frau)/phom (Mann) pai …
geradeaus	trong pai
(nach) links	(liao) sai
(nach) rechts	(liao) khwa
Stopp!	jut
Welche Straße ist das?	thanon nih arai?
Auto	rot jon
Bahnhof	sathani rot fai
Benzin	bensin
Berg	doi
Boot	rüha
Bucht	ao
Bus	rot meh
Busbahnhof	sathani rot meh, bo ko so
Dorf	ban
Eisenbahn	rot fai
Fahrrad	dschakrajahn

Flugplatz	sahnam bin
Flugzeug	krüang bin
Hafen	tah rüha
Gasse/Straße	soi/thanon
Insel	ko
Motorrad	mohtöhsai
mieten	tschau
Stadt	müang
Strand	tschai haht
Taxi	teksi

Unterkunft

Hotel	rong rähm
Wo ist das Hotel?	rong rähm ju tienai?
Zimmer	hong
Bett	tiang
Schlüssel	gun tschä
Moskitonetz	mung
Badezimmer	hong nahm
Wo ist die Toilette?	hong nahm ju tienai
Toilettenpapier	gradad samla

Einkaufen

brauchen	dongka
Gibt es …?	mie … mai?
Es gibt nicht	mai mie
kaufen	süh
teuer	phääng
Wie viel kostet das?	raka tao-rai/kih baht?
Das ist zu teuer.	an-nii phääng bai.
Können Sie den Preis senken?	lot raka nooi daai mai?

Gesundheit, Notfall

Arzt	moo
Durchfall	tong döhn
Erbrechen	adschian
Fieber	kai
Hilfe	tschuai duai
krank	mai sabai
Krankenhaus	rong payabahn
Medizin	jah
weh tun	dschep

Zahlen

1	nöng	12	sip sohng
2	sohng	20	jie sip
3	sahm	21	jie sip et
4	sie	25	jie sip hah
5	hah	30	sahm sip
6	hock	100	nöng roy
7	dschät	200	sohng roy
8	bät	1000	nöng pan
9	kao	10 000	nöng müün
10	sip	100 000	nöng sähn
11	sip et	1 000 000	nöng laan

Die wichtigsten Sätze

Willkommen! (Begrüßung)	jin die tohn rap
Verstehen Sie?	khun kao dschai mai?
Sprechen Sie Thai?	khun put Thai dai mai?
Ich verstehe (nicht)	tschan (mai) kao dschai
Ich spreche ein wenig Thai	put Thai dai nitnoi
Bitte sprechen Sie langsam!	prott put cha cha
Wie heißen Sie?	khun dschü arai ?
Ich heiße …	tschan dschüa
Wie alt sind Sie?	khun anju tao-rai?
Woher kommen Sie?	khun mahn dschak tienai?
Wo wohnen Sie?	khun jü tienai?
Wie geht es?	sabai die mai?
Mir geht es gut	sabai die
Kann man fotografieren?	tai ruhp dai mai?
Bitte bringen Sie mich nach …	tschuai paa tschan/phom pai
Halten Sie hier!	yut drong nii!
Wann ist … geöffnet?	… pööt pratu kii moong?
Tschüss	laa gon

Tour mit dem Longtailboot durch das Felsenmeer in der Phang Nga Bay

Unterwegs in Thailand

Einer der prächtigsten Tempel Bangkoks: Wat Arun

Kapitel 1

Bangkok und Umgebung

Seit König Rama I. seinen Hof im Jahr 1782 dorthin verlegte, ist Bangkok die Hauptstadt Thailands und heute mit Abstand die größte Stadt des Landes. Hier konzentriert sich das politische, wirtschaftliche und kulturelle Geschehen. Moderne Hochhäuser, ein Netz von Schnellstraßen und Hochbahnen sowie eine vollklimatisierte U-Bahn haben in den vergangenen Jahrzehnten das Gesicht der boomenden Metropole verändert. Doch sind inmitten der Hochhäuser noch zahlreiche ländliche Villen und einfache Holzhäuser anzutreffen, und insbesondere in den alten Vierteln am Fluss finden sich Spuren der Geschichte.

Besucher, die zum ersten Mal nach Thailand kommen und ihre Reise in Bangkok beginnen, werden von der Vielfalt neuer Eindrücke geradezu überrollt. Für ein erstes Kennenlernen der Stadt sollte man mindestens 3 Tage einplanen. Allein 400 Tempel zählt Bangkok, hinzukommen zahllose Märkte, Einkaufszentren, den großartigen Königspalast und ein äußerst interessantes Nationalmuseum. Die erste Tagestour sollte auf alle Fälle den Königspalast mit dem Wat Phra Keo sowie das Nationalmuseum in der Altstadt einschließen. Bei einem längeren Aufenthalt lohnen als weitere Ziele das Wat Pho und die Dusit Museen oder das quirlige Travellerzentrum rings um die Khaosan Road. Für einen Tagesausflug geradezu Pflichtprogramm ist der berühmte schwimmende Markt Damnoen Saduak, dessen Marktstände auf dem Wasser treibende Boote bilden.

Auf einen Blick

Bangkok und Umgebung

Sehenswert

1 **Bangkok:** Kulturmetropole, deren Hauptsehenswürdigkeit – der **Königspalast** und der glanzvolle **Königstempel Wat Phra Keo** – allein schon die Reise lohnen (s. S. 118, 119, 122). Ein weiteres Highlight ist der **Wat Pho:** Der 45 m lange, vergoldete liegende Buddha ist eine der interessantesten Buddha-Statuen des Landes. Zudem kann man sich dort bei einer Massage entspannen (s. S. 128). Ebenfalls besonders lohnend sind die **Dusit Museen mit dem Vimanmek Mansion:** Ein Anfang des 20. Jh. errichteter Teakpalast, die einstige Thronhalle und zu Museen umgestaltete königliche Bauten (s. S. 147).

2 **Damnoen Saduak:** Boote mit tropischen Früchten und exotischen Gemüsen bestimmen das Bild auf dem berühmten schwimmenden Markt westlich von Bangkok (s. S. 163).

Schöne Route

Auf dem Menam Chao Phraya nach Norden: Eine äußerst beschauliche und schöne Flusstour führt von Bangkok nach Norden, vorbei am Wat Phailom und dem Bang Sai Arts and Crafts Center. Von Bang Pa In aus kann man mit dem Bus zur alten Königsstadt Ayutthaya weiterfahren (s. S. 167).

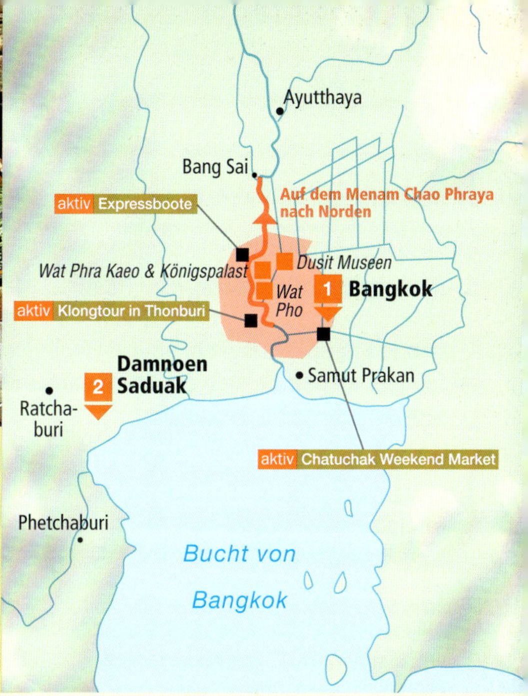

Meine Tipps

Wat Mahathat: Den Mönchen lauschen, die die Grundzüge des Buddhismus erklären, und an einer Meditation teilnehmen (s. S. 125).

Pak Klong Talaat: Am frühen Morgen ist ein Besuch auf dem Großmarkt ein Fest für die Sinne (s. S. 139).

Chinatown: Ein Einkaufsbummel durch die quirlige, schmale Sampeng Lane und die trubelige Thanon Yaowarat ist ein Erlebnis (s. S. 139).

Baiyoke 2 Tower: Der Ausblick von der Aussichtsplattform in fast 300 m Höhe ist bei gutem Wetter überwältigend (s. S. 148).

Siam Paragon : Der Bummel durch die Gourmetetage des Megaeinkaufszentrums ist ein kulinarisches Highlight (s. S. 148).

aktiv unterwegs

Mit dem Expressboot zu Tempeln und Märkten: Die Expressboote auf dem Menam Chao Phraya stoppen an 30 Piers (s. S. 136).

Eine Klongtour in Thonburi: Früh morgens eine Fahrt auf den Kanälen von Thonburi zu unternehmen, ist ein ganz besonderes Erlebnis (s. S. 138).

Ein Bummel über den Chatuchak Weekend Market: Der Wochenendmarkt mit seinem Riesenangebot überzeugt sogar Einkaufsmuffel (s. S. 156).

1 Bangkok ►E 10

Das einstige ›Dorf der wilden Pflaumen‹ ist heute eine der Boom-Metropolen Asiens. Einige der Topsehenswürdigkeiten Thailands, herausragende Shoppingmöglichkeiten, stilvolle Hotels und Thaiküche vom Feinsten lohnen den Besuch der Stadt mit hunderten Tempeln zwischen einer modernen Hochhauskulisse.

Jahrhunderte lang bestand Bangkok aus einigen Holzhäusern, es war eines der Dörfer im Delta des Menam Chao Phraya – bis König Rama I. seinen Hof 1782 nach Bangkok verlegte. Er verpasste der Stadt den laut Guiness Buch der Rekorde absolut längsten Ortsnamen: *Krung Thep Manakhon Bovorn Ratanakosin Mahintharayutthaya Mahadilokpop Noparatratchathani Burirom Udomratchanivetmahasathan Avatartsathit Sakkathattiya Visnukarmrasit* – Stadt der Engel, größte aller Städte, Wohnsitz des Smaragdbuddha, unbezwingbare Festung, unsterbliches, wertvolles Juwel, überaus mächtig, altehrwürdig, neunfach mit Juwelen geschmückte himmlische Stadt, gestiftet von Indra und wiedererrichtet von Vishnu.

Nachdem der verschlafene Ort zur Königsstadt mit solch ehrwürdigem Namen erhoben worden war, wuchs die Bevölkerung explosionsartig an. Rings um den Palast siedelten sich Menschen aus allen Landesteilen, Händler und Soldaten an. Straßen gab es nicht, die einzigen Transportwege waren die Klongs. Mittlerweile hat sich das Bild der Stadt gewandelt. Seit den 1980er-Jahren schossen Wolkenkratzer in die Höhe, während sich die Randbezirke entlang der Ausfallstraßen ins Land hineinfraßen. Schon erstreckt sich der Großraum Bangkok fast bis Ayutthaya, Chachoengsao und Si Racha, drei Städte, die jeweils etwa 80 km vom Zentrum entfernt liegen. Überall entstehen Wohn- und Industrieviertel. Jeden Morgen strömen Millionen Menschen ins Zentrum, mit Bussen, Booten, dem Auto oder der modernen Hoch- und U-Bahn.

Nirgends in Thailand ist die Bandbreite menschlicher Schicksale so augenfällig wie in der Metropole. Hier wird Reichtum offen zur Schau gestellt und Macht unverbrämt ausgeübt. Aber auch Armut und Elend sind nicht zu übersehen. Das Streben nach weltlichen Genüssen und die Entsagung liegen so dicht beieinander wie beschauliche Tempelanlagen und betriebsame Konsumpaläste.

Repräsentative Verwaltungsgebäude und beeindruckende Tempel aus den zwei vergangenen Jahrhunderten dominieren die Skyline des historischen Zentrums rings um den Königspalast. Ehemalige Handelshäuser, Geschäfte und Märkte prägen das Bild der Chinatown und des indischen Viertels wie auch des alten Europäerviertels weiter südlich am Ostufer des Menam Chao Phraya.

Während sich in Thonburi am Westufer erst wenige Hochhäuser erheben, haben die modernen Giganten aus Glas und Stahl die Thanon Silom und Sathorn bis zum Fluss hinab ebenso wie die Thanon Sukhumvit weiter nordöstlich erobert. Durch die modernen Viertel, die halbkreisförmig den historischen Kern umgeben, verkehren der Skytrain und eine U-Bahn, auf dem Fluss Expressboote und auf den Klongs Linienboote. Ansonsten sind Taxis außerhalb der Hauptverkehrszeit eine preiswerte Alternative. Viele Viertel des historischen Zentrums und der Chinatown lassen sich allerdings – sofern es die Temperaturen ermöglichen – am besten zu Fuß erkunden.

Das historische Zentrum

Cityplan: S. 122
Das Viertel rings um die weitläufige Grünanlage des Sanam Luang lässt sich am besten an einem verkehrsärmeren Sonntag zu Fuß erkunden. Hier liegt alles dicht beieinander. In vielen Geschäften entlang des Weges entdeckt man die eine oder andere Kuriosität. Zahlreiche Tempel, Cafés und Restaurants, vor allem im Backpackerzentrum rings um die Khaosan Road, laden zu einer Pause ein.

Im historischen und kulturellen Zentrum am Sanam Luang pulsiert das Leben. Vor der beeindruckenden Silhouette des Königspalastes mit dem Wat Phra Keo und dem Nationalmuseum sowie mehrerer Universitäten und nahe dem Schrein des Schutzgeistes der Stadt treffen Busse aus allen Stadtteilen ein. Auf den mehrspurigen Straßen, die den riesigen ovalen Platz umgrenzen, herrscht zu jeder Tageszeit dichtes Gedränge. Davon unbeeindruckt lassen auf dem Rasen während der Trockenzeit Kinder und Erwachsene ihre Drachen steigen.

Selbst ein touristisches Minimalprogramm mit dem Königspalast und Wat Phra Keo sowie dem Nationalmuseum lässt sich kaum an einem Tag bewältigen. Es lohnt sich, häufiger vorbeizukommen, um den Platz gemächlich zu umrunden, durch die altehrwürdigen Gebäude der Silpakorn-Universität, einer der Hochschulen am Sanam Luang, und der Nationalbibliothek zum Wat Mahathat zu bummeln und nach einer Rast in der buddhistischen Universität den Weg zur Thammasat Universität fortzusetzen. Hier trifft man häufig Studenten, die sehr gern mit Besuchern ihren englischen Wortschatz üben, aber auch auf geschickte Trickdiebe, die Sie um ihre Reisekasse erleichtern möchten.

Von ihrer untouristischen Seite zeigt sich die Altstadt bei einem Bummel durch das Viertel südlich der Thanon Ratchdamnoen Klang, auf dem Weg zum Wat Saket. Er ist von zwei Brahmanen-Schreinen und mehreren kleinen Läden umgeben, in denen Buddhastatuen und anderer Tempelbedarf zum Verkauf stehen. Von hier ist es nicht mehr weit bis zum Klong Ong Ang, der früher die Altstadt begrenzte und der vom Golden Mount des Tempels Wat Saket überragt wird.

Hinter den Resten der ehemaligen Stadtmauer starten Boote, die auf dem Klong San Saeb, einem der wenigen nicht zugeschütteten innerstädtischen Klongs, bis in die modernen östlichen Viertel fahren. Am Maharaj Pier hinter der Universität stoppen Expressboote und am Chang Pier auch die Klongboote nach Thonburi (s. S. 138).

Wat Phra Keo 1

Südlich des Platzes erheben sich hinter hohen, weißen Mauern die reich dekorierten Türme des Königspalastes und des Königstempels Wat Phra Keo. Ein mehrstündiger Rundgang durch den prachtvollen Tempel und den angrenzenden Palast ist ein Muss für jeden Thailandreisenden.

Kaum imposanter könnte das 20 ha große Areal im Zentrum der Stadt sein. Hier schlägt das religiöse und politische Herz des Landes. Auf diesem höchsten, vor Überschwemmungen sicheren Gelände siedelten chinesische Händler, bis sie 1782 in die heutige Chinatown ausweichen mussten, als der Königshof nach Bangkok zog und man mit der Errichtung der Anlage begann. Die Gebäude wurden dem zerstörten Palast von Ayutthaya nachempfunden und im Laufe der Zeit mehrfach erweitert.

Der Haupteingang befindet sich am südlichen Ende des Sanam Luang. Nicht korrekt gekleidete Touristen (Shorts, kurze Röcke, schulterfreie Oberteile, Sandalen oder hinten offene Schuhe) werden manchmal nur eingelassen, wenn sie sich angemessene Kleidungsstücke an der Kasse ausleihen.

Die ersten Gebäude hinter der Kasse beherbergen die **Königlichen Kroninsignien, Münzsammlungen und Dekorationen**, Fahnen, Münzen, Orden und Wappen – etwas für Numismatiker (Mo–Fr 8.30–16 Uhr).

Durch eines der insgesamt sechs hohen, von einem riesigen Yak-Dämonenpaar bewachten Eingangstore gelangt man zum Wat Phra Keo, den ein überdachter Wandelgang umschließt. Ein farbenprächtiger, detailgenauer **Bilderzyklus** auf den Innenwänden erzählt das thailändische Ramayana-Epos, Ramakien (s. S. 69). Beginnend am Besuchereingang, wird die Geschichte im Uhrzeigersinn fortgeführt.

Zentrum der Tempelanlage ist der reichgeschmückte, für den Smaragdbuddha errichtete **Bot**. Trotz ihrer unscheinbaren Größe (66 cm hoch und 45 cm breit) gilt die Figur aus milchig-grünem Nephrit, einer Jadeart, als das religiöse und dynastische Symbol von Thailand. Bereits unter König Rama I. entstand der prunkvolle Bot, dessen dreifach gestaffeltes Dach von hohen Säulen getragen wird. Erst 1832, aus Anlass des fünfzigjährigen Jubiläums, schmückte man die Außenwände mit bunten Glasmosaiken und Basreliefs aus 112 Garudafiguren, die ihren Feind, die Naga-Schlange, in den Händen halten. Bronzelöwen bewachen die Eingangstore, die, ebenso wie die Fenster, mit wundervollen Intarsienarbeiten verziert sind. Wandmalereien, die das Leben Buddhas darstellen, bedecken die Innenwände des Bot. Im Mittelpunkt des hohen Raums thront auf einem goldenen, mit wertvollen Votivgaben bestandenen Altar der Smaragdbuddha. Vor dem Betreten des Tempelinnern durch das östliche Tor muss man die Schuhe ausziehen. Im Innern ist Fotografieren verboten. Achten Sie darauf, der Statue niemals die Fußsohlen entgegenzustrecken; das gilt als äußerst unhöflich.

Gegenüber dem Bot steht auf einer Marmorplattform das **königliche Pantheon,** mit kreuzförmigem Grundriss, bekrönt von einem Prang. Das mit blauen und roten Fayencen prunkvoll geschmückte Gebäude birgt die Urnen der verstorbenen Chakri-Könige. Es wird bewacht von goldenen *kinaras,* mythischen Wesen, halb Vogel, halb Mensch.

Dahinter ragt dunkel das pyramidenförmige Dach der **Bibliothek** empor, das vergoldete, mit Mosaiken geschmückte Säulen tragen. Hier werden die heiligen Schriften »Triptaka« aufbewahrt. Zu der Gebäudegruppe auf der Plattform gehört außerdem der große goldene **Chedi** mit einer Buddhareliquie.

Nördlich der Bibliothek gelangt man zu einem kleinen steinernen **Modell der Tempelanlage von Angkor** in Kambodscha. Von hier sieht man unterhalb der Plattform die mit farbigen Keramikblumen geschmückte **Gebetshalle Vihara Yot**, die rechts von der königlichen **Bibliothek Ho Monthien Dhamma**

und links vom **Mausoleum Ho Phra Nak** für verstorbene Verwandte des Königshauses flankiert wird. Wer etwas Zeit mitbringt, kann in der Tempelanlage noch viel Interessantes entdecken, etwa die Bronzestatue des ›Einsiedlers‹ am Tempeleingang hinter dem Bot, die einen berühmten Arzt darstellt. Zu seinen Füßen stand früher ein großer Mörser, in dem Kranke ihre Heilkräuter zerkleinern konnten.

Acht mit verschiedenfarbigen Mosaiken belegte **Prangs** begrenzen den Wat an der Ostseite. Hier, in der Thanon Sanam Chai, gegenüber dem Verteidigungsministerium, befindet sich das normalerweise geschlossene Hauptportal, das nur sonntags für einheimische Besucher geöffnet ist. Dann kommen gläubige Thai mit ihren Familien, entzünden vor dem Bot Räucherstäbchen und beten. Am Ende der Trockenzeit besuchen sie auch den kleinen **Schrein Ho Phra Khantara Rat** südlich vom Hauptportal, um Regen zu erbitten.

Reich dekorierte Türme: Königspalast und Wat Phra Keo

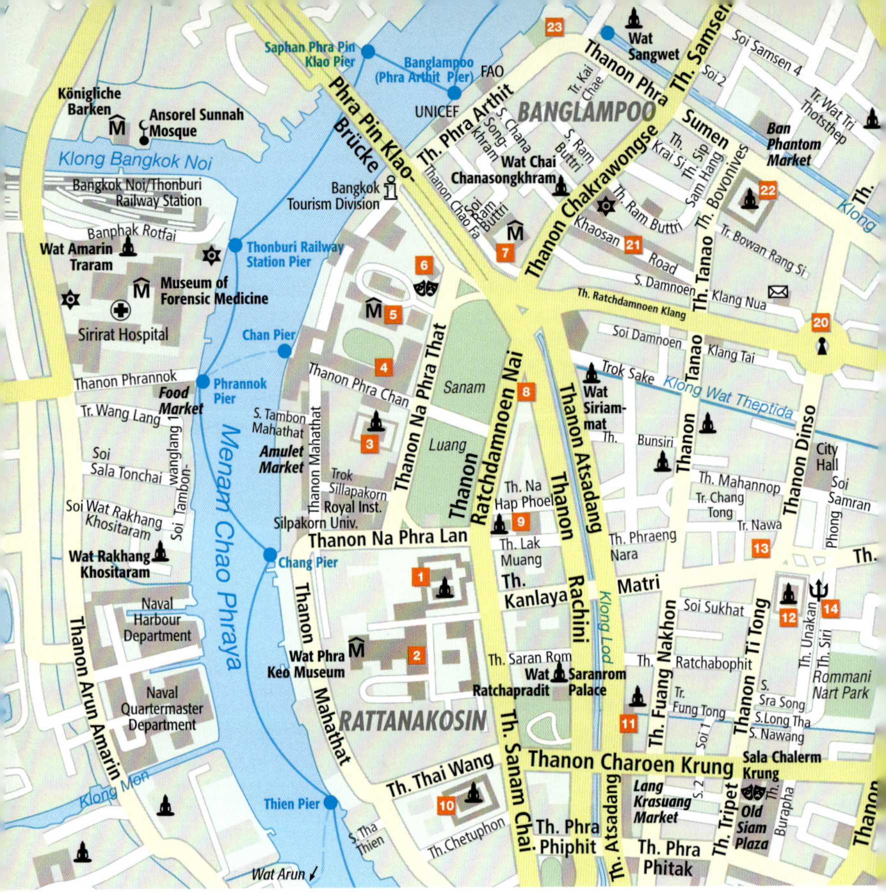

Der Königspalast 2

Durch das südwestliche Tor hinter dem Bot gelangt man zum Königspalast. Früher war der innere Palastbereich links hinter dem kleinen Tor ausschließlich Frauen vorbehalten. Er ist der Öffentlichkeit nicht zugänglich, da er noch heute von der Königsfamilie genutzt wird.

Im ersten großen, ganz im Thaistil errichteten Gebäude, dem **Amarinda-Vinichai-Palast**, saß man zurzeit von König Rama I. zu Gericht. Später fanden dort Krönungsfeierlichkeiten und offizielle Empfänge statt. Die Halle mit ihren in grünblauen Tönen bemalten Wänden und der mit goldenen Ornamenten geschmückten roten Decke wird von Kristalllüstern dezent erleuchtet. Aus der Zeit von König Rama I. stammen zwei reich dekorierte Herrschaftssymbole. Ein neunfach gestaffelter, weißer Schirm überspannt den mit vergoldeten Schnitzereien und Glaseinlegearbeiten verzierten Thron, den der König bei Staatszeremonien einnahm. Auf dem zweiten Thron in Form eines Bootes mit einem mehrfach gestaffelten Dach werden heute noch Buddhastatuen bei religiösen Zeremonien ausgestellt. Im dahinter liegenden Raum, den Rama I. für Privataudienzen nutzte, erhielten seine Nachfolger die Königsweihe. Die ersten beiden Könige residierten im angrenzenden dritten Bereich.

Flankiert wird dieser Komplex im Westen (rechts) von einem kleinen, offenen Aussichts-pavillon, der von kräftigen Säulen getragenen Umkleidehalle und einer kleinen Kapelle, die unter anderem Urnen der ersten

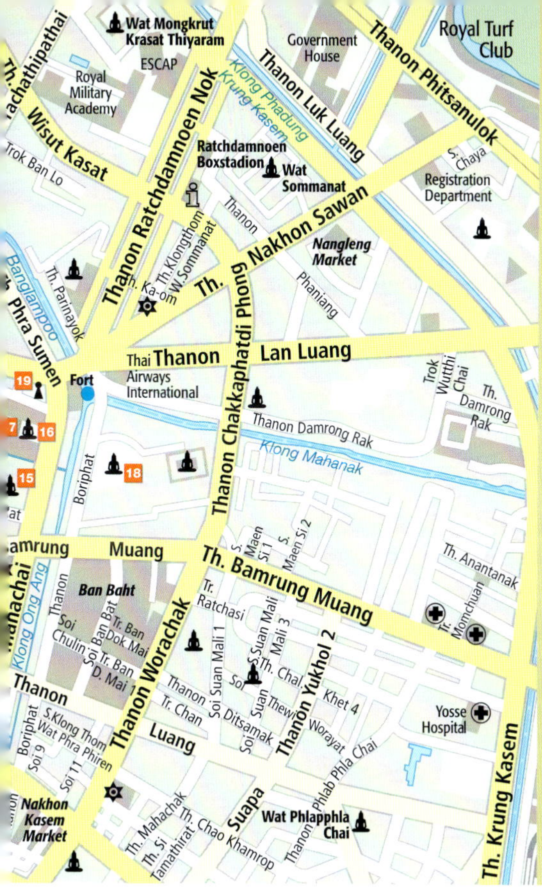

Das historische Zentrum

Sehenswert

1 Wat Phra Keo
2 Königspalast
3 Wat Mahathat
4 Thammasat-Universität
5 Nationalmuseum
6 Nationaltheater
7 Nationalgalerie
8 Thorani-Brunnen
9 Lak-Muang-Schrein
10 Wat Pho
11 Wat Ratchabophit
12 Wat Suthat
13 Bot Phram
14 Vishnu-Mandir-Schrein
15 Wat Theptidaram
16 Wat Ratchanatda
17 Loha Prasat
18 Golden Mount – Wat Sakhet
19 Denkmal für König Rama III.
20 Demokratiedenkmal
21 Khaosan Road
22 Wat Bovonives
23 Park am Phra Sumen Fort

drei Könige enthält. Zur anderen Seite grenzen an das große Gebäude zwei weitere kleine Kapellen und der Pavillon, in dem König Rama VI. zu seinem Geburtstag ein rituelles Bad nahm.

Der große **Chakri-Maha-Prasad-Palast** im europäisch-thailändischen Mischstil bildet das Zentrum der Anlage. Ein britischer Architekt hatte ihn als königliche Residenz für Rama V. im Renaissancestil entworfen. Als jedoch aus Regierungskreisen Einspruch erhoben wurde, erhielt die Anlage statt der drei geplanten Dome traditionelle Spitzdächer und Türme im siamesischen Stil.

Eine von steinernen Elefanten flankierte Treppe führt hinauf zur großen Empfangshalle im ersten Stock, in der noch heute Staatsbankette abgehalten werden. Dort öffnet sich eine hohe Tür zum östlichen Bereich mit dem Speisesaal und eine weitere zum westlichen Bereich, dem Salon. Unter dem zentralen Turm im darüber liegenden Stockwerk werden die Urnen der seit Rama IV. regierenden Könige verwahrt und in den beiden Seitenflügeln jene der Königsfamilie. Dieser Teil des Palastes ist nicht zugänglich. Nur eine Waffensammlung im Erdgeschoss kann besichtigt werden.

Auf dem Weg zum westlichen Palastbereich passiert man den kleinen, graziösen **Abhorn-Phimok-Prasad-Pavillon**, den König Mongkut um 1860 als Umkleidepavillon errichten ließ. Mit eleganten Dekorationen und harmonischen Proportionen gilt er als besonders gelungenes Beispiel thailändischer Architektur.

Der Smaragdbuddha

Thema

Mitte des 15. Jh. schlug ein Blitz in einen Chedi in Chiang Rai im Norden von Thailand ein. Dabei wurde eine kleine, mit Goldplättchen überzogene Buddhastatue aus Stuck beschädigt und unter den Bruchstellen kam ein kostbarer grüner Buddha zum Vorschein.

Der Fürst von Chiang Mai ordnete die Überführung der Statue in seine Residenz an. Elefanten wurden ausgeschickt, aber an einer Weggabelung bog der Elefant, der den Smaragdbuddha trug, statt nach Chiang Mai nach Lampang ab. Dem Wink des Schicksals folgend, blieb die Figur 32 Jahre lang im Wat Phra Keo Don Tao von Lampang. Erst 1481 ließ König Tilokaraja sie in das Wat Chedi Luang nach Chiang Mai schaffen.

Aber die bewegte Geschichte des Smaragdbuddha geht noch weiter. Im Jahre 1552 brachte ihn ein Nachfolger von König Tilokaraja, der gleichzeitig König von Laos war, nach Luang Prabang. Als die laotische Hauptstadt in das heutige Vientiane verlegt wurde, kam der Smaragdbuddha ins dortige Wat Phra Keo. Genau 226 Jahre lang blieb er in Laos, bis ihn 1778 General Chakri – später König Rama I. von Thailand – von einem Kriegszug mitbrachte. Zunächst wurde er im Wat Arun aufgestellt, dann fand er 1785 einen würdigen Platz im Bot des Wat Phra Keo in der neuen Hauptstadt Bangkok. Dieser Tempel ist seither die exklusive Residenz des Smaragdbuddha und er besitzt deshalb ausnahmsweise auch keinen Klosterbezirk, in dem normalerweise die Mönche einer Tempelanlage leben.

Dreimal im Jahr wechselt der König oder sein Stellvertreter in einer feierlichen Zeremonie das Gewand des Buddha. Zur Regenzeit legt er ihm eine goldene Mönchsrobe an, in der folgenden kühlen Jahreszeit ein goldenes Gewand, das ihn von Kopf bis Fuß bedeckt, und zur heißen Vormonsunzeit schließlich einen mit Diamanten und Edelsteinen besetzten Umhang aus Gold.

Wat Phra Keo: Detail des Bot, der den Smaragdbuddha birgt

Im direkt angrenzende Areal dominiert der im Thaistil erbaute **Dusit-Maha-Prasat-Palast**, der – als Krönungshalle erbaut –, seit dem Tod des ersten Königs als Aufbahrungshalle für Begräbniszeremonien genutzt wird. Auf einer Marmorterrasse erhebt sich der kreuzförmige Bau, der von einem fünffach gestaffelten Dach und einem hohen siamesischen Turm bekrönt wird. Ihn stützen riesige Garudastatuen. In der großen, fast schmucklosen Halle hinter dem Palast, die Rama III. als Schlafgemach diente, erhalten die verstorbenen Mitglieder der Königsfamilie ihre zeremoniellen Bäder.

Ein Verwaltungsgebäude im nordwestlichen Palastbereich beherbergt das interessante **Tempelmuseum des Wat Phra Keo.** Hier werden die Gewänder und wertvolle Geschenke des Smaragdbuddha aufbewahrt sowie Originalfragmente des Tempels, die bei Renovierungsarbeiten ersetzt wurden. Große javanische Buddhastatuen aus dem 8. und 9. Jh. flankieren in der zentralen Halle im ersten Stock den Nachbau des Manangasila-Thrones, der ursprünglich von König Rama Kamhaeng stammen soll. In den Räumen auf der rechten Seite sind Votivgaben für den Smaragdbuddha ausgestellt und auf der linken Seite unter anderem ein großer, lackierter Wandschirm aus der Zeit von König Mongkut. Auf ihm ist die ›Salbung Indras‹ dargestellt, eine königliche Zeremonie aus der Ayutthaya-Periode (tgl. 8.30–15.30 Uhr, Tel. 02-623 55 00, www.palaces.thai.net/gp/index.htm, englischsprachige Führungen um 10, 10.30, 11, 13, 13.30 und 14 Uhr, im Eintrittspreis von 350 Baht ist eine Informationsbroschüre in Deutsch, der Besuch des Tempelmuseums, der königlichen Kroninsignien, Münzsammlung und Dekorationen sowie die Dusit Museen mit dem Vimanmek Palast und der Thronhalle (s. S. 147) inbegriffen).

Wat Mahathat 3

Das Wat Mahathat an der Thanon Phra Chan ist einer der größten Tempel der Stadt. Hier gründete bereits Rama I. eine buddhistische Hochschule, die noch heute eines der wichtigen Zentren für Studien der heiligen Pali-Schriften und alter religiöser Überlieferungen ist. In der buddhistischen Universität unterrichten englisch sprechende Mönche die Grundzüge des Buddhismus. Im Meditationszentrum finden dreimal täglich Übungen statt, an denen jeder Besucher teilnehmen kann (tgl. 9–21 Uhr).

Thammasat-Universität 4

Die gegenüber liegende Universität zählt zu den größten Hochschulen in Bangkok. Ihre Studenten gelten seit ihrem Widerstand gegen das Militärregime 1976 als besonders kritisch. Bei einem Spaziergang durch den öffentlich zugänglichen Campus kann man englisch sprechenden Studenten begegnen.

Nationalmuseum 5

Entsprechend der Tradition von Ayutthaya errichtete man beim Bau des Königspalastes von Bangkok vis à vis der königlichen Residenz einen zweiten Palast – nicht ganz so prunkvoll – für den Kronprinzen *wang na.* Heute bietet er dem Nationalmuseum, der landesweit größten Sammlung an Kunstschätzen, einen würdigen Rahmen.

Nicht alle Palastgebäude stehen noch. Erhalten sind lediglich die Bauten im Bereich des heutigen Nationaltheaters und der Universität sowie die zum Museum umgestalteten Gebäudeteile: die Audienzhalle, der Tempel und drei miteinander verbundene Häuser, der innere Palast mit dem Thronsaal.

Der Rundgang durch das Museum beginnt mit der **prähistorischen Sammlung** gegenüber dem Tempel. Als Attraktionen werden schöne Exemplare der Ban-Chiang-Keramik aus dem Nordosten sowie ein neolithisches Grab aus der Gegend von Kanchanaburi (s. S. 298) gezeigt. Die Ausstellung hinter der Gepäckaufbewahrung vermittelt einen historischen Überblick.

Rechts vom Eingang steht der **Buddhaisawan-Tempel,** der für die hochverehrte Buddhastatue Phra Buddha Singh errichtet wurde. Die rekonstruierten Wandmalereien bilden 28 Szenen aus Buddhas Leben ab. Im kleinen roten Haus, **Tamnak Daeng**, lebte ursprünglich eine ältere Schwester von König

Rama I. Zunächst stand das Gebäude im Großen Palast, doch dann hatte es eine wahrhaft ›bewegte‹ Geschichte: Dreimal zog das – wie viele thailändische traditionelle Häuser leicht in seine Einzelteile zerlegbare – Holzhaus um. Es bietet ein typisches Beispiel siamesischer Wohnkultur des 19. Jh.

Im angrenzenden alten Palastgebäude des ›Zweiten Königs‹ werden Exponate der **Bangkok-Periode** präsentiert. Im ehemaligen Thronsaal des jüngeren Bruders von Rama I. sind wechselnde Ausstellungen zu sehen. Es folgen die **›Schatzkammer‹** mit kleinen Buddhastatuen und zwei thailändischen Puppenhäusern sowie Geschenken ausländischer Regenten, die königlichen Sänften und Elefantensattel, im 1. Stock über Raum 6 die Krönungsinsignien und nebenan Khon-Masken, Puppen und Spiele.

In den dahinter liegenden Räumen sind **Porzellan und Keramik** aus Thailand, Japan und China zu sehen. Vom **Waffensaal** gelangt man geradeaus in den Saal mit **Holzschnitzereien** und nach links in den **Perlmuttraum.** Ein weiterer Saal vermittelt einen Überblick über die Entwicklung der thailändischen Mode, ein Nebenraum enthält Bücherschränke mit schönen Intarsienarbeiten und im angrenzenden Saal werden Musikinstrumente gezeigt.

Im **neuen Museumskomplex,** der das alte Palastgebäude umrahmt, sind Kunstwerke aus früheren Perioden zu sehen. Der südliche Flügel links vom Eingang beherbergt Skulpturen aus der Zeit vor der Einwanderung der Thai: Khmer- und frühe Hindu-Skulpturen des 10.–13. Jh., Dvaravati-Kunst, javanische Skulpturen des 7.– 11. Jh. sowie hinduistische und buddhistische Kunst des Srivijaya-Reiches aus Südthailand. Im Erdgeschoss des **nördlichen Flügels** sind weitere Skulpturen, Textilien, Keramik und Münzen aus der Bangkok-Periode zu bewundern, während der 1. Stock Objekte der Lan-Na-Periode aus Chiang Saen und Chiang Mai, Skulpturen und Keramik aus der Sukhothai- sowie der Ayutthaya-Periode birgt.

Außerhalb dieser Gebäudekomplexe lohnen die prunkvollen Sänften und Trauerkutschen links hinter der Kapelle sowie die Königlichen Gemächer einen Besuch (tgl. außer Mo, Di und feiertags 9–16 Uhr, Tel. 02-224 13 70, Do um 9.30 Uhr einstündige Führungen zum Thema Thaikunst und -kultur in Deutsch und eine Führung zum Buddhismus in Englisch, Mi englischsprachige Führung über Thaikunst, Eintritt 200 Baht, Führungen kostenlos, doch eine Spende für die Instandhaltung des Museums ist willkommen).

Nationaltheater und Nationalgalerie

Auf dem Programm des benachbarten **Nationaltheaters** 6 stehen neben beliebten Theaterstücken in Thai auch Aufführungen klassischen Tanztheaters. Sie finden regelmäßig am

letzten Freitag oder Samstag des Monats statt. (Programminfos Mo–Fr 8–16.30 Uhr, Tel. 02-224 13 42, das aktuelle Programm ist auch im Bangkok Tourist Bureau erhältlich.)

Die **Nationalgalerie** 7 in der Thanon Chao Fa präsentiert manchmal interessante Sonderausstellungen. Die ständige Ausstellung auf zwei Etagen widmet sich der Darstellenden Kunst in Thailand während der vergangenen hundert Jahre, der religiösen und höfischen Malerei (tgl. außer Mo, Di und feiertags 9–16 Uhr, Tel. 02-282 26 39, Eintritt 200 Baht).

Thorani-Brunnen 8

Im Nordosten des Platzes, wo die breite Thanon Ratchdamnoen einmündet, steht der Thorani-Brunnen. Die Statue stellt die Göttin der Erde dar, aus deren Haaren das Wasser entspringt, mit dem sie Buddhas Feinde in die Flucht geschlagen haben soll.

Lak-Muang-Schrein 9

Der sehenswerte kleine Lak-Muang-Schrein neben dem von Kanonen gesäumten Verteidigungsministerium ist dem Schutzgeist von Bangkok gewidmet. Der von einem Prang gekrönte Schrein birgt den phallusförmigen **Grundstein der Stadt,** dessen kleinere Kopie Besucher mit Goldblättchen bekleben und mit Blumen schmücken. Er markiert das Zentrum des Landes, von dem aus alle Entfernungen gemessen werden. In einem weiteren Gebäude bringen Gläubige dem **Schutzgeist der Stadt** Opfergaben dar und bitten um

Bunte Keramiken schmücken die Giebel von Wat Pho

Selbst in der Metropole Bangkok sind Mönche allgegenwärtig: hier im Wat Suthat

seine Hilfe. Vor dem Bauwerk werden neben Blumen und anderen Opfergaben auch Vögel und Schildkröten angeboten, mit deren Freilassung man Verdienste im zukünftigen Leben erwirbt. Gläubige engagieren eine **Tanzgruppe,** um mit einer Aufführung klassischer Tänze in traditionellen Kostümen ihren Bitten Nachdruck zu verleihen.

Wat Pho 10

Vorbei an Ministerien und Verwaltungsgebäuden gegenüber dem Königspalast, die ganz und gar europäisch wirken, erreicht man südlich des Palastareals eine der ältesten und größten Tempelanlagen der Stadt. Wat Pho, auch Wat Phra Chetuphon genannt, wurde 1789 auf dem Gelände des Wat Potaram aus dem 16. Jh. erbaut. Im südlichen Klosterbereich, einer Oase der Ruhe inmitten der Millionenstadt, die durch die schmale Thanon Chetuphon vom Wat abgetrennt ist, leben mehr als 300 Mönche. Hauptanziehungspunkt ist der Vihara mit dem großen **liegenden Buddha.** Er befindet sich im nordwestlichen Tempelbereich hinter dem Eingangstor an der Thanon Thai Wang. Die 45 m lange und 15 m hohe, vollständig vergoldete Statue aus Ziegeln und Zement stellt Buddha beim Eingang ins Nirvana dar. Auf den Sohlen seiner überdimensionalen Füße sind

108 Perlmuttplättchen angebracht, deren Inschriften die Attribute und Qualitäten Buddhas schildern.

Südöstlich des Vihara erheben sich hinter kleinen **Pavillons** im chinesischen und europäischen Stil und der mit Porzellan dekorierten **Bibliothek** vier große, verschiedenfarbige **Chedis**, die ebenfalls mit Fayencen bedeckt sind. Durch ein Tor, das von grimmig dreinblickenden, riesigen **Tempelwächtern** flankiert wird, gelangt man in den östlichen Tempelbereich, der auch durch den Haupteingang in der Thanon Chetuphon zugänglich ist.

Alle Gebäude sind symmetrisch rings um den zentralen **Bot** angelegt, der als der eindrucksvollste von Bangkok gilt. Er ruht auf einer Marmorplattform, deren fein gearbeitete Reliefs Szenen aus dem Ramayana-Epos darstellen. In den Hallengalerien, die den Bot umgeben, stehen fast 400 Buddhafiguren aus verschiedenen Stil- und Kunstepochen. In allen vier Himmelsrichtungen werden die Galerien von Vihara unterbrochen, die bedeutende Buddhastatuen enthalten.

Rama III. gründete im 19. Jh. auf dem Gelände des Wat Pho die erste offene Universität des Landes, in der vor allem Medizin unterrichtet wurde. Einheimische *rischi* (Weise, Heilkundige) lehrten die indische Art der Selbstmassage, die durch zahlreiche **Skulpturen** im Klosterhof plastisch illustriert wird. In dem kleinen Pavillon hinter dem gelben Chedi zeigen Wandmalereien Behandlungsmethoden der östlichen Medizin. In der offenen Halle östlich vom Bot wird heute noch traditionelle Massage ausgeübt und unterrichtet. Auch Besucher können sich hier bei einer Massage entspannen (tgl. 8–17 Uhr, für den liegenden Buddha Eintritt 50 Baht, Massagen 250 Baht/Std.).

Wat Ratchabophit 11

Durch die Thanon Charoen Krung gelangt man auf der anderen Seite des Klong Lod in der Thanon Atsadang zum Wat Ratchabophit. Geschnitzte, bunt bemalte Soldaten verschiedener militärischer Einheiten bewachen die Eingangstore zum königlichen Tempel. Im Innern dominiert der 43 m hohe, mit goldgelben chinesischen Keramikkacheln bedeckte Chedi. Auch der Wandelgang rings um den Chedi ist vollständig mit Kacheln geschmückt und das gleiche gilt für den Bot und die zwei Vihara, die nach Norden und Süden zeigen. Während im südöstlichen Tempelbereich die Asche der Ehefrau von König Rama V. aufbewahrt wird, befinden sich weitere Gräber von Mitgliedern der Königsfamilie an der Thanon Atsadang. Teils ähneln die Grabstätten gotischen Kapellen.

Wat Suthat 12

Zweistöckige chinesische Geschäftshäuser säumen die schmalen Gassen, die zum Wat Suthat führen. Es wird auch **Wat der Großen Schaukel** genannt. Auf der kürzlich erneuerten Riesenschaukel vor dem Tempel fanden bis 1933 anlässlich des zweitägigen Tri Yambahva-Festes lebensgefährliche Wettkämpfe statt. Sie besteht aus zwei etwa 25 m hohen Teakholzstämmen mit einem verzierten Querbalken. An ihm wurden die Seile für die Schaukeln befestigt. Schaukelnd versuchten Mannschaften von je drei Männern, mit den Händen oder dem Mund eine Geldbörse zu greifen, die an einer ähnlich hohen Bambusstange befestigt war. Sie stand 20 m von der Schaukel entfernt, sodass die Männer das begehrte Geld nur erreichen konnten, wenn die Schaukel in einem Winkel von 90° schwang. Nach zahlreichen schweren Unfällen ließ Rama VII. den Wettkampf verbieten.

Unter Rama I. wurde 1807 mit dem Bau der Tempelanlage begonnen, um der vergoldeten **Buddhastatue Sri Shakyamuni** einen würdigen Platz zu bieten. Die 6 m hohe, im 14. Jh. gegossene Skulptur gilt als das größte Bronzebildnis ihrer Zeit. Rama I. ließ sie aus den Ruinen des Königstempels von Sukhothai bergen und nach Bangkok bringen. Als die Statue auf ihrem dreistufigen Lotospodest stand, begann man, um sie herum den Vihara zu errichten. Erst Mitte des 19. Jh., unter Rama III., wurde Wat Suthat vollendet.

Eine Grenzmauer, auf der sich in regelmäßigen Abständen chinesische Pagoden aus grünem Granit erheben, umgibt den großen **Vihara**. In allen vier Ecken stehen kleine Pavillons mit Buddhastatuen. Südlich des Vihara befindet sich auf einer zweiten dreistufigen Plattform ein ebenso großer **Bot**, von acht Grenzsteinen umrahmt. Beide Gebäude sind eindrucksvolle Beispiele der Bangkokperiode: Die kaskadenförmigen Satteldächer sind mit farbigen Ziegeln gedeckt und werden von vergoldeten Naga-Schlangen abgeschlossen. Vergoldete Holzschnitzereien und Spiegelmosaiken schmücken die Giebel. Schöne Schnitzarbeiten findet man auch an den hölzernen Türen des Vihara. Seine Innenwände bedecken außergewöhnliche **Malereien**, die das Leben der 24 legendären Buddhas vor Buddha Shakyamuni verdeutlichen. Die Motive auf den Säulen sind der hinduistischen Mythologie entnommen. In den 1980er-Jahren wurden die Bilder vom Department of Fine Arts in Zusammenarbeit mit der Bundesrepublik Deutschland aufwendig restauriert.

Ein **Wandelgang** mit 156 Buddhastatuen in meditierender Haltung umgibt die Anlage von Wat Suthat. Auf dem Gelände des Wat präsentiert sich zudem eine recht amüsante Kollektion chinesischer **Schiffsbalastfiguren**: Darstellungen von Europäern aus chinesischer Sicht. In ihren Uniformen, mit ihren kurzen Gewehren und seltsamen Hüten wirken sie wie Karikaturen (tgl. 9–21 Uhr, Eintritt 20 Baht).

Bot Phram

Nur wenige Meter vom Wat Suthat entfernt wird im brahmanischen **Bot Phram** 13 den Göttern Shiva, Vishnu und Ganesha sowie dessen Bruder Skanda gehuldigt. Bereits seit Jahrhunderten sind die aus Südindien stammenden Mitglieder der obersten Kaste für die Durchführung brahmanischer Zeremonien am Königshof verantwortlich. Opfergaben für Vishnu werden am kleinen **Vishnu-Mandir-Schrein** 14, östlich vom Wat Suthat, auf dem Mittelstreifen der Thanon Unakan, dargebracht.

Zum Wat Ratchanatda

Zahlreiche Geschäfte in der **Thanon Bamrung Muang** und den Seitenstraßen rings um den Tempel verkaufen Buddhastatuen aus Bronze und andere religiöse Artikel. Die stark befahrene **Thanon Mahachai** hinauf, vorbei am einfachen Tempel **Wat Theptidaram** 15, gelangt man zu einem Amulettmarkt im südlichen Tempelbezirk hinter dem Vihara des **Wat Ratchanatda** 16. In der Gebetshalle steht eine Statue von König Rama III., dessen Nichte den Tempel errichten ließ.

Ein ungewöhnliches Bauwerk erhebt sich hinter dem Bot, der **Loha Prasat** 17. Viele kleine Türmchen stehen auf drei quadratischen, pyramidenförmig angeordneten Ebenen. Schachbrettartig verlaufen schmale Gänge durch die untere Ebene, von der aus eine Wendeltreppe bis in die Spitze hinaufführt.

Golden Mount – Wat Sakhet 18

An der Mahachai Road hat man Reste der einstigen Stadtmauer restauriert. Von einem Pier nahe der Brücke legen Boote ab, die in den Osten der Stadt fahren. Dahinter ragt weit sichtbar der Chedi von **Wat Sakhet** empor – auch als Golden Mount, goldener Berg, bekannt. Bereits unter Rama I., in der Ausbauphase der neuen Hauptstadt, wurde das Kloster errichtet. Der Enkel des ersten Chakri-Königs, Rama III., begann den künstlichen Hügel anzulegen, auf dem der Chedi steht. Die Arbeiten konnten aber erst unter König Mongkut abgeschlossen werden. Als Briten und Franzosen Ende des 19. Jh. auch in Südostasien ihre Rivalitäten austrugen, vollführte das Empire eine Geste höchster diplomatischer Bedeutung: Lord Curzon, Vizekönig von Indien, übergab König Chulalongkorn eine Buddhareliquie, die man im Geburtsort des Religionsstifters, Kapilavastu, gefunden hatte. Sie wird seither im vergoldeten Chedi auf dem Berg aufbewahrt. Heute führen lange Treppen den Hügel hinauf, von dessen luftiger Kuppel man eine wunderbare Aussicht auf die Altstadt hat (tgl. 7.30–17.30 Uhr, Eintritt 10 Baht).

Alljährlich im 12. Monat des Mondkalenders, im November findet auf dem Gelände des Wat Sakhet ein großes Volksfest statt, das Golden Mount Festival, Jahrmarkt und Wallfahrt zugleich. Mönche pilgern in endlosem Zug hinauf zum Chedi; abends werden

Weithin sichtbar ist der Chedi des Wat Sakhet auf dem ›Goldenen Berg‹

in Freilichtkinos Filme vorgeführt, die mit Religion so gar nichts zu tun haben. Man trifft Gaukler und alte Wahrsagerinnen. Und was wäre ein Volksfest ohne die zahlreichen Garküchen und Essensstände, die für wenig Geld von gebratenen Bananen bis zu Hähnchenkeulen so ziemlich alles verkaufen, was Thailands Küche zu bieten hat.

Thanon Ratchdamnoen

König Rama V. ließ die Thanon Ratchdamnoen als Prachtboulevard anlegen. Er verband den Königspalast mit der Thronhalle und war von Verwaltungsgebäuden gesäumt. An der Einmündung der Thanon Mahachai in die Thanon Ratchdamnoen legte man einen kleinen Park an, in dem ein **Denkmal für König Rama III.** 19 und ein kleiner Pavillon stehen. Ein Stück weiter Richtung Fluss ist inmitten des Kreisverkehrs das **Demokratie-Denkmal** 20 zu sehen, das an den 1932 erfolgten Staatsstreich und das Ende der absoluten Monarchie erinnert. An der Thanon Ratchdamnoen, Ecke Thanon Tanao, wird am **14. Oktober 1973 Memorial** der blutigen Niederschlagung der Studentenunruhen (s. S. 37) gedacht.

Khaosan Road 21

Noch in den 1970er-Jahren wurden im traditionellen Einkaufsbezirk **Banglampoo** vor allem Textilien und Stoffe verkauft. Mittlerweile wirken die wenigen verbliebenen Teakhäuser in den Gassen, die kleinen Läden mit Brautmode und alteingesessenen Schneidern etwas verloren inmitten der sechsstöckigen modernen Betonbauten und klimatisierten Läden, der Cafés und Straßenrestaurants, in denen sich Backpacker aus aller Welt treffen.

Gästehäuser für Traveller, einfache Bretterverschläge mit Gemeinschaftsdusche, schossen hier in den 1980er- und 1990er-Jahren wie Pilze aus dem Boden. Ausgehend von der **Khaosan Road** breiteten sie sich in den Gassen und Straßen der Umgebung und rings um das Wat Chanasongkhram bis zur Thanon

Menam, die Mutter des Wassers

Alle größeren Flüsse des Landes führen in ihrem Namen den Begriff Menam – in Thai Mutter des Wassers, denn das Wasser bringt, ebenso wie die Mutter, Leben auf die Welt. Die Abhängigkeit der traditionellen Reiskultur vom Wasser drückt sich in vielen thailändischen Festen aus.

Wenn mit dem Neujahrsfest Songkran ein neuer Erntezyklus beginnt, übergießen sich die Menschen mit Wasser, um die Hoffnung auf baldigen Regen auszudrücken. Im November, zum Ende der Regenzeit, feiert man Loy Krathong und lässt als Dank an die Göttin des Wassers kleine Boote mit Blumen, Räucherstäbchen und Kerzen auf Flüssen und Seen treiben.

Die natürlichen Wasserwege wurden bereits im 16. Jh. durch zahllose Kanäle miteinander verbunden, sodass ein leistungsfähiges Verkehrsnetz entstand. Frühe europäische Besucher bezeichneten Bangkok als das Venedig des Ostens.

Bis zum Ausbau der Straßenverbindungen waren Flüsse und Kanäle die einzigen Transportwege. Auf ihnen reisten die Menschen, wurden schwere Bootsladungen mit Landesprodukten transportiert und Märkte abgehalten und noch heute gibt es etwa 3 Mio. Kilometer Wasserwege im Land. Das Leben an den Flüssen und Kanälen im Delta des Menam Chao Phraya ist eine Sehenswürdigkeit besonderer Art.

Die wenigen verbliebenen Klongs von Bangkok präsentieren sich jedoch als trübe Gewässer. Beim Anblick der oberirdischen Abwasserkanäle fällt es schwer, die historischen Bilder wieder aufleben zu lassen. Dennoch gibt es Kanäle, die kaum etwas von ihrer ursprünglichen Funktionsvielfalt verloren haben. Man muss sich nur über den Menam Chao Phraya nach Thonburi bringen lassen.

Hier zeigt sich die Metropole von einer ganz anderen Seite. An den kleinen Seitenkanälen, weitab der großen Straßen, geht das Leben seinen traditionellen Gang. Die Häuser am Ufer sind von kleinen Gärten umgeben und besitzen, ebenso wie die Tempelanlagen, eigene Anlegestellen. Doch erst bei einem längeren Aufenthalt erhält man einen Eindruck von der traditionellen Lebensweise der Anwohner.

Die Begegnungen finden am Wasser statt. Von der Sala Tha Nam, einem kleinen, überdachten Pavillon, führt eine Treppe zum Kanal hinab. Von dort kann man den Klong überschauen. Bereits in der ersten Morgendämmerung warten die Frauen auf Mönche, die mit ihren schmalen, flachen Booten fast lautlos über das Wasser gleiten, um die Almosen der Gläubigen entgegenzunehmen. Gegenüber ist ein Mann mit der Morgentoilette beschäftigt und taucht eingeseift in die trüben Fluten. Auf dem Wasser, das von Obstbäumen, Bambus, Bananenstauden und Kokospalmen überschattet wird, treiben Inseln aus Wasserhyazinthen träge vorüber. Mit Schnellbooten *(ruah bod)* werden uniformierte Kinder zur Schule gebracht.

Eine alte Frau paddelt geruhsam ihr breites, mit Bananenstauden beladenes Boot heran und hält einen Schwatz mit den Nachbarn. Die Hausfrauen müssen nicht lange auf den schwimmenden Supermarkt warten, der sich durch lautes Hupen ankündigt. Frisches Fleisch, Fisch und Gemüse werden von einer anderen Händlerin angeliefert. Mittags er-

Thema

scheint das erste Nudelboot. Unter einem Sonnenschirm hockt hinter dem dampfenden, blankgeputzten Kessel der Koch inmitten seiner winzigen Küche. Dutzende von Schälchen und Flaschen enthalten alles für ein perfektes Mittagessen. Abgewaschen wird im Klong, doch das Wasser zum Kochen kommt aus einem großen Tonkrug, der auf dem kleinen Boot auch noch Platz hat. Auf dem Rückweg vom Markt winkt die alte Frau freundlich den Fremden zu – man kennt sich schon vom Vormittag.

Eine Gruppe braungebrannter, nackter Kinder tobt im Wasser herum. Sie wachsen am Klong auf und können oft schon schwimmen, bevor sie laufen lernen. Die abendliche Stille wird durch das laute Dröhnen eines Nadelboots *(ruah kaem)* gestört, ein grellbuntes, schlankes Rennboot, das wie ein Pfeil vorüberflitzt und noch lange mit seinen hohen Wellen das Wasser in Unruhe versetzt. Wenn die Nacht anbricht, wird es ruhig am Klong, nur noch das Summen zahlloser Moskitos stört den abendlichen Frieden.

Doch auch hier bedroht die moderne Zeit mit Schnellstraßen und Hochhäusern die althergebrachten Strukturen. Sobald eine Straße die von Kanälen durchzogene Landschaft erschlossen hat, wenden sich die Menschen vom Wasser ab. Mit der Straße kommen Bodenspekulanten, Neubauten schießen wie Pilze aus dem Boden und die weniger finanzkräftigen Anwohner verlassen ihre Häuser.

Klongboote erschließen die Wasserstraßen der Millionenmetropole

Phra Athit am Menam Chao Phraya und in Richtung Norden über den Kanal hinaus bis Samsen aus. Ihnen folgten Restaurants, Reisebüros und Souvenirläden.

Mittlerweile hat sich das touristische Angebot, das ursprünglich ausschließlich auf ein junges, preisbewusstes Publikum abzielte, gewandelt. Viele Gästehäuser haben sich den gestiegenen Ansprüchen der Besucher angepasst und ihren Standard dem der Hotels angeglichen. Seit der Film »The Beach« mit Leonardo di Caprio das Travellerzentrum auch außerhalb der Szene bekannt gemacht hat, bummeln Touristen jeglichen Alters durch die ab 17 Uhr zur Fußgängerzone umgestaltete Khaosan Road. Sie lassen sich Zöpfchen flechten, ein mehr oder weniger permanentes Tattoo machen, vom Angebot der zahllosen kleinen Geschäfte und Straßenstände zum Stöbern verlocken und genießen bei einem Cocktail dem Treiben der internationalen Backpackerszene zuzusehen. Selbst internationale Modedesigner sollen hier bereits gesichtet worden sein, denn Anregungen gibt es genug.

Auch bei jungen Thais sind die Restaurants und Cafés von Banglampoo angesagt, wenngleich sie überwiegend in der Thanon Phra Athit essen gehen, wo sich kleine Studentenrestaurants auf den einheimischen Geschmack eingestellt haben. Mit modernen, edlen, chromglänzenden Bars und Cafés zeigt sich die Khaosan Road im Einkaufszentrum von Buddy's oder in der wenige Meter westlich angrenzenden Sunset Street, einer kurzen Sackgasse und in der östlichen Soi Rambuttri, die parallel zur Khaosan Road verläuft.

Tipp: Pause im Park

Geht man von Wat Bovonives Richtung Fluss, so trifft man in der Thanon Phra Athit auf einen kleinen Park, der das restaurierte Phra Sumen Fort und einen königlichen Pavillon umgibt. Er eignet sich gut für eine erholsame Pause 23. Von hier aus verläuft ein Fußweg am Fluss entlang zur Phra-Pin-Klao-Brücke.

Wat Bovonives 22

An der Einmündung der Thanon Tanao in die Thanon Phra Sumen steht an einem ovalen Platz der Tempel **Wat Bovonives**. Bevor Rama IV. seinem Halbbruder auf den Thron folgte, lebte er dort 17 Jahre lang als Abt und gründete während dieser Zeit die Dhammayuti-Sekte, die der reinen Lehre mit ihren strengen Regeln verpflichtet war. Auch mehrere seiner Nachfolger verbrachten vor ihrer Krönung einige Zeit als Mönche in diesem berühmten Kloster. Noch heute befindet sich im Tempel die Pali-Schule der Mahamonkut- Buddhist-Universität.

An den vergoldeten **Chedi** schließen sich im Norden und Süden je eine T-förmige Gebetshalle an. Im Bot gegenüber dem Haupteingang steht der 4 m hohe Bronzebuddha **Phra Buddha Chinasara** aus der Sukhothai-Periode. Die **Wandfresken** aus der Zeit von König Chulalongkorn zeigen, im Gegensatz zu den meisten anderen Tempelwandmalereien, die man in Thailand sieht, einen europäischen Stil mit Perspektive und Schatten. Auch die Motive weisen auf europäische Einflüsse hin. Der Bot und die beiden angrenzenden Vihara sind meist nur an Festtagen geöffnet.

Thonburi ► E 10

Cityplan: S. 135

Noch bis vor zwei Jahrzehnten lag die Schwesterstadt Bangkoks am Westufer des Menam Chao Phraya im Schatten der Metropole, sie galt als zurückgeblieben und wenig attraktiv. Thonburi war das Viertel auf der anderen Seite des Flusses, die andere Seite der dynamischen Metropole, in dem noch traditionelle Holzhäuser den Ton angaben. Zudem war Thonburi wegen der notorisch verstopften Straßen – wie seit Jahrhunderten – besser mit dem Boot als mit dem Pkw erreichbar.

Mit dem Bau neuer Brücken und mehrspuriger Schnellstraßen hat Thonburi in jüngster Zeit an Attraktivität gewonnen. Das verdeutlichen viele Neubauten und Hochhäuser am Ufer des Chao Phraya. Noch gibt es sie, die öffentlichen Boote, die auf den

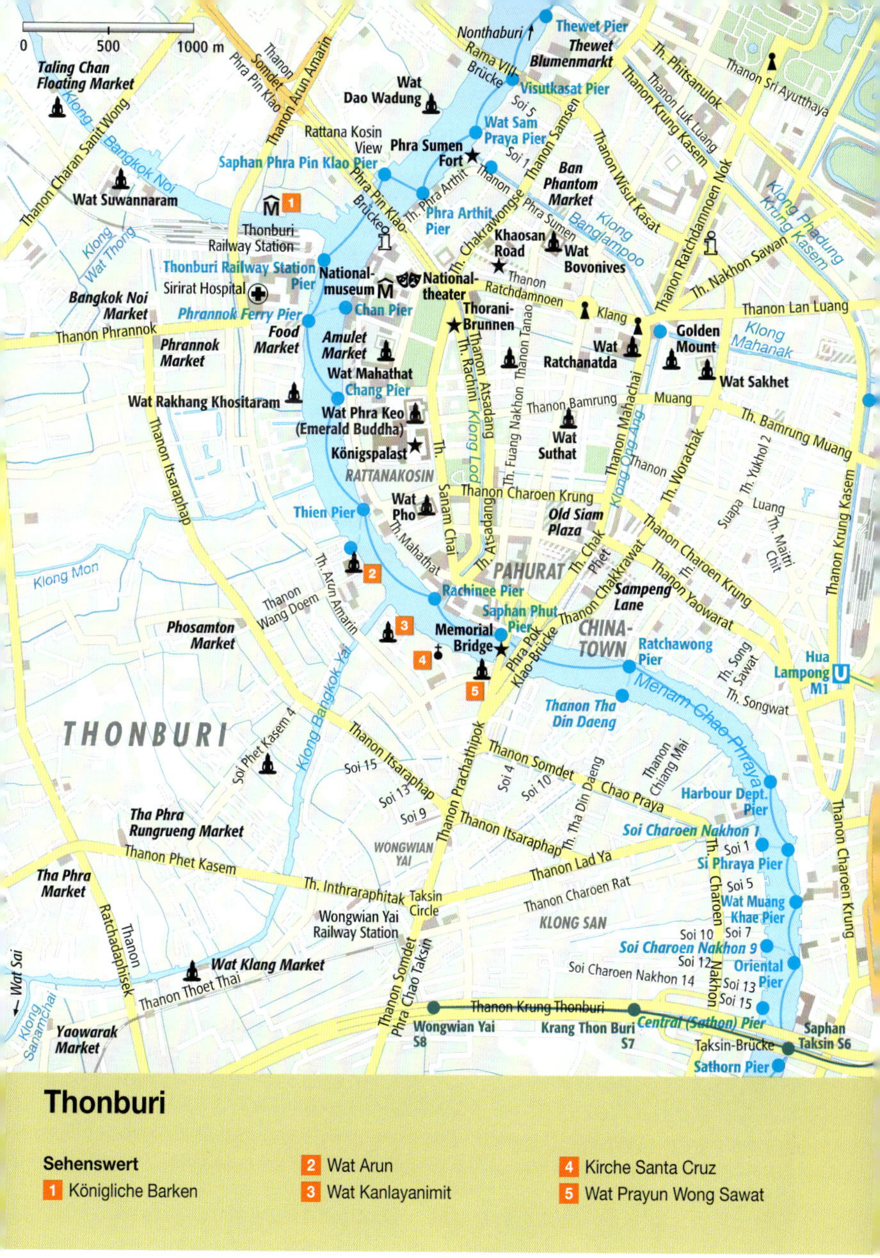

Thonburi

Sehenswert

1 Königliche Barken
2 Wat Arun
3 Wat Kanlayanimit
4 Kirche Santa Cruz
5 Wat Prayun Wong Sawat

breiten Kanälen ihre Passagiere bis vor die Haustür fahren, die kleinen Taxiboote, mit denen auch die ländlichen Holzhäuser an den schmalen Klongs erreichbar sind und die schwimmenden Garküchen und Minimärkte. Doch es ist eine Frage der Zeit, bis sie auch aus den Außenbezirken verschwunden sind und sich Thonburi von den

aktiv unterwegs

Mit dem Expressboot zu Tempeln und Märkten

Tour-Infos

Start: Thewet Blumenmarkt (Thewet Pier)
Ziel: Oriental Hotel (Oriental Pier)
Länge: ca. 10 km
Dauer: ca. 1 Stunde ohne Fahrtunterbrechungen
Karte: s. S. 135

Vom Menam Chao Phraya aus erschließt sich das historische Erbe der Stadt besonders gut, denn zu einer Zeit, als der Transport hauptsächlich über die Wasserwege abgewickelt wurde, entstanden hier die ersten Handelshäuser und Lagerhallen, Märkte, repräsentativen Bauten, Tempel und Kirchen. Bereits unter den ersten Königen wurde mit dem Bau großer Tempelanlagen beiderseits des Flusses begonnen. Die Stadt, die sich zwischen dem Königspalast und der Chinatown erstreckte, bestand zu jener Zeit überwiegend aus Holzhäusern. Erst Mitte des 19. Jh. ließen Kaufleute und Staatsdiener, die zu Wohlstand gelangt waren, Häuser aus Stein errichten, die heute von modernen Bauten aus Glas und Beton überragt werden.

Ein preiswertes Vergnügen ist die Fahrt auf dem Menam Chao Phraya mit einem der Expressboote, die bis 19 Uhr im Turnus von 10 bis 20 Minuten verkehren. Interessant ist die Strecke von Thewet bis zum Oriental Hotel. Sie führt unter der modernen Stahlkonstruktion der Rama VIII-Brücke und der älteren Phra-Pinklao-Brücke hindurch, vorbei an der Einmündung des Klong Bangkok Noi, dem Wat Arun, dem indischen Viertel und der Chinatown, die in das ehemalige Europäerviertel übergeht. Auf dem Chao Phraya Tourist Boat, www.chaophrayaboat.co.th, das alle 30 Minuten von 9.30–15 Uhr zwischen Sathorn und Phra Athit pendelt, bekommt man sogar touristischen Informationen auf Englisch.

Die Expressboote halten nicht an allen interessanten Sehenswürdigkeiten entlang der Strecke, aber die meisten können mit Fähre plus kürzerem Fußweg erreicht werden.

Luxushotels säumen die Ufer des Menam Chao Phraya im südlichen Zentrum

traditionellen Wasserwegen hin zur Straße orientiert.

Königliche Barken 1

Die königlichen Barken sind in einem Bootsschuppen am Klong Bangkok Noi gegenüber dem Thonburi-Bahnhof zu sehen. Eine kleine Ausstellung informiert darüber, dass ähnliche Barken bereits an prunkvollen zeremoniellen Prozessionen der Ayutthaya-Könige teilnahmen. Die in der Halle ausgestellten Boote, die aus der Bangkokperiode stammen, wurden 1982 zur 200-Jahr-Feier der Stadt restauriert: Die graziöse, 46 m lange Sri Supana Hong mit dem mythologischen Schwan ist dem König vorbehalten, während die Anantanakaraj-Barke mit der siebenköpfigen Naga-Schlange eine heilige Buddhastatue trägt.

Die anderen Barken sind mit unterschiedlichen Figuren aus dem Ramayana-Epos (Hanuman, Nilaphat) und der hinduistischen Mythologie (Garuda) geschmückt. Die jüngste Barke wurde 1996 zum Goldenen Thronjubiläum des Königs gebaut. Fotografieren ist hier nur gegen eine Gebühr gestattet (tgl. 9–17 Uhr, Eintritt 100 Baht, Fotoerlaubnis 100 Baht, Videoerlaubnis 200 Baht, Shuttleboot vom Phra Athit Pier von 10–16 Uhr, 20 Baht).

Wat Arun 2

Gegenüber von Wat Pho liegt auf der anderen Seite des Flusses in Thonburi der berühmte Tempel **Wat Arun** (s. Abb. S. 114). Besonders in der Morgenröte, wenn die bunten chinesischen Keramik- und Porzellanscherben das Licht reflektieren, bietet der 67 m hohe Prang einen geradezu majestätischen Anblick. Vier steile Treppen führen auf einen hohen Sockel hinauf, auf dem der zentrale Prang emporragt, der wiederum von vier kleineren umgeben ist. Sie symbolisieren den heiligen Berg Meru, das buddhistische Universum. In den Nischen der kleinen Türme und am Ende jeder Treppe stehen mythologische Figuren: der Windgott Phra Pai auf dem weißen Hengst reitend und Gott Indra mit seinem Reittier, dem dreiköpfigen Elefanten Erawan. Reliefs mit grimmigen Tempelwächtern, den Yakshas, und graziösen Vogelmenschen schmücken die Tempeltürme. Der zentrale Prang ist von vier **Mondhops** (Tempelbibliotheken) eingefasst, in denen wichtige Episoden aus Buddhas Leben dargestellt sind.

Nur wenige Besucher finden den Weg zu dem mit bunten Porzellanblumen dekorierten **Bot** nordwestlich des Prang. Hier stand zwei Jahre lang der Smaragdbuddha, bevor er 1782 in das Wat Phra Keo gebracht wurde (s. S. 124). Im Innenhof, umgeben von einem in grellen Farben bemalten Wandelgang mit Buddhastatuen und Bronzeelefanten, gibt es zahlreiche chinesische Steinstatuen zu bewundern (tgl. 8.30–17.30 Uhr, Eintritt 50 Baht, Fähren vom Thien Pier hinter dem Wat Pho). Am Abend ist der angestrahlte Tempel ganz besonders schön, am besten kann man ihn vom gegenüberliegenden Ufer aus genießen.

Wat Kanlayanimit 3

Südlich der Einmündung des Klong Bangkok Yai erhebt sich am Ende der Soi Wat Kanlaya das hohe Dach des Vihara von **Wat Kanlayanimit**. Besonders bei Chinesen genießt der riesige sitzende Buddha, der im Innern des Vihara thront, große Verehrung.

Im Vorhof hängt die größte Bronzeglocke des Landes (Fähre vom Rachini-Pier tgl. 6–18 Uhr).

Kirche Santa Cruz 4

Die Kirche Santa Cruz, die auch Wat Kuti Cheen genannt wird, stammt aus dem Jahr 1913. Täglich werden hier Gottesdienste abgehalten. Neben der Kirche steht in einer Grotte eine Marienfigur, die von den Christen der Stadt mit Jasminkränzen geschmückt wird – in Analogie zu den Ritualen, die es für Buddhastatuen und Hindu-Götter gibt.

Bereits im 19. Jh. existierte hier, im Zentrum des ehemaligen portugiesischen Viertels, ein christliches Gotteshaus. Europäische Geschäftsleute hatten sich seit dem 16. Jh. vermehrt in dieser Gegend niedergelassen. Pro-

aktiv unterwegs

Eine Klongtour in Thonburi

Tour-Infos

Start: Phrapinklao-Brücke, Chang Pier, Thien Pier, Central Pier, am River City Pier oder Oriental Pier
Beste Zeit: frühmorgens
Dauer: 1–2 Stunden
Tipp: Der Preis ist meist überhöht und Handeln erforderlich. Zudem sollte die Dauer und Route genau abgesprochen sein und Einkaufsstopps gemieden werden.

Thonburi ist von zahlreichen Kanälen durchzogen. Wer die ursprünglicheren dieser Klongs kennen lernen möchte, sollte einen der großen Kanäle etwa 30 Minuten hinauffahren und dann in einen der Seitenkanäle abzweigen. Oft sind sie so schmal, dass sie nur mit kleinen Booten befahrbar sind. Wer eine ein- bis zweistündige Tour durch das Gewirr der schmalen Seitenkanäle anstrebt, sollte sich ein Boot chartern.

An vielen Anlegestellen in Bangkok, etwa am Chang Pier hinter dem Königspalast, am Thien Pier hinter dem Wat Pho oder am Oriental Pier am gleichnamigen Hotel werden Langboote, *hang yao,* vermietet, die hohe Geschwindigkeiten erreichen können.

Mit großen Langbooten bestehen nachmittags ab 16 Uhr Verbindungen vom Chang Pier hinter dem Wat Phra Keo den **Klong Bangkok Noi** hinauf nach Bang Yai. Vom Saphan Phut Pier nördlich der Memorial Bridge fahren Boote in den Klong Bangkok Yai und die abzweigenden Kanäle.

Bei einer langen Tour mit einem gecharterten Boot auf dem **Klong Sanamchai,** der nach knapp 4 km vom Klong Bangkok Yai Richtung Süden abzweigt, gelangt man nach weiteren 3,5 km zum Wat Sai, wo noch in den 1970er-Jahren der größte schwimmende Markt von Thailand abgehalten wurde. Touristenboote vertrieben heutzutage die Händler und Händlerinnen und so findet man heute in Wat Sai nur noch wenig von der alten Ursprünglichkeit. Ursprünglicher ist die Atmosphäre noch auf den schwimmenden Märkten von Damnoen Saduak (s. S. 163).

fane Gebäude aus dieser Zeit sind nicht erhalten (Fähren vom Rachini Pier, tgl. 6–20 Uhr).

Wat Prayun Wong Sawat 5

Nahe der 1932 errichteten Memorial Bridge, der ersten Straßenverbindung zwischen Bangkok und Thonburi, die – als sie den zunehmenden Verkehr nicht mehr bewältigen konnte – später durch die parallele Phra-Pokklao-Brücke entlastet wurde, steht **Wat Prayun Wong Sawat**. Der interessante Tempel wurde im 19. Jh. errichtet. Rama III. soll persönlich den Bau der künstlichen Felseninsel angeordnet haben. Sie ist von einem Teich umgeben, in dem Hunderte von Schildkröten leben.

Auf der Insel stehen zahlreiche winzige Tempel, Pagoden, Kirchen und andere Häuser, welche die Asche von Verstorbenen enthalten (Fähren ab Saphan Phut Pier tgl. 6–18 Uhr oder man geht zu Fuß über die Brücke).

Indisches Viertel und Chinatown

Cityplan: S. 140
Zu den Wohnquartieren mit einer langen Tradition gehören das indische und das chinesische Viertel südlich der Altstadt. Als Auftakt für ihren Besuch bietet sich am frühen Morgen der Großmarkt Pak Klong Talaat an. Danach laden die schmalen Gassen des indischen Viertels rings um den Pahurat Markt oder in der Chinatown rings um die Sampeng Lane zum Stöbern und Shoppen ein. Hier glaubt man, die Zeit sei stehen geblieben.

Die Chinatown östlich von Pahurat ist eine der am dichtesten besiedelten Viertel der Stadt. Etwa 4 Mio. Chinesen leben zum Teil schon seit Generationen in Thailand. Sie sind gesellschaftlich weitaus besser als in anderen Ländern integriert. Dennoch haben sie viele ihrer alten Traditionen und Überlieferungen bis heute bewahrt, sodass sich während der chinesischen Feiertage, etwa zum Fest der hungrigen Geister im siebten Monat des chinesischen Jahres, zum Mondkuchenfest Mitte des achten Monats und während der Neujahrsvorbereitungen im Januar/Februar, ein Besuch der Chinatown besonders lohnt.

Pak Klong Talaat 1

Unweit der Doppelbrücke über den Menam Chao Phraya werden an dem fast 1000 m langen Landesteg des städtischen Großmarktes Pak Klong Talaat rund um die Uhr tonnenweise Lebensmittel fentladen. Die Versorgung der Millionenstadt läuft zu einem großen Teil über diesen Markt, auf dem die Händler aus einem reichhaltigen Angebot an Fisch, Fleisch, Obst, Gemüse und Schnittblumen auswählen. Am Eingang an der Westseite, an der Thanon Mahathat, haben auch Endverbraucher Zugang zum Marktareal. Ab Mitternacht erhält man hier die frischesten Orchideen in der ganzen Stadt. Der Besuch des Marktes ab 3 Uhr morgens ist ein sinnliches Erlebnis. Leider ist dieser Markt, wie viele andere, von der Schließung bedroht. Stattdessen schießen moderne Konsumpaläste wie Pilze aus dem Boden.

Old Siam Plaza 2

Das **Old Siam Plaza** liegt auf dem Gelände des ehemaligen Ming-Muang-Marktes an der Thanon Tripet. Das fünfstöckige Einkaufszentrum wurde in Anlehnung an den traditionellen Baustil des Marktes recht offen und unter Verwendung von vielen traditionellen Keramiken und Bleiglas rings um drei überglaste Innenhöfe angelegt. An das Einkaufszentrum mit einem kleinen Markt, auf dem Snacks verkauft werden, grenzt nördlich das königliche **Khon-Theater** Sala Chalerm Krung. Auf der Bühne des ganz im alten Stil restaurierten ehemaligen Kinos an der Ecke von Thanon Tripet und Thanon Chalerm Krung finden im (europäischen) Winter Gastspiele statt.

Pahurat

Südlich des Einkaufszentrums lockt der indische Markt **Pahurat** 3. Hier wählen die indischen Schneider der Stadt ihre Stoffe aus. In unglaublicher Vielfalt gibt es hier alles, was das Herz nur begehrt, von bunten Saris und traditionellen Wickelröcken bis hin zu Perlmuttknöpfen und Pailletten. Der Duft von Curries und Räucherstäbchen liegt in der Luft. Die goldene Kuppel des Sikh-Tempels **Gurdwara Siri Guru Singh Sabha** 4 überragt die Hallen.

Sampeng Lane und Chinatown

In Bangkoks Chinatown bietet vor allem die **Sampeng Lane** 5 noch eine echte chinesische Basaratmosphäre. Die Häuser stehen dicht gedrängt; kaum ein Sonnenstrahl erreicht hier den Boden, denn aufgespannte Tücher schützen vor Hitze. Aus den Läden quellen die Utensilien bis weit auf die Gasse hinein. Dazwischen werden an Garküchen in aller Ruhe Suppen, Hähnchenflügel und andere Snacks zubereitet. Passanten müssen sich mühsam einen Weg bahnen. Außer Handkarren und Fahrrädern, die zum Warentransport benutzt werden, sowie einigen Motorrädern verkehren hier keine Fahrzeuge. Dafür wird gehandelt, verkauft und lautstark für all die aufgetürmten Waren geworben: Stoffballen, Schuhe, Gläser, Gemüse, Reis. Von den Decken hängen Obstkörbe, Spielzeug, Taschen und Hüte, eine farbenprächtige Vielfalt, in der die Verkäufer nahezu verschwinden.

Gekreuzt wird die angeblich schmalste Gasse Bangkoks von der ähnlich malerischen **Itsaranuphap Lane.** Hier, wie überall in der Nähe von Tempeln und Schreinen, stellt man alle für einen Tempelbesuch notwendigen Dinge her, etwa dicke Bündel von Reispapier, die mit goldenen Schriftzeichen bedruckt sind. Daneben werden Räucherstäbchen und chinesische Glückwunschkar-

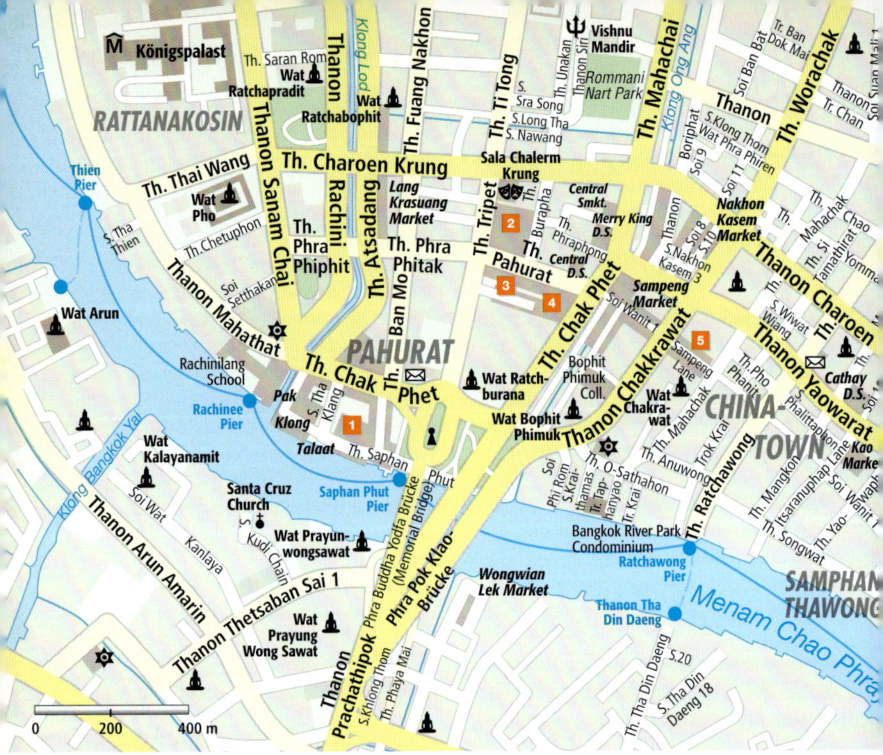

ten angeboten. Für Begräbnisse fertigt man aus buntem Papier und Bambus allerlei Modelle von Häusern, Flugzeugen, Autos und anderen höchst irdischen Gütern – wahre Kunstwerke, die dann im Laufe der Totenzeremonien in Flammen aufgehen. Auf dem Markt in der südlichen Itsaranuphap Lane lässt sich neben Krabbenchips, Obst und Gemüse so manche ungewöhnliche Zutat der chinesischen Küche entdecken.

Die **Thanon Charoen Krung,** die so genannte New Road, war die erste Straße der Stadt, die König Mongkut 1862 auf Bitten der am Fluss ansässigen ausländischen Händler anstelle des alten Elefantenpfades ausbauen ließ. Heute zählt sie wie die Parallelstraße **Thanon Yaowarat** zu den Hauptgeschäftstraßen der Chinatown; der dichte Verkehr ermöglicht kaum ein Durchkommen, ein Geschäft reiht sich an das andere. Auf den Bürgersteigen verkaufen zahllose fliegende Händler an Straßenständen elektronischen Kleinkram und Schuster gehen unberührt vom rings um sie herrschenden Trubel ihrem Handwerk nach.

Neben einem über 100 Jahre alten Goldladen werden chinesischer Tee und traditionelle Medizin verkauft. Die exotische Palette an gesundheitsfördernden Zutaten reicht von getrockneten Fröschen, Schlangen und Seepferdchen bis zu zermahlenen Geweihen von Antilopen und Schwalbennestern.

Wat Neng Noi Yee 6

Der bedeutendste chinesische Tempel, **Wat Neng Noi Yee**, auch Wat Mangkon Komalawat genannt, liegt an der Charoen Krung, zwischen Mangkon und Phlapphla Chai Road. Inmitten der chinesischen Geschäftshäuser weist ein hohes, rotes Tor auf ihn hin. In dem reich dekorierten Hauptgebäude herrscht vor allem an Festtagen dichtes Gedränge. Räucherstäbchen werden abgebrannt und Opfergaben dargebracht. In einem der kleineren Räume gehen Opfergaben aus Papier, wie symbolische Geldscheine und Reiseschecks

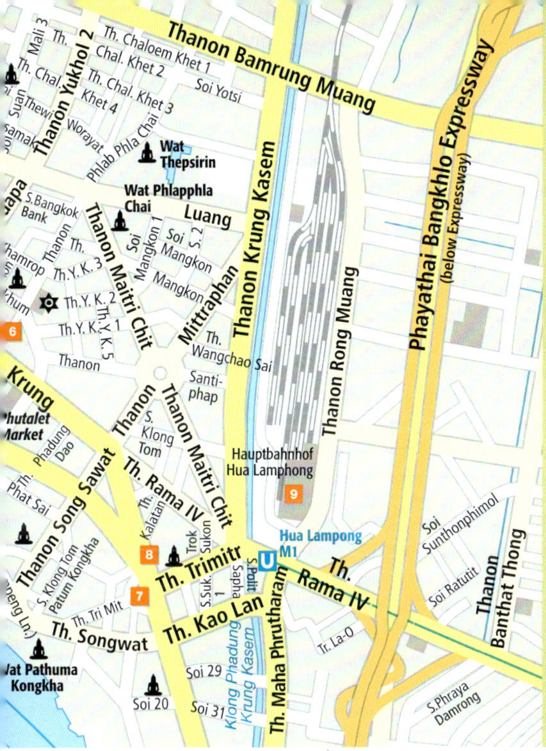

Indisches Viertel und Chinatown

Sehenswert

1 Pak Klong Talaat
2 Old Siam Plaza
3 Pahurat-Markt
4 Sikh.Tempel Gurdwara Siri Guru Singh Sabha
5 Sampeng Lane
6 Wat Neng Noi Yee
7 China Gate
8 Wat Trimitr
9 Hauptbahnhof Hua Lamphong

mit hohen Beträgen, für ein paar Baht erstanden, in Flammen auf und finden ihren Weg zu den Ahnen im Jenseits (tgl. ca. 9–18 Uhr).

China Gate und Wat Trimitr

Zu Ehren des regierenden Königs errichtete die chinesische Gemeinde am südlichen Ende der Straße ein riesiges **China Gate** 7 als Eingangstor zur Chinatown. Nahe dem Tor befindet sich der meist besuchte Wat von Chinatown, **Wat Trimitr** 8. Dieser birgt als besondere Attraktion den 5,5 t schweren **Goldbuddha,** der im 14. Jh. während der Sukhothai-Periode hergestellt wurde und zu mehr als 75 % aus purem Gold besteht. Noch interessanter als der Anblick eines derartigen Schatzes wirkt seine Geschichte.

In den 1950er-Jahren erweiterte die East Asiatic Company ihr Firmengelände und ließ zwei Tempelruinen abreißen. Die beiden dort noch vorhandenen Buddhastatuen wurden abtransportiert, eine davon kam in das Wat Trimitr. Da dessen Bot für die Figur zu klein war, baute man einen neuen Tempel. Als man im Mai 1955 zur Einweihung die Bronzestatue mit einem Kran an ihren Platz hieven wollte, riss ein Haken und krachend fiel der Buddha zu Boden. In der folgenden Nacht regnete es ununterbrochen, das Wasser spülte die frischen Risse der aufgeplatzten Figur aus. Am nächsten Morgen entdeckte man unter Bronze und Gips schimmerndes Gold und zur allgemeinen Überraschung kam ein goldener Buddha zum Vorschein. Möglicherweise sollte die Verkleidung die Figur einst vor plündernden Burmesen bewahren (tgl. 8–17.30 Uhr, Eintritt 20 Baht).

Der Hauptbahnhof Hua Lamphong 9

Östlich des Tempels verläuft parallel zur Thanon Krung Kasem der **Klong Phadung Krung Kasem**. Bereits um die Mitte des 19. Jh. platzte die Stadt mit ihren 300 000 Einwohnern aus allen Nähten, weshalb sie mit dem Bau dieses Kanals halbkreisförmig erweitert wurde. Jenseits des Klongs steht der Hauptbahnhof **Hua Lamphong**, ein Sackbahnhof, der 1890 nach dem Vorbild des Bahnhofs von Manchester erbaut wurde. Als in den Nachbarländern, in den britischen und französischen Kolonien, die ersten Eisenbahngleise verlegt wurden, ließ König Chulalongkorn Ingenieure aus Deutschland kommen, um Siam ebenfalls mit diesem modernen Verkehrsmittel auszustatten. Im Jahre 1900 fuhr der erste Zug von Bangkok über Ayutthaya nach Korat (Nakhon Ratchasima). Bereits 1918 war die Eisenbahnlinie bis Padang Besar an der Grenze zu British Malaya, dem heutigen Malaysia, fertiggestellt und auch Chiang Mai war ein Jahr später mit dem Zug erreichbar. Nun verläuft vor dem Hauptbahnhof der erste Streckenabschnitt der U-Bahn, deren Baugeschichte eine Ausstellung im zum Bahnhof führenden Fußgängertunnel dokumentiert.

Das moderne Bangkok

Cityplan: S. 144

Eine Fahrt mit der Hochbahn durch enge Häuserschluchten und breite, schnurgerade Einfallstraßen, vorbei an gläsernen Konsumtempeln und großen Hotels vermittelt einen ersten Eindruck vom modernen Bangkok. Doch den besten Überblick bietet die Aussichtsplattform des höchsten Hochhauses, des Baiyoke 2 Tower.

Hochhäuser und gigantische Einkaufspaläste haben seit den 1980er-Jahren die einstigen kleinen Geschäftshäuser nahezu völlig verdrängt. Auch von den Villen inmitten weitläufiger tropischer Gärten, die einst das Gebiet östlich und südlich der alten Stadt beherrschten, sind nur wenige erhalten geblieben. Zu wertvoll ist der Boden in den Jahren des Wirtschaftsbooms geworden und zu verlockend waren die Angebote großer Investoren, die immer neue Bürotürme und Konsumtempel aus dem Boden stampften.

In den modernen Vierteln konzentrieren sich die meisten Hotels, Restaurants, Botschaften und Banken, sodass sich viele Touristen überwiegend hier aufhalten. Auch das moderne Bangkok wartet mit einigen lohnenden Attraktionen auf. Ein Einkaufsbummel hat seine Reize, vor allem auf dem Wochenendmarkt, im Siam Paragon oder Central World. Zahlreiche Restaurants, Garküchen, Bars und Biergärten bieten ausreichend Gelegenheit, das bunte Treiben des lebendigen Viertels während einer Verschnaufpause zu beobachten.

Das Dusit-Viertel

Die folgenden Sehenswürdigkeiten erreicht man am besten mit einem Taxi. Am nördlichen

Ende der Thanon Ratchdamnoen Nok steht das **Denkmal von König Rama V.** 1, das anlässlich seines vierzigjährigen Thronjubiläums 1908 vor der Thronhalle errichtet wurde. Vom Pferd herab blickt er auf die Thanon Ratchdamnoen, die er als prächtigen Boulevard zwischen Thronhalle und Königspalast anlegen ließ und auf der er abends mit dem ersten Automobil des Landes entlangzufahren pflegte. Als erster Herrscher unternahm König Chulalongkorn bzw. Rama V. auch ausgedehnte Auslandsreisen. Nachdem er mehreren Nachbarländern Besuche abgestattet hatte, durchquerte er 1897 acht Monate lang Europa und besuchte unter anderem Italien, Spanien, Russland und die Schweiz. Zehn Jahre später folgte er einer Einladung von König Edward VII. nach England. Unter den Eindrücken seiner Reisen ließ er um die Wende zum 20. Jh. das Land von europäischen Fachleuten umgestalten. Täglich, besonders aber am 23. Oktober, dem Chulalongkorn-Tag, kommen Tausende von Menschen zum Denkmal, um den König mit Blumen und Kränzen zu ehren.

In den wenigen Durchgangsstraßen der Chinatown drängen sich die Fahrzeuge

Bangkok

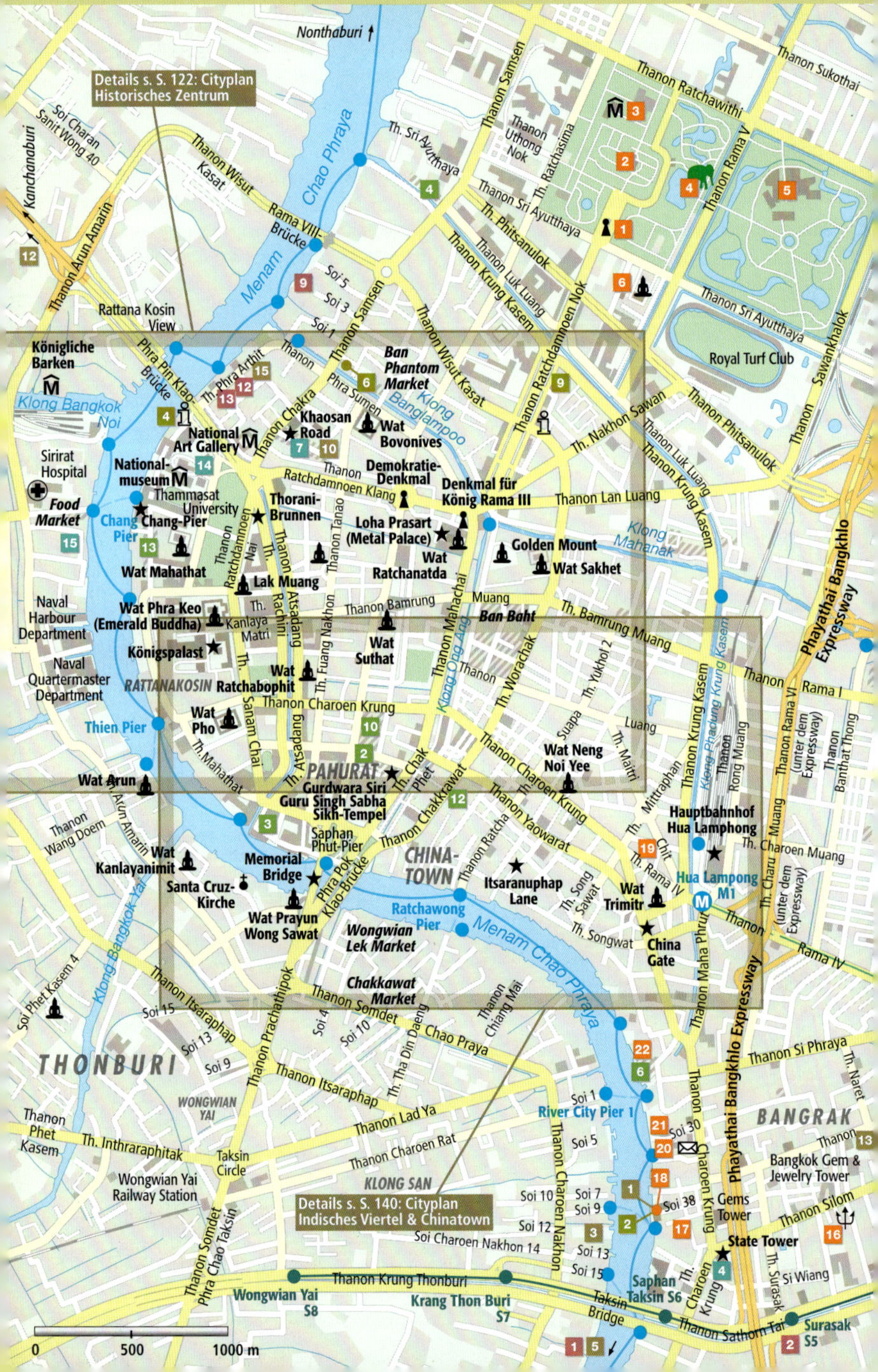

Nonthaburi
Details s. S. 122: Cityplan Historisches Zentrum
Details s. S. 140: Cityplan Indisches Viertel & Chinatown
Chao Phraya
Menam
Menam Chao Phraya
Kanchanaburi
Soi Charan Sanit Wong 40
Thanon Wisut Kasat
Rama VIII-Brücke
Thanon Arun Amarin
Rattana Kosin View
Königliche Barken
Klong Bangkok Noi
Phra Pin Klao Brücke
Th. Phra Arthit
Thanon Samsen
Th. Sri Ayutthaya
Thanon Uthong Nok
Th. Ratchasima
Thanon Ratchawithi
Thanon Sukothai
Thanon Rama V
Thanon Sri Ayutthaya
Th. Phitsanulok
Thanon Luk Luang
Thanon Krung Kasem
Thanon Ratchdamnoen Nok
Royal Turf Club
Sawankhalok
Thanon Phitsanulok
Thanon Wisut Kasat
Ban Phantom Market
Phra Sumen
Klong Banglampoo
Khaosan Road
Wat Bovonives
Thanon Chakra
National Art Gallery
National-museum
Sirirat Hospital
Food Market
Chang Pier
Chang-Pier
Thammasat University
Thorani-Brunnen
Demokratie-Denkmal
Ratchdamnoen Klang
Denkmal für König Rama III
Thanon Lan Luang
Th. Nakhon Sawan
Klong Mahanak
Loha Prasart (Metal Palace)
Wat Ratchanatda
Golden Mount
Wat Sakhet
Wat Mahathat
Lak Muang
Thanon Tanao
Thanon Ratchdamnoen Nai
Th. Rachini
Thanon Atsadang
Naval Harbour Department
Wat Phra Keo (Emerald Buddha)
Kanlaya Matri
Königspalast
Thanon Bamrung Muang
Th. Bamrung Muang
Ban Baht
Wat Suthat
Th. Fuang Nakhon
Thanon Mahachai
Klong Ong Ang
Th. Worachak
Th. Yukhol 2
Naval Quartermaster Department
RATTANAKOSIN
Wat Ratchabophit
Thanon Charoen Krung
Thanon Rama I
Phayathai Bangkhlo Expressway
Wat Pho
Thien Pier
Th. Sanam Chai
Th. Mahathat
Suapa
Luang
Th. Maitri
Wat Neng Noi Yee
Thanon Krung Kasem
Klong Phadung Krung Kasem
Thanon Rong Muang
Thanon Rama VI (unter dem Expressway)
Thanon Banthat Thong
Wat Arun
PAHURAT
Gurdwara Siri Guru Singh Sabha Sikh-Tempel
Th. Chak Phet
Thanon Charoen Krung
Thanon Yaowarat
Th. Mittraphan
Hauptbahnhof Hua Lamphong
Th. Charoen Muang
Thanon Wang Doem
Wat Kanlayanimit
Saphan Phut-Pier
Memorial Bridge
Thanon Chakkrawat
CHINA-TOWN
Thanon Ratcha
Itsaranuphap Lane
Th. Song Sawat
Wat Trimitr
Th. Rama IV
Hua Lampong M1
Thanon Charu Muang (unter dem Expressway)
Rama IV
Santa Cruz-Kirche
Wat Prayun Wong Sawat
Phra Pok Klao-Brücke
Ratchawong Pier
Wongwian Lek Market
Th. Songwat
China Gate
Thanon Maha Phruk
Klong Bangkok Yai
Soi Phet Kasem 4
Thanon Itsaraphap
Thanon Prachathipok
Chakkawat Market
Thanon Somdet Chao Praya
Thanon Chiang Mai
Soi 15
Soi 13
Soi 9
Soi 4
Soi 10
Th. Tha Din Daeng
Thanon Si Phraya
Th. Naret
THONBURI
WONGWIAN YAI
Thanon Phet Kasem
Th. Inthraraphitak
Taksin Circle
Thanon Lad Ya
Thanon Charoen Rat
KLONG SAN
River City Pier 1
Soi 1
Soi 5
Soi 30
Thanon Charoen Nakhon
Thanon Charoen Krung
BANGRAK
Bangkok Gem & Jewelry Tower
Gems Tower
Thanon Silom
Wongwian Yai Railway Station
Soi 38
Soi 7
Soi 9
Soi 10
Soi 12
Soi Charoen Nakhon 14
Soi 13
Soi 15
State Tower
Th. Surasak
Si Wiang
Thanon Somdet Phra Chao Taksin
Thanon Krung Thonburi
Wongwian Yai S8
Krang Thon Buri S7
Saphan Taksin S6
Taksin Bridge
Thanon Sathorn Tai
Surasak S5
0
500
1000 m

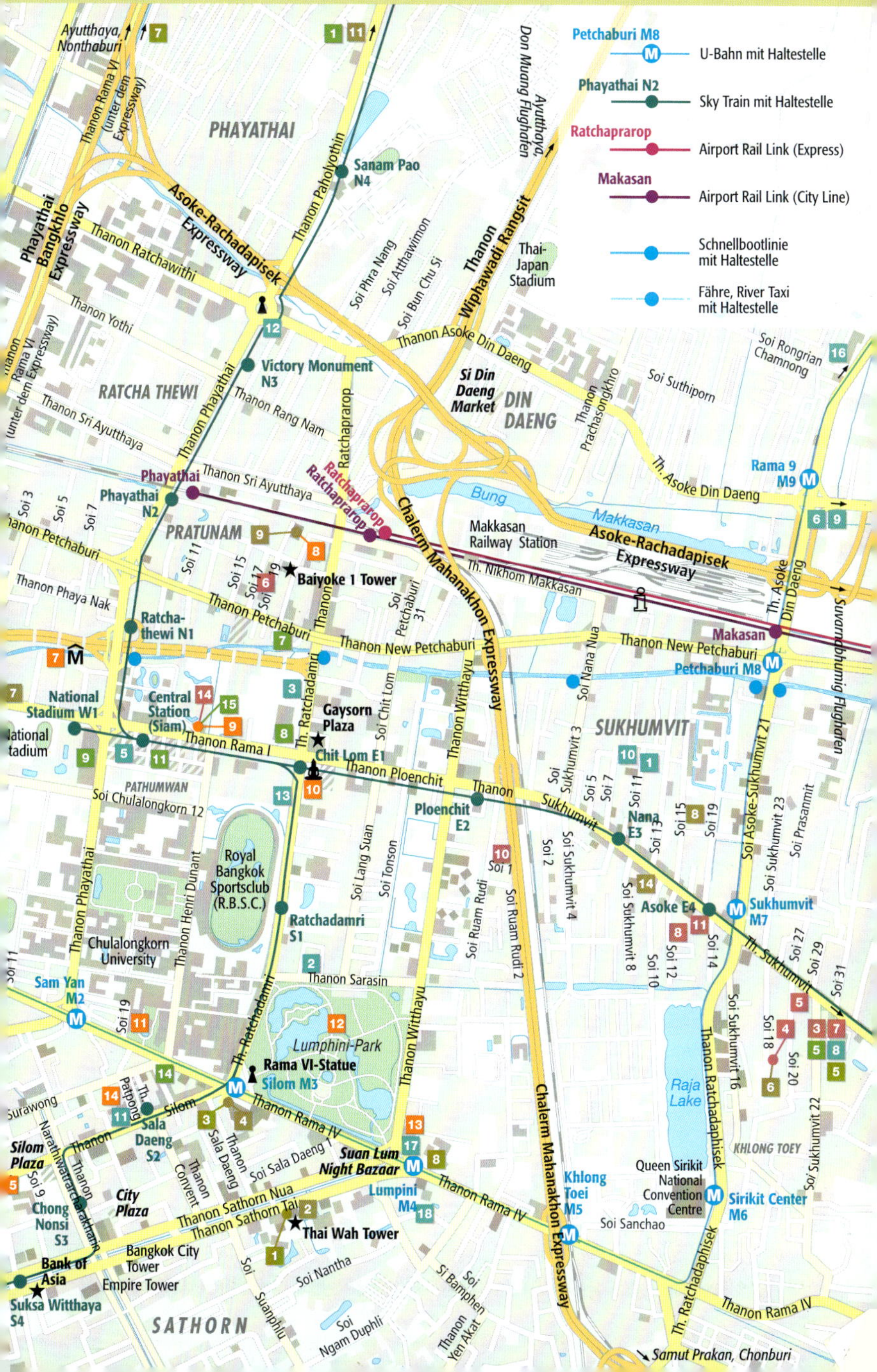
Petchaburi M8
U-Bahn mit Haltestelle
Phayathai N2
Sky Train mit Haltestelle
Ratchaprarop
Airport Rail Link (Express)
Makasan
Airport Rail Link (City Line)
Schnellbootlinie mit Haltestelle
Fähre, River Taxi mit Haltestelle
Ayutthaya, Nonthaburi
Thanon Rama VI (unter dem Expressway)
PHAYATHAI
Phayathai Bangkhlo Expressway
Asoke-Rachadapisek Expressway
Thanon Ratchawithi
Thanon Yothi
Thanon Paholyothin
Sanam Pao N4
Don Muang Flughafen
Ayutthaya
Thanon Wiphawadi Rangsit
Thai-Japan Stadium
Soi Phra Nang
Soi Atthawimon
Soi Bun Chu Si
Thanon Asoke Din Daeng
Soi Rongrian Chamnong
Soi Suthiporn
Victory Monument N3
RATCHA THEWI
Thanon Rang Nam
Thanon Sri Ayutthaya
Thanon Phayathai
Ratchaprarop
Si Din Daeng Market
DIN DAENG
Thanon Prachasongkhro
Th. Asoke Din Daeng
Rama 9 M9
Phayathai
Phayathai N2
Thanon Sri Ayutthaya
Ratchaprarop
Bung Makkasan
Makkasan Railway Station
Asoke-Rachadapisek Expressway
PRATUNAM
Thanon Petchaburi
Thanon Phaya Nak
Soi 3
Soi 5
Soi 7
Soi 11
Soi 15
Soi 17
Soi 19
Baiyoke 1 Tower
Soi Petchaburi 31
Chalerm Mahanakhon Expressway
Th. Nikhom Makkasan
Th. Asoke Din Daeng
Suvarnabhumi Flughafen
Ratcha-thewi N1
Thanon Petchaburi
Thanon Ratchadamri
Thanon New Petchaburi
Makasan
Petchaburi M8
National Stadium W1
National Stadium
Central Station (Siam)
Gaysorn Plaza
Soi Chit Lom
Thanon Witthayu
Soi Nana Nua
SUKHUMVIT
Thanon Rama I
Chit Lom E1
Thanon Ploenchit
Thanon Sukhumvit
Soi Asoke-Sukhumvit 21
Soi Sukhumvit 23
Soi Prasanmit
PATHUMWAN
Soi Chulalongkorn 12
Ploenchit E2
Soi Sukhumvit 3
Soi 5
Soi 7
Soi 11
Nana E3
Soi 13
Soi 15
Soi 19
Royal Bangkok Sportsclub (R.B.S.C.)
Thanon Henri Dunant
Soi Lang Suan
Soi Tonson
Soi 1
Soi 2
Soi Sukhumvit 4
Soi Ruam Rudi
Soi Ruam Rudi 2
Soi Sukhumvit 8
Soi 10
Soi 12
Soi 14
Asoke E4
Sukhumvit M7
Th. Sukhumvit
Soi 27
Soi 29
Soi 31
Thanon Phayathai
Chulalongkorn University
Ratchadamri S1
Thanon Sarasin
Soi 11
Sam Yan M2
Soi 19
Th. Ratchadamri
Lumphini-Park
Rama VI-Statue
Silom M3
Thanon Witthayu
Soi Sukhumvit 16
Soi 18
Soi 20
Raja Lake
Thanon Ratchadaphisek
Surawong
Th. Patpong
Silom
Thanon Rama IV
Sala Daeng S2
Thanon Sala Daeng
Thanon Convent
Thanon Narathiwatratchanakharin
Silom Plaza
Soi 9
Chong Nonsi S3
City Plaza
Soi Sala Daeng 1
Suan Lum Night Bazaar
Lumpini M4
Thanon Rama IV
Khlong Toei M5
KHLONG TOEY
Queen Sirikit National Convention Centre
Sirikit Center M6
Soi Sanchao
Soi Sukhumvit 22
Thanon Sathorn Nua
Thanon Sathorn Tai
Thai Wah Tower
Bangkok City Tower
Empire Tower
Bank of Asia
Suksa Witthaya S4
Soi Suanphlu
Soi Nantha
Soi Ngam Duphli
Soi Si Bamphen
Thanon Yen Akat
SATHORN
Th. Ratchadaphisek
Thanon Rama IV
Samut Prakan, Chonburi

Bangkok

Sehenswert

1 Denkmal von König Rama V.
2 Anantasamakhom-Thronhalle
3 Vimanmek Teakwood Mansion
4 Zoo
5 Chitralada-Palast
6 Wat Benchamabopitr
7 Jim Thompson House
8 Baiyoke 2 Tower
9 Siam Paragon mit Aquarium
10 Erawan-Schrein
11 Schlangenfarm
12 Lumphini Park
13 Suan Lum Night Basaar
14 Patpong
15 Kirche St. Xavier
16 Tempel Sri Mariamman
17 Assumption Cathedral
18 Oriental Hotel
19 East Asiatic Company
20 Hauptpostamt
21 Portugiesische Botschaft
22 Rosenkranzkirche

Übernachten

1 The Oriental Bangkok
2 The Sukhothai Bangkok
3 The Peninsula
4 Dusit Thani Hotel
5 Marriott Resort & Spa
6 Rembrandt Hotel
7 Siam@Siam
8 Dream Hotel BKK
9 Baiyoke Sky Hotel
10 Buddy Lodge
11 Reflections – rooms in Bangkok
12 The Thai House
13 Lub d Bangkok
14 Cozy at Ten
15 Happy House

Essen & Trinken

1 Manohra
2 Blue Elephant
3 Seafood Market
4 Rang Mahal
5 Bei Otto
6 Jao Khun Ou Gallery Restaurant (Once upon A Time)
7 Face Bangkok
8 Cabbages & Condoms
9 Khimlom-Chom-Sa-Phan
10 Bali
11 Suda
12 Hemlock
13 Ricky's Coffeeshop
14 Siam Paragon

Einkaufen

1 Chatuchak Weekend Market
2 Pahurat-Markt
3 Pak Klong Talaat
4 Thewet Blumenmarkt
5 Emporium
6 River City
7 Platinum Fashion Mall
8 Central World
9 MBK (Mah Boon Krong Center)
10 Old Siam Plaza
11 Siam Square
12 Sampeng Lane
13 Amulettmarkt
14 Jim Thompson
15 Kinokuniya

Abends & Nachts

1 Bed Supperclub
2 Brown Sugar
3 Calypso Cabaret
4 Skybar
5 Hard Rock Café
6 Route 66
7 The Club
8 La Lunar
9 Slim/Flix
10 Q Bar
11 Twilo
12 Saxophone
13 Spasso
14 Nationaltheater
15 Patravadi Theatre
16 Siam Niramit
17 Joe Louis Theatre
18 Goethe-Institut

Aktiv

1 Banyan Tree Spa
2 Oriental Spa
3 Devarana Spa
4 Bangkok Tourism Division
5 ABC Amazing Bangkok Cyclist
6 Velo Thailand
7 Bike & Travel
8 Lumphini Stadion
9 Rajadamnern Stadion

Hinter dem Denkmal erhebt sich am Ende der Straße die **Anantasamakhom-Thronhalle** 2, die von italienischen Architekten im neovenezianischen Stil erbaut wurde. In den Bau, dessen Kuppel und Wände mit historischen Motiven bemalt sind, zog nach der Abschaffung der absoluten Monarchie 1932 das Parlament ein. Sofern sie nicht für Staatsakte genutzt wird, kann sie besichtigt werden. Der Zugang erfolgt über den gepflegten, großen Dusit Park mit weiteren historischen Gebäuden des Königshofs, in denen 15 Museen Platz fanden. Herausragend sind neben dem Elefantenmuseum, der königlichen Textilsammlung, der prähistorischen Ausstellung und der Fotogalerie mit Bildern des Königs vor allem der prächtige Vimanmek-Palast. In den Jahren 1901 bis 1907 lebte die Königsfamilie in diesem luftigen Teakholzbau, der von der Insel Si Cang hierher gebracht und ausgebaut worden war. Die prächtig rekonstruierten Gemächer vermitteln einen guten Einblick in das Leben am Königshof vor über hundert Jahren. Etwa 90-minütige geführte englischsprachige Touren beginnen täglich alle 30 Min. zwischen 9.45 und 15.15 Uhr. Hier kann man sich mehrere Stunden aufhalten und zwischendurch im Selbstbedienungsrestaurants stärken (tgl. 9.30–16 Uhr, Eintritt 150 Baht).

Als der alte Palast am Sanam Luang zu klein geworden war, lebte die Königsfamilie von 1901 bis 1907 im **Vimanmek Teakwood Mansion** 3, in der Thanon Ratchawithi hinter dem Nationalparlament. Man hatte den Teakholzpalast von der Insel Ko Si Chang hierher gebracht, rekonstruiert und ausgebaut. 1982 wurde das relativ stark zerfallene dreistöckige Gebäude restauriert und in ein Museum umgewandelt.

Die Ausstellungsstücke und Fotografien aus dem ausgehenden 19. und frühen 20. Jh. vermitteln einen Eindruck vom höfischen Leben in jener Zeit. Im Abhisek Dusit Thronsaal ist besonders schönes Kunsthandwerk zu sehen (Tel. 02-628 63 00, www.vimanmek.com; tgl. 9.30–16 Uhr, Eintritt 100 Baht oder Gemeinschaftsticket mit dem Königspalast, in das es inbegriffen ist. Angemessene Kleidung ist wie im Königspalast erforderlich).

Östlich der Thronhalle erstreckt sich in der Thanon Rama V der kleine **Zoo** 4 um einen Teich mit Schatten spendenden Bäumen. Neben den wenig artgerecht gehaltenen Tieren locken ein naturhistorisches Museum und ein Restaurant (tgl. 8–18 Uhr, Tel. 02-281 20 00, www.zoothailand.org, Eintritt 100 Baht).

In dem angrenzenden **Chitralada-Palast** 5, der aus den 1920er-Jahren stammt, residiert derzeit hinter hohen Mauern die Königsfamilie. Das streng bewachte, große Areal mit einer landwirtschaftlichen Versuchsstation kann nicht besichtigt werden.

Südlich des Zoos lohnt in der Thanon Sri Ayutthaya das **Wat Benchamabopitr** 6 einen Besuch. Es wird allgemein Marmortempel genannt, da für seinen Bau vor allem weißer Carrara-Marmor aus Italien verwandt wurde. Dieses edle Material und die Symmetrie der Proportionen verleihen dem Tempel einen besonderen Reiz. König Chulalongkorn ließ ihn 1899 nach alten Vorbildern erbauen, um einer umfangreichen Sammlung von Buddhastatuen aller Epochen und Stilrichtungen einen würdigen Platz zu geben.

Im Wandelgang hinter dem Bot können 52 lebensgroße **Buddhastatuen** bewundert werden. Besonderes Interesse verdienen mehrere Khmer-Skulpturen, die allerdings größere Ähnlichkeit mit Vishnu als mit Buddha zeigen, und eine Statue, die Buddha nach seiner 40-tägigen Fastenzeit darstellt (Original im Museum von Lahore in Pakistan). Viele der Exponate sind Kopien, so etwa der Phra Buddha Jinarat aus dem 13. Jh. (Sukhothai-Periode, Original im Wat Mahathat in Phitsanulok), der im Bot steht. Unter dem Buddha wird die Asche des Königs Chulalongkorn aufbewahrt, der seine Mönchszeit im Wat Benchamabopitr verbrachte.

Der Haupteingang zu dem **Bot** mit dem dreifach gestaffelten Dach wird von zwei riesigen Marmorlöwen bewacht. In dem ehemaligen königlichen **Pavillon** in einem Park, in dem König Chulalongkorn als Mönch lebte, residiert der Patriarch von Siam, das buddhistische Oberhaupt Thailands. Zum Makha-Bucha-Fest kommen Tausende von Gläubigen in den Tempel, um mit ihm zu beten und den Bot mit Kerzen und Räucherstäbchen in den Händen zu umrunden (tgl. 9–17 Uhr, Tel. 02-281 25 01, www.watbencha.com, Eintritt 20 Baht).

Jim Thompson House 7

Das Jim Thompson House, ein altes Teakhaus, liegt in der Soi Kasemsan 2 (Abzweig von der Thanon Rama I), am Ende einer schmalen Gasse am Klong Saen Saeb. Es wurde aus der Provinz nach Bangkok gebracht. Die aus sechs traditionellen Teakhäusern bestehende Anlage ließ Jim Thompson, ein Amerikaner, für seine großartige Sammlung südostasiatischer Kunstschätze anlegen. Als Mitarbeiter des amerikanischen Geheimdienstes war er während des Zweiten Weltkriegs nach Thailand gekommen, wo er später das Oriental Hotel führte und 1948 die Thai Silk Company gründete. Die Seidenindustrie, die ausschließlich für den heimischen Markt arbeitete, wurde von ihm zu neuem Leben erweckt. So legendär wie sein Leben war auch sein Tod. Am Ostersonntag 1967 kehrte Thompson von einem Spaziergang im Bergdschungel der Cameron Highlands (Malaysia) nicht mehr zurück und blieb verschwunden (tgl. 9–16 Uhr, www. jimthompsonhouse.com, Eintritt 100 Baht, Skytrain National Stadium).

Baiyoke 2 Tower 8

Wie eine Reise in die moderne Zeit gestaltet sich der kurze Weg vom Teakhaus am Ende der Gasse zurück zur Hauptstraße, der Thanon Rama I., die weiter im Osten ihren Namen in Thanon Ploenchit bzw. Thanon Sukhumvit ändert. An einer der wichtigsten Ost-West-Achsen der Stadt, stehen riesige Einkaufszentren und Luxushotels.

Der **Baiyoke 2 Tower**, 222 Thanon Ratchaprarop, im traditionellen Viertel der Textilhändler Pratunam, ist mit seinen 304 m Höhe plus einer 24 m hohen Antenne das höchste Gebäude des Landes. Er beherbergt das Sky Hotel, das sich rühmt, das höchste Hotel Südostasiens zu sein. Ein Lift führt von 10–22 Uhr über die Hotellobby in die Sky Bar von wo aus die rotierende Aussichtsplattform im 84. Stockwerk über ein paar Treppen erreicht werden kann (Tel. 02-656 30 00, www.baiyokehotel.com, Eintritt 250 Baht, Anfahrt am besten per Taxi).

An smogfreien Tagen bietet sich ein grandioser Ausblick auf das endlose Häusermeer, das von Schneisen breiter Straßen durchzogen wird – im Westen die von Tempeltürmen überragte Altstadt, im Südosten das gigantische Meer aus Wolkenkratzern. Im Süden erhebt sich der bunte **Baiyoke 1 Tower,** ein Winzling, der noch Ende der 1980er-Jahre das höchste Gebäude der Stadt war.

Beide Hochhäuser stehen wie Fremdlinge im Gewirr kleiner Ladenzeilen, die bis zum Dach mit Textilien aller Art voll gepackt sind, von kopierten Markenjeans über hochwertige Produkte bis hin zu Kopftüchern für muslimische Frauen oder speziell für ein afrikanisches Klientel angefertigte Hemden, Hosen und Kleider in Übergrößen.

Siam Paragon und Central World 9

Zwei Megaeinkaufszentren mit vielen Luxusboutiquen und Filialen internationaler Kaufhäuser sowie Multiplexkinos, einem riesigen Kinokuniya-Buchladen und kulinarische Oasen (s. S. 157). Im Untergeschoss des **Siam Paragon** lohnt das größte **Aquarium** Südostasiens einen Besuch (tgl. 9–20 Uhr, 850 Baht).

Erawan-Schrein 10

Der kleine Erawan-Schrein schräg gegenüber vor dem Grand Hyatt Erawan Hotel ist eigentlich nur einer von vielen Haustempeln (s. S. 64 und Abb. S. 149).

Schlangenfarm 11

Bereits seit vielen Jahren lockt die Schlangenfarm an der Thanon Rama IV. Touristen aus aller Welt an. Um Serum gegen Schlangenbisse zu gewinnen, wird den Tieren das Gift abgezapft und Säugetieren injiziert, die Antikörper aufbauen. Daher hält man auf dem Gelände alle wichtigen südostasiatischen Giftschlangen. Touristen werden wohl kaum eine der seltenen giftigen Schlangen in freier Natur sehen oder sogar von ihnen gebissen werden. Dennoch üben die Tiere eine eigenartige Anziehungskraft auf Besucher aus, denen beim ›Melken‹ der Vipern und Kobras eine Gänsehaut über den Rücken läuft (Mo–Fr 8.30–16, Sa, So, feiertags 8.30–12 Uhr, Vorführung der Schlangen und Giftabnahme Mo–Sa 11 und große Show 14.30, So und feiertags nur Giftabnahme, Tel. 02-252 01 61-4, Eintritt 200 Baht, U-Bahn Silom, Skytrain Sala Daeng).

Lumphini Park

Der **Lumphini Park** 12, an dem das Denkmal von Rama VI. steht, ist die älteste grüne Lunge der Stadt. Die weitläufigen Grünflächen mit kleinen Seen sind ein geeigneter Ort zum

Durchatmen und gut für einen Spaziergang im Grünen. Hier drehen Jogger ihre Runden, während sich alte Menschen im Schattenboxen üben und Liebespärchen über den See rudern. Ein besonderes Erlebnis sind (nur während der Trockenzeit) die klassischen Konzerte im zentralen Pavillon sonntagnachmittags von 15 bis 17 Uhr (tgl. 4–20 Uhr, U-Bahn Lumphini, Skytrain Sala Daeng).

Östlich des Parks liegt der riesige **Suan Lum Night Bazaar** 13. An den über 3000 Ständen wird eine große Auswahl an Souvenirs, Kleidung und Accessoires feilgeboten. Eine Zahl von großen Biergärten, die auch deutsche Biere im Angebot haben, liegen in der Nähe (tgl. 17–24 Uhr, www.suanlum-nightbazaar.com). Hier hat sich ein ungewöhnliches Theater angesiedelt, das **Joe Louis Theatre**, ein traditionelles Puppentheater. Ein Spektakel ganz anderer Art präsentiert sich am Abend in der großen Halle neben dem Park – Thai-Boxen im Lumphini-Boxstadion, einem der beiden großen Stadien der Stadt.

Patpong 14

Wer sich am Abend in der Gegend des Viertels Bangkrak aufhält, sollte es nicht versäumen, einmal über die quirlige **Patpong** zu bummeln, selbst wenn man nicht an den harten Sexshows interessiert ist, die in den oberen Etagen angeboten werden. Vor den zahlreichen Go-go-Bars werben knapp bekleidete Mädchen um Kunden. Zudem ist die Straße von Pubs, Restaurants und anderen Geschäften gesäumt. Bereits am Nachmittag beginnen Händler mit dem Aufbau des Marktes, der sich bis weit in die Silom Road hinein ausdehnt. An den Ständen werden Souvenirs zu überhöhten Preisen angeboten, sodass sich jeder in der Kunst des Handelns üben sollte (s. S. 97). Trotz der allgegenwärtigen Polizei werden auch gefälschte Markenartikel, wie Textilien, Lederwaren und Uhren, aber auch Raubkopien der neuesten Kinohits, zu angeblichen Spottpreisen an den Käufer gebracht (U-Bahn Silom, Skytrain Sala Daeng).

Ein Schrein zwischen Hochbahntrassen: Erawan-Schrein

Eine bekannte Nightlife-Adresse: die quirlige Patpong

Thanon Silom und Thanon Sathon

Die Thanon Silom und ihre Parallelstraßen Surawong und Sathon Tai bzw. Sathon Nua säumten einst ehrwürdige Villen inmitten tropischer Gärten. Nur einige Botschaften können sich diesen verschwenderischen Luxus noch leisten. Die meisten anderen Gebäude wurden abgerissen und machten modernen Hochhäusern Platz, wie dem 247 m hohen, gläsernen **State Tower** mit der Skybar (Foto s. S. 158/159) in der Thanon Silom, dem 64-stöckigen **Thai Wah Tower** oder dem futuristischen ›Robotergebäude‹ der **Bank of Asia** in der Thanon Sathon Tai.

Wie ein Fremdkörper wirken inmitten der Hochhäuser der Thanon Silom die kleine **St.-Xavier-Kirche** 15 mit dem alten Friedhof und der hinduistische **Sri-Mariamman-Tempel** 16, um 1870 von südindischen Immigranten erbaut. Bunt bemalte Figuren schmücken den Tempel und die Eingangstore. In dem kleinen Innenhof treffen sich Tamilen, Thai und hinduistische Malaien, um Ganesha, Brahma, Vishnu und Shiva ebenso zu opfern wie Buddha, der auch einen Platz im hinduistischen Pantheon hat. Ende Januar/Anfang Februar wird das größte Hindu-Fest Thaipusam vor allem rings um diesen Tempel begangen.

Das einstige Europäerviertel

Am westlichen Ende der Thanon Silom ist das Zentrum des einstigen Europäerviertels erreicht, dessen Bewohner um die Jahrhundertwende zu Wohlstand gelangten (Skytrain-Endstation Saphan Taksin oder Expressboot). An einem kleinen Platz erhebt sich die im englischen Kolonialstil errichtete **Assumption Cathedral** 17 (Mariä-Himmelfahrts-Kathedrale). Noch immer hat das gegenüberliegende katholische College einen guten Ruf.

Wenige Meter nördlich der Kirche steht das legendäre **Oriental Hotel** 18, eines der ersten und besten Hotels in Südostasien. Vor dem modernen, 16-stöckigen Neubau vermittelt der alte Flügel noch einen Eindruck von der Zeit, als Joseph Conrad, Somerset

Maugham oder Noel Coward dort regelmäßig abzusteigen pflegten.

Aus dem 19. Jh. stammt das von einem dänischen Geschäftsmann errichtete Gebäude der **East Asiatic Company** 19, das jenseits der Oriental Lane direkt am Fluss liegt. Über dem Haus weht die rot-weiße Flagge von Dänemark.

Direkt an der stark befahrenen Hauptstraße, der Thanon Charoen Krung, steht das **Hauptpostamt** 20, das General Post Office. Mit seinem Bau im Jahre 1883 hielt in Siam das europäisch organisierte Postwesen seinen Einzug. Bereits drei Jahre später konnte im angrenzenden Telefonamt das erste Gespräch vermittelt werden.

Die mit Palmen und Bäumen bestandenen Gärten zwischen den Handelshäusern fielen erst in jüngerer Zeit der wuchernden Stadt zum Opfer. Nur einige Gärten, wie jener der **portugiesischen Botschaft** 21 südlich des riesigen Luxushotels Royal Orchid Sheraton vermitteln einen kleinen Eindruck davon. Neben dem Hotel bietet das **River City Shoping Centre** eine vielfältige Auswahl an Kunst und Kunstgewerbe. Nördlich des Einkaufszentrums erhebt sich der schlanke, weiße Kirchturm der **Rosenkranzkirche** 22, auch Wat Galawan genannt, die 1787 von Portugiesen erbaut und 1987 restauriert wurde.

Infos

Tourist Authority of Thailand (TAT): 4 Thanon Ratchdamnoen Nok, tgl. 8.30–16.30 Uhr, Tel. 02-282 97 73, Fax 02-282 81 29. Allgemeine, teils veraltete Informationen über fast alle Landesteile. Zentrale: 1600 Thanon New Phetchaburi, Bangkok 10400, Tel. 02-250 55 00, Fax 02-250 55 11, www.tourismthailand.org.

Bangkok Tourism Division: 17/1 Thanon Phra Athit, an der Phrapinklao-Brücke, Tel. 02-225 76 12-5, Fax 02-225 76 16, www.bangkoktourist.com, Mo–Fr 8–19, Sa und So 9–17 Uhr. Hilfreiches Informationsmaterial über Bangkok und veranstaltete Radtouren durch die Altstadt u. ä. Aktivitäten.

Informationsstände, die es zusätzlich an zentralen Straßenkreuzungen gibt, halten i. d. R. nur eine begrenzte Auswahl an Prospekten bereit.

Übernachten

Legendär ▶ **The Oriental Bangkok** 1: 48 Oriental Ave., Tel. 02-659 90 00, Fax 02-65 92 48, www.mandarinoriental.com, Expressboot-Pier Oriental. Traditionelles Luxushotel. Gartenterrasse am Fluss mit Pool, hervorragende Restaurants, Kochschule und am gegenüberliegenden Ufer eines der besten Spas. Ab 10 000 Baht.

Geschmackvoll ▶ **The Sukhothai Bangkok** 2: 13/3 Thanon Sathon Tai, Tel. 02-344 88 88, Fax 02-344 88 99, www.sukhothai.com, U-Bahn Lumphini. Das exklusive Hotel verbindet modernes Design mit asiatischem Ambiente und exzellentem Service. Ab 10 000 Baht.

Elegant ▶ **The Peninsula** 3: 333 Thanon Charoennakorn, Tel. 02-861 28 88, Fax 02-861 11 12, www.peninsula.com, Shuttleboot-Verbindung zum Skytrain an der Taksin-Brücke. Luxushotel am ruhigen Westufer mit großem Swimmingpool und Spa. Von den sehr gut ausgestatteten Zimmern Blick auf Bangkok. Ab 10 000 Baht.

Gediegen ▶ **Dusit Thani Hotel** 4: 946 Thanon Rama IV, Tel. 02-200 90 00, Fax 02-236 64 00, www.dusit.com, U-Bahn Silom und Skytrain Sala Daeng. Gepflegtes Hotel mit Tradition und in zentraler Lage, in den 1970er-Jahren das höchste Haus in Bangkok. Ab 5000 Baht.

Erholsam ▶ **Marriott Resort & Spa** 5: 257 Thanon Charoen Nakhorn, Tel. 02-476 00 22, Fax 02-476 11 20, www.marriotthotels.com. Shuttleboot zur Taksin-Brücke. Weitläufiges Resort im Süden der Stadt am Fluss. Komfortable Zimmer inmitten einer großzügigen Gartenanlage. Ab 5000 Baht.

Solide ▶ **Rembrandt Hotel** 6: Thanon Sukhumvit Soi 18, Tel. 02-261 71 00, Fax 02-261 70 17, www.rembrandtbkk.com, U-Bahn Sukhumvit, Skytrain Asoke. Beliebtes Hotel mit dem besten indischen Restaurant des Landes im obersten Stockwerk. Den hervorragenden Blick über Bangkok gibt es gratis dazu. Ab 4000 Baht.

Hip ▶ Siam@Siam 7: 865 Thanon Rama I, Tel. 02-217 30 00, Fax 02-217 30 30, www.siamatsiam.com, Skytrain National Stadium. Edel designte Zimmer mit allem Komfort. Restaurant, Pub, Nachtclub, Pool und Spa. Ab 4000 Baht.

Trendy ▶ Dream Hotel BKK 8: Soi 15, Thanon Sukhumvit, Tel. 02-254 85 00, Fax 02-254 85 34, www.dreambkk.com, U-Bahn Sukhumvit, Skytrain Asoke. Neue, schick designte und gemütliche Zimmer mit blauer Beleuchtung und jeglichem Komfort. Pool im neuen Gebäude. Ab 3000 Baht.

Hoch hinaus ▶ Baiyoke Sky Hotel 9: im Baiyoke II Tower, 222 Thanon Ratchaprarop, Tel. 02-656 30 00, Fax 02-656 35 55, www.baiyokehotel. com, Taxi. Im höchsten Hotel Südostasiens 660 großzügige Zimmer vom 22. bis 74. Stock. Frühstück im 78. Stock. Ab 3000 Baht.

Edel-Backpacker ▶ Buddy Lodge 10: 265 Khaosan Rd., Tel. 02-629 44 77, Fax 02-629 47 44, www.buddylodge.com, Expressboot-Pier Banglampoo. Das komfortabelste Hotel in der Khaosan Road mit kleinem Swimmingpool, zur Straße hin Einkaufszentrum und riesige Bar im Kolonialstil. Ab 2200 Baht.

Jedes Zimmer ein Kunstwerk ▶ Reflections – rooms in Bangkok 11: 224/2-9, 224/11-18 Thanon Pradipat, Tel. 02-270 33 44, Fax 02-270 33 59, www.reflections-thai.com, Skytrain Saphan Khwai, im Norden der Stadt. Jedes Zimmer ist von einem anderen Künstler in verschiedensten kreativen Designs eingerichtet. Mit angeschlossenem Spa und eigener Kunstgalerie. Ab 2000 Baht.

Echt Thailand ▶ The Thai House 12: 32/4 Soi 8, Tambol Bang Muang, Bang Yai, Nonthaburi, Tel. 02-903 96 11, 02-997 51 61, Fax 02-903 93 54, www.thaihouse.co.th, Taxi. Homestay bei einer netten Familie in traditionellem Teakhaus, Thaikochkurse, am Klong 1 Std. westlich von Bangkok. 1800 Baht.

Tipp: Hotelauswahl

Da die U-Bahn, der Skytrain und die Expressboote die zuverlässigsten Transportmittel der Stadt sind, empfiehlt es sich, bei der Wahl des Hotels auf die Nähe einer Haltestation zu achten.

Top-Hostel ▶ Lub d Bangkok 13: 4 Thanon Decho, Tel. 02-634 79 99, Fax 02-634 75 10, www.lubd.com, Skytrain Chong Nonsi. Das moderne Hostel wurde 2008 von der englischen Tageszeitung The Guardian zu einem der 17 besten Boutique-Hostels der Welt gewählt. Ab 1400 Baht.

Neu und funktional ▶ Cozy at Ten 14: 1/17-19 Soi 10, Thanon Sukhumvit, Tel. 02-653 39 34-5, Fax 02-653 39 34-5, www.

Luxushotel mit historischem Flügel: The Oriental Bangkok

cozyatten.com, Skytrain Nana. Neues Mittelklassehotel, saubere und helle Zimmer mit schönem Blick auf den Chuvit Garden. Ab 1200 Baht.

Sauber und günstig ▶ Happy House 15: 46 Soi Chana Songkhram, Tel. 02-280 33 01, Fax 02-280 33 01, www.happyhouseguesthouse.com, Expressboot-Pier Banglampoo. Dieses Hotel liegt zwar im Backpackerzentrum, aber abseits der Khaosan Road in relativ ruhiger Lage. Hübsch eingerichtete, geflieste Zimmer sowie ein Restaurant, in dem eine angenehme Atmosphäre herrscht. Ab 500 Baht.

Essen & Trinken

Auf dem Fluss ▶ Manohra 1: Tel. 02-476 07 72, www.manohracruises.com, Taksin und Oriental Pier. Von 19.30–22 Uhr Dinner Cruises für 1990 Baht auf einer zu einem Restaurant umgebauten Barke, üppiges Büfett mit hervorragenden Gerichten.

Königlich ▶ Blue Elephant 2: 233 Thanon Sathorn Tai, Tel. 02-673 93 53, www.blueelephant.com, Skytrain Surasak, tgl. 11.30–14.30 und 18.30–22.30 Uhr. Hervorragende, preisgekrönte königliche Thaiküche in einem stilvollen Haus, exzellenter Service. Kochschule. Hauptgerichte um 500 Baht.

Touristisch ▶ Seafood Market 3: 89 Thanon Sukhumvit, Soi 24, Tel. 02-261 20 71, Taxi, tgl. 11–24 Uhr. Nach dem Einkauf im Supermarkt des Restaurants werden die frischen, teils noch lebenden Zutaten nach Wunsch in einer einsehbaren Küche zubereitet. Gerichte je nach Zutaten um 500 Baht.

Indisch mit Aussicht ▶ Rang Mahal 4: im Rembrandt Hotel, Thanon Sukhumvit Soi 18, Tel. 02-261 71 00, www.rembrandtbkk.com, Skytrain Asoke, U-Bahn Sukhumvit, tgl. 11.30–14.30 und 18.30–22.30 Uhr. Das beste und prachtvollste nordindische Restaurant mit Aussicht und indischer Livemusik. Menü ab 300 Baht.

Wie bei Muttern ▶ Bei Otto 5: Thanon Sukhumvit Soi 20, Tel. 02-262 08 92, www.beiotto.com, Skytrain Asoke, U-Bahn Sukhumvit, tgl. 11–24 Uhr. Das alteingesessene deutsche Restaurant Schwarzwaldstube mit eigener Fleischerei und Bäckerei ist ein Refugium für Heimwehkranke. Gerichte ab 300 Baht.

Verspielt ▶ Jao Khun Ou Gallery Restaurant (Once upon A Time) 6: 32 Thanon Phetchaburi, Soi 17, Tel. 02-252 86 29, www.onceuponatimeinthailand.com, Taxi, tgl. 11–23 Uhr. In drei geschmackvoll dekorierten Holzhäusern sowie im Garten werden ausgesprochen leckere thailändische und vietnamesische Gerichte serviert. Gerichte um 300 Baht.

Multikulti ▶ Face Bangkok 7: Soi 38, Thanon Sukhumvit, Tel. 02-713 60 48, Fax 02-713 60 47, www.facebars.com, Skytrain Thong Lo. In dem wunderschön in verschiedenen asiatischen Stilrichtungen gestalteten Komplex befinden sich eine Vielzahl an edlen und exklusiven Möglichkeiten für ein unvergessliches und exquisites Abendessen. Gerichte ab 300 Baht.

Gesund ▶ Cabbages & Condoms 8: Thanon Sukhumvit Soi 12, Tel. 02-229 46 10, Skytrain Asoke, U-Bahn Sukhumvit, tgl. 11–22 Uhr. Ruhiges Restaurant mit angenehm begrüntem Garten. Der Schwerpunkt liegt auf gesunder thailändischer Küche. Gerichte um 200 Baht.

Szenetreff ▶ Khimlom-Chom-Sa-Phan 9: 11/6 Samsen Soi 3, Tel. 02-628 83 82-3, Expressboot-Pier Rama VIII, tgl. 11–1 Uhr. Großes, beliebtes Szenerestaurant zwischen dem Fluss und dem Wat Samphraya. Auf der Karte eine große Auswahl an glutamatfreien Seafood um 200 Baht. Bäckerei mit leckeren Kuchen.

Echt indonesisch ▶ Bali 10: 15/3 Soi Ruam Rudi, Thanon Ploenchit, Tel. 02-250 07 11, Skytrain Ploenchit, tgl. außer So 11–22, am So ab 17 Uhr. Reistafel und andere indonesische Gerichte in einem kleinen, einfachen Haus. Ab 100 Baht.

Thai-chinesisch ▶ Suda 11: 6-6 Soi 14, nahe Thanon Sukhumvit, Tel. 02-229 46 64, Skytrain Asoke, U-Bahn Sukhumvit, tgl. ab mittags geöffnet, So ab 16 Uhr. Große Portionen preiswerter Thaicurrys und anderer einheimischer Gerichte, bei Touristen beliebtes, offenes Restaurant. Gerichte um 100 Baht.

Traditionell ▶ Hemlock 12: 56 Thanon Phra Athit, Tel. 02-282 75 07, Expressboot-Pier Banglampoo, 16–24 Uhr. Kleines, feines Restaurant, das fast 200 leckere, z. T. traditionelle Thai-Gerichte zu günstigen Preisen anbietet. Französische und kalifornische Weine im Angebot. Gerichte um 100 Baht.

Frühstück ▶ Ricky's Coffeeshop 13: Thanon Phra Athit, Expressboot-Pier Banglampoo. Beliebtes, geschmackvoll im chinesischen Kolonialstil gestaltetes Café mit sehr gutem Kaffee und leckeren Baguettes, Sandwiches und mexikanischen Gerichten.

Tipp: Foodcenter

Foodcenter mit Dutzenden kleiner Garküchen, die ihr vielfältiges Angebot an Gerichten frisch zubereiten, findet man auf vielen Märkten und in nahezu allen Einkaufszentren. Sie bieten alle sehr preiswerte Kost an, die einen Qualitätsvergleich nicht scheuen muss. Das **Siam Paragon** 14 (Thanon Rama I, Siam Square, Skytrain Central Station) bietet im ersten Untergeschoss das ultimative kulinarische Erlebnis mit einer riesigen Auswahl.

Sehr freundliche Atmosphäre. Gerichte um 50 Baht.

Einkaufen

Märkte ▶ Chatuchak Weekend Market 1: ein Markt der Superlative. Mehr dazu s. S. 156. **Pahurat-Markt 2**: Südlich der Thanon Pahurat. Der indische Textilmarkt bietet eine Riesenauswahl an Stoffen – und viel Flair (s. S. 139). **Pak Klong Talaat 3**: Nahe der Memorial Bridge. Ein beeindruckender Lebensmittel- und Blumengroßmarkt, den man am besten früh besucht (s. S. 138). **Thewet Blumenmarkt 4**: Am Ende der Thanon Luk Luang, am Klong Phadung Krung Kasem, Expressboot Thewet Pier. Hier gibt es Blumen und Pflanzen in allen Formen und Farben. Gegenüber liegt außerdem ein Obst- und Gemüsemarkt.

Einkaufszentren ▶ Emporium 5: 622 Thanon Sukhumvit, am Queen's (Benjasiri) Park, www.emporiumthailand.com, Skytrain Phrom Phong, tgl. 10.30–22 Uhr. Elegantes, hochpreisiges Einkaufszentrum mit Designerboutiquen, Kinokuniya-Buchladen und Food Hall mit tollem Ausblick auf die Silhouette der Stadt. **River City 6**: Captain Bush Lane, Thanon Si Phaya, neben dem Royal Orchid Sheraton Hotel. Viele Antiquitäten-, Kunsthandwerk- und Seidengeschäfte, Kunstauktionen. **Platinum Fashion Mall 7**: Thanon Phetchaburi, www.platinumfashionmall.com, 10–22 Uhr. Mit über 2000 Modegeschäften richtet sich diese riesige Mall an eine mode- und preisbewusste weibliche Zielgruppe. Wenig Markenprodukte, dafür viele kreative Designs und sehr günstige Preise. **Central World 8**: Thanon Rama I, Ecke Thanon Ratchadamri. Das größte Einkaufszentrum mit dem Zen Department Store, zahlreichen Geschäften, Boutiquen und Restaurants. **MBK (Mah Boon Krong Center) 9**: Thanon Rama I, Ecke Thanon Phaya Tai, www.mbk-center.co.th/en, Skytrain National Stadium, 11–22 Uhr. Der riesige Block beherbergt eine schier unendliche Auswahl an kleinen Geschäften, die eine breite Palette von Waren zu günstigen Preisen anbieten. **Old Siam Plaza 10**: 66 Charoen Krung, Einkaufszentrum mit historischem Flair, Food Market, Porzellan-, Textilgeschäfte (s. S. 139).

Studenten-Shoppingmeile ▶ Siam Square 11: Viele kleine Textilgeschäfte, mehrere Buchhandlungen, Schmuckläden, Kinos und Restaurants, ein beliebtes Ausgehviertel von jungen Leuten.

Chinesisch ▶ Sampeng Lane 12: Kleine Gasse mit vielen chinesischen Geschäften (s. S. 139).

Amulette ▶ Amulettmarkt **13**: Neben dem Wat Ratchanatda. Amulette, religiöse Statuen (s. S. 130).

Edle Seide ▶ Jim Thompson 14: 9 Thanon Surawong, Tel. 02-632 81 00, www.jimthomp

Tipp: Vorsicht vor Touristenfallen!

Edelsteinkäufe: Lassen Sie sich von Schleppern niemals zum Kauf von Edelsteinen überreden. Seriös aussehende Schlepper bieten sich vor Sehenswürdigkeiten als Führer an. Über kurz oder lang endet man in großen, etabliert wirkenden Geschäften, wo man mit dem Hinweis auf eine einmalige Gelegenheit zum Kauf von Edelsteinen überredet wird. Die Versicherung, dass diese im Heimatland zu einem wesentlich höheren Preis verkauft werden können, erweist sich im Nachhinein als falsch. Da es sich nicht um gefälschte Steine, sondern um minderwertige Ware handelt, ist die Polizei machtlos.

In Go-go-Bars: Lassen Sie sich vor allem in der Patpong nicht von Schleppern zu Sexshows in die oberen Stockwerke locken. Dort werden viele Gäste übervorteilt und mit saftigen Getränkerechnungen konfrontiert.

Selbst ernannte Guides: Sie bieten vor allem am Hauptbahnhof ihre Dienste an und geben sich gern als Vertreter des Fremdenverkehrsamtes aus. De facto leben sie davon, dass sie Hotels und Transportmittel vermitteln.

aktiv unterwegs

Ein Bummel über den Chatuchak Weekend Market

Tour-Infos

Wochentag: Samstag, Sonntag
Dauer: 2–4 Stunden
Wichtige Hinweise: Eine Broschüre mit dem Grundriss des Marktes bekommt man am Informationsstand gleich hinter dem Eingang (von der U-Bahn kommend). Für Notfälle stehen Mitarbeiter der Touristenpolizei bereit. Links sorgen mehrere Geldautomaten für ein ausreichendes finanzielles Polster. Packdienste internationaler Speditionen und eine Erste-Hilfe-Station bieten ihre Dienste an.

An jedem Samstag und Sonntag strömen Händler, Handwerker und Künstler aus der Metropole und dem ganzen Land zum weltweit größten Open-Air-Markt auf dem 18 ha großen, L-förmigen Platz und der angrenzenden Plaza. Sie breiten an über 15 000 Ständen ihr Sortiment aus. Etwa 200 000 Besucher kommen dann am Tag zu diesem Markt.

Vor dem neuen Einkaufskomplex Jatujak Plaza erstreckt sich die Sektion 27. Hierher zieht es vor allem Bücherfreunde ebenso wie in die gegenüber liegende Sektion 1. In dieser legen auch Musikverkäufer die neuesten Hits auf und übertönen damit das Geschrei der Obsthändler. Beim Bummel durch die angrenzenden Sektionen 22–26 finden sich viele Anregungen für die Neugestaltung des Heims, von Bambuslampen, Seidenkissen und Textilblumen bis zu Holzschnitzereien und Messingarbeiten – inmitten von viel Schrillem, Kitschigem, auch ausgesprochene Designerstücke. In auffällig bunte Trachten der Bergbewohner gekleidete Frauen verkaufen Stickereien und anderes Kunstgewerbe aus dem Norden von Thailand. Auch aus anderen Landesteilen sowie aus Myanmar (Burma), China, Indien und Tibet werden Souvenirs herbeigeschafft: Die Verkaufsstände sind überladen mit Muschelketten und Silberschmuck, Essstäbchen, Kerzenständern, Alben aus handgeschöpften Papieren, Porzellan, Messingwaren und Textilien. Innovative Accessoires und Mode, ausgefallene Secondhandartikel und fantasievoller Schmuck werden in großen Mengen für Boutiquen im westlichen Ausland eingekauft.

Nun gelangen Sie auf den zentralen, breiten Weg Richtung Uhrturm. Über meterlangen Auslagen, auf denen sich fast echte Markenjeans stapeln, baumeln Girlanden von BHs, spitzenbesetzte Kinderkleider und T-Shirts in allen Farben, daneben billige Kosmetika und schriller Plastikschmuck.

Auf beiden Seiten bieten zahlreiche Obst- und Essensstände inmitten von Dekorationsartikeln, Textilien und Kunstgewerbe Stärkung an. Die Garküchen mit heißen Suppen und eisgekühlten Getränken bilden die einzigen Ruhepunkte in diesem Gewimmel von Käufern, Schaulustigen und Taschendieben.

Nach einer kurzen Pause erkunden Sie nordöstlich vom Uhrturm die Sektionen 8, 9, 11 und 13, wo sich neben Ständen mit Kunsthandwerk auch Kaninchen, Schoßhunde und bunte Singvögel sowie Goldfische und Schildkröten tummeln. Kampffischmännchen beäugen misstrauisch ihre Rivalen nebenan. Am östlichen Ende des Marktes am Eingang 2 können Sie in der Sektion 7 Kunstwerke zeitgenössischer einheimischer Maler erstehen.

Auf dem Rückweg über den schmalen Gang zwischen den Sektionen 6 und 8 finden sich hinter den Händlern mit Secondhand-Kleidung in Sektionen 3 und 4 zahlreiche Blumenstände. Bei Touristen beliebt sind die fein duftenden Jasminkränze, die Frauen kunstvoll zusammenstecken. Ansonsten bleiben exotische Pflanzen für Touristen weitgehend ein optisches Vergnügen, denn sie dürfen, soweit es sich nicht um einen Strauß Orchideen handelt, nur mit besonderer Genehmigung in Europa eingeführt werden.

son.com, tgl. 9–21 Uhr, Filialen u. a. im Central World Plaza, Siam Paragon und im Emporium. Traditionelle Adresse für Seidenstoffe (s. S. 148, 155).

Bücher ▶ Kinokuniya 15: Die größte der drei Filialen im 3. Stock des Siam Paragon, Tel. 02-610 95 00, www.kinokuniya.com, weitere im Central World und im Emporium. Riesiger Buchladen, der neben englischsprachigen Bestsellern auch viele Reiseführer und Bücher zu Thailand und Südostasien im Sortiment hat.

Abends & Nachts

Exklusiver Club ▶ Bed Supperclub 1: 26 Soi 11 Thanon Sukhumvit, Tel. 02-651 35 37, www.bedsupperclub.com, tgl. 19.30–1 Uhr. Eine der exklusivsten, beliebtesten Locations der Stadt. Club mit Lounge-Bar und Gourmetrestaurant, in dem man im Liegen essen kann.

Livemusik ▶ Brown Sugar 2: 231/19–20 Thanon Sarasin, nördlich vom Lumphini Park, Tel. 02-250 18 26. Guter Livejazz, Country- oder Rhythm'n Blues Sessions ab 21 Uhr.

Travestieshow ▶ Calypso Cabaret 3: im Asia Hotel, 294/1 Thanon Phayathai, Tel. 02-261 63 55, von 18–20 Uhr Tel. 02-216 89 37, www.calypsocabaret. com. Um 20.15 und 21.45 Uhr Travestieshows, eine Bühnenshow besonderer Art. Eintritt 1200 Baht.

Bar mit Traumaussicht ▶ Skybar 4: im 63. Stock des State Towers, 1055 Thanon Silom, www.thedomebkk.com, ab 18 Uhr. Die höchste Freiluftbar der Welt mit spektakulärem Ausblick auf die Stadt ist der beste Platz, um sich zum Sonnenuntergang bei Lounge-Musik zu entspannen. Cocktails um 380 Baht, mit Sandalen und lässiger Kleidung kein Einlass.

International ▶ Hard Rock Café 5: 424/3-6 Soi 11, Siam Square, Tel. 02-254 08 30. Ein Ableger der US-amerikanischen Kette, ab 22 Uhr Livemusik, gute Bands.

Jung & trendy ▶ Route 66 6: RCA (Royal City Avenue), Thanon Rama IX, Tel. 02-203 09 36, www.route66club.com, 19–2 Uhr. Riesiger, schicker Club mit drei Dancefloors. Jeden Abend wird hier Hip-Hop, thailändische Popmusik und Techno aufgelegt. Junges Publikum, günstige Getränkepreise. Achtung: Am Wochenende kann es hier brechend voll werden.

Backpacker-Club ▶ The Club 7: 123 Khaosan Rd., Tel. 02-629 10 10, So–Do 22–1, Fr, Sa 20–1 Uhr. Ein neuer, kühler Club, der den Musikgeschmack der Backpacker mit House, Hip-Hop, Trance und Tribal House Music bedient.

Für jeden etwas ▶ La Lunar 8: 38/1-2 Soi 26, Thanon Sukhumvit, Tel. 02-261 39 91-4, Schlemmer- und Unterhaltungskomplex mit Pub und Disco, geöffnet ab 20.30 Uhr, Eintritt 500 Baht.

Schick und modern ▶ Slim/Flix 9: RCA (Royal City Avenue), Thanon Rama IX, Tel. 081-645 11 88, 19–2 Uhr. Im edlen Slim läuft Hip-Hop und R'n'B, im benachbarten Flix Elektro und House. Ab 23 Uhr wird getanzt. Leicht erhöhte Getränkepreise.

Futuristisch ▶ Q Bar 10: 34 Thanon Sukhumvit Soi 11, Tel. 02-252 32 74, www.qbarbangkok.com, tgl. 20–1 Uhr. Kleiner, edler Club im futuristischen Design, in dem internationale DJs elektronische Musik auflegen und sich die kreative Schickeria der Stadt trifft. Angeschlossene Sushi-Bar. Eintritt 500–700 Baht inkl. 2 Getränke.

Pubs mit Livemusik ▶ Twilo 11: Patpong 1, Thanon Silom, www.twilobangkok.com, bis 3 Uhr. Eine der wenigen Alternativen zu den Stripbars in Patpong. Jeden Abend spielt eine Band live Hip-Hop und R'n'B. Besonders zu späterer Stunde sehr voll. Junges Publikum, teure Getränke. **Saxophone 12:** 3/8 Thanon Paholyothin, Victory Monument, Tel. 02-246 54 72, www.saxophone pub.com, tgl. 18–1.30 Uhr. In diesem dunklen, aber gemütlichen Pub treten einige der besten Jazz-, Rock- und Bluesmusiker der Stadt auf. Livemusik Mo und Di 21–1.30, Mi–So 19.30–1.30 Uhr. **Spasso 13:** im Untergeschoss des Grand Hyatt Erawan, 494 Thanon Ratchdamri, Tel. 02-254 12 34, Unterhaltungskomplex mit italienischem Flair und Restaurant, ab 22 Uhr gute Livemusik, überwiegend Pop.

Tipp: Nightlife in Bangkok – wo ist was los?

In allen Touristenvierteln wird Besuchern nach Einbruch der Dunkelheit etwas geboten. In **Banglampoo** konzentrieren sich die Treffpunkte junger Leute aus aller Welt. Die Khaosan Road wird am Abend zur Flaniermeile. Auf der Royal City Avenue (RCA) im Osten der Innenstadt konzentrieren sich die bei der jungen einheimischen Mittel- und Oberschicht beliebten Clubs.

Eher auf alleinreisende Männer ausgerichtet sind das Angebot in einigen Nebenstraßen der **Thanon Sukhumvit** (Nana Entertainment Plaza, Soi Cowboy) oder die Go-go-Bars in der **Patpong**. Zwischen letzteren bildet das Twilo eine Ausnahme.

Selbstredend sind in Bangkok auch die Filialen **internationaler Ketten** vertreten. Und in den großen **Vergnügungskomplexen** findet jeder das Passende, von Diskotheken mit neuester Technik bis zu Karaokebars.

Theater ▶ **Nationaltheater** 14**:** Thanon Na Phratat, Sanam Luang, Programme an der Kasse Mo–Fr 10.00–12 Uhr, Programminfos Mo–Fr 8.30–16.30 Uhr unter Tel. 02-224 13 42. Von November bis Mai am Wochenende ab 16.30 Uhr traditionelle Theateraufführungen im Garten des Nationalmuseums. **Patravadi Theatre** 15**:** 69/1 Soi Wat Rakhang, Thanon Arun Amarin, Bangkok Noi, Tel. 02-412 72 87-8, www.patravaditheatre.com. Kostenloser Bootsservice ab Maharaj Pier. In der Trockenzeit wird Fr–So ab 19 Uhr ein interessantes Kulturprogramm geboten. Eintritt je nach Show 200–500 Baht. Es finden auch Kunstausstellungen statt. Angeschlossenes Restaurant Supatra River House, 11–14 und 17.30–23 Uhr. **Siam Niramit** 16**:** Ratchada Theatre, 19 Thanon Tiam Ruammit, Tel. 02-649 92 22, www.siamniramit.com, U-Bahnhof Thailand Cultural Centre. Neues Theater für 2000 Zuschauer, die Geschichte Thailands auf einer 65 m breiten Panoramabühne. Eintritt 1500 Baht inkl. Dinner. **Joe Louis Theatre** 17**:** am östlichen Rand des Lumphini Parks, 1875 Thanon Rama IV, Tel. 02-252 96 83-4, www.thaipuppets.com, U-Bahn Lumphini, tgl. um 20 Uhr. Das Ramayana-Epos und andere traditionelle Stücke werden hier als Puppenspiel mit traditionellen, aufwendig gefertigten Stabpuppen zur Aufführung gebracht.

Aktiv

Wellness ▶ Massagen, Schönheitsbäder und diverse Entspannungsprogramme offerieren u. a. **Banyan Tree Spa** 1**,** Thai Wah Tower II, 21. Stock, Thanon Sathon Tai, Tel. 02-679 10 52, www.banyantreespa.com; das **Oriental Spa** 2 im Oriental Hotel oder **Devarana Spa** 3 im Dusit Thani (s. S. 151). Auch viele weitere Hotels der gehobenen Preisklasse verfügen über einen Wellness-Bereich.

Fahrradtouren ▸ Bei der **Bangkok Tourism Division** 4, nordwestl. des Sanam Luang, bekommt man den Prospekt »Bangkok's 10 Biking Routes« mit Routenvorschlägen inkl. Kartenmaterial und weiteren wichtigen Infos. Geführte Touren durch die Stadt und die Umgebung bietet u. a. **ABC Amazing Bangkok Cyclist** 5, 10/5-7 Soi Aree, Soi 26, Thanon Sukhumvit, Tel. 02-665 63 64, www.realasia.net. **Velo Thailand** 6, 88 Soi Samsen 2, Tel. 02-629 17 45, 089-201 77 82, www.velothailand.com. Tagestouren kosten 1500–2000 Baht, Halbtagestouren 1000 Baht p. P. Längere, anspruchsvollere Touren durch Thailand bietet **Bike & Travel** 7, 802/756 River Park, Moo 12, Kookot, Lamlookka, Pratumthani, Tel. 02-990 02 74, www.cyclingthailand.com.

Thaiboxen ▸ Lumphini Stadion 8 östlich des Lumphini Parks, Thanon Rama IV, Tel. 02-251 43 03, www.muaythailumpini.com/index_en.html. Di, Fr und Sa 18 Uhr. **Rajadamnern Stadion** 9, Thanon Ratchdamnoen Nok, Tel. 02-281 42 05. So, Mo, Mi 18, Do 17 und 21 Uhr. Eintritt 1000 Baht, am Ring 2000 Baht. Vor allem einheimische Männer begeistern sich für diesen beliebten Zuschauersport.

Termine

Alle staatlichen und religiösen Feiertage werden in Bangkok prunkvoll begangen. Besondere Erwähnung verdienen die folgenden Feste (s. auch S. 57).

Chinesisches Neujahr: Neumondtag zwischen 21. Jan. und 19. Febr.

Makha Bucha: Vollmondtag im Febr./ März. Lichterprozession im Tempel zur Erinnerung an Buddhas Predigt vor 1250 Zuhörern.

Skybar: In der höchsten Freiluftbar der Welt wird der Drink zur Nebensache

Tipp: Goethe-Institut

18/1 Soi Goethe, Thanon Sathon Tai, Tel. 02-287 09 42-4, Fax 02-287 18 29, www.goethe.de/bangkok, Di, Mi 9.30–18, Do 9.30–17, Fr 9.30–13, Sa, So 8–13 Uhr. Im **Goethe-Institut** 18 finden deutsche Kulturveranstaltungen statt. Hier gibt es zudem seine Bibliothek mit deutschsprachigen Büchern sowie Tageszeitungen und älteren Zeitschriften.

Chakri-Tag: 6. April. Feier der Inthronisation des ersten Chakri-Königs im Wat Phra Keo.
Thai-Neujahr: 13.–15. April.
Visakha Bucha: Vollmondtag im Mai. Lichterprozession im Tempel zur Erinnerung an Buddhas Geburt, Erleuchtung und Erlöschen im Nirvana.
Asanha Bucha: Vollmondtag im Juli. Lichterprozession im Tempel zum Beginn der Fastenzeit.
Deepavali: Okt./Nov., die Lichterfeier der hinduistischen Bevölkerung im Sri Mariamman-Tempel in der Thanon Silom. Brennende Öllämpchen symbolisieren die Freude über die glückliche Heimkehr von Rama nach seinem Leben im Exil.
Loy Krathong: Vollmondtag im Nov. Fest am Golden Mount; in langen Pilgerzügen steigen die Menschen den Berg hinauf, um die Reliquien Buddhas zu verehren, am Fuße des Berges gibt es ein großes Volksfest.

Verkehr

Flüge: Internationale Flüge s. Bangkok International Airport, S. 90. Inlandsflüge:
Air Asia: Tel. 02-515 99 99, www.airasia.com. Flüge nach Chiang Mai, Chiang Rai, Hat Yai, Krabi, Nakhon Si Thammarat, Narathiwat, Phuket, Surat Thani, Ubon und Udon.
Bangkok Airways: 99 Soi 14, Thanon Wiphawadi Rangsit, Tel. 02-22 65 55 55, www.bangkokair.com. Nach Chiang Mai, Ko Samui, Phuket, Sukhothai und Trat.
Nok Air: Tel. 13 18, www.nokair.co.th. Nach Chiang Mai, Udon, Phuket und Hat Yai, Trang und Nakhon Si Thammarat.
Orient Thai Airline (one-two-go): 18 Thanon New Ratchadapisek, Tel. 11 26, www.fly12go.com. Flüge nach Chiang Mai, Chiang Rai, Hat Yai, Krabi, Nakhon Si Thammarat, Phitsanulok, Phuket Surat Thani und Trang.
PB Air, UBC II Building, 17. Stock, 591 Thanon Sukhumvit, Soi 33, Tel. 02-261 02 20-5, www.pbair.com. Flüge nach Lampang, Nan, Nakhon Phanom und Sakon Nakhon, Roi-Et und Buriram.
Thai Airways: die nationale Fluggesellschaft, 6 Thanon Lan Luang, zentrale Reservierung rund um die Uhr in Bangkok Tel. 15 66, fliegt nach Chiang Mai, Chiang Rai, Hat Yai, Khon Kaen, Ko Samui, Krabi, Phitsanulok, Phuket, Surat Thani, Ubon und Udon Thani.
Züge:
Hauptbahnhof Hua Lamphong: im Zentrum, U-Bahn Hua Lamphong, Tel. 02-223 70 10, Ticketreservierung Tel. 02-222 01 75, Fahrplan www.railway.co.th
Richtung Norden über Bang Pa In, Ayutthaya (1,5 Std.), Lopburi (2–3 Std.), Phitsanulok (5–9 Std.), Lampang (9–12 Std.), nach Chiang Mai (11–14,5) Std.
Richtung Nordosten über Pak Chong, Khao Yai National Park 3 1/2–4 1/2 Std. und Nakhon Ratchasima 5–6 Std., nach Ubon 10–13 Std. oder Nong Khai 10 1/2–11 1/2 Std.
Richtung Osten nach Pattaya (3 Std.) und Aranyaprathet (5,5 Std.)
Richtung Süden über Phetchaburi (3 Std.), Hua Hin (3–4 Std.), Surat Thani (9–11 Std.), Hat Yai (16 Std.), 1x tgl. nach Butterworth in Malaysia (21 Std.)
Richtung Westen vom Bahnhof Bangkok Noi in Thonburi über Nakhon Pathom (1 Std.) und Kanchanaburi (2,5 Std.) nach Nam Tok (4,5 Std.)

Busse:
Außer den folgenden klimatisierten Bussen fahren von den drei Busbahnhöfen viele weitere in alle größeren Städte des Landes (s. auch S. 90).
Richtung Ostküste ab Ekamai (Eastern) Bus Terminal, Ekamai, Thanon Sukhumvit, nach Ban Phe/Ko Samet (196 km) etwa stdl., Chantaburi (249 km) alle 30 Min., Trat/Ko

Bangkok am Morgen: Frühsport im Lumphini Park

Chang (317 km) stdl., Pattaya (141 km) alle 40 Min. Einige Busse an die Ostküste halten auch am Suvarnabhumi Airport. Busse nach Pattaya auch ab Mo Chit Terminal und von den großen Hotels.

Richtung Zentrum, Norden und Nordosten Mo Chit Northern Bus Terminal, Thanon Kamphaengphet 2 nach Ayutthaya (75 km) alle 20 Min. (weitere Minibusse ab Victory Monument), Chiang Mai (713 km) tgl. 6.30–11, 13–22 Uhr; Chiang Rai (801 km) 7.50–11.30 und 17–21.30 Uhr, Lampang (610 km) 17–22 Uhr, Lopburi (153 km) alle 20 Min. bis 20.50 Uhr, Phitsanulok (368 km) alle 1–2 Std., Sukhothai (440 km) alle 1–2 Std., Nakhon Ratchasima (256 km) alle 20 Min.; nach Pattaya (141 km) alle 20–40 Min.

Richtung Süden und Westen ab Southern Bus Terminal, Soi 1, Phutthamonthon, am Highway 338, nach Damnoen Saduak (96 km) alle 15–30 Min., Hat Yai (954 km) 5.30–7.30 und 17.30–21.45 Uhr, Hua Hin (201 km) stdl., Kanchanaburi (149 km) alle 20 Min., Ko Samui (745 km) über Surat Thani oder direkt um 7, 18.30, 19, 19.30, 20 und 20.15 Uhr, Krabi (877 km) 7 und zwischen 17 und 20 Uhr, Nakhon Pathom (56 km) alle 15 Min., Phetchaburi (135 km) alle 30 Min., Phuket (867 km) 15 x von 5–21.30 Uhr, Surat Thani (668 km) 8.15–10.50 und 19–20.45 Uhr.

Innerstädtische Verkehrsmittel:

Stadtbusse mit und ohne Klimaanlage fahren auf festen Routen für 7–25 Baht.

Expressboote: Die großen Boote mit Sitzplätzen unter Deck fahren alle 10–30 Min. bis 18 Uhr für 9–30 Baht auf dem Menam Chao Phraya und legen an verschiedenen Piers an. Halbstündig auch Touristenboote mit Erläuterungen in englischer Sprache.

Fähren: Von einigen Piers fahren sie zur gegenüberliegenden Flussseite (nur Stehplätze).

Klong-Boote mit Außenbordern an langen Stangen befahren in Bangkok und Thonburi feste Routen nur noch sporadisch, können aber auch u. a. gemietet werden (s. S. 138).

Taxen: können überall angehalten werden. Sie fahren mit Taxameter und sind recht preiswert (zu Fuß u. U. in der Rush-hour schneller). Radio-Taxis: Tel. 16 81 oder 02-880 08 88.
Tuk-Tuks: Dreirädrige Motorroller mit überdachter Sitzbank für kurze und mittlere Entfernungen. Den Fahrpreis vorher aushandeln, kurze Strecken ab 30 Baht. Meist sind sie teurer als Taxen. Wenn Fahrer günstig oder gar kostenlos fahren wollen, werden sie ihre Gäste zu einer Einkaufstour überreden, um die Provision in den Geschäften zu kassieren.
Skytrain (BTS): Die 8,7 km lange **Silom-Linie** führt vom National Stadium über den Siam Square, die Thanon Silom und Thanon Sathorn Tai über Saphan Taksin (Taksin-Brücke) nach Wongwian Yai in Thonburi; die 17 km lange **Sukhumvit-Linie** vom Wochenendmarkt über die Thanon Paholyothin, Thanon Phayathai und Thanon Sukhumvit bis zur Endstation On Nut an der Soi 77. Tickets für 15–40 Baht gelten jeweils für eine Strecke, Verkauf vor der Sperre. Tagestickets 120 Baht. Infos unter Tel. 02-617 73 00, www.bts.co.th.
U-Bahn (MRT): Die 21 km lange Strecke verläuft vom Hauptbahnhof Hua Lamphong nach Norden über die Thanon Ratchadaphisek bis Bang Sue. Tickets kosten 16–41 Baht. Umsteigemöglichkeit in den Skytrain an den Stationen Silom, Sukhumvit und Mo Chit.

Tipp: Wege in die Altstadt

Sich auf den verstopften Straßen in die Altstadt zu bewegen ist durchaus mühsam. Bislang ist sie weder an die Hochbahn noch die U-Bahn angeschlossen. Einzig die Boote auf dem Klong San Saeb und dem Menam Chao Phraya bieten eine Alternative zum Taxi. Die verkehrsärmeren Sonntage eignen sich am besten für eine Erkundung der Altstadt.

Mietwagen:
Avis, 2/12–13 Thanon Witthayu, Tel. 02-255 53 00-4, Fax 02-254 67 18, www.avisthailand. com
Budget, 19/23 Royal City Avenue, Thanon New Phetchburi, Tel. 02-203 92 94, Fax 02-203 06 66, www.budget.co.th
Grand Car Rent: Asoke Din Daeng, Tel. 02-248 29 91-2, Fax 02-246 84 78
Hertz, Thai Tower, 87 Thanon Witthayu, Tel. 02-654 11 05, Fax 02-654 11 10
Klong Toey Car Rent, 1921 Thanon Rama IV, Tel. 02-251 98 56, Fax 02-252 35 66
National Car Rent: 727 Thanon Srinakarin, Tel. 02-722 84 87, Fax 02-722 84 92, www.nationalcar.com

Modern und schnell: Die Skytrain von Bangkok

Tagesausflüge in die Umgebung von Bangkok

In zahlreichen Hotels und Reisebüros werden Tagestouren zu den interessantesten Sehenswürdigkeiten in der Umgebung von Bangkok angeboten. Bei den meisten Attraktionen handelt es sich um touristische Themenparks. Vor allem Kurzbesuchern bieten sie einen schnellen Überblick über die vielfältigen Aspekte der thailändischen Kultur.

Es bleibt allerdings am Ziel nicht allzu viel Zeit nach einer mühseligen Fahrt auf den verstopften Straßen und einem obligatorischen Zwischenstopp an einem großen Souvenirgeschäft. Daher empfiehlt es sich, für einen Besuch der weiter entfernten Ziele wie der alten Königsstadt Ayutthaya (s. S. 206), der interessanten Gegend rings um Kanchanaburi (s. S. 298) oder dem Khao Yai National Park (s. S. 183) mindestens eine Übernachtung am Ort einzuplanen. Hingegen sind die Bootsfahrten auf dem Menam Chao Phraya Richtung Norden ein eher geruhsames Vergnügen.

2 Damnoen Saduak

▶ D 10

Wer die schwimmenden Märkte, 110 km westlich, besuchen möchte, sollte früh aufstehen. Schon vor Sonnenaufgang beginnen die Marktfrauen von ihren vollbepackten Booten frische Früchte zu verkaufen. Mit dem Ausbau der Straßen haben Kanäle und schwimmende Märkte ihre Funktion weitgehend verloren. Lediglich der rege Tourismus hält sie am Leben. Doch hat sich damit auch die urtümliche Atmosphäre verändert. Man baute Brücken und Fußwege, um den weit angereisten Besuchern einen guten Ausblick auf das malerische Treiben der mit traditionellen Strohhüten bekleideten Händlerinnen zu ermöglichen. Boote werden für Touren durch den Markt und die angrenzenden Kanäle vermietet, wobei sie im Bereich des Marktes nur gepaddelt werden dürfen. Ein weiterer schwimmender Markt findet Fr, Sa, So und feiertags von 14–22 Uhr in Amphawa statt. Er ist vor allem ein kulinarisches Erlebnis.

Verkehr

Alle 15–30 Min. Busse nach Damnoen Saduak ab Southern Bus Terminal, Thanon Phrapinklao, 96 km. Weiter mit Songthaew oder Boot. Touren 500–2000 Baht, teils in Verbindung mit dem Rose Garden.

Rose Garden ▶ E 10

An der Straße nach Nakhon Pathom liegt am Petchkasem Highway, 32 km westlich von Bangkok, der **Rose Garden & Country Resort**. Zu dem großen Park gehört neben einem der schönsten Golfplätze des Landes und einem Resort auch das Cultural Village. Hier erhalten Touristengruppen einen Eindruck von überlieferten Zeremonien und traditionellen Handwerkskünsten: Thaiboxen, Hahnenkampf, Tänze, Schwertkämpfe, eine traditionelle Hochzeit und sogar die Ordination eines Mönches. Auch Elefanten zeigen dabei ihre Künste (tgl. 8–18 Uhr, Tel. 034-32 25 88-93, www.rose-garden.com, Show tgl. um 14.45 Uhr, Eintritt ab 300 Baht, Touren 800–2000 Baht).

Samphran Elephant Ground & Zoo ► E 10

Der **Samphran Elephant Ground & Zoo,** ein weiterer Park, der nur 2 km südwestlich vom Rose Garden liegt, wird überwiegend von Touristenbussen in Kombination mit dem Rose Garden angefahren.

Mit einer äußerst waghalsigen und spektakulären Krokodil- und einer durchaus unterhaltsamen Elefantenshow wird hier – ähnlich wie in Samut Prakan (s. rechts) – das Publikum unterhalten (tgl. 8.30–17.30 Uhr, die Krokodil-, Zauber- und Elefantenshows finden jeweils zwischen 12.45 und 15.30 Uhr statt, Tel. 02-295 29 38, www.elephantshow.com, Eintritt 400 Baht, organisierte Touren 800–2000 Baht).

Samut Prakan ► E 10

Fast nahtlos vollzieht sich der Übergang von Bangkok nach Samut Prakan, 26 km weiter südlich am Ostufer des Chao Phraya gelegen. Im Zeitalter des Düsenjet verlor der Ort seine einstmals strategische Bedeutung bei der Überwachung des Schiffverkehrs im Mündungsgebiet. Die Befestigungsanlagen verfielen. Nur ein kleiner Chedi im Fluss erinnert die eintreffenden Matrosen seit fast 200 Jahren daran, dass sie sich einem buddhistischen Land nähern. In der Stadt siedeln zahlreiche Mon, eine ethnische Minderheit, die aus dem Gebiet des heutigen Myanmar zugewandert ist. Sie feiern das Songkran-Fest im April besonders prunkvoll.

Krokodilfarm ► E 10

In Samut Prakan zweigt ein ausgeschilderter Weg zur **Krokodilfarm** ab (ca. 28 km südöstlich von Bangkok). Hier werden einheimische und importierte Reptilien sowie andere Tiere in zahlreichen Gehegen gezüchtet. Über 100 000 Krokodile bevölkern heute die Becken, meist sind sie nicht älter als drei Jahre. Dann haben sie mit immerhin fast 2 m die ›ideale‹ Länge erreicht. Nur einige weibliche Tiere, die den Nachwuchs sichern sollen, überleben.

Reisende können einen weitläufigen Zoo besuchen, dessen Attraktion weiße Tiger sind und sich während der Krokodil- und Elefantenshows Nervenkitzel bereiten lassen, wenn wagemutige Trainer auf den Reptilien reiten

oder gar ihren Kopf in den aufgesperrten Rachen stecken. Bei der anschließenden Elefantenshow demonstrieren abgerichtete Dickhäuter ihr Können.

Im angegliederten **Dinosauriermuseum** informieren Skelette und Modelle über die Riesenechsen (tgl. 8–18 Uhr, Tel. 02-703 51 44-8, Krokodil- und Elefantenshow Mo–Fr stdl. 9–11, 13–17, Sa, So zudem um 12 Uhr, 300 Baht, Bus Nr. 508 ab Sanam Luang und Hauptbahnhof. Touren 600–2000 Baht).

Muang Boran: Ancient City ►E 10

Zurück auf dem Sukhumvit Highway, gelangt man 3 km weiter zur nächsten Touristenat-

Der berühmte schwimmende Markt – eine der Hauptattraktionen Thailands

Krokodil — Thema

Das Krokodil: ein exotisches Tier, schon seit Generationen Materiallieferant für modische Accessoires begüterter Käuferschichten, brauchbar vom Kopf bis zu den Füßen, die man zu Schlüsselanhängern verarbeitet, von der Haut bis zum Fleisch, das in einigen Restaurants von Bangkok als traditionelle Spezialität des Landes seine Liebhaber findet.

Die sumpfigen Niederungen des Chao-Phraya-Deltas sind ein natürlicher Lebensraum der Krokodile. Die häufigste Art, das zwischen Indien und Australien beheimatete Leistenkrokodil, ist an seinem keilförmigen Kopf zu erkennen. Sein Körper, gelblichgrün mit braunen Punkten, erreicht eine Länge von 10 m. Im April legen die Weibchen bis zu 200 Eier in den Sand, die durch Sonnenwärme ausgebrütet werden. Auf dem Land scheinen die Tiere träge und behäbig, aber im Wasser, ihrer natürlichen Umgebung, bewegen sie sich äußerst rasch und geschickt. Menschen werden von ihnen relativ selten angegriffen, sie bevorzugen Nahrung aus dem Wasser. Für Menschen hingegen stellten die Panzerechsen schon immer eine beliebte Beute dar.

Geschäftsleute in Bangkok kauften den Bauern Häute von Krokodilen ab, die in den Sümpfen gefangen worden waren und verarbeiteten sie zu den begehrten Luxusartikeln. Doch warum nicht die wilden Tiere auf einer Farm züchten, überlegte sich in den 1970er-Jahren ein cleverer Händler. Gute Zuchterfolge und die überlegene Qualität des Leders ließen seine Farm bald zu einer Goldgrube werden. Mit Produkten aus Zuchtbetrieben konnte man das Washingtoner Artenschutzabkommen umgehen, das den Handel und Verkauf geschützter Tierarten oder deren Produkte unter Strafe stellt. Neben einheimischen Arten wurden auch Verwandte von Nil und Amazonas importiert, die sich hier gut vermehren lassen. Schon zu Lebzeiten werden die Krokodile finanziell in einer Krokodilshow verwertet.

traktion, **Muang Boran** oder Ancient City. Das liebevoll gestaltete Freilichtmuseum ist ein ›Thailand in Miniaturformat‹ und versetzt Besucher in die Lage, über 110 bedeutende Sehenswürdigkeiten des Landes an einem Tag zu besichtigen. Auf einem Areal von 80 ha, das die Form Thailands hat, stehen maßstabgerechte, detaillierte Modelle von Bauwerken aus allen historischen Epochen vom 6. Jh. bis in die jüngere Vergangenheit. Sie wurden nach alten Vorlagen verkleinert oder sogar in Originalgröße aufgebaut. Eine Rundfahrt durch den grünen, mit Flussläufen und Wasserfällen aufgelockerten Park vermittelt einen anschaulichen Überblick über die Kultur des Landes. Wer nicht mit einem Tourbus oder Mietwagen kommt, kann am Eingang ein Fahrrad mieten oder mit einer kleinen Bahn herumfahren.

Durch eine parkähnliche Landschaft, vorbei an Seen und Wasserfällen, fährt man auf dem ›Highway‹, von der malaysischen Grenze (Eingang) kommend, zunächst durch die südlichen Provinzen, vorbei am Stupa von Nakhon Si Thammarat und einem buddhistischen Schrein aus Chaiya, der Einflüsse des Srivijaya-Reiches verdeutlicht. Bei einem Bummel durch die schmale gepflasterte

Gasse, die von alten Geschäftshäusern gesäumt wird, kommen nicht nur Fotografen auf ihre Kosten.

Über Phetchaburi, das sich mit der Audienzhalle des königlichen Sommerpalastes präsentiert, und vorbei am Stupa von Wat Mahathat aus Ratchaburi gelangt man in die Metropole Bangkok. Frei von Luftverschmutzung und Lärm präsentiert sich die Stadt von ihrer besten Seite, mit der königlichen Thronhalle, dem Dusit-Maha-Prasat-Palast. Nicht weit entfernt erhebt sich die ehemalige Königsstadt Ayutthaya: die Ruinen des ehemaligen königlichen Tempels und daneben, in alter Pracht, der Königspalast – rekonstruiert nach historischen Dokumenten jener Zeit.

Den größten Anziehungspunkt in Zentralthailand bildet, neben Parkanlagen und Tempeln, ein komplett rekonstruiertes Wasserdorf aus der Ayutthaya-Periode (14.–18. Jh.) rings um einen künstlichen See mit malerischen Brücken und schwimmenden Märkten. In winzigen Geschäften beiderseits schmaler, gepflasterter Gassen wird Kunsthandwerk verkauft. Einigen Handwerkern kann man sogar bei der Arbeit zusehen.

Im Norden wurden verschiedene Häuser von Bergvölkern errichtet und ein ehemaliges Haus eines Adligen des Lan-Na-Reiches, in dem ein kleines Museum untergebracht ist. Einen guten Überblick über die Tempelarchitektur vermittelt eine Reise durch den Nordosten. Als eine Mischung aus versunkener Historie und künstlerischer Gegenwart, aus landschaftlicher und kultureller Idylle übt der Park einen eigentümlichen Reiz aus – trotz seiner synthetischen Entwicklung (tgl. 8–17 Uhr, Taxi ab Bangkok für eine Rundfahrt ca. 1200 Baht, Tel. 02-709 16 44, www.ancientcity.com, Eintritt 300 Baht, Fahrrad 50 Baht, Bahnfahrt inkl. Englisch sprechendem Guide 100 Baht).

Auf dem Menam Chao Phraya nach Norden ▸ E 10

Eine abwechslungsreiche Tagestour führt Richtung Norden. Zu dem Waldtempel **Wat Phailom** am Menam Chao Phraya, 30 km nördlich des Zentrums, kommen alljährlich im November/Dezember bis zu 40 000 Klaffschnabelstörche aus Bangladesh, um zu brüten. Sobald die Jungtiere flugfähig sind, kehren die meisten von ihnen noch vor dem Einsetzen des Monsuns im Mai zurück in die riesigen Sümpfe im Westen. Das Wat ist mit einem eigenen Fahrzeug oder alternativ dem Chao Phraya Express Boat Service erreichbar.

90 km nördlich, am östlichen Ufer des Menam Chao Phraya, liegt in Bang Sai das **Bang Sai Arts and Crafts Center.** Um traditionelles Kunsthandwerk zu retten, entstand dieses Trainingszentrum. Bei einem Rundgang über das große Gelände kann man zusehen, wie junge Leute von den besten Handwerkern des Landes unterrichtet werden. Zudem erhalten sie eine kaufmännische Grundausbildung. Im Einkaufszentrum und den Chitralada Handicraft Shops können die besten kunsthandwerklichen Produkte erworben werden. Weitere Attraktionen des Centers sind ein Bananengarten, in dem sage und schreibe 300 verschiedenen Sorten der Staudenfrucht wachsen, sowie ein Süßwasseraquarium (Di–So 9–17 Uhr, www.bangsaiarts.com, Tel. 035-36 62 52-4, Eintritt 100 Baht, Kombiticket inklusive Kulturshow, Aquarium, Essen und Transport ab Bangkok 950 Baht).

Einige Ausflugsboote zwischen Bangkok und Bang Pa In legen in Bang Sai einen Stopp ein.

Verkehr

Chao Phraya Express Boat Service: 78/24-29 Thanon Mahathat, Tel. 02-623 60 01, So um 8 Uhr ab dem Maharaj Pier nach Bang Pa In (königlicher Sommerpalast), zum Bang Sai Arts & Crafts Center und zum Wat Phailom.

River Sun Cruise, Tel. 02-266 93 16, ab River City Shopping Complex, und **Horizon Cruise,** Tel. 02-236 99 52, ab Shangri-La Hotel: Diese komfortablen Boote fahren tgl. ab 6.30 Uhr die gleiche Strecke für etwa 2000 Baht inkl. Buffet.

Auch in kleineren Städten auf dem Isarn verlocken Straßenstände zum Einkauf

Kapitel 2

Der Osten

Thailand hat östlich der zentralen Tiefebene zwei Gesichter: Südlich der bewaldeten Bergkette, die sich in West-Ost-Richtung erstreckt, erstrahlt die Landschaft zu jeder Jahreszeit in tropischem Grün. Im Nordosten reicht der Isarn, ein weites, karges Hochplateau, bis zum Mekong. Wer vor den Toren Bangkoks vergeblich nach tropischen Traumstränden sucht, sollte sich von den boomenden Industriestädten, dem Tiefseehafen und den Erdölraffinerien nicht abhalten lassen, weiter nach Osten zu fahren. Besonders auf den vorgelagerten Inseln kann man ein Urlaubsparadies mit Palmen und Sandstränden entdecken.

Abwechslung zum Strandleben bieten die Nationalparks im Hinterland, darunter der Khao Yai. Selbst diesseits der kambodschanischen Grenze kann man einige gut restaurierte Khmer-Tempel südlich von Korat besichtigen, auch wenn sie im Vergleich zu Angkor Wat winzig sind.

Weiter Richtung Nordosten geht die Fahrt bis zum Mekong, einem der größten Flüsse Südostasiens. Sie führt über eine weite, trockene Ebene mit gesichtslosen Städten und kleinen Dörfern, die im Gegensatz zu denen im zentralen Tiefland ärmlich wirken. Sprache und Architektur der Region weisen viele Gemeinsamkeiten mit dem Nachbarn Laos auf. In der Nähe von Udon Thani zeugen die ältesten prähistorischen Ausgrabungsstätten in Thailand davon, dass das Hochplateau Isarn schon vor sehr langer Zeit besiedelt wurde.

Auf einen Blick

Der Osten

Sehenswert

3 **Pattaya:** Beliebtes Touristenzentrum mit regem Nachtleben und Travestieshows (s. S. 173). Besonders sehenswert: **Sanctuary of Truth**. Das größte Holzbauwerk der Welt ist mit zahllosen Figuren aus der Mythologie dekoriert (s. S. 175).

Nong Nooch Tropical Garden: Paradiesischer Park südlich von Pattaya mit einer Fülle von faszinierenden Naturwundern (s. S. 175).

4 **Ko Chang:** Die zweitgrößte Insel der Ostküste lockt mit schroffen, dschungelbewachsenen Bergen (s. S. 181).

5 **Khao Yai National Park:** Natur pur, Dschungel und Wasserfälle, Elefanten und Rehe – ein Wanderparadies (s. S. 183).

6 **Prasat Phanom Rung:** Auf einem Hügel nahe der kambodschanischen Grenze beeindrucken die Khmer-Ruinen (s. S. 193).

Schöne Route

Am Mekong entlang: Mit dem Mietwagen fährt man in ein bis zwei Tagen am Südufer des Mekong entlang durch kleine Dörfer und erlebt eine abwechslungsreiche Flusslandschaft mit malerischen Ausblicken (s. S. 196).

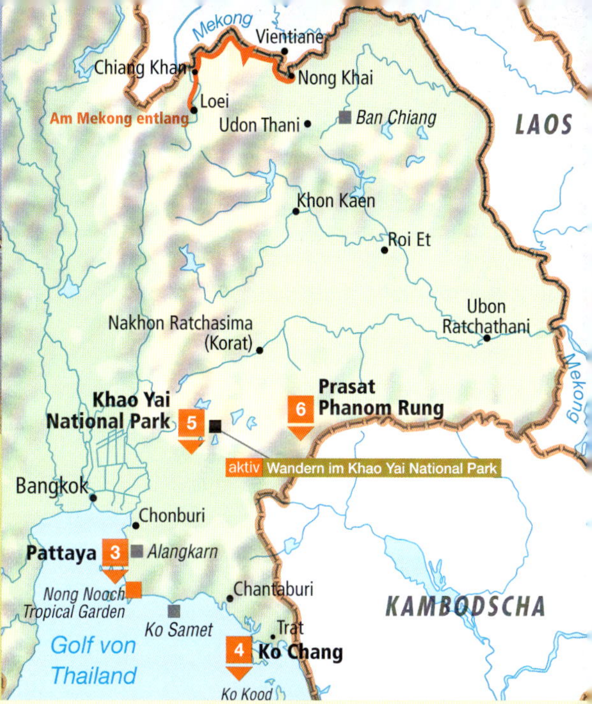

Meine Tipps

Alangkarn (Pattaya): Eine Extravaganza-Show, die auf einer 70 m langen Bühne allabendlich spektakuläre Bühnenshows aus Thailands Kultur und Geschichte präsentiert (s. S. 178).

Reif für die Insel? Im Rahmen von Tagesausflügen sind mehrere Inseln ab Pattaya erreichbar, die alle ihren Reiz haben. Ko Samet und Ko Chang lohnen einen längeren Aufenthalt (s. S.178, 181).

Ban Chiang: Ein sehenswertes Museum am Ort der prähistorischen Ausgrabungsstätten Thailands präsentiert die ältesten Keramikfunde des Landes (s. S. 195).

Homestay im Isarn: In einem Dorf im abgelegenen Nordosten kann man am Alltag einer Familie teilnehmen (s. S. 196).

aktiv unterwegs

Wandern im Khao Yai National Park: Auf ausgeschilderten Wanderwegen unterschiedlicher Schwierigkeitsgrade wandert man durch dichten Dschungel zu Wasserfällen und Salzstellen (s. S. 186).

Die Ostküste

Der Kontrast könnte kaum größer sein – auf der einen Seite Pattaya, ein Urlaubsort, dessen turbulentes Nachtleben nicht nur allein reisende Männer staunen lässt, auf der anderen Seite kleine Inseln, auf denen der Sonnenuntergang das Highlight des Abends darstellt. Im Hinterland sorgen Nationalparks ebenso wie Touristenattraktionen für Abwechslung.

Vom Mündungsdelta des Chao Phraya bis Pattaya haben moderne Vorortsiedlungen, Autobahnen und Industrieparks das Bild der einst von Kanälen durchzogenen Gartenlandschaft verändert. Doch an den alten Küstenstraßen wird man noch den einen oder anderen romantischen Platz finden.

Pattaya, das größte Urlaubszentrum der Ostküste, galt viele Jahre als Inbegriff für ›Erlebnisurlaub‹ – vor allem während der langen tropischen Nächte. Den Ruf eines Sündenbabels hat es, trotz zahlreicher Bemühungen, immer noch nicht ganz lablegen können. Dennoch werden in den Luxusresorts zahlreiche internationale Tagungen abgehalten und Familien verbringen hier ihre Ferien. Themenparks und andere touristische Attraktionen, aber auch die ausgezeichneten, preisgünstigen Einkaufs-, Schlemmer- und Sportmöglichkeiten sorgen für Abwechslung.

Weiter im Osten werden die meisten Resorts, mit Ausnahme der Inseln, vorwiegend von einheimischen Touristen besucht. Während auf Ko Samet vor allem Backpacker übernachten, wird Ko Chang zu einem exklusiven und teuren Urlaubsparadies ausgebaut. Die zweitgrößte Insel Thailands, die über Jahrzehnte ein Schattendasein führte, hat mit der Öffnung der Grenze zu Kambodscha, dem Ausbau der Straßen und einem neuen Flughafen bei Trat an Attraktivität gewonnen. Viele der einfachen Strandhütten müssen teuren Luxusresorts weichen – und die Backpacker ziehen zu abgelegeneren Stränden oder auf benachbarte, kleinere Inseln weiter.

Auf dem Sukhumvit Highway nach Osten ▸ E 10–F 11

Durch die von Kanälen durchzogene Küstenebene führt der Sukhumvit Highway (Highway 3) von Bangkok über Samut Prakan nach Osten und trifft nach 53 km nördlich von Chonburi auf die mehrspurige Hochstraße, den Highway 34. Die boomende Provinzhauptstadt **Chonburi** wird meist nur als Durchgangsstation betrachtet, da sie jenseits des alljährlichen Büffelrennens keine größeren Attraktionen bietet.

Etwa 7 km südlich von Chonburi zweigt eine schmale Straße zum Küstendorf **Angsila** ab, dessen Fischer ihre frischen Meeresfrüchte bis nach Bangkok liefern. Mit Muscheln bewachsene Bambuspfähle reichen weit ins ruhige, über 5 m tiefe Meer hinein. Näher am Festland, im wenig bewegten Brackwasser, wurden hier Austernkulturen angelegt. Angsila ist auch für Steinmetzarbeiten bekannt, die mit einfachsten Werkzeugen gefertigt werden. Die zum Verkauf ausgestellten Mörser und anderen Souvenirs an der Straße zum Strand reizen einen auf Leichtgepäck bedachten Flugtouristen allerdings kaum.

Auf den Felsen rings um **Wat Khao Samuk** an der Küstenstraße nach Bang Saen leben zahlreiche halbzahme Affen. Skurrile Skulpturen im Tempelpark stellen Götter verschiedener Religionsgemeinschaften und Szenen aus der Totenwelt dar.

Nun führt die Straße durch eine schöne Küstenlandschaft zum Strand von **Bang Saen,** einem traditionellen Badeort. Überwiegend einheimische Urlauber treffen vor allem am Wochenende am kilometerlangen Palmenstrand zum Familienpicknick unter Sonnenschirmen ein und umlagern die Essensstände. Allerdings kann man sich hier nicht an kristallklarem Wasser erfreuen. Doch schließlich lässt sich die Unterwasserwelt wesentlich bequemer in einem **Aquarium** beobachten, das ebenso wie das Marine Museum zum Institute of Marine Science gehört (Tel. 038-39 16 71-3, Di–So 8.30–16 Uhr, 100 Baht).

Der Bau eines gigantischen Tiefseehafens in **Laem Chabang,** südlich von Si Racha, hat das Gesicht dieser Region verändert. Hier ist eines der größten Industriezentren des Landes mit riesigen Parks, Raffinerien und Wohnanlagen für die Arbeiter entstanden.

Übernachten

... in Bang Saen:

Eleganter Thai-Stil ▶ **The Tide Resort:** 44/1 Bangsaen Beach Rd., Tel. 038-39 92 00, Fax 038-39 92 99, www.thetide-resort.com. Modernes Hotel im Zentrum mit 154 komfortablen Balkonzimmern. Garten mit Pool, zudem ein Spa, Restaurant und Bäckerei. Um 2800–3500 Baht.

Luftig ▶ **S.S. Bangsaen Beach:** 68 Bangsaen Beach Rd., Tel. 038-38 16 70, Fax 038-38 19 63, www.ssbangsaenbeach.com. Dreistöckiges, zentral gelegenes Hotel mit 110 komfortablen klimatisierten Zimmern. Schönes Restaurant. 1200–2200 Baht.

Meerblick ▶ **Bangsaen Resort:** 325 Bangsaen Beach Rd., Tel. 038-38 32 21, Fax 038-38 17 72. Das einzige Hotel direkt am Strand hinter dem Kreisverkehr im südlichen Ortszentrum mit Restaurant und Pool. Klimatisierte Zimmer mit Bad, TV und Kühlschrank sowie Bungalows. Inkl. Frühstück 1000–1800 Baht.

Verkehr

Busse: Von der Bangsaen Beach Rd. fahren Busse alle 2 Std. bis 21 Uhr in 2 Std. zum Eastern Bus Terminal in Bangkok; Busse zwischen Bangkok und Pattaya verkehren auf dem Highway, 3 km nördlich der Stadt.

3 Pattaya ▶ E/F 11

Cityplan: S. 174

Aufgrund seiner schönen Strände und der Nähe zu Bangkok entwickelte sich das einstige Fischerdorf seit den 1960er-Jahren zu dem erlesenen Badeort der US-amerikanischen GIs. Im Schatten der Palmen suchten sie in den ersten Beachbars Erholung von den Strapazen des Vietnamkriegs. Wo einst nur Hütten standen, schossen in den 1970er- und 1980er-Jahren Luxushotels wie Pilze aus dem Boden, eingerahmt von Tennisplätzen, Pools und Restaurants. Man kochte international, sprach Englisch und Deutsch. Pattaya eroberte als ›Paradies für Männer‹ einen Platz in den Katalogen der Reiseveranstalter.

Im boomenden Urlaubsort hat der Bau einer riesigen Kläranlage, einer Uferpromenade und neuer Verkehrswege in den letzten Jahren erheblich zur Verbesserung der Lebenssituation beigetragen. Mittlerweile sind Pattaya und Umgebung dem Ziel, sich als Urlaubsort für Familien, Konferenzzentrum und Altersruhesitz zu etablieren, einen Schritt näher gekommen. Weitaus weniger erfolgreich scheinen die Maßnahmen gegen die im Seebad typischen, offenen Bierbars und die Verschmutzung der Strände. Die quirlige Stadt zieht vor allem Urlauber an, die Unterhaltung bei Tag und Nacht suchen. Hier muss man auf Bier vom Fass genauso wenig verzichten wie auf Schnitzel oder Pizza. Entlang der Walking Street oder ›Goldenen Meile‹ am Ende der Beach Road reihen sich Bars, Restaurants, Juweliergeschäfte, Schneider, Boutiquen und Souvenirläden dicht aneinander.

Am Abend drängen sich auf der Strandstraße vergnügungssüchtige Touristen, leichte Mädchen und Kraftprotze auf großen Motorrädern. In riesigen, bis zu 2000 Personen fassenden Diskotheken, die mit modernster Technik, fetzigen Liveauftritten und den aktuellsten Hits aufwarten, vergnügen sich vor al-

lem am Wochenende einheimische und ausländische Jugendliche.

Resorts der oberen Preisklasse bieten die Möglichkeit, einige erholsame Tage zu verbringen, ohne sich zu langweilen. Sportbegeisterte können sich vor allem am Jomtien Beach austoben beim Wasserski, Tauchen, Surfen oder Fallschirmsegeln. Andernorts locken interessante Möglichkeiten zum Tennis, Golfen, Boxen und Reiten oder auch Bungee-Jumping und Go-Cart-Rennen.

Familienattraktionen

Für illustre Unterhaltung sorgt ein Ableger der amerikanischen Museumskette **Ripleys Believe it or not** 1 mit Kuriositäten, einem Spiegel- und Gruselkabinett sowie dem Moving Theatre, in dem 4-D-Filme mit Spezialeffekten geboten werden (11–23 Uhr, Museum 480 Baht, alle Attraktionen 880 Baht, Kinder 100 Baht Ermäßigung). In der **Underwater World** 2 tummeln sich über 4500 Meeresbewohner. Besucher können in einem über 100 m langen Glastunnel das größte Becken mit Großfischen durchqueren oder sogar darin tauchen (tgl. 9–18 Uhr, Tel. 038-75 68 79, www.underwaterworldpattaya.com, Eintritt 400 Baht). Im Freigelände von **Mini Siam** 3 locken über hundert Modelle berühmter Bauwerke aus Thailand und der ganzen Welt im Maßstab 1:25. Ob der Beleuchtung und Tanzshows lohnt sich der Besuch nach Sonnenuntergang (Tel. 038-72 73 33, www.minisiam.com, tgl. 7–22 Uhr, Eintritt 300

Pattaya

Sehenswert

1 Ripleys Believe it or not
2 Underwater World
3 Mini Siam
4 Tuxedo Magic Theatre
5 Floating Market
6 Sanctuary of Truth
7 Pattaya Tower
8 Alcazar
9 Tiffany's Show

Übernachten

1 Royal Cliff Beach Resort
2 Dusit D2 Baraquda
3 Rabbit Resort
4 Thai Garden Resort
5 Crystal Palace

Essen & Trinken

1 Casa Pascal
2 Mantra
3 Bei Gerhard
4 Ruen Thai Restaurant
5 PIC Kitchen

Abends & Nachts

1 Green Bottle Pub
2 The Blues Factory
3 Marine Disco
4 Xzyte
5 Alcazar
6 Tiffany's Show
7 Algonkarn

Aktiv

1 Mermaid's Scuba Diving
2 Rudi's Booking Shop

Baht). Zu den neuesten Familienattraktionen zählen das **Tuxedo Magic Theatre** 4 (Tel. 038-48 88 80, www.tuxedo-magic.com, 450 Baht, Kinder 225 Baht) mit spektakulären Vorstellungen eines Magiers von Weltklasse oder **Pattayas Floating Market** 5, der allein schon wegen seiner hölzernen Bauten sehenswert und zudem gratis ist (Tel. 038-70 63 40, www.pattayafloatingmarket.com).

Sanctuary of Truth 6

Das **Sanctuary of Truth** (auf Deutsch: Heiligtum der Wahrheit), 205 Soi 5, Naklua, ist das größte, vollständig aus Tropenholz errichtete Bauwerk der Welt. Den über 100 m hohen Pavillon zieren eine überwältigende Vielfalt von Skulpturen und dekorative Schnitzereien. Die religiösen und weltlichen Motive sind der asiatischen Geschichte und Mythologie entlehnt (tgl. 8–18 Uhr, www.sanctuaryoftruth.com, Eintritt 500 Baht, Kinder 250 Baht, in Verbindung mit dem Besuch einer Delfinshow und Kutschfahrten).

Pattaya Tower 7

Den besten Ausblick auf die Stadt, ihre Strände und vorgelagerten Inseln eröffnet der 240 m hohe **Pattaya Tower** (9–22 Uhr, Tel. 038-36 41 10-20, www.pattayapark.com, 200 Baht, mit Abendbuffet 600 Baht). Er ragt vom Hügel zwischen der Stadt und dem Jomtien Beach in den Himmel. In der 52.–53. Etage rotieren drei Dreh-Restaurants. Hinunter kann es mit einer Seilbahn oder Flaschenzügen (jeweils 300 Baht) gehen. Das Wahrzeichen der Stadt wird von einem großen Hotel sowie einem Vergnügungs- und Wasserpark umrahmt (tgl. 8–18 Uhr, 150 Baht, Kinder 100 Baht).

Shows

Sogar ganze Familien besuchen gern die farbenprächtigen Travestieshows in den eindrucksvollen Theaterbauten von **Alcazar** 8 und **Tiffany's Show** 9. Den perfekt inszenierten Bühnenshows der talentierten Verwandlungskünstler wird Weltniveau zugesprochen, wie auch den atemberaubenden Monumentalshows im **Alangkarn Theater** (s. u.).

Ausflugsziele

Etwa 17 km südlich von Pattaya erstreckt sich der **Nong Nooch Tropical Garden.** Im Zentrum der weitläufigen Parkanlage mit Seen, Gärten, Restaurants und Chalets wird in knapp 90 Minuten die Kultur des Landes eindrucksvoll im Zeitraffer dargeboten. Höhepunkt der Show ist ein Kampf mit Kriegselefanten (Tel. 038-70 93 58-62, www.nongnoochtropicalgarden.com, tgl. 8–18 Uhr. Eintritt 400 Baht inkl. Show, Touren ab Pattaya um 8.30 und 13.15 Uhr, 650 Baht). Mehr Aktivitäten als Show bietet das 7 km östlich der Stadt liegende **Elephant Village.** Auf den Rücken von Elefanten kann man einstündige Ausritte sowie Touren mit Ochsenkarren,

Hier findet jeder sein Plaisir: Beachvolleyball am Strand von Pattaya

Trekking oder Rafting in die Umgebung unternehmen (Tel. 038-24 98 18, Show 14.30–15.30 Uhr für 650 Baht, Abholservice, www.elephant-village-pattaya.com).

In den **Khao Kheow Open Zoo,** 53 km nordöstlich von Pattaya, einem Tierpark und Zuchtgehege, wurden 1974 Tiere aus dem zu klein gewordenen Zoo von Bangkok umgesiedelt. Hier gibt es u.a. ein riesiges Vogelgehege, einen Streichelzoo, Elefantenreiten und sportiv-spannende Dschungelabenteuer (Tel. 038-29 81 87, www.journeytothejungle.com, tgl. 8–18 Uhr, Eintritt und Nachtsafari jeweils 300 Baht, Kinder 200 Baht). Nicht weit von hier liegt der **Zoo von Si Racha,** mit zahlreichen Königstigern, tausenden Krokodilen und atemberaubenden Vorführungen (vom Highway 36 am KM 21 rechts abbiegen, tgl. 9–17 Uhr, Tel. 038-29 65 56-8, www.tigerzoo.com, Eintritt 350 Baht, Kinder 250 Baht).

Als größte der Pattaya vorgelagerten Inseln wird **Ko Larn** überwiegend von asiatischen Touristen besucht, die hier zu vergnüglichen Bade- und Schlemmerfreuden abgesetzt werden. Zum Tauchen und Schnorcheln eignen sich vor allem die Unterwasserwelt vor **Ko Phai,** wo ein Kriegsschiff als künstliches Riff versenkt wurde. Bereits seit 1945 schlummert vor **Ko Samae** in 27 m Tiefe das mit Korallen bewachsene Wrack der Harddeep. Bei **Ko Sak** kann man mit einem gelbfarbenen **U-Boot** in die Korallengärten abtauchen (Tel. 038-41 52 34, www.thaisubmarine.com, 2000 Baht, Kinder 1000–1500 Baht).

Infos

Tourist Office: 609 Mu 10, Thanon Phra Tham Nak Rd., Tel. 038-42 87 50, Fax 038-42 39 90, tatchon@tat.or.th, Infohotline des Pattaya City Call Centers: Tel. 13 37, Mo–Fr 8.30–16.30 Uhr.

Übernachten

Vier Hotels in einem ▶ Royal Cliff Beach Resort 1**:** 353 Thanon Phra Tamnuk, Tel. 038-25 04 21-30, Fax 038-25 05 11, www.royalcliff.com. Eine Institution in Pattaya. Das Hotel an einer Privatbucht hat fünf Pools und einen Spa-Bereich, 15 Restaurants und Bars sowie über 1000 luxuriös ausgestattete Zimmer und elegante Themensuiten. Ab 6000 Baht.

Avantgardistisch ▶ **Dusit D2 Baraquda 2:** 485/1 Second Rd., Tel. 038-76 99 99, Fax 039-76 99 00, www.dusit.com. Seit 2009 im Herzen der Stadt als moderne, hippe Luxusherberge mit 72 Zimmern, vier szenischen Restaurants und Bars. 4000–12000 Baht.

Einfach bezaubernd ▶ **Rabbit Resort 3:** Dongtan Beach, am nördlichen Jomtien Beach, Tel. 038-30 33 03-4, Fax 038-25 16 28 www.rabbitresort.com. 49 gepflegte Villen und zweistöckige Häuser mit einem oder zwei Schlafzimmern im idyllischen Thaistil. Charmantes Restaurant, Pool, sehr ruhige Lage abseits der Straße direkt am Strand. 3000–5800 Baht.

Man spricht Deutsch ▶ **Thai Garden Resort 4:** 179/168 Soi 5, North Pattaya Rd., Tel. 038-42 60 09, Fax 038-42 61 98, www.thaigarden.com. Ruhig gelegene, familienfreundliche Hotelanlage, Apartments für Langzeiturlauber. 2400–3800 Baht.

Behaglich ▶ **Crystal Palace 5:** 284/68 Moo 5, Thanon Naklua, Tel 038-41 35 35-39, Fax 039-42 03 15, www.crystalpalacepattaya.com. Hotel im nördlichen Pattaya mit 215 preiswerten Komfortzimmern, davon 88 in einem Neubau. Schwimmbad mit Panoramablick auf dem Dach. 900–1200 Baht.

Essen & Trinken

Ob asiatische, arabische oder europäische Küche: In Pattaya sind alle Restaurants zu finden, darunter viele deutsche. Vielerorts sorgen zudem preisgünstige, opulente Büfetts für paradiesische Schlemmerfreuden.

Europäisch ▶ **Casa Pascal 1:** 85/4 Moo 10, Second Rd., Tel. 038-72 36 60, www.restaurant-pattaya.com. Europäische Gerichte mit mediterranem Einschlag von gehobener Qualität werden hier zubereitet von einem Schweizer Küchenchef. Sonntags während der Saison ab 10 Uhr Brunch, mittags und abends à la carte sowie ein Setmenü, das abends alkoholische Getränke einschließt. Geöffnet tgl. 11.30–23 Uhr, Menü 1500 Baht, Hauptgerichte um 300 Baht.

Kulinarische Erlebniswelten ▶ **Mantra 2:** Moo 5, Beach Rd., Tel. 038-42 95 91, www.mantra-pattaya.com. Szenisch durchgestylter Gourmettempel. Nach einem Cocktail an der Bar betritt man das zweistöckige Restaurant. Es ist von mehreren einsehbaren Küchen umgeben, in denen italienische Steinofenpizza, chinesische Dimsum und Entengerichte, indische Tandooris, japanische Sushi oder frisches Thai-Seafood meisterhaft zubereitet wird. Gerichte ab 250 Baht, sonntags fantastischer Brunch von 11–15 Uhr für 1400 Baht. Geöffnet tgl. 17–1 Uhr.

Wie bei Muttern ▶ **Bei Gerhard 3:** 154 Thanon Naklua, Soi 16/233, Tel. 038-421 589. Zählt zu den beliebtesten Ausländer-Restaurants, sodass sich ein antizyklischer Besuch empfiehlt. Hervorragende deutsche und schwäbische sowie thailändische Küche. Große Portionen zu günstigen Preisen. Geöffnet tgl. außer So 8.30–23 Uhr. Hauptgerichte um 200 Baht.

Schemmen mit Show ▶ **Ruen Thai Restaurant 4:** 485/3 Second Rd., Tel. 038-42 59 11. Gute Thai- und westliche Gerichte serviert in einer tropischen Gartenanlage ab 20 Uhr, begleitet von klassischer Musik und Tänzen. Tgl. 11–23 Uhr. Thai-Hauptgerichte ab 100 Baht.

Gediegene Exotik ▶ **PIC Kitchen 5:** Soi 5, Tel. 038-42 83 74, www.pic-kitchen.com. Gemütliches Restaurant in einem Teakhaus mit einer großen Auswahl an leckeren einheimischen und europäischen Gerichten, Weinen und Cocktails. Tgl. außer Di gibt es Jazz. Geöffnet tgl. 11–24 Uhr. Hauptgerichte ab 100 Baht.

Abends & Nachts

Dauerbrenner ▶ **Green Bottle Pub 1:** Südliche Second Rd. Seit 1988 mit gediegenem Ambiente, tgl. 7–1 Uhr, ab 18.45 Uhr Live-musik von bis zu drei Bands.

Lebende Legende ▶ **The Blues Factory 2:** Soi Lucky Star. Blues, Rock und Oldies live, tgl. außer Mo 21–1 Uhr.

Tanzbar ▶ Marine Disco 3: Beach Rd. Mitten in der Walking Street, etablierte Disco, in der sich zu später Stunde eine ausgelassene Szene trifft.
Groß und modern ▶ Xzyte 4: Third Rd. Größte Diskothek der Stadt mit moderner Technik und Auftritten einheimischer Stars.
Travestie ▶ Alcazar 5: 78/14 Second Rd., Tel. 038-41 02 25, www.alcazarpattaya.com. Travestieshows, die mit zahlreichen Darstellern und einem bunten Musikprogramm das Publikum unterhalten und die es qualitativ mit dem Moulin Rouge aufnehmen können. Show um 18.30, 20 und 21.30, Sa zudem um 23 Uhr. 600–800 Baht. **Tiffany's Show 6:** 464 Second Rd., Tel. 038-42 17 00-5, www.tiffany-show.co.th. Travestieshows mit bis zu 100 Darstellern um 18, 19.30 und 21 Uhr. 500–800 Baht.
Show der Superlative ▶ Alangkarn 7: Sukhumvit Rd., Kilometer 155, Tel. 038-25 60 00, www.alangkarnthailand. com. Tgl. außer Mi ab 18 Uhr Show für 1000 Baht, mit Dinner ab 17 Uhr 1200 Baht. Im Theater mit 2000 Sitzplätzen wird die thailändische Kultur und Geschichte spektakulär mit technischen Effekten, zahlreichen bunt kostümierten Darstellern, Kriegselefanten und einem Feuerwerk präsentiert.

Aktiv

Tauchen, Surfen, Bootsverleih ▶ Mermaid's Scuba Diving 1: Thappraya Rd., Jomtien, Tel. 038-30 33 33, Fax 038-25 22 10, www.mermaiddive.com. Etabliert mit vier Stützpunkten. Als familiäre Alternative empfiehlt sich mit deutschsprachigen Tauchkursen und Ausflügen **Rudi's Booking Shop 2:** Tel. 038-374 988, www.dive-thailand.eu.

Verkehr

Flüge: U-Tapao, 40 km südl. der Stadt, Linien- und Chartergesellschaften; regelmäßige Verbindungen nach Ko Samui und Phuket mit Bangkok Airways, 179/85-212, Moo 5 North Pattaya Rd., Fairtex Arcade, Tel. 038-41 23 82, www.bangkokair.com. Thai Airways, am Dusit Resort, Tel. 038-42 09 95-7, fliegt ab Suvarnabhumi Airport östlich von Bangkok die wichtigen inländischen Flughäfen sowie internationale Ziele an. Weitere Flugverbindungen siehe Bangkok. Busse, Minibusse und Taxis, es gibt eine Vielzahl von Anbietern, benötigen dorthin ca. 1,5–2 Std.
Busse: Vom Busterminal, North Rd., bestehen von 4.30–23 Uhr Verbindungen nach Bangkok ca. alle 30 Min. Weitere Busse in alle großen Orte an der Ostküste, nach Nord- und Nordostthailand.
Baht-Busse: Überall in Pattaya findet man diese dunkelblauen, offenen Sammeltaxen, die für 5–20 Baht innerhalb der Stadt sowie nach Jomtien und Naklua verkehren. Für 50–100 Baht fungieren sie auch als Charter-Taxis.
Mietwagen: Avis, im Dusit Resort, 240/2 Beach Rd., Tel. 038-36 16 27-8, www.avisthailand.com. Budget, im Tipp Plaza, Beach Rd., Tel. 038-71 07 17, www.budget.co.th.

Die Küste bis Ko Chang

▶ F 11–G 12

Karte: S. 179
Über den Marinehafen **Sattahip** und den ehemaligen US-Luftwaffenstützpunkt **U-Tapao** führt die alte Sukhumvit Road nach **Rayong,** wo sich umfangreiche Industrieanlagen angesiedelt haben. Touristisch ist diese Provinz nur durch ihre langen Festlandsstrände und die Badeinsel Ko Samet ein Begriff. Reisende, die schnell nach Chantaburi, Trat oder bis nach Kambodscha vordringen möchten, sollten besser den neuen Highway 36 benutzen. Hinter Rayong führen etliche schmale Straßen zum Meer, wo sich entlegene, vorwiegend von Einheimischen besuchte Resorts und Buchten entdecken lassen.

Ko Samet 1

Vom Fischerort Ban Phe verkehren umgebaute Fischkutter als Fähren nach Ko Samet. Die Ostküste der fast 7 km langen, tropfenförmigen Hauptinsel des Khao Laem Ya-Samet National Park besteht fast nur aus herrlichen, von Felsgruppen unterteilten Buchten mit weißem Sandstrand. Obwohl die seit den

1980er-Jahren errichteten Bungalowanlagen Probleme mit Müll, Wasserversorgung und Abwässern bescheren, gilt das nur 200 km von Bangkok liegende Ko Samet nach wie vor als beliebtes Ziel für einen Kurzurlaub. Im Gegensatz zu Ko Chang regnet es hier relativ wenig, sodass die Insel auch in der Regenzeit gern besucht wird. An Wochenenden und Feiertagen allerdings sollte man das 13 km^2 kleine Eiland lieber den herbeiströmenden einheimischen Touristen überlassen, zumal die Hotelpreise dann am höchsten sind. Das nach den anspruchslosen Cajeput-Bäumen (auf Thai: Samet) benannte Eiland lockt mit langen Strandwanderungen, vergnüglichen Badefreuden und Ausflugstouren zum Baden, Schnorcheln oder Tauchen zwischen den benachbarten Inseln und Korallenriffs.

Übernachten

Die meisten Resorts liegen an der Ostküste, einige auch an der Nord- und Südküste. Eintritt Nationalpark 200 Baht.

Idylle mit Stil ▶ **Ao Phrao Resort:** Ao Phrao, Tel. 038-64 41 00-3, Fax 038-64 40 99, www.samedresorts.com. Am Ende eines 200 m langen Strands der Westküste. 52 geschmackvoll gestaltete Zimmer in hübschen Holzbauten, die sich idyllisch an einem tropisch grünenden Hang hinaufziehen. Beschauliches Holzterrassen-Restaurant am Meer. 5200–9200 Baht.

Tropengrün ▶ **Grand View Resort:** Sai Kaew Beach, Tel. 038-644 220, Fax 038-64 42 19, www.grandviewgroups.net. Bestens am Hauptstrand platziert als schöne, mit viel Grün aufgelockerte Anlage. 54 hübsch eingerichtete Zimmer, davon 11 als verlockende Beachfront-Bungalows im Thai-Stil. 3500–4500 Baht.

Klassiker ▶ **Samed Villa Resort:** Ao Phai, eine der schönsten aber auch am dichtesten bebauten Buchten, Tel. 038-64 40 94, Fax 038-64 40 93, www.samedvilla.com. Beliebte Anlage unter professioneller Schweizer Leitung an einem kleinen, Sandstrand. 40 Komfortzimmer in Bungalows, umrahmt von einer hübschen Gartenanlage. 1800–2800 Baht.

Verkehr

Busse: Zu allen Orten entlang der Sukhumvit Rd. verkehren ca stdl. Busse ab Bangkok u. Pattaya, z. B. nach Rayong, Chantaburi.
Fähren nach Ko Samet: stdl. bis 18 Uhr ab Ban Phae nach Ban Na Dan im Norden der Insel und zum Teil zur Wongduan-Bucht; weitere Boote ca. alle 2 Std. zu den kleineren Stränden. Preiswerte Tagestouren ab Pattaya.

Nationalparks im Hinterland

Hinter **Ban Phe** 2, dem Abfahrtsort der Fähren nach Ko Samet, verläuft der Sukhumvit Highway weiter landeinwärts. Stichstraßen führen zu einigen gut erreichbaren Nationalparks, die mit Wanderrouten zu Wasserfällen mit Badeplätzen und bizarren Höhlen locken.

In den **Khao Chamao National Park** 3, nordöstlich von Klaeng, haben sich viele Tiere zurückgezogen, nachdem ihr Lebensraum durch das Abholzen der Wälimmer stärker eingeschränkt wurde.

Besonders eindrucksvoll sind die Wasserfälle im **Khao Soi Dao National Park** 4, 70 km nördlich von Chantaburi, eine der wenigen Regionen des Landes mit intakten Urwäldern, wo sogar noch einige Elefanten beheimatet sein sollen. Eintritt jeweils 200 Baht.

Von tropischem Dschungel bedeckt: Ko Chang

Chantaburi 5

Chantaburi, die Provinzstadt im Zentrum eines großen Obstanbaugebietes, besitzt ebenfalls einige Attraktionen. Die **Kathedrale** im französischen Stil, die größte des Landes, einige Straßen der **Altstadt** und die **Märkte** lassen den Einfluss der vietnamesischen Minderheit spüren. Nur noch wenige Saphire werden nördlich der Stadt gefördert, doch an der traditionellen Edelsteinstraße, der Si Chan Road, werden noch immer edle Steine verkauft. Im Mündungsgebiet des Laem Sing, 25 km südöstlich der Stadt, zeigen im Oasis World Delphine ihre Künste. Show um 9, 11, 13, 15 und 17 Uhr, 180 Baht. Mit Delphinen schwimmen 400 Baht, geöffnet tgl. 9–18 Uhr.

Übernachten

Sportlich ▶ **Maneechan Resort:** an der Sukhumvit Rd. in Richtung Trat, Tel. 039-34 37 77, Fax 039-34 41 23, www.maneechan.com. Modernes Hotel in einem Park. Komfortable Zimmer mit Balkon oder Terrasse um einen Pool, Gartenrestaurant. 1600–3500 Baht.

4 Ko Chang ▶ G 13

Karte: S. 179

Die Bootsanlegestellen nahe Trat sind Ausgangspunkt für den Besuch der zweitgrößten Insel des Landes, Ko Chang. Vom Hafen **Laem Ngop,** 17 km südlich von Trat, und anderen Anlegern fahren Personen- und Autofähren zu der Hauptinsel und zu einigen kleinen der insgesamt 51 Nachbarinseln, die 1982 zum Nationalpark erklärt wurden. Nur schwer zugänglich ist das von tropischem Regenwald bedeckte Innere des 30 km langen und bis zu 14 km breiten Eilands, wo in den bis zu 745 m hohen Bergen Wildschweine, Affen, Schlangen und Vögel leben.

Bevor die Insel für den Tourismus erschlossen und mit einem Bauboom überzogen wurde, lebten die Bewohner vom Fischfang oder dem Verkauf von Kopra und Latex. An den langen Sandstränden der Westküste entstanden erst ab Mitte der 1980er-Jahre die ersten Bungalowanlagen, die fast alle neuen Resorts gewichen sind. Der von Palmen gesäumte **White Sand Beach** gilt als wichtigstes Touristenzentrum, während der mit fast 6 km längste Sandstrand **Klong Prao** durch herrliche Lagunen besticht.

Eine schmale, mitunter sehr kurvige und steile Straße führt küstennah bis zum Stelzendorf **Bang Bao** im Süden. Von hier starten Angel-, Tauch- und Schnorchelausflüge mit ehemaligen Fischkuttern oder Schnellbooten, während schweißtreibende Wanderungen durch das Inselinnere ebenso für Abwechslung sorgen können. An der von Steinstränden und Mangrovenwäldern geprägten Ostküste, führt ein kurzer Wanderpfad zum **Than Mayom-Wasserfall,** der im Gegensatz zum beliebten **Klong Plu-Wasserfall** an der Westküste jedoch kein ganzjähriges Badevergnügen ermöglicht. Ausgedehnte Kokospalmenhaine und naturnahe Strände mit bizarren Lavaformationen prägen die Nachbarinsel **Ko Mak,** auf der es inzwischen ebenfalls etliche Bungalowanlagen, Restaurants und Tauchschulen gibt. Von hier ist es nicht mehr weit bis nach **Ko Kood,** das als zweitgrößte Insel des Ko Chang-Archipels noch ein Höchstmaß an Ursprünglichkeit bieten kann.

Infos

Tourist Office: 100 Moo 1, Trat-Laem Ngop Rd., Laem Ngop, auf dem Festland, Tel. 039-59 72 55, Fax 039-59 72 55, trat@tat.or.th

Übernachten

Stil am Strand ▶ Panviman Resort: Klong Prao Beach, Tel. 039-55 12 90-6, Fax 039-55 12 83, www.panviman.com. Zählt zu den schönsten und stilvollsten Anlagen. 50 gediegene Zimmer in tempelartigen Pavillons, umrahmt von einem herrlichen Tropengarten mit Schwimmbad. Ab 5000 Baht.

Herrlicher Ausblick ▶ Sea View Resort: Kai Bae Beach, Tel. 039-552 888, Fax 039-55 70 89, www.seaviewkohchang.com. Eines der beliebtesten Hotels, lange etabliert am Südende der Bucht mit 126 Zimmern. Schöne Landschaft mit vorgelagerten Inselchen. 2100–4400 Baht, Spa-Cottages ab 6800 Baht.

Inseltraum ▶ Away Resort: Ko Kood, Klong Chao, Tel. 02-696 82 39, 081-835 45 17, Fax 02-696 82 02, www.awayresorts.com. Am Eingang einer reizvollen Lagune 45 schöne, stilvolle Komfortzimmer, besonders die geräumigen Beachfront-Bungalows. Fahrräder, Kayaks und Tauchtouren. 1800–4200 Baht.

Nostalgisch ▶ White Sand Beach Resort: White Sand Beach, Tel. 081-863 7737, 086-310 5553, www.whitesandbeachkohchang.com. Älteste Anlage am paradiesischen Nordende der Bucht. 93 optisch ansprechende Bungalows, davon 32 direkt am Meer. 1200–4000 Baht.

Für Naturfreunde ▶ Remark Cottage: Pearl Beach, Tel. 039-55 12 61, Fax 039-55 12 64, www.remarkcottage.com. Eine idyllische Anlage mit 15 aus Naturmaterialien erbauten Boutique-Bungalows und einem herrlich eingegrünten Schwimmbad. 1500–3800 Baht.

Palmenwiese ▶ Plaloma Cliff Resort: White Sand Beach, Ko Chang, Tel. 039-55 11 19, 081-863 13 05, www.plaloma-cliff.com. 90 Zimmer und Bungalows am bergigen Ende der Bucht auf schöner Palmenwiese am Meer, unter der Leitung des Schweizer Ko-Chang-Pioniers James Brunner. 1000–2500 Baht.

Schatzinsel Ko Mak ▶ Ao Kao Resort: Ko Mak, Tel. 039-50 10 01, www.aokaoresort.com. An einem 300 m langen Strand mit 30 Zimmern, einige davon in Thai-Stil-Bungalows. Besitzer Somchai hat in Deutschland studiert. 1000–2500 Baht.

Aktiv

Tauchen ▶ Tauchausflüge und -kurse offerieren mehrere Tauchschulen auf den Inseln. Eine Tagesfahrt inklusive 2 Tauchgängen kostet 2500–3500 Baht, Tageskreuzfahrten zum Baden und Schnorcheln ca. 700–1200 Baht.

Verkehr

Flüge: Nach Trat fliegt Bangkok Airways, Tel. 039-52 57 67-8, www.bangkokair.com, ab Bangkok.

Busse: ab Bangkok ca. stdl. nach Trat, von dort mit Songthaews zu den Anlegern von Laem Ngop, einige Busse vom Flughafen oder der Khao Sarn Road fahren direkt dorthin. Als beliebteste Verbindung gelten die **Autofähren,** die vom Ao Thammachat-Pier, 30 km westl. von Trat bzw. 15 km von Laem Ngop, von 7 bis 19 Uhr ca. stdl. nach Ao Sapparot im Norden Ko Changs starten. Nach Ko Mak und den Nachbarinseln ab Krom Luang-Pier, nach Ko Kood vom Laem Sok-Pier – meist mit Schnellbooten, aber auch Fähren. Ab Ende 2009 soll der Fährverkehr mit dem Highspeed-Katamaran Nemo Express revolutioniert werden (Tel. 081-557 73 11, www.nemoexpress.com).

Im Nordosten: Der Isarn

Schnurgerade verlaufen die Straßen über das weite Hochplateau durch moderne Industriezentren, schnell wachsende Städte und traditionelle Dörfer. Auf schmalen Seitenstraßen gelangt man zu Zeugnissen früherer Kulturen und einem der größten Flüsse des Landes, dem Mekong. An dessen jenseitigem Ufer liegt Vientiane, die Hauptstadt von Laos.

Die Region ist bevölkerungsreich, aber arm an Naturschätzen. Der Monsun erreicht mit seinen Niederschlägen das Plateau unregelmäßig, sodass die Ernten auf den kargen Lateritböden mager ausfallen und zudem durch Dürren, Überflutungen und Versalzungen gefährdet sind.

Bis 1973 bescherten Militärbasen verschlafenen Kleinstädten einen Bauboom. Dann verließen die Fremden den Nordosten und nur noch wenige Touristen verirrten sich in die staubige Weite dieser gleichförmigen Landschaft.

Viele Landbewohner suchten in den 1980er- und 1990er-Jahren ihr Glück im fernen Bangkok, denn das Gebiet zwischen den beiden großen Strömen Chao Phraya und Mekong bot kaum eine Möglichkeit, außerhalb der Landwirtschaft einen Arbeitsplatz zu finden. Erst jüngst wurde mit der Ansiedlung arbeitskräfteintensiver Industriebetriebe, vor allem der Lebensmittel- und Textilindustrie, der Abwanderung Einhalt geboten.

Der Isarn hat weitaus mehr touristische Attraktionen zu bieten als allgemein vermutet wird. Wer die Tempel der Khmer-Hochkultur aus dem 12. Jh. in Phimai, Phanom Rung oder Muang Tam bestaunen will, muss über Korat reisen. An den Ausgrabungsstätten des nahen Ban Chiang kann man mehr über die prähistorischen Bewohner der Region erfahren. Ebenso bedeutende, archäologische Funde gibt es bei Khon Kaen zu bestaunen: Imposante Überbleibsel von Dinosauriern, denen mehrere Museen gewidmet wurden. Nong Khai, die Grenzstadt am Mekong, gegenüber der laotischen Hauptstadt Vientiane, hat nach der Eröffnung der Friendship Bridge 1994 erheblich an Bedeutung gewonnen. Wie in den meisten, größeren Städten des Nordostens finden sich auch hier zahlreiche, westliche Ausländer, die in die Heimat ihrer Frauen gezogen sind. Wer auf schmalen Straßen entlang des Mekongs nach Westen oder Osten vordringt, wird noch erfreulich viele Plätze finden, die Ruhe und Gelassenheit ausstrahlen.

5 Khao Yai National Park

Karte: S. 187

Vom Highway Nr. 1, der von Bangkok nach Norden verläuft, zweigt am Ortseingang von Saraburi der mehrspurige Friendship Highway ab, der nach Osten auf das Plateau hinaufführt. Während anfangs noch Chemiefabriken und Zementwerke das Bild bestimmen, säumen später Obst- und Gemüsefarmen sowie Rinderfarmen mit angegliederten Steakhäusern die Autobahn.

Kurz vor Pak Chong ist die Abzweigung zum **Khao Yai National Park** erreicht. Eine Straße, die von Hotels und Golfplätzen gesäumt ist, führt in die dschungelbewachsenen Berge hinauf. Nach 32 km gelangt man schließlich zum Parkeingang und nach etwa weiteren 14 km dann zum Khao Yai Headquarter.

Nordosten: Der Isarn

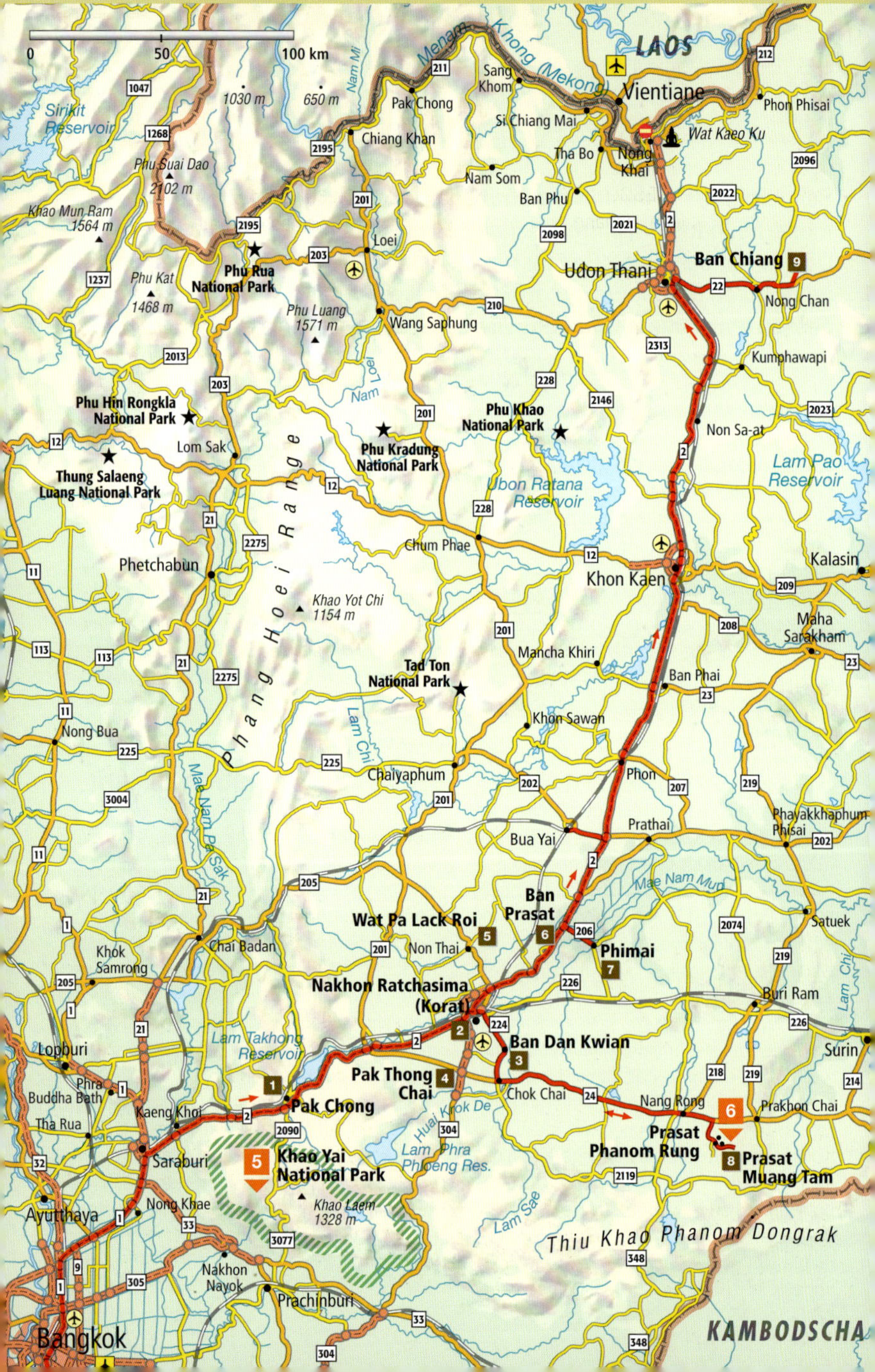

Bereits 1962 wurde die über 2000 km^2 große Region mit Tälern, einer hügeligen Graslandschaft, Wasserfällen und bis zu 1328 m hohen Gipfeln (Khao Laem), die ein wichtiges Wasserreservoir sind, unter Naturschutz gestellt. Damit ist der Khao Yai der landesälteste Nationalpark und seit 2005 auch Welterbe der UNESCO.

Auf Spaziergängen entlang markierter Dschungelpfade ist die Chance recht groß, Affen, Vögel und Schmetterlinge in ihrer natürlichen Umgebung beobachten zu können. Eventuell entdeckt man im Dickicht des Waldes sogar Wildschweine, Mungos, Zibetkatzen, Wildochsen, Zwergrehe, Malaienbären und Elefanten, die mit fast 200 Tieren eine der größten wild lebenden Populationen in Thailand bilden. Die besten Möglichkeiten, die Dickhäuter zu sehen, eröffnen Nachtfahrten mit starken Scheinwerfern zu den bei Elefanten beliebten **Salzstellen** und zum einstigen Golfplatz, wo sie nach Einbruch der Dämmerung weiden.

Ein beliebtes Ausflugsziel einheimischer Touristen ist der Picknickplatz am **Haew-Narok-Wasserfall** im südlichen Park nahe der

Im Khao Yai National Park verlocken Wanderungen zu mehreren Wasserfällen

aktiv unterwegs

Wandern im Khao Yai National Park

Tour-Infos

Start: Visitor's Center am Headquarter
Ziel: Haew Suwat Wasserfall
Länge: 8 km
Dauer: 3–4 Std. ohne Zwischenaufenthalt
Wichtige Hinweise: Kein Rundweg: Für den Rückweg zum Visitor's Center organisiert man am besten eine Fahrgelegenheit.
Ein Netz von Wanderwegen, zum Teil auf Elefantenpfaden, durchzieht den Park. Einige in der Nähe der Straße eignen sich auch für Anfänger, andere sind nur für erfahrene Dschungeltrekker mit ortskundigen Führern begehbar. Gehen Sie nie allein, auch nicht bei guter Kondition, und nehmen Sie ausreichend Trinkwasser mit. Sollten Sie sich unsicher fühlen oder allein unterwegs sein: In einigen Unterkünften werden geführte Wanderungen angeboten.

Vor einer größeren Tour testen Sie Ihre Fitness auf dem markierten **Kong Kaeo Nature Trail,** einem 1 km langen, etwa einstündigen, teils steilen Rundweg durch den immergrünen Regenwald vorbei an Informationstafeln, die auf Besonderheiten aufmerksam machen.

Der rot markierte Pfad 1 beginnt nördlich vom Visitor´s Center an der Hängebrücke und führt zunächst zum beliebten **Kong-Kaeo-Wasserfall.** Nun verlassen Sie die ausgetretenen Pfade. Nach etwa 3 km könnten Sie auf dem rechts abzweigenden gelben Pfad 2 Richtung Süden nach weiteren 3 km zum Pha Kluai Mai Camp gelangen. Wandern Sie auf dem rot markierten Pfad weiter geradeaus erreichen Sie nach insgesamt 5,2 km auf einer weiteren ausgeschilderten Abzweigung nach links den **Haew-Prathun-Wasserfall.** Pfad 1 führt dann weiter zum **Haew-Sai-Wasserfall** und knapp 1 km weiter zum **Haew Suwat-Wasserfall.** Hier wurden Szenen der Hollywood-Verfilmung des Traveller-Romans »The Beach« mit Leonardo di Caprio gedreht. Der Pool unterhalb des tosend in die Tiefe stürzenden Wassers lädt zu einem verdienten, erfrischenden Bad ein. Von hier ist es nur noch ein kurzer Spaziergang zum Parkplatz am Ende der Stichstraße.

Eine besondere Attraktion ist die **Fledermaushöhle** in einem steil abfallenden Kalkfelsen, 2 km vor dem nördlichen Parkeingang. Bei Sonnenuntergang verlässt ein Schwarm von Hunderttausenden Hufeisennasen-Fledermäusen die Höhle, um nach Nahrung zu suchen. In einigen Unterkünften werden geführte Wanderungen angeboten, die einen Einblick in Welt des des Regenwaldes geben.

Straße. In diesem Gebiet halten sich auch die meisten Elefanten auf. Die beste Aussicht bietet sich am Ende der Stichstraße, unweit vor dem Militärposten auf dem **Khao Khieo.**

Infos

Visitor's Center am Hauptquartier im Zentrum des Nationalparks mit einer Ausstellung zur Fauna und Flora. Etwa 1 Mio. Besucher pro Jahr kommen in den Park, vor allem an Wochenenden und Feiertagen. Eintritt 400 Baht.
Website: www.khaoyai.com.

Übernachten

Gediegen ▶ **Juldi's Khao Yai Resort:** nördlich des Parks, KM 17, Tel. 044-29 72 97, Fax 044-29 72 91. Luxuriöse Zimmer in einem gepflegten Garten mit Swimmingpool, Spa, Restaurants und Pub. Ab 2400–5600 Baht.

Gastlich ▶ **Moon River Resort:** 2,5 km vor dem südlichen Parkeingang, Tel. 037-407 666, www.moonriver.in.th. Geräumige Bungalows umrahmen ein säulenverziertes Schwimmbecken. Der deutsche Inhaber Alexander Buphha und seine Familie sorgen für angenehme Gastlichkeit. 700–1500 Baht.

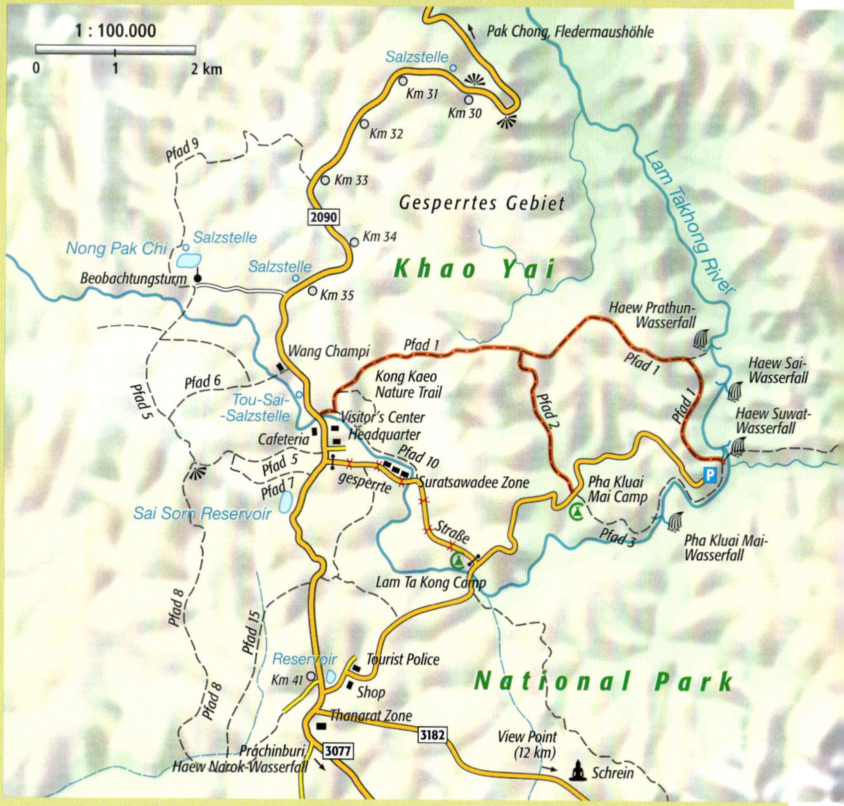

Mit Tradition ▶ Khao Yai Garden Lodge: KM 7, Tel. 044-36 51 78, Fax 044-36 51 79, www.khaoyai-garden-lodge.com. 60 ungewöhnlich möblierte Zimmer, ein gutes Restaurant und ein idyllischer Pool auf 15 000 m². 800–2600 Baht.

Budget-Quartier mit Touren ▶ Greenleaf Travel: KM 7,5, Tel. 044-36 50 73, www.greenleaftour.com. 14 einfache Zimmer mit Du/WC, preiswertes Restaurant. 300 Baht.

Weitere Übernachtungsmöglichkeiten: Bungalows und Zeltplätze im Park können im Headquarter oder unter www.dnp.go.th gebucht werden. Die meisten Touristen übernachten an der Strecke zwischen Pak Chang und Khao Yai, einige auch in Pak Chong. Unterkünfte finden sich auch am Highway 3077, der aus Bangkok bzw. Richtung Süden über Prachinburi als kilometermäßig kürzeste Verbindung in den Park führt.

Aktiv

Dschungeltouren ▶ Dschungeltouren organisieren die Khao Yai Garden Lodge, das Moon River Resort und Greenleaf Travel (s. o.).

Tierbeobachtung ▶ Das **Headquarter des Nationalparks** bietet abendliche Rundfahrten zur Tierbeobachtung an.

Verkehr

Busse/Züge: Von Bangkok ab Northeastern Bus Terminal alle 15 Min. Busse nach Pak Chong (220 km). Auch Züge nach Pak Chong. Von dort Minibusse von 6–18 Uhr alle 30 Min. bis zum Eingang des Khao Yai National Parks, nicht zum 14 km entfernten Headquarter. Für den Besuch des Nationalparks empfiehlt es sich, mit einem Mietwagen anzureisen oder sich einer Tour anzuschließen.

Pak Chong 1 ▶ F 9

Karte: S. 184

Es lohnt sich, einen Abstecher in die Provinzstadt **Pak Chong** zu unternehmen, um am Morgen über den großen Markt zu bummeln und auf dem abendlichen Nachtmarkt die an den Essensständen angebotenen Snacks zu genießen. Hinter Pak Chong verläuft der Friendship Highway am Ostufer des großen **Lam-Takhong-Stausees** entlang, der zu einem Freizeitzentrum mit Wassersportmöglichkeiten ausgebaut wurde. Danach erreicht man das Plateau mit seiner gleichförmigen, trockenen Landschaft.

Nakhon Ratchasima 2 (Korat) ▶ G 8

Karte: S. 184

Die als Korat bekannte Metropole mit dem offiziellen Namen Nakhon Ratchasima ist ein idealer Ausgangspunkt für Ausflüge in die ländliche Umgebung, hat aber selbst kaum Reize aufzuweisen. Die einst rechteckig angelegte und von einer Mauer sowie einem Graben umgebene Stadt dehnte sich in den letzten Jahrzehnten vor allem nach Westen aus. Seit der Stationierung US-amerikanischer Soldaten während des Vietnamkrieges stieg die Bevölkerungszahl explosionsartig an. Später entwickelte sich Korat zum wirtschaftlichen Zentrum des Nordostens, heute zählt es zu den vier größten Städten Thailands.

Die Reste einer ehemaligen **Stadtmauer** verweisen darauf, dass die Ursprünge von Korat bis ins 8. Jh. zurückgehen.

Im **Wat Suthachinda** ist in dem Museum Maha Wirawong eine Sammlung von Ausgrabungsfunden, vor allem aus der Khmer- und Ayulthaya-Zeit, ausgestellt (Mi–So 9–16 Uhr, Eintritt 20 Baht). Am Abend lohnt ein Gang über den **Nachtmarkt** in der Thanon Manat, auf dem Textilien, Haushaltswaren und Snacks angeboten wird.

Ausflüge in die Umgebung

Ausflüge führen in die Umgebung von Korat, wo zahlreiche Sehenswürdigkeiten locken.

Ban Dan Kwian 3 liegt etwa 15 km von Korat entfernt an der Straße Nr. 224 nach Chokchai. Bis junge Städter, die dem westlichen Trend zu natürlichen Werkstoffen folgten, die Keramik wiederentdeckten, stellten die Töpfer des Dorfes vor allem Tonkrüge zur Aufbewahrung von Lebensmitteln her. Doch der rostrote Ton, der nur in der Nähe des Dorfes in dieser intensiven Farbe gefunden wird, eignete sich ebenso gut für dekorative Keramiken, die nun mit modernem Dekor oder auch historischen Motiven verziert werden.

15 km außerhalb am H 304 nach Pak Thong Chai lohnt ein Besuch des weitläufigen **Zoos,** der mit erfreulich hohen Maßstäben, 2000 Tieren aus aller Welt und neuerdings einem dekorativ gestalteten Vergnügungsbad aufwarten kann (tgl. 8–18 Uhr, Eintritt jeweils 100 Baht, www.zookorazoo.com).

Am Highway 304 und 32 km südlich von Korat liegt **Pak Thong Chai** 4, das berühmte Zentrum der thailändischen Seidenindustrie. Hier produzieren hunderte kleine Familienbetriebe edle Stoffe. Über den Highway 379 ist das 22 km nördlich liegende **Wat Pa Lack Roi** 5 zu erreichen, ein skurriler Skulpturenpark mit lebensgroßen Figuren, die auf illustre Weise im Spannungsfeld zwischen Himmel und Hölle dargestellt werden.

In **Ban Prasat** 6, 45 km nordöstlich der Stadt, können zwei Ausgrabungsstätten mit

Thao-Suranari-Fest

Thema

Ende März wird in Nakhon Ratchasima das größte Fest mit Umzügen, Ausstellungen, einem Jahrmarkt und Feuerwerk zu Ehren der Nationalheldin Thao Suranari gefeiert, die im 18. Jh. den erfolgreichen Aufstand gegen eine feindliche Invasion anführte.

Nur wenige Frauen gelangen in Thailand zu einer derartigen Ehre. Khun Ying Mo alias Thao Suranari, die Frau des stellvertretenden Gouverneurs von Korat, wurde 1836 bei einem Vorstoß der Laoten mit vielen anderen Bewohnern gefangen genommen. Zur Zeit des Angriffs weilten alle kampffähigen Männer außerhalb der Stadt, sodass sich ein Zug von Frauen, Kranken und Schwachen auf dem Weg in die Sklaverei befand.

Khun Ying Mo verstand es, den Anführer der Laoten so zu umgarnen, dass er das Marschtempo verlangsamen ließ. Dadurch konnte eine zweite Gruppe von Gefangenen Khun Ying und ihre Leidensgenossen einholen. Gemeinsam gelang es ihnen dann, die laotischen Soldaten zu überwältigen. Unter der Führung von Khun Ying Mo organisierten sie den Widerstand, bis die Thaitruppen nach Korat zurückkehrten und den Kampf gegen die laotischen Angreifer aufnahmen.

Rings um das westliche Stadttor von Nakhon Ratchasima wurde ein kleiner Park angelegt, in dessen Mitte das Bronzedenkmal von Khun Ying Mo, der Heldin des thailändischen Nordostens, steht. Das Monument enthält ihre Asche. Vor allem am Wochenende kommen hier die Menschen vorbei, um mit Gebeten, Räucherstäbchen, Blumen und bunten Kränzen die mutige Frau zu ehren und ihren Beistand zu erbitten.

Huldigung einer mutige Frau: Räucherstäbchen und Blumen für Khun Ying Mo

bis zu 3000 Jahre alten Funden und ein kleines Heimatmuseum besucht werden, das über die Ausgrabungen ebenso wie über das Alltagsleben und die Zeremonien der heutigen Bewohner informiert.

Infos

Tourist Office: am Sima Thani Hotel, Tel. 044-21 36 66-7, Fax 044-21 36 67, tatsima @tat.or.th, tgl. 8.30–16.30 Uhr.

Übernachten

Bestes Haus am Ort ▶ Dusit Princess: 1137 Thanon Suranarai, Tel. 044-25 66 29, Fax 044-25 66 01, www.dusit.com. Großes Hotel am nördlichen Stadtrand mit Pool und einem chinesischen Restaurant. 1900–3800 Baht.

Groß und professionell ▶ Sima Thani: 2114 Thanon Mittraphap Rd., Tel. 044-21 31 00, Fax 044-21 31 21, www.simathani.com. Am westlichen Stadtrand als Luxushotel mit 267 Zimmern, Restaurants, Schwimmbad und Nachtclub. 1800–5500 Baht.

Boutique-Resort ▶ Dharaburee: 1137 Thanon Suabsiri, Tel. 044-27 79 99, Fax 044-27 84 84, www.dharaburee.com. Boutique-Resort am südwestlichen Stadtrand. 12 behagliche, unterschiedlich gestaltete Zimmer. 1500–3000 Baht.

Preiswerter Komfort ▶ Punjadara: 281/19 Thanon Chainarong, Tel. 044-25 75 67, Fax 044-25 71 35, www.punjadarahotel.com. Hinter einer profanen Fassade überrascht das Hotel mit 79 wohnlichen, preiswerten Komfortzimmern. 800–1200 Baht.

Essen & Trinken

Edel und gemütlich ▶ Chez Andy: 5–7 Thanon Manat, Tel. 044-28 95 56, www.chezandykorat.com, tgl. 11–23 Uhr. In der Nähe des Nachtmarkts verwöhnt der Schweizer Andreas Müller in gediegenem, gemütlichem Ambiente mit einer exzellenten, preiswerten Speisekarte und eisgekühltem Fassbier. 200–300 Baht.

Verkehr

Züge: Elf Züge, die täglich von Bangkok nach Ubon Ratchathani und Nong Khai fahren, halten alle am Bahnhof südlich des Zentrums.

Busse: Von Bangkok ab Soi Chit Bus Terminal, 256 km, fahren laufend Busse jeglicher Art; weitere Busse von Sukhothai und Chiang Mai, alle 20–30 Min. Busse Richtung Phimai, Ban Dan Kwian und Pak Chong (Khao Yai). **Stadtbusse und Songthaew** fahren im Stadtgebiet, **Tuk-Tuks** können gemietet werden.

Mietwagen: Budget, im Tesco Lotus Supermarkt, Thanon Mittraphap, Tel. 044-34 16 54, Fax 044-34 20 19, www.budget.co.th.

Das kleine Angkor Wat von Thailand, eine Perle der Khmer-Zeit: Phimai

Phimai 7 ▶ H 8

Plan: S. 192; **Karte:** S. 184
Vom Friendship Highway Richtung Norden zweigt 43 km hinter Korat an einem Kreisverkehr die Straße Nr. 206 nach **Phimai** ab, das wegen seiner Ruinen berühmt ist. Die Tempelanlage Prasat Hin Phimai, auch das kleine Angkor von Thailand genannt, stammt aus der Zeit der Khmer-Herrschaft. Vom 9. bis 13. Jh. befanden sich weite Gebiete des heutigen Landes unter dem Einfluss der Khmer (heute: Kambodscha). Unter den Zeugnissen dieser alten Hochkultur sind die Tempelruinen von Phimai die bekanntesten, dennoch konnte ihre genaue Entstehungsgeschichte nicht geklärt werden. Obwohl die frühesten Inschriften aus dem Jahre 1036 datieren, nimmt man an, dass die Anlage erst unter Jayavarman VII. (1080–1113) entstand. Der Konstruktion nach zu urteilen, könnte sie als Modell für den großen Tempelkomplex in Angkor (Kambodscha) gedient haben.

In der Tempelarchitektur schlägt sich deutlich das buddhistisch-hinduistische Weltbild jener Zeit nieder. Im Zentrum der oberirdi-

Phimai

schen Welt erhebt sich nach diesen Vorstellungen der heilige Berg Meru, Sitz der Götter. Diesen Mittelpunkt umgeben sieben Gebirgsketten in konzentrischen Ringen, durch das Wasser des Weltenmeers voneinander getrennt. Weitere Kontinente in allen vier Himmelsrichtungen sind von verschiedenen Wesen bewohnt – im Süden leben die Menschen. Die Architekten brachten diese kosmische Weltsicht in ihren Tempeln zum Ausdruck, um mit den Bauwerken eine harmonische Verbindung zwischen den Menschen und dem Überirdischen herzustellen.

Eine Buntsandsteinmauer umgibt das Heiligtum. Schon beim Betreten der historischen Anlage, die regelmäßig mit sehenswerten Sound & Light-Shows in Szene gesetzt wird, wird der Blick der Besucher auf das Tempelheiligtum gelenkt. Vier Pfade führen von den Eingangstoren durch mehrere Pforten bis in das Zentrum des Turmbaus. Diese Wege symbolisieren das Durchschreiten verschiedener Welten, bis man am Ende zum Sitz der Götter, dem heiligen Berg, gelangt. Vom südlichen Eingang erreicht man den inneren Hof über eine Vorhalle, deren Sandsteingewölbe von Säulen getragen werden. Besonders schöne Dekorationen finden sich an den Türstürzen. Die Reliefs stellen Szenen aus dem Ramayana-Epos dar, zeigen aber auch hinduistische Gottheiten. Im Mittelpunkt der Anlage steht das restaurierte Hauptheiligtum. Innerhalb der zweiten Umwallung erhebt sich der monumentale, mit zahlreichen Ornamenten geschmückte Turmbau, dessen stufig sich verengende Spitze in einer Lotosknospe endet. (Tel. 044-47 15 68, tgl. 6–18 Uhr, 100 Baht, im Verbund mit Muang Tam 150 Baht, regelmäßige Sound & Light-Shows 18.30–20 Uhr, 100–200 Baht).

Besonders schöne Buddhastatuen, Türstürze und andere bildhauerische Werke der Khmer-Künstler, die man im Tempel fand, sind in dem kleinen **Phimai National Museum** 300 m nördlich vom Tempel am Ortseingang, links hinter der Brücke, ausgestellt. Dort erhält man einen allgemeinen Überblick über die Geschichte der Region (tgl. 9–16 Uhr, Eintritt 100 Baht).

Banyan-Baum

Nach dem Besichtigungsprogramm empfiehlt sich ein Abstecher auf eine Flussinsel im Menam Mun, etwa 1,5 km nördlich der Tempelanlage. Die Straße endet an einem Parkplatz neben zahlreichen Souvenir- und Essensständen. Von dort führen kleine Brücken hinüber zur Insel, die zum großen Teil von einem etwa 350 Jahre alten **Banyan-Baum** eingenommen wird, dessen gewaltige Krone kühlenden Schatten spendet. Besucher spazieren unter dem weit ausladenden Gewirr von Ästen und Luftwurzeln herum, picknicken und beten am Sai Ngam Spirit House am Hauptstamm, der über und über mit bunten Girlanden bedeckt ist. Nebenan kann man sich am Wochenende sein Schicksal aus der Hand lesen lassen.

Verkehr

Busse: Von Nakhon Ratchasima Busse alle 30 Min. bis 22 Uhr.

6 Prasat Phanom Rung

►H 9

Karte: S. 184

Auf einem erloschenen Vulkankegel inmitten einer weiten Ebene erhebt sich nahe der kambodschanischen Grenze eine der schönsten Khmer-Tempelanlagen des Landes, ein beeindruckendes Zeugnis der Khmer-Kunst aus rotem Sandstein. Das zwischen dem 10. und 13. Jh. errichtete Heiligtum ist Gott Shiva, einem der höchsten Götter des hinduistischen Pantheons, gewidmet.

Vom Parkplatz am östlichen Fuß des Berges nähert man sich über mehrere monumentale Treppen, einen langen gepflasterten Weg und von Nagaschlangen begrenzte Brücken dem Bauwerk. Der Weg führt unter anderem am einstigen Vulkankrater mit dem heiligen See vorbei. Nachdem weitere steile Treppen und Naga-Brücken überquert sind, betritt man durch die äußere Galerie, deren hölzerne Decken nicht erhalten geblieben sind, und die mächtigen Torbögen der inneren Galerie den eigentlichen Tempelbereich. In seiner Mitte erhebt sich der höchste Prang, der das Zentrum des Universums symbolisiert, über einem Lingam, dem phallusförmigen Symbol für Shiva. Fein ausgearbeitete Fresken mit dem tanzenden Shiva und anderen Göttern sowie Darstellungen von Szenen aus dem Ramayana-Epos und von religiösen Zeremonien schmücken die Wände. Der Fuß-

Eine der schönsten Khmer-Tempelanlagen des Landes: Prasat Phanom Rung

abdruck Buddhas unter einem kleineren Prang wurde erst zu einer späteren Zeit hinzugefügt (tgl. 6–18 Uhr, Eintritt 100 Baht, im Verbund mit Muang Tam 150 Baht).

Das Tourist Information Centre neben dem Treppenaufgang informiert interessierte Besucher in einer kleinen Fotoausstellung über den Tempel und die Restaurierungsarbeiten. Zudem sind dort englischsprachige Prospekte und Broschüren über den Tempel zu bekommen (Tel. 044-78 27 15, tgl. 8–16.30 Uhr).

Prasat Muang Tam 8 ▸H 9

Karte: S. 184

7 km weiter östlich liegt ein weiterer, Shiva geweihter Khmer-Tempel, der etwa tausend Jahre alte **Prasat Muang Tam**, der ebenfalls in den 1990er-Jahren restauriert wurde. Die zentrale Anlage spiegelt sich in vier großen Wasserbecken, die nur durch die in alle vier Himmelsrichtungen verlaufenden schnurgeraden Zugangswege zum Heiligtum voneinander getrennt werden. Besondere Auf-

merksamkeit verdienen die detailliert ausgearbeiteten Türstürze mit verschiedenen Darstellungen von Shiva und Uma sowie von Krishna (tgl. 7–18 Uhr, Eintritt 100 Baht).

Infos

Vor dem Eingang ist im kleinen **Tourist Information Centre** ein englischsprachiger Prospekt über den Tempel erhältlich (Tel. 044-63 17 46, tgl. 8–16.30 Uhr).

Übernachten

Idealer Ausgangspunkt ▶ **P. California Inter Hostel:** Nang Rong, 59/11 Thanon Sangkhakrit, 800 m östlich der Bus Station, Tel. 044-62 22 14, Fax 044-63 12 77, www.nangronghomestay.com. 12 einfache Zimmer in einem Privathaus in ländlicher Umgebung. Der Besitzer, Khun Wicha Littidej, spricht gut englisch, vermietet Fahrzeuge und organisiert Touren nach Phanom Rung. 400 Baht.

Verkehr

Busse von Nakhon Ratchasima bis Nang Rong oder Ban Tako. Von dort kann man **Motorradtaxis** oder **Minibusse** chartern.

Ban Chiang 9 ▶ H/J 5

Karte: S. 184

Gut 50 km östlich von **Udon Thani** zweigen vom Highway nach Sakhon Nakhon zwei Straßen ab, auf denen man bald **Ban Chiang** erreicht. Ein unscheinbares Dorf, wären nicht die Hinweisschilder zu den Ausgrabungsstätten im Wat Pho Sri Nai und das moderne Museumsgebäude am Ortsausgang. Aufgrund der einmaligen Funde wurde der Ort von der UNESCO 1992 zur World Heritage Site erklärt (whc.unesco.org/en/list/575). Noch immer werden in der Umgebung Krüge, Schalen und andere Keramiken nach den traditionellen Vorbildern, wie im Nationalmuseum ausgestellt, gefertigt und verkauft.

Nationalmuseum

Das Nationalmuseum birgt kostbare Schätze einer längst vergangenen Zeit in einer hervorragend gestalteten Ausstellung. Die frühesten Keramikfunde Thailands sind hier zu sehen, an die 9000 Jahre alt. Sie stammen aus einer Höhle bei Mae Hong Son im Norden des Landes. Bereits vor über 3700 Jahren wurden Bronzewerkzeuge in Sandsteinformen gegossen und in einer der ersten Eisenschmelzereien bei Loei fand man 2800 Jahre alte Metallwerkzeuge.

Im Zentrum der Ausstellung stehen die bemerkenswerten Gebrauchskeramiken aus Ban Chiang. Sie werden in drei Perioden unterteilt: In der frühen Periode (3600–2000 v. Chr.) dienten die dunklen, mit Schnurdekor verzierten Keramiken als Begräbnisurnen für Kinder und als Grabbeigaben. Während der mittleren Periode (1000–300 v. Chr.) wurden die Keramiken mit wulstigen roten Rändern versehen und Muster in die weißen Oberflächen graviert. In der späten Periode (300 v. Chr.–200 n. Chr.) entstanden die roten Krüge mit spiralförmigen und anderen geometrischen Verzierungen, die heute noch gefertigt werden.

Die Dokumentation der Ausgrabungen von Ban Chiang ist mit englischen Beschriftungen versehen. Die Brücke zur Gegenwart schlägt eine Ausstellung über das heutige Ban Chiang, das ein Beispiel für das traditionelle Dorfleben in Thailand bietet (Tel. 042-20 83 40, tgl. 8.30–17 Uhr, Eintritt 150 Baht).

Ausgrabungsstätte im Wat Po Sri Nai

Im Wat Po Sri Nai kann eine überdachte Ausgrabungsstätte besichtigt werden, wo die Keramiken, Tier- und Menschenknochen an ihrem ursprünglichen Platz verblieben sind (tgl. 9–16 Uhr, Eintritt 100 Baht).

Infos

Tourist Office: Udon Thani, 16/5 Thanon Mukmontri, Tel. 042-32 54 06-7, Fax 042-32 54 08, tatudon@tat.or.th, Mo–Fr 9–16.30 Uhr.

Übernachten

Ländlich ▶ **Lakeside Sunrise:** Pension nahe dem Museum am See, Tel. 042-20 81 67, www.banchianglakeside.com. Haus

Tipp: Homestay im Isarn

Viele Deutsche und andere Europäer leben zusammen mit ihren Familien in Dörfern im Nordosten Thailands zumeist in der Heimat ihrer einheimischen Ehefrauen. Einige betreiben Restaurants und Bars oder haben Unterkünfte für Besucher aus der Heimat gebaut und freuen sich, mit ihren Gästen in ihrer Muttersprache kommunizieren zu können.

Die Gästehäuser in abgelegenen Dörfern bieten Reisenden die Chance, abseits der Touristenpfade selbst ohne Kenntnisse der Thaisprache das Land kennenzulernen. Vielfach ist die Qualität der Unterkünfte sogar besser als die vieler Hotels. Hingegen darf man keinen professionellen Service rund um die Uhr erwarten. Es empfiehlt sich jedoch, vor der Anreise die Besitzer zu kontaktieren um sicherzustellen, dass sie sich nicht gerade auf Heimaturlaub befinden. Selbst wenn das Hochplateau nicht mit touristischen Highlights aufwartet, werden Besuche in der Dorfschule, im Tempel oder auf den Reisfeldern, ein Bummel über den Markt und ein gemeinsam gekochtes Essen einmalige Erinnerungen bescheren.

Udon Thai House: rund 5 km von Udon Thani, 9/9 Soi 2, Tambon Nongbua, an der Straße nach Sakon Nakhon,hinter der Umgehungsstraße, Tel. 042-20 40 14, Fax 042-20 42 34, www.udonthaihouse.com. Thomas Leisner und seine Frau Nee vermieten in ihrer Ferienanlage 14 klimatisierte Zimmer mit TV, Video und Kühlschrank. Garten mit Pool, deutsche Küche. 600 und 1000 Baht.

Lamai Tours an Homestay: zwischen Nakhon Ratchasima und Khon Kaen, 23/1 Soi 3, Ban Khopet, Bua Yai, Tel. 086-258 58 94, 078-75 45 44, www.thailandhomestay.com. Jimmy aus Wales und seine Frau Lamai leben in einem kleinen Dorf. Hier ist Zelten im Garten möglich und in drei Häusern werden saubere, teils klimatisierte Zimmer mit unterschiedlichem Standard vermietet. Sie organisieren auch Ausflüge. 500–600 Baht.

Thaitraveldreams: südwestlich von Khon Kaen, 100 Soi 1, Baan Khampong, Tel. 043-32 12 68, 081-872 56 70, Fax 043-22 51 96, www.thaitraveldreams.com. Das Reisebüro Isaan Discovery Travel unter holländischer Leitung organisiert diverse Touren durch den Isarn sowie eine Unterkunft im Dorf in einfachen Zimmern mit Fan und Moskitonetz.

Ban Prasat (s. S. 109): In diesem Dorf mit archäologischen Ausgrabungsstätten und einem Heimatmuseum können Touristen auch bei 40 Familien übernachten.

im Thaistil mit schöner Holzveranda und 6 Ventilatoren-Zimmern. 300 Baht.

Komfortabel ▶ **The City Lodge:** Udon Thani, 83 Thanon Wattana Nuwong, Tel. 042-22 44 39, www.udonmap.com/thecitylodge. Große, klimatisierte Zimmer mit Satelliten-TV, Restaurant mit Pizzeria. 500–1000 Baht.

Verkehr

Flüge: Thai Airways, Air Asia, Nok Air fliegen von Udon Thani nach Bangkok.

Busse: Zur zentralen Bus Station in Udon Thani verkehren zahlreiche Busse von Bangkok und anderen Städten des Nordostens. In Udon Thani sowie in Ban Pulu, an der Abzweigung nach Ban Chiang, können Minibusse für die Weiterfahrt gechartert werden.

Züge: Vier Züge von Bangkok in Richtung Nong Khai. Der Bahnhof liegt im östlichen Zentrum.

Mietwagen: Budget, 75 Moo 5, Bannongtaolek Makkhang, Tel. 042-24 68 05, www.budget.co.th.

Am Mekong entlang

Karte: S. 197

Der als H 2 durch den Nordosten führende Friendship Highway endet in der Grenzstadt **Nong Khai** 1, 24 km von Vientiane, der Hauptstadt von Laos, entfernt. Seit 1994 ver-

Am Mekong entlang

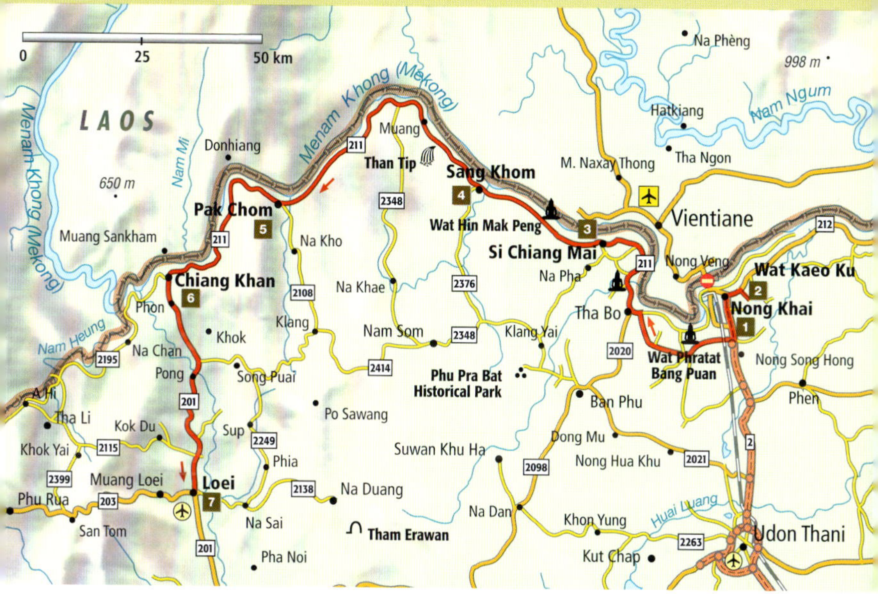

bindet die 1774 m lange Freundschaftsbrücke, die erste Brücke über den Mekong, beide Länder miteinander. Viele Langzeiturlauber kommen zur Visaverlängerung hierher, andere starten mit der Überquerung der westlich des Zentrums liegenden Mittraphap-Brücke ihre Rundreise durch das Nachbarland. Beim Bummel über den riesigen Indochina Market, der sich in der Altstadt zwischen dem Fluss und dem Wat Sri Muang erstreckt, kann man interessante Souvenirs oder einen leckeren Snack erstehen. Rings herum hat sich eine lebhafte, auf westliche Besucher ausgerichtete Gästehaus- und Barszene etabliert.

Lohnend ist ein Ausflug zum **Wat Kaeo Ku** **2**, einem Skulpturenpark etwa 5 km östlich des Zentrums. Die bis zu 20 m hohen Betonstatuen stellen teils makaber wirkende Szenen aus der hinduistisch beeinflussten Mythologie dar (8–18 Uhr, Eintritt 20 Baht).

Passagierschiffe sowie Longtailboote und Frachtkähne verkehren auf dem träge dahinfließenden Mekong. Auf schmalen, anfangs schlechten Nebenstraßen kann man jedoch am Südufer des Mekong entlang Richtung Westen bis Chiang Khan zu fahren. Über die große Thai-Lao Friendship Bridge ist es auch Ausländern möglich, in das Nachbarland Laos einzureisen. Hinter der Freundschaftsbrücke erstreckt sich am Mekong-Ufer ein langer Sandstrand. Sehr lecker schmeckt die regionale Spezialität, frisch gegrillter Mekong-Fisch mit dicker Salzkruste. Auf der schlechten, 28 km langen Uferstraße, die kurz vor Tha Bo auf die vierspurig ausgebaute Umgehungsstraße mündet, verkehren keine öffentlichen Verkehrsmittel. Vom kleinen Ort **Si Chiang Mai** **3** aus bietet sich ein guter Blick auf die gegenüberliegende laotische Hauptstadt Vientiane mit ihren prächtigen Tempeln. Nun geht es durch eine hügelige Landschaft, in der die abwechslungsreiche Flusslandschaft mit malerischen Ausblicken aufwartet. Wer die gesamte Strecke bis **Chiang Khan** **6** nicht an einem Tag zurücklegen möchte, kann in **Sang Khom** **4** oder **Pak Chom** **5** in einfachen Gästehäusern übernachten. Mit einem eigenen Fahrzeug bietet sich für den Rückweg eine Fahrt durch das Hinterland über **Loei** **7** an, auf der ein interessanter Abstecher zu Thailands ältestem Weingut auf dem Hochplateau möglich ist, und über den Highway 210 nach Udon Thani. Ansonsten fahren Busse von Chiang Khan direkt nach Bangkok zurück.

Infos

In Loei im ehemaligen District Office, Thanon Charoen Rat, südöstlich vom See, Mo–Fr 9.30–16.30 Uhr. Zahlreiche, teils englischsprachige Broschüren.

Übernachten

... in Nong Khai

Die Nummer eins ▶ **Nongkhai Grand Hotel:** 589 Moo 5, Thanon Nongkhai-Poanpisai, Tel. 042-42 00 33, Fax 042-41 20 26, www.nongkhaigrand.com. Bestes Haus der Stadt mit 130 Zimmern, kleinem Innenpool, abends auf der Dachterrasse Livemusik. 1400–3000 Baht.

Moderne Ausstattung ▶ **Pantawee Hotel:** 1049 Thanon Haisoke, Tel. 042-41 15 68-9, www.pantawee.com. Zentral gelegenes, modernes Hotel, klimatisierte Zimmer mit kostenlosem Internetanschluss, DVD-Player. Restaurant, Spa, Reisebüro und Fahrzeugvermietung. 500–2200 Baht.

Backpacker-Klassiker ▶ **Mut Mee Guesthouse:** 1111/4 Thanon Kaeworawut, Tel. 042-46 07 17, Fax 042-41 21 82, www.mutmee.com. Das älteste und beliebteste Guesthouse am Mekong, das vom Engländer Julian und seiner Frau Pao Wright geleitet wird. Viele Häuser mit Zimmern unterschiedlichen Standards. Gutes Gartenrestaurant mit vielen vegetarischen und gesunden Gerichten, Schwimmende Bar auf dem Fluss. 200–700 Baht.

... in Chiang Khan

Traumhafte Lage ▶ **Chiang Khan Hill Resort:** Tel. 042-82 12 85, Fax 042-82 14 15, www.chiangkhanhill.com. 5 km westlich von Chiang Khan in einer Mekong-Schleife liegt dieses neue Hotel in wunderschöner Umgebung. 800–2000 Baht.

Von Künstlerhand restauriert ▶ **Loogmai Guesthouse:** 112 Chai Khong Rd., Tel. 042-82 23 34, loogmaiguest@thaimail.com. Der Künstler Somboon hat mit seiner Frau Malarin das einzige Steinhaus im französischen Kolonialstil an der Uferstraße liebevoll restauriert und mit modernen Bildern sowie einer passenden Möblierung zu einem Kleinod gemacht. Gemeinschaftsdusche/WC. Sehr gutes Frühstück. 300–500 Baht.

... in Sang Khom

Idyllisch am Mekong ▶ **Bouy Guesthouse:** Tel. 042-44 10 65, am Ende des Dorfes am Mekong, umgeben von einem Garten, kleines, preiswertes Restaurant, Fahrzeugvermietung. 200–300 Baht.

Essen & Trinken

... in Nong Khai

Zahlreiche kleine Bars und Restaurants werden von Ausländern betrieben, die in Nong Khai hängengeblieben sind.

Kleine Passagierschiffe und Frachtkähne ankern am träge fließenden Mekong

Deutsche Hausmannskost ▶ **Café Thasadej:** 387/3 Soi Thepbunterng, Tel. 042-42 39 21, www.gothasadej.com, tgl. 8–1 Uhr. Der Hamburger Carsten Schittek brutzelt beste deutsche Hausmannskost wie Kartoffelpuffer und Grünkohl. Bistro-Filiale mit Reisebüro an der neuen Mekong-Promenade. 100–200 Baht.

Verkehr

Busse: Von Nong Khai fahren zahlreiche Busse von 7–20.30 Uhr über Udon Thani nach Bangkok (616 km) in 10–11 Std. Weitere Busse nach Pattaya, Loei sowie am Morgen zwischen 6 und 10.30 Uhr am Mekong entlang über Si Chiang Mai nach Ban Tad; von dort mit Minibussen weiter nach Chiang Khan. Ab Chiang Khan Busse nach Bangkok und Loei.

Züge: Vom Bahnhof in Nong Khai, zwischen dem alten Zentrum und der Brücke, fahren vier Züge täglich nach Bangkok in 12 Std.

Tipp: Lao-Markt

Zahlreiche Stände mit Würsten aus dem Isarn und Fisch vom Grill. Schön sitzt man auch in den Thairestaurants am Ufer zwischen Fluss und Markt. Das große Holzschiff Nagarina startet jeden Abend gegen 17–18 Uhr zu einstündigen Sunset Cruises auf dem Mekong, wofür das Essen vorzubestellen ist (Tel. 042-41 22 11, www.nagarina.com, 100 Baht).

Wahrhaftig groß: 15 Meter hoch ist der Buddha von Wat Si Chum in Sukhothai

Kapitel 3

Zentralthailand

Im Zentrum Thailands, an den Ufern der großen Flüsse, zeugen die Ruinen ehemaliger Garnisons- und Königsstädte sowie ein hübscher königlicher Sommerpalast vom wechselvollen Schicksal des Landes. Die das Tiefland umgrenzenden Berge hingegen locken mit Elefantencamps und Wasserfällen.

Von Bangkok bis Chiang Mai sind es im Zug rund 12 bis 14 Stunden Fahrt durch die Flusstäler von Zentralthailand und die Berge im Norden. Am Weg liegen endlose Reisfelder und geschäftige Märkte, dschungelbedeckte Nationalparks und verlassene Ruinenstädte. Wer diese nicht versäumen möchte, sollte nicht mit dem Expresszug, sondern mit einem der tagsüber verkehrenden Eilzüge oder dem Bus fahren und Zwischenstopps einplanen.

Umrahmt wird dieses Tiefland von einer Hügellandschaft, die einst dichte Teakwälder überzogen. Viele der dünn besiedelten Regionen abseits der Hauptverkehrsrouten wurden erst vor gut hundert Jahren erschlossen und vermitteln noch heute ein Gefühl der Abgeschiedenheit. Dazu trägt die teils schlechte Verkehrsanbindung bei.

Hingegen ist das zentrale Tiefland entlang der großen Flüsse seit dem 7. Jh. von unterschiedlichen ethnischen Gruppen besiedelt worden. Die aus Holz errichteten Gebäude sind längst zerfallen, aber die Ruinen zahlreicher Tempel und Paläste zeugen von einst bedeutenden Siedlungen in der Nachbarschaft heutiger eher zweitrangiger Provinzstädte.

Auf einen Blick

Zentralthailand

Sehenswert

7 **Ayutthaya:** An den Ufern des größten Flusses des Landes, am Menam Chao Phraya, liegen die Tempelruinen dieser ehemaligen Königsstadt, die auf der UNESCO-Liste des Welterbes steht (s. S. 206).

8 **Phitsanulok:** Wo der ›perfekte‹ Goldene Buddha aus dem 14 Jh. bewundert werden kann, hat die Herstellung von Buddhastatuen bis heute Konjunktur (s. S. 216).

9 **Sukhothai:** In der ältesten Königsstadt Thailands half die UNESCO bei der Restaurierung des historischen Kulturguts von Alt-Sukhothai (s. S. 218).

10 **Thai Elephant Conservation Center:** In der Nähe von Lampang kann das Wappentier Thailands zeigen, was in ihm steckt. Hier wird die traditionelle Ausbildung von Arbeitselefanten fortgeführt (s. S. 231).

Schöne Route

Rundfahrt im Grenzgebiet zu Myanmar: Eine mehrtägige Tour in die Berge westlich der Menam-Ebene führt von Tak nach Umphang und zum höchsten Wasserfall des Landes (s. S. 225).

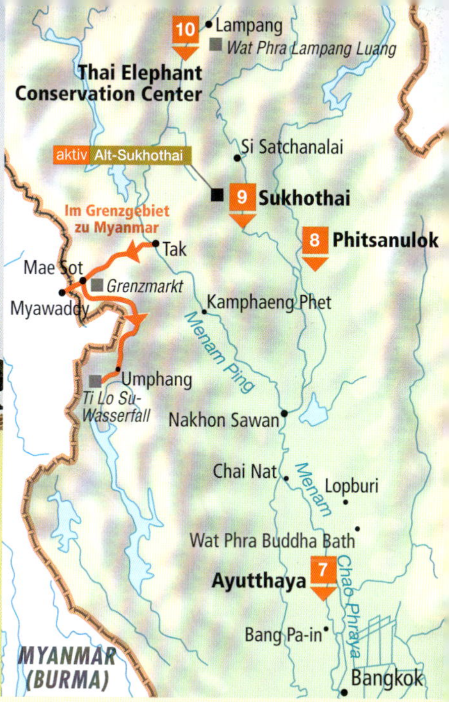

Meine Tipps

Flying Vegetables: An einem Stand auf dem Nachtmarkt von Phitsanulok lassen sich akrobatische Kochkünste bewundern (s. S. 218).

Einkaufen an der Grenze: Auf dem Grenzmarkt am Westufer des Moei bei Mae Sot herrscht multikulturelles Treiben (s. S. 226).

Ti Lo Su-Wasserfall (nahe Umphang): Eine Floßfahrt auf dem Mae Klong und ein Bad am Fuß des höchsten Wasserfalls des Landes sind einmalige Erlebnisse (s. S. 226).

Wat Phra That Lampang Luang (nahe Lampang): Das alte, teils aus Teakholz erbaute, befestigte Wat ist eine der schönsten Tempelanlagen (s. S. 230).

aktiv unterwegs

Alt-Sukhothai mit dem Fahrrad erkunden: Sukhothai, die einst mächtige erste Hauptstadt des Thaireiches, ist heute ein Park mit den restaurierten Ruinen der historischen Tempelanlagen. Das Gelände der alten Königsstadt wie die ländliche Umgebung lassen sich angenehm mit einem Fahrrad erkunden, das man in Sukhothai mieten kann (s. S. 222).

Alte Königsstädte in der Tiefebene

Auf die wechselvolle Geschichte alter Kulturvölker im fruchtbaren Reisanbaugebiet verweisen zahlreiche Bauwerke, Skulpturen und andere Kunstdenkmäler, die dem zersetzenden tropischen Klima standhalten konnten oder bis in die Gegenwart unter schützenden Erdschichten verborgen blieben.

Schon Jahrhunderte bevor die Thai einwanderten, kultivierten Mon und Khmer in der zentralen Flussebene des Menam Chao Phraya Reis, bauten Städte, Paläste und Tempel. Ihnen folgten von Norden die Thai, die zunächst in Sukhothai und später in Ayutthaya ihre prunkvollen Hauptstädte errichteten.

In Lopburi, einer der ältesten Städte Thailands, befand sich bereits im 7. Jh. das politische und religiöse Zentrum des Mon-Königreichs Dvaravati. Als das Reich unter indischen Einfluss geriet, verbreitete sich der Theravada-Buddhismus im Land. Mit der Eroberung durch die Khmer Ende des 10. Jh. erlangte Lopburi als Sitz des Vizekönigs über die alten Reichsgrenzen hinaus Bedeutung. Aus dieser Zeit stammen verschiedene, gut erhaltene Tempelanlagen sowie zahlreiche Plastiken, die deutlich den Einfluss der Khmer-Kunst zeigen. Eine zweite Blütezeit erlebte Lopburi, als fast 700 Jahre später König Narai von Ayutthaya (1657–88) die Stadt zu seiner Zweitresidenz machte.

Die Thai hatten auf ihrer Wanderung von Yünnan nach Süden seit dem 9. Jh. kleine Fürstentümer in den nördlichen Bergregionen gegründet. Im 13. Jh. verbündeten sich zwei Thaifürsten, Bang Klang Thao und Pha Muang, und drängten die mächtigen Khmer weiter nach Süden. In der fruchtbaren Ebene des Menam Yom eroberten sie 1238 jene blühende Khmer-Stadt, die unter dem Namen Sukhothai die Hauptstadt des ersten großen Thaireiches werden sollte, die Wiege von Thailand.

Bang Klang Thao befehligte als König Indraditya eine schlagkräftige Armee, die bald die Einflusssphäre des neuen Staates vom südlichen Burma (Pegu) über die Gegend des heutigen Vientiane bis hinunter nach Nakhon Si Thammarat auf der Malaiischen Halbinsel ausweitete. Unter den acht Herrschern von Sukhothai war der jüngste Sohn von Indraditya, Rama Khamhaeng, der berühmteste. Doch bereits unter dessen Sohn und Nachfolger zeichnete sich der Verfall ab. 1376 wurde Sukhothai endgültig zum Vasallen des jungen Reiches von Ayutthaya.

Zu Beginn des 18. Jh. hatte die Stadt Ayutthaya den Höhepunkt ihrer Macht erreicht und war mit 300 000 Einwohnern größer als London oder Paris; 40 verschiedene Nationalitäten lebten in ihren Mauern. Händler und Kaufleute aus aller Welt exportierten Edelhölzer, Reis und Elfenbein nach China und Europa. Vom Wohlstand zeugten Hunderte reich ausgestatteter Tempelanlagen und der prunkvolle Königspalast. Alles ging in Flammen auf, als 1767 burmesische Truppen die Königsstadt eroberten und völlig zerstörten. Einmalige Kunstwerke und unersetzliche Dokumente wurden zu Asche.

Im weiteren Umkreis der Ruinen einst bedeutsamer Machtzentren haben sich geruhsame Provinzstädte mit gesichtslosen Neubauten ausgebreitet. Auch wenn ihre Tempel nicht als architektonische Highlights angesehen werden können und auf ihren Märkten kaum interessante Souvenirs zu finden sind, lohnt es, die Atmosphäre zu schnuppern und vielleicht sogar an dem einen oder anderen Fest teilzunehmen.

Bang Pa In ►E 9

In **Bang Pa In** befindet sich seit dem 17. Jh. der Sommerpalast der Könige von Ayutthaya. Nachdem die Residenz nach Bangkok verlegt wurde, verlor er vorübergehend an Bedeutung. Denn als das Reisen mit der Einführung von Dampfschiffen wieder attraktiv wurde, ließen König Mongkut und sein Nachfolger Chulalongkorn im 19. Jh. an dieser Stelle einen neuen Palast im asiatisch-europäischen Stil errichten.

Auf dem Weg durch die weitläufige Parkanlage zum zentralen Komplex steht ein kleiner **Schrein** zu Ehren des Ayutthaya-Königs Prasat Thong. Im gegenüber liegenden im europäischen Stil errichteten **Saphakhan-Ratchprayun-Palast** ist eine Ausstellung über die Geschichte des Palastes und seiner Bewohner mit vielen englischsprachigen Erläuterungen zu sehen. Beeindruckend ist der kleine, elegante **Aisawan-Thippa-At-Wasserpavillon,** ein Beispiel vollendeter Thaiarchitektur wurde mehrfach kopiert. Die Holzkonstruktion steht im starken Kontrast zu den steinernen europäischen Statuen auf der Brücke und der neoklassischen **Warophat-Piman-Residenz.** Der angrenzende Bereich, der nur durch das **Thewarat-Khanlai-Tor** zugänglich ist, war früher ausschließlich der Königsfamilie vorbehalten. Die zweistöckige, nach chinesischen Vorbildern errichtete **Wehat-Chamrun-Residenz** war bevorzugtes Domizil von König Rama VI. Andere Bauten, vom Tempel bis zum Aussichtsturm, ahmen den Stil italienischer oder viktorianischer Schlösser nach. Der zweistöckige repräsentative **Palast Phra Thinang Uthayan Phumisathian** im europäischen Stil, der 1938 abbrannte, wurde originalgetreu wieder aufgebaut (Tel. 035-26 15 48, tgl. 8–16 Uhr, Eintritt 100 Baht).

Auftakt zu den Königsstädten: Die königliche Sommerresidenz in Bang Pa In

Ayutthaya

Sehenswert

1 Ayutthaya Historical Study Centre
2 Nationalmuseum
3 Tourist Center
4 Wat Mahathat
5 Wat Ratburana
6 Denkmal für U Thong
7 Ehemaliger Palast
8 Wat Phra Si San Phet
9 Vihara Phra Mongkol Bophit
10 Wat Lokayasutha
11 Wat Chai Wattanaram
12 Wat Na Phra Meru
13 Chedi Phu Kao Thong
14 Elefantenkral
15 Chandra-Kasem-Palast
16 Wat Phanan Choeng
17 Wat Yai Chai Mongkol

Übernachten

1 Krung Sri River Hotel
2 River View Place
3 U-Thong Inn
4 The Old Palace Resort

Essen & Trinken

1 Pae Krung Kao Restaurant
2 Sai Thong River Restaurant
3 Nachtmärkte

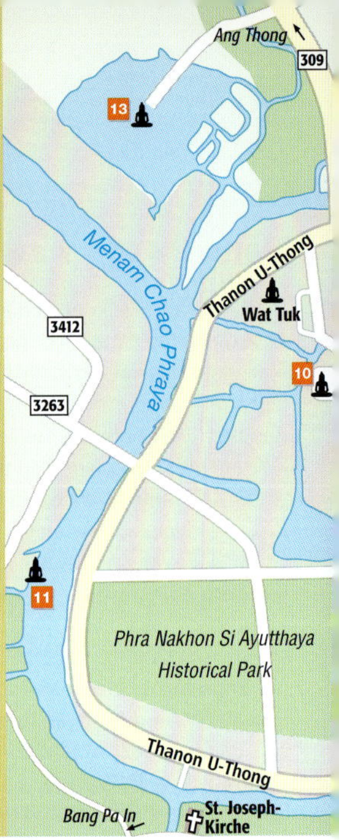

Verkehr

Zugverbindungen: Nur die lokalen Züge von Bangkok, die Richtung Norden weiterfahren, halten am Bahnhof, 2 km nördlich vom Palast.

Busverbindungen: Viele Busse vom Mo Chit Bus Terminal in Bangkok und vom lokalen Busbahnhof in Ayutthaya.

Ausflugsboote: Mehrere Veranstalter offerieren Tagestouren von Bangkok nach Bang Pa In (s. S. 167).

7 Ayutthaya ▶ E 9

Die ehemalige Königsstadt Ayutthaya ist seit 1991 UNESCO-Welterbe. Über 500 Ruinen auf der Flussinsel westlich der heutigen Stadt zeugen von der Pracht der einstigen Königsstadt, die über 400 Jahre vom 14. bis 18. Jh. das Machtzentrum des Thaireiches war. Wer sich nicht nur auf wenige Sehenswürdigkeiten beschränken will, sollte sich für die Besichtigung des weitläufigen Areals ein Fahrzeug mieten.

Erste Annäherung

Die beste Einführung in die Geschichte der Stadt und des Landes vermittelt ein Besuch des **Ayutthaya Historical Study Centre** 1 in der Thanon Rojana. In diesem Museum wurde ein für Thailand ungewöhnlich modernes Ausstellungskonzept verwirklicht. In dem von japanischen und thailändischen Architekten entworfenen, modernen Gebäude werden Kunst und Kultur der Ayutthaya-Periode (14.–18. Jh.) erforscht sowie die Lebensbedingungen der Menschen jener Zeit anhand von Modellen und Dioramen anschaulich dargestellt. Vier Themenbereiche beleuchten Ayutthaya als Hauptstadt und als zentralistischen Staat; sie zeigen die traditionelle dörfliche Gesellschaft und die außenpolitischen Beziehungen jener Zeit. Karten, Schautafeln, Abbildungen und Nachbauten von alten Wohnhäusern, Schiffen und Tempeln ergänzen die Ausstellung und vermitteln ein Gesamtbild. Zum Study Centre gehört auch eine Bibliothek mit rund 3000 Büchern über die Ayutthaya-Periode (Tel. 035-24 51 23, Mo–Fr 9–16.30, Sa/So bis 17 Uhr, Eintritt 100 Baht).

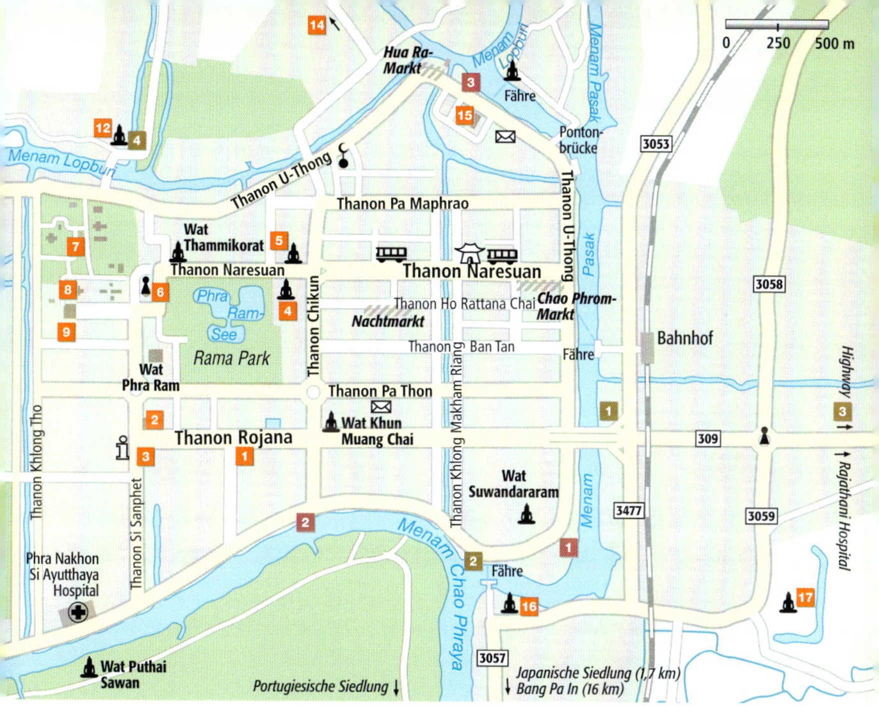

Nach ca. 500 m auf der Thanon Rojana findet man rechter Hand das **Nationalmuseum** 2. Es zeigt vor allem Buddhafiguren sowie andere Statuen aus Bronze und Stein, die in verschiedenen Epochen entstanden. Sehenswert sind die Goldschätze, die im Wat Ratburana entdeckt wurden (Tel. 035-24 15 87, Mi–So 9–16 Uhr, Eintritt 50 Baht).

Hinter dem Museum erstreckt sich der Rama Park. Das große **Tourist Center** 3 in der ehemaligen Stadthalle gegenüber dem Museum enthält im Obergeschoss eine Ausstellung, die einen allgemeinen Überblick über die Geschichte der Stadt und ihrer Bewohner sowie die heutigen Sehenswürdigkeiten vermittelt (Do–Di 8.30–16.30 Uhr). Zudem hält das angrenzende Tourist Office einige Informationen bereit.

Das historische Ayutthaya

Im Osten des Parks steht die weitläufige Tempelanlage des **Wat Mahathat** 4, die 1384 gegründet und später mehrfach erweitert wurde. In den Ruinen des Prangs, der einmal 44 m hoch gewesen sein soll, fand man wertvolle religiöse Statuen. Da dieses Wat weitgehend in seinem ursprünglichen Zustand belassen wurde, wirkt es originalgetreuer als das gegenüber liegende **Wat Ratburana** 5, dessen Prang man rekonstruiert hat. König Boromrachathirat II. ließ im Jahr 1424 den imposanten Tempel als Begräbnisstätte für seine Brüder erbauen. Besucher können den schmalen, steilen Gang zur Grabkammer hinabsteigen, in der man einen Goldschatz gefunden hat (tgl. 8–18.30 Uhr, Eintritt jeweils 50 Baht).

An den Stadtgründer U Thong erinnert ein **Denkmal** 6 nordwestlich des Parks. Dahinter lag der **ehemalige Palast** 7, dessen Ruinen die Macht der Ayutthaya-Herrscher erkennen lassen. Da der neue Königspalast in Bangkok nach seinem Vorbild errichtet wurde, lässt sich die Funktion der einzelnen Gebäuden nachvollziehen. Die zweistöckige Suriyat-Amarin-Halle und die Zeremonienhalle Vihara Somdet begrenzen die San-Phet-Prasat-Halle, die 1448 als Empfangsgebäude errichtet wurde – ein Modell der unzerstörten Halle steht in Muang Boran (s. S. 165).

Der alte Königstempel von Ayutthaya: Wat Yai Chai Mongkol

Dass eine enge Verbindung zwischen Staat und Buddhismus unter der Herrschaft des Königs bestand, zeigen nicht zuletzt die hohen Mauern, die nicht nur den Palast, sondern auch den Königstempel, **Wat Phra Si San Phet** 8, umgeben. Ebenso wie das Wat Phra Keo, der Königstempel in Bangkok, enthält er kein Kloster, sondern diente vor allem als Ort wichtiger religiöser und staatlicher Zeremonien, die vom König vollzogen wurden. Auf den ersten Blick scheinen die drei Chedis inmitten der Ruinen wenig eindrucksvoll. Doch im Vihara des königlichen Tempels aus dem 15. Jh. stand ein 16 m hoher, vollständig mit Gold überzogener Buddha. Um das Edelmetall zu schmelzen, zündeten die Burmesen den Tempel an, sodass heute von dem einstigen Glanz kaum mehr als einige Wände, die Grundmauern und drei verwitterte Chedis geblieben sind. Diese enthalten die Asche verstorbener Könige und eine Buddhareliquie (tgl. 7–18.30 Uhr, Eintritt 50 Baht).

Der **Vihara Phra Mongkol Bophit** 9, ein Gebäude aus den 1950er-Jahren, birgt den

größten Bronzebuddha des Landes. Es handelt sich um die Rekonstruktion einer Statue aus dem 15. Jh., die deutliche Einflüsse des Sukhothai-Stils erkennen lässt. Wie der Menschenandrang belegt, genießt dieser Buddha bei der Bevölkerung hohes Ansehen (Mo–Fr 8.30–16.30, Sa, So bis 17.30 Uhr).

Hinter der Brücke führen schmale Wege zum **Wat Lokayasutha** 10. Zu den Sehenswürdigkeit des Klosters zählt ein 29 m langer liegender Buddha, dessen Kopf auf einem lotosförmigen Kissen ruht. **Wat Chai Wattanaram** 11, ein großer, restaurierter Tempel im Khmer-Stil, steht im Südwesten jenseits des Menam Chao Phraya (tgl. 8–18.30 Uhr, Eintritt 50 Baht).

Nördlich des Königspalastes lohnt sich ein Besuch des in einer schönen Umgebung gelegenen **Wat Na Phra Meru** 12. Sein Vihara, dessen Wände verblichene Wandmalereien schmücken, enthält eine über 1000 Jahre alte, steinerne Buddhafigur im Dvaravati-Stil, der sich in ungewöhnlicher europäischer Sitzhaltung präsentiert. Im Bot steht ein 6 m hoher vergoldeter Bronzebuddha im perfekten Ayutthaya-Stil.

Etwa 2 km nördlich der Stadttore erhebt sich der mächtige, 80 m hohe **Chedi Phu Kao Thong** 13, den Burmesen als Dank für ihren Sieg 1569 errichteten. Nachdem sie aus dem Land vertrieben worden waren, erhielt auch der Chedi eine neue Fassade im Thaistil.

Früher wurden in dem **Elefantenkral** 14 (Paniad) aus Teakholz, 6 km nordöstlich des Stadtzentrums, wilde Elefanten gezähmt und einem staunenden Publikum vorgeführt. Heute können in der rekonstruierten Umzäunung aus schweren Teakstämmen einige Elefanten darauf, von Touristen gefüttert und geritten zu werden.

Im Nordosten der Insel ist im rekonstruierten **Chandra-Kasem-Palast** 15 von Prinz Naresuan aus dem Jahre 1577 ein kleines Museum mit Skulpturen und Lackarbeiten der Ayutthaya-Periode (14.–18. Jh.) untergebracht. Im Observatorium hinter den Museumsgebäuden betrieb König Rama IV. astronomische Studien. Unter König Narai (1657–88) befand sich dort ursprünglich eine Befestigungsanlage (Mi–So außer feiertags 9–16 Uhr, Eintritt 50 Baht).

Im Südwesten steht der älteste Tempel, **Wat Phanan Choeng** 16. Da der Buddhastatue im Viharn magische Kräfte zugesprochen werden, genießt sie vor allem bei Chinesen große Verehrung. Auch vielen anderen Buddhastatuen, hinduistischen und chinesischen Schutzgöttern in mehreren Schreinen bringen Gläubige Opfergaben dar und bitten um Beistand (tgl. 8–17 Uhr, Eintritt 20 Baht). An der Anlegestelle hinter dem Tempel können kleine Boote für eine Rundfahrt um Ayutthaya gemietet werden.

Zu empfehlen ist ein Abstecher zum **Wat Yai Chai Mongkol** 17. Der Meditationstempel, der zugleich als Residenz des religiösen Oberhaupts, des Ersten Patriarchen, diente, wurde 1357 gegründet. 1592 ließ König Naresuan den 62 m hohen Chedi im Stil ceylonesischer Stupas zum Zeichen seines Sieges über den burmesischen Kronprinzen errichten. Den Chedi und Klostergarten umrahmen 135 kleinere und größere Buddhastatuen. In einem neu angelegten Park hinter dem Liegenden Buddha wird König Naresuan mit einem Denkmal in einer gläsernen Halle geehrt (tgl. 8–18.30 Uhr, Einlass bis 17 Uhr, Eintritt 20 Baht).

Infos

Tourist Office: Thanon Si Sanphet, Tel. 035-32 27 30, tgl. 8.30–16.30 Uhr. Das städtische Informationsbüro befindet sich in der ehemaligen Stadthalle gegenüber dem Nationalmuseum. Neben dem Informationsschalter im Erdgeschoss vermittelt im Obergeschoss eine Ausstellung tgl. außer Mi einen Einstieg in die Geschichte der Stadt. Es gibt Hilfe bei der Programmgestaltung.

Übernachten

Gediegen ▶ **Krung Sri River Hotel** 1: 27/2 Moo 11, Thanon Rojana, Tel. 035-24 43 33, www.krungsririver.com. Ein großes und recht zentral gelegenes Hotel, das auch bei Reiseveranstaltern und Gruppen beliebt ist. Gutes Restaurant. 1800–6000 Baht.

Zimmer mit Aussicht ▶ **River View Place** 2: 35/5 Horetanachai, Thanon U-Thong, Tel. 035-24 14 44, Fax 035-24 11 10. Ein neueres Hotel am Fluss, alle Zimmer haben einen Balkon und eine schöne Aussicht. Zudem Apartments mit Küchenzeile. Die Terrasse des Restaurants ist ein schöner Platz für den Sundowner. 1700 Baht.

Solide ▶ **U-Thong Inn** 3: 210 Thanon Rojana, Tel. 035-24 22 36, Fax 035-24 22 35, www.uthonginn.com. Etwas außerhalb der Stadt, 200 komfortable Zimmer im alten Flügel und Suiten im Neubau. 1900–4700 Baht.

Klein aber fein ▶ **The Old Palace Resort** 4: 1/35 Moo 5, Klong Srabua Tavasukree, Tel. 035-23 30 62, www.theoldpalaceresort.com, ruhig nördlich der Altstadt gelegen, 9 klimatisierte Bungalows mit Warmwasser und Kühlschrank, großer Fensterfront und Terrasse. 800–1000 Baht.

Viele einfache Gästehäuser, zentral gelegen, offerieren einfache, preiswerte Zimmer.

Essen & Trinken

Typisch Thai ▶ **Pae Krung Kao Restaurant** 1: 84 Thanon U-Thong. Südlich der Brücke, Sitzplätze auch im Freien und auf einem Boot, Thaigerichte. Um 100 Baht.

Dinner auf dem Fluss ▶ **Sai Thong River Restaurant** 2: 45 Moo 1, Thanon U-Thong, Tel. 035-24 14 49, 087-1 21 39 36, tgl. 10.30–22.30 Uhr. Großes Restaurant am Flussufer mit einer großen Terrasse und hervorragenden Thaigerichten, englische Speisekarte. Zweimal tgl. legt die zu einem schwimmenden Restaurant umgebaute Reisbarke Siam Thanee ab. Um 100 Baht.

Aktiv

Bootsvermietung ▶ Boote können für eine Stadtrundfahrt und eine Tour nach Bang Pa In hinter dem Wat Phanan Choeng gemietet werden.

Ruinentour ▶ Gästehäuser organisieren am späten Nachmittag zweistündige Touren durch die Ruinen.

Elefantenausritte ▶ Ausritte mit historisch eingekleideten Mahouts entlang der Straßen im Zentrum von Ayutthaya oder im Elefantenkral sind kein besonderes Vergnügen aber vor allem bei asiatischen Urlaubern sehr beliebt.

Tipp: Nachtmärkte

Ein Muss ist der Besuch der **Nachtmärkte** 3 am Fluss gegenüber dem Chandra Kasem Palast. An zahlreichen Ständen gibt es frisch zubereitete Snacks, Suppen und größere Gerichte, die man an Tischen im Freien in aller Ruhe genießen kann. Unter 100 Baht.

Termine

Ayutthaya – The Glory: vom 10.–25. Dezember. Mit Jahrmarkt, Theater und Light & Sound Show wird die Aufnahme der Stadt in die Liste des UNESCO-Welterbes gefeiert.

Verkehr

Zugverbindungen: Fast stündlich fahren Züge von Bangkok über Ayutthaya Richtung Norden (Lopburi, Phitsanulok, Chiang Mai) und Nordosten (Pak Chong, Nakhon Ratchasima, Nong Khai). Der Bahnhof liegt zentral östlich der Ruinenstadt am Fluss.

Busverbindungen: Von Bangkok Busse ab Mo Chit Bus Terminal, 76 km, alle 20 Min. zur Bus Station, 4 km östlich des Zentrums. Von hier weitere Busse nach Lopburi, Sukhothai, Phitsanulok und Chiang Mai. Regelmäßige Verbindungen vom lokalen Bahnhof am Chao Phrom Markt nach Bang Pa In, zum Southern Bus Terminal in Bangkok sowie mit Minibussen zum Victory Monument und Southern Bus Terminal in Bangkok.

Tuk-Tuks und **Fahrräder** können für Rundfahrten gemietet werden.

Lopburi ►E 9

Cityplan: S. 212

Überdimensional groß und in Bronze gegossen blickt König Narai von einem Sockel, auf dem die großen Taten seines Lebens festgehalten sind, auf Besucher herab, die sich dem ersten großen Kreisverkehr der Stadt Lopburi nähern. Doch erst 3 km weiter, westlich der Bahnlinie, betritt man historischen Boden. In wenigen Stunden kann man zu Fuß die Ruinen vergangener Jahrhunderte erwandern, die inmitten des geschäftigen Treibens der Händler und des lautstarken Verkehrs wie Fremdkörper wirken. Ausgangspunkt ist der dritte Kreisverkehr am Bahnübergang.

Bedeutende Heiligtümer

Sarn Phra Karn 1, ein ehemaliger Hindu-Schrein östlich der Bahnlinie, wird noch immer als heilige Stätte verehrt. Der über den Ruinen neu errichtete Bau mit einer Steinskulptur von Vishnu wie auch die hohen Bäume sind von Affen bevölkert, die manchmal zubeißen und deshalb nicht gefüttert werden dürfen. Jenseits der Schienen erheben sich links die drei wuchtigen Laterittürme des **Prang Sam Yod** 2, wahrscheinlich im 12. Jh. unter den Khmer errichtet, die als Wahrzeichen der Stadt gelten. Der angebaute Vihara mit einer Buddhastatue im Ayutthaya-Stil stammt erst aus dem 17. Jh., der Zeit von König Narai (tgl. 8–18 Uhr, Eintritt 50 Baht).

Wat Phra Sri Mahathat 3, die große buddhistische Tempelanlage südlich vom Bahnhof, wurde im 12. Jh. erbaut, jedoch später mehrfach umgestaltet und erweitert. Der zentrale Laterit-Prang war mit Fresken im Khmer-Stil verziert, während die anderen Gebäude Sukhothai-Einflüsse aufweisen (tgl. 8–18 Uhr, Eintritt 50 Baht).

Königlicher Palast

Etwa 500 m weiter westlich liegt der zwischen 1665 und 1677 für König Narai erbaute **Palast Narai Raja Niwet** 4, der europäische und einheimische Stilrichtungen vereint. Durch das nordöstliche Tor betritt man das von hohen Mauern umgebene Gelände. Vorbei an zwölf Lagerhallen und einem Wasserreservoir gelangt man linker Hand zur Empfangshalle für ausländische Gäste. Dahinter befindet sich eine private Audienzhalle des Königs. Der innere Palast wird von diesem Areal durch ehemalige Stallungen für Elefanten und Pferde abgegrenzt. Im südlichen Bereich stand inmitten einer Gartenanlage der letzte königliche Wohnsitz, in dem Narai 1688 starb. Im Gegensatz zu späteren Bauwerken wurde die erste Residenz des Königs von 1665, die Chanthara-Phisan-Thronhalle nahe dem nördlichen Tor, im Ayutthaya-Stil errichtet. Wie die benachbarten königlichen Wohngebäude restaurierte man auch die Thronhalle, die als Museum dient. Ein Bild dort zeigt, wie Narai den französischen Gesandten Ludwigs XIV., Chevalier de Chaumont, begrüßt, der dem siamesischen Herrscher keineswegs unterwürfig gegenübertritt – ganz im Gegensatz zu dem Griechen Phaulkon (s. S. 214), der zu Füßen des Königs abgebildet

Lopburi

Sehenswert

1 Sarn Phra Karn
2 Prang Sam Yod
3 Wat Phra Sri Mahathat
4 Palast Narai Raja Niwet
5 Hor Sophom Sin Museum
6 Residenz von Phaulkon
7 Stadtbefestigung
8 Wat Mani Cholakhan
9 Prang Khaek

Übernachten

1 Lopburi Inn Resort
2 Lopburi Inn
3 Lopburi Inn Residence

Essen & Trinken

1 White House Garden
2 Nachtmarkt

ist. In der zentral gelegenen Dusit-Sawan-Thanya-Maha-Prasat-Halle, in einem gemischten Baustil gestaltet, empfing der König europäische Abordnungen (Mi–So außer feiertags 8.30–16 Uhr, Eintritt 150 Baht).

Weitere Sehenswürdigkeiten

Im **Hor Sophom Sin Museum** 5 des Wat Choeng Tha, südwestlich des Palastes, ist auf zwei Stockwerken eine Sammlung buddhistischer Schriften, Keramiken, Gemälde sowie Devotionalien ausgestellt (tgl. 8.30–16.30 Uhr).

Auf der Straße, die zwischen dem Wat Sao Tong Thong und dem Markt nach Norden führt, gelangt man in der Thanon Wichayen zur **Residenz von Phaulkon** 6, ursprünglich für den Abenteurer de Chaumont errichtet. Die Ruinen des Wohnhauses, der angrenzenden katholischen Kirche mit den Räumen der Jesuiten sowie der verfallenen französischen Residenz und Empfangshalle scheinen die Einheit der für König Narai schicksalhaften europäischen Mächte zu symbolisieren (tgl. 8.30–16.30 Uhr, Eintritt 30 Baht).

Weiter im Norden, am Ufer des Lopburi-Flusses, können Reste der alten **Stadtbefestigung** 7 sowie **Wat Mani Cholakhan** 8 mit einem auffälligen Turm auf einer Flussinsel besichtigt werden.

Östlich vom Markt steht mitten im dichtesten Verkehr eine kleinere Ausgabe des Prang Sam Yod, **Prang Khaek** 9. Das hinduistische Heiligtum wurde wahrscheinlich im 10. Jh. aus Ziegelsteinen erbaut.

Ausflug zum Wat Phra Buddha Bath

Wer auf der Straße unterwegs ist, sollte auf dem Weg von Ayutthaya nach Lopburi einen kleinen Umweg auf dem stark befahrenen, mehrspurigen Highway Nr. 1 machen. Eine bedeutende Wallfahrtsstätte des Landes, **Wat Phra Buddha Bath,** liegt 17 km vor Lopburi, etwa 1 km südlich der Hauptstraße am Highway Nr. 310 auf halber Höhe eines Hügels. Der Legende zufolge entdeckte 1606 ein Jäger an dieser Stelle einen 1,50 m langen Fußabdruck Buddhas, auf dem der Tempel entstand. Nach der Zerstörung durch Burmesen ließ Rama I. die Anlage, die auch viele kleine chinesische Tempel umfasst und als eines der schönsten Bauwerke ihrer Zeit gilt, erneuern. Viele Pilger kommen hierher, um Opfergaben vor dem Mondhop mit dem Fußabdruck niederzulegen, das Orakel zu befragen und für ein erfülltes, langes Leben zu beten. Einige alte Skulpturen werden in der Halle gegenüber dem Mondhop aufbewahrt. Am Fuße des Hügels werden Vögel in Käfigen zum Kauf angeboten. Wer sie frei lässt, erwirbt sich Verdienste für kommende Leben.

Infos

Tourist Office: Thanon Rop Wat Phrathat, Tel. 036-42 27 68-9, Fax 036-42 40 89, tgl. 8.30–16.30 Uhr.

Übernachten

Komfortabel und ruhig ▶ **Lopburi Inn Resort** 1**:** 114 Thanon Paholyothin, 8 km östlich des Zentrums, 500 m nördlich der Hauptstraße nahe Tesco Lotus, Tel. 036-42 07 77, www.lopburiinnresort.com. Neuere, gut ausgestattete Reihenhäuser um einen Pool. 1000–1200 Baht.

Zentral und günstig ▶ **Lopburi Inn** 2**:** 28/9 Thanon Narai Maharat, Tel. 036-41 23 00, Fax 036-41 19 17. Preiswert; das älteste Hotel der Kette zwischen beiden großen Kreisverkehren, an der Hauptstraße. 700–1000 Baht.

Businesshotel ▶ **Lopburi Inn Residence** 3**:** 180 Thanon Cholpatan Channel, Tel. 036-61 34 10-3, Fax 036-61 34 04. Im Süden der Stadt, chinesisches Restaurant im 5. Stock. 600 Baht.

Essen & Trinken

Nettes Haus ▶ **White House Garden** 1**:** Thanon Phraya Kamchat, Tel. 036-41 30 85. In einem liebevoll renovierten zweistöckigen Teakhaus mit Vorgarten werden gute Thaigerichte serviert. Um 200 Baht.

Zum Probieren ▶ **Nachtmarkt** 2: viele Essenstände an der Straße nördlich des Bahnhofs. Um 20 Baht.

Constatine Phaulkon – Ein Grieche in Siam

Thema

Wenige Monate nachdem König Narai 1657 den Thron bestiegen hatte, heuerte ein zehnjähriger Junge von der griechischen Insel Kephalonia auf einem Schiff an. Damit begann das abenteuerliche Leben von Konstatin Gerakis, der die Geschichte Siams maßgeblich mitbestimmen sollte.

Zehn Jahre lang segelte er auf britischen Schiffen durchs Mittelmeer, bevor er 1670 erstmals nach Indien reiste. Dort knüpfte er Kontakte mit dem britischen Händler White, den es später nach Siam verschlug. Der Engländer pflegte gute Verbindungen zur British East India Company. Auch der junge Grieche trat einige Jahre später in Indonesien in den Dienst dieser Gesellschaft. Als während der Geburtstagsfeierlichkeiten für den britischen König ein großes Feuer ausbrach, war es Constatine Phaulkon – der Grieche war mittlerweile unter dieser französisierten Version seines Namens bekannt –, dessen mutiger Einsatz eine Katastrophe verhinderte. Die Geldsumme, die er zum Dank erhielt, ermöglichte es ihm, für seinen Freund White in Siam als Händler tätig zu werden.

Zu jener Zeit hatte König Narai damit begonnen, den florierenden Handel mit den europäischen und asiatischen Ländern zu regulieren. Einfuhrzölle beschnitten die Gewinne der Händler, der Staat besaß das Vorkaufsrecht und kontrollierte den Export von Reis, Edelhölzern und Elfenbein. Um den Holländern, die Siam einen ungünstigen Handelsvertrag abgerungen hatten, zu begegnen, suchte König Narai Hilfe bei den Franzosen. Er verlegte vorübergehend seinen Wohnsitz von Ayutthaya in die zweite Hauptstadt Lopburi. Die British East India Company sah ihre Handelsinteressen durch den zunehmenden Einfluss der Franzosen gefährdet. Phaulkon, der zweimal Schiffbruch erlitten und sein Vermögen verloren hatte, schien die geeignete Person zu sein, um die Pläne des Königs durchzusetzen. Er beherrschte fließend mehrere asiatische und europäische Sprachen und war ein geschickter Diplomat.

So trat Phaulkon in den Dienst von König Narai und führte verschiedene Auslandsmissionen erfolgreich und mit hohen Profiten durch. Er gewann das Vertrauen des Monarchen und stieg zu einem der ranghöchsten Beamten am Hof auf. Mit französischen Diplomaten, Architekten, Wissenschaftlern und Handwerkern kamen auch katholische Missionare ins Land – zur Beunruhigung des siamesischen Adels und des buddhistischen Klerus, die befürchteten, König Narai könne völlig unter westlichen Einfluss geraten.

Als sich im Palast von Lopburi das Gerücht verbreitete, der todkranke Narai wolle seinen zum katholischen Glauben konvertierten Adoptivsohn Piya zum Nachfolger bestimmen, brach unter Führung seines ehemaligen Vertrauten Phetraja, dem Pflegebruder des Königs, eine Palastrevolte aus. Phaulkon wurde unter Anschuldigung des Hochverrats gefangen genommen und am 5. 6. 1688 enthauptet. Einen Monat später starb König Narai, Phetraja übernahm die Macht. Alle Ausländer mussten das Land verlassen und in den folgenden 120 Jahren blieben die Grenzen des Reiches für Fremde verschlossen.

Lopburi hatte seine zentrale Funktion verloren und verfiel. Nur die Ruinen der Residenz von Phaulkon und der Palast blieben als Zeugnisse der großen Vergangenheit erhalten.

Termine

Fest zu Ehren von König Narai: Im Februar huldigt man König Narai, der im 17. Jh. Lopburi zu seiner zweiten Hauptstadt machte, mit einem dreitägigen Fest, farbenprächtigen Umzügen in historischen Kostümen und traditionellen Tanzaufführungen im Palast Narai Raja Niwet.

Phra-Buddha-Baht-Fest: im Feb./März im Wat Phra Buddha Baht. Viele Gläubige pilgern hierher, beten, bringen Opfergaben dar und vergnügen sich auf dem Markt.

Verkehr

Zugverbindungen: Die meisten Züge zwischen Bangkok und Chiang Mai halten im zentral gelegenen Bahnhof.

Busverbindungen: Vom Mo Chit Bus Terminal in Bangkok (153 km) alle 20 Min. zum Busbahnhof am zweiten Kreisverkehr, 1,5 km außerhalb von Lopburi; Busse Richtung Nakhon Ratchasima, Phitsanulok und Chiang Mai. Minibusse zum Victory Monument in Bangkok starten schräg gegenüber vom Bahnhof.

Kamphaeng Phet ▶ D 6

Das 1347 gegründete Kamphaeng Phet am Menam Ping lohnt einen Zwischenstopp. Die Stadt war Jahrhunderte lang Militärstützpunkt der Könige von Sukhothai und Ayutthaya. Eine trapezförmige, teilweise restaurierte Befestigungsmauer umgibt das historische Zentrum. Dort kann man die königlichen Tempel **Wat Phra Keo** (tgl. 8–18 Uhr, Eintritt 100 Baht) und **Wat Phra That** anschauen sowie im **Nationalmuseum** Ausgrabungsfunde besichtigen (Mi–So außer feiertags 9–16 Uhr).

Nördlich der Stadtmauern liegen in einem Monsunwald die stark verwitterten Ruinen der Waldtempel **Aranyik**. Sie lohnen schon wegen des hervorragenden **Museums**, das mit modernen Mitteln die Geschichte der Region präsentiert (tgl. 8.30–16.30 Uhr). Für die Rundfahrt durch den Park werden an den beiden Eingängen Fahrräder vermietet.

Im Nordosten lohnt **Wat Chang Rop**, dessen Unterbau mit einem Dutzend mächtiger Elefantenstatuen dekoriert ist. Vorbei am **Wat**

Ein Dutzend mächtiger Elefanten schmücken Wat Chang Rop in Kamphaeng Phet

Singh mit einem großen sitzenden Buddha gelangt man zum **Wat Phra Si Iriyabot,** dessen Mondhop ursprünglich vier Buddhastatuen in unterschiedlichen Positionen zierten. Nur der stehende Buddha ist noch gut erhalten (tgl. 8.30–16.30 Uhr, Eintritt 100 Baht, inkl. Wat Phra Keo 150 Baht, Fahrzeug 50 Baht).

Verkehr

Busverbindungen: Busse von der Bus Station, 1,5 km westlich der Stadt, u. a. 4 x tgl. nach Bangkok, Mo Chit Bus Terminal, teilweise über Lopburi und Ayutthaya, stündlich über Sukhothai nach Phitsanulok sowie nach Tak, dort umsteigen nach Chiang Mai.

8 Phitsanulok ►E 6

Cityplan: S. 217

Die Provinzhauptstadt Phitsanulok an den Ufern des Nan-Flusses entwickelte sich zum Verkehrsknotenpunkt von Zentralthailand. In den geschäftigen Straßen, modernen Einkaufszentren und auf den großen Märkten drängen sich Menschen aus der näheren und weiteren Umgebung. Die Hausboote auf dem Fluss scheinen noch aus einer anderen Zeit zu stammen, während die Fernsehantennen auf den Dächern die Gegenwart anzeigen. In den 1950er-Jahren zerstörte ein großer Brand die Stadt, sodass die meisten Häuser neueren Datums sind.

Eines der wenigen erhaltenen Gebäude ist der **Wat Phra Si Ratana Mahathat** 1. Gegenüber dem Haupteingang am Fluss steht im zentralen Vihara ein vergoldeter Bronzebuddha aus dem 14. Jh., der den Sukhothai-Stil in vollendeter Form repräsentiert. Beachtung verdienen die Einlegearbeiten mit Perlmutt am Eingangstor sowie die wunderbaren Wandmalereien.

Jenseits des breiten Highway Nr. 12, der südlich des Tempels den Nan-Fluss überquert, erhebt sich der Chedi von **Wat Ratcha Burana** 2 aus der Ayutthaya-Periode.

Drei weitere Attraktionen liegen in Süden der Stadt. Das **Folk Museum** 3, 26/21 Thanon Wisut Kasat, vermittelt mit einer umfangreichen privaten Sammlung von Landwirtschafts- und Haushaltsgeräten einen guten Einblick in das thailändische Alltagsleben (Di–So 8.30–16.30 Uhr, Eintritt 50 Baht).

Schräg gegenüber werden heute noch in der **Buddha Casting Factory** 4, 26/43 Thanon Wisut Kasat, Buddhastatuen nach überlieferten Vorbildern gegossen. Hier kann man beim Gießen der Figuren zuschauen und ihre Verarbeitung beobachten (tgl. 8–17 Uhr). Angeschlossen ist ein **Bird Park** mit einigen seltenen Vögeln, darunter auch große Nashornvögel (tgl. 8–17 Uhr, 50 Baht).

Infos

Tourist Office: 209/7–8 Thanon Baromtrat Lokkanat, Tel. 055-25 27 42-3, Fax 055-23 10 63, tgl. 8.30–16.30 Uhr. Zudem ein städtisches Infozentrum am Fluss.

Übernachten

Neu und modern ► Yodia Heritage Hotel **1**: 89/1 Thanon Buddha Bucha, Tel. 055-25 98 46, www.yodiaheritage.com. Kleines Boutiquehotel mit 21 komfortablen, klimatisierten Zimmern mit Flachbildschirm, Internetzugang, Minibar und Balkon. Kleiner Pool und gutes Restaurant, das italienische und einheimische Gerichte serviert. 3000–4000 Baht.

Am Fluss ► Grand Riverside **2**: 59 Thanon Praraung, Tel 055-21 64 20, Fax 23 27 89, grand_riverside@asiavoyage24.com, modernes Hotel am Westufer des Nan-Flusses, 81 komfortable Zimmer, Restaurant und Pool. 2000–2500 Baht.

Zentrale Lage ► Pailyn Hotel **3**: 38 Thanon Baromtrail Lokkanat, Tel. 055-25 24 11, Fax 055-22 52 37. Zentral gelegenes Hotel mit sauberen klimatisierten Zimmern, mit Balkon, im Restaurant Frühstücks-Buffet, Disco. 1000–1300 Baht.

Einfach aber gepflegt ► Lithai Guesthouse **4**: 73/1-5 Thanon Phaya Lithai, Tel 055-21 96 26, saubere, möblierte Zimmer mit Ventilator oder Klimaanlage. Im 3. Stock einfache, preiswerte Zimmer mit Gemeinschaftsduschen. 300–500 Baht.

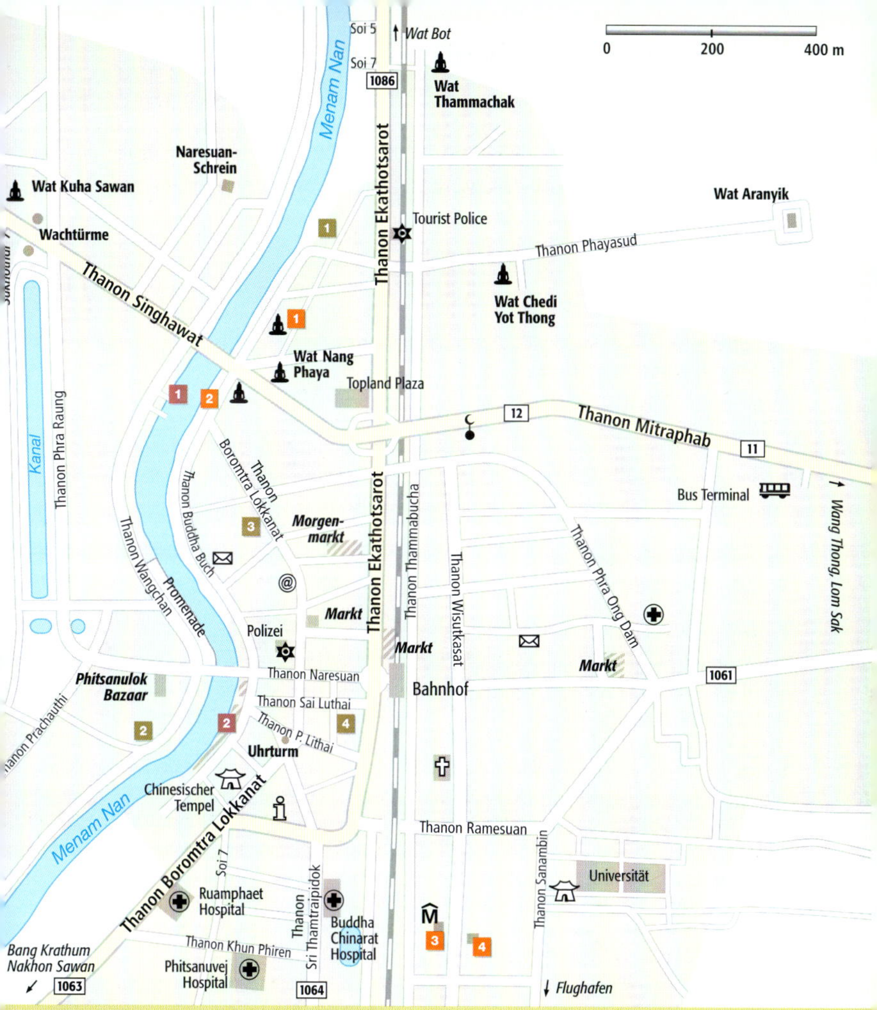

Phitsanulok

Sehenswert

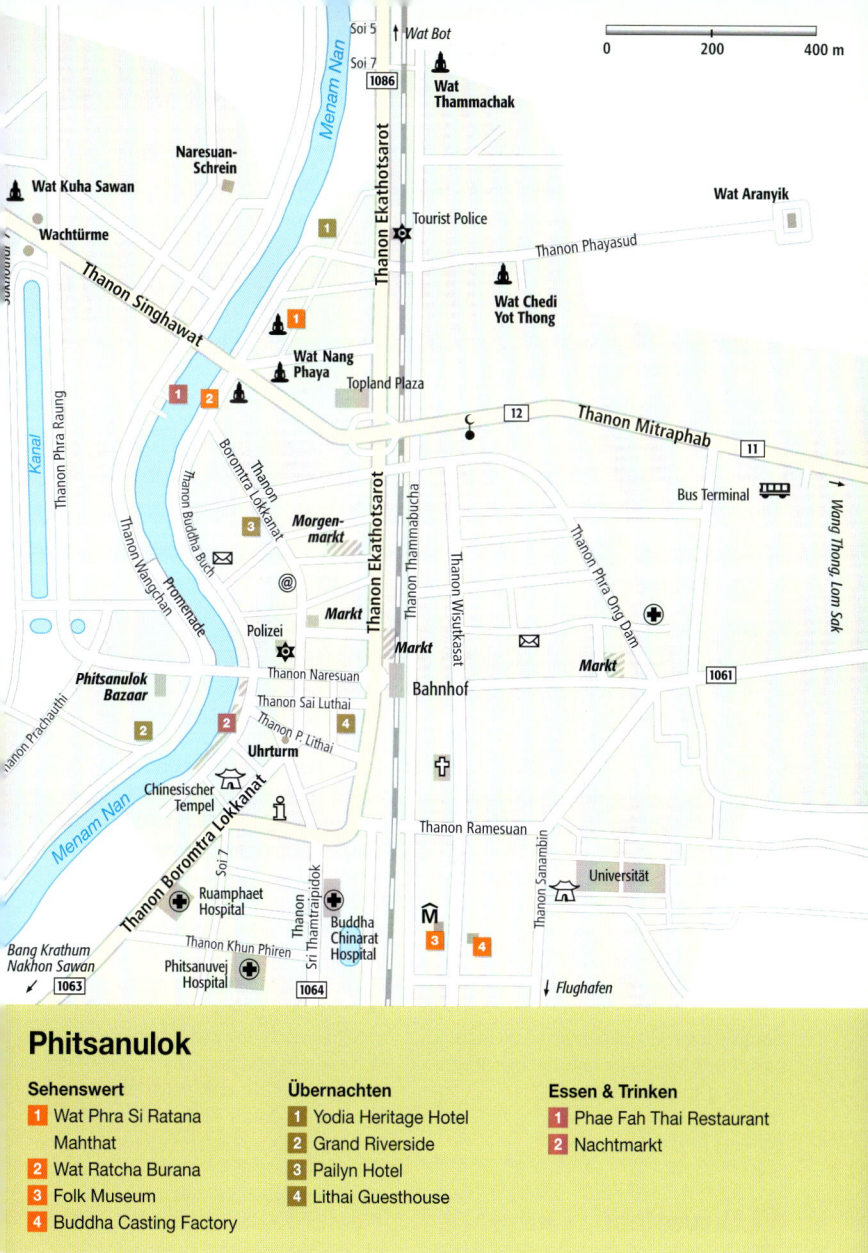

1. Wat Phra Si Ratana Mahthat
2. Wat Ratcha Burana
3. Folk Museum
4. Buddha Casting Factory

Übernachten

1. Yodia Heritage Hotel
2. Grand Riverside
3. Pailyn Hotel
4. Lithai Guesthouse

Essen & Trinken

1. Phae Fah Thai Restaurant
2. Nachtmarkt

Essen & Trinken

Garten und Flussfahrt ▶ Phae Fah Thai 1: am westlichen Flussufer, Tel. 055-24 27 43. Einheimische und chinesische Gerichte in einem Gartenrestaurant und auf dem Boot, das abends ab 19 Uhr auf dem Fluss entlangfährt, zum romantischen Dinner mit Flussfahrt. 100–200 Baht. Nebenan ein weiteres Restaurant.

Fliegendes Gemüse ▶ Nachtmarkt 2: am Nan River, von Sonnenuntergang bis weit nach Mitternacht. Hier finden sich zahlreiche Verkaufs- und einige Essensstände sowie ab 21 Uhr, wenn Reisegruppen angekündigt sind, auch früher, eine große Show am Flying-Vegetable-Stand am südlichen Ende. 50–100 Baht.

Termine

Phra Buddha Chinarat Fair: im Feb./März, sechstägiges Tempelfest im Wat Phra Si Ratana Mahathat mit Theater, Tänzen und Jahrmarkt.

Bootsrennen: Die Bootsrennen am ersten Wochenende im Oktober auf dem Nan River sind ein Volksfest. Noch größere Rennen gibt es am ersten Wochenende im September in Phichit, 73 km südlich.

Verkehr

Flugverbindungen: Vom Airport, südlich der Stadt, tgl. nach Bangkok mit Orient Thai Airline, Tel. 055-25 80 20.

Zugverbindungen: Am zentralen Bahnhof halten alle Züge von Bangkok über Ayutthaya, Lopburi und Lampang nach Chiang Mai. Zudem fährt ein Bummelzug nach Sawankhalok.

Busverbindungen: Vom Mo Chit Bus Terminal in Bangkok, 372 km, fahren Busse alle 1–2 Std. zum Busbahnhof im Nordosten der Stadt; Es verkehren Busse von/nach Chiang Mai, Chiang Rai, Sukhothai und Nakhon Ratchasima.

Stadtverkehr: Busse verkehren im Stadtgebiet, Tuk Tuks, Sielor und Fahrradrikschas können gemietet werden.

Mietwagen: Avis, am Airport, Tel. 055-24 20 60, www.avisthailand.com.

9 Sukhothai ▶ D 6

Karte: S. 220

Von der einst mächtigen ersten Hauptstadt des Thaireiches sind nur noch Relikte erhalten. Der historische Park in dem weitläufigen Areal, 12 km westlich der neuen Stadt Sukhothai, lohnt einen längeren Besuch. Die mit Hilfe der UNESCO restaurierten Ruinen der steinernen Tempelanlagen erstrecken sich bis weit vor die Stadttore und sind nur mit einem Fahrzeug zu erreichen (tgl. 6–21 Uhr. Eintritt für alle 5 Zonen (Zentrum und außerhalb im Norden, Westen, Süden, Osten) 350 Baht pro Tag, einzeln 100 Baht, Museum extra. Fahrräder 10 Baht, Motorräder 20 Baht, Pkw 50 Baht.

Alt-Sukhothai

Die ehemalige Stadt umgab die völlig zerstörte Königsresidenz und das **Wat Mahathat 1**, das einstige politische und religiöse Zentrum. Die imposante Ruine des einstigen Königstempels erhebt sich auf einer von Mauern umgebenen, quadratischen Grundfläche von 240 x 280 m. Die mehr als 200 Chedis und anderen Gebäude überragt der runde, in Form einer Lotosknospe auslaufende Turm des Haupt-Chedi. Ein Relief auf einem quadratischen Sockel, das eine Prozession buddhistischer Jünger darstellt, schmückt die Basis. Vier Ecktürme und vier Kapellen schließen daran an. Richtung Osten verlaufen sechs hohe, nach außen niedriger werdende Säulenreihen, die früher das Dach des größten Vihara trugen. Dieser beherbergte mehrere Buddhafiguren, von denen einige, mittlerweile restaurierte noch an ihrem ursprünglichen Platz stehen. Die schönste Statue, den riesigen Bronzebuddha aus dem 14. Jh., ließ Rama I. Anfang des 19. Jh. in das Wat Suthat nach Bangkok bringen.

Südwestlich des Königstempels erheben sich die drei rekonstruierten Laterit-Prangs des im Khmer-Stil errichteten **Wat Si Sawai 2**, wahrscheinlich einst ein hinduistisches Heiligtum, das später durch den Anbau eines Bot und eines Vihara in einen buddhistischen Tempel umgewandelt wurde.

Östlich des **ehemaligen Königspalastes 3**, von dem nur noch die Grundmauern stehen, lohnt das **Rama-Khamhaeng-Nationalmuseum 4** einen Besuch. Im ersten Gebäude vermitteln Fotos ein anschauliches Bild von der Ruinenstadt vor den Restaurierungsarbeiten. Besonders eindrucksvoll ist das Lei-

Buddha vor dem im ceylonesischen Stil errichteten Chedi des Wat Sra Sri

tungssystem, das die Stadt das ganze Jahr über mit Wasser vom Stausee versorgte. Im großen Garten rings um das dahinter liegende, zweistöckige Gebäude kann man einen Teil der Wasserleitung besichtigen sowie große Statuen, landwirtschaftliche Geräte und Sawankhalok-Keramiken anschauen. Im Mittelpunkt des zweiten Gebäudes stehen die im Erdgeschoss ausgestellten Skulpturen im Sukhothai-Stil, darunter ein großer schreitender Buddha aus dem 14./15. Jh. Das Obergeschoss enthält neben Buddhastatuen aus allen Perioden eine umfangreiche Kollektion von Sawankhalok-Keramik. Ein Brennofen, wie er von chinesischen Künstlern verwendet wurde, ist im Museumsgarten zu bewundern (tgl. 8.30–16 Uhr, Eintritt 100 Baht).

Auf einer Insel in einem Teich voller Lotosblüten wird in den Ruinen des **Wat Traphang Thong** 5 ein heiliger Fußabdruck Buddhas verehrt. Spiegelbildlich zum Wat Traphang Thong liegt im Westen das weitgehend zerfallene **Wat Traphang Ngoen** 6, teilweise ebenfalls auf einer Insel erbaut.

Weiter nördlich steht ein **Denkmal für König Rama Khamhaeng** 7, der bei der Bevölkerung große Verehrung genießt. Auf Friesen vor der großen Bronzestatue sind die Taten des Herrschers dargestellt: die Förderung der Landwirtschaft und Künste, der Aufbau eines Staatswesens und einer schlagkräftigen Armee, die Entwicklung der Schrift und die Einführung des Buddhismus.

Nördlich der Hauptstraße spiegelt sich im Wasser eines anderen Sees der in ceylonesischer Bauweise errichtete Chedi des **Wat Sra Sri** 8. Ihn umgeben mehrere kleine Chedis und weitere Gebäude, darunter die Ruine eines großen Vihara, der die Statue eines meditierenden Buddha birgt.

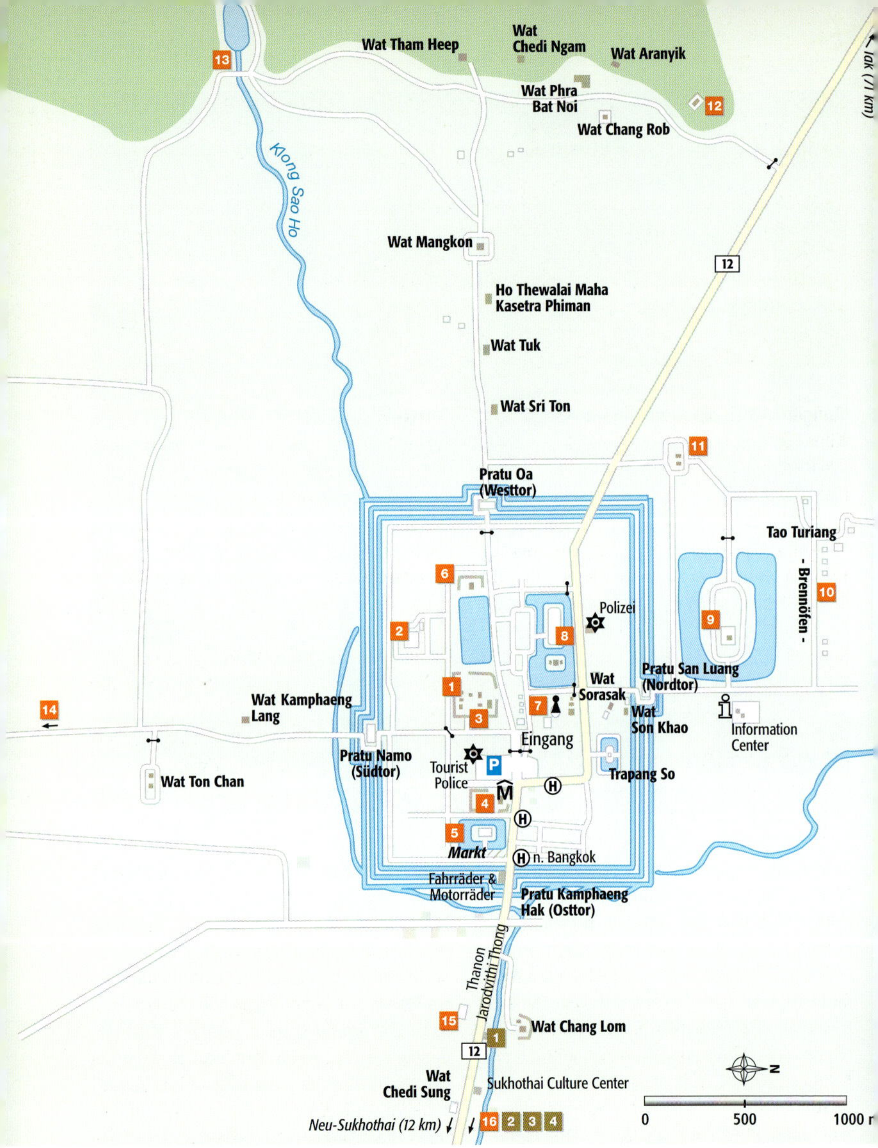

Etwa 500 m nördlich der Stadtmauer liegt etwas verborgen links der Straße **Wat Phra Pai Luang** 9. Funde lassen darauf schließen, dass es sich um ein einstmals bedeutendes hinduistisches Khmer-Heiligtum handelte, das sich im Zentrum der Vorgängerstadt von Sukhothai befand. Von den drei reich verzierten Prangs blieb nur der nördliche erhalten. Unter den Königen von Sukhothai wurde vor den Prangs der große, von kleinen Stupas umrahmte Vihara errichtet. Zur Anlage gehören auch ein großer Chedi, dessen Basis einmal Buddhastatuen zierten, und ein Mondhop, auf dessen vier Wänden Buddha in vier Haltungen dargestellt war. Nördlich des Tempels liegen in einem weit-

Alt-Sukhothai: Die Ruinenstadt

Sehenswert
1 Wat Mahathat
2 Wat Si Sawai
3 ehemaliger Königspalast
4 Rama-Khamhaeng-Nationalmuseum
5 Wat Traphang Thong
6 Wat Traphang Ngoen
7 Denkmal für König Rama Khamhaeng
8 Wat Sra Sri
9 Wat Phra Pai Luang
10 Kilns
11 Wat Si Chum
12 Wat Saphan Hin
13 Pra-Ruang-Staudamm
14 Wat Chetuphon
15 Wat Traphan Thong Lang
16 Sankhalok Museum

Übernachten
1 The Legendha Sukhothai
2 Lotus Village
3 J & J Guesthouse
4 T.R. Guesthouse

läufigen Areal die verwitterten Reste von **Kilns** 10, den Brennöfen für die Sawankhalok-Keramik, die seit dem Ende des 13. Jh. hier produziert wurde.

Im **Wat Si Chum** 11, gut 1 km nordwestlich des Stadtzentrums, sitzt die riesige Buddhastatue Phra Atchana aus dem 14. Jh. in einem quadratischen, nach oben hin offenen Mondhop. 3 m dicke und 15 m hohe Mauern unterstreichen die Wirkung der Figur.

Mehrere Tempelanlagen wurden am Rande einer Hügelkette im Westen der Stadt errichtet. Von **Wat Saphan Hin** 12, zu dem ein steinerner Pfad emporführt, blickt ein 12,5 m hoher, stehender Buddha über die Ruinenstadt – und auch für Besucher ist dies ein guter Aussichtspunkt. In den westlichen Hügeln liegt der **Pra-Ruang-Staudamm** 13, von dem Sukhothai mit Trinkwasser versorgt wurde.

Im Süden lohnt sich die Fahrt zum **Wat Chetuphon** 14, das von zwei Mauern umgeben ist. Den riesigen Mondhop mit quadratischem Grundriss zierten einst vier Buddhastatuen. Während die Sitz- und Liegestatuen an der Nord- und Südwand zerstört sind, erkennt man an den beiden anderen Wänden einen stehenden und einen schreitenden Buddha.

Besonders schön dekoriert war auch der Mondhop des **Wat Traphan Thong Lang** 15 im Osten der Stadt. Von den Stuckreliefs, die in vier Nischen verschiedene Episoden aus dem Leben Buddhas zeigten, blieb nur das südliche erhalten: Buddha kehrt, flankiert von Himmelswesen, auf die Erde zurück.

Neu-Sukhothai

Keinesfalls versäumen sollte man den Besuch des modernen **Sawankhalok Museums** 16 an der Umgehungsstraße, 10 Ban Lum, nahe der Abzweigung der Fernstraße nach Phitsanulok. Die sehr umfangreiche Ausstellung im klimatisierten Gebäude vermittelt einen hervorragenden Überblick über die Geschichte der Sawankhalok-Keramik, ihre Verwendung und Verbreitung (Tel./Fax 055-61 43 33, Mo–Fr 8–17 Uhr, Eintritt 100 Baht).

Lohnend ist vor allem für Fotografen ein Bummel über den großen **Markt** rings um das Wat Rajthanee östlich des Yom River.

Übernachten

Auf historischem Boden ▶ The Legendha Sukhothai 1: 214 Moo 3, Muang Kao, der Zufahrtstraße nach Alt-Sukhothai, Tel. 055-69 72 49, www.legendhasukhothai.com. Neues Hotel im alten Stil mit 64 komfortablen Zimmern in Teakhäusern, Restaurant und Pool. 3000–3500 Baht.

Originelle Oase ▶ Lotus Village 2: 170 Rajthanee Rd., Neu-Sukhothai, Tel. 055-62 14 84, www.lotus-village.com. Teilweise klimatisierte Bungalows und Reihenhäuser sowie alte Thaihäuser über Lotusteichen unter Leitung des Franzosen Michel Hermann und seiner Frau Tan. 700–1400 Baht inkl. gutem Frühstück.

Die Stadt Neu-Sukhothai kann mit vielen weiteren **einfachen Gästehäusern** aufwarten. Empfehlenswert sind:

Gesellig ▶ J & J Guesthouse 3: 122/1 Soi Klong Mae Lampan, Tel. 055-62 00 95, 081-

aktiv unterwegs

Alt-Sukhothai mit dem Fahrrad erkunden

Tour-Infos

Start: An der Endstation der Busse am Eingang zum Park
Länge: Etwa 5 km
Zeit: Am besten fährt man frühmorgens los
Dauer: 3–4 Std.
Karte: s. S. 220
Wichtige Hinweise: Während man innerhalb der Altstadtmauern und im Norden noch recht gut voran kommt, ist die Fahrt zu den westlichen Ruinen in der hügeligen Landschaft nur Fahrern mit guter Kondition zu empfehlen. Dabei sollte man unbedingt daran denken, ausreichend Wasser zu trinken.

Bei nicht allzu hohen Temperaturen macht es Spass, einen Teil der weitläufigen Ruinenlandschaft mit dem Fahrrad zu erkunden. Für eine Tour durch die Ruinenstadt, 12 km westlich von Neu-Sukhothai, empfiehlt es sich, mit einem Songthaew oder Minibus, die alle 20 Min. vom Busstop östlich der Brücke verkehren, bis zur Endstation am Eingang des Historischen Parks zu fahren und erst dort ein Rad zu mieten. Die meisten der zahlreichen, preiswert angebotenen Räder sind zwar nicht sonderlich komfortabel aber ausreichend. Man sollte sich die Zeit nehmen, ein möglichst neues Vehikel zu finden, und es einmal Probe fahren.

Durch das Osttor geht es in den inneren Bereich. Vorbei am malerischen **Wat Traphang Thong** 5, dem Markt und dem **Nationalmuseum** 4 radeln Sie nach links zum Ticketschalter. Für das Rad sind zusätzlich 10 Baht Eintritt zu zahlen.

Fahren Sie vom ehemaligen **Königspalast** 3 und dem dahinter liegenden **Wat Mahathat** 1 nach links und orientieren Sie sich an den weißen Prangs des **Wat Sri Sawai** 2. Auf baumbestandenen Wegen geht es nun zum **Wasserbecken** mit dem **Wat Traphang Ngoen** 6 und dem dahinter liegenden **Wat Sra Si** 8.

Nun verlassen Sie auf der Straße H12 die Altstadt im Westen, durchfahren die Reste der Stadtmauer und wenden sich dann nach rechts. Dieser Weg endet am lohnenswerten **Wat Sri Chum** 11.

Bei der Weiterfahrt nach rechts (Osten) treffen Sie bald auf den **Wassergraben,** der das **Wat Phra Pai Luang** 9 umgibt.

Sofern es nicht zu heiß ist, können Sie von hier aus die **Brennöfen** 10 in der nur spärlich bewachsenen Ebene im Norden aufsuchen. Ansonsten kehre Sie durch das **Nordtor** in

den inneren Bereich zurück und radeln am **Denkmal für König Rama Khamhaeng** 7 zurück zum Nationalmuseum. Gegenüber vom Museum können Sie sich nach der ausgiebigen Tour erfrischen, bevor Sie in den gut gekühlten Räumen die Schätze betrachten.

Geführte Radtour durch Neu-Sukothai: Auch von Neu-Sukhothai aus kann man mit guten Trekkingrädern eine wunderbare Rundfahrt durch die Dörfer in der Umgebung unternehmen, allerdings nicht auf eigene Faust. Die Tour beginnt am Nachmittag, sobald es kühler wird. Bei der gemächlichen Fahrt auf Nebenstraßen und Feldwegen entlang schmaler Kanäle und Bäche durch Reisfelder und Gärten kann man Bauern bei der Arbeit beobachten. In den traditionellen Thai-Dörfern sorgt das Auftauchen der kleinen Touristen-Radlergruppe für eine willkommene Abwechslung, und es kann passieren, dass man von der einen oder anderen Familie zu einem Drink eingeladen wird. Die Tour ist gut geplant, sodass kurz nach Sonnenuntergang, den man von einem Aussichtspunkt aus genießen kann, die Stadt wieder erreicht ist. (Cycling Sukhothai, Tel. 055-61 25 19 oder 085-083 18 64, www.cyclingsukhothai.com)

Die historische Königsstadt Sukhothai lässt sich gut mit dem Fahrrad erkunden

78 54 569, www.jj-guesthouse.com. Bungalows und Zimmer mit Ventilator oder Klimaanlage. Restaurant, Pool und Touren. 400–800 Baht.

Einfach und sauber ▶ **T.R. Guesthouse** 4: 27/5 Thanon Pravet Nakhon, Tel. 055-61 16 63, 084-04 99 445, www.sukhothaibudget guesthouse.com. 20 saubere Zimmer in Flussnähe, Mopedverleih, Internet, hilfsbereite Besitzer. 300–400 Baht.

Aktiv

Radtouren ▶ Geführte Radtouren, die auch für weniger Sportliche und ältere Kinder geeignet sind, werden organisiert von **Cycling Sukhothai:** Tel. 055-61 25 19 oder 085-083 18 64, www.cyclingsukhothai.com.

Termine

Loy Krathong: Das Fest wird im November an seinem Ursprungsort Old Sukhothai drei Tage lang mit großem Feuerwerk, Tanz, Theater, historischen Umzügen sowie mit einer aufwendigen Light-and-Sound-Show begangen.

Verkehr

Flugverbindungen: Bangkok Airways, Tel. 055-64 72 24, www.bangkokair.com, fliegt vom preisgekrönten, privaten Airport von Sukhothai, 20 km nördlich, nach Bangkok. Die Wartezeit vor dem Abflug kann man in der privaten Keramiksammlung des Airline-Besitzers und dem Garten mit über 30 000 Orchideen verbringen.

Busverbindungen: Vom Mo Chit Bus Terminal in Bangkok, 440 km, fahren ständig Busse über Ayutthaya bis gegen 22 Uhr nach Neu-Sukhothai; weitere Busse u. a. nach Chiang Mai, Chiang Rai, Phitsanulok (hier auch der nächstgelegene Bahnhof) und Si Satchanalai.

Von der Stadt nach Old Sukhothai: Laufend fahren Songthaew und Minibusse von der neuen Stadt nach Old Sukhothai (12 km). Tuk-Tuks und Taxis kann man in Neu-Sukhothai chartern, zudem werden Motorräder und Fahrräder in Neu-Sukhothai und in der Ruinenstadt für eine Rundfahrt vermietet.

Si Satchanalai ▶ D 5

Auch in der Zwillingsstadt von Sukhothai während des frühen Thaireiches, Si Satchanalai, 55 km weiter nördlich, sind zahlreiche gut erhaltene Ruinen und Kilns zu besichtigen. Dieses einstige kulturelle Zentrum westlich vom Yom River hat drei interessante Ziele vorzuweisen.

In dem großen, von einer dreifachen Stadtmauer umschlossenen **Si Satchanalai Historical Park** lohnt der Besuch des ehemaligen Königspalastes, zahlreicher Tempelruinen, darunter des **Wat Chang Lom** mit seinem glockenförmigen Chedi, und des gegenüber liegenden **Wat Chedi Chet Thaeo** (Eintritt innerhalb der Stadtmauer 100 Baht, Auto 50 Baht, Fahrrad 10 Baht. Kombiticket für alle Ziele in Si Satchanalai 220 Baht).

Im Süden, in einer Flussschleife des Yom River, erhebt sich der weiße Prang des **Wat Phra Si Ratana Mahathat,** das bereits 1237 gegründet worden sein soll. Einen direkten Einblick in die geschichtsträchtigen Erdschichten vermittelt das **archäologische Museum** unterhalb des Wat Chom Chuen mit einigen freigelegten Funden (tgl. 9–17 Uhr, Eintritt 100 Baht).

Seit der Zeit von König Rama Kamhaeng genießen die Töpferwaren aus Si Satchanalei einen herausragenden Ruf (s. S. 66). 5 km nördlich der einstigen Stadt, wo einige der alten Brennöfen für die Herstellung der berühmten Keramik freigelegt wurden, informiert das **Kiln-Museum** über die Produktion von Sawankhalok-Keramik (tgl. 9–16 Uhr, Eintritt 100 Baht).

Im privaten **Gold Textile Museum** nördlich der Ruinenstadt, das sich hinter einem Textil- und Souvenirladen befindet, sind fein gearbeitete, handgewebte Stoffe und Textilien aus verschiedenen Regionen des Landes ausgestellt, die teils über hundert Jahre alt sind (477/2 Hart Saew, in Saathon, 13 km nördlich, Tel. 055-67 11 43).

Verkehr

Busverbindungen: Busse nach Chiang Mai, Phitsanuluk und Sukhothai.

Am Rand der Tiefebene

Dort wo einst die Arbeitselefanten die wuchtigen Baumstämme aus den schwer zugänglichen, riesigen Teakholzwäldern zogen, zeigen sie heute zum Vergnügen der Besucher ihre einst nützlichen Künste. Ausritte auf dem Rücken von Elefanten, Floßtouren und der höchste und schönste Wasserfall des Landes stellen die Attraktionen dieser wenig besuchten Region dar.

Wesentlich dünner besiedelt als die Tiefebene, präsentiert sich das sie umgebende Bergland von einer ländlichen Seite. Die Landschaft ist trockener und rauer, kleinere Nationalparks schützen die verbliebenen Wälder, die der Abholzung entgangen sind. Nur wenige Besucher unternehmen von Tak am Highway Nr. 1 aus einen Abstecher nach Mae Sot oder gar nach Umphang, das nur von wenigen öffentlichen Verkehrsmitteln angefahren wird. Die Strecke über kurvenreiche Straßen kostet Zeit. Doch die Reise lohnt und sei es wegen des schönen Ti Lo Su-Wasserfalls nahe Umphang oder um in dieser Gegend Floßfahrten zu unternehmen. Die Route Richtung Mae Hong Son (s. S. 286) wird nicht von öffentlichen Verkehrsmitteln befahren.

Rundfahrt im Grenzgebiet zu Myanmar ► C 7–D 6

Karte: S. 227

Die ehemalige Garnisonsstadt **Tak** 1 an den Ufern des Ping-Flusses hat sich zu einem bedeutenden Verkehrsknotenpunkt entwickelt, hier zweigt vom Highway Nr. 1 der Highway Nr. 12 ab, der über Sukhothai und Phitsanulok in den Nordosten führt. Er ist Teil des Asia Highways, über den einmal der Verkehr von Moulmein am Golf von Martaban (Myanmar) bis nach Da Nang am Golf von Tongking (Vietnam) rollen soll. Auch das kurvenreiche Teilstück, das weiter Richtung Westen durch die Berge bis zur Grenze nach Myanmar verläuft, ist gut ausgebaut.

An der Strecke liegen der **Lansang National Park** 2 mit zwei kleinen Wasserfällen und der **Taksin Maharat National Park** 3 mit einem hohen, über 700 Jahre alten Krabakbaum (Eintritt 200 Baht).

Endstation der Busse ist der geruhsame Grenzort **Mae Sot** 4, dessen Tempel und Märkte bereits deutliche Einflüsse des Nachbarlandes Myanmar aufweisen. Im kleinen Grenzverkehr kommen Birmanen, in traditionellen Longgyis gekleidet, über die **Thai-Burmese Friendship Bridge,** die 5 km westlich der Stadt den Grenzfluss Mae Nam Moei überspannt, nach Thailand herüber. Sie kaufen all das ein, was aufgrund des internationalen Embargos gegen die Regierung von Myanmar im eigenen Land nicht zu bekommen ist. Ausländern wird nur ein Tagesaus-

Tipp: Sicherheit im Grenzgebiet

Die Straßen im Grenzgebiet waren in der Vergangenheit mehrfach Schauplatz kriegerischer Auseinandersetzungen. Daher sollte man sich vor einer Weiterfahrt in Mae Sot über den aktuellen Stand informieren.

flug über die Grenze zum uninteressanten Grenzort **Myawaddy** 5, jenseits der Brücke, gestattet. Dafür ist der Pass und ein Passbild erforderlich sowie eine Gebühr von 500 Baht zu zahlen. Auf dem großen, überdachten **Grenzmarkt** am Westufer des Moei handeln Thais und Birmanen sowie Karen, Chinesen und Inder mit Teakmöbeln und Halbedelsteinen aus Myanmar, Textilien aus Indien und Indonesien, Kosmetika aus Thailand sowie Lebensmitteln und Elektroartikeln aus China. Jugendliche bieten Touristen aus aller Welt versteckt unter der Brücke Schmuggelzigaretten an.

Wer weiter nach Umphang möchte, kann sich in Mae Sot von Reisebüros und Gästehäusern eine mehrtägige Tour inklusive An- und Abreise organisieren lassen. Ansonsten gelangt man auch in einem offenen Songthaew in Begleitung vieler Mitreisender weiter hinauf in die Berge. Recht abenteuerlich gestaltet sich die 167 km lange Fahrt auf der äußerst kurvenreichen Strecke durch das kaum besiedelte Grenzgebiet, vorbei an Hmong-Dörfern, Wiederaufforstungsprojekten an kahlen Berghängen und einem großen Flüchtlingslager, in dem überwiegend Karen aus Myanmar leben. Sobald die zweite, über 1000 m hohe Bergkette überwunden ist, öffnet sich ein weites, fruchtbares Tal, in dem Karen aus kleinen Dörfern Ackerbau betreiben.

Umphang 6 selbst ist ein von ethnischen Thai bewohnter, verschlafener Ort mit mehreren Resorts, in denen überwiegend einheimische Urlauber übernachten. Fast alle Unterkünfte organisieren hier Floßfahrten auf dem Mae Klong, einem der schönsten Flüsse des Landes, meist in Kombination mit dem Besuch eines Karen-Dorfes, in dem Elefantenreiten auf dem Programm steht. Letztes Ziel ist der **Ti Lo Su-Wasserfall** 7, 42 km südlich von Umphang. Aus 180 m Höhe stürzen die Wassermassen in mehreren Kaskaden auf 50 bis 300 m Breite ins Tal hinab – ein ausgesprochen beeindruckendes Schauspiel und zweifellos das Highlight der Reise. Der 20-minütige Fußweg zum Wasserfall durch einen abwechslungsreichen Wald ist mit Hinweistafeln zu besonderen Naturschönheiten versehen (tgl. 8–17 Uhr, Eintritt 200 Baht).

Naturerlebnis pur: Floßfahrt auf dem Mae Klong

Das Grenzgebiet zu Myanmar

Infos

Tourist Office: in Tak an der Abzweigung der Straße nach Mae Sot, nur wenige Informationen, Tel. 055-51 43 41-3, tgl. 8.30–16.30 Uhr.

Übernachten

... in Mae Sot

Die Nummer eins ▶ **Centara Mae Sot Hill:** 100 Asia Highway (an der nördlichen vierspurigen Umgehungsstraße), Tel. 055-53 26 01-8, Fax 055-53 26 00, www.centralhotelsresorts.com. Das komfortabelste Hotel am Ort, mit Spa, Pool, Restaurant und Nachtclub. 1800 Baht.

Heimisch ▶ **Ban Thai Guesthouse:** 740/1 Thanon Intharakiri, Tel. 081-73 27 563. In einem großen Garten werden in gepflegten Teakhäusern 20 unterschiedlich ausgestattete Zimmer vermietet. Die preiswerten mit Ventilator und Gemeinschaftsdusche, die

Eine Karen-Frau genießt die traditionelle Cheroot

teureren mit Veranda, zudem ein Haus mit zwei Schlafzimmern und Klimaanlage. Gemeinschaftsterrasse mit Getränken und Internet, Fahrrad- und Motorradvermietung. 400–800 Baht.

Schlicht und funktional ▶ **D. K. Hotel:** 298 Thanon Intarakiri, Tel. 055-53 16 99. Sauberes Hotel im Zentrum, teils klimatisierten Zimmern. 300–500 Baht.

... in Umphang

Familienfreundliche Bungalows ▶ **Tu Ka Su Cottage:** 40 Moo 6, Tel. 055-56 12 95, 081-825 82 38. Auf einem weitläufigen Grundstück mit Feuerstelle am Ortsrand liegen unterschiedlich große, liebevoll gestaltete Bungalows mit Ventilator und hübschen Bädern. Chef Woody (Suchart Chanhormhual) organisiert Touren. 600–1200 Baht.

Ausgangspunkt von Touren ▶ **Umphang Hill Riverside Resort:** 53 Moo 6, Tel. 055-56 10 63-4, Fax 055-56 10 65, www.umphang hillresort.com. Eine große Anlage nahe der Brücke mit unterschiedlichen Zimmern und einem Restaurant mit gutem Essen. Besitzer Captain Daeng (Sombat Panarong) organisiert Floßfahrten und andere Touren. 300–1200 Baht.

Aktiv

Touren ▶ Reisebüros und Unterkünfte in Mae Sot und Umphang organisieren Floß- und Kanufahrten, Trekkingtouren und Elefantenreiten, inkl. Besuch des Wasserfalls. Mehrtägige Touren kosten inkl. Transport, Essen und Übernachtung bis zu 3000 Baht pro Tag. **Mae Sot Travel Centre & Restaurant:** 14/21 Asia Highway, Mae Sot, Tel. 055-53 14 09, Fax 055-56 10 65.

Verkehr

In Tak halten die meisten Busse auf dem Weg nach Chiang Mai. Nach Bangkok (426 km) verkehren tgl. viele Busse. Von Tak nach Mae Sot fährt etwa stdl. ein Minibus und 3 x nachmittags klimatisierte Busse, zudem 8 direkte Busse ab Bangkok. Nach Umphang fahren keine Busse. Für die 167 km lange Bergstraße benötigen die Songthaew etwa 4 Std. Sie fahren bis 16 Uhr etwa stdl. ab. Weitere fahren nach Bedarf bis 17 Uhr zur Grenze.

Lampang ▶ D 4

Die Provinzhauptstadt Lampang, eine Gründung der Mon-Könige, liegt an der Eisenbahnstrecke von Bangkok nach Norden, ca. 100 km südöstlich von Chiang Mai. Während einer Rundfahrt mit der Pferdekutsche, lässt sich etwas vom alten Charme der Stadt erahnen (einstündige Rundfahrt etwa 400 Baht). Pferdekutschen wurden vor hundert Jahren von Europäern als Transportmittel in Lampang eingeführt, damals ein bedeutendes Zentrum der Holzwirtschaft. Weit verstreut liegen einige schöne Tempel im burmesischen Stil, wie das **Wat Si Rong Muang** in der Thanon Tha Krao Noi, das **Wat Si Chum** und **Wat Pa Fang** südlich vom Markt.

Der interessanteste Tempel im Stadtgebiet, **Wat Phra Keo Don Tao,** steht jenseits des Wang-Flusses. Sein 50 m hoher Chedi, der eine Reliquie Buddhas enthalten soll, überragt die reich dekorierten Gebäude im burmesischen und Lan-Na-Stil. Ein kleines Tempelmuseum enthält Kunstwerke aus dem Norden, wie Keramiken, Holzschnitzereien und Schmuck. Der **Bahnhof**, ein deutscher Fachwerkbau mit Thaidekor, aus dem Jahr 1916, war bis zur Fertigstellung des Tunnels durch den Doi Khun Tan und der Anbindung von Chiang Mai die geschäftige Endstation.

Vom Wohlstand der Holzhändler zeugen Teakhäuser. Das prächtige Anwesen, **Baan Sao Nak,** 6 Thanon Ratwattana, nordöstlich der Altstadt, jenseits des Flusses, kann besichtigt werden. Die mit Antiquitäten ausgestattete Villa aus dem Jahr 1895 steht auf 116 massiven Teakpfeilern. Das Dach mit den gekreuzten Giebelabschlüssen *(kalae),* typisch für den Lan Na-Stil des Nordens, wurde mit einer Veranda im burmesischen Stil zu einem harmonischen Ganzen zusammengefügt (Tel. 054-22 76 53, tgl. 10–17 Uhr, Eintritt 50 Baht). Am Wochenende kann man abends in der **Kad Kong Ta Walking Street** in der Altstadt am südlichen Flussufer shoppen und essen.

Übernachten

Sauber und ruhig ▶ **Pin Hotel:** 8 Thanon Suan Dok, Tel. 054-22 15 09, PinHotel@yahoo.com. Vierstöckiger Neubau in einer ruhigen Seitenstraße mit 58 sauberen klimati-

Transport in den Bergen: ein überfüllter Songthaew auf dem Weg nach Mae Sot

Eine der schönsten Tempelanlagen des Landes: Wat Phra That Lampang Luang

sierten Zimmern. Die größeren haben Holzböden und die Suiten eine Sitzecke und ein Bad mit Wanne. Restaurant mit Terrasse und gutem Kaffee. 600–1200 Baht.

Verkehr

Flugverbindungen: Tgl. nach Bangkok mit P. B. Air, Tel. 054-22 62 38.

Zugverbindungen: Am Bahnhof von Lampang halten die Züge, die zwischen Bangkok nach Chiang Mai verkehren.

Busverbindungen: Viele Busse von Bangkok nach Chiang Mai und Chiang Rai halten an der Busstation im Südwesten der Stadt.

Pferdekutschen warten u. a. an der Stadthalle und vor dem Thip Chang Hotel auf Fahrgäste.

Ausflüge von Lampang

Wat Phra That Lampang Luang

► D 4

Das Wat Phra That Lampang Luang, 15 km südwestlich der Stadt nahe dem Dorf Ko Kha, ist eine der schönsten Tempelanlagen des Landes. Nach einer Legende erfolgte die Gründung des Tempels bereits kurz nach Buddhas Geburt. Die ältesten noch erhaltenen Gebäude stammen aus dem 15. Jh.

Ziegelsteinmauern umgeben die Anlage und machen den Tempel zu einer gut zu verteidigenden Befestigungsanlage. Sie konnte 1732 ihre Wehrhaftigkeit unter Beweis stellen, als sich hier ein Fürst aus Lampang er-

folgreich verschanzte und die burmesischen Besatzungstruppen vertrieb. Seine Nachfahren gründeten nach der Befreiung von der burmesischen Herrschaft die Königsdynastie von Chiang Mai, die unter der Oberhoheit der Chakri-Könige von Bangkok stand.

Teakholz dominiert die Tempelbauten innerhalb der Mauern. Die Eingangstore, Dachfirste und Giebel zieren reiche Schnitzereien. Besonders eindrucksvoll ist der 36 m lange, offene **Haupt-Vihara** mit halb heruntergezogenen hölzernen Seitenwänden, die im Innern verwitterte Wandmalereien bedecken. Am Ende der hohen Halle steht eine Buddhastatue in einem reich dekorierten Mondhop.

Rechts neben dem großen Gebäude befinden sich zwei kleinere Vihara, der Ton Kaew-Vihara mit einem vergoldeten Buddha und der kleinere Nam Tam-Vihara aus dem Jahre 1501. Dagegen wirkt der kleine Bot neben dem 45 m hohen **Chedi** sehr schlicht. In dem dahinter liegenden Mondhop wird ein Fußabdruck Buddhas verehrt. Jenseits der Mauer links vom Eingang stehen zwei Museumsgebäude, darin ein Smaragdbuddha im Chiang Saen-Stil. Er wird beim Songkran-Fest in einer Prozession durch die Straßen getragen, um für ausreichenden Regen zu bitten (Mi–So außer feiertags 9–12 und 13–17 Uhr).

Verkehr

Anfahrt: per **Taxi** oder gechartertem **Songthaew**.

10 Thai Elephant Conservation Center ►C 4

In diesem Zentrum am Highway Nr. 11 nahe Thung Kwian wird die traditionelle Ausbildung der Arbeitselefanten fortgeführt, obwohl die Tiere seit dem Holzeinschlagverbot nicht mehr im Dschungel arbeiten. So verdienen sich die Mahouts ihren Lebensunterhalt und den der Tiere im Tourismusgeschäft, lassen die zu den Shows eintreffenden Besucher auf ihren Tieren reiten und sie fotografieren. Wer einige Tage Zeit hat, kann sogar bei den **Mahout** leben und ihnen bei ihrer Arbeit mit den Elefanten zur Hand gehen. Dennoch wird die Ausbildung der Jungtiere mit großer Ernsthaftigkeit betrieben. Sie sollen wie ihre Vorfahren lernen, Bäume mit ihren Stoßzähnen fortzurollen und aufzustapeln, sie aus dem Wald zu ziehen und schwere Lasten zu tragen. Zum Vergnügen der Zuschauer dürfen sie sich als Kunstmaler versuchen. (Tgl. 8.30–16.30 Uhr, Eintritt 80 Baht plus 20 Baht für den Shuttlebus. Baden im See um 9.45 und 13.15 Uhr, Shows um 10 und 11 Uhr, am Wochenende zudem um 13.30 Uhr. Elefantenreiten 10 Min. 50 Baht, 60 Min. 800 Baht. www.thailandelephant.org/eng/home.php3).

Verkehr

Am Thai Elephant Conservation Center, 28 km nördlich von Lampang, kommen die Busse Richtung Chiang Mai vorbei.

Training für Tiere und Tierhüter: im Chiang Dao Elephant Training Centre

Kapitel 4

Der Norden

Elefantentreks im Bambushain, Tempel mit glitzernden Naga-Schlangen und prächtigen Teakholzschnitzereien, Frauen und Kinder in bunten Trachten – mit diesen exotischen Motiven locken Postkarten. Besuchern fällt die bunte Blütenpracht ins Auge, die im kühlen Bergklima gedeiht. Hinter hohen Mauern stehen typische Lan-Na-Teakhäuser mit ihren verzierten Giebeln.

Jahrhundertelang nahm die isolierte, unwegsame Nordregion von Thailand eine mehr oder weniger selbstständige politische und kulturelle Entwicklung. Dies änderte sich erst, als 1919 die Eisenbahnverbindung zwischen Bangkok und Chiang Mai fertiggestellt wurde und die Holzbarone die profitablen Teakwälder im Norden entdeckten. Heute fühlen sich viele Thai aus dem Tiefland von der wirtschaftlichen Entwicklung, der attraktiven Lage und dem milden Klima angezogen und siedeln sich hier an.

Die einst eigenständige Kultur des Nordens kommt in zahlreichen buddhistischen Tempelanlagen sowie in Festen und Traditionen zum Ausdruck. In Chiang Mai, Mae Hong Son, Chiang Rai und Chiang Saen stehen interessante Tempelbauten. Chiang Mai ist zudem ein Shoppingparadies.

Nicht zuletzt bietet die Bergwelt des Nordens dem Reisenden auch unvergessliche landschaftliche Eindrücke – ob beim Elefantenritt im Dschungel, bei Flussfahrten mit Bambusflößen oder bei Trekkingtouren zu den Dörfern der Bergvölker.

Auf einen Blick

Der Norden

Sehenswert

11 **Chiang Mai:** Die Stadt der Tempel und Märkte. Highlight einer Tempeltour sind Wat Phra Sing und Wat Chiang Man sowie das goldglänzende Wat Phra That Doi Suthep 15 km außerhalb der Stadt (s. S. 238, 239, 252).

Wat Phra That Haripunchai: Schon wegen dieses alten Heiligtums, dessen Ursprünge in das 9. Jh. zurückgehen, lohnt ein Ausflug nach Lamphun (s. S. 257).

12 **Chiang Rai:** Die alte Königsstadt mit vielen Tempeln hat mit dem weißen Tempel Wat Rong Khun 12 km südlich der Stadt ein neues Highlight erhalten (s. S. 275).

13 **Doi Inthanon National Park:** Der höchste Berg Thailands ist besonders während der Rhododendronblüte zwischen Dezember und Februar eine Reise wert (s. S. 284).

Schöne Routen

Tour ins Mae Sa Valley: Von Chiang Mai aus lockt eine eintägige Rundfahrt durch ein liebliches Tal und kühle Berge nördlich der Stadt (s. S. 261).

Zum Goldenen Dreieck: Bei einer mehrtägige Rundfahrt erschließen sich die Attraktionen im hohen Norden des Landes (s. S. 278).

Rund um den höchsten Berg des Landes: Eine schöne Auto- und Motorradroute führt über den Doi Inthanon nach Mae Hong Son und Pai (s. S. 284).

Meine Tipps

Shopping in Chiang Mai: Chiang Mai ist ein Einkaufsparadies, vor allem auch für thailändisches Kunsthandwerk, das in der Umgebung produziert wird. Das Handeln und Feilschen auf dem Night Bazaar oder der Walking Street kann mit etwas Geduld und Freundlichkeit zu einem vergnüglichen Dialog werden (s. S. 243, 247).

Elefantenausritte: Am Highway Nr. 107 bieten gleich mehrere Camps Ausritte auf Elefanten an – ein besonderes Naturerlebnis (s. S. 264).

Akha-Dorf Lorcha: Ein interessantes Entwicklungsprojekt – und eine Alternative zum kommerziellen Ethnotourismus bei den Bergvölkern (s. S. 272).

Hall of Opium (Goldenes Dreieck): Das Museum beleuchtet die Geschichte des Opiums (s. S. 281).

aktiv unterwegs

Mit dem Schnellboot nach Chiang Rai: 80 km geht es flussabwärts auf dem Kok River (s. S. 269).

Trekking zu den Bergvölkern: Eine Trekkingtour mit Übernachtung in den Dörfern der Bergvölker, Elefantenreiten und einer Floßfahrt (s. S. 270).

11 Chiang Mai ►C 3

Mag die Stadt im Vergleich zu Bangkok immer noch relativ beschaulich wirken, so ist Chiang Mai für die Menschen aus dem Norden die größte Ansiedlung weit und breit. Eine Stadt mit einem gewaltigen Warenangebot und einer langen, wechselvollen Geschichte, die in hunderten von Tempeln ihren Ausdruck findet.

So wie sich die einst eigenständige Kultur des Nordens verliert, verschwinden auch die für diesen Teil des Landes typischen kleinen Teakhäuser immer mehr aus dem Stadtbild von Chiang Mai. Einzig im alten Stadtkern innerhalb der Befestigungsanlage blieb dank gesetzlicher Auflagen das provinzielle, ja ländliche Flair weitgehend erhalten.

Chiang Mai ist für anspruchsvolle Touristen wie für Traveller ein ideales Reiseziel. Neben Hotels mit internationalem Standard bieten hunderte von Gästehäusern unterschiedlichster Ausstattung Unterkünfte im Thaistil; das kulinarische Angebot reicht von den allabendlich in den Garküchen frisch zubereiteten Leckereien bis zu Gourmetgenüssen. Die typisch nordthailändische Küche ›entschärft‹ man für die Fremden und serviert sie als »All-you-can-eat-Khantoke-Dinner«, begleitet von einem Folkloreprogramm mit Tänzen, Theater und traditionellem Kampfsport. Sogar deutsche Küche, Schnitzel und Fassbier, ist in Chiang Mai zu haben.

Chiang Mai ist vielfältig – vor allem auf seinen Märkten und in seiner Tempelarchitektur. Grimmig dreinblickende burmesische Löwen bewachen die Eingänge, wie schützende Symbole überspannen goldschimmernde Schirme die Chedis, siebenköpfige Naga-Schlangen flankieren die Treppenaufgänge der mit feinen Holzschnitzereien und bunten Spiegelmosaiken verzierten Bauwerke, deren Innenwände häufig von Wandmalereien bedeckt sind. Die Bauweise ist überwiegend vom Stil des im 14. und 15. Jh. mächtigen Thaireiches von Lan Na geprägt, doch hat auch die burmesische Architektur ihre Spuren hinterlassen. Einige Tempel sind sogar völlig burmesischen oder gar indischen Vorbildern nachempfunden.

Die interessantesten Tempel und Märkte liegen innerhalb des Zentrums und können an einem Tag mit dem Tuk-Tuk besucht werden. Wer sich etwas Zeit lässt, kann dabei Überraschendes am Wegesrand entdecken. Man sollte sich allerdings nicht von Tuk-Tuk-Fahrern zu einer Einkaufstour überreden lassen. Für die weiter außerhalb gelegenen Tempel und das Museum benötigt man einen weiteren Tag.

Tempel in der Thanon Tapae

Cityplan: S. 240

In der Thanon Tapae kann man einen Einkaufsbummel durch Chiang Mai mit der Besichtigung von Tempeln verbinden. Zwei lange, mit Keramikfliesen belegte Naga-Schlangen beiderseits einer Gasse markieren den Eingang zum **Wat Saen Fang** 1, das sich hinter Geschäftshäusern versteckt. Die kunsthistorisch weniger bedeutende, aber sehr malerische Klosteranlage mit dem von jeweils vier Löwen und Schirmen flankierten Chedi ist im burmesischen Stil gehalten.

Auf der gegenüberliegenden Straßenseite erhebt sich einige Meter weiter der hohe Turm des **Wat Bupharam** 2: eine große Tempelanlage, deren Gebäude nicht so recht zueinander zu passen scheinen. Wie ein kleiner Palast wirkt die 1992 fertiggestellte zweistöckige Halle Bo Montien Dham mit reich dekorierten Treppenaufgängen, Balustraden und einem mehrfach gestaffelten, kreuzförmigen Dach, das von einem Tempelturm gekrönt wird. Im Obergeschoss steht der größte aus Teakholz geschnitzte Buddha der Welt. Daneben nimmt sich der kleine, hübsche Bot im Lan-Na-Stil des 17. Jh. mit dunklen Holzschnitzereien und weit heruntergezogenem Dach sehr bescheiden aus. Den Chedi umgeben burmesische Löwen und Buddhastatuen.

Nur wenige Meter weiter stehen dicht gedrängt hinter einer hohen Mauer nahe der Geschäftsstraße die Gebäude des **Wat Mahawan** 3. Grimmig dreinblickende, riesige Löwen bewachen den Haupteingang zum Vihara und dem Chedi im burmesischen Stil.

Die Altstadt

Cityplan: S. 240
Die Thanon Tapae endet im Westen am rekonstruierten **Tapae Gate** 4, dem Eingang zum historischen Viertel. Einst war die Altstadt von einer Stadtmauer und einem Wassergraben im Quadrat von etwa 1500 m Seitenlänge umgeben. Im Gegensatz zum komplett erhaltenen Kanal sind nur noch Reste der Befestigungsmauer zu sehen, die überwiegend rekonstruiert wurden. Jenseits des Tores gelangt man in die von breiten Alleen und schmalen Gassen durchzogene Altstadt. Beiderseits der Thanon Ratchdamnoen stehen kleine Geschäftshäuser und alte **Lan-Na-Teakhäuser,** wie das Gebäude des A.U.A. Language Centre in der Nr. 24. Kokospalmen überragen verwitterte Tempel, die sich hinter hohen Mauern verstecken.

Wat Chedi Luang 5

Wendet man sich an der Kreuzung mit der Thanon Phra Pokklao nach links, findet man hinter dem zierlichen Wat Phan Tao, das wohl einem Fürsten als Palast diente, das **Wat Chedi Luang**. Der legendenumwobene Tempel beherbergte von 1482 bis 1547 den berühmten **Smaragdbuddha,** der nun im Wat Phra Keo von Bangkok steht (s. S. 125).

Die Überlieferung berichtet, dass Kaufleuten einstmals ein Baumgeist erschien, der sich als Inkarnation des verstorbenen Königs zu erkennen gab. Er bekundete ihnen, dass er wegen seiner Missetaten keine Erlösung finden könne. Und nur der Bau einer hohen Pagode, die noch aus einer Entfernung von 4 km sichtbar sei, vermöge ihn zu befreien. Saen Muang Mai, der Sohn des Königs, hörte von der Bitte. Er befahl den Bau des Turmes, doch bei seinem Tod war der **Chedi** erst 36 m hoch, nicht genug, um den Vater zu retten. So setzten die Enkel und Urenkel des Herrschers die Arbeiten weiter fort, bis der Große Chedi im Jahre 1481 letztlich eine Höhe von 90 m erreicht hatte.

Bereits 1545 zerstörte ein Erdbeben das Bauwerk, doch erst 1991 begann man mit der kostspieligen Restaurierung der 60 m hohen, wuchtigen Ruine. Mit wenig Sachverstand und viel Zement rekonstruierte man die Elefantenstatuen, die einstmals auf der mittleren Plattform des mehrstufigen Unterbaus den Chedi trugen. Auch die von Naga-Schlangen begrenzten Treppenaufgänge und Nischen, in denen vergoldete Buddhastatuen sitzen, wurden wenig originalgetreu nachgebildet. Die teilweise zugemauerte Nische gegenüber dem Vihara enthält eine Kopie des Smaragdbuddha. Eine kleine **Ausstellung** im Haupt-Vihara, rechts vom Eingang, informiert über die Restaurierungsarbeiten. Eine 9 m hohe, stehende Buddhastatue aus dem 15. Jh. befindet sich am Ende der hohen mit **Wandmalereien** bedeckten Halle.

Chiang Mai City Arts & Cultural Center 6

Auf der Thanon Phra Pokklao Richtung Norden erhebt sich der bereits im Jahr 1924 erbaute ehemalige Sitz der Provinzregierung, vor dem das **Denkmal Sam Kasat** an die drei Könige Mengrai aus Chiang Rai, Ngam Muang aus Phayao und Ramkhamhaeng aus Sukhothai erinnert. Nach einer umfassenden

Altehrwürdige Steine: Der restaurierte Chedi des Wat Chedi Luang

Renovierung ist das **städtische Museum** in die repräsentativen Räumlichkeiten eingezogen. In insgesamt 15 Sälen führt seine Ausstellung bis in die Frühgeschichte Nordthailands zurück. Sie erläutert die Stadtentwicklung sowie die kulturellen, religiösen und wirtschaftlichen Besonderheiten, präsentiert die Galerie der Regenten und wirft auch einen Blick auf das Leben der Landbevölkerung (Di–So 8.30–17 Uhr, Eintritt 90 Baht).

Wat Phra Singh

Die zentrale Ost-West-Achse, die vom Tapae Gate zum **Suan Dok Gate** 7 führt, wird am Ende der Thanon Phra Sing durch das **Wat Phra Singh** 8 unterbrochen. Es ist der wichtigste Tempel im Altstadtgebiet. Dieses religiöse Zentrum wurde bereits 1345 von König Phayu gegründet. Rechts vom Eingang erhebt sich graziös der mit hervorragenden Holzschnitzereien bedeckte **Mondhop** auf einem hohen, mit Stuckreliefs himmlischer Nymphen geschmückten, steinernen Unterbau. Besonders im Licht der frühen Morgensonne bietet der Haupteingang zum Vihara aus dem Jahre 1518 mit vergoldeten Schnitzereien, bunten Fayencen und dem dreifach gestaffelten, weit heruntergezogenen Dach ein eindrucksvolles Fotomotiv.

Die kleine, wohlproportionierte **Lai-Khan-Kapelle** links daneben beherbergt die sagenumwobene Statue des Buddha Phra Singh. Die hochverehrte Buddhafigur kam einer Legende zufolge im 14. Jh. über viele Umwege aus Ceylon nach Chiang Mai. (Auch Bangkok und Nakhon Si Thammarat erheben den Anspruch, die einzig echte Phra-Singh-Figur zu besitzen.) Vor dem ganz in rotgold gehaltenen Hintergrund thront die Statue in sitzender, die Erde als Zeugin aufrufenden Haltung auf einem erhöhten Altar voller Votivgaben und Blumen. Darstellungen aus den

Jataka-Erzählungen schmücken die Wände. Neben der Kapelle erhebt sich der weiße **Chedi,** der die Asche des 1345 verstorbenen Königs Kam Fu von Chiang Saen enthält. Vergoldete Schnitzereien zieren den Haupteingang des dunklen, kleinen **Bot,** dessen vorgezogenes, dreifach gestaffeltes Dach mit verwitterten Teakholzschindeln gedeckt ist.

Wat Chiang Man 9

Wat Chiang Man, den ältesten Tempel der Stadt, ließ König Mengrai, der Gründer von Chiang Mai, 1296 als seinen ersten Wohnsitz errichten, während um ihn herum die neue Hauptstadt ausgebaut wurde. Der zentrale **Vihara** aus dem 19. Jh. mit weit ausschwingendem, mit Naga-Schlangen begrenzten Dach und herabgezogenen, prächtig dekorierten Giebeln wurde aufwendig restauriert.

Rechts daneben werden in dem kleineren Gebäude zwei berühmte alte **Buddhafiguren** sicher, aber kaum sichtbar hinter schweren Gittern aufbewahrt. Auf den davor ausgestellten Fotos sind beide Statuen erkennbar, eine ist aus Bergkristall und soll der Königin des Haripunchai-Reiches (8. Jh.) gehört haben, die andere, die Marmorskulptur Phra Sila, soll vor 1000 Jahren aus Indien gekommen sein. Vor allem der Kristallbuddha Phra Setang Kamani genießt bei der Bevölkerung besondere Verehrung als Regenspender. Während des Songkran-Festes (s. S. 250) wird er in einer Prozession durch die Straßen getragen und mit Wasser übergossen, um ausreichend Niederschläge für die kommende Regenzeit zu erbitten.

Der wuchtige, quadratische Chedi mit der vergoldeten, pyramidenförmigen Spitze und mehreren Nischen im Mittelbau scheint auf dem Rücken von 15 Elefantenstatuen zu ruhen. Bemerkenswert sind darüber hinaus die Holzschnitzereien und Lackarbeiten an der kleinen Bibliothek, die aus jüngerer Zeit stammen.

Durch den Klosterhof des schräg gegenüberliegenden **Wat Lam Chang,** das weniger herausgeputzt und noch recht ursprünglich wirkt, führt eine Abkürzung über die Soi 6 oder 7 zum **Somphet-Markt** (s. S. 244).

Außerhalb der Altstadt

Cityplan: S. 240

Wat Ku Tao

Jenseits des **Chang Puak Gate** 10 (Tor des weißen Elefanten) drängen sich die Fahrzeuge auf der Thanon Chang Puak und der Thanon Chotana Richtung Norden. Etwa 200 m hinter der Chang-Puak-Busstation, von der Busse in die nähere Umgebung starten, führt die Soi 6 rechts zum **Wat Ku Tao** 11, einer Oase der Ruhe. Der im burmesischen Stil gehaltene Tempel wurde als Begräbnisstätte für den burmesischen Prinzen Min Noratha Chor Anfang des 17. Jh. errichtet. Die ungewöhnliche Form des steinernen Chedi erinnert an fünf riesige übereinandergetürmte, nach oben kleiner werdende Kürbisse oder an die Almosenschalen der Mönche.

Nationalmuseum 12

Unweit der großen Umgehungsstraße, dem Super Highway, der die Stadt fast durchgängig umringt, steht in einem Garten das **Nationalmuseum**. Im Gegensatz zur großzügigen Architektur des zweistöckigen Gebäudes wirkt die Sammlung bescheiden. Im Erdgeschoss steht ein Buddhakopf aus dem 15. Jh. im Lan Na-Stil und einige mit Lackarbeiten verzierte Bücherschränke. Nach Funden aus der Frühgeschichte kommt die Darstellung der Bergvölker und die Zeit der birmanischen Herrschaft viel zu kurz. Die frühen Lan-Na-Kunstwerke lassen deutliche Einflüsse der Nachbarländer erkennen, was auf die engen Verbindungen zwischen Lamphun (Haripunchai), Pagan (Burma) und dem Khmer-Reich zurückzuführen ist.

Das Obergeschoss enthält Objekte aus der Bangkok-Periode, Howdahs aus dem Besitz ehemaliger Lanna-Fürsten, landwirtschaftliche Geräte und Infos über den Bootstransport auf dem Ping, Eisenbahnbau, Forstwirtschaft und traditionelle Industrie. Eine Sammlung von Buddhastatuen im Lan Na-Stil aus allen Epochen wird ergänzt durch Kunstwerke aus Lopburi, Sukhothai und der Bangkok-Periode. Im Garten des Museums vermitteln zwei re-

Chiang Mai

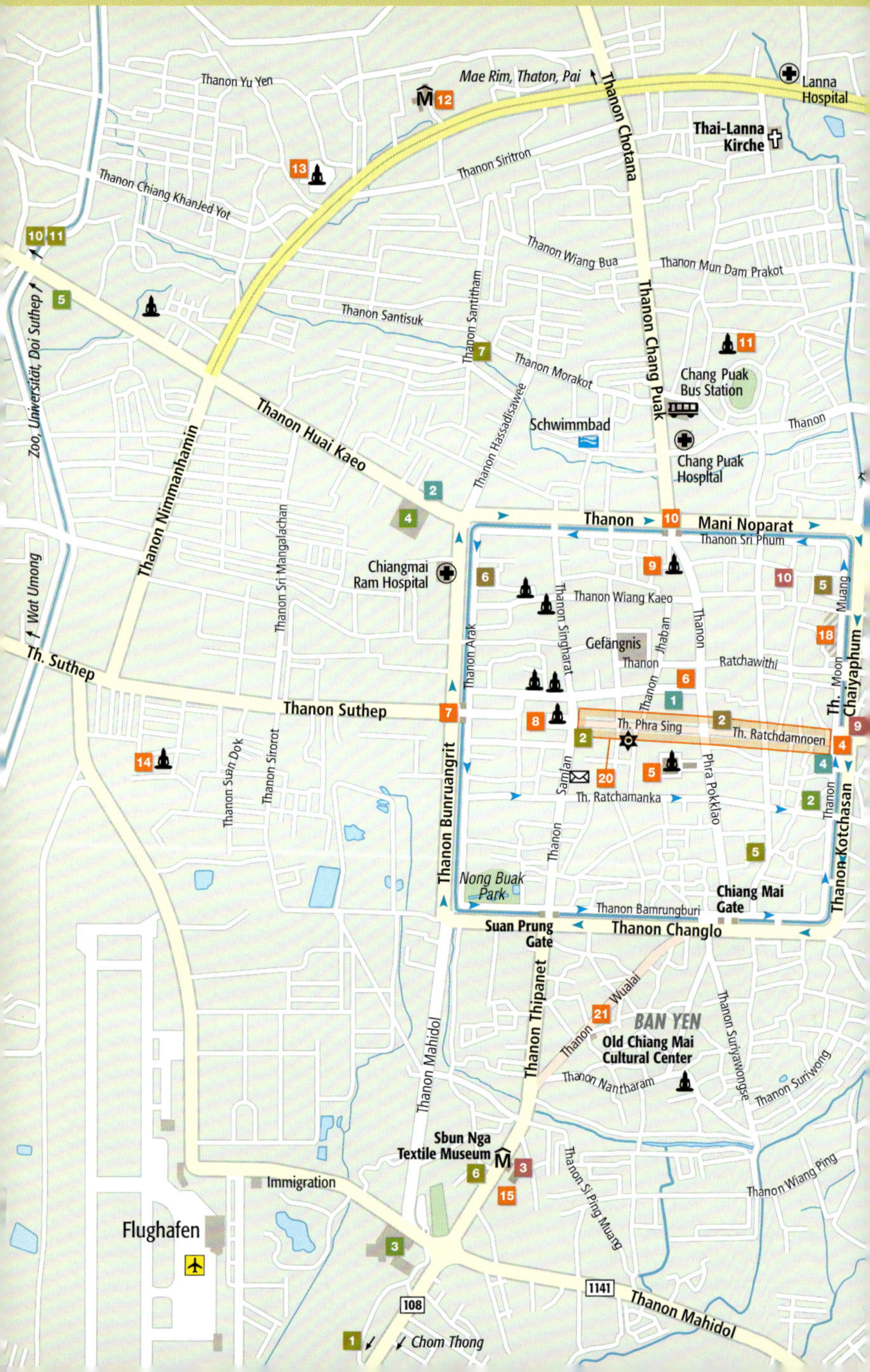
Thanon Yu Yen
Mae Rim, Thaton, Pai
Thanon Chotana
Lanna Hospital
Thai-Lanna Kirche
Thanon Siritron
Thanon Chiang KhanJed Yot
Thanon Wiang Bua
Thanon Mun Dam Prakot
Zoo, Universität, Doi Suthep
Thanon Santisuk
Thanon Santitham
Thanon Chang Puak
Thanon Morakot
Chang Puak Bus Station
Thanon Hassadisawee
Schwimmbad
Thanon
Thanon Huai Kaeo
Chang Puak Hospital
Thanon Nimmanhamin
Thanon
Mani Noparat
Thanon Sri Phum
Wat Umong
Thanon Sri Mangalachan
Chiangmai Ram Hospital
Thanon Wiang Kaeo
Thanon Singharat
Muang
Gefängnis
Thanon Jhaban
Thanon
Thanon Arak
Ratchawithi
Th. Moon
Th. Chaiyaphum
Th. Suthep
Thanon Suthep
Th. Phra Sing
Th. Ratchdamnoen
Samlan
Thanon Suan Dok
Thanon Sirorot
Th. Ratchamanka
Phra Pokklao
Thanon Bunruangrit
Thanon
Thanon Kotchasan
Nong Buak Park
Thanon Bamrungburi
Chiang Mai Gate
Suan Prung Gate
Thanon Changlo
Wualai
Thanon Thipanet
BAN YEN
Old Chiang Mai Cultural Center
Thanon Mahidol
Thanon Nantharam
Thanon Suryawongse
Thanon Suriwong
Sbun Nga Textile Museum
Thanon Si Ping Muang
Thanon Wiang Ping
Immigration
Flughafen
108
1141
Thanon Mahidol
Chom Thong

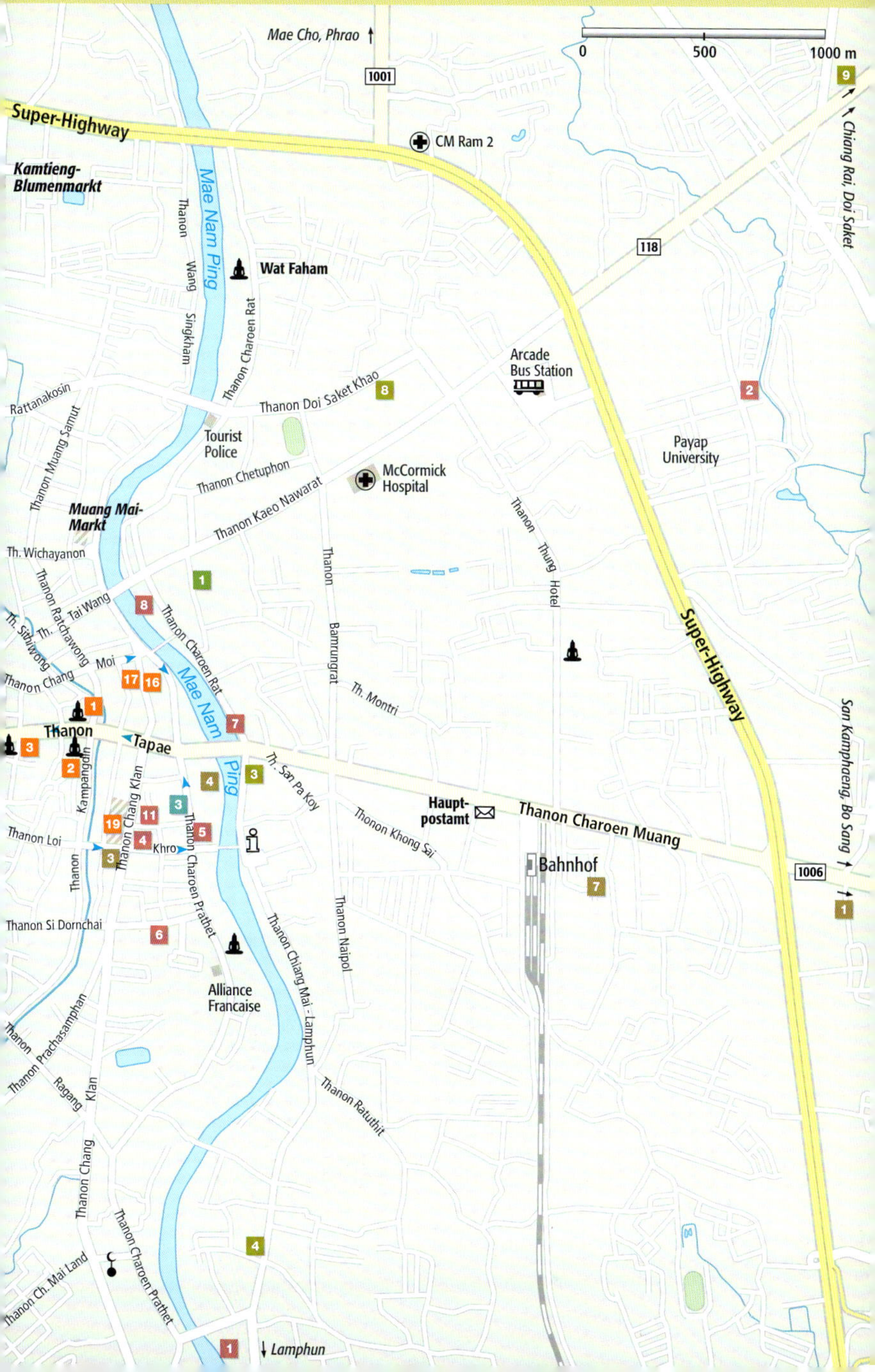

Mae Cho, Phrao
1001
0
500
1000 m
9
Chiang Rai, Doi Saket
Super-Highway
CM Ram 2
Kamtieng-Blumenmarkt
Mae Nam Ping
Thanon Wang Singkham
Wat Faham
Thanon Charoen Rat
118
Arcade Bus Station
2
Rattanakosin
Thanon Doi Saket Khao
8
Tourist Police
Payap University
Thanon Muang Samut
Thanon Chetuphon
McCormick Hospital
Muang Mai-Markt
Thanon Kaeo Nawarat
Thanon Thung Hotel
Th. Wichayanon
1
Thanon Bamrungrat
Thanon Ratchawong
Th. Tai Wang
8
Th. Sithiwong
Thanon Charoen Rat
Super-Highway
Moi
Thanon Chang
17
16
Mae Nam Ping
Th. Montri
San Kamphaeng, Bo Sang
1
7
Thanon Tapae
3
2
Kampangdin
4
3
Th. San Pa Koy
Thanon Chang Klan
3
Haupt-postamt
Thanon Charoen Muang
19
11
Thonon Khong Sai
Thanon Loi
4
5
Khro
3
Thanon Charoen Prathet
Bahnhof
1006
7
1
Thanon Si Dornchai
6
Thanon Naipol
Thanon Chiang Mai - Lamphun
Alliance Francaise
Thanon Prachasamphan
Thanon Ragang
Thanon Chang Klan
Thanon Ratuthit
4
Thanon Charoen Prathet
Thanon Ch. Mai Land
1
Lamphun

Chiang Mai

Sehenswert

1 Wat Saen Fang
2 Wat Bupharam
3 Wat Mahawan
4 Tapae Gate
5 Wat Chedi Luang
6 Chiang Mai City Arts & Cultural Center
7 Suan Dok Gate
8 Wat Phra Singh
9 Wat Chiang Man
10 Chang Puak Gate
11 Wat Ku Tao
12 Nationalmuseum
13 Wat Jet Yot
14 Wat Suan Dok
15 Old Chiang Mai Cultural Center
16 Warorot-Markt
17 Lam-Yai-Markt
18 Somphet-Markt
19 Night Bazaar
20 Walking Street
21 Wualai Walking Street

Übernachten

1 Mandarin Orient. Dhara Dhevi
2 Tamarind Village
3 Royal Princess
4 River View Lodge
5 Baan Hanibah B&B
6 The Red Hibiscus
7 Linda Guesthouse

Essen & Trinken

1 Le Coq d'Or
2 Khum Khantoke
3 Old Chiang Mai Cultural Center
4 German Hofbräuhaus
5 Antique House
6 Whole Earth Restaurant
7 The Riverside
8 La Brasserie
9 Art Café
10 Blue Diamond – The Breakfast Club
11 Galare Food Centre

Einkaufen

1 Kunstgalerien und Antiquitäten
2 Thai Tribal Crafts
3 Central Airport Plaza
4 Kad Suan Kaew Mall
5 71 Export

Abends & Nachts

1 The Writers Club & Wine Bar
2 Discovery Club
3 Bubble Club & Discotheque
4 Thapae Stadium

Aktiv

1 Click and Travel
2 Chiang Mai Mountain Biking
3 Chiang Mai Green Tour
4 The Peak Adventure
5 Chiang Mai Rock Climbing Adventures
6 Thai Massage School
7 International Training Massage School
8 Sunshine Massage School
9 Tao Garden
10 Northern Insight Meditation Center
11 International Buddhism Center

konstruierte *kilns* einen Eindruck von den Brennöfen, in denen die wertvolle Celadon-Keramik gebrannt wurde (tgl. 9–16 Uhr, Tel. 053–22 13 08, Eintritt 100 Baht).

Wat Jet Yot 13

Etwa 300 m weiter westlich am Highway erhebt sich **Wat Jet Yot**, eine Klosteranlage mit Bauten aus verschiedenen Jahrhunderten. Der ungewöhnliche Chedi neben dem Bot wurde 1455 nach dem Vorbild des Mahabodhi-Tempels im indischen Bodh Gaya errichtet, wo Buddha die Erleuchtung zuteil wurde. Der Hauptturm und die kleineren Türme ringsum sitzen auf einem hohen quadratischen Unterbau, der mit Reliefs von himmlischen Nymphen bedeckt ist. Die Asche des Tempelgründers, Königs Tilokaraja, liegt unter einem hohen Chedi im Klostergarten. Er schuf mit dem Wat eines der bedeutendsten religiösen Zentren jener Zeit, in dem zahlreiche Gelehrte mit der Erforschung der reinen buddhistischen Lehre beschäftigt waren. Dort fand 1477 das Achte Buddhistische Weltkonzil statt, das die buddhistischen Schriften reformierte. In den folgenden Jahren entstanden weitere, reich geschmückte Bauten, so auch der Bot und der Haupt-Vihara, dessen Innenwände mit Wandmalereien im modernen perspektivischen Stil bedeckt sind. Nach der burmesischen Invasion von 1566 geriet das geplünderte Wat in Vergessenheit.

Wat Suan Dok 14

Auf dem Super Highway überquert man etwas weiter im Südwesten die Thanon Huai Kaeo und fährt weiter zur Thanon Suthep, auf der man nach etwa 500 m stadteinwärts

Wat Chiang Man: einer der schönsten Tempel in Chiang Mai

in einer Seitenstraße auf **Wat Suan Dok** stößt. Die Tempelanlage entstand im 14. Jh. auf dem Areal des ehemaligen königlichen Blumengartens. Damals wurde der große Chedi über einer Reliquie erbaut. Später errichtete man westlich des großen Vihara zahlreiche kleinere Tempeltürme als Grabstätten der Fürsten von Chiang Mai. Beim Monk Chat, www.monkchat.net, sind Mo, Mi und Fr von 17–19 Uhr Gespräche mit Mönchen möglich.

Old Chiang Mai Cultural Centre 15

Von der Altstadt durch das Chiang Mai Gate gelangt man zur **Thanon Wualai.** Die Silberschmiede, deren stetiges Hämmern über Jahrhunderte hier zu hören war, produzieren mittlerweile in Fabriken. Aus dem geschmolzenen, mindestens 92,5 % reinen Silber werden Schalen, Dosen und Schmuckstücke geformt und in den Läden verkauft.

Kurz vor der Ringstraße, die Richtung Westen zum Airport führt, kann man sich am Abend im **Old Chiang Mai Cultural Centre**, 185/3 Thanon Wualai, den Reisegruppen anschließen, die sich zum Khantoke Dinner mit Hilltribe Show einfinden. (Tel. 053-20 29 93-5, www.oldchiangmai.com, Dinner und Show von 19–21.30 Uhr).

Im **Sbun-Nga Textile Museum** sind 6000 Textilien aus dem gesamten südostasiatischen Raum ausgestellt (Do–Di 10.30–18 Uhr, 100 Baht).

Tour durch die Märkte

Sehr zentral liegt der ganztags geöffnete **Warorot-Markt** 16 in einem großen Gebäude an der Thanon Chang Moi. Von den Galerien der oberen Stockwerke lässt sich das Marktgeschehen gut überblicken. Während im Erdgeschoss die Händler auf langen Tischen eine bunte Vielfalt an frischem Obst und Gemüse sowie anderen Nahrungsmitteln aufgebaut haben, liegen in den oberen Stockwerken vor allem Textilien aus. Nebenan, nahe dem Fluss, werden im **Lam-Yai-Markt** 17 früh morgens und abends frische Produkte, wie Fleisch und Blumen, feilgeboten. Wenn die Läden abends schließen, werden am Straßenrand Essenstände aufgebaut.

Von der Thanon Ratchdamnoen erreicht man den **Somphet-Markt** 18 in der Thanon Moon Muang, parallel zum alten Befestigungsgraben. Er kommt erst am Nachmittag, gegen 15 Uhr richtig in Gang und wird daher auch Beamtenmarkt genannt. Hier bekommen berufstätige Frauen alles, was sie für die Zubereitung der abendlichen Mahlzeit benötigen. Und es gibt auch eine große Auswahl an Thaigerichten. Erdbeeren werden an den Ständen in der kühlen Jahreszeit von November bis Februar als Rarität entsprechend teuer angeboten. Endet die Erdbeerzeit, beginnt die Saison der Mangos und Durian – jener stachlig-stinkigen Königin der Früchte, die bei den Thai so begehrt ist, dass ganz Chiang Mai einem Durian-Rausch verfällt. Von Juli bis Oktober füllen sich die Körbe der Marktfrauen mit saftigen Rambutan und Longan (frühmorgens und vormittags).

Die Verkaufsstände in der **Chang Klan Rd.**, im dreistöckigen **Night Bazaar Building** 19 und im gegenüber liegenden älteren **Kalare Night Bazaar** mit dem Food Court haben fast nur noch Massenware für Touristen im Angebot und dementsprechend an Attraktivität eingebüßt. Die meisten Händler versuchen etwas aufdringlich Textilien (u. a. gefälschte Markenartikel), CDs, DVDs, Holzschnitzereien, Schmuck, Keramiken und Kunstgewerbe an den Mann bzw. die Frau zu bringen (tgl. 16–23 Uhr). Auch tagsüber sind die Stände in den großen Gebäuden in der Chang Klan Rd. geöffnet.

Am Sonntag wird von 16 bis 22 Uhr die Thanon Phra Singh und Ratchdamnoen sowie ein Teil der abgehenden Straßen für den größten Straßenmarkt als **Walking Street** 20 gesperrt. Auf etwa 2 km Länge verkaufen an über 4000 Ständen vor allem lokale Künstler, Kunsthandwerker und Kleinhändler eine bunte Vielfalt an überwiegend preiswerten lokalen Produkten. Dazwischen werden Snacks und Fruchtsäfte frisch zubereitet bzw. gepresst, Straßenmusiker treten auf und geben ihre Kunst zum Besten und Massagefrauen bieten ihre Dienste an. Die Atmosphäre ist entspannter und etwas lockerer als auf dem Night Bazaar. Dies ist dann auch der beste Ort zum Einkaufen von Souvenirs, Postkarten, Kleidung, Taschen und Schmuck. Hier werden neue Trends kreiert und bereits eine Woche später kopiert.

In dem traditionellen Viertel der Silberschmiede findet in der Thanon Wualai am Samstag von 17 bis 22 Uhr ein weiterer, kleinerer Nachtmarkt, die **Wualai Walking Street** 21 statt.

Infos

Tourist Office: 105/1 Thanon Chiang Mai-Lamphun, Tel. 053-24 86 04/7, tgl. 8.30–16.30 Uhr, ein weiterer Informationsschalter am Flughafen.

Übernachten

... in Chiang Mai

High Society ▶ **Mandarin Oriental Dhara Dhevi** 1: 51/4 Thanon Chiang Mai – San Kamphaeng, Tel. 053-88 88 88, Fax 053-88 89 99, 5-Sterne-Luxusresort mit 142 exklusiven Villen im nordthailändischen Stil. Mit riesigem Spa und dem Le Grand Lanna Restaurant im Teakhaus mit Blick auf den Tropengarten. 15 000–60 000 Baht, Luxusvillen bis 280 000 Baht pro Nacht!

Tolles Design ▶ **Tamarind Village** 2: 50/1 Thanon Ratchdamnoen, Tel. 053-41 88 96-9, Fax 053-41 89 00, www.tamarindvillage.com. Im Zentrum der Altstadt hinter hohen Mauern verbirgt sich ein hübsches Boutiquehotel mit 40 schönen Zimmern in neuen Thaihäusern. Thairestaurant mit Ausblick auf den Pool und einen Tempel. 5000–15 000 Baht.

Groß und gut ▶ **Royal Princess** 3: 111 Thanon Chang Klan, Tel. 053-25 39 00, Fax 053-28 10 44, www.dusit.com. Gepflegtes 4-Sterne-Hotel mit 200 klimatisierten Zimmern, Pool und gutem kantonesischen Restaurant. 1500–8000 Baht.

Mit Flussblick ▶ **River View Lodge** 4: 25 Thanon Charoen Prathet, Soi 4, Tel. 053-27 11 09, Fax 053-27 90 19, www.river

viewlodgch.com. Kleines Resort mit 36 klimatisierten Zimmern und Pool, von der Terrasse des offenen Restaurants und den teuren Zimmern Blick auf den Ping River. 1800–2200 Baht.

Oase der Ruhe ▶ Baan Hanibah B&B 5 : 6 Thanon Moon Muang, Soi 8, Tel. 053-28 75 24, baanhanibah@gmail.com. Liebevoll restauriertes Teakhaus in einem Garten mit 10 modern gestalteten Zimmern. Betten teils mit dekorativen Baumwollnetzen, Safe, Flachbildschirm-TV und hübschen Bädern. 1300 Baht, Familienzimmer 2200 Baht.

Nett und zuverlässig ▶ The Red Hibiscus 6 : 1 Thanon Arak, Soi 2, Tel. 053-21 76 31, Fax 053-21 76 31, www.redhibiscus.com. In der westlichen Altstadt, kleiner, ruhig gelegener dreistöckiger Neubau mit gepflegten Zimmern, kleine Terrasse zum Frühstücken. 800 Baht.

Umsorgt wie daheim ▶ Linda Guesthouse 7 : 454/67 Soi Banditpatana, Thanon Charoen Muang, Tel. 053-24 69 15, www.lindaguesthouse.com. Sauberes Gästehaus in ruhiger Lage nahe dem Bahnhof, das auch Trekkingtouren organisiert, deutsch-thailändische Leitung. Um 300 Baht.

Vor allem in den Gassen der Altstadt bieten zahlreiche **Gästehäuser** einfache, teils recht familiäre Unterkünfte, von einfachen Zimmern mit Ventilator und Gemeinschaftsduschen bis zu klimatisierten Zimmern, die dem Hotelstandard entsprechen.

Essen & Trinken

Feine französische Küche ▶ Le Coq d'Or 1 : 68/1 Thanon Koh Klang, Nong Hoi, Tel. 053-28 20 24, tgl. 17–22 Uhr. In der Villa des ehemaligen britischen Generalkonsulats südlich der City serviert man in gediegener Umgebung feinste europäische Küche, die Gäste werden sogar mit einem London-Taxi abgeholt. Menü um 2000 Baht.

Riesengroßes Theaterrestaurant ▶ Khum Khantoke 2 : 139 Moo 4, Nong Pakrung, Tel. 053-30 41 21-2, www.khumkhantoke.net tgl. 18.30–21.30 Uhr. Großes Restaurant im Nordosten der Stadt, das in einem Lan-Na-

Nächtliches Shopping: die Walking Street in der Altstadt

Einführung in die thailändische Küche: In der Chiang Mai Thai Cookery School

Haus und auf einer großen Terrasse über tausend Gästen Platz bietet, Tanzvorführungen und Khantoke-Dinner. 320 Baht.

Dinner mit Show ▶ **Old Chiang Mai Cultural Center 3 :** 185/3 Thanon Wualai, südwestlich des Zentrums, Tel. 053-27 50 97, tgl. 19–21.30 Uhr. Khantoke Dinner mit einstündigen, wenig authentischen Tanzdarbietungen, Reservierung erforderlich. 370 Baht.

Oktoberfest in Thailand ▶ **German Hofbräuhaus 4 :** 115/3 Thanon Loi Kroh, Tel. 053-27 99 89, tgl. 11–23 Uhr. Deutsches Restaurant, in dem Bedienungen im Dirndl Bier vom Fass, Weißbier und andere Importbiere, Schnitzel, Wurst und Kraut, aber auch Vegetarisches und Thaigerichte servieren, große Terrasse. Um 300 Baht.

Wie im Museum ▶ **Antique House 5 :** 71 Thanon Charoen Prathet, Tel. 053-27 68 10, tgl. 11–24 Uhr. Restaurant in einem alten Teakhaus voller Antiquitäten, die verkauft werden, und einem netten, zum Teil überdachten Garten. Leckere, original scharfe nordthailändische Spezialitäten. Hauptgerichte 100–200 Baht.

Überwiegend vegetarisch ▶ **Whole Earth Restaurant 6 :** 88 Thanon Sri Dornchai, Tel. 053-28 24 63, tgl. 11–22 Uhr. Indische, thailändische, überwiegend vegetarische Gerichte in einem gemütlichen klimatisierten Teakhaus, manchmal klassische Musikbegleitung. Um 100–200 Baht.

Unterhaltsam ▶ **The Riverside 7:** 9–11 Thanon Charoen Rat, am Fluss, nördlich der

Tipp: Kochkurse in Chiang Mai

Viele Reisende genießen den Aufenthalt in der geruhsamen Altstadt von Chiang Mai und nutzen die Zeit für einen Kochkurs, der großen Spass macht. Schon der gemeinsame Einkauf von Gemüse auf den großen Märkten ist ein Erlebnis. Wegen der zahlreichen Konkurrenten sind die Kurse zudem preiswerter als in Bangkok. Alle Kurse finden in englischer Sprache statt. Manch ein Lehrer ist darum bemüht die richtigen Techniken zu vermitteln, andere setzen mehr auf den Spaßfaktor, sodass es empfehlenswert ist sich vor der Buchung über das Konzept zu informieren und evtl. sogar den Kochlehrer kennen zu lernen. Meist haben die Schüler eine eigene Kochstation und die Auswahl zwischen verschiedenen Gerichten, die auch Vegetarier berücksichtigt. Selbst Anfängern ist es möglich, bis zu sechs verschiedene Gerichte an einem Kurstag zuzubereiten. Nach einem gemeinsamen Essen wird den Kochschülern noch ein Zertifikat und manchmal sogar ein kleines Kochbuch überreicht.

Gute Adressen sind:

Chiang Mai Thai Cookery School: Büro 47/2 Thanon Moon Muang, Tel. 053-20 63 88, www.thaicookeryschool.com. Etablierte Schule von Somphon und Elizabeth Nabnian, die auch mehrtägige Kurse für ernsthaft Interessierte im Programm hat. Der Schwerpunkt liegt auf nordthailändischer Küche.

Gap's Thai Culinary Art School: 3 Soi 4, Thanon Ratchdamnoen, Tel. 053-27 81 40, www.gaps-house.com. In Gap's Guesthouse lernt man beim Chef selbst tgl. außer sonntags kochen und auch Gemüse schnitzen.

The Chilli Club Cooking Academy: 26 Soi 2, Thanon Ratchawithi, Tel. 053-21 06 20, www.eaglehouse.com. Kurse und flexibles Programm in der offenen Küche im Eagle House 2.

Nawarat-Brücke, Tel. 053-24 32 39, www.theriversidechiangmai.com, tgl. 10–1 Uhr. Terrassen mit Blick auf den Fluss, ab 19 Uhr Livemusik, lokale und internationale Küche, breites Angebot an Cocktails und anderen Drinks. Um 200 Baht.

Romantisch ▶ **La Brasserie** 8 **:** 37 Thanon Charoenrat, Tel. 053-24 16 65, tgl. 17–1 Uhr. In einem Garten am Fluss mit europäischen und Thaigerichten, abends Livemusik. 150–300 Baht.

Im Zentrum des Geschehens ▶ **Art Café** 9 **:** 285–291 Thanon Tapae direkt am Tapae Gate, Tel. 053-20 63 65, tgl. 8–23 Uhr. Westliches Café mit italienisch-mexikanischem Touch, das vor allem bei jungen Leuten beliebt ist. 100–200 Baht.

Gutes Frühstück ▶ **Blue Diamond – The Breakfast Club** 10 **:** Soi 7, 35/1 Thanon Moon Muang, Tel. 053-21 71 20, Mo–Sa 7–20.30 Uhr. Im beliebten Café-Restaurant mit gepflegtem Vorgarten und kleinem Laden stammt alles aus biologischem Anbau. Die breite Auswahl an Gerichten zum Frühstücken wird ergänzt durch vielfältige Salate, frische Säfte aus Obst und Gemüse, Tees, guten Kaffee, Brot und Kuchen aus eigener Herstellung. 50–150 Baht.

Unter freiem Himmel ▶ **Galare Food Centre** 11 **:** gegenüber vom Nachtmarkt. An den Ständen wird indisch und thailändisch gekocht, aber es gibt auch Pizza, Eis und andere westliche Snacks, 20.30–22.30 Uhr Tanzvorführungen. Um 50 Baht.

Einkaufen

Märkte ▶ Chiang Mai bietet eine Fülle unterschiedlicher Märkte, durch die eine Tour lohnt. Mehr dazu s. S. 243.

Kunst und Antiquitäten ▶ **Kunstgalerien** und **Antiquitätenläden** konzentrieren sich am Ostufer des Ping in der Thanon Charoenrat, südlich der Thanon Kaeo Nawarat, in der **Soi 1** 1 und im **Night Bazaar Building.**

Souvenirs und Kunsthandwerk ▶ **Thanon Tapae:** Bei einem Einkaufsbummel durch die Thanon Tapae, die sich in Ost-West-Richtung durch die Altstadt zieht, entdeckt man in den

Naga-Schlangen verzieren die Dächer zahlreicher Tempel in Chiang Mai

zahlreichen Geschäften Souvenirs. Viele der Kunstgewerbeartikel werden in Chiang Mai oder den umliegenden Ortschaften angefertigt. **Thai Tribal Crafts** 2: Thanon Moon Muang, südlich der Thanon Ratchdamnoen. Kunsthandwerk, Fair Trade. Mo–Sa 9–17 Uhr. Wer gezielt Kunsthandwerk einkaufen möchte, sollte nach **Ban Tawai** und nach **San Kamphaeng** fahren (s. S. 254 und 258).

Einkaufszentren ▶ Das größte Einkaufszentrum, **Central Airport Plaza** 3, liegt an der Straße zum Flugplatz. Weitere konzentrieren sich an der Thanon Huai Kaeo, wie die **Kad Suan Kaew Mall** 4 und **71 Export** 5, ein kleines Factory Outlet , in dem man günstige Textilien findet.

Abends & Nachts

Plauderplatz ▶ **The Writers Club & Wine Bar** 1: 141/3 Thanon Ratchdamnoen, So–Fr von 12–24 Uhr. Kleine Bar mit Restaurant eines amerikanischen Reiseführerautors im Ruhestand, recht gut zum Wein trinken, kleine Terrasse, die vor allem Sonntags beliebt ist.

Sanuk Thai Style ▶ **Discovery Club** 2: 12 Thanon Huai Kaeo, nahe der Altstadt. Disco mit populärer Thai-Livemusik sowie DJs. Tgl. 18–2.30 Uhr.

Zum Abtanzen ▶ Bubble Club & Discotheque 3: im Porn Ping Tower Hotel, 46–48 Thanon Charoen Prathet, tgl. 15–2 Uhr. Disco mit gemischem Publikum, überwiegend Techno und Housemusik, Lasershow.
Thaiboxen ▶ Thapae Stadium 4: Thanon Moon Muang, südl. der Thanon Ratchdamnoen, Tel. 089-434 55 53. 2–3 x wöchentl. ab 21 Uhr. Karten am Ring für 400 Baht.

Aktiv

Fahrradtouren ▶ Click and Travel 1, 158/42 Chiang Mai – Hod Rd., Tel. 053-28 15 53, www.clickandtravelonline.com, **Chiang Mai Mountain Biking** 2, Tel. 081-024 70 46, www.mountainbikingchiangmai.com, Touren und Fahrradvermietungen, auch bei **Chiang Mai Green Tour** 3, Thanon Chiang Mai, Lamphun, Tel. 053-24 73 74.
Flying Fox ▶ Flight of Gibbon, eine Stunde östlich von Chiang Mai, Tel. 089-97 05 511, www.treetopasia.com. Mit einem Klettergurt abgesichert gleitet man an Stahlseilen und klettert über Hängebrücken auf 2 km Länge durch den Bergwald. Ab 2000 Baht.
Klettern ▶ The Peak Adventure 4, 302/4 Thanon Chiang Mai–Lamphun, Tel. 053-80 05 67, www.thepeakadventure.com. Kletterwand und Kletterkurse außerhalb der Stadt. **Chiang Mai Rock Climbing Adventures** 5 55/3 Thanon Ratchapakhinai, Tel. 053-20 71 02, www.thailandclimbing.com, für Anfänger und Fortgeschrittene.
Massagekurse ▶ Thai Massage School 6 im Old Medical Hospital, 238/8 Thanon Wualai, gegenüber dem Old Chiang Mai Cultural Center, Tel. 053-20 16 63, www.thaimassageschool.ac. th; **International Training Massage School** 7, 17/7 Thanon Morakot, Tel. 053-21 86 32, www.itmthaimassage.com. **Sunshine Massage School** 8, 159/2 Soi 4, Thanon Kaeo Nawarat, Tel. 053-26 25 74, www.sunshine-massage-school.com.
Spas ▶ Auch viele Einheimische erholen sich im kühleren Norden und nutzen die Spas der Luxushotels. Außerdem empfehlenswert: **Tao Garden** 9**,** 274 Moo 7, Luang Nua, Doi Saket, Tel. 053-49 55 96, www.tao-garden. com, 30 Min. außerhalb, mit Abholservice.
Trekkingtouren ▶ In die Berge von Nordthailand werden vor allem ab Chiang Mai organisiert. Die Veranstalter sollten nur mit lizenzierten *Guides* arbeiten. Ansonsten bieten alle überwiegend das gleiche und verlangen um 2000 Baht für 3 Tage/2 Nächte. Es werden bequeme Alternativen angeboten, bei denen man die meisten Strecken in Bussen, Booten, auf Flößen oder dem Rücken von Elefanten zurücklegt. Die beliebtesten Trekkinggebiete liegen nördlich von Chiang Mai (Mae Taeng-Tal für Kurztripps und Chiang Rai für längere Touren) und rings um den

Doi Inthanon. Beachten Sie die Tipps zum Trekking S. 270.

Meditationskurse ▶ **Northern Insight Meditation Center** 10**,** Wat Rampoeng, Thanon Kann Klongchonprathan, hinter der Chiang Mai University, Tel. 053-27 86 20. Vipassana-Meditationskurse in englischer Sprache in 3–30 Tagen. **International Buddhism Center** 11**:** Wat Phra That Doi Suthep, Tel. 053-29 50 12, www.fivethousandyears.org. Buddhistische Unterweisungen und Meditationen, 21-tägige Vipassana-Meditationskurse und Informationen über den Buddhismus.

Termine

Winter Fair: zum Jahreswechsel, große Verkaufsmesse mit Rahmenprogramm.

Flower Carnival: Anfang Februar, es finden Umzüge mit blumendekorierten Wagen statt sowie die Wahl einer Schönheitskönigin und Ausstellungen.

Songkran Festival: Zum Thai-Neujahr Mitte April wird es auf den Straßen feucht, wenn man Passanten mit Wasser übergießt; der Kristallbuddha des Wat Chiang Man wird in einer Prozession durch die Straßen getragen.

Loy Krathong: Nov., kleine Kratons schwimmen auf allen Gewässern und man lässt Papierballons in den Himmel steigen.

Food Festivals: Touristische Veranstaltungen (z. B. eine Rosenshow) Ende Nov./Anfang Dez.

Verkehr

Flüge: Vom Flughafen, Tel. 053-27 02 22, www.chiangmaiairportonline.com, zahlreiche Flüge nach Bangkok, unter anderem mit Thai Airways, Tel. 053-92 09 21-34, Bangkok Airways, Tel. 053-28 15 19, www.bangkokair.com, den Billig-Airlines Air Asia, www.airasia.com, Nok Air, www.nokair.com, der nicht als sicher geltenden Orient Thai (one-two-go), Tel. 053-90 46 05. Nok Air fliegt teils im Verbund mit SGA, www.sga.co.th, auch nach Chiang Rai, Mae Hong Son und Pai. Air Asia fliegt zudem nach Kuala Lumpur (Malaysia), China Airlines, Tel. 053-20 12 68, www.china-airlines.com, nach Taipei, Lao Airlines, 2/107 Thanon Ratchapluek, Tel. 053-22 34 00, www.laoairlines.com, nach Luang Prabang und Silk Air, www.silkair.com, nach Singapur. Alle anderen Verbindungen über Bangkok.

Züge: Vom Bahnhof Thanon Charoen Muang, Tel. 053-24 53 63, tgl. 7 Eil-/Expresszüge über Phitsanulok und Ayutthaya nach Bangkok.

Busverbindungen: Ab **Arcade Station,** Thanon Kaeo Nawarat, Tel. 053-24 26 64, halbstündig bis 21 Uhr nach Bangkok (10 Std.), Chiang Rai bis 17.30 Uhr (3 Std.), Mae Sai (4 Std.), vormittags sowie um 15.30 und 17 Uhr. Häufig von 7–14 Uhr nach Pai (4 Std.), von 7–14 und um 21 Uhr nach Mae Hong Son (8 Std.); alle 30 Min. nach Lampang (2 Std.). Von der **Chang Puak Station,** Thanon Chotana, Tel. 053-21 15 86, häufig zum Doi Saket (30 Min.) und 6 x tgl. nach Thaton (4 Std.). Ab dem Lam-Yai-Markt nach San Kamphaeng (15 Min.) und Lamphun (1 Std.).

Innerstädtische Verkehrsmittel:

Songthaews (rot) bringen ihre Fahrgäste zum Festpreis zum gewünschten Ziel. Sie können von Gruppen zudem für Ausflüge gechartert werden.

Taxen: Gelbe Taximeter stehen am Flughafen und können unter Tel. 053-27 92 91 vorbestellt werden. Der Preis aller anderen Taxis ist zu verhandeln.

Minibusse fahren in die Umgebung, so zum Doi Suthep ab Chang Puak Gate oder nach Lamphun alle 30–60 Min. ab dem Lam Yai-Markt oder ab der Chiang Mai-Lamphun Rd. hinter der Nawarat-Brücke.

Mietwagen:

Avis: 112 Th. Chang Klan, Royal Princess Hotel, Tel. 053-28 10 33, www.avisthailand.com.

Budget: am Airport, Tel. 053-20 28 71-2, www.budget.co.th.

North Wheels: 70/4-8 Thanon Chaiyaphum, Tel. 053-87 44 78, www. northwheels.com.

Tipp: Tuk-Tuks

eignen sich gut für die Erkundung der Altstadt. Die offenen Fahrzeuge sind jedoch wegen der starken Abgasbelastung auf den verkehrsreichen Hauptstraßen weniger vergnüglich.

Lan Na – Das Reich der Millionen Reisfelder

Thema

Im gebirgigen Norden von Thailand, zwischen dem Mekong und den burmesischen Bergen, entstanden im 9. Jh. unserer Zeitrechnung die ersten kleinen Thaifürstentümer. Mit dem berühmtesten der frühen Thaifürsten, Mengrai, ist die Geschichte mehrerer nordthailändischer Städte eng verknüpft.

Mengrai schuf mit der Gründung von Chiang Rai (1262), das seinen Namen trägt, und Chiang Mai (1296) die Grundlage für das unabhängige Thaikönigreich Lan Na, das ›Land der Millionen Reisfelder‹. Der Name verweist auf den Wohlstand, denn Reis war die wirtschaftliche Basis der Thaivölker. Nach der Eroberung des Mon-Königreichs Haripunchai beherrschte Mengrai große Teile von Nordthailand.

Vor allem mit Burma, dem heutigen Myanmar und Erzfeind von Ayutthaya, gab es wiederholt kriegerische Auseinandersetzungen. Dennoch gedieh das Reich und die Hauptstadt im Tal des Menam Ping entwickelte sich zu einem wirtschaftlichen und kulturellen Zentrum. Burmesische Künstler schufen Tempelanlagen, in denen Mönche die von animistischen Vorstellungen und Hinayana-Einflüssen bereinigte buddhistische Lehre entwickelten.

Während der Blütezeit im 15. Jh. verbreitete sich mit der Lan-Na-Kultur die reine buddhistische Lehre. Mönche, Verwaltungsbeamte und Astrologen berieten die über dem Alltagsgeschehen stehenden Könige und nicht selten auch weibliche Herrscher. Die wahre Macht lag bei den *jao mün,* den Regenten der wichtigsten Stadtstaaten wie Lampang, Chiang Saen oder Fang.

Zwischen den Siedlungen, den *ban,* und den Städten, den *chiang,* entstand ein Netzwerk von Wegen und Bewässerungskanälen, die von Wasserrädern gespeist wurden. Der Bau von Tempeln, Befestigungsanlagen und anderen staatlichen Projekten begann Anfang des 16. Jh. das Land auszuzehren, sodass Lan Na 1556 angreifenden burmesischen Truppen nichts mehr entgegensetzen konnte.

Während der über 200-jährigen burmesischen Herrschaft entwickelte sich das besetzte Land unter der Regentschaft lokaler Prinzen weitgehend eigenständig. Als jedoch Anfang des 18. Jh. die Eroberer das nördliche Lan Na vom südlichen abtrennten, begannen die Thai sich nach neuen Bündnispartnern umzusehen und fanden sie wieder im Süden. Bereits mehrfach war der Expansionsdrang von Ayutthaya an der schlagkräftigen burmesischen Armee gescheitert. Nach der Zerstörung von Ayutthaya durch die Burmesen 1767 änderte jedoch König Taksin die Taktik, vereinigte sich mit den nördlichen Prinzen und vertrieb die Burmesen endgültig. Lan Na wurde 1775 als Vasallenstaat in das siamesische Reich eingegliedert, doch es sollte noch viele Jahre dauern, bis die Burmesen ihre wiederholten Eroberungsversuche endgültig aufgaben.

Im 19. Jh. geriet der Teakreichtum des Nordens in den Blick der Briten, die bereits das angrenzende Burma kolonialisiert hatten. Dank einer geschickten Politik des siamesischen Königs gaben sie sich aber mit der Holzkonzession zufrieden und spielten eine wichtige Rolle bei der Erschließung des Nordens durch die Eisenbahn und Telegrafenleitungen. 1932 wurde Lan Na endgültig in das Thaireich eingegliedert.

Die Umgebung von Chiang Mai

Wer glaubt, dass die Tempel und Einkaufsmöglichkeiten von Chiang Mai nicht zu toppen sind, wird wenige Kilometer vor den Toren der Stadt eines Besseren belehrt. Außer vielen Kunsthandwerkszentren und dem schönsten Tempel des Landes locken in einem romantischen Tal unterhaltsame Touristenattraktionen.

Im Westen von Chiang Mai

Karte: S. 256

Wat U Mong 1

Die am Suan Dok Gate beginnende Thanon Suthep führt stadtauswärts nach Westen. Vorbei am Wat Suan Dok, zweigt nach ca. 1,7 km die Soi Wat Umong nach links ab, auf der nach weiteren 1,2 km **Wat U Mong** erreicht ist. Zwischen 1296 und 1520 diente das Waldkloster als Meditationstempel. Die Mönche lebten in unterirdischen Felsgewölben, an deren Wänden noch Spuren der ursprünglichen Wandmalereien zu erkennen sind. Die weitgehend verfallene Anlage belebte sich erst in den letzten Jahrzehnten wieder mit vielen Mönchen, die das zurückgezogene, strenge Klosterleben bevorzugen. Bei einem Spaziergang durch das bewaldete Areal rings um einen See regen philosophische Weisheiten, die auf Tafeln angeschrieben sind, zum Nachdenken an.

Universität, Arng Kaeo Reservoir und Zoo

An der Nordseite der Thanon Suthep erstreckt sich der riesige Campus der **Universität** 2 die 1965 weit vor den Toren der Stadt gegründet wurde. Er reicht bis zur Thanon Huai Kaeo, einer stark befahrenen Ausfallstraße, die von Hotels, Restaurants und Einkaufszentren gesäumt wird. Stadtauswärts grenzt an den Campus der **Huai Kaeo Fitness Park** am Ufer des Arng Kaeo Reservoirs sowie ein hübscher **Botanischer Garten** mit nahezu allen einheimischen Baumarten. Im Schatten drehen selbst in der Mittagshitze Jogger ihre Runden (tgl. 8.30–16.30 Uhr).

Neben dem Fitnesspark liegt der Mitte des 20. Jh. eröffnete **Zoo** 3, der vor allem am Wochenende ein beliebtes Ausflugsziel einheimischer Familien ist. Inmitten der für asiatische Verhältnisse außergewöhnlich gepflegten, weitläufigen Parkanlage am Hang mit viel Grün, einem künstlichen Wasserfall und kleinen Bächen stehen die Gehege, in denen man eine artgerechte Haltung anstrebt. Jüngere Errungenschaft sind eine große Voliere mit mehreren Tausend Vögeln aus allen Erdteilen, die sich über ein ganzes Tal erstreckt sowie ein Aquarium. Beliebt ist die Pandashow. Auch der Zoo öffnet am Abend seine Tore, damit die überwiegend nachtaktiven Tiere beobachtet werden können (www.chiangmaizoo.com, tgl. 8–18 Uhr, Eintritt 100 Baht, Aquarium 420 Baht, mit Zoo 530 Baht; Pandashow 100 Baht, Twilight Zoo von 18.30–21 Uhr, Eintritt 200 Baht).

Wat Phra That Doi Suthep

Gut 15 km nordwestlich der Stadt (auf der Thanon Huai Kaeo stadtauswärts) liegt **Wat Phra That Doi Suthep** 4. Er zählt immerhin zu den bedeutendsten Tempeln von Nordthailand. Vor allem besticht er durch seine Lage am Hang des 1650 m hohen Doi Suthep, von dem man sagt, dass er Segen bringt. Besonders an klaren Tagen lohnt sich wegen der fantastischen Aussicht die Fahrt. Mit dem Minibus von der Thanon Mani Noparat am Chang Puak Gate und vom Zoo oder mit dem Taxi geht es über die 1934 auf Initiative des Abtes Phra Kruba Srivijaya erbaute kurvenreiche Straße, die sich 11 km hinauf in die kühle Bergwelt windet. Die große Verehrung, die dem Abt von der Bevölkerung entgegengebracht wird, verdeutlicht sich an seinem blumengeschmückten **Denkmal** am Fuße des Berges.

Phra Kruba Srivijaya, der 1877 in einem kleinen Dorf südlich von Chiang Mai geboren wurde, widmete sein Leben als Mönch dem Wiederaufbau verfallener religiöser Stätten, wie dem Wat Phra That Haripunchai in Lamphun (s. S. 257). Seinem Einsatz ist es zu verdanken, dass etwa 800 000 freiwillige Helfer aus Nordthailand mit einfachsten Werkzeugen innerhalb eines halben Jahres die Straße zum Doi Suthep fertigstellten.

Jenseits des Parkplatzes mit Souvenir- und Essensständen führt eine monumentale, von zwei siebenköpfigen Naga-Schlangen umrahmte **Treppe** zum Tempel hinauf, der sich in etwa 1000 m Höhe über das Plateau und den Berghang erstreckt. Obwohl auch eine kleine Bergbahn zum Heiligtum hinauffährt, ist es empfehlenswert, sich mit den meisten anderen Besuchern den beschwerlicheren Weg über die Stufen wählen und sich langsam dem Heiligtum nähern. Am Ende der Treppe bewachen zwei Dämonen den Zugang zur Anlage.

Vor dem Haupttheiligtum stehen die **Statuen des Eremiten,** der im 8. Jh. die Lavu-Königstochter Chama Devi aus der Dvaravati-Hauptstadt Lopburi nach Lamphun holte und des berühmten **Weißen Elefanten.** Einer Legende zufolge legte König Ku Na im 14. Jh. den Schwur ab, dass er für eine wertvolle Reliquie einen Tempel erbauen werde. Um eine geeignete Stelle zu finden, band man den heiligen Gegenstand einem weißen Elefanten auf den Rücken und ließ ihn frei. Das Tier wanderte aus der Stadt hinaus und den steilen Berg hinauf bis zum ehemaligen Wohnort eines Heiligen, wo es sich niederlegte und starb. Genau an dieser Stelle wurde ein Chedi über der Reliquie erbaut.

Die überwiegend aus dem 16. Jh. stammende Anlage gruppiert sich um den 32 m hohen, vergoldeten **Chedi** im burmesischen Stil. Dieser ruht auf einer quadratischen Basis, von der an jeder Ecke ein Filigranschirm aus vergoldetem Kupfer aufragt. Den Innenbezirk der Klosteranlage begrenzt ein rechteckiger, mit Malereien versehener, offener **Wandelgang** mit zahlreichen Buddhafiguren im Lan-Na- und Sukhothai-Stil. Er wird in jeder Himmelsrichtung von einem **Vihara** mit weiteren Buddhastatuen unterbrochen, wobei die sitzende Statue im großen westlichen Vihara besondere Verehrung genießt. Wenn sich in diesem Vihara am Nachmittag ab 17 Uhr die Mönche und Nonnen zum gemeinsamen Gebet versammeln und ihre monotonen Gesänge erschallen, verbreitet sich im Tempel, der im warmen Licht der Abendsonne erstrahlt, eine magische Stimmung.

Im **International Buddhism Center** hinter dem östlichen Vihara kann man an Meditationskursen teilnehmen (Eintritt 30 Baht, Minibus ab Chang Puak Gate oder Taxis).

Doi Pui National Park 5

Es bietet sich an, die Fahrt vom Wat Doi Suthep weiter hinauf in die Berge in den **Doi Pui National Park** fortzusetzen, zu dem 1 km hinter dem Wat ein Waldweg abzweigt.

Nach 6 km gelangt man zum **Phu-Ping-Palast** 6, der im Jahr 1961 in kühler Höhe von 1300 m errichteten Sommerresidenz der Herrscherfamilie, die nicht zuletzt auch der Koordination königlicher Entwicklungsprojekte dient. Der gepflegte Park mit einem Farn- und Rosengarten kann besichtigt werden, sofern kein Mitglied der königlichen Familie anwesend ist (tgl. 8.30–11.30 und 13–15.30 Uhr, Eintritt 50 Baht).

Nach weiteren 4 km ist **Ban Doi Pui** 7 erreicht, ein Dorf der Hmong, das ausschließlich vom Tourismus lebt. Durch den unablässigen Besucherstrom hat sich der Ort in einen riesigen Souvenirmarkt verwandelt, auf dem vor allem Stickereien zu überhöhten Preisen angeboten werden. Die Dorf-

Beeindruckende Anlage: Wat Phra That Doi Suthep bei Chiang Mai

bewohner posieren in Hmong-Kostümen vor den klickenden Kameras – gegen Baht natürlich. Eine kleine Ausstellung im **Hilltribe Museum** informiert über den Opiumanbau sowie traditionelle Werkzeuge und Haushaltsutensilien. In einem Garten am Hang wachsen inmitten der Blumen auch einige Mohnpflanzen, die zur Blütezeit im Januar und Februar ein beliebtes Fotomotiv sind.

Wer sich die Fahrt zu diesem ›Dorf‹ ersparen möchte, kann die bunt gekleideten Hmong und andere Angehörige ethnischer Minderheiten aus den Bergen auch auf den Straßen und Märkten von Chiang Mai sehen. Sie verkaufen vor allem auf dem Hilltribe Market im Galare Food Centre gegenüber dem Night Bazaar ihr Kunstgewerbe. Für Besucher mit straffem, dicht gedrängtem Reiseprogramm bieten die Veranstaltungen mit typisch nordthailändischem Khantoke Dinner in Chiang Mai die Möglichkeit, im Rahmen einer Art ›Instant Hilltribes Show‹ Tänze und Musik der verschiedenen ethnischen Minoritäten von Nordthailand kennenzulernen.

Ban Tawai 8

Karte: S. 256

Der vierspurige Highway Nr. 108 führt von Chiang Mai Richtung Hang Dong nach Südwesten. Nahe Kilometer 15 reihen sich Antiquitäten- und Möbelläden entlang der Straße, in denen u.a. vielfältige Holzschnitzereien verkauft werden. Wer links in die Thanon Irrigation nach **Ban Tawai** abbiegt, wird bald weitere Läden und Werkstätten sehen, in denen ein großer Teil der ›Antiquitäten‹ geschnitzt und veredelt wird. Seit dem Holzeinschlagverbot ist Teakholz rar und teuer, die schweren Teakmöbel sind zum Prestigeobjekt geworden. Seit Jahrhunderten schmücken Holzschnitzer die Giebel und Türen der nordthailändischen Tempel mit plastischen Schnitzereien. Aus dem harten Holz

Gläubige im Wat Phra That Doi Suthep

des Teakbaums fertigen sie auch Elefanten in allen Größen, schwere Stühle, zierliche Schränke sowie niedrige Tischchen mit reich verzierten Platten. In dreidimensionalen Reliefs werden sowohl ornamentale und florale Motive als auch Szenen aus den großen Heldenepen oder aus Buddhas Leben dargestellt. Zwischen den Werkstätten der ursprünglichen Holzschnitzer im Dorf Ban Tawai und der Hauptstraße konzentrieren sich in mehreren Handwerkszentren lange Ladenzeilen mit hunderten von Ständen sowie klimatisierte Läden, in denen Großhändler ebenso wie Touristen von der unglaublichen Vielfalt an Textilien, Keramiken, Möbeln und Dekorationsartikeln verschiedenster Art nahezu erschlagen werden. Sperrige Möbel und Großeinkäufe werden von den hier ansässigen Speditionen gleich fachgerecht verpackt und verschickt, während sich die erschöpften Besucher in kleinen Cafés und Restaurants vom Einkaufsbummel erholen (www.ban-tawai.com).

Lamphun 9 ►C 3

Karte: S. 256

Lamphun 26 km südlich von Chiang Mai ist eine boomende Provinzstadt mit 124 000 Einwohnern. Sie ermöglicht Reisenden die Begegnung mit historischen Zeugnissen einer Epoche, die lange vor der Zeit des Lan Na-Reiches begann. Die Legende besagt, dass im 8. Jh. ein Eremit in Lamphun die Lavu-Königstochter Chama Devi aus der Dvaravati-Hauptstadt Lopburi während einer Pilgerreise zum Bleiben veranlasste. Das unter ihrer Herrschaft begründete Reich von Haripunchai gilt als die älteste Hochkultur von Nordthailand. Im Gefolge der Prinzessin kamen buddhistische Mönche und Handwerker, welche die ersten Tempel errichteten. Der neue Staat übernahm neben dem Hinayana-Buddhismus auch das Alphabet sowie das Wirtschafts- und Verwaltungssystem des südlichen Lopburi-Reiches. Während die südlicheren Dvaravati-Siedlungen

Die Umgebung von Chiang Mai

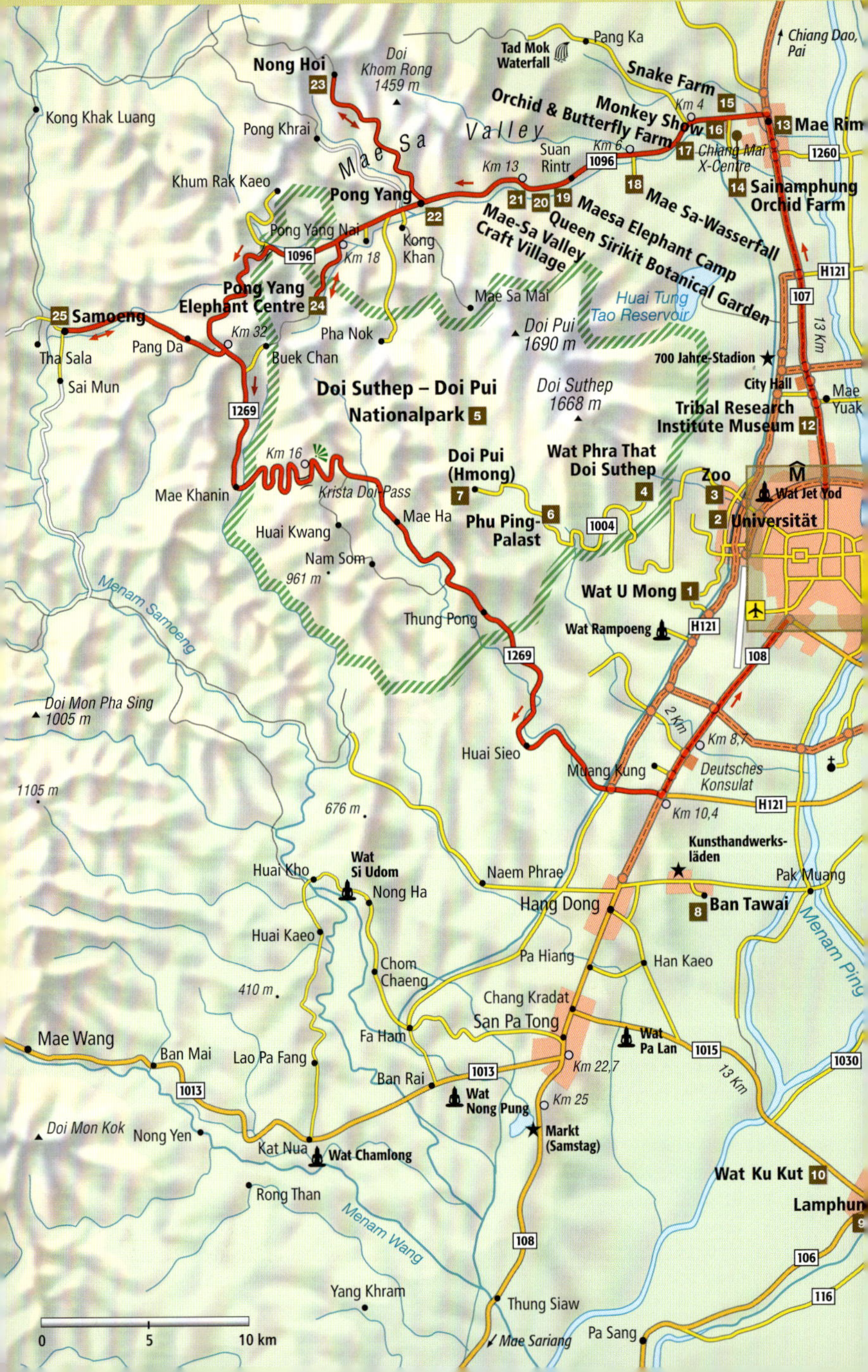

im 11. Jh. unter den Einfluss der Khmer gerieten und ihre Eigenständigkeit verloren, führte Haripunchai erfolgreich mehrere erbitterte Kriege gegen die vordringenden Eroberer. Lamphun konnte sich politisch wie kulturell unabhängig entwickeln, bis die Thai, von Norden kommend, 1281 unter Mengrai auch diese Region eroberten.

Von der glanzvollen Vergangenheit zeugt im Zentrum das kleine, gut ausgestattete **Nationalmuseum** mit Buddhas, die aus den Tempeln der Stadt stammen, Mon-Steininschriften und anderen Funden der Haripunchai- und Lan-Na-Periode sowie aus jüngerer Zeit (Tel. 053-51 11 86, Mi–So außer feiertags 9–16 Uhr, Eintritt 100 Baht).

Touristischer Hauptanziehungspunkt ist das gegenüber liegende **Wat Phra That Haripunchai,** dessen Ursprünge im 9. Jh. liegen. Durch den von burmesischen Löwen flankierten Haupteingang gelangt man zum großen Vihara mit schmückenden Wandmalereien. Linker Hand hängt in einem Glockenturm ein Bronzegong von 2 m Durchmesser. Er zählt zu den größten Gongs von Thailand. Der 51 m hohe, vergoldete Chedi im Zentrum der Anlage wurde vermutlich bereits Ende des 9. Jh. erbaut und 1447 unter König Phaya Tilok zu seiner heutigen Form ausgebaut. Er wird von einem neunfachen Schirm aus purem Gold bekrönt und ist von Tempelwächtern und Bronzebuddhas aus dem 14. Jh. umgeben.

Ein kleines **Heimatmuseum** hinter dem Nationalmuseum in einem alten Teakhaus beherbergt eine Privatsammlung von Blechspielzeug, alten Filmplakaten, Fotos einschließlich der entsprechenden Kameras und ein winziges Kino. Spende empfehlenswert.

Am Highway 1015 liegt 2 km westlich der zentralen Kreuzung von Lamphun **Wat Ku Kut** **10**, auch Wat Chama Devi, das bereits im 12. Jh. gegründet worden sein soll. Neben dem Vihara stehen zwei Tempeltürme von ungewöhnlicher Form: ein achteckiger Turm aus Stein mit stehenden Buddhastatuen und ein quadratischer mit fünfstöckigem, pyramidenförmigem Aufbau, der 60 sitzende Buddhastatuen enthält. Er gehört zu

Lamphun: Liegender Buddha im Wat Haripunchai

den wenigen erhaltenen Mon-Heiligtümern des Landes. Die Legende berichtet, dass während der kriegerischen Auseinandersetzungen mit Lopburi eine Armee gefangen genommen worden sein soll. Diese habe dann zusammen mit der eigenen Armee den quadratischen Chedi erbauen müssen.

Ausflug nach San Kamphaeng ►C 3

Karte: S. 256

Straße der Kunsthandwerker

Während der Fahrt von Chiang Mai aus passiert man auf der Thanon Charoen Muang Richtung Osten rechts das Hauptpostamt und den **Bahnhof,** die Endstation der 1919 fertiggestellten Eisenbahnlinie aus Bangkok.

Sobald der Super Highway überquert ist, weisen große Schilder beiderseits der Straße auf ›Factories‹ und ›Showrooms‹ hin, in denen Teakholzschnitzer, Silberschmiede und Bronzegießer arbeiten, Handwerker Keramiken brennen, Seidenstoffe weben, Edelsteine schleifen, Rattanmöbel, Schirme, Leder- oder Lackarbeiten fertigen und verkaufen. Selbst wenn man nichts kaufen möchte, bietet sich hier eine gute Gelegenheit, die Menschen bei ihren ungewöhnlichen Tätigkeiten zu beobachten.

Doch wie überall bringt nicht die Herstellung der traditionellen Artikel, sondern die Vermarktung den größten Gewinn. Entsprechend sind den meisten Produktionsstätten

große Ausstellungs- und Verkaufsräume angeschlossen. In manchen *Showrooms* hat man sich ganz auf den Verkauf von Waren spezialisiert, die in weit entfernten Fabriken gefertigt werden. Oder man demonstriert nur traditionelle Produktionsverfahren, obwohl die meisten Artikel in modernen Fabriken hergestellt wurden. Preisvergleiche und Handeln empfehlen sich, denn vielfach sind die Gegenstände auf dem Nachtmarkt und in den Geschäften in der Thanon Tapae in Chiang Mai günstiger als in der ›Fabrik‹. Ein hilfreicher *Guide* ist während einer Einkaufstour nicht nötig, zumal seine Provision auf den Preis der Waren aufgeschlagen wird.

Zwischen Kilometer 6 und 8 sowie am Kilometer 10 haben sich hinter der Kreuzung mit dem Super Highway mehrere **Silberfabriken** angesiedelt, die vor allem Schmuck, aber auch Schalen und Gegenstände für den religiösen Bedarf herstellen. Das monotone Schlagen der Hämmer, die das Silber in die gewünschte Form bringen, ist bis auf die Straße hinaus zu hören. Mit feinen Meiseln bringen die Handwerker anschließend die Ornamente und Reliefs auf den Schalen an.

Am Kilometer 7,5, 9,5 und 10,5 werden **Lackarbeiten** angefertigt. Auch wenn es umstritten ist, ob burmesische Handwerker diese Kunst nach Chiang Mai brachten oder Thai sie nach Pagan exportierten, so ist sie doch in beiden Ländern ebenso beheimatet wie in Japan und China, wo sie ihren Ursprung hat. Während die Teller, Dosen und Vasen damals ausschließlich dem Adel vorbehalten waren, kann sie nun jeder erwerben. Die Produktion ist aufwendig: Die Grundform aus Holz oder geflochtenem Bambus wird mit Lack überzogen, der aus dem Saft des Schwarzen Lackbaums, Kalk und Asche besteht. Nachdem dieser getrocknet ist und alle Unebenheiten geglättet sind, wird eine weitere Schicht aufgetragen. Bei hochwertigen Gefäßen wird dieser Vorgang bis zu fünfzehnmal wiederholt. Bunte Muster, vorwiegend in rostrot, dunkelgrün und schwarz, erhält man durch mehrfaches Übermalen oder verschiedenfarbige Lackschichten, die durch die Gravur wieder zum Vorschein kommen, während die goldenen Ornamente auf schwarzem Grund durch eine dünne Goldschicht entstehen, wobei man die Flächen, die schwarz bleiben sollen, mit einer Säure abdeckt.

Zudem stehen aufwendige **Holzschnitzereien** zum Verkauf, die nur selten aus echtem Teak gefertigt sind. Die meisten Handwerker in der Region von Chiang Mai arbeiten jedoch in Ban Tawai.

In den *Kilns* der großen Celadon-Fabriken Baan Celadon, 7 Moo 3, Tel. 053-33 82 88, baanceladon.com, oder Siam Celadon, 38 Moo 10, Tel. 053-33 15 26, www.siamceladon.com, wird **Keramik** gebrannt und in den angrenzenden *Showrooms* verkauft. Man stellt sowohl unglasierte, grob gearbeitete Waren für den alltäglichen Gebrauch als auch feine Dekorationskeramiken her. Celadon-

In der Umgebung von Chiang Mai findet jeder ein Souvenir …

Keramik mit der eisenhaltigen, grünlichschimmernden Glasur wurde in Chiang Mai bereits im 15. Jh. von chinesischen Künstlern produziert, die aus Sukhothai kamen.

Hinter Kilometer 12 erstreckt sich am Highway 1014 **Bo Sang** **11**, das Dorf der Schirmmacher. Hier werden **Schirme** und Fächer in allen Größen und Farben hergestellt. Frauen sitzen in den schattigen Ecken der Innenhöfe und schneiden die biegsamen Bambusstäbe zurecht, die später als Speichen des ganz aus Bambus bestehenden Gestells dienen. Neben Seide und Baumwolle dient als traditionelles Bespannungsmaterial **Sa-Papier,** das aus der Rinde des Maulbeerbaums gewonnen wird. Die Rinde wird zerkleinert, zu einer Papierpaste verkocht und zusammen mit Leim in mehreren dünnen Lagen von Hand aufgetragen und geglättet. Anschließend werden die Schirme in der Sonne getrocknet und mit bunten Blumen, Vögeln, Schmetterlingen, Drachen oder ganzen Landschaften bemalt.

Rings um Kilometer 16 liegt **San Kamphaeng,** ein Ort, in dem man sich auf den Verkauf von Seiden- und Baumwollstoffen spezialisiert hat. Neben dem überwältigenden Angebot an **Baumwolltextilien** – Kleidern, Hemden, Taschen, Decken und Spielzeug – findet man dort Stapel grellbunter **Seidenstoffe.** Die teuersten Stücke bestehen aus feiner Seide, deren abstrakte Muster durch Einfärben in der überlieferten Abbindetechnik, *mut mee,* mit Naturfarben aus Beeren, Wurzeln, Erdfarben und pulverisierten Insekten in aufwendiger Arbeit entstanden.

Tour ins Mae Sa Valley

Karte: S. 256
Eine halbe Autostunde nördlich von Chiang Mai erstreckt sich das bezaubernde Mae Sa Valley, ein fruchtbares Obst- und Gemüseanbaugebiet. Sobald man den dichten Stadtverkehr hinter sich gelassen hat, geht es auf dem schnurgeraden vierspurigen Highway 107 Richtung Norden. 2 km nördlich der Stadt, westlich vom Rama IX Park, liegt auf einer Insel im See das **Tribal Research Institute Museum** 12. Das ethnologische Museum präsentiert eine Sammlung von Kleidung und Schmuckstücken, Werkzeugen und Musikinstrumenten und informiert über das Leben und die eigenständige Kultur der Bergvölker, der Karen (Kariang), Hmong (Meo), Yao (Mien), Lisu (Liso), Akha (Iko), Lahu (Musoe), Lawa (Lua), Thin, Khamu und Malabri (Tel. 053-21 08 72, Mo–Fr außer feiertags 8.30–16.30 Uhr, jeden ersten Sa 9–18 Uhr, Eintritt frei.

Mae Rim 13 ist eine aufstrebende Marktstadt 13 km vor den Toren von Chiang Mai. Hinweisschilder zu Hotels und Touristenattraktionen markieren die Abzweigung nach links in das Mae Sa Valley. Das günstige Klima hat gestresste Großstadtbewohner angelockt, die sich hier in Resorts oder privaten Villen vom Trubel von Chiang Mai erholen.

Nach 1,5 km zweigt links hinter der Polizei die Old Road zum Four Season's Resort und zur **Sanamphung Orchid Farm** 14 ab, der größten Orchideenzucht, in der seltene Arten bewundert werden können (Tel. 053-29 87 71-2, tgl. 7.30–17 Uhr, Eintritt 40 Baht).

Zurück auf der Hauptstraße weisen hinter Kilometer 3 riesige Plakate auf das **Chiang Mai X-Centre** hin, Tel. 053-29 77 00, 087-83 36 655, www.chiangmai-xcentre.com, tgl. 9–18 Uhr. Es offeriert diverse Extremsport-Aktivitäten, wie Bungy Jumping für 1500 Baht, Off-Road-Fahrten mit dem Quad (ATV) oder Geländemotorrad und mehr. Recht zahm geht es in der **Snake Farm** 15 zu. Die reichhaltige Sammlung einheimischer Schlangen soll die größte des Landes sein. Während einer kurzen Show wird den Tieren das Gift entnommen (Tel. 053-86 07 19, Show um 11.30, 14.15 und 15.30 Uhr, 200 Baht). Die etwas skurile **Monkey Show** 16 schräg gegenüber begeistert vor allem ein einheimisches Publikum (11 Uhr und stündl. von 12.15–16.15 Uhr, 200 Baht).

Die Orchideenzucht der **Mae Ram Orchid and Butterfly Farm** 17 am Kilometer 5,8 ist ein beliebtes Ziel von Reisegruppen. Die Schmetterlinge wirken jedoch in freier Natur, vor allem an den Wasserfällen des Tals, wesentlich attraktiver als aufgespießt in Kästen (tgl. 7.30–16.30 Uhr).

Die Kaskaden des **Mae Sa-Wasserfalls** 18 hinter Kilometer 6 links der Straße sind im Dezember und Januar ein beliebtes Picknickziel. Auf Wanderwegen kann man zu zahlreichen Pools gelangen oder den angrenzenden Wald durchstreifen (Eintritt 200 Baht).

Die Elefantenshow im **Maesa Elephant Camp** 19 am Kilometer 10, sollte man sich nicht entgehen lassen. Einige der gezeigten Fähigkeiten benötigten die ehemaligen Arbeitselefanten bei ihrer früheren Arbeit in den Teakwäldern, andere haben sie zum Vergnügen der Touristen erst kürzlich entwickelt, wie Fußballspielen und ihre künstlerische Ader als Maler. Ihre Aquarelle erzielen bereits bei Sammlern hohe Preise. Im Anschluss an die Show bietet sich die Möglichkeit, einen Ausritt auf Elefanten zu unternehmen (Tel. 053-20 62 47, www.maesaelephantcamp.com, tgl. 7–14.30 Uhr, Show um 8, 9.40 und in der Saison um 13.30 Uhr, Eintritt 120 Baht, Ausritte pro Elefant mit bis zu 2 Personen 1 Std. 1200 Baht). Auch Mahout-Kurse. Weitere Elefantencamps in Pong Yang (s. u.), Mae Taeng und Mae Ping (s. S. 266). Mahout-Kurse im Thai Elephant Conservation Center (s. S. 231) und bei Elephant Special Tours (s. S. 284).

2 km hinter dem Camp kann man im **Queen Sirikit Botanical Garden** 20, einem weitläufigen botanischen Garten, spazieren gehen. Die bunten Blumenbeete mit einheimischen und exotischen Gewächsen erfreut das Herz der Thai, die ansonsten nicht mit dem Anblick von Blumen verwöhnt werden. Interessant sind u. a. der Orchideengarten, die Sammlung von Kletterpflanzen und der Garten mit einheimischen Heilpflanzen (www.

qsbg.org, tgl. 8.30–16.30 Uhr, Eintritt 40 Baht, Auto 100 Baht).

Im **Mae Sa Valley Craft Village** 21, einem Holiday Resort am Kilometer 13, können Touristen von 9–12 oder 13–16 Uhr ihre Souvenirs selbst herstellen. Angeboten werden Kurse im Bemalen von Schirmen und Fächern oder Keramiken, Batiken und die Herstellung von Sa-Papier sowie Kochkurse. Zudem kann man sich auf dem weitläufigen Gelände gärtnerisch betätigen oder in einem Health Centre verwöhnen lassen. Bungalows laden zum Bleiben ein (Eintritt 20 Baht).

Vom Dorf **Pong Yang** 22 führt eine schmale, steile Straße nach 6 km zum Hmong-Dorf **Nong Hoi** 23, in dem Touristen willkommen sind. Eine schmale Straße, die am Kilometer 18 links abbiegt, verläuft über 1,7 km am Berghang entlang zum **Pong Yang Elephant Centre** 24, das abseits der Straße in einem kleinen Seitental liegt. Neben der täglichen Show offerieren die Mahouts Ausritte durch das Tal, zu Wasserfällen und Dörfern der Bergbewohner (Tel. 053-21 59 43, Show tgl. 9.15 und 10.15 Uhr, Eintritt 100 Baht, Elefantenausritte von 7–16 Uhr für 1200 Baht pro Std.).

Hinter den Gärtnereien am Ende des Tals windet sich die Straße an einem kleinen Wasserfall vorbei in die Berge hinauf und erreicht zwischen Kilometer 24 und 25 die **Passhöhe.** An klaren Tagen überblickt man eine endlose, weitgehend entwaldete Bergkette, die hier und dort ein stehen gebliebener Urwaldriese überragt. Bis in die 1960er-Jahre hinein isolierten diese unzugänglichen Berge den Ort Mae Hong Son (s. S. 286), 120 km Luftlinie weiter nordwestlich, von der Außenwelt.

Am Kilometer 32 wendet man sich an der Straßeneinmündung nach rechts und erreicht nach 6 km **Samoeng** 25, einen kleinen, von Bergen umgebenen Ort mit einigen Restaurants. Nur Abenteurer mit einem geländegängigen Fahrzeug sollten sich von hier aus auf der unbefestigten Straße weiter nach Pai wagen.

Seit Mitte der 1980er-Jahre ist die 50 km lange Straße Richtung **Hang Dong** und zurück nach Chiang Mai durch die südlichen

Ausläufer des Doi Pui National Park gut ausgebaut. Nachdem man am Kilometer 7 die erste Bergkette überwunden hat, ist zwischen Kilometer 15 und 16 der **Krista Doi-Pass** erreicht. Dort eröffnet sich ein weiter Blick über die bewaldeten, steilen Hänge des Doi Pui und Doi Suthep.

Hinter Kilometer 18 endet der Wald und beiderseits der ins Tal hinabführenden Straße liegen zwischen brandgerodeten Hängen und Reisfeldern die Wochenendhäuser wohlhabender Thai eingebettet inmitten ausgedehnter Gärten, deren bunte Blütenpracht sich nur im kühlen Hochlandklima entfalten kann.

Am Kilometer 41 ist nördlich von Hang Dong der Highway 108 erreicht, auf dem es links zurück nach Chiang Mai geht.

Übernachten

Einmal im Leben ▶ **The Four Seasons Chiang Mai:** 502 Moo 1, Thanon Rimtai, KM

Reisfelder bei Chiang Mai

3 Mae Rim-Samoeng Old Rd., Tel. 053-29 81 81, Fax 053-29 81 90, www.fourseasons.com/chiangmai. Luxuriöse Suiten im nordthailändischen Stil in einer harmonisch gestalteten natürlichen Umgebung, ausgezeichnetes Spa. 17 000–80 000 Baht.
Dschungeltraum ▶ **Sukantara Resort:** 12/2 Moo 8, Maeram, Tel. 081-881 1444, www.sukantara.com. Das gut in die Natur integriert Boutique-Resort am Rand des Nationalparks verknüpft in seinen Bungalows und Safari-Zelten Lanna-Traditionen mit balinesischen Elementen. 6000–22 000 Baht.
Aktivitäten ▶ **Mae Sa Valley Mountain Holiday Resort & Craft Village:** 86 Moo 2, Pong Yang, KM 13 Thanon Mae Rim-Samoeng, Tel. 053-29 00 51-2, Fax 053-29 00 17, www.maesavalley.com. Von Blumengärten umgebenes Resort mit Restaurant. 46 teils klimatisierte Cottages, für 1400–2700 Baht.
Abseits am See ▶ **Mae Rim Lagoon Hotel:** 65/1 Moo 6, KM 3 Thanon Mae Rim-Samoeng Old Rd., Tel. 053-29 72 88, Fax 053-29 72 87, www.maerimlagoon.com. 32 Bungalows und Zimmer, die rings um einen See angeordnet sind. 1000–2500 Baht.

Verkehr

Die etwa 100 km lange Rundfahrt rings um die Bergwelt des Doi Pui- und Doi Suthep-Nationalparks ist gut an einem Tag mit einem eigenen Fahrzeug zu bewältigen. Öffentliche Verkehrsmittel bedienen nur wenige Teilstrecken.

Tipp: Die Resorts im Mae Sa Valley

bieten eine interessante Alternative zu Chiang Mai. Sie sind während der thailändischen Ferien und an Wochenenden häufig ausgebucht. Außerhalb der Saison kann man erhebliche Rabatte erzielen.

Die Bergwelt im hohen Norden

Für viele ist es Abenteuer genug, einen schwankenden Elefantensattel oder ein primitives Bambusfloß zu besteigen, andere fühlen sich herausgefordert, mit einem gemieteten Motorrad das abgelegene Grenzgebiet zu erkunden und in den einfachen Hütten der Bergvölker zu übernachten. Eines ist sicher: Von einer Reise durch den hohen Norden kehrt jeder mit interessanten Geschichten zurück.

Im rauen Grenzgebiet von Chiang Rai und Mae Sai herrscht Goldgräberstimmung, seitdem die Grenze zu den Nachbarländern durchlässiger geworden ist. Auf der anderen Seite scheint die Entwicklung der vergangenen hundert Jahre an vielen Dörfern in den Bergen vorübergegangen zu sein – und genau das macht sie so reizvoll für Trekker ebenso wie für kulturell Interessierte.

Eine Reise in die Berge verbindet sich mit Vorstellungen von Mohnfeldern, von verwegenen Gestalten, die mit Schmuggelgut und Heroin vollbepackte Maultierkarawanen leiten, oder von Bambushütten, in denen bunt gekleidete Bergbewohner ein karges Leben fristen. Doch hat sich hier gerade in den letzten drei Jahrzehnten viel verändert.

Durch die stärkere Kontrolle des Opiumanbauverbots wurde der Mohnanbau in die Nachbarstaaten Myanmar (Burma) und Laos verlagert, wo in Fabriken außer Heroin auch die Designerdrogen hergestellt werden, die in Massen den Markt überschwemmen. Die aufständischen Grenzbewohner sind weitgehend entwaffnet oder – je nach politischer Lage – in ihre Heimatländer zurückgeschickt.

Der kleine Grenzverkehr blüht wie eh und je und auf legalen wie illegalen Wegen finden westliche Waren einen Weg über die Grenze in die Nachbarstaaten bis hinauf nach China, von wo Billigprodukte auf den einheimischen Markt gelangen. Die angrenzenden Länder dienen als schier unerschöpfliche Quelle für wertvolle Rohstoffe wie Edelsteine oder Teakhölzer, für Billigarbeitskräfte und Nachschub für die Freudenhäuser des Landes. Über neue Straßen dringen Errungenschaften der westlichen Zivilisation auch in ärmliche Bergdörfer vor. Nachdem das profitable Opium nicht mehr angebaut werden darf, bleibt neben dem kärglichen Verdienst durch den Verkauf von Kaffee, Blumen, Obst und Gemüse nur der Tourismus als Einkommensquelle. Viele versuchen etwas von diesem Kuchen abzubekommen, sodass in Bergdörfern Gästehäuser entstehen und *Guides* täglich Hunderte von Touristen durch die Bergwelt führen. Auch Opiummuseen und teure Luxusresorts am Goldenen Dreieck leben vom zunehmend verblassenden Mythos.

Auf dem Highway Nr. 107 nach Thaton ▸ C 3–C/D 2

Karte: S. 265

Elefantencamps

Durch das Tal des Ping River verläuft der Highway 107 über Mae Rim nach Norden. Hinter der Abzweigung zum Mae Sa Valley (s. S. 261) locken im folgenden Tal weitere Touristenattraktionen. Das **Thai Buffalo Training Camp** **1** will über den Arbeitsalltag der Wasserbüffel informieren (Tel./Fax 053-30 16 28, Eintritt 300 Baht). Tierliebhaber ignorieren

Die Bergwelt im Norden

In den Chiang-Dao-Höhlen finden sich seit Jahrhunderten Gläubige zum Gebet ein

das **Tiger Kingdom** wegen seiner nicht artgerechten Tierhaltung.

Im **Mae Taeng Valley** **2** haben sich mehrere Elefantencamps angesiedelt. Ein intensives Zusammensein mit Elefanten ermöglicht der **Elephant Nature Park**, Buchungen in Chiang Mai, 209/2 Thanon Sri Dongchai, Tel. 053-81 87 54, www.elephantnaturepark.org. Von dort aus werden ein- und mehrtägige Touren ins Camp organisiert. Zudem wird im **Mae Taeng Valley Elephant Camp,** 9 km von der Hauptstraße entfernt, und in anderen Camps Elefantenreiten und Rafting auf dem Mae Taeng River angeboten. Diese Touren sind auch für weniger Sportliche geeignet (Tel. 053-27 16 80, tgl. 8–16 Uhr).

Sobald die Straße H 107 das Tal verlässt, liegt in Ta Yaak, bei Kilometer 53,6 das **Mae Ping Elephant Village** **3**, 300 m abseits der Straße am Ping River. Dort besteht die Möglichkeit, auf Elefanten zu reiten, teils in Kombination mit einer kurzen Floßtour (Tel. 081-960 61 26, www.elephantvillage.com, Ausritte tgl. 7.30–12 Uhr, Show um 8.30 und 10

Uhr 150 Baht). Nicht weit entfernt, am Kilometer 56, weisen Schilder nach rechts zum von Lisu geleiteten, gepflegen, großen **Chiang Dao Elephant Training Centre** 4. Es liegt in einem Wald am jenseitigen Ufer des Ping River, über den eine Hängebrücke führt. Wer frühmorgens in Chiang Mai startet, kann rechtzeitig zum morgendlichen Bad der Tiere im Fluss vor den Shows um 9 und 10 Uhr hier sein. Es macht Spaß zu beobachten, wie die Jungtiere die Tätigkeiten der Erwachsenen nachahmen. Nachdem die Elefanten ihre Kunststücke demonstriert haben, starten sie zu einem Ausritt in den Dschungel. Man sollte sich diese Erfahrung nicht entgehen lassen, sofern man nicht bereits eines der anderen Elefantenzentren im Mae Sa Valley oder in Lampang besucht hat (Tel. 053-29 85 53, Eintritt 60 Baht, großes Restaurant).

Chiang-Dao-Höhlen 5

Vorbei an Reisfeldern und Gemüsegärten, Obstplantagen und Teakholzpflanzungen geht es von der gut ausgebauten Umgehungsstraße ab vom kleinen Ort **Chiang Dao** auf einer 5 km langen Nebenstraße zu den **Chiang-Dao-Höhlen**, die schon immer als Ort religiöser Verehrung und der Meditation dienten. Der Haupteingang liegt nahe dem Parkplatz jenseits der Stände, die traditionelle Heilkräuter verkaufen, und eines Tempels aus jüngerer Zeit. Über einen Teich mit riesigen Karpfen gelangt man in das weit verzweigte Höhlensystem, in dem der Ping River entspringen soll. Einige Bereiche, in denen unter Stalaktiten teils sehr alte Buddhastatuen stehen, sind ausgeleuchtet. Wer sich nicht gut orientieren kann oder weiter in den unbeleuchteten Bereich vordringen möchte, sollte sich einen *Guide* nehmen.

Tal von Phrao 6

Hinter **Ping Khong** weichen beiderseits der Straße die Reisfelder zunehmend Bambus- und Teakwäldern, die sich während der Regenzeit in sattem Grün zeigen. Doch selbst in der Trockenzeit sorgen blühende Bäume für bunte Farbflecken in der diesig-braunen Landschaft. Richtung Osten zweigt eine schmale Straße ab, die durch eine malerische, bizarre Bergwelt und das fruchtbare, agrarisch genutzte Tal von **Phrao** und weiter nach **Wiang Pa Pao** am Highway 118 führt.

Huay Luk 7

Nun windet sich die Straße Richtung Norden zwischen steilen Kalkfelsen hindurch, die sich in bizarren Formationen aus der Ebene erheben. Rechts der Straße liegt am Kilometer 95 am See **Huay Luk** die erste Siedlung der Hmong. Ein kleines Restaurant am See lädt zu einer Pause ein. Die folgende Bergkette bildet die Wasserscheide zwischen dem Einzugsgebiet des Ping und Fang River und damit auch zwischen dem Menam Chao Phraya und dem Mekong.

Doi Angkhang 8

Die Abzweigung am Kilometer 137 führt Richtung Westen zum **Doi Angkhang** (1928 m) hinauf. Wegen der starken Steigungen sollten nur geübte Fahrer diesen Abstecher wagen. In den Dörfern des Hochtals leben neben Lisu, Lahu und Hmong auch einige Chinesen. Sie pflanzen Blumen an und ernten Äpfel, Birnen und andere Früchte, die ansonsten nur in gemäßigten Breiten wachsen.

Das landwirtschaftliche Entwicklungsprojekt **The Royal Agricultural Station Angkhang** nahe dem höchsten Dorf Ban Khum beeindruckt durch seine fantastischen Gärten, darunter auch ein Bonsai-Garten sowie Gewächshäuser mit Farnen und Orchideen. Zudem werden Gemüse, Früchte, Blumen, Zier- und Gewürzpflanzen aus temperierten Zonen auf ihre Verwendbarkeit in Nordthailand untersucht. Von der Terrasse des Restaurants aus hat man einen schönen Ausblick auf einen bunten Blumengarten (Eintritt 50 Baht).

Eine gute Aussicht hinüber nach Myanmar bietet sich von einem Militärcamp an der Grenze. Die weitere Strecke ist nur mit einem geländegängigen Fahrzeug zu bewältigen.

Eine Ölpumpe am Kilometer 141 erinnert daran, dass in den 1950er-Jahren im Tal von Fang sogar Öl gefördert wurde. **Fang** 9, ein uninteressanter Marktort, erstreckt sich am Fuß der Bergkette.

Übernachten

Hübsch wohnen, gut essen ▶ **Chiang Dao Nest:** Hinter den Höhlen auf dem Weg zum Wat Paplong, Tel. 053-45 62 42, www.chiangdao.com. In 700 m Entfernung voneinander stehen in zwei Gärten am Rand der Berge kleine, hübsche Bambusbungalows, kleiner Pool. Beide familienfreundlichen Anlagen haben hervorragende Restaurants und offerieren Ausflüge und Trekkingtouren. 900–1000 Baht.

Mit Charakter ▶ **Angkhang Nature Resort:** 1/1 Moo 5, Ban Khum, nahe der Royal Agricultural Station, Tel. 053-45 01 10, Fax 053-45 01 20, www.amari.com/angkhang. Zimmer in einem komfortablen Hotelgebäude und Bungalows inmitten der Natur. Bequeme Betten mit Heizdecken. 2500–5300 Baht.

Verkehr

Busverbindungen: Von der Busstation südlich des Zentrums von Fang an der Hauptstraße fahren stündlich bis 17 Uhr Busse nach Chiang Mai und ständig Minibusse nach Thaton.

Thaton am Kok River 10

Karte: S. 265

Thaton, 23 km nördlich von Fang, liegt am Ufer des Kok River nahe der burmesischen Grenze. Oberhalb des Flusses erstreckt sich die riesige Tempelanlage des **Wat Thaton.**

Überdimensionale Statuen eines Bronzebuddha auf der Naga-Schlange sowie eines weißen sitzenden Buddhas und der chinesischen Göttin der Barmherzigkeit, Kuan Yin, blicken auf die Berge von Myanmar (Burma). Ein großer, neuer Chedi enthält eine Sammlung buddhistischer Skulpturen. Über einen spiralförmigen Aufgang erreicht man im 1. Stock moderne Meditationsräume und im Obergeschoss den Gebetsraum mit einer Reliquie Buddhas und einer schönen Aussicht.

Jenseits der Brücke, wo die gelben Pickups nach Mae Salong abfahren, treffen sich Akha, Lisu und andere Bergbewohner auf dem **Markt**. Die Akha-Frauen mit ihrem Silberkopfputz und den bestickten Röcken warten auch an der Bootsanlegestelle auf Touristen, um ihnen Handarbeiten zu verkaufen oder gegen Geld für ein Foto zu posieren.

Übernachten

Am Ende der Welt ▶ **Thaton River View Resort:** 500 m flussabwärts vom Ort aus, Tel. 053-37 31 73-5, Fax 053-45 92 88, www.thaton-riverviewresort.chiangmaichiangrai.com. Klimatisierte Bungalows mit TV und

aktiv unterwegs

Mit dem Schnellboot von Thaton nach Chiang Rai

Tour-Infos

Start: Um 12.30 Uhr in Thaton (in Gegenrichtung um 10.30 Uhr)
Ziel: Chiang Rai
Länge: Ca. 80 km
Dauer: Ca. 4 Std. (in Gegenrichtung 5–6 Std.)
Preis: 350 Baht. Ab 6 Personen lohnt es sich ein Boot für 2200 Baht pro Tour zu chartern.
Wichtige Hinweise: Eine Kopfbedeckung zum Schutz gegen Sonne ist ebenso wichtig wie Trinkwasser und Sonnencreme. Die Fotoausrüstung muss wegen einiger Stromschnellen vor Spritzwasser geschützt werden.

Mittags legen in Thaton die regulären Schnellboote ab, die hinab nach Chiang Rai fahren, eine Route, die bei Reisenden sehr beliebt ist. Da die lauten Boote, die von einer Schiffsschraube an einer langen Stange angetrieben werden, weder über Sitze noch über ausreichenden Sonnenschutz verfügen, sollte man sich auf eine strapaziöse Fahrt einstellen. Dennoch: diese Tour ist eine gute und interessante Alternative zur Fahrt über Mae Salong nach Chiang Rai, die mit öffentlichen Verkehrsmitteln recht beschwerlich ist.

Von der Anlegestelle unterhalb der Brücke geht es flussabwärts auf dem Kok River, an dessen fruchtbaren Ufern Lychees, Mangos und anderes Obst sowie Gemüse angebaut wird. Weiter oberhalb pflanzen die Dorfbewohner an gerodeten Hängen Bergreis, Mais und Soja an. Unterwegs stoppen die Schnellboote nach Bedarf in verschiedenen Dörfern der Akha, Karen, Lisu und Lahu, wo einige Trekkingorganisationen ihre Touren starten.

Nach etwa 60 km lohnt ein Stopp an heißen Quellen und etwas später im Karen-Dorf Ruam Mitr mit seinem Elephant Visitor Center (8–16 Uhr). Steil aufragende Kalkfelsen mit Meditationshöhlen und eine Brücke künden von der nahen Anlegestelle am Stadtrand von Chiang Rai.

Warmwasserduschen, großes Restaurant am Flussufer für Reisegruppen. 1700 Baht.
Kleines Paradies ▶ **Old Tree's House:** 1 km östlich von Thaton, Tel. 085-86 71 348, www.oldtreeshouse.net. Von einem Franzosen und seiner Shan-Frau geleitete Bungalowanlage mit 4 ansprechend eingerichteten Bungalows rings um einen Pool und Teich. Haus mit Frühstücksterrasse und gemütlichem Wohnzimmer. 1200–1800 Baht.
Hübsch und preiswert ▶ **Apple River Villa:** Am nördlichen Flussufer, Tel. 053-37 31 44, Fax 053-37 31 45. 6 große, lichtdurchflutete Bungalows. Restaurant mit preiswerten Thai-Gerichten. 800 Baht.

Verkehr

Schiffsverbindungen: Gegen 12.30 Uhr Schnellboote nach Chiang Rai, Tel. 053-45 94 27; dort fahren sie gegen 10.30 Uhr ab, 4–6 Std., 350 Baht (s. u.).
Busverbindungen: Neben den regelmäßigen Verbindungen über Fang gibt es einige Busse direkt von Chiang Mai nach Thaton; wer am selben Tag mit dem Boot weiterreisen möchte, sollte sich früh auf den Weg machen, denn für die Strecke benötigt man mind. 4 Std. Jenseits der Brücke starten am Markt bis 12 Uhr die gelben Songthaew nach Mae Salong.

Akha-Dörfer im Thaton-Tal

Karte: S. 265
Die modernen Dörfer der Lisu und Akha im Thaton-Tal sind von Gemüsefeldern, Mango- und Orangenplantagen umgeben. Sehr tou-

aktiv unterwegs

Trekkingtour zu den Bergvölkern

Tour-Infos

Zeit: Ideal ist Nov.–Feb. Von März bis Mai ist es sehr heiß, und danach regnet es.
Dauer: 1–3 Tage
Karte: s. S. 265
Wichtige Hinweise: Die Ausrüstung für mehrtägige Treks sollte Kleidung zum Wechseln, feste Schuhe, Sandalen, Sonnen- und Regenschutz, Mückenmittel, Toilettenartikel und Medikamente, Pflaster, Verbandszeug, Toilettenpapier, Taschenlampe, Wasserflasche, Kleingeld, Kreditkarten, Kopie des Reisepasses (Original im Safe des Hotels lassen), in der kühlen Jahreszeit einen Schlafsack oder Decken umfassen.

Einen lebensnahen Einblick in die unbekannte Welt der Bergvölker, die abseits der Hauptstraßen leben, erhält man während guter Trekkingtouren unter Leitung eines einheimischen Führers. Für viele Besucher von Nordthailand ist ein solcher Ausflug der sportliche und abenteuerliche Höhepunkt ihrer Reise. Auf schmalen Pfaden geht es bergauf und bergab, durch dichten Bambuswald und fruchtbare Reisfelder, über kahle Bergrücken zu den Feldern und Dörfern der Bergbewohner, wo man in einfachen Bambushütten sein Nachtlager aufschlägt. Einige Touren sind anstrengend und erfordern tägliche Fußmärsche von bis zu sechs Stunden. Es werden aber auch bequemere Alternativen angeboten – ein- bis zweitägige Touren, bei denen man große Strecken in Bussen und Booten, auf Flößen oder auf dem Rücken von Elefanten zurücklegt.

Der richtige Anbieter: Lassen Sie sich nicht zu einer Tour überreden, vergleichen Sie die Angebote und informieren Sie sich bei zurückgekehrten Trekkern. Für einen guten Trek sollten Sie zwei bis drei Tage rechnen, die Gruppe sollte nicht mehr als zehn Teilnehmer umfassen. Es ist hilfreich, den Guide vorher zu treffen und sich über seine Lizenz, Sprachkenntnisse und Wissen sowie die angebotenen Leistungen zu informieren (Dauer des Elefantenritts, der Floßtour, der Wanderzeiten, Art der Unterkunft, Verkehrsmittel, Mahlzeiten, Ausrüstung, Versicherung).

Alle Veranstalter und Guides müssen bei der Tourismusbehörde registriert sein. Allein in Chiang Mai sind es über 700 Agenturen, von denen die meisten Touren nur vermitteln. Empfehlenswerte Touren ab Chiang Mai veranstaltet das **Eagle House** (Tel. 053-87 41 26, www.eaglehouse.com). Die vom Guesthouse angestellten Karen-Guides leiten die Treks zu Hmong- und Karen-Dörfern in der bewaldeten Bergregion nördlich vom Doi Inthanon mit anschließendem Elefantenreiten und Rafting.

In anderen Orten im Norden werden ebenfalls Treks angeboten. Dort ist die Auswahl nicht so groß, aber die Anreise wesentlich kürzer, die Organisation individueller, und die Gruppen sind kleiner. Das **Chiang Dao Nest** (Tel. 053-45 62 42, www.chiangdao.com) führt ab Chiang Mai und Chiang Dao hervorragende Treks in der herrlichen Berglandschaft rings um den Doi Chiang Dao zu Dörfern der Akha, Lisu, Lahu, Karen und Palaung durch. Zum Programm gehören auch Höhlentouren, Elefantereiten und Rafting.

Ab Chiang Rai organisiert eine nichtkommerzielle Organisation zur Unterstützung der Bergvölker PDA (Population and Community Development Association) im **Hilltribe Museum** (Tel. 053-74 00 88, www.pda.or.th/chiangrai) eine Reihe interessanter Treks zu Lahu, Yao, Akha und Karen-Dörfern.

In Thaton werden vom **Garden Home Nature Resort** (Tel. 053-37 30 15) ein- bis dreitägige Treks in den überwiegend unbewaldeten Bergen zu Dörfern der Akha, Lisu und Lahu verbunden mit einer Fahrt auf dem Kok River durchgeführt.

In Mae Salong ist das **Shin Sane Guesthouse** (Tel. 053-76 50 26) Anlaufpunkt für Ponyausritte und Treks in die umliegenden Dörfer der Akha, Lisu und Lahu, die durch Teeplantagen und landwirtschaftlich intensiv genutzte Gebiete führen.

In Soppong startet vom **Little Eden Guesthouse** (Tel. 053-61 70 54, www.littleedenguesthouse.com) Phen, die hervorragend Deutsch spricht, Treks durch die schöne Berglandschaft zu Karen- und Lisudörfern inkl. Höhlen-, Rafting- oder Kanutouren.

Verhaltenstipps: Verteilen Sie keine Süßigkeiten an die Kinder oder andere wertlose Geschenke. Erkundigen Sie sich zuvor beim Guide, was die Menschen brauchen können, z. B. Zahnpasta, Lebensmittel oder Schulbedarf. Achten Sie unbedingt die Sitten und Gebräuche der Bergbewohner, ihre Glaubensvorstellungen und Tabus; fotografieren Sie nur Menschen, die damit auch einverstanden sind oder wenn Sie bereit sind, das geforderte Geld zu zahlen. Lassen Sie sich nicht zum Konsum von Drogen überreden. Auch für Ausländer gilt der Thai Narcotics Act, der jeglichen Drogenbesitz unter Strafe stellt (s. S. 99).

Sicherheit: Zur eigenen Sicherheit sollten Trekkingtouren nie ohne einen lizenzierten Guide und Motorradtouren nie alleine und in unmittelbarer Nähe der Grenze zu Myanmar (Burma) unternommen werden.

Das Akha-Dorf Lorcha

Knallgelbe Songthaew bestreiten im Norden einen Gutteil des Personentransports

ristisch ist das **Three Hill Tribes Village Ban Yapa** **11**, 30 m abseits vom H1089 am Kilometer 49. Die Akha haben unterhalb ihres Dorfes jenseits einer Absperrung über 30 Padaung-Frauen sowie Gelbe Lahu aus Myanmar angesiedelt. Wer sie sehen will, muss 250 Baht Eintritt zahlen, mit Guide 500 Baht.

Lohnend ist ein Besuch des Akha-Dorfes **Lorcha** **12**, einem als Dorfentwicklungsprojekt initiierten ›Living Museum‹ am Kilometer 54, das als bewusste, vom Dorf getragene Alternative zum kommerziellen, teils entwürdigenden Ethnotourismus angelegt ist. An der Straße werden Besucher von einem Dorfmitglied in Empfang genommen und in einer halbstündigen individuellen Tour durch die Siedlung geführt. Dabei werden sie von einer Tanzgruppe begrüßt, können beim Weben und Schmieden zusehen und erhalten an einem Dutzend Stationen mit Infotafeln detaillierte Hintergrundinformationen über den Alltag der Akha und ihre Traditionen (Tel. 053-74 00 88, Eintritt 80 Baht).

An der nach 1 km folgenden Gabelung wählt man die linke Abzweigung (H1234) nach Mae Salong, die sich 13 km lang über steile, kahle Pässe schlängelt. Auf der Strecke bieten sich fantastische Ausblicke über die Bergwelt.

Verkehr

Songthaew verkehren tagsüber etwa halbstündig zwischen Thaton und Mae Salong.

Mae Salong **13** ▶ D 2

Karte: S. 265

Auf einem gut zu verteidigenden Kamm mit freiem Blick in alle Richtungen erstreckt sich in 1350 m Höhe inmitten der Dörfer der Lisu, Akha und Lahu **Mae Salong**, in Thai: Santi Khiri. Es scheint, als ob dieser große Ort geradewegs aus Südchina hierher importiert worden sei. Prachtvolle Neubauten, die mit chinesischen Ornamenten und Schriftzeichen geschmückt sind, bringen den Wohlstand ihrer Bewohner zum Ausdruck.

Nach Mao Zedongs Sieg über die Kuomintang floh 1949 die komplette 93. Division der geschlagenen chinesischen Armee aus Yünnan nach Burma. Als sie 1956 auch von dort vertrieben wurden, fanden die Soldaten Asyl in Thailand. Etwa 1500 von ihnen siedelten sich in Mae Salong an. Die schwer bewaffneten, disziplinierten Truppen betrachtete man als willkommene Verstärkung bei der Sicherung der nördlichen Landesgrenzen gegen die vordringende ›kommunistische Gefahr‹ aus dem Norden. Dass sich diese ›Verteidiger der Freiheit‹ weitgehend durch den Opiumhandel finanzierten, spielte keine Rolle. Die gut befestigten Dörfer waren uneinnehmbare Stützpunkte der Drogenbarone.

Die neue Straße hat den Ort aus seiner Isolation herausgerissen und mit seiner Öffnung auch kontrollierbar gemacht. Vor Jahren haben die alten Kämpfer ihre Waffen abgegeben, ihre Enkelkinder lernen mittlerweile in der Schule die Sprache ihres Gastlandes, Thai, und in Privatschulen am Abend Chinesisch.

Noch vor Sonnenaufgang kommen Akha-Frauen und Lisu aus den Bergdörfern der Umgebung zum **Obst- und Gemüsemarkt** im unteren Ortszentrum. Der **Nachmittagsmarkt** mit Souvenirständen am westlichen Ortsausgang wird hingegen weitgehend von Chinesen bestimmt, die traditionelle Medizin, Trockenfrüchte und -pilze, Tee, Tabak und andere lokale Spezialitäten den Reisegruppen aus Hongkong, Taiwan oder Singapur offerieren.

Es sind vor allem Chinesen, die nach Mae Salong fahren, um das **Mausoleum des Generals** der 93. Division am Berghang und das pompöse **Chinese Martyrs' Memorial Museum** am südlichen Ortseingang zu besuchen. Nach einem Rundgang durch die **Teefabrik** und einer Stärkung in einem der chinesischen Restaurants verlassen sie den Ort wieder Richtung Chiang Rai. Die große **Moschee** zeigt an, dass es außer buddhistischen Chinesen auch eine große islamische Gemeinde gibt. Sie rekrutiert sich einerseits aus Flüchtlingen, die vor der Militärdiktatur in Myanmar über die Grenze nach Thailand geflohen sind und andererseits aus muslimischen Händlern, die ursprünglich aus Zentralasien stammen und mit den Kuomintang-Einheiten das Land verlassen mussten. Den Ort überragt die goldglänzende **Pagode** auf dem Doi Mae Salong, zu der eine 3 km steile Straße vorbei an einer wunderschönen, kleinen **Kuan Yin-Pagode** hinaufführt.

Übernachten

Die Resorts in der kühlen Bergwelt haben sich vor allem auf einheimische Urlauber und chinesische Reisegruppen eingestellt und verfügen über entsprechend viele Zimmer, die alle mit einem Fernseher ausgestattet sind. Zudem finden sich im Ort einige preiswerte Gästehäuser.

Wunderbarer Ausblick ▶ **Khumnaiphol Resort:** 58 Moo 1, Doi Mae Salong, am oberen Ortsausgang nahe dem Markt, Tel. 053-76 50 01-3, Fax 053-76 50 04. Große Bungalows verschiedener Kategorien mit fantastischer Aussicht, Restaurant. 1200 Baht.

Guter Standard ▶ **Mae Salong Villa:** Am östlichen Ortsrand, Tel. 053-76 51 14-9, Fax 053-76 50 39. Saubere Zimmer in Reihenhäusern mit gefliesten Böden, Kühlschrank, dicken Matratzen und Duschen. Große Fenster zur Terrasse mit Sitzecke und hervorragender Aussicht über die Stadt. 800–1000 Baht.

Lokales Flair ▶ **Shin Sane Guesthouse:** 119/3 Moo 1, Tel. 053-76 50 26. Im Zentrum, kleine Bungalows im Garten mit Dusche/WC. 300 Baht.

Essen & Trinken

In der Mae Salong Villa großes Yunnan-Restaurant. Im Salima Restaurant, 500 Moo 1, im Zentrum, Tel. 053-76 50 88, wird chinesisch-muslimisch gekocht. Hervorragende Nudeln

Tipp: Teehäuser

im altchinesischen Stil befinden sich unter anderem nahe der Teefabrik, in die man auch einen Blick werfen kann.

gibt es mittags im Chinese Yunnanese Noodle Shop, unterhalb vom 7-Eleven Minimarkt.

Einkaufen

Viele Teashops und Geschäfte im Zentrum offerieren chinesische Tees, getrocknete Pilze und andere Lebensmittel sowie Billigprodukte aus China und Myanmar. Auf dem Markt am unteren Ortsausgang werden kunsthandwerkliche Produkte der Bergvölker und aus Myanmar verkauft.

Verkehr

Busverbindungen: Songthaew verkehren alle 2 Std. von 8.20 bis 14.20 Uhr in 2 Std. nach Thaton im Westen (Haltestelle am Markt an der Brücke) und bis 15 Uhr nach Ban Basang im Osten an der Hauptstraße Chiang Rai – Mae Sai in 1,5 Std., Haltestelle an der Abzweigung der Straße, 2 km nördlich des Ortes.

Sam Yaek und Ban Thoed Thai ▸ D 2

Karte: S. 265

Der neue Highway 1234 schlängelt sich von Mae Salong durch Bambushaine ins Tal. Beiderseits der Straße wurden Monokulturen mit Nadelbäumen angepflanzt. Im Akha-Dorf **Sam Yaek** 14, wo Touristenbusse am Rastplatz mit der Zermonienschaukel einen Zwischenstopp einlegen, zweigt eine unbefestigte Piste nach **Ban Thoed Thai** 15 ab, das früher Ban Hin Taek hieß. Dort hatte der Shan-Opiumkönig Khun Sa sein Hauptquartier und seine Heroinraffinerien, bis er 1982 von der thailändischen Armee vertrieben wurde. Er flüchtete in die burmesischen Berge im Grenzgebiet nördlich von Mae Hong Son, bis er sich den Militärs von Myanmar ergab.

Khun Sa, der legendäre Anführer der Shan United Army, kämpfte jahrzehntelang von Thailand aus um die Unabhängigkeit der *Shan States* gegen die Zentralregierung von Myanmar (Burma). Die Waffen finanzierte er seit Anfang der 1960er-Jahre durch Opiumanbau und Heroinschmuggel. Er kontrollierte einen großen Teil der Opiumweltproduktion und baute sich damit ein mächtiges Imperium auf. Im Januar 1996 kapitulierte Khun Sa und lieferte seine 15 000 Soldaten an die Regierung von Myanmar aus. Er selbst wurde nicht in die USA ausgewiesen, wo er mit Haftbefehl gesucht wurde, sondern konnte in Yangon unter dem Schutz der Militärjunta weiterhin seinen Geschäften nachgehen. Er starb in Yangon im Oktober 2007. In seinem alten Camp östlich von Ban Thoed Thai wurde ein kleines Museum eingerichtet.

Phadua 16 ▸ D 2

Karte: S. 265

Auch das Yao-Dorf **Phadua** an der Straße nach Mae Chan wird von vielen Touristen besucht. Den steilen gepflasterten Weg hinunter zum Ort säumen Souvenirstände, an denen Frauen in traditionellen Trachten Yao-Stickereien, Opiumpfeifen, kopierte burmesische Marionetten und indische Stoffe verkaufen.

Das **Hilltribe Development and Welfare Project** 17, 12 km vor Mae Chan, stellt Häuser der Bergvölker und Gebrauchsgegenstände aus und verkauft Kunsthandwerk. Am letzten Samstag des Monats findet abends eine Light-and-Sound-Show in Thai und Englisch statt (Tel. 053-77 91 24, 450 Baht). Durch ein fruchtbares Tal erreicht man in Mae Chan den Highway 110 nach Chiang Rai.

Übernachten

Romantisches Bergresort ▸ **Phu Chaisai Mountain Resort & Spa:** Mae Salong Noi, zwischen Phadua und Mae Chan abseits der Straße am Berg, Tel. 053-91 86 36-7, Fax 053-91 83 33, www.phu-chaisai.com. Überwiegend aus Naturmaterialien liebevoll gestaltete klimatisierte Cottages sowie 2 Pool Villas mit großer Badewanne und kleinem Pool; Restaurant und Spa. 3000–6000 Baht.

Verkehr

Songthaew von Mae Salong nach Mae Chan verkehren nach Bedarf etwa halbstündig auf dem H 1130.

12 Chiang Rai ▶ D 2

Cityplan: S. 276; **Karte:** S. 265
Die nördlichste Provinzstadt Chiang Rai erwachte erst in den 1980er-Jahren nach dem Bau der Schnellstraße Richtung Chiang Mai und der zunehmenden Durchlässigkeit der Grenzen in die nördlichen Nachbarländer Myanmar (Burma), Laos und China aus ihrem Dornröschenschlaf. Mittlerweile zählt sie über 65 000 Einwohner und ist durch ihren Flughafen direkt von Bangkok aus zugänglich.

Die neuen Handelswege und die Hoffnung auf schnelle Profite locken Glücksritter und Spekulanten in den Norden. Die alten Holzhäuser weichen moderner, westlicher Architektur, was sich nicht immer vorteilhaft auf das Stadtbild auswirkt. Der spröde Charme der Stadt erschließt sich Touristen erst nach einiger Zeit. Nur wenige historische Relikte verstecken sich hinter den geschäftigen Einkaufsstraßen und Verwaltungsgebäuden. Dabei ist die 1262 von König Mengrai, dem Sohn des Herrschers von Chiang Saen, gegründete Stadt älter als Chiang Mai.

Sehenswert

An die über 700 Jahre lange Geschichte der Stadt, die den Namen des Königs trägt, erinnert das **Denkmal für König Mengrai** 1 am Super Highway östlich des Zentrums. Von hier aus eroberte Mengrai das alte Mon-Reich Haripunchai mit der Hauptstadt Lamphun, das seit dem 8. Jh. das bedeutendste kulturelle Zentrum im Norden war. Mengrais Asche ist in einer Stupa im Tempel auf dem Ngam Muang-Hügel nahe der Stadt beigesetzt.

Das kleine **Hilltribe Museum and Handicraft Centre** 2 in der Thanon Tanalai vermittelt anhand einer Ausstellung und Diashow einen guten Überblick über die sechs bedeutsamsten Bergvölker, ihre Dorfstruktur, Kleidung, Sitten und Gebräuche. Es wird von einer nichtkommerziellen Organisation zur Unterstützung der Bergvölker geleitet, die zudem das zugehörige Restaurant betreibt und Trekkingtouren organisiert (Mo–Fr 9–19, Sa, So ab 10 Uhr, Eintritt 50 Baht).

Chiang Rai fasziniert weniger durch seine Tempel als durch seinen geschäftigen **Markt** 3. Von den nahen Bergen kommen Akha, Yao und Angehörige anderer Bergvölker, um ihre Produkte zu verkaufen.

Wat Phra Keo 4 wurde unter König Phra Muang Kaeo (1495–1526) errichtet. Er erhielt seinen Namen, nachdem man im Chedi den Smaragdbuddha, das nationale Heiligtum des Landes, entdeckt hatte. Dieser wird nun im Wat Phra Keo von Bangkok verehrt (s. S. 125). Eine Kopie des Smaragdbuddha aus kanadischer Jade, Phra Yok Chiang Rai genannt, wurde im Jahr 1991 zum 90. Geburtstag der Königinmutter.

Hinter dem Vihara erheben sich der rekonstruierte vergoldete Chedi und ein neuer, prunkvoller Mondhop, in dem die heiligen Schriften aufbewahrt werden. In einem kleinen Teich leben zahlreiche Schildkröten, Symbol für ein langes Leben.

Am Fluss entlang, den noch einige schöne alte Alleebäume säumen, gelangt man zur Anlegestelle der Boote nach Thaton. Wer die Route über die Berge gewählt hat, kann auf diesem Weg zurückkehren.

Wat Rong Khun

Das traumhaft schöne **Wat Rong Khun** in glitzerndem Weiß scheint 12 km südlich von Chiang Rai, 500 m westlich vom Highway 1, in der Landschaft zu schweben. Seit 1998 baut Chalermchai Kositpipat an seinem künstlerischen Meisterwerk, das in seiner Detailfülle voller Symbolik steckt. Ein Highlight sind die fantastischen Wandgemälde in seinem Inneren, auf denen auch die Dämonen unserer Welt dargestellt sind: der 11. September ebenso wie die Sucht nach Erdöl, Alkohol und Markenwaren sowie die Macht der Waffen. Die Hall of Masterworks, eine klimatisierte Kunstgalerie, präsentiert viele der überaus eigenwilligen, gefälligen buddhistischen Malereien von Chalermchai Kositpipat (tgl. 8–17 Uhr, Eintritt frei).

Infos

Tourist Office: 448/16 Thanon Singhakai (am Fluss), Tel. 053-71 74 33, tatchrai@tat.or.th,

Chiang Rai

Sehenswert

1 Denkmal für König Mengrai
2 Hilltribe Museum and Handicraft Centre
3 Markt
4 Wat Phra Keo

Übernachten

1 The Legend Chiang Rai
2 Dusit Island Resort
3 The Mantrini
4 Wiang Inn Hotel
5 Wangcome Hotel
6 Golden Trinagle Inn
7 Ben Guesthouse

Essen & Trinken

1 Cabbages & Condoms
2 Aye's Restaurant
3 Baan Chaang
4 Night Bazar

Einkaufen

1 Sonntags-Nachtmarkt

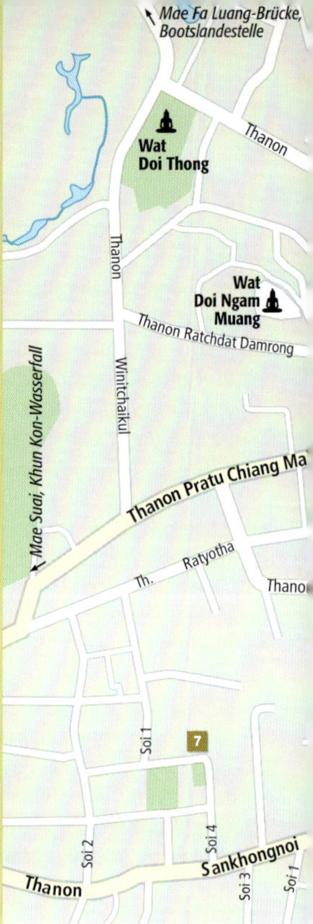

8.30–16 Uhr. Aktuelle Infos über den Norden und ganz Thailand.

Übernachten

Die unvorteilhafte Lage der meisten Spitzenhotels am Stadtrand erschwert eine Erkundung des Ortes.

Charmante Villen ▶ The Legend Chiang Rai 1: 124/15 Moo 21 Thanon Kohloy, Tel. 053-91 04 00, Fax 053-71 96 50, www.thelegend-chiangrai.com. Modernes Boutiquehotel im Lanna-Stil am Fluss, Zimmer mit großer Terrasse und offenen Bädern sowie Villen mit kleinem, privatem Pool. Mit Spa, Pool und Restaurant am Flussufer. 3900–4800 Baht, Villen bis 8000 Baht.

Elegante Zimmer ▶ Dusit Island Resort 2: 1129 Thanon Kraisorasit, Tel. 053-71 57 77, Fax 053-71 58 01, chiangrai.dusit.com. Das Resort liegt uf einer Insel im Kok River, der in der Trockenzeit zu einem Rinnsal verkommt; elegante, komfortable Ausstattung mit großem Pool, drei Restaurants und guter Aussicht vom zehnten Stock. 4700–5000 Baht.

Total verrückt ▶ The Mantrini 3: 1,5 km südl. des Zentrums am Super Highway, gegenüber dem Big C Supermarkt, Tel. 053-60 15 55-9, www.mantrini.com. Boutiquehotel im Designerstil. Hier ist nichts Standard, vor allem die 3 Suiten heben sich vom internationalen Hoteleinerlei ab. Alle Zimmer mit Safe, Internetzugang und Wasserkocher. Restaurant The Lafs mit Lanna-Fusion Cuisine, Pool. 2600–5000 Baht.

Tolle Lage ▶ Wiang Inn Hotel 4: 893 Thanon Phaholyothin, Tel. 053-71 15 33, Fax 053-71 18 77, www.wianginn.com. Zentral gelegenes Mittelklassehotel mit 260 Zimmern, schattenlosem Pool, Karaokebar, Res-

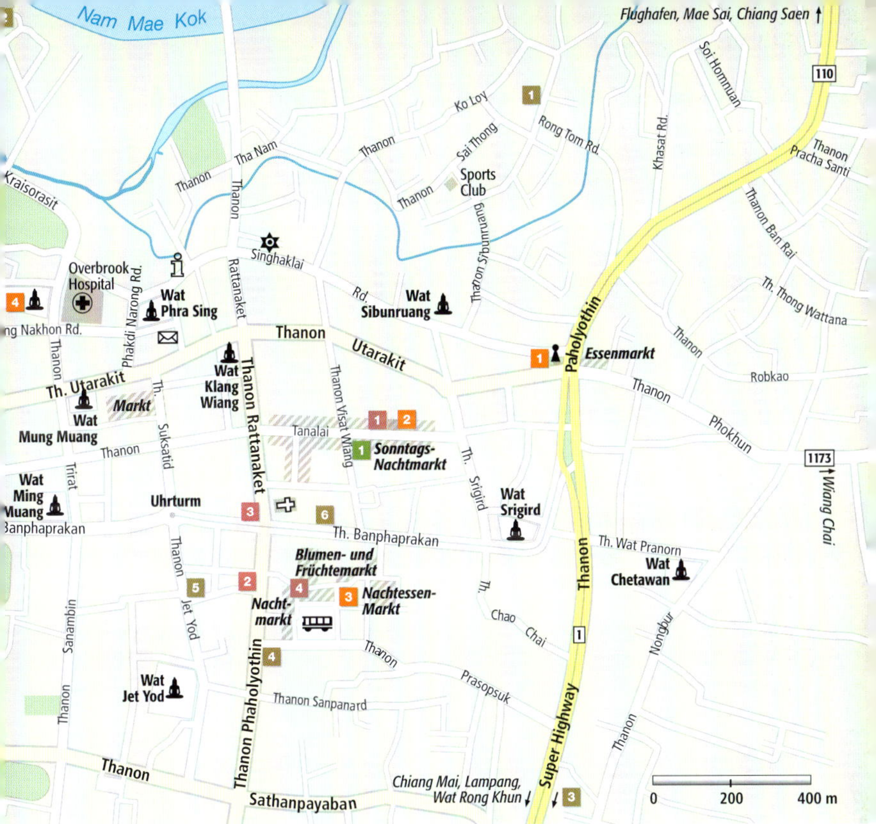

taurant und Coffeeshop mit abendlicher Livemusik. 2000–3000 Baht.

Einheimische Gäste ▶ Wangcome Hotel 5: 869 Thanon Pemawiphata, Tel. 053-71 18 00, Fax 053-71 29 73, www.wangcome.com. Das zentral gelegene Stadthotel besitzt einen kleinen Innenhof und ein Restaurant. Gleich nebenan befindet sich ein Einkaufszentrum. 1800–2200 Baht.

Grüne Oase im Zentrum ▶ Golden Triangle Inn 6: 590 Thanon Phaholyothin, Tel. 053-71 13 39, www.goldenchiangrai.com. Zurückversetzt von der Straße stehen in einem Garten 2-stöckige, etwas hellhörige Teakhäuser mit geräumigen Zimmern. Einfaches Frühstück inkl. 800–900 Baht.

Rustikal ▶ Ben Guesthouse 7: 350/1 Soi 4, Thanon Sankhongnoi, Tel. 053-71 67 75, www.benguesthousechiandrai.com. Eine preiswerte Unterkunft in einem ruhig gelegenen Teakhaus südlich des Zentrums, einfache, teilweise klimatisierte Zimmer. 200–500 Baht.

Essen & Trinken

Gesund ▶ Cabbages & Condoms 1: Wiang Pa Pao, 620/25 Thanon Tanalai, unter dem Hilltribe Museum, Tel. 053-71 91 67. Ein Ableger des Restaurants in Bangkok, das von der Population & Community Development Association gegründet wurde. Um 200 Baht.

Für Vorsichtige ▶ Aye's Restaurant 2: Thanon Phaholyothin, Tel. 053–75 25 34. Ein beliebtes Restaurant mit einer großer Auswahl an Sandwiches, Salaten, westlichen Gerichtenebenso wie Thai-Favoriten, dezenter Livemusik. Mo–Sa 7.30–23.30 Uhr. Um 200 Baht.

Dorfentwicklungsprojekt ▶ Baan Chaang 3: Banphaprakan, Ecke Thanon Rattanaket, www.doichaangcoffee.com. Großes Café mit hervorragendem Kaffee und leckeren Kuchen. Um 100 Baht.

Unterhaltsam und preiswert ▶ Night Bazar 4: Die Essensstände mit Musikbühnen auf diesem Basar sind für ausländische Touristen die besten Adressen für den Abend. Um 50 Baht.

Einkaufen

Ein unterhaltsames Einkaufsvergnügen verspricht neben dem Night Bazar auch **der Sonntags-Nachtmarkt** 1 in der Thanon Tanalai.

Aktiv

Trekking ▶ Trekkingtouren in die Umgebung organisieren zahlreiche Reisebüros, Gästehäuser sowie auch das Hilltribe Museum.

Termine

Lychee Fair: Dritte Woche im Mai, Volksfest aus Anlass der Obsternte.

Verkehr

Schiffsverbindungen: Schnellboote nach Thaton legen in Chiang Rai gegen 10.30 Uhr ab, kommen 5 bis 6 Std. später an und kosten 350 Baht.

Flugverbindungen: Vom internationalen Airport, 8 km nordöstlich der Stadt, mit Thai Airways (Tel. 053-71 14 60-2), Air Asia, Nok Air und Orient Thai (one-two-go) viele Flüge nach Bangkok. Zudem mit Nok Air 1–2 x tgl. nach Chiang Mai.

Busverbindungen: Vom Busbahnhof in der Thanon Phaholyothin mehrmals tgl. nach Bangkok (844 km, 11–13 Std.), Phitsanulok in 7 Std., häufig nach Chiang Mai in 3 Std.

Songthaew verkehren im Stadtgebiet, außerdem können **Tuk-Tuks** und **Motorräder** gemietet werden.

Mietwagen:

Avis: Airport, Tel. 053-79 38 27, cei@avisthailand.com.

Budget: Golden Triangel Inn, 590 Thanon Paholyothin, Tel. 053-74 04 42-3, Fax 053-71 39 63, www.budget.co.th.

Doi Tung 1 ▶ D 1

Karte: S. 279

Der Highway 110, der westlich der Bergkette schnurgerade Richtung Norden nach Mae Sai an der burmesischen Grenze verläuft, wird regelmäßig von Bussen befahren. Etwa 20 km vor Mae Sai zweigt links eine neue, breite Straße ab, auf der man nach 18 km den Gipfel des 1480 m hohen **Doi Tung** erreicht – die so genannte thailändische Schweiz. Unterwegs bieten sich einige Zwischenstopps bei schönen Aussichtspunkten und der königlichen Villa an.

Gäste können die große, moderne königliche Villa inmitten der kühlen Bergregion besichtigen und sogar im ehemaligen schmucklosen Bedienstetenflügel übernachten. Die Villa erinnert an ein Schweizer Chalet. Von hier aus leitete die verstorbene Königsmutter mehrere Initiativen zur Wiederaufforstung der Berghänge, Verbesserung der Lebensbedingungen der Bergbewohner und Bekämpfung des Opiumanbaus.

Auch der außergewöhnliche **Blumengarten Mae Fah Luang,** der das Tal unterhalb des Palastes einnimmt, ist einen Besuch allemal wert. Eine unbeschreibliche Vielfalt blühender Bäume, Stauden und Blumen aus den Tropen und gemäßigten Breiten wurden zu einem harmonischen Gesamtbild zusammengefügt, das ein Bergwald mit Bächen und kleinen Wasserfällen umrahmt (www.doitung.org, www.maefahluang.org, tgl. 7–17 Uhr, Eintritt zum Garten 80 Baht, zur Villa 70 Baht).

Das Anliegen der Königsmutter, die Lebenssituation der Bergbewohner zu verbessern, hat zahlreiche agrarische Entwicklungsprojekte in den 26 Dörfern rings um den Doi Tung ins Leben gerufen. An Straßenständen und in modernen Geschäften wird Verschiedenes verkauft, darunter Sa-Papier, Macadamianüsse und Arabica-Kaffee.

Hinter dem umgesiedelten Lahu-Dorf Pa Kluai, wo die Zufahrt zum Palast abzweigt, erstreckt sich ein **Reservoir,** an dem die Bergbewohner am Kilometer 13 einen Souvenirmarkt aufgebaut haben. Auf der Einbiegung

Am Goldenen Dreieck

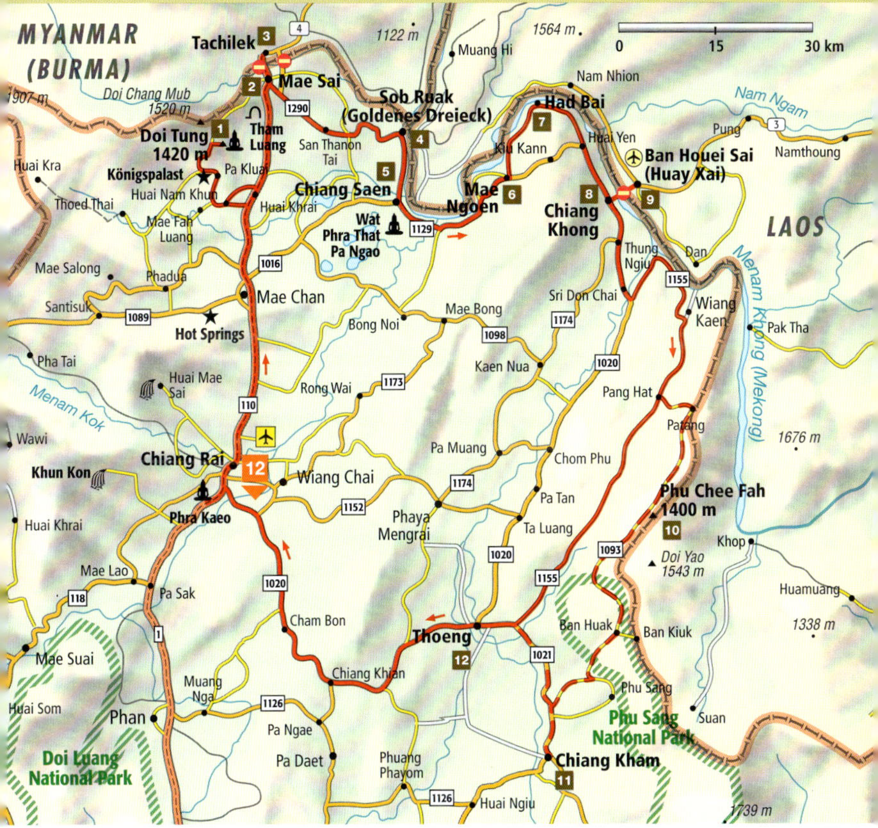

Richtung Mae Sai, 2,5 km unterhalb des Gipfels, gelangt man nach 500 m zum Aussichtsberg **Doi Chang Mub** mit einer fantastischen Sicht über die Bergwelt jenseits der Grenze. Die Bäume, die hier angepflanzt wurden, mussten der Verbreiterung einer Allee im Tal weichen. Da unterhalb des Berges parallel zur unbefestigten Piste die Grenze verläuft, sollte man sich über die aktuelle Situation im Grenzgebiet informieren, bevor man weiterfährt.

Etwa 1 km unterhalb des Doi Tung kann man sich an den Essenständen vor dem kleinen **Doi-Tung-Tempel** stärken, bevor der steile Aufstieg beginnt. Auf dem von Nadelwäldern bedeckten Gipfel soll sich bereits seit über 1000 Jahren ein Heiligtum befinden. Gläubige aus Myanmar (Burma), Laos und Thailand pilgern zum **Wat Doi Tung,** um Reliquien Buddhas zu verehren, die sich in den beiden von Metallschirmen und Buddhastatuen umgebenen Chedis hinter dem Bot befinden. Auch ein Fußabdruck Buddhas und ein großer lächelnder Buddha im chinesischen Stil werden von den Besuchern verehrt. Der Klang Dutzender von Glocken und der großen Trommel im Vihara lässt vor allem an nebligen Tagen eine geheimnisvolle Atmosphäre aufkommen. Bei klarem Wetter hingegen eröffnet sich vom Tempel ein fantastischer Blick über die Berge. Unterhalb des Tempels stehen an der schmalen, steilen Zufahrtstraße ausgemusterte Geisterhäuschen, skurrile und glücksbringende Figuren.

Verkehr

Auch wenn **Minibusse** ab und an von der Abzweigung zum Tempel Wat Doi Tung hinauffahren, lohnt ein eigenes Fahrzeug, um einige interessante Nebenstrecken zu erkunden, etwa die kleine, steile Seitenstraße über Huasan Mai durch einsame Landschaften zum Südhang des Doi Tung.

Mae Sai 2 ▶ D 1

Karte: S. 279

Nach der Rückkehr auf den Highway 110 und der Weiterfahrt Richtung Norden erinnern entgegen kommende Fahrzeuge mit burmesischen Nummernschildern daran, dass die Grenze nicht mehr fern ist. In **Mae Sai** bummeln Männer in knöchellangen *longyis,* den burmesischen Wickelröcken, durch die geschäftigen Straßen, Frauen, die ihre Gesichter mit heller Tanaka-Paste geschminkt haben, steuern auf überladenen Motorrädern zurück zum **Grenzübergang,** an dem ein relativ unkontrolliertes Kommen und Gehen herrscht. Selbst aus dem 170 km entfernten Keng Tung in Myanmar, das auch Touristen zugänglich ist, kommen die Menschen auf der neuen Straße angefahren. Billige Arbeitskräfte für die Baustellen und Bordelle des Landes, Händler und Mönche drängen sich über die Brücke, die den Mae Sai River, den Grenzfluss, überspannt. Vom **Wat Doi Wao** auf dem Hügel westlich der Hauptstraße mit einer riesigen Skorpion-Statue bietet sich die beste Aussicht auf das Grenzgebiet.

Seit 1992 können ausländische Besucher **Tachilek** 3, den burmesischen Ort jenseits der Grenze, besuchen und in den Casinos spielen. Für Tagesausflüge benötigt man eine Kopie des Passes, einen Border Pass (bei der Thaiimmigration erhältlich) und 10 US-$. Reisebüros in Mae Sai bieten Tagestouren an.

Die meisten Reisenden werden nur in Bussen am Grenzübergang vorgefahren, um den ›nördlichsten Punkt des Landes‹ zu fotografieren. Vor dem großen Hinweisschild stellen sich Mädchen in bunten Trachten in Positur und kassieren für die Fotos ein paar Baht. Danach geht es weiter zu den Jade- und Edelsteinschleifereien, die ihre Produkte zu stark überhöhten Preisen verkaufen.

Übernachten

Das beste in Grenznähe ▶ Wang Thong Hotel: 299 Thanon Phaholyothin, Tel. 053-73 33 88-95, Fax 053-73 33 99. Großes Hotel etwas zurückversetzt von der Hauptstraße, nahe dem Grenzübergang, mit Restaurant und Pool. 1000 Baht.

Klein und ruhig ▶ Yeesun Hotel: 816/13 Thanon Sailomchoi, Tel. 053-73 34 55, www.yeesunguesthouse.com. Saubere, ruhige Zimmer mit Klimaanlage und Kühlschrank. 400–700 Baht.

Einkaufen

In den Edelsteinschleifereien wird viel minderwertige Ware verkauft. Auch die Jadeprodukte sind überteuert. Auf dem Markt und an den Souvenirständen an der Grenze gibt es viele Produkte aus Myanmar und China.

Verkehr

Busverbindungen: Ständig Busse nach Chiang Mai und Chiang Rai. Direktverbindungen nach Bangkok (875 km) in 12–13 Std., nach Nakhon Ratchasima und Pattaya. Zum Goldenen Dreieck (Sob Ruak) verkehren vormittags **Songthaew.**

Das Goldene Dreieck 4 ▶ E 1

Karte: S. 279

Touristen aus aller Welt werden magnetisch vom **Goldenen Dreieck** (Sob Ruak), dem Dreiländereck Myanmar (Burma), Thailand und Laos, angezogen. Dieser berüchtigte Begriff, der eines der größten Opiumanbaugebiete der Welt bezeichnet, lässt sich an kaum einer anderen Stelle anschaulicher lokalisieren als an der Einmündung des **Mae Sai River,** der die Grenze zu Myanmar (Burma) bildet, in den **Mekong,** der Thailand von Laos trennt.

Das deutlich sichtbare, aber unspektakuläre Dreieck erreicht man über einen ›Hintereingang‹ auf der Landstraße, die von Mae Sai aus Richtung Osten am Fluss entlang führt. Da die meisten Besucher von der anderen Seite kommen, erstrecken sich erst hinter dem Dreiländereck kilometerweit Restaurants, Souvenirstände und Hotels, sogar ein Einkaufszentrum, ein kleines **Opiummuseum** und ein **›Tor zum Goldenen Dreieck‹,** vor dem sich Touristen fotografieren lassen können. An Anlegestellen können Boote für eine Fahrt ins Grenzgebiet und zu den Casinos in Myanmar und bald in Laos gemietet werden.

Unter der Patronage der verstorbenen Königinmutter entstand die große **Hall of Opium** im Golden Triangle Park, abseits des Flusses an der Straße nach Mae Sai. Das große, hervorragende Museum informiert über die 5000-jährige Geschichte des Opiums, die weltweiten legalen wie illegalen Handelswege, die Opiumkriege in China und die Opiumraucher in Siam und anderen Ländern Südostasiens, die Wirkung und medizinische Nutzung der Droge sowie der Kampf gegen die Abhängigkeit von Opiaten und anderen illegalen Drogen. Zudem dient es der Forschung (www.goldentrianglepark.org, tgl. 8.30–16 Uhr, Einführungsvideo in englischer Sprache in halbstündigen Abständen von 8.45 bis 15.45 Uhr, Eintritt 300 Baht).

Übernachten

Noble Urlaubswelt ▶ Anantara Golden Triangle Resort & Spa: 229 Golden Triangle, Tel. 053-78 40 84, Fax 053-78 40 90, www.anantara.com. Komfortable, architektonisch interessante Anlage, etwa 1 km nördlich des Goldenen Dreiecks, abseits vom Trubel mit insgesamt 90 stilvoll ausgestatteten Zimmern und Suiten, einige davon mit interessanten Bädern mit Ausblick, einem breiten Sportangebot, Pool, Mandara-Spa, Thai- und italienischem Restaurant. Um 10 000 Baht.

Markante Lage ▶ Imperial Golden Triangle Resort, 222 Golden Triangle, Tel. 053-78 40 01–5, Fax 053-78 40 06, www.imperialhotels.com. Luxusanlage, einige Zimmer haben Ausblick auf den Fluss, Restaurant. 2000–4000 Baht.

Verkehr

Busverbindungen: Regelmäßig Minibusse und Songthaew nach Chiang Saen, vormittags auch nach Mae Sai.

Gemächlich schippern Passagierboote auf dem Mekong

Chiang Saen 5 ►E 1

Karte: S. 279

Chiang Saen, 9 km weiter östlich, wurde vermutlich zwischen dem 10. und 13. Jh. von Thai besiedelt. Die Stadt am Westufer des Mekong, der die Grenze zu Laos bildet, gehört damit zu einer der frühesten Siedlungen der Thai im heutigen Staatsgebiet. 1328 gründete hier Saen Phu, der dritte Herrscher der Mengrai-Dynastie, eine bedeutende Residenz, die unter der Oberhoheit von Chiang Mai stand. Aus jener Zeit stammen die noch gut sichtbare, 8 km lange **Befestigungsmauer** sowie ein Graben, der das Zentrum umschließt.

Nur wenige der Tempelruinen stehen außerhalb dieses Bezirks. Unter Bäumen liegen am Chiang-Saen-Tor im Osten die Überreste des **Wat Chedi Luang,** dessen ursprünglich 60 m hoher Chedi nur noch als Ruine erhalten ist. In dem kleinen angrenzenden **Nationalmuseum** in einem zweistöckigen Neubau sind verschiedene interessante Fundstücke aus Chiang Saen und dem Norden untergebracht. Es wurde während der Recherche zu dieser Auflage gerade umgebaut.

Am restaurierten Chedi des **Wat Pa Sak** aus dem 14. Jh., jenseits des westlichen Stadttors an der Hauptstraße gelegen, blieben die Dekors erhalten, die burmesische und Mon-Einflüsse zeigen. Zum **Wat Phra That Chom Kitti,** das bereits im 10. Jh. auf einem Hügel nordwestlich der Stadtmauer gegründet wurde, führen über 300 Stufen hinauf. Den schönsten Blick hat man vom **Wat Phra That Pha Ngao,** das auf einem Hügel 4 km südlich der Stadt am Mekong steht. Auf halber Höhe liegt an der Zufahrtstraße ein Boot mit herrlichen Teakholz-Schnitzereien. Mo, Mi und Fr um 6 Uhr fährt ein Passagierboot nach Jinhong (China), zurück am Di, Do und Sa. Bereits einen Tag zuvor muss man den Pass im Immigration Office abgeben.

Wenn der Fluss genügend Wasser führt, verkehren Schnellboote am Mo, Mi und Fr um 9 Uhr in 2,5 Std. den Mekong hinab, durch schmale Schluchten und weite Ebenen, vorbei an Flussinseln und gefährlichen Felsen, nach Chiang Khong. Auch vom Highway 1129 und den kleinen Seitenstraßen, die zum Teil parallel zum Fluss verlaufen, hat man schöne Ausblicke auf den Fluss, der sein Gesicht ständig verändert.

Übernachten

Traumhaft naturnah ► **Rai Saeng Arun:** 2 Moo 3 Ban Pha Khub, am Highway 4007 nach Chiang Khong, Tel. 081-25 520 24, 081-802 70 62, www.raisaengarun.com. In idyllischer Lage am Mekong stehen 3 luxuriös eingerichtete Holzbungalows und jenseits der Reisfelder 8 weitere am Waldrand. Ausgezeichnetes Essen. 3000–3800 Baht.

Idyll für Vogelfreunde ► **Viang Yonok:** 201 Moo 3, am Ostufer des Chiang Saen-Sees, 5 km südl. des Zentrums, Tel. 053-65 04 44, www.viangyonok.com. 7 Bungalows mit Klimaanlage, TV und Tresor. Kayak- und Fahrradverleih, Sauna, Pool. Luftiges Restaurant mit Thai- und westlichen Gerichten. Frühstück inkl. 2400 Baht.

Lokalflair ► **River Hill Hotel:** 714 Moo 3, Thanon Wiang, Tel. 053-65 08 26-9, Fax 053-65 08 30. Im Zentrum, in Flussnähe gelegenes Hotel mit Restaurant. 1200 Baht.

Verkehr

Schiffsverbindungen: Schnellboote fahren von der Uferstraße zum Goldenen Dreieck und nach Chiang Khong, sofern der Fluss genügend Wasser führt.

Busverbindungen: Songthaew starten an der Uferstraße zum Goldenen Dreieck (9 km). Linienbusse fahren nach Chiang Rai, Chiang Khong und 2 x tgl. nach Bangkok.

Chiang Khong ►E 1

Karte: S. 279

In **Mae Ngoen** 6 zweigt man vom Highway Richtung Norden ab und fährt über schmale Nebenstraßen durch eine hügelige, fruchtbare Landschaft, durch kleine Dörfer inmitten von Bananenplantagen, Reis-, Mais- und Tabakfeldern. Im **Tai Lue-Dorf Had Bai** 7 werden farbige Baumwollstoffe gewebt und in einem Laden nahe dem Fluss unterhalb vom

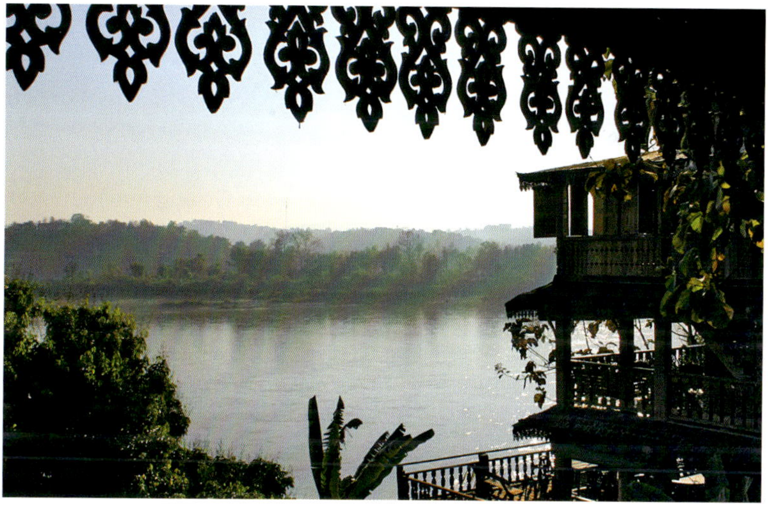

Abendstimmung am Mekong: in Chiang Kong

Dorftempel verkauft. Dann kommt man am herrlich gelegenen **Rai Saeng Arun Resort** vorbei (s. Übernachtung Chiang Saen).

Der kleine Ort **Chiang Khong** 8 am Mekong, dem der Ruf eines Schmugglernestes vorauseilt, wird nur selten von Touristen besucht, obwohl der Grenzübergang nach Laos auch Ausländern offen steht. Kleine Fähren verkehren von der Anlegestelle nördlich des Ortes hinüber nach **Ban Houei Sai** 9 auf der laotischen Seite. Von dort starten die Boote nach Luang Prabang. Gemächliche Linienschiffen *(Slow Boats)* fahren am Morgen gegen 10.30 Uhr ab und benötigen zwei Tage. Unfallgefährdete Schnellboote kommen bereits nach 6 Std. an. Komfortabel reist man auf der Luangsay von **East West Siam,** Tel. 02-651 91 01, www.asian-oasis.com, oder der Mekong Sun von **Lernidee Reisen,** in Deutschland Tel. 030-78 60 000, www.lernidee.de. Sie sollten frühzeitig gebucht werden. Lohnend ist ein Besuch des großen **Wochenmarkts,** auf dem sich freitags im unteren Ortszentrum neben vielen Laoten auch Hmong und andere Bergbewohner einfinden.

In **Had Khrai**, 2 km weiter südlich, erinnert ein Denkmal neben dem Dorftempel am Flussufer an ein längst vergangenes Ereignis: Im Mai, wenn der Pegel des Mekong seinen niedrigsten Stand erreicht, wanderten riesige Süßwasserfische den Fluss hinauf, um in den Seen Südchinas zu laichen. Die Riesenwelse *(Pangasianodon gigas)* können bis zu 3 m lang und 300 kg schwer werden, womit sie zu den größten Flussfischen der Welt gehören. Durch den Einsatz riesiger Stahlnetze und den Staudammbau am oberen Mekong ging der Fang von 1990 bis 1998 von 65 auf einen einzigen zurück.

Unerschrockene können von Chiang Khong mehrere Dörfer der Bergvölker und Wasserfälle erkunden oder weiter an der Grenze entlang auf recht abenteuerlichen Strecken über den **Doi Pha Tang** und **Phu Ci Fa** 10 nach **Chiang Kham** 11 fahren. Ansonsten geht es über **Thoeng** 12 wieder zurück nach Chiang Rai.

Verkehr

Schiffsverbindungen: Schnellboote fahren bei ausreichendem Wasserstand nach Chiang Saen und von Laos nach Luang Prabang.
Busverbindungen: Busse nach Chiang Mai, Chiang Rai, Chiang Saen und Bangkok.

Rund um den Doi Inthanon

Eine Rundreise durch die Bergkette westlich von Chiang Mai führt zum höchsten Berg und längsten Höhlensystem des Landes. Im kühlen Bergort Mae Hong Son kann man sich in naturnahen Resorts erholen und die Kultur der Shan kennen lernen. Zudem geht es auf kurvenreichen Bergstrecken und Pisten zu verborgenen Naturschönheiten.

Erst in den 1960er-Jahren des 20. Jh. erwachte die Provinz Mae Hong Son an der burmesischen Grenze, im äußersten Nordwesten von Thailand, aus ihrem Dornröschenschlaf. Bis zum Ausbau der ersten Straße nach Mae Sariang konnten längere Strecken nur mit Elefanten bewältigt werden.

Mit dem Ausbau der Nordverbindung über Pai in den 1980er-Jahren ist die Möglichkeit für eine Rundreise gegeben. Viele junge Leute bleiben in Pai hängen, unternehmen Trekking- und Motorradtouren durch die umliegenden Dörfer und genießen die Gesellschaft anderer Traveller. Das bevorzugte Ziel von Reisegruppen ist eher Mae Hong Son mit seinen von Shan geprägten Tempeln, den Langhals-Frauen und einem guten Hotelangebot.

13 Doi Inthanon National Park ▶ B/C 4

Karte: S. 285

Etwa 90 km südwestlich von Chiang Mai erstreckt sich rings um den höchsten Berg Thailands der 482 km² große **Doi Inthanon National Park**, eine wenig bewaldete Bergregion. Vor über 200 Jahren begannen Karen, sich in den unteren Höhenlagen anzusiedeln und die unzugänglichen Bergwälder zu roden, um Reis zu pflanzen. Ihnen folgten die Hmong, die in höhere Regionen vordrangen und Opium anbauten.

Anfang der 1970er-Jahre, als das Gebiet zum Nationalpark erklärt wurde, war bereits ein Großteil der Wälder dem Brandrodungsfeldbau zum Opfer gefallen. Die verbliebenen Waldgebiete konnten nur geschützt werden, indem man den Dorfbewohnern andere Einkommensmöglichkeiten erschloss. In den Tälern am Doi Inthanon entstanden die ersten **königlichen Projekte**, die den Anbau von Blumen, Obst- und Gemüse förderten. Im Tal des Mae Wang kann das Royal Project Development Centre **Mae Sapok** am gleichnamigen Wasserfall besichtigt werden. In diesem Tal liegt zudem das Camp von Elephant Special Tours (Tel. 086-190 30 77, www.elephant-tours.de) des Großtierpflegers Bodo Förster, der eine naturnahe Tierhaltung anstrebt. Die Teilnehmer an seinen deutschsprachigen Mahout-Kursen leben in der komfortablen White Lodge in **Mae Win**.

Während der 47 km langen Fahrt auf der kurvigen, asphaltierten Straße (Highway 1009) von Chom Thong zum Gipfel hinauf laden der beliebte **Mae Klang-Wasserfall** mit Badeplätzen am KM 7,5 und der hohe **Vachirathan-Wasserfall** am KM 20,8 zur Rast ein.

Mit zunehmender Höhe verändert sich das Landschaftsbild – über 1800 m erstrecken sich immergrüne Nebelwälder, deren verkrüppelte Bäume mit Orchideen, Flechten und Epiphyten verhangen sind. An einer Gabelung vor dem Headquarters geht es rechts zum Hmong-Dorf **Khun Klang** mit einem landwirtschaftlichen Königsprojekt, Gästehäusern der Nationalpark-Verwaltung sowie dem **Siripoom-Wasserfall.** An den beiden **Chedis** hinter Kilometer 41, die zu Ehren des

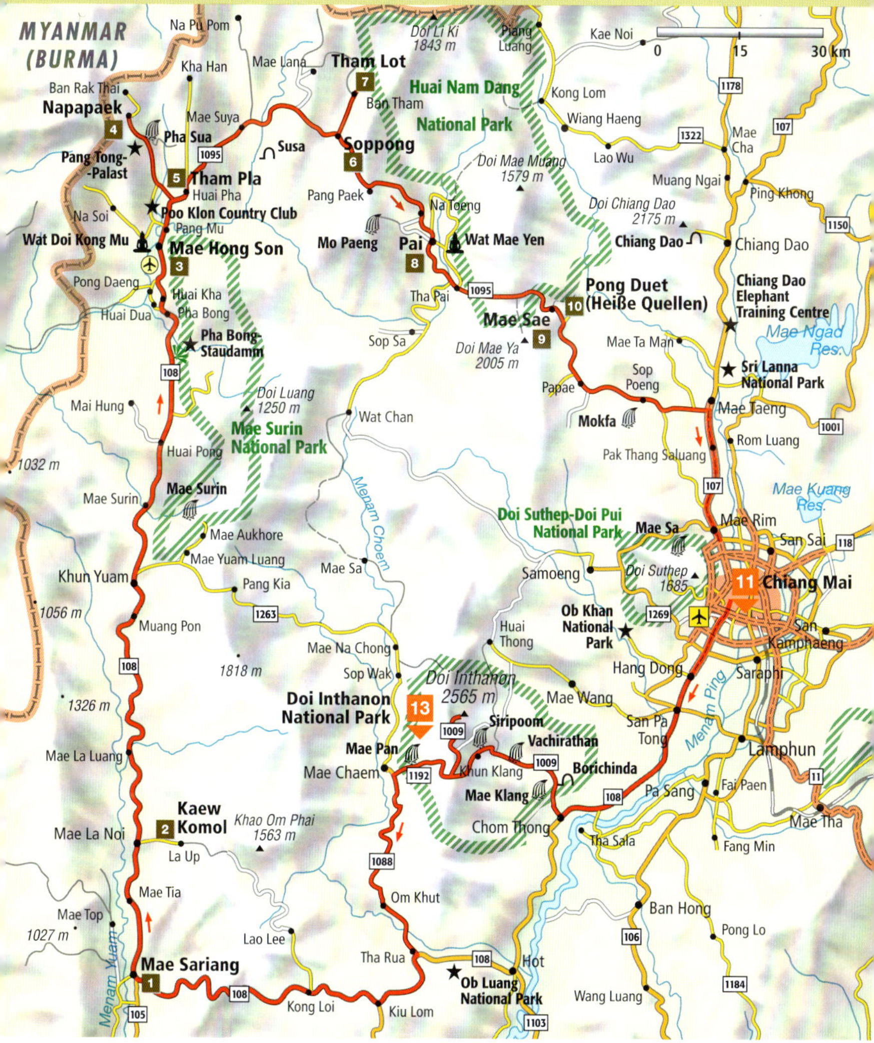

derzeitigen Königspaars errichtet wurden, kann man anhalten und die schöne Aussicht genießen. Sie sind von einem hübschen Blumengarten umgeben (Eintritt 30 Baht). Eine Radarstation markiert den höchsten Punkt, ein **Besucherzentrum** informiert über die Fauna und Flora. Ziel der meisten einheimischen Besucher ist der **Stupa** neben dem Parkplatz mit der Asche des 1897 verstorbenen letzten Königs von Chiang Mai, Intha Vichayanon. Vogelbeobachter zieht es hingegen zu einem **Rhododendron-Hain,** der zwischen Dezember und Februar in weißen und roten Farben erblüht. Die meisten der 383 Vogelarten, die bisher registriert wurden, leben in über 1500 m Höhe, darunter einige seltene Arten. Fortgesetzt werden kann die Route nach Westen über Mae Chaem.

Rund um den Doi Inthanon

Infos

Im **Visitor Centre** am Kilometer 9 und **Park Headquarters** am KM 31, Tel. 053-26 85 50, erhält man Infos über die Attraktionen des Parks. Tgl. 8.30–16.30 Uhr, Eintritt 200 Baht.

Übernachten

Im Park ▶ **Touch Star Resort:** am Km 7, 700 m von der Hauptstraße, Tel. 053-26 73 64, www.touchstarresort.com. Auf einem Hügel in einer Parkanlage stehen ein zweistöckiges Haus, kleine Holzbungalows und größere Häuser für Familien. Im Restaurant wird Gemüse aus dem Garten zubereitet. 2000 Baht.

Verkehr

Der Nationalpark ist nur mit einem gemieteten Fahrzeug erreichbar.

Über Mae Sariang nach Mae Hong Son ▶ B 3–4

Karte: S. 285

In südlicher Richtung ist nach 47 km der Highway 108 nach **Mae Sariang** 1 erreicht. Vom freundlichen Marktort nahe der Grenze zu Myanmar mit einigen kleinen Tempeln und einem Museum ist ein Ausflug an den Grenzfluss Salween möglich.

Auf den folgenden 166 km auf der gut ausgebauten Straße nach Mae Hong Son passiert man einige Dörfer der Karen und Shan. In einem Seitental, 5 km östlich von Mae La Noi, lohnt die 435–500 Mio. Jahre alte, wie ein Märchenschloss in allen Farben glitzernde Calcit-Höhle **Kaew Komol** 2 einen Abstecher (Eintritt inkl. Führung 80 Baht).

Verkehr

Busverbindungen: Busse nach Mae Sariang 7 x tgl. von Chiang Mai und 6 x tgl. von Mae Hong Son. Zudem Song-thaew und Minibusse nach Mae Sot in 6 Std.

Mae Hong Son 3

Cityplan: S. 288

Die sympathische Provinzhauptstadt Mae Hong Son wird überwiegend von Shan bewohnt, die große Gebiete von Myanmar (Burma) bis nach Südchina besiedeln. Bei einem Bummel über den **Morgenmarkt** 1 erhält man einen Eindruck von der Völkervielfalt dieser Provinz. Burmesische Einflüsse sind überall spürbar, vor allem in der Tempelarchitektur. Ein großer Buddha im burmesischen Stil, Phra Chao Pha Ra La Khaeng genannt, steht in einer hohen, aus Teak erbauten Halle im **Wat Hua Wiang** 2 an der Thanon Panit Watana, der Straße zum Flugplatz.

In einem kleinen See spiegeln sich die verspielt dekorierten Tempel **Wat Chong Klang** 3 und **Wat Chong Kam** 4. Im April, wenn im Land die buddhistischen Ordinationsfeierlichkeiten stattfinden, steht Wat Chong Kam im Mittelpunkt eines großen Festes. Die zukünftigen Novizen mit ihren kahl geschorenen Köpfen werden nach burmesischer Tradition wahrhaft fürstlich gekleidet, geschminkt und mit Juwelen behängt auf Pferden oder den Schultern ihrer Familienangehörigen zum Tempel gebracht, um den Abt um Vergebung zu bitten. Am Abend bringen die Menschen Opfergaben, Mönchsgewänder und andere für die Ordination notwendige Dinge zum Tempel, wo am nächsten Tag die jungen Männer die Mönchsweihe empfangen.

Ein steiler Fußweg und eine schmale Serpentinenstraße führen zum **Wat Phra That Doi Kong Mu** 5 auf einem Hügel westlich der Stadt hinauf, das häufig hinter einer Dunstglocke verborgen bleibt. Nicht grundlos nennt man Mae Hong Son auch ›Stadt der drei nebligen Jahreszeiten‹. An klaren Tagen hingegen überblickt man das Tal des Pai River, in dem sich der Ort erstreckt, und die umliegenden Berge. Der Tempel wurde vor über 100 Jahren errichtet, nachdem der letzte König von Chiang Mai Intha Vichayanon das ehemalige Lager der Elefantenfänger zur Stadt erklärt hatte.

Übernachten

Gut aber abseits ▶ **Imperial Tara Mae Hong Son** 1: 149 Moo 8, Muang Sam Mok, 2 km südlich der Stadt, Tel. 053-61 10 21, Fax 053-61 12 52, www.imperialhotels.com. Komfortables, großes Resort in einer weitläufigen Gartenanlage mit Pool. 2300–3000 Baht.

Zimmer mit Balkon ▶ **Rooks Holiday** 2: 114/5 Thanon Khunlum Prapas, Tel. 053-61 23 24-9, Fax 053-61 15 24. Großes Hotel mit komfortablen Zimmern und einfacheren Bungalows, Pool, Restaurant und Billiardsalon. 1300–3000 Baht.

Zum Entspannen ▶ **Golden Pai & Suite Resort** 3: 285 Moo 1 Pongmu, 7 km nördlich von Mae Hong Son, Tel. 053-62 06 53-5, Fax 053-62 04 17, www.goldenpaihotel.com. 70 komfortable Bungalows am Pai River mit Pool. 1300–2500 Baht.

Umweltfreundlich ▶ **Fern Resort** 4: 87 Thanon Khunlum Prapas, 7 km Richtung Mae Sariang, Tel. 053-68 61 10, www.fernresort.info. 30 klimatisierte gepflegte Bungalows mit Restaurant und Pool, Dschungelwanderpfad und einem sehr schönen Garten. 2000–2500 Baht.

Lokales Ambiente ▶ **Mae Hong Son Mountain Inn & Resort** 5: 112 Thanon Khunlum Prapas, Tel./Fax 053-61 18 03, www.mhsmountaininn.com. Mittelklassehotel am Stadtrand, schöner Innenhof, Restaurant. 1400–2800 Baht.

Kreativ und naturverbunden ▶ **Sang Tong Huts** 6: Tel. 053-62 06 80, www.sangtonghuts.com. Nette Anlage, individuell eingerichtete Bungalows mit europäischen Bädern. 200–1600 Baht.

Vielfältiges Angebot ▶ **Rom Tai House** 7: 22 Thanon Chamnan Satit, Tel. 053-61 24 37, 087-180 52 67. Hinter einem 2-stöckigen Neubau mit einfachen Zimmern stehen in einem schöner Garten Reihenhäuser und Holzbungalows. 500–700 Baht.

Essen & Trinken

Riesige Auswahl ▶ **Bai Fern Restaurant** 1: 87 Thanon Khunlum Prapas, Tel. 053-61 13 74. Bestes Restaurant im Ort. Authentisch scharfe Shan-Küche, die für Reisegruppen etwas abgemildert wird. 100–200 Baht.

Rustikal ▶ **Sunflower Café** 2: an der Uferstraße. Die Adresse für alle, die Heimweh nach frischem Brot mit Filterkaffee oder Pizza mit Rotwein haben. Um 100 Baht.

Einfach ausprobieren ▶ **Nachtmarkt** 3: Am Seeufer werden an Essenständen Leckereien zubereitet und verkauft. Um 50 Baht.

Aktiv

Reisebüros und Hotels offerieren Floß- und **Bootstouren, Elefantenausritte, Tagestouren** zu Dörfern der Bergvölker und zu Langhals-Frauen sowie mehrtägige **Treks. Rose Garden Tours** 1: 86/4 Thanon Khunlum Prapas, Tel. 053-61 16 81, www.rosegarden-tours.com. Der Veranstalter bietet ein- und mehrtägige Touren an.

Termine

Poy-Sang-Long-Prozession: April, aus Anlass der Ordination junger Mönche.

Verkehr

Flugverbindungen: 2–3 x tgl. Flüge nach Chiang Mai mit Thai Airways, Stadtbüro Tel. 053-61 22 20, Airport Tel. 053-61 13 67. Zudem 1–3 x tgl. Flüge mit SGA, Tel. 053-69 82 07.

Busverbindungen: Busse nach Bangkok (928 km), 13 Std., fahren südl. vom Zentrum ab, nach Chiang Mai von der Busstation südl. des Zentrums, Südroute über Mae Sariang (362 km) oder Nordroute via Pai (242 km).

Ausflüge ab Mae Hong Son

Die touristische Hauptattraktion von Mae Hong Son sind Touren in die reizvolle Umgebung, die von Reisebüros und Gästehäusern in der Stadt arrangiert werden. Mit Motorbooten kann man auf dem **Pai River** von **Ban Huai Dua,** 6 km südlich der Stadt, bis zur burmesischen Grenze fahren; hingegen sind Touren auf dem Oberlauf des Flusses nur geübten Wassersportlern zu empfehlen.

Zwiespältige Gefühle hinterlässt ein Besuch bei den **Langhals-Frauen,** die von der aufständischen Karenni-Armee aus Myanmar (Burma) hierher gebracht wurden, um von Touristen gegen einen Obolus bestaunt zu werden. Die Frauen vom Padaung-Stamm verlängern seit frühester Kindheit ihren Hals durch eine Reihe von Messingringen.

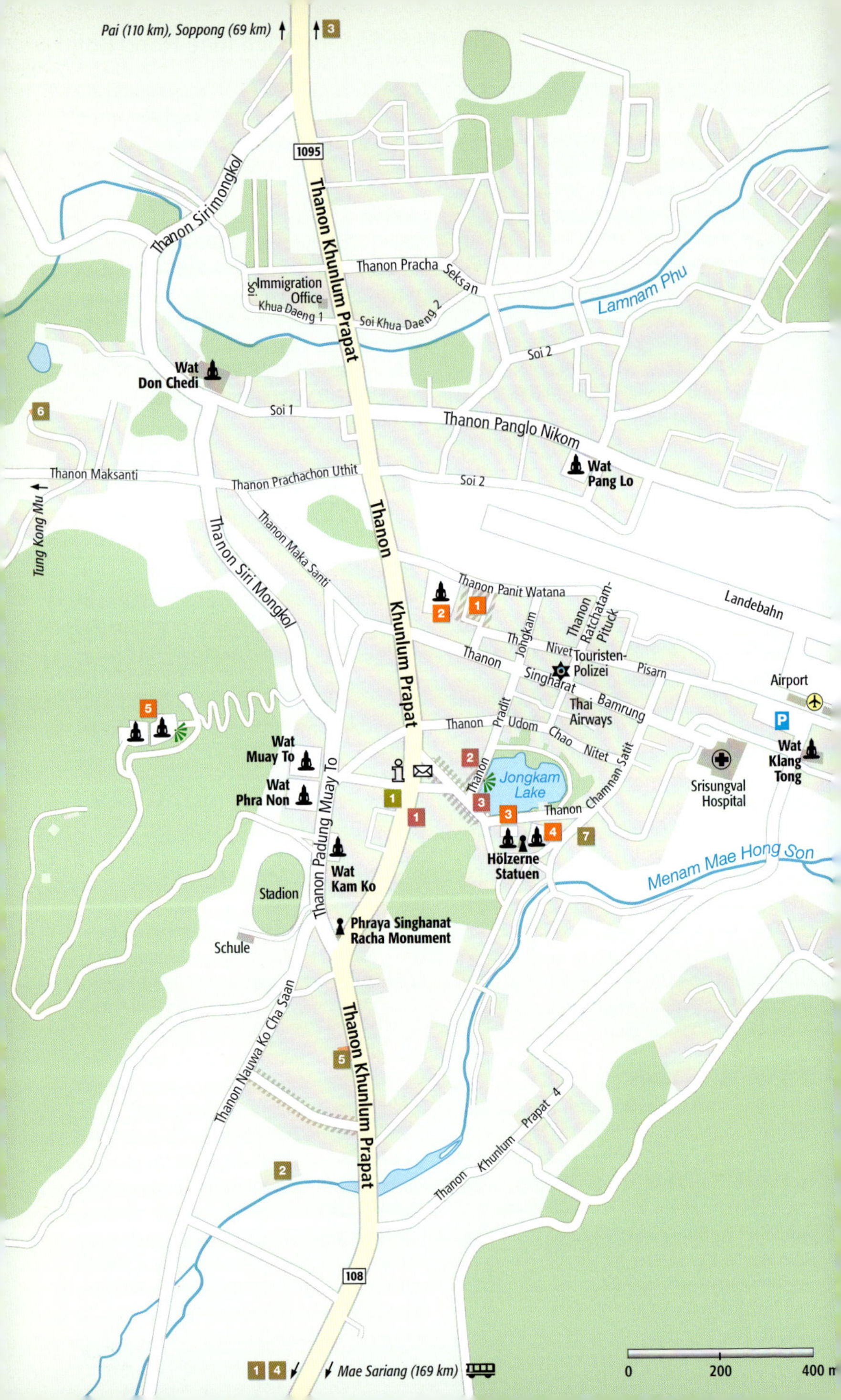

Pai (110 km), Soppong (69 km)
3
1095
Thanon Sirimongkol
Thanon Khunlum Prapat
Thanon Pracha Seksan
Immigration Office
Soi Khua Daeng 1
Soi Khua Daeng 2
Lamnam Phu
Soi 2
Wat Don Chedi
6
Soi 1
Thanon Panglo Nikom
Wat Pang Lo
Thanon Maksanti
Thanon Prachachon Uthit
Soi 2
Tung Kong Mu
Thanon Siri Mongkol
Thanon Maka Santi
Thanon Khunlum Prapat
Thanon Panit Watana
2
1
Thanon Ratchatam-Pituck
Landebahn
Thanon Jongkam
Thanon Singharat
Nivet
Touristen-Polizei
Pisarn
Airport
Thai Airways
Bamrung
5
Thanon Pradit
Thanon Udom Chao Nitet
P
Wat Klang Tong
Wat Muay To
2
Jongkam Lake
Thanon
Srisungval Hospital
Wat Phra Non
Thanon Padung Muay To
1
1
3
3
Thanon Chamnan Satit
4
7
Hölzerne Statuen
Menam Mae Hong Son
Wat Kam Ko
Stadion
Phraya Singhanat Racha Monument
Schule
Thanon Nauwa Ko Cha Saan
5
Thanon Khunlum Prapat
Thanon Khunlum Prapat 4
2
108
1 4
Mae Sariang (169 km)
0
200
400 m

Mae Hong Son

Sehenswert

1 Morgenmarkt
2 Wat Hua Wiang
3 Wat Chong Klang
4 Wat Chong Kam
5 Wat Phra That Doi Kong Mu

Übernachten

1 Imperial Tara Mae Hong Son
2 Rooks Holiday
3 Golden Pai & Suite Resort
4 Fern Resort
5 Mae Hong Son Mountain Inn & Resort
6 Sang Tong Huts
7 Rom Tai House

Essen & Trinken

1 Bai Fern Restaurant
2 Sunflower Café
3 Nachtmarkt

Aktiv

1 Rose Garden Tours

Ein steiler Weg führt 10 km nördlich von Mae Hong Son durch Dörfer der Karen, Shan, Hmong und ehemaliger Kämpfer der Kuomintang nach **Napapaek** 4 im Grenzgebiet. Am Weg liegen das Thermalbad **Poo Klon Country Club,** der **Pha-Sua-Wasserfall,** das zu einer landwirtschaftlichen Versuchsfarm umgestaltete Gelände des **Pang-Tong-Palastes** (8.30–16.30 Uhr) und westlich von Napapaek der hübsche **Pang-Ung-Stausee.**

Tham-Lot-Tropfsteinhöhle

▶ B 2

Karte: S. 285

Der Highway 1095 verläuft durch die zerklüftete Berglandschaft über Soppong und Pai nach Chiang Mai. Etwa 17 km hinter Mae Hong Son halten viele Thai an, um in der kleinen Höhle **Tham Pla** 5 halbzahme Karpfen zu füttern. Nachdem man mehrere Pässe mit zum Teil fantastischen Aussichten überquert hat, ist nach 70 km **Soppong** 6 erreicht. Zum **Wochenmarkt** am Dienstag kommen Lisu in farbenfrohen Trachten aus den Bergen angereist. Besonders während der Neujahrsfeierlichkeiten im Januar/Februar sind Touristen in ihren Dörfern gern gesehene Gäste.

In dem kleinen, kühlen Marktflecken lohnt ein Zwischenstopp, um die **Tham-Lot-Tropfsteinhöhle** 7, 9 km weiter nördlich, zu besichtigen, auf die nur ein kleines Holzschild hinweist. *Guides* mit Karbidlampen, die am Eingang jedem Besucher zugewiesen werden, führen Touristen durch das unterirdische Tropfsteinhöhlensystem, das der Nam Lang River durchfließt. Einen Teil der Tour durch das unterirdische Labyrinth kann man auf Bambusflößen zurücklegen. Nahe dem Höhlenausgang nisten im Gewölbe Tausende von Mauerseglern. Ein schönes Bild bietet sich kurz vor Sonnenuntergang, wenn sie von der Futtersuche zurückkehren. Nur wenig später verlässt ein endloser Schwarm von Fledermäusen die Höhle, um auf Nahrungssuche zu gehen. In der Nähe der Nistplätze der Vögel wurden in einer höher gelegenen Höhlenkammer mehrere Särge entdeckt, deren Alter man auf bis zu 1600 Jahre datierte.

Übernachten

Für Aktivurlauber ▶ Cave Lodge: Tel. 053-61 72 03, www.cavelodge.com. Einfache Unterkunft nahe dem Höhleneingang, wo man das abendliche Naturschauspiel von der Terrasse aus beobachten kann. 500–1000 Baht.

Jedes Zimmer ist anders ▶ Soppong River Inn: Tel. 053-61 71 07, www.soppong.com. Gästehaus in Soppong unter Leitung von Joy. Zimmer und hübsche Bungalows, teils mit offenen Bädern. Internet, nettes, kleines Café. 700–1200 Baht, eine einfache Hütte für 300 Baht.

Verkehr

Busverbindungen: 5 Busse tgl. nach Chiang Mai und Mae Hong Son. Zur Höhle nur mit einem gecharterten Fahrzeug.

Pai 8

▶ B 3

Karte: S. 285

In **Pai**, 40 km östlich von Soppong, dem einzigen größeren Ort zwischen Mae Hong Son und Chiang Mai, lebten überwiegend Shan. Mittlerweile leben Menschen aus aller Welt im Backpackerzentrum des Nordens. Lisu, Lahu und Karen kommen zum Einkaufen hierher. Zu ihnen gesellen sich junge Rucksacktouristen aus dem In- und Ausland ebenso wie einheimische Familien, die in der landschaftlich schönen Bergwelt wohnen sowie die zahlreichen Cafés und Restaurants bevölkern, die sich auf den Geschmack der Gäste aus aller Welt eingestellt haben. Beliebte Wanderziele sind **Wat Mae Yen,** 1 km südöstlich, **Wat Nam Hoo,** 3 km westlich und 1,5 km weiter das Yunnan Chinese Village **Ban Santichon.** Auch auf der weiteren Fahrt nach Chiang Mai sind mehrere über 1000 m hohe Pässe zu überwinden.

In **Mae Sae** 9 legt der Bus eine kurze Pause ein, bevor es in nicht enden wollenden Kurven über den nächsten Pass geht. Mit einem eigenen Fahrzeug empfiehlt sich eine Picknickpause an den **heißen Quellen Pong Duet** 10 nördlich vom Kilometer 42 (Eintritt 200 Baht).

Übernachten

... in Pai

Modernes Design ▶ The Quarter: 245 Moo 1, Thanon Chaisongkram, Tel. 053-69 94 23, www.thequarterhotel.com. Modernes Boutique-Hotel. Rings um einen Pool stehen zweistöckige Häuser mit großzügigen Zimmern Internet und Fahrräder inkl. 3500–4800 Baht.

Rustikale Häuser, moderne Zimmer ▶ Belle Villa Resort: 113 Moo 6 Huay Poo, Thanon Wiang Nua, Tel. 053-69 82 26-7, Fax 053-69 82 28, www.bellevillaresort.com. Boutiqueresort am Ortsrand mit Blick auf die Reisfelder, 19 hübsche Bungalows, Restaurant, Pool. 1500–3000 Baht.

Man spricht Deutsch ▶ Pairadise Guesthouse & Bakery: liegt etwas versteckt östlich des Flusses auf einem Hügel, Tel. 09-838 75 21, www.pairadise.com. Deutsch-thailändischer Familienbetrieb von Kathrin und Pin Zathu, individuell gestaltete Häuser auf einem weitläufigen Gelände rings um einen Badeteich. 700–1200 Baht.

Essen & Trinken

... in Pai

Rund um die Uhr sind zahlreiche Restaurants, Cafés und Essensständen geöffnet.

Mit Bio-Angebot ▶ The Sanctuary: an der Brücke, Tel. 053-69 81 50, www.thesanctuarythailand.com. Schickes Öko-Restaurant mit Flussterrasse. Umfangreiche Weinkarte, abends gefällige Livemusik. Um 200 Baht.

Künstlerisch ▶ All about Coffee: 250 m oberhalb der Busstation. Über 140 Jahre altes Shan-Holzhaus, guter Kaffee und Frühstück mit hausgemachtem Brot und Kuchen.

Einkaufen

Allabendlicher Nachtmarkt und viele Geschäfte mit Textilien und anderem Kunsthandwerk der Bergvölker.

Abends & Nachts

Großer Musikschuppen ▶ Be-bop-Bar: Am südlichen Ortsausgang kann man zu

Liverock und Rhythm'n'Blues abrocken. Weitere Bars entlang der Hauptstraße mit guter Musik, einer großen Auswahl an lokalen und internationalen Drinks und entspannter Atmosphäre.

Aktiv

Meditations- und Massagekurse ▶ Pai's Traditional Thai Massage: Tel. 053-69 91 21, www.PTTM1989.com, älteste Massageschule.

Bootstouren auf dem Pai River ▶ Thai Adventure Rafting: 16 Moo 4, Thanon Rangsiyanun, Tel. 053-69 91 11, www.thairafting.com, veranstaltet bei ausreichend hohem Wasserstand des Pai River von Mitte Juni bis Ende Januar auch längere Kajak- und Schlauchbootfahrten.

Elefantenreiten ▶ Thom's Pai Elephant Camp: 5 km außerhalb an der Straße zu den Tapai Hot Springs, Tel. 053-69 92 86, www.thomelephant.com. Tagestouren mit Elefantenreiten und einer Floßfahrt, auch Ausritte in der Umgebung.

Trekking und Klettern ▶ Von einigen Büros nahe der Busstation und Gästehäusern werden Trekking- und Klettertouren auch in Kleingruppen angeboten. **Back-Trax:** Tel. 053-699 739, und Pai Adventure, Tel. 053-69 93 85, www.thailandpai.net.

Tipp: Motorrad

Es ist leichtsinnig, die ersten Fahrversuche mit einem Motorrad in den Bergen Nordthailands zu unternehmen.

Verkehr

Busverbindungen: Mehrere Busse nach Chiang Mai und Mae Hong Son.

Fahrräder, Motorräder und **Songthaew** werden im Ort für Ausflüge vermietet.

Nickerchen auf dem Markt in Mae Hong Son

In die ›schwimmenden‹ Restaurants von Kanchanaburi zieht es am Wochenende auch zahlreiche Ausflügler aus Bangkok

Kapitel 5

Der Westen

Die meisten Besucher fahren durch das zentrale Tiefland auf direktem Weg in den Norden und lassen den Westen links liegen – zu Unrecht: Eine Reise in die Berge im Grenzgebiet zu Myanmar lohnt sich nicht nur für Naturliebhaber. Hier hat eine ereignisreiche Geschichte ihre Spuren hinterlassen. Die berühmte Brücke am Kwai sowie die Nationalparks und Seen dieser Gegend lohnen den Besuch.

Wenn in Bangkok das Wochenende naht, zieht es die Städter ans Wasser. Wasserfälle, kleine Flüsse und Seen sind mindestens so beliebt wie das Meer. Und so hat sich die von Bangkok aus gut erreichbare Region im Westen zu einem wichtigen Naherholungsgebiet entwickelt. Großfamilien treffen sich zum Picknicken und genießen unter schattigen Bäumen am Ufer die kühle Brise. Wohlhabende ziehen sich in Resorts oder eigene Wochenendhäuser zurück.

Besucher aus dem Ausland locken vor allem geschichtsträchtige Ziele wie Nakhon Pathom, das älteste buddhistische Zentrum des Landes mit dem Prachtbau des Phra Pathom Chedi, und Kanchanaburi. Während des Zweiten Weltkriegs bauten hier unter japanischer Besatzung Kriegsgefangene und Zwangsarbeiter unter härtesten Bedingungen eine Eisenbahntrasse in Richtung Burma (heute: Myanmar), die an dieser Stelle über den Fluss Kwae Yai führt. Entlang des Flusses hat sich in Kanchanaburi eine lebhafte Gästehausszene mit preiswerten Restaurants, Tourangeboten und Fahrradvermietungen entwickelt.

Auf einen Blick

Der Westen

Sehenswert

Thailand Burma Railway Centre: Von allen historischen Stätten und Museen ist das Museum nahe dem Bahnhof von Kanchanaburi ein besonders attraktives, interessantes Ziel (s. S. 298).

Hellfire Pass: Das Museum am Originalschauplatz, lohnt einen Abstecher ab Nam Tok (s. S. 303).

Sangkhlaburi: Thai, Karen und Mon siedeln am Ufer des Stausees, den eine Holzbrücke überspannt und der von interessanten Tempeln überragt wird (S. 306).

Erawan National Park: Die mehrstufigen Wasserfälle genießt man am besten am frühen Morgen vor dem Eintreffen der Touristenmassen (s. S. 309).

Schöne Route

Die ›Eisenbahn des Todes‹: Vor allem zwischen Kanchanaburi und der Endstation Nam Tok lohnt die gemächliche Fahrt entlang des Kwae Noi (s. S. 300).

Meine Tipps

Das Ostufer südlich der Brücke am Kwai: Die Gästehäuser, Restaurants und Bars im nördlichen Zentrum von Kanchanaburi, teils auf Flößen inmitten eines Meeres von Wasserhyazinthen auf dem Fluss sind sehr preiswert. In entspannter Atmosphäre kann man sich einige Tage vom Stress der Reise erholen und interessante Touren in die Umgebung unternehmen (s. S. 301).

Ein Picknick am Wasserfall: Am Wochenende schwärmen zahlreiche Thai zum Wasserfall **Sai Yok Noi.** Inmitten des fröhlichen Trubels kann man hier süße Tamarinde und andere einheimische Leckereien probieren (s. S. 305).

aktiv unterwegs

Kajaktouren in und um Kanchanaburi: Vorbei an Restaurantbooten und Gästehäusern, Tempeln und Soldatenfriedhöfen gleiten – am besten mit dem Kajak. Sportliche können bei Veranstaltern individuelle und mehrtägige Touren inkl. Besuch eines Elefantencamps oder Nationalparks buchen. Weniger Sportliche steigen auf ein Longtailboot um (s. S. 299).

Mit der Eisenbahn zur Brücke am Kwai

Zweimal täglich fährt der Bummelzug vom kleinen Vorortbahnhof in Thonburi über Nakhon Pathom und Kanchanaburi nach Nam Tok. Wenn er kurz hinter Kanchanaburi die legendäre Brücke am Kwai überquert und sich danach am Fluss entlang Richtung burmesischer Grenze windet, werden Erinnerungen an das letzte Jahrhundert wieder lebendig.

Kriegsgefangenenfriedhöfe und Museen berichten von unbeschreiblichen Bedingungen, unter denen diese Eisenbahntrasse während des Zweiten Weltkriegs Richtung Burma vorangetrieben wurde. Heute sind die Gleise hinter Nam Tok demontiert und vom Dschungel überwuchert; für die Weiterfahrt muss man auf andere Transportmittel umsteigen. Bei einem Abstecher nach Ban Kao und Muang Singh wird die Geschichte dieser Region deutlich, die bis in die prähistorische Zeit zurückreicht. Weitere geschichtlich relevante Orte können bei einem Zwischenstopp in Nakhon Pathom besucht werden.

Als Ausgangspunkt für Erkundungen beiderseits der Eisenbahntrasse empfiehlt sich die Provinzstadt Kanchanaburi, die über eine hervorragende und preiswerte touristische Infrastruktur verfügt. Tempelanlagen, buddhistische Höhlen und Naturschönheiten in der näheren Umgebung bilden ein interessantes Kontrastprogramm zu den Museen und Friedhöfen. Einige Ziele lassen sich sogar auf dem Wasserweg mit einem gemieteten Boot oder Kanu sowie auf wenig befahrenen Landstraßen mit dem Fahrrad erkunden.

Nakhon Pathom 1 ▶ D 10

Karte: S. 297

Sobald sich der Zug der Provinzstadt Nakhon Pathom nähert, kündet bereits von weitem der alles überragende Phra Pathom Chedi davon, dass sich hier das älteste buddhistische Zentrum von Thailand befindet (s. S. 29, 63). Zur Zeit des indischen Kaisers Ashoka, im 3. Jh. v. Chr., lag Nakhon Pathom am Meer. Mit den indischen Händlern sollen auch die ersten buddhistischen Mönche in die Hafenstadt gekommen sein, um die neue Lehre zu verbreiten. Dieser Teil der Geschichte liegt im Dunkeln. Gesichert ist jedoch, dass sich hier bereits im 6. Jh. eine wohlhabende Mon-Hauptstadt befand. Zu jener Zeit soll ein 39 m hoher Chedi errichtet worden sein. Als Nakhon Pathom im 11. Jh. von den Khmer erobert wurde, erbauten diese einen Prang über dem Stupa.

Phra Pathom Chedi

Mitte des 19. Jh. pilgerte König Mongkut zu den alten Khmer-Ruinen. Doch der Ort, an dem der Buddhismus in Siam seinen Anfang genommen hatte, schien ihm eines größeren Heiligtums würdig. So ordnete er nach seiner Krönung den Bau des derzeitigen, 127 m hohen **Chedi** an, der das größte buddhistische Bauwerk werden sollte. Den Chedi umgibt ein kreisförmiger Wandelgang, der in allen vier Himmelsrichtungen von Vihara durchbrochen ist. Dort stehen Buddhafiguren in verschiedenen Positionen, die unterschiedliche Aspekte seines Wirkens darstellen: den unter einem Bodhi-Baum lehrenden Buddha (Osten), den vom siebenköpfigen Naga-König geschützten Buddha (Süden), den liegenden Buddha (Westen) und den 8 m hohen, stehenden Buddha Phra Ruang mit erhobener Hand in Lehrhaltung (Norden; Eintritt 40 Baht).

Von Bangkok nach Westen

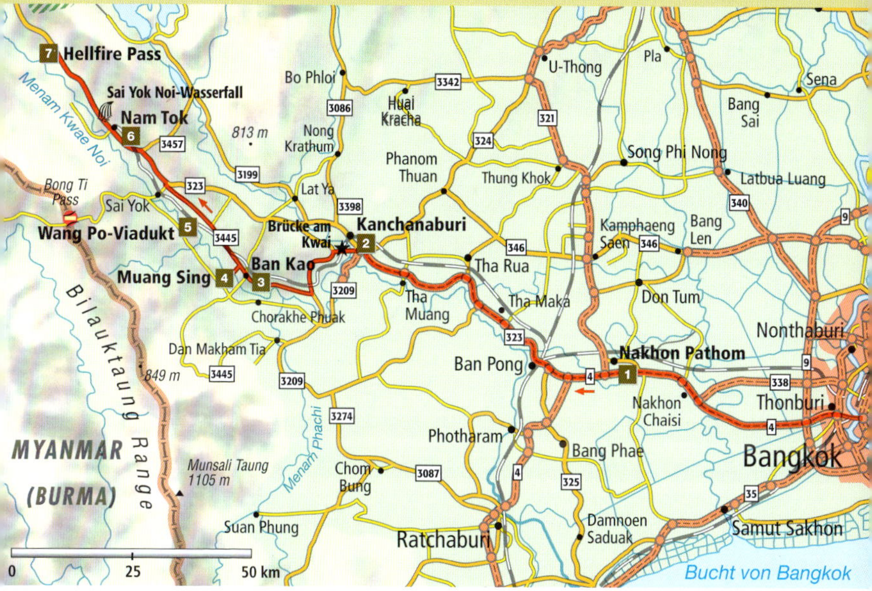

Im kleinen **Nationalmuseum** südlich der Pagode sind die bei Ausgrabungsarbeiten entdeckten Funde, überwiegend aus der Dvaravati-Epoche (6.–11. Jh.), ausgestellt (Mi–So 9–16 Uhr, 30 Baht).

Zum **Fest Phra Pathom Chedi** im November – rings um die große Pagode, die im Licht zahlloser Lampen erstrahlt – findet ein zehntägiger Jahrmarkt statt, eines der größten Tempelfeste in Thailand.

Sanam-Chandra-Palast

Während seiner Pilgerreisen übernachtete König Mongkut in einem kleinen Gebäude neben der Baustelle. Sein Nachfolger, König Vajiravudh (1910–1925), ließ den kleinen **Sanam-Chandra-Palast,** 2 km westlich der Pagode, überwiegend im europäischen Stil errichten. Über viele Jahre diente er als Verwaltungsgebäude, bis er 2003 restauriert und teilweise als Museum umgestaltet der Öffentlichkeit zugänglich gemacht wurde. Die Hauptgebäude umgibt ein Park mit Teichen, romantischen Brücken, Pavillons und zwei Denkmälern – eines für den hinduistischen Elefantengott Ganesha und ein anderes für den Lieblingshund des Königs Yalae, dessen Sockel ein vom König persönlich verfasstes Gedicht schmückt.

Der zweistöckige Nachbarbau, die kleine **Chaleemongkolasana-Residenz,** ähnelt einem Schloss aus dem Märchenbuch. Sie birgt persönliche Gegenstände aus dem Besitz von König Rama VI. und historische Fotos. Seine privaten Gemächer in der **Bhimarn-Prathom-Residenz,** im westlichen Kolonialstil gehalten, können ebenfalls besichtigt werden. Die große, offene **Samakkeemukamartaya-Halle** wurde einst für Theatervorstellungen und Empfänge genutzt (tgl. 9–16 Uhr, Tel. 034-24 42 36-7, Eintritt in den Park frei, Museen 50 Baht).

Übernachten

Einfach aber zentral ▶ Nakorn Inn Hotel: 55 Thanon Ratchavithi, Tel. 034-25 11 52-4, Fax 034-25 49 98. In einer Sackgasse etwas zurückversetzt von der Hauptstraße, klimatisierte Zimmer mit Kühlschrank und TV. 600 Baht.

Discoweekend ▶ Whale Hotel: 151/79 Thanon Ratchavithi Soi 19, Tel. 034-25 38 55,

Fax 034-25 38 64. Großes Businesshotel mit Restaurant und Nachtklub, am Wochenende Disco. 600 Baht.

Verkehr

Zugverbindungen: Bahnhof im Stadtzentrum. Es halten zahlreiche Züge von Bangkok Noi Richtung Süden und Kanchanaburi/River Kwai.

Busverbindungen: Ab Southern Bus Terminal in Bangkok (56 km) alle 15 Min.; ab Kanchanaburi alle 20 Min.

Kanchanaburi 2 ▶ D 10

Karte: S. 297

Durch Baumwoll- und Zuckerrohrfelder geht die Fahrt in die Provinzhauptstadt Kanchanaburi, wo die Flüsse Kwae Noi und Kwae Yai (auch: Kwai Noi und Yai) zusammentreffen. Sie bildet den Ausgangspunkt für Touren in ein landschaftlich reizvolles Gebiet. Das Tourist Office hält Informationsmaterial bereit. Die große Attraktion von Kanchanaburi ist eine Fahrt mit der ›Eisenbahn des Todes‹ über die berühmt-berüchtigte **Brücke am Kwai,** die durch die Verfilmung des gleichnamigen Bestsellers von Pierre Boulle Weltruhm errang. Eine nüchterne Stahlkonstruktion, die keine Ähnlichkeit mit der Brücke im Film aufweist, überspannt den Kwae Yai, 4 km nordwestlich der Stadt (s. S. 300).

Zwei **Friedhöfe** in der Umgebung verweisen auf eine Zeit des Mordens, als Thailand sich mit dem japanischen Kaiserreich verbündet hatte. Der eine befindet sich in der Stadt 300 m südlich des Bahnhofs, der andere etwa 3 km weiter südwestlich am Westufer des Kwae Noi nahe dem Dorf Kao Pun.

Museen

Drei Museen versuchen die Geschichte der Kanchanaburi-Region wiederzugeben. Etwas bizarr wirkt die riesige Sammlung des privaten **World War II Museums** neben der Brücke. In mehreren Gebäuden, deren Innenwände grellbunte Bilder mit religiösen und historischen Motiven zieren, ist eine Sammlung von Gegenständen aus mehreren Jahrhunderten untergebracht (tgl. 8–18 Uhr, 40 Baht, Tel. 034-51 25 96).

Authentischer ist das **JEATH-Kriegsmuseum** (JEATH: Japan, England, Australien, Thailand und Holland) in einer rekonstruierten Gefangenenbaracke im Wat Chai Chumphon in der Thanon Pak Phraek. Fotos, Briefe und andere Fundstücke demonstrieren das Elend der Gefangenen, die meist an tropischen Krankheiten, Hunger und Erschöpfung starben (tgl. 8–18 Uhr, 30 Baht).

Das neuere **Thailand Burma Railway Centre** zeigt dank des Engagements ehemaliger Kriegsgefangener den Kriegsverlauf und die Bedeutung des Eisenbahnbaus anschaulich auf. Die Ausstellungsstücke, Dokumente und Videofilme informieren über die harten Bedingungen in den Arbeitslagern und die politischen Rahmenbedingungen – vom Kriegsbeginn bis zur Kapitulation, der Repatriierung der Kriegsgefangenen und dem Bau der Friedhöfe (tgl. 9–17 Uhr, 100 Baht, Tel. 034-51 00 67, www.tbrconline.com).

Ziele in der Umgebung

Einige Tempel und Meditationshöhlen in der Umgebung sind lohnende Ausflugsziele. In der **Kao-Pun-Meditationshöhle,** 4 km südwestlich von Kanchanaburi hinter dem Friedhof, stehen neben Buddhastatuen auch hinduistische und chinesische Gottheiten, Statuen von Königen, heiligen Männern, Hirschen und anderen Tieren. Auf dem Hügel erhebt sich eine riesige Buddhastatue.

Ein weitgehend chinesischer Stil prägt den Höhlentempel **Wat Ban Tham,** 6 km südlich. Durch den gewaltigen Schlund eines Drachens, der sich den Berg herabzuwinden scheint, führen über hundert Stufen hinauf zum Eingang. Die Haupthöhle enthält neben einer großen Buddhafigur die Statue einer wundertätigen Frau und einen Fußabdruck Buddhas. Ein Weg, der oberhalb der Wendeltreppe am Höhleneingang beginnt, führt an einer Tropfsteinhöhle vorbei zum Gipfel.

Weitere 5 km südlich erheben sich auf zwei benachbarten Hügeln der Thaitempel **Wat Tham Kao Noi** und das im chinesischen Stil

aktiv unterwegs

Kajaktouren in und um Kanchanaburi

Tour-Infos

Anbieter: Touren auf dem Kwae Yai und Kwae Noi in Stadtnähe organisiert **Safarine**, 296 Mae Nam Kwae Rd., Tel. 034-62 55 67, 086-04 91 662, www.safarine.com.
Start: Die Kajaks werden an der Nongbua Bridge zu Wasser gelassen, wo der H232 über den Kwae Yai führt.
Ziel: Anlegestelle des Wat Chai Chumphon
Dauer: 3 Stunden
Preis: Ca. 500 Baht inkl. Ausrüstung, Boote, Guides und Transfer
Weiterer Anbieter: Unter anderem sind von folgendem Resort aus Kanutouren möglich: River Kwai Resotel, Buchungen Tel. 02-64 25 497, www.riverkwairesotel.com. 40 Min. oberhalb von Nam Tok (s. S. 301).

Die schmalen Boote gleiten vorbei an Gärten und Feldern, kleinen Siedlungen und Flussinseln. Am Ufer liegen die ersten Hausboote, und in idyllischen Parks erheben sich die schmucken Gebäude einiger großer Resorts, darunter rechterhand das Felix River Kwai. Sobald die Flussschleife hinter diesem Resort genommen ist, eröffnet sich der Blick auf die berühmte **Brücke am Kwai** (s. S. 300). Sollten die Ausflugsbusse aus Bangkok bereits eingetroffen sein, herrscht auf der Brücke sowie in den Restaurants und bei den Bootsvermietungen, die das Ufer säumen, ein lebhaftes Kommen und Gehen. Die Kajakfahrer selbst werden zu einem beliebten Fotomotiv und müssen sich nun im Stadtgebiet den Fluss teilen mit laut knatternden Ausflugsbooten sowie schwimmenden Restaurants und Karaokebars auf Flößen, die von motorisierten Booten gezogen werden.

Am linken Flussufer wirbt hinter der Brücke das große **World War II Museum,** das allerdings westliche Besucher wenig beeindruckt. Jenseits der schmalen Straßenbrücke haben sich am Ufer Dutzende von Resorts und Gästehäuser angesiedelt.

Eine kleine chinesische Pagode markiert die Stelle, wo etwas weiter vom Ufer entfernt auf einem der großen **Soldatenfriedhöfe** fast 7000 Kriegsopfer beigesetzt sind. Unter der neuen Straßenbrücke hindurch sind endlich die Anlegestellen der schwimmenden Restaurants und Karaokebars erreicht, die dicht an dicht beide Ufer begrenzen und wie schwimmende Dörfer auf Bambusflößen wirken. Von rechts strömt nun der breite Kwae Noi in den Kwae Yai, wodurch sich der Mae Klong bildet. Die Kanutour endet an der Anlegestelle **Wat Chai Chumphon,** dessen **JEATH-Kriegsmuseum** einen Besuch lohnt (s. S. 298).

Mit einem Longtailboot lohnt die Weiterfahrt den Kwae Noi hinauf, an dessen Ufern der zweite Soldatenfriedhof liegt. Einen guten Kilometer weiter führt vom rechten Ufer ein Pfad durch den Wald hinauf zur **Kao-Pun-Meditationshöhle,** einer von vielen Höhlentempel in den Kalksteinmassiven beiderseits des Kwae Noi.

Wer Spaß am Paddeln und etwas mehr Zeit zur Verfügung hat, kann flussaufwärts von Resorts am Ufer des Kwae Noi aus weitere Bootstouren unternehmen sowie Elefantencamps und Nationalparks besuchen.

gehaltene **Wat Tham Sua.** Da es keine Verbindung zwischen beiden gibt, müssen Besucher leider die steilen Treppen hinab und wieder hinauf steigen. Dafür werden sie oben aber von einer wunderschönen Aussicht belohnt.

Infos

Tourist Office: Thanon Saengchuto, Tel. 034-62 36 91, 034-51 25 00, Fax 034-51 12 00, tgl. 8.30–16.30 Uhr. Weitere Infos: www.kanchanaburiinfo.com/de, www.kanchanaburiguide.com.

Die Eisenbahn des Todes Thema

Nur noch vereinzelt kommen Veteranen des Zweiten Weltkriegs und ehemalige Zwangsarbeiter aus Australien, England, den USA, Holland, China oder Malaysia, aber auch aus Japan nach Kanchanaburi, um ihre Erinnerungen aufzufrischen. Den meisten Besuchern jedoch ist die Brücke am Kwai nur als Handlungsort des Romans von Pierre Boullé und der gleichnamigen Verfilmung von 1957 bekannt.

»Er besaß Pflichtgefühl und hatte Achtung vor der gut ausgeführten Arbeit ... auch Liebe zur Tat ... wie Sie, wie wir alle, Sir ...!«

Den Konflikt, in den der Kriegsgefangene Oberst Nicholson gerät, als er ein geheimes Sprengkommando daran hindert, die gerade unter seiner Leitung fertiggestellte Brücke über den Kwai zu sprengen, mag es nie gegeben haben. Viele Fakten jedoch, die in dem Bestseller »Die Brücke am Kwai« aufgeführt werden, entsprechen durchaus den Tatsachen.

Ein halbes Jahr nach Kriegseintritt hatten die japanischen Truppen im Sommer 1942 große Gebiete Südostasiens erobert. Die Militärverwaltung begann mit dem Ausbau des Eisenbahnnetzes, um der Seeblockade der Alliierten in der Straße von Malacca und im Golf von Bengalen zuvorzukommen. Die 415 km lange Thailand-Burma-Railway zwischen Kanchanaburi und Thanbyuzayat (Burma) sollte eine Verbindung zwischen dem südostasiatischen und indischen Netz von Bangkok über Moulmein nach Rangoon schaffen und beim Angriff der japanischen Truppen auf Indien den Nachschub sichern.

Auf Drängen des Militärs wurde die ursprünglich auf fünf Jahre projektierte Bauzeit auf nur 16 Monate verkürzt. In einer unglaublich kurzen Zeitspanne, vom Juni 1942 bis zum Oktober 1943, trieb man die Trasse durch unbewohnte Dschungelgebiete, über reißende Flüsse, durch enge Schluchten und über einen Pass. Dafür schafften die Japaner immer mehr Arbeitskräfte heran, sodass am Ende 62 000 alliierte Kriegsgefangene aus den eroberten Gebieten und 200 000 Zwangsarbeiter aus Thailand, Burma, Indien, China, Indonesien und Malaya rekrutiert wurden. Unter schier unmenschlichen Arbeits- und Lebensbedingungen mussten sie mit einfachen Werkzeugen die Trasse in steile Felshänge schlagen und über malariaverseuchte Sümpfe leiten.

Wen verwundert es, daß 100 000 Zwangsarbeiter und über 16 000 Kriegsgefangene vor allem an Unterernährung, Cholera, Wundfieber und Malaria starben. Bereits im Februar 1945 zerstörten amerikanische Bomber die Brücke über dem Kwai und es dauerte keine zwei Jahre, bis mit dem Kriegsende auch der Zugverkehr über den Three Pagoda Pass eingestellt wurde (s. S. 308). Die Briten demontierten einen Teil der Strecke beiderseits der Grenze und verkauften die zerstörte Brücke an die thailändische Regierung. Diese wurde von den Japanern als Reparationsleistung wieder aufgebaut.

Heute führt die 77 km lange, einspurige Strecke von Kanchanaburi über die erneuerte Brücke nach Nam Tok, wobei das letzte Teilstück, das über das Wang-Po-Viadukt führt, bei Weitem am eindrucksvollsten ist (s. S. 302).

Übernachten

Entspannung ▶ Felix River Kwai Resort: 91/1 Moo 3, Tha Makham, Tel. 034-55 10 00, Fax 034-51 50 95, www.felixriverkwai.co.th. Resorthotel am Fluss, Pool. 2000–3000 Baht.
Mitten in der Natur ▶ Pung-Waan Resort: 72/1 Moo 2, Thanon Thamakham, Tel. 034-62 52 70-5, Fax 034-51 58 30, www.pungwaan-riverkwai.com. Das Hotel liegt weiter nördlich in einer Parkanlage am Fluss mit Pool und Wellnessangebot, Schwesterhotel weiter flussaufwärts am River Kwae. 2900–4000 Baht.
Für Städter ▶ River Kwai Hotel: 284/3–16 Thanon Saengchuto, Tel. 034-51 15 65, Fax 034-51 12 69, www.riverkwai.co.th. Renovierter Hotelblock im Zentrum mit Restaurant, Diskothek. Um 1500–2200 Baht.
Schön schlicht ▶ Ploy River Kwai: 79/2 Thanon Menam Kwae, Tel 034-51 58 04, 081-807 74 75, www.ploygh.com. Kleine Anlage mit klimatisierten Zimmern im modernen Thaistil, einige mit Freiluftduschen. Restaurant mit Dachterrasse am Fluss. 700–900 Baht.
Weitere Unterkünfte: Nördlich der Stadt, nahe der Brücke, gibt es viele preiswerte Gästehäuser, teils mit Bambushütten auf dem Fluss. Außerhalb von Kanchanaburi findet man Bungalows und Resorts in schöner Umgebung, die vor allem am Wochenende von einheimischen Touristen besucht werden.

Essen & Trinken

Auf dem Fluss ▶ River Kwai Restaurant: eines der zahlreichen schwimmenden Restaurants im Ortszentrum. Sie werden vor allem am Wochenende und von Reisegruppen frequentiert. Seafood um 200 Baht.
Begnadete Köchin ▶ Apple Guesthouse & Restaurant: Thanon Chaokhunnen, Tel. 034-51 20 17, www.applenoi-kanchanaburi.com. Neues Restaurant an der Straße zwischen Bahnhof und Fluss, Filiale mit Kochschule in einem Gartenrestaurant jenseits des Flusses. Apple & Noi servieren schmackhafte einheimische und europäische Gerichte sowie vegetarische Kost. Freundlicher Service. Gerichte um 100 Baht.

Termine

Festival an der River Kwai-Brücke, eine Woche Ende Nov./Anfang Dez. Die Zeit des Zweiten Weltkriegs wird anhand von Ausstellungen, Fahrten mit historischen Zügen u. a. wieder lebendig, den Abschluss bildet ein großes Feuerwerk über dem Fluss.

Aktiv

Bootstouren ▶ Auf dem Kwae Noi und Kwae Yai ab Anlegestellen in der Stadt und an der Eisenbahnbrücke. Ab 500 Baht.
Kajaktouren ▶ Safarine: 335/7 Thanon Menam Kwai, Tel. 086-049 16 62, www.safarine.com. **River Kwai Canoe Travel Services:** 57 Thanon Menam Kwae, Tel. 034-51 23 46, riverkwaicanoe@yahoo.com.
Trekking ▶ In den Gästehäusern von Kanchanaburi werden verschiedene Touren inklusive Elefantenreiten, Bootsfahrten, Rafting u. a. angeboten. Längere und anspruchsvollere Touren organisiert **R.S.P. Jumbo Travel Centre:** 3/13 Chao Khun New Road, Tel. 034-51 49 06, www.jumboriverkwai.com.
Elefantenreiten ▶ Empfehlenswerte Elefantencamps am Highway 3457, der Verbindungsstraße zwischen Nam Tok und dem Erawan National Park: **Taweechai Elephant Camp:** Tel. 081-77 48 301, und **Elephants World:** Tel. 081-63 22 258, www.elephantsworld.org.
Massagen ▶ Suan Nanachaat: Tel. 034-63 33 56, www.suan-nanachaat.com, in einem schönen Thaihaus etwas außerhalb mit Abholservice. Massagen mit einheimischen Produkten.

Verkehr

Zugverbindungen: Bahnhof nördlich der Stadt. Züge 2 x tgl. vom Bahnhof Bangkok Noi nach Kanchanaburi und weiter über die Brücke am Kwai nach Nam Tok. Touristen zahlen für alle Züge unabhängig von der Entfernung 100 Baht.
Busverbindungen: Ab Southern Bus Terminal in Bangkok (129 km) alle 20 Min. über Nakhon Pathom; Erawan National Park (65 km) alle 50 Min. bis 17 Uhr, Sai Yok Yai (90 km) alle 30 Min. bis 18.30 Uhr, Sangkhla-

Ein Erlebnis mit historischer Note: Zugfahrt über das Wang Po-Viadukt

buri und Thong Pha Phum non-ac-Bus 4 x tgl. in 5 Std. Ac-Minibus und VIP-24-Bus 3 x tgl.
Lokalverkehr: Stadtbusse entlang der Hauptstraße. Man kann kleine Songthaews sowie Fahrradrikschas mieten.
Fahrrad/Auto und Motorradvermietung: Viele Mietwagen in der Nähe der Gästehäuser an der Thanon Mae Nam Kwai.

Mit dem Zug nach Nam Tok ► D 10–B 9

Karte: S. 297

Ban Kao 3

Während der Fahrt mit der ›Eisenbahn des Todes‹ von Kanchanaburi nach Nam Tok passiert man Ban Kao. Ein holländischer Archäologe, der als Kriegsgefangener beim Bau der Bahnlinie eingesetzt war, entdeckte damals unter einem überhängenden Felsen in der Nähe des Dorfes einige Gegenstände, die sein Interesse erregten. Nach Kriegsende wurden sie untersucht und man stellte fest, dass es sich um neolithische Funde handelte. Seit den 1960er-Jahren legten Archäologen Skelette, Tonscherben, Steinäxte, Schmuck und weitere bis zu 5000 Jahre alte Gegenstände frei. Einige sind in dem kleinen **Ban Kao National Museum,** das 2 km westlich des Ortes am Fluss liegt, zu sehen.

Muang Sing 4

Etwa 7 km nordwestlich des Museums und 1,5 km von der Bahnstation Ban Tha Kilen entfernt stand in einer Flussschleife die Befestigung **Muang Sing**, welche die Khmer

zur Sicherung ihrer westlichen Grenze zwischen dem 12. und 13. Jh. erbauten. Die aus Lateritgestein errichteten, verwitterten Ruinen der mächtigen Mauern, der hohen Eingangstore und des zentralen Heiligtums vermitteln einen Eindruck von der einstigen Größe der Anlage.

Mit Steinblöcken gepflasterte Wege führen zu dem zentralen Prang, unter dem die Kopie einer Shivastatue steht. Das Original sowie weitere Ausgrabungsfunde sind in dem kleinen monografisch ausgerichteten Museum auf dem Gelände ausgestellt. Am Fluss kann außerdem eine prähistorische Ausgrabungsstätte besucht werden (tgl. 8–16.30 Uhr, 100 Baht, nahe der Bahnstation Ban Tha Kilen). Von einem Besuch des viel umworbenen, kommerzialisierten Tigertempels an der Hauptstraße, Kilometer 21, rate ich ab.

Wang-Po-Viadukt 5

Kurz vor Nam Tok fährt der Zug im Schritttempo über das aus Holz erbaute **Wang-Po-Viadukt**. Es ist kaum vorstellbar, wie es die Zwangsarbeiter schaffen konnten, die 500 m lange Brücke zwischen dem Fluss und der steilen Felswand unter primitivsten Arbeitsbedingungen zu errichten (s. S. 300). Nahe der Haltestelle Tham Krasae liegt die gleichnamige kleine Höhle. Von den schwimmenden Bungalows des gegenüber liegenden River Kwai Jungle House bietet sich der beste Ausblick auf das Viadukt.

Nam Tok 6

Nach einer über vierstündigen Fahrt erreicht der Bummelzug die Endstation **Nam Tok**. Die Bevölkerung der umliegenden Dörfer versorgt sich hier auf dem kleinen Markt mit den Produkten der Zivilisation. Vor allem an Wochenenden finden sich einheimische Touristen zu einem Picknick in dem Wäldchen rings um den kleinen **Wasserfall Sai Yok Noi** ein, der etwa 1 km nördlich des Ortes liegt. Der Wasserfall führt jedoch nur während der Regenzeit ausreichend Wasser. Lohnend ist die einstündige Wanderung am Bach entlang bis zu seiner von hohen Bäumen überschatteten Quelle. Hier beginnt ein 1350 m langer Nature Trail, der durch ein Tal zur **Badan-Tropfsteinhöhle** führt. Man kann sie, am besten mit einer starken Taschenlampe ausgerüstet, besuchen.

Hellfire Pass 7

Etwa 20 km weiter nördlich wurde am sogenannten Hellfire Pass von australischen Kriegsveteranen zur Erinnerung an ihre verstorbenen Mitgefangenen eine hervorragende **Gedenkstätte** eingerichtet. Anhand von Fotos, Skizzen, Modellen und ausführlichen englischen Texten wird das qualvolle Leben der Kriegsgefangenen dargestellt und durch ein kurzes Video mit historischen Aufnahmen und Berichten Überlebender vertieft.

Von hier erreicht man in gut 30 Minuten die **Konyu-Schlucht,** einen mit einfachsten Werkzeugen geschaffener Durchbruch für die Eisenbahnlinie (tgl. 9–16 Uhr).

Die legendäre Brücke am Kwai

Nationalparks und Seen entlang der Grenze

Die größten Waldgebiete Thailands entlang der Grenze zu Myanmar sind überwiegend als Nationalparks und Tierschutzgebiete ausgewiesen – eine faszinierende Landschaft mit kleinen Wasserfällen, riesigen Stauseen und bizarren Kalksteinmassiven. In der nur dünn besiedelten Gegend leben Mon und Karen-Minderheiten, von denen viele aus dem Nachbarland Myanmar geflüchtet sind.

Die zerklüftete Gebirgskette, die sich in Nord-Süd-Richtung erstreckt, bildet eine natürliche Barriere zwischen Thailand und Myanmar. Die wenigen Pässe wurden schon immer gut bewacht, vor allem der Three Pagoda Pass. Über ihn drangen aus dem damaligen burmesischen Königreich mehrfach Truppen nach Siam ein, zerstörten letztmals 1767 die Königsstadt Ayutthaya und plünderten das Land.

Heutigen Besuchern scheint es, als hätte sich die Situation am Pass ins Gegenteil verkehrt: Seit dem Holzeinschlagverbot in Thailand werden die begehrten Teakmöbel, seltene Orchideen und Edelsteine als Schmuggelware aus dem verarmten Nachbarland offen über die Grenze geschafft. Ein großer Grenzmarkt zeugt vom regen Kleinhandel. Mon und Karen, die überwiegend aus dem Nachbarland stammen, stellen die Bevölkerungsmehrheit in und um Sangkhlaburi.

Nur ein weiterer kleinerer Ort, Thong Pha Phum, liegt an der 220 km langen Strecke zwischen Kanchanaburi und Sangkhlaburi. Ansonsten prägen fast unberührte Bergregionen das Bild. Nationalparks mit Höhlen und Wasserfällen sowie die beiden großen Stauseen Srinagarind und Khao Laem locken Naturliebhaber. Busse verkehren nur auf der Straße zwischen Kanchanaburi und Sangkhlaburi sowie zum Markt am Erawan National Park. Für alle anderen Ziele lohnt es, ein Fahrzeug zu mieten oder eine Tour zu buchen.

Sai Yok National Park 1

Karte: S. 306

Am Oberlauf des Kwae Noi, etwa 100 km nordwestlich von Kanchanaburi, erreicht man den Sai Yok National Park. Beiderseits einer Hängebrücke stürzen die Wasserfälle Sai Yok und Nam Jone in den Kwae Noi, die besonders bei niedrigem Wasserstand während der Trockenzeit reizvoll wirken. Die Ruinen eines japanischen **Militärcamps** und Reste der **Eisenbahntrasse** sind in der Nähe der Wasserfälle, 400 m vom Headquarter entfernt, zu erkennen. Erst 1973 wurde in der 2 km entfernten **Bat Cave** die Hummel-Fledermaus *(Craseonycteris thonglongyai)* entdeckt, die mit einem Gewicht von 1,5–2 g das kleinste bekannte Säugetier ist. Jenseits des Flusses erstreckt sich der 958 km^2 große Park bis zur Grenze mit Myanmar. Die nahezu unberührten Monsunwälder sind eines der letzten Rückzugsgebiete von Elefanten und Tigern.

Tipp: Eintrittskarte

Mit der am Eingang eines Nationalparks gelösten Eintrittskarte zu 200 Baht können am selben Tag auch andere Parks und Tierschutzgebiete in dieser Region besucht werden.

Sangkhlaburi 2 ▶ B 8

Karte: S. 306
Das alte Sangkhlaburi ist 1984 unter dem Wasser des Khao Laem Reservoirs versunken und an seinem Nordufer neu aufgebaut worden. Bei einer Bootsfahrt in der Trockenzeit lassen sich noch einige Gebäude am Grund des Sees zu erkennen. In einigen ruhigen Buchten sind schwimmende Häuser verankert. Zwei Fußgängerbrücken, eine ältere 900 m lange **Holzbrücke** und eine neuere mit Betonpfeilern, verbinden den östlichen, überwiegend von Thai und Karen bewohnten Stadtteil mit der Siedlung der Mon. Letztere wird von dem berühmten **Wat Wang Wiwekaram** überragt. Der Tempel wurde 1956 von buddhistischen Thai, Mon, Karen und Burmesen gemeinsam für einen hoch verehrten Abt errichtet.

Weiter unterhalb am See steht eine 60 m hohe **Pagode** ähnlich der im indischen Bodh Gaya mit einer großen Buddhastatue. Zu ihren Füßen erstreckt sich ein überdachter Souvenirmarkt, dessen Angebot an Vielfalt dem des Grenzmarktes entspricht.

Übernachten

Schöne Aussicht ▶ Pornphailin Riverside Resort: 60/3 Moo 3, Ban Nong Lu, Tel. 034-59 53 55, www.ppailin.com. Etwas außerhalb des Ortes am See gelegenes großes Resort. Es mangelt an englisch sprechendem Personal. Trotz schöner Lage am See fehlt es dem Restaurant an Atmosphäre. 1200–2400 Baht.

Mit lokalem Touch ▶ Songkalia Resort: 34/1 Moo 2, Ban Nong Lu, Tel. 034-59 50 23. Unter Mon-Leitung, teils klimatisierte Bungalows und Rafts. Mit großem Restaurant. Autovermietung und Organisation von Elefantenausritten. 500–700 Baht.

Hütten am Hang ▶ Burmese Inn: 52/3 Moo 3, Nong Lu, Tel. 034-59 51 46, www.sangkhlaburi.com. Nahe dem See am Hang mehrere Bungalows und Reihenhäuser erbaut, einige mit Klimaanlage, Restaurant. 200–800 Baht.

Vielseitiges Angebot ▶ P. Guesthouse & Country Resort: 82/1 Nong Lu, Tel. 034-59 50 61, www.pguesthouse.com. Große Anlage mit Zelten, Doppelbungalows mit Ventilator und Gemeinschaftsdusche, Häuser mit Klimaanlage und neue Zimmer in zweistöckigen Häusern mit Terrasse oder Balkon am See. Restaurant, Verleih von Mountain Bikes, Motorrädern und Booten, Touren. 200–750 Baht.

Essen & Trinken

Zu den Restaurants der Resorts bieten die Essensstände und einfachen Restaurants an der Markthalle eine Alternative.

Im Dschungel am Fluss ▶ Songgariana Riverside Restaurant: An der Straße zum Three Pagoda Pass, am Km 5,4 an einem

Die schwimmenden Häuser von Sangkhlaburi

hübschen Badeplatz neben der Brücke. Einfache Thaigerichte, große Portionen, keine Speisekarte.

Aktiv

Bootstouren ▶ Auf dem Stausee 90-minütige Rundfahrten ab 400 Baht/Boot.
Kajaks ▶ Kajakverleih an der Holzbrücke für 150 Baht/Std. bzw. 300 Baht/halber Tag.
Trekking ▶ Tagestouren zu Karen-Dörfern inkl. Elefantenreiten und Rafting für 900 Baht werden von den Gästehäusern angeboten.

Verkehr

Busverbindungen: Von Kanchanaburi nonac Bus 4 x tgl. in 5 Std. Ac-Minibus und VIP-24-Bus 3 x tgl. Zum Three Pagoda Pass vom Busbahnhof Songthaews von 6–18 Uhr alle 40 Min.

Three Pagoda Pass 3 ▶B 8

Karte: S. 306
Nur 22 km sind es von Sangkhlaburi zum **Three Pagoda Pass**, der die Grenze zu Myanmar (Burma) bildet. Er erhielt seinen Namen von den drei weißen **Stupas,** die an die Bedrohung durch burmesische Armeen mahnen, die während der Ayutthaya-Zeit (14.–18. Jh.) auf diesem Weg mehrfach in das Gebiet ihres Erzfeindes eindrangen. Reste der einstigen Bahnlinie und ein kleiner japanischer **Border Peace Tempel** erinnern an den Einsenbahnbau während des 2.Weltkriegs. Dominiert wird der derzeit geschlossene Grenzübergang aber von den zahlreichen Verkaufsständen, an denen vor allem Teakmöbel, aber auch Textilien, Halbedelsteine und andere Gegenstände aus den Nachbar-

Erfrischung verheißen die zahlreichen Badeplätze im Erawan National Park

ländern wie aus China, Indien und Indonesien angeboten werden.

Erawan National Park 4

▶ C 9

Karte: S. 304

Der **Erawan National Park** am Oberlauf des Kwae Yai, 65 km nordwestlich von Kanchanaburi, umfasst ein schmales, bewaldetes Tal mit zahlreichen Kaskaden und kleinen Wasserfällen, das nach einer Fahrt durch die heiße, baumlose Umgebung eine angenehme Abkühlung im kühlen Nass verspricht. Ein Wanderweg führt am Fluss entlang zu hübschen Picknick- und Badeplätzen, die an Wochenenden auch ein beliebtes Ziel einheimischer Familien sind. Nach einer anstrengenden Klettertour ist der siebte Wasserfall am Ende des Tals erreicht, dessen Form an den dreiköpfigen Elefanten Erawan erinnert und dem Park den Namen gab (Eintritt 200 Baht).

Eine 11 km lange Schotterstraße führt zur **Phra That Meditationshöhle** 5. Wer sie erkunden will, benötigt eine Taschenlampe.

Am Pier von **Tha Kradan** 6, 24 km nördlich, werden Boote für eine Rundfahrt auf dem **Srinagarind Reservoir** vermietet. Sie fahren auch zum gleichnamigen, kaum erschlossenen Nationalpark, dessen Headquarter am Westufer, 40 km nördlich des Erawan National Parks, liegt. Diesen erreicht man in der Trockenzeit auch mit einem geländegängigen Fahrzeug (Eintritt 200 Baht).

Verkehr

Busverbindungen: Nach Kanchanaburi fahren Busse alle 50 Min. bis 17 Uhr.

Tham Than Lot National Park ▶ C 9

Karte: S. 306

Am Weg zum Tham Than Lot National Park liegt hinter dem Dorf **Nong Krathum** ein schöner **Safaripark** 7 mit Tieren aus aller Welt und einem schön gepflegten **Botanischen Garten,** in dem viele Schmetterlingen beheimatet sind. Auch hier wird den Besuchern eine Elefanten- und Krokodilshow geboten (tgl. 9–17 Uhr, Tel. 034-50 00 88, Eintritt 300 Baht).

Im Tham Than Lot National Park, 97 km nördlich von Kanchanaburi, liegt die eindrucksvolle, 400 m lange Tropfsteinhöhle **Tham Than Lot Noi** 8. Die geräumige Höhle mit wuchtigen Tropfsteinen wird von einem Bach durchflossen. An seinem Ufer entlang geht es auf einem Wanderweg jenseits der Höhle durch eine schöne Dschungellandschaft zu drei Wasserfällen (Eintritt 200 Baht).

Verkehr

Busverbindungen: Ab Kanchanaburi 4 x tgl. in 2 Std. bis Tham Than Lot National Park.

Ko Phi Phi: Traditionelle Longtailboote stehen zur Erkundung der Küstengewässer der Andamanensee bereit

Kapitel 6

Der Süden

Es sind vor allem die weißen Palmenstrände, die in kalten europäischen Wintermonaten Tropenträume wahr werden lassen. Mit Korallenriffen im kristallklaren Meer, zahllosen Inseln und Unterkünfte in allen Preisklassen lockt der Süden Thailands. Das Land verdankt seine Beliebtheit bei asiatischen wie westlichen Urlaubern in erster Linie seiner langen Küste, die sich über mehr als tausend Kilometer bis hinab nach Malaysia erstreckt.

Jeder Badeort, ob auf dem Festland am Golf von Thailand, an der Andamanensee oder auf einer der vielen Inseln, hat ebenso seinen eigenen Charakter wie jeder Strand. Einheimische bevorzugen Ferienhäuser an schattigen Stränden, in denen oft nur Thai gesprochen wird. Für die Touristen entstanden an vielen Stränden internationale Urlaubszentren mit komfortablen Hotelanlagen, Swimmingpools in tropischen Gärten, Spezialitätenrestaurants und einem breiten Freizeitangebot. Sie können einen mehrwöchigen Urlaub fast ausschließlich zwischen Hotelpool und dem angrenzenden Strand verbringen ohne sich zu langweilen. Fast überall bietet ein breites Angebot an Freizeitaktivitäten Abwechslung vom geruhsamen Strandleben. Zudem besteht die Möglichkeit, auf eigene Faust loszuziehen, um in Tagesausflügen Land und Leute kennenzulernen. Und wer mehr vom Süden sehen möchte, kann zum Beispiel von Insel zu Insel hüpfen oder von Bangkok über Land in den Süden reisen.

Auf einen Blick

Der Süden

Sehenswert

Mrigadayavan-Teakholzpalast: Der 1924 erbaute, komplett restaurierte Sommerpalast des Königs zwischen Cha-am und Hua Hin kann besichtigt werden (s. S. 317).

14 **Phuket:** Poollandschaften der Luxusresorts, fantasievoll gestaltete Spas und vielseitige Wellnessangebote laden zum Entspannen ein (s. S. 350).

FantaSea (Phuket): Ein faszinierendes Bühnenspektakel findet allabendlich in einem gigantischen Theatertempel in Kamala statt (s. S. 355).

15 **Krabi:** In malerischen Buchten kann man einen Kletterkurs belegen und Seekajak fahren oder im Schatten der steil aus dem Meer aufragenden Kalksteinmassive an Traumstränden entspannen (s. S. 373).

Schöne Route

Rund um Phuket: Wer die Insel von Strand zu Strand ziehend umrundet, kann ihre Vielfältigkeit erleben in Form von ruhigen, weiten Sandstränden, malerischen Aussichten, Sonnenuntergängen, Restaurants und mancherorts auch viel Touristentrubel (s. S. 354).

Meine Tipps

Nachtmarkt in Hua Hin: Lohnend ist ein Bummel über diesen Markt, der zu den schönsten Nachtmärkten Thailands gehört (s. S. 323).

Meditation im Wat Suan Moke: Im internationalen Meditationszentrum im Wat Suan Moke nehmen Reisende aus aller Welt an Dhamma-Meditationen teil (s. S. 326).

Wellnesstage auf Ko Samui: In vielen Resorts der gehobenen Preisklasse, aber auch außerhalb, offerieren Spas eine große Bandbreite an Massagen und Anwendungen sowie Yoga, Reiki und Meditationen (s. S. 338)

Kaffeepause im China Inn Café: 20 Thanon Thalang, Phuket Town, im begrünten Innenhof oder im liebevoll restaurierten Geschäftshaus (s. S. 353).

aktiv unterwegs

Mit der Eisenbahn in den Süden: Entweder mit dem Luxus- oder mit dem Bummelzug kann man über die malaiische Halbinsel in den tropischen Süden reisen (s. S. 318).

Bootstour zum Ang Thong Marine National Park: Ein Bootsausflug durch die Inselwelt in Verbindung mit einer Seekajakfahrt ist ein lohnendes Naturerlebnis (s. S. 336).

In der Phang Nga Bay: Mit Ausflugsbooten oder Kajaks fährt man an bizarren Felsformationen vorbei (s. S. 366).

Am Golf von Thailand

Von Bangkok bis an die malaysische Grenze führen eine Eisenbahnlinie und ein gut ausgebauter Highway über die schmale Halbinsel. Nur wenige Kilometer abseits der Bahnhöfe stehen sich historische Tempel und moderne Urlaubszentren gegenüber. Die vorgelagerten Inseln sind mit Fähren gut zu erreichen. Hier wird mit Sicherheit jeder seinen Lieblingsstrand entdecken.

So weit das Auge reicht säumen einige Strände die schnurgerade Küste, andere liegen versteckt in winzigen Buchten, sind umgrenzt von dichten Mangrovensümpfen oder bizarren Felsformationen. Die schönsten auf Ko Samui wurden Ende der 1960er-Jahre unter Globetrottern auf ihren Überlandtrips zwischen Europa und Australien als Geheimtipps gehandelt. Doch spätestens nach dem Flughafenbau mussten die einfachen Palmenhütten klimatisierten Bungalows weichen. Wo einst Fischer von Hippies die Zubereitung von Banana Pancakes und anderen exotischen Gerichten lernten, servieren heute Köche aus aller Welt einem internationalen Publikum ihre kulinarischen Künste.

Auch wenn Ko Samui mittlerweile touristisch erschlossen ist und selbst die Nachbarinseln Ko Pha Ngan und Ko Tao überwiegend vom Tourismus leben, gibt es sie noch: die einsamen Strände, vor allem auf dem Festland.

Wer mit einem Mietwagen auf schmalen Küstenstraßen von Bangkok Richtung Süden fährt, wird an den Stränden von Phetchaburi nur einheimische Urlauber aus Bangkok antreffen, die hier vor allem die Wochenenden verbringen. Ihnen begegnet man außerhalb der großen internationalen Hotels auch in den Badeorten Cha-am und Hua Hin. An der Küste weiter südlich wird es ruhiger. Hier konzentriert sich der Tourismus auf die Inseln, obwohl einige Küstenabschnitte durchaus konkurrenzfähig und zudem wesentlich preiswerter sind. Auch einige Nationalparks und Provinzstädte lohnen einen Zwischenstopp. Historische Tempelanlagen, königliche Sommerpaläste und kleine Museen mit über tausend Jahre alten Funden vermitteln eindrucksvoll die Geschichte des Südens.

Ratchaburi ▶ D 10

Ratchaburi, eine von Reisfeldern umgebene Provinzstadt am Südufer des Mae Klong, liegt etwa 100 km von Bangkok entfernt.

Der Besuch des kleinen **Nationalmuseums** in der ehemaligen Stadthalle aus den 1920er-Jahren an der Uferstraße vermittelt einen Überblick über die tausendjährige Geschichte dieser Region. Ein Raum ist der Produktion klassischer, mit Drachenmotiven geschmückter Wasserkrüge gewidmet, die zum notwendigen Bestandteil jedes traditionellen Thaihauses im Tiefland gehören (Mi–So außer feiertags 9–16 Uhr, Eintritt 30 Baht.

Das **Wat Mahathat** in Ratchaburi wurde bereits in der Dvaravati-Periode (9.–11. Jh.) gegründet. Der hohe zentrale Prang stammt wie die meisten anderen Bauten aus der Lopburi-Periode und weist deutlich Einflüsse der Khmer auf. Die meisten Verzierungen und die eindrucksvollen Wandmalereien im Innern entstanden während der Ayutthaya-Zeit.

Lohnend sind Ausflüge in die Umgebung zu Tropfsteinhöhlen, wie die Tham Khao Binn und Tham Chompon bei Chom Bung, zum Khai Chong Pran, wo man abends den Ausflug der Fledermäuse beobachten kann, oder zum Wat Khanon, das eine großartige Sammlung an Schattenspielfiguren ausstellt.

Übernachten

Abseits, aber komfortabel ▶ **Western Grand Hotel:** 105/1 Thanon Old Petchkasem, südwestl. der Altstadt, Tel. 032-33 77 77, www.westerngrandhotel.com. 75 klimatisierte Zimmer, Thairestaurant. 900–1400 Baht.

Essen & Trinken

Einfach und preiswert ▶ **Food Center:** Neben dem zentralen Uhrturm. Große Auswahl an Obst, Nudelgerichten und Snacks. Beste Adresse der Stadt, rund um die Uhr geöffnet.

Verkehr

Zugverbindungen: Am Bahnhof, 1 km südlich vom Zentrum, halten außer einigen Expresszügen sämtliche Züge Richtung Süden.
Busverbindungen: Von verschiedenen Plätzen in der Stadt fahren Busse nach Bangkok, Phetchaburi und Kanchanaburi ab.

Phetchaburi ▶ D 11

Zu Füßen steil aufragender bewaldeter Hügel erstreckt sich das Zentrum von Phetchaburi entlang des Flusses. Hier sollen einst Diamanten gefunden worden sein, weshalb Phetchaburi seinen Namen, ›Stadt der Diamanten‹, erhielt. Doch nicht die Edelsteine verhalfen dem Ort zu Ruhm und Reichtum, sondern König Rama IV., der den Reiz von Phetchaburi als Erholungsort entdeckte. Er ließ am Südhang der nahen Berge einen Sommerpalast errichten; andere Chakri-Herrscher fügten Erweiterungsbauten hinzu.

Der königliche Sommerpalast Phra Nakhon Khiri

Auf dem etwa 95 m aufsteigenden Hügel Khao Wang unweit der Stadt steht der von König Mongkut (Rama IV.) 1859 erbaute Sommerpalast Phra Nakhon Khiri. In der ehemaligen Thronhalle, in den Gästezimmern und im königlichen Schlafgemach sind nun Waffen, Möbel, Keramiken und andere Exponate im asiatischen wie westlichen Stil aus dem Besitz von Rama IV. und Rama V. ausgestellt, darunter Bronzeskulpturen, die als Souvenirs den Weg aus Europa hierher fanden (tgl. außer Mo, Di und feiertags 9–15 Uhr, 40 Baht, inkl. Fahrt mit der Seilbahn, 70 Baht).

Die Haupthalle umgeben zwei Chedis, von denen einer aus älterer Zeit stammt, jedoch beim Bau der Sommerresidenz restauriert wurde. Vom weiter östlich gelegenen Hügel hat man einen herrlichen Blick auf die Stadt und die umliegenden Reisfelder, zwischen denen überall Zuckerpalmen und andere subtropische Bäume wachsen.

Wat Khao Bandai It

Etwa 3 km westlich der Hügelkette steht ein buddhistisches Heiligtum aus der Ayutthaya-Periode, **Wat Khao Bandai It,** ein einst bekanntes Meditationszentrum. Die Grotten am Hang des 120 m hohen Berges hüten einige bedeutende Buddhafiguren (tgl. 9–16 Uhr).

Khao-Luang-Tropfsteinhöhle

Eine weitere berühmte Grotte, die **Khao-Luang-Tropfsteinhöhle,** befindet sich im ›königlichen Berg‹ 5 km nördlich des Zentrums. Inmitten von Tropfsteinen wurden Buddhafiguren in allen Größen aufgestellt, teils von den thailändischen Königen selbst (tgl. 9–15 Uhr, Eintritt frei).

Weitere Tempel

In der Stadt gibt es weitere 20 Tempel. Fünf hohe, weiße Prangs in der Stadtmitte bilden das Zentrum des **Wat Mahathat,** einer großen Tempelanlage aus jüngerer Zeit, in deren Kreuzgang 198 Buddhastatuen stehen. Während der Khmer-Herrschaft entstanden 1157–1207 die fünf Prangs im **Wat Kamphaeng Laey.** Unter der Tempelanlage von **Wat Prib Pri** sollen noch die Reste eines alten brahmanischen Tempels liegen. Dem Wasser des Brunnens neben dem Wat schreibt man heilende Wirkung zu. Aus der Ayutthaya-Periode stammt **Wat Yai Suwannaram.** Inmitten der hölzernen Gebäude steht der Bot, dessen Innenraum verwitterte Wandmalereien bedecken. Sehenswert ist auch der fensterlose Vihara mit seinen besonders schön geschmückten Eingangstoren.

Einige Resorts, die an kleinen, idyllischen Stränden entlang der Küste gelegen sind, werden fast ausschließlich von Einheimischen besucht.

Übernachten

Im Ort gibt es keine guten Hotels. Wer in der Nähe übernachten möchte:

Familiär ▶ **Dato Farm:** 84 Moo 4, Ban Krog, ein kleines Dorf 8 km nördlich, Tel. 032-45 02 95, 087-116 45 04, www.datofarm.com. Familienpension unter deutsch-thailändischer Leitung, 3 Zimmer mit Ventilator in traditionellem Haus auf einer Fischfarm. 700 Baht für 2 Personen.

East meets West ▶ **Casuarina Resort:** 284 Moo 3, Puk-Tien, Tel.032-44 30 80-2, www.casuarinathailand.com. Am Meer Richtung Cha-am. 30 Villen mit 1–2 Zimmern im modernen Asienstil, Restaurant und Pool. 4000–14 000 Baht.

Termine

Phra Nakhon Khiri Fair: Fest im Jan./Febr. rings um den Palast mit großer Light & Sound Show.

Verkehr

Zugverbindungen: Am nördlich vom Zentrum gelegenen Bahnhof halten alle Züge Richtung Süden.

Ein Ort der Meditation: Khao-Luang-Tropfsteinhöhle

Busverbindungen: Von der Busstation nördlich des Khao Wang fahren Busse nach Bangkok und in andere Orte der Umgebung.

Kaeng Krachan National Park ► C/D 11

Vor der Weiterreise in den Süden bietet sich ein Abstecher zum 45 km südwestlich von Phetchaburi gelegenen Kaeng Krachan National Park an. Er ist die Heimat von Malaienbären, Tapiren und Elefanten. Abenteuerlustige können Trekkingtouren in den unwegsamen, fast menschenleeren subtropischen Bergwäldern des mit 3000 km^2 größten Nationalparks des Landes unternehmen, der sich bis zur Grenze von Myanmar (Burma) zieht. Guides, die allerdings kaum Englisch sprechen, werden im Headquarter vermittelt. Auch für weniger Sportliche bietet das 45 km^2 große, vom Kaeng-Krachan-Staudamm gebildete Reservoir eine willkommene Abkühlung nach der Hitze in der Tiefebene. Der Park ist in der Regenzeit nur begrenzt mit einem Geländewagen zugänglich und bleibt im September geschlossen.

Verkehr

Ein Songthaew oder Taxi ab Phetchaburi, Cha-am oder Hua Hin zu chartern kostet ca. 1200 Baht. Mietwagen für Selbstfahrer werden in Bangkok und Hua Hin angeboten. Eintritt 200 Baht, Fahrzeug 30 Baht.

Cha-am ► D 11

Nur 40 km südlich von Phetchaburi erheben sich aus der weiten Küstenebene die Hotelbauten des ersten großen Badeorts, Cha-am. Vom Bahnhof führt eine schnurgerade Straße direkt zum kilometerlangen weißen Sandstrand. Thailändische Familien verbringen in Ferienhäusern und kleinen Hotels ihren Urlaub, picknicken im Schatten von Kasuarinen und vertreiben sich mit Kartenspielen, Tandemfahren und kleinen Ausritten am Strand die Zeit. Die großen Hotels mit internationalem Publikum und breitem Wassersportangebot befinden sich abseits südlich des Ortes direkt am Strand.

Mrigadayavan-Teakholzpalast

Etwa auf halber Strecke zwischen Cha-am und Hua Hin versteckt sich auf einem Militärgelände 2,5 km abseits der Hauptstraße nahe dem Strand der kleine, weiße **Mrigadayavan-Teakholzpalast,** ein komplett restaurierter, luftiger königlicher Sommerpalast von 1924, der besichtigt werden kann. Die von tausend Pfeilern gestützten, aus Teakholz errichteten Gebäude für König Rama VI., seine Frauen und das Gefolge sind im 1. Stock durch offene Korridore miteinander verbunden. In der über zwei Stockwerke reichenden zentralen Halle fanden sogar Theateraufführungen statt. (Tel. 032-47 14 01, Mo–Fr 8.30–16 Uhr, Sa, So 8.30–17 Uhr, Eintritt 90 Baht).

Infos

Tourist Office, 500/51 Thanon Petchkasem, Tel. 032-47 10 05-6, Fax 032-47 15 02, tatphet@tat.or.th.

Übernachten

Für Sportliche ► Dusit Resort & Polo Club: 1349 Thanon Petchkasem, Tel. 032-52 00 09, huahin.dusit.com. Luxushotel mit über 300 Zimmern am Strand, 8 km nördlich von Hua Hin. Großes Wassersportangebot und mehrere Pools, Restaurants, Bars. Reiten, Golf, Tennis, Squash, Fitnesscenter. Ab 5500 Baht.

Platz zum Erholen ► Holiday Inn Regent Cha-am: 849/21 Cha-am Beach, Tel. 032-45 12 40, Fax 032-47 14 91, www.chaam.holidayinn.com. Weitläufige Anlage am Strand, 8 km südlich des Ortes, 620 luxuriöse Zimmer und Bungalows in einer tropischen Gartenanlage, zwei Pools, breites Wassersportangebot. 2500–4500 Baht.

Mit Familienanschluss ► Thai Bamboo Guesthouse: 100 Moo 9, Bankhaopong, Tel. 032-47 06 17. Fax 032-47 06 16, www.thaibamboo.de. Familiäre Anlage 5 km vom Strand bei einer deutsch-thailändischen Fa-

aktiv unterwegs

Mit der Eisenbahn in den Süden

Tour-Infos

Start: Bangkok
Ziel: Penang (Malaysia)
Länge: 945 km
Dauer: 16 Stunden
Fahrpreis: je nach Zug 340–1500 Baht
Wichtige Hinweise: Ein internationaler Express startet einmal täglich gegen 14.45 Uhr von Bangkok nach Penang in Malaysia, dessen Bahnhof in Butterworth er am folgenden Mittag erreicht. Leider fahren viele weitere Expresszüge von der großen Hua Lamphong Railway Station in Bangkok am Nachmittag oder frühen Abend ab, sodass die interessante Strecke durch den Süden von Thailand in der Nacht zurückgelegt wird. Empfehlenswert ist für die erste Strecke bis Surat Thani der Special Express Diesel Railcar, ein klimatisierter Zug mit 2.-Klasse-Sitzplätzen, der gegen 8 Uhr morgens den Hauptbahnhof verlässt und nachmittags gegen 16.30 Uhr in Phunpin, dem Bahnhof von Surat Thani, einfährt.

Die Eisenbahn ist ein Verkehrsmittel für sensible Gemüter. Wer bei den waghalsigen Überholmanövern thailändischer Busfahrer feuchte Hände bekommt, wird das wohltuende Gefühl von Sicherheit und Entspannung einer Bahnreise schätzen.

Als man 1890 mit dem Bau der ersten privaten Eisenbahnverbindung zwischen Bangkok und dem 24 km entfernten Paknam begann, war die Ebene des Menam Chao Phraya eine sumpfige, von Klongs durchzogene Landschaft, durch die zwar unzählige Wasserwege, aber kaum nennenswerte Straßen führten. Sämtliche Transporte im Herzen des alten Siam wurden mit Booten, Barken und kleinen Schiffen abgewickelt. Der Eisenbahnbau war eine Initiative des weitsichtigen Königs Chulalongkorn (Rama V.). Der Bau der Südlinie begann 1901. 1903 stagnierten die Arbeiten, weil die Gelder knapp wurden. Mit Hilfe einer Finanzspritze von 4 Mio. Pfund, die Malaya und Großbritannien zusammen aufbrachten, wurde mit englischem Know-how und englischen Maschinen zwischen 1909 und 1918 die Verbindung nach Padang Besar und damit der Anschluss an das malaiische Schienennetz fertiggestellt.

Gegen neun Uhr abends werden die breiten Sitze vom Personal zu übereinander liegenden Betten umgebaut, mit weißen Laken und kleinen Vorhängen versehen. Wer in weiser Voraussicht die etwas breitere untere Bettstatt für sich gebucht hat, kann beim einschläfernden, rhythmischen Rattern der Räder einem erholsamen Schlaf entgegendämmern.

Kein Thai würde auf die Idee kommen, Proviant mitzuschleppen. Schließlich werden ständig von fliegenden Händlern Snacks und Getränke angeboten. Kenner wissen, wo es die schmackhaftesten Leckereien gibt und decken sich an jeder Station mit neuen Köstlichkeiten ein. Das Abendessen in der ersten und zweiten Klasse wird auf Bestellung an Klapptischchen serviert und muss den Vergleich mit deutscher Speisewagenkultur wahrlich nicht scheuen.

Es ist schwer festzustellen, wann man Bangkok hinter sich gelassen hat, denn immer weiter breiten sich die Vororte entlang der Hauptverkehrsadern in die Ebene aus. In **Nakhon Pathom** (s. S. 296) erhebt sich linkerhand vom Bahnhof der hohe Chedi eines der ältesten Tempel des Landes. Danach biegt die Trasse nach Süden ab. Die Weststrecke nach Kanchanaburi und Nam Tok (s. S. 303), die hier abzweigt, wird nur zweimal täglich von einem Personenzug befahren.

Für die knapp 100 km lange Fahrt parallel zum Mae Klong bis **Ratchaburi** benötigt der Express zwei Stunden. Nun verläuft die Trasse zwischen dem Highway Nr. 4 und der

Küste durch den fruchtbaren ›Garten Thailands‹ weiter Richtung Süden. Bei der Anfahrt auf **Phetchaburi** zeichnen sich auf den bewaldeten Hügeln die Silhouetten mehrerer Tempel gegen den Himmel ab.

Bereits 232 km von Bangkok entfernt ist der älteste und immer noch beliebte Badeort **Hua Hin** (s. S. 320) mit seinem wunderbaren historischen Bahnhof erreicht. Wenig später erheben sich die steilen Kalkfelsen des **Khao Sam Roi Yot National Park** aus der Ebene. Gegen Mittag ändert sich zwischen Prachuap Khiri Khan und Chumphon das Bild der Landschaft, die in immer üppigerem Grün erstrahlt. Jenseits der kleinen Bahnhöfe laden weniger bekannte Strände zum Baden ein. Die meisten Urlauber fahren jedoch weiter bis **Chumphon** oder **Surat Thani**, um von dort auf die Inseln Ko Samui, Ko Pha Ngan oder Ko Tao überzusetzen. Nach ein paar erholsamen Inseltagen kann es in Richtung Malaysia weitergehen, am besten mit dem Zug kurz nach 8 Uhr morgens.

Südlich von Phunpin, dem Bahnhof von Surat Thani, fährt die Bahn landeinwärts durch endlose Kautschukplantagen. Mittags ist schließlich **Hat Yai** (s. S. 346) erreicht, das geschäftige Wirtschaftszentrum nahe der malaysischen Grenze.

Der internationale Express überquert kurz nach Sonnenaufgang die malaysische Grenze. Nach der etwa einstündigen Abfertigung fährt er durch Reisfelder und die Sultanstadt **Alor Setar** weiter nach **Butterworth,** dem Fährhafen für die Insel **Penang,** dem Ziel der meisten Reisenden.

Traditioneller Badeort und Bahnstation am Weg nach Süden: Hua Hin

Fischerboote bei Hua Hin

milie. Pool im Garten, sehr gute Küche, auch Kochkurse. 1200–1600 Baht.

Verkehr

Zugverbindungen: Am Bahnhof 2 km westlich vom Strand, halten alle Personenzüge.
Busverbindungen: Von der Plaza, direkt am Strand, fahren Busse nach Bangkok in 3 Std., 178 km, und Hua Hin, 25 km.

Hua Hin ▸ D 12

Cityplan: S. 322
Der im Thaistil gehaltene, sehenswerte kleine **Bahnhof** 1 von **Hua Hin** weist darauf hin, dass der Ferienort seine frühe Popularität der günstigen Eisenbahnverbindung nach Bangkok verdankt. Bereits König Rama V. und seine Familie reisten mit der Bahn in die Sommerresidenz, in der sie einen Teil der heißen Jahreszeit in Meeresnähe verbrachten. Rama VII. ließ neben Mrigadayavan-Teakholzpalast seines Vorgängers am Strand zwischen Cha-am und Hua Hin 2 km nördlich der Stadt den **Sommerpalast Klai Kang Won** (Ohne Sorgen) im spanischen Stil für die Königin Rambai Barni erbauen. Im Jahre 1932 zog er sich aus der im Aufruhr befindlichen Hauptstadt dorthin zurück – nun wohl doch etwas besorgt, denn die absolute Monarchie war gerade abgeschafft worden. Die Gebäude sind, wenn sie nicht von der königlichen Familie genutzt werden, zur Besichtigung freigegeben (Tel. 032-51 11 55, tgl. 9–16 Uhr, Eintritt 20 Baht).

Bereits in den 1920er-Jahren traf sich die High Society Thailands im Badeort Hua Hin zum Golf. Wer sich keinen Palast leisten konnte, residierte im **Railway Hotel,** dem heutigen Sofitel Central Hua Hin Resort. Die Nobelherberge, Anfang der 1980er-Jahre Drehort von Roland Joffes »Killing Fields«, liegt im Zentrum der 3 km langen Bucht mit vereinzelten Felsen und feinem Sandstrand.

Obwohl viele moderne Urlaubszentren Hua Hin längst den Rang abgelaufen haben, gibt es immer noch zahlreiche Thai, die diesen traditionellen Badeort besuchen. Auch bei ausländischen Touristen, die auf Komfort, Abwechslung und gutes Essen Wert legen und Trubel lieben, aber auf azurblaues Wasser verzichten können, besitzt Hua Hin aufgrund seiner Nähe zu Bangkok und der lebendigen Stadt große Popularität. In zahlreichen Restaurants genießen die Urlauber die große Auswahl an Meeresfrüchten oder lassen sich beim Bummel über den Nachtmarkt vom Duft frisch zubereiteter Gerichte anlocken.

Ausflüge von Hua Hin

Vom Hafen legen Ausflugsboote zur Insel **Ki Sing Toh** ab. Am Strand Richtung Süden erreicht man nach 6 km das ehemalige Fischerdorf **Takeap.** Von Tempeln, hoch oben auf den Klippen einer Landzunge gelegen, hat man hier eine herrliche Sicht über die Küste.

Eine Fahrt zur 23 km entfernten Dole-Ananasplantage bietet gute Möglichkeiten, das Landesinnere kennen zu lernen. Thailand, der größte Ananasexporteur der Welt, produziert 18 % der gesamten Welternte.

Infos

Tourist Office: Informationsbüro in der Thanon Damnoen Kasem und am Uhrturm, Tel. 032-53 24 33, tgl. 8.30–20 Uhr.

Übernachten

Weltklasse Wellness ▶ Chiva Som International Health Resort 1: 73/4 Thanon Petchkasem, Tel. 032-53 65 36, Fax 032-51 11 54, www.chivasom.com. Luxusresort zum Entspannen für maximal 114 Gäste mit einem der weltweit besten Spas mit großem Wellnessangebot, das sowohl traditionelle östliche wie moderne westliche Behandlungsmethoden umfasst und auch von Nichtgästen in Anspruch genommen werden kann. 32 000–100 000 Baht.

Geschichtsträchtig ▶ Sofitel Centara Grand Resort and Villas 2: das ehemalige Railway Hotel, 1 Thanon Damnoen Kasem, Tel. 032-51 20 21-38, Fax 032-51 10 14, www.sofitel.com. Komfortable Zimmer und Bungalows im Kolonialstil, zwei Swimmingpools in gepflegter, tropischer Gartenanlage, Spa, mehrere Restaurants. 5000–10 000 Baht.

Historisches Flair ▶ Baan Bayan 3: 119 Thanon Petchkasem, Tel. 032-53 35 40-4, Fax 032-53 35 45, www.baanbayan.com. Ruhiges Boutiqueresort rings um eine der wenigen verbliebenen alten Villen am Strand, die überwiegend aus Holz erbaut sind. 24 komfortable Zimmer mit historischem Touch (die besseren befinden sich im Obergeschoss), Villas und Suiten. Pool und Gartenrestaurant. 6000–35 000 Baht.

Hochhaus mit Komfort ▶ Hilton Hua Hin Resort & Spa 4: 33 Thanon Naretdamri, Tel. 032-51 28 88, Fax 032-51 11 35-6, www.huahin.hilton.com. Mehrfach ausgezeichnetes Strandhotel mit 300 Zimmern, großer Poollandschaft und Wellnessbereich. Chinesisches Restaurant im 17. Stock unter dem Dach mit guter Aussicht, Sa, So mittags Dim Sum. 4000–10 000 Baht.

Ruhig ▶ Casa del Mare 5: 25/2 Thanon Petchkasem, an der Straße nach Takiap, Tel. 032-51 90 61-6, Fax 032-51 90 99, www.casadelmare.net. Ruhig gelegenes Hotel mit 36 modernen Zimmern im Thaistil mit Balkon beiderseits des großen Pools. 3500–8000 Baht.

Modern mit Geschmack ▶ Hua Hin Paradise 6: 45/8–9 Thanon Dechanuchit, Tel. 032-53 01 14, www.huahin-paradise.com. Im alten Viertel, 13 hübsche, kleine Zimmer mit Bad und TV, kleines Frühstücksrestaurant. 600–1000 Baht.

Essen & Trinken

Dinner mit Show ▶ Sasi Restaurant 1: Sasi Garden Theatre, 83/159 Thanon Nong Kae, Straße zum Hyatt Regency, Tel. 032-51 24 88, www.sasi-restaurant.com; tgl. von 19–21 Uhr Dinner mit klassischem Tanztheater. 750 Baht. Angeschlossen ist eine Freiluftbar mit Restaurant und Livemusik ab 21 Uhr.

Meeresgenüsse ▶ Brasserie De Paris 2: 3 Thanon Naretdamri, Tel. 032-53 06 37. Unter den vielen einfachen Seafoodrestaurants nahe dem Hafen mit Blick aufs Meer ragt dieses sowohl bezüglich seines Ambientes als

Bangkok
Th. Damrongrat
4
siehe Detailkarte
Thanon Petchkasem
Th. Naebkhehat
68
53
Th. Chomsin
Th. Naretdamri
Thanon Dechanuchit
Th. Damnoen Kasem
ac-Bus nach Bangkok
Pala-U Wasserfall, Cha-am, Pranburi, Elephant Village
Royal Golf Course
80
88
67
69
Hua Hin Market Village
3
4
75
94
75/1
96
4
100
79
102
83
85
5
108
1
1
Hyatt Regency
Thanon Petchkasem
Golf von Thailand
Banyan Golf Club
4
South Takeab Beach
Khao Krilas
Suan Son Beach
Takeap Tempel
Wat Khao Kailat Krilas
Khao Takiap
Surat Thani, Khao Sam Roi Yot Nationalpark
0
500
1000 m
0
100
200 m
53
Thanon Petchkasem
Thanon Naebkhehat
Thanon Chomsin
2
Thanon Naretdamri
Hua Hin Beach
Chat Chai-Markt
Nachtmarkt
Thanon Srasong
6
7
1
Thanon Dechanuchit
6
Soi Selakam
Thanon Naretdamri
Wat Hua Hin
Uhr-turm
Thanon Poonsuk
Soi Bintabat
4
Thanon Amnuay Sin
S. Kanchanomai
Hua Hin-Bazaar
Tourist-Police
City Beach Resort
Shopping Mall
Straßenmarkt
Thanon Kamnoadvithi
5
Thanon Damnoen Kasem
S. Kasemsomban
Th. Naretdamri
2
1
Pone Kingpetch-Denkmal
Red Cross Institute

Hua Hin

Sehenswert
1 Bahnhof

Übernachten
1 Chiva Som International Health Resort
2 Sofitel Centara Grand Resort and Villas
3 Baan Bayan
4 Hilton Hua Hin Resort & Spa
5 Casa del Mare
6 Hua Hin Paradise

Essen & Trinken
1 Sasi Restaurant
2 Brasserie De Paris
3 The Duke's
4 Pasta Factory
5 Satukarn Square
6 Nachtmarkt
7 The Hua-Hin Thai Show

Einkaufen
1 Nachtmarkt

auch in der Qualität der Küche heraus. Ab 300 Baht.

Gitarrenklänge ▶ The Duke's 3: 3 Soi 51, Thanon Damrongrat, Tel. 032-51 57 87. Sehr gute Thai- und europäische Küche in einer Teakholzvilla am Strand; abends live klassische Gitarrenklänge. Ab 300 Baht.

Viva Italia ▶ Pasta Factory 4: 129/5 Thanon Petchkasem, Soi 73, Tel. 087-164 63 94. Mit viel Liebe zum Detail ausgestattetes und mit Schweizer Perfektionismus geleitetes kleines Gartenrestaurant. Italienische Küche, leckere Pasta und Pizza. Um 200 Baht.

Urlaubertreff ▶ Satukarn Square 5: Große, teils überdachte Plaza an der zentralen Kreuzung. Ab 18 Uhr wird an über zwanzig Essensständen unter freiem Himmel gekocht und gebraten. Ein beliebter Treffpunkt für Urlauber, die europäische Speisen und abgemilderte Thaigerichte bevorzugen. Um 100 Baht.

Verführerisch ▶ Nachtmarkt 6: Thanon Dechanuchit ab Thanon Petchkasem; an zahlreichen Essensständen werden ab 17 Uhr Thaisnacks und Gerichte frisch zubereitet, gute Atmosphäre. Um 50 Baht, Seafood ab 100 Baht.

Seafooddinner mit Musik ▶ The Hua-Hin Thai Show 7: am Nachtmarkt, Tel. 081-400 70 30, Gartenrestaurant mit bunter Bühnenshow von 20–21 Uhr zu einem thailändischen Seafooddinner. Geöffnet tgl. 17–22 Uhr. Um 200 Baht.

Einkaufen

Souvenirs ▶ Auf dem **Nachtmarkt 1** werden viele preiswerte Souvenirs und Kopien von Markenwaren angeboten. Zudem findet man viele Geschäfte speziell für Touristen.

Verkehr

Zugverbindungen: Alle Züge von Bangkok Richtung Süden halten am stilvoll restaurierten Bahnhof, 1 km westlich vom Strand. Sie fahren am späten Nachmittag und am Abend ab, Richtung Norden zumeist am frühen Morgen.

Busverbindungen: Busse Richtung Bangkok fahren von der Busstation südlich vom Nachtmarkt, andere halten nördl. der Stadt am Bus Terminal. Nach Bangkok, 203 km, alle 40 Min. bis 21 Uhr in 3 1/2 Std., nach Surat Thani vor allem am späten Abend in 9 Std.

Mietwagen: Avis: u. a. im Sofitel Central Hua Hin Resort, Tel. 032-51 20 21, www.avisthailand.com.

Budget: Hua Hin Grand Hotel, 222/2 Thanom Petchkasem, Tel. 032-51 42 20, Fax 032-51 42 19, www.budget.co.th.

Khao Sam Roi Yot National Park ▶ D 12

Der 90 km² große Khao Sam Roi Yot National Park, 43 km südlich von Hua Hin, lässt sich gut an einem Tag ab Hua Hin erkunden. Seine bis zu 600 m hohen, steilen Kalkfelsen, die ›Berge der 300 Gipfel‹, ragen aus der grünen, von Reisfeldern und Garnelenfarmen bedeckten Ebene empor. Entlang der Küste erstrecken sich Buchten mit feinen Sandstränden. Hier befindet sich das **Headquarter,** von dem man nach 20-minütiger Klettertour einen der Aussichtspunkte erreicht.

Beliebt ist der Ausflug zur **Phraya-Nakhon-Höhle,** in der ein für König Rama V. erbauter Pavillon steht. Die von der Provinzialregierung erlaubte wirtschaftliche Nutzung ei-

Karge Kalkfelsen des Khao Sam Roi Yot National Park überragen die Küstenebene

niger Gebiete mit Shrimpsfarmen verwässert die Idee des Naturschutzes leider erheblich (Eintritt in den Nationalpark 200 Baht).

Übernachten

Familienfreundlich ▶ Dolphin Bay Resort: Phu Noi Beach, vor dem Eingang zum Nationalpark, Tel. 032-55 93 33, www.dolphinbayresort.com. Eine Bungalowanlage mit Pool und Restaurant sowie Ausflugsangeboten und einer Fahrzeugvermietung. 1500–6300 Baht.

Direkt am Strand ▶ Terra Selisa: nebenan, Tel. 032-55 93 59, www.terraselisa.com. Kleine, von einem holländisch-thailändischen Paar geleitete Ferienanlage an einem langen Strand. Klimatisierte Bungalows beiderseits des Pools, Restaurant mit gutem Kaffee. 2000–2900 Baht.

Verkehr

Busse fahren nur bis Pranburi. Taxi ab Hua Hin, 60 km, 600 Baht, Tagestouren um 1200 Baht. Zudem werden ab Hua Hin Ausflüge angeboten.

Prachuap Khiri Khan ▶ D 13

Die kleine Provinzhauptstadt **Prachuap Khiri Khan** 7 wird vermutlich nie eine große Touristenattraktion werden. Am Pier in der geschützten, lang gestreckten Bucht liegen viele Fischerboote, aber zum Leben scheint Prachuap erst am Abend zu erwachen, wenn der Nachtmarkt in der Nähe des Bahnhofs seine Stände und Buden öffnet. Einzige augenfällige Attraktion im Stadtbild ist der ›Spiegelberg‹, **Khao Chong Krachok.** Er erhebt sich, von einem kleinen Tempel gekrönt, nördlich des Zentrums. Die zahlreichen dreisten Affen, die das Bauwerk bevölkern, kann man sich oft nur schwer vom Leibe halten.

Zum Baden eignen sich der 6 km weiter nördlich gelegene, schöne **Ao Noi Beach** und weiter im Süden der **Ao Manao Beach** besser als die verschmutzten Strände im Stadtgebiet. Auf einem Felsen hoch über der Stadt liegt das mit Muschelschalen geschmückte Kloster **Wat Phra That Khoa** mit seiner Felsenhöhle **Tham Khan Kradai.** Ein beliebtes Ausflugsziel in der Umgebung ist der **Wasserfall Huai Yang,** zu dem eine Abzweigung vom 27 km südlich am Highway 4 gelegenen Ban Huai Yang führt. Seine volle Schönheit entfaltet er gegen Ende der Regenzeit, doch reisen an jedem Wochenende viele Thai hierher, um in den lichten Wäldern zu picknicken.

In Wagkor, 12 km südlich der Stadt, beobachtete Rama IV. im Jahr 1868 mit großem Gefolge eine Sonnenfinsternis, die er exakt vorhergesagt hatte. Ihm zu Ehren entsteht nun an dieser Stelle der King Mongkut Memorial Park of Science and Technology. Bereits fertiggestellt ist das große Aquarium (tgl. 9–16 Uhr) sowie einige Museen zum Thema Energie, Ökologie und Transport.

Verkehr

Zugverbindungen: Alle Züge von Bangkok Richtung Süden halten am Bahnhof im Zentrum.

Busverbindungen: Nach Bangkok, 292 km, fahren Busse stdl. bis 18 Uhr in 5 Std. ab dem Busbahnhof südlich vom Bahnhof, zudem nach Hua Hin, Chumphon und Surat Thani.

Bang Saphan ▸ D 13

Je weiter man auf der malaiischen Halbinsel nach Süden kommt, desto tropischer wird die Landschaft. In der Umgebung von Bang Saphan dominieren Kokospalmen und Kautschukplantagen, auf den Bergrücken wächst dichter Dschungel. Der kleine Ort an einer malerischen Bucht wirkt mit seinen Holzhäusern und engen Gassen recht ursprünglich und wird vor allem an Wochenenden von Thai besucht. Die meisten Ferienunterkünfte sind weiter nördlich sowie im Süden am **Suan Luang Beach** zu finden. Zwischen den beiden nördlichen Stränden, dem hübscheren **Kee Ree Wong Beach** und dem **Ban Krut Beach** erhebt sich in Ban Krut direkt an der Küste der **Thongchai-Berg,** auf dessen Gipfel ein moderner Tempel und die verehrte Buddhastatue Phra Kittisrichai steht. Der steile Aufstieg wird belohnt mit einer hervorragenden Aussicht über die lange Küste.

Übernachten

Entspannung pur ▸ **Rachavadee Bankrut Resort:** am südlichen Ban Krut Beach, Tel. 032-69 51 55, 089-836 44 98, www.rachavadee.com. 21 hübsche Bungalows mit Freiluftdusche, TV, großer Terrasse. Pool, Restaurant und Hängematten am privaten Strand. Fahrräder und Abholservice kostenlos. 1600–5800 Baht.

Bei den Einheimischen beliebt ▸ **Bayview Beach Resort:** Kee Ree Wong Beach, Tel. 032-69 55 66,www.bayviewbeachresort.com. Gepflegte Anlage mit freundlichem Service; helle, klimatisierte Doppelbungalows mit großer Terrasse in einem weitläufigen Garten am Strand, kleiner Swimmingpool, offenes Restaurant. Schnorcheltouren und Fahrradverleih. 1400–4800 Baht.

Verkehr

Züge: Nur wenige Züge von Bangkok Richtung Süden halten hier.

Busverbindungen: Nach Bangkok, 367 km, 1 x tgl. direkt in 6 Std., viele weitere Fernbusse halten am Highway, westlich des Ortes.

Chumphon ▸ C 14

Die lebhafte, geschäftige Stadt Chumphon ist nicht mit großartigen Sehenswürdigkeiten gesegnet. Dafür warten in der Umgebung Bilderbuchstrände und einsame Robinson-Inseln darauf, entdeckt zu werden. **Thung Wua**

Laen Beach, 16 km nördlich, und **Sai Ri Beach,** 22 km südlich von Chumphon, sind die schönsten Strände mit Übernachtungsmöglichkeiten. Vom 8 km entfernten Hafen **Paknam Chumphon** geht es nach Ko Tao (s. S. 343) oder mit dem Boot auf eine Tour durch die traumhaft schöne Inselwelt. Malerisch erstrecken sich die Reisfelder in der flachen Küstenebene und imposant ragen die Dschungel bewachsenen Bergketten in den Himmel auf.

Bei Chumphon verlässt der Highway 4 die Ostküste, windet sich über die Berge Richtung Myanmar (Burma) und führt parallel zur Grenze über Kraburi hinab nach Ranong am Indischen Ozean. An dieser schmalsten Stelle der malaiischen Halbinsel, dem **Isthmus von Kra,** ist Thailand nur 45 km breit.

Für die Städte an der südlichen Golfküste stellte bis in die 1970er-Jahre die Eisenbahn die einzige Überlandverbindung zur Hauptstadt her, bis mit dem Highway 41 nach Phattalung auch dieser Küstenabschnitt an das thailändische Fernstraßennetz angebunden wurde.

Übernachten

Umweltbewusster Besitzer ▶ **Chumphon Cabana:** Thung Wua Laen Beach, 16 km nördlich der Stadt, Tel. 077-56 02 45, Fax 077-56 02 47, www.cabana.co.th. Die umweltbewusst vom innovativen Besitzer Varisorn Rakphan geleitete, empfehlenswerte Anlage liegt an einem schönen Sandstrand. Bungalows und klimatisierte Zimmer in einem Hotelblock zwischen Obst- und Kräutergärten, Reisfeldern und kleinen Fischteichen; luftiges Restaurant, in dem Produkte aus dem eigenen Garten und der Umgebung aufgetischt werden, großer Pool, Tauchschule. An manchen Abenden traditionelle Tanz- oder Schattenspielvorführungen. 1400–2200 Baht.

Günstiger Komfort ▶ **Jansom Chumphon Hotel:** 118/65–66 Thanon Sala Daeng, Tel. 077-50 25 02, Fax 077-50 25 03, jansombeach-resort.th66.com. Das größte Hotel im Ort, mit Swimmingpool und Disco. 800–1100 Baht.

Verkehr

Schiffsverbindungen: Ab 7 Uhr mehrere Boote vom Hafen in ca. 2–3 Std. nach Ko Tao, ein weiteres, langsames Boot um Mitternacht benötigt 6–7 Std., ein Katamaran ab Thung Kam Noi um 7 und 13 Uhr in 1 3/4 Std.
Zugverbindungen: Viele Züge aus dem Norden kommen mitten in der Nacht in Chumphon an. Eil- und Expresszüge fahren am Abend Richtung Bangkok in 7–8 Std.
Busverbindungen: Vom zentralen Busbahnhof bestehen gute Verbindungen in alle Richtungen, nach Bangkok, 468 km, laufend in 8 Std., nach Surat Thani stündlich in 4–5 Std. Mit dem Minibus stündlich Richtung Andamanenküste (Phuket, Krabi).

Chaiya ▶ C 16

Kaum zu glauben, dass sich in Chaiya einst eine der Metropolen des riesigen indonesischen Reiches Srivijaya befand, das vom 8. bis 10. Jh. seine Macht von Sumatra über Java bis zum Isthmus von Kra ausdehnte. Von den alten Tempelanlagen sind nur wenige Überreste erhalten, etwa **Wat Phra Boromathat Chaiya,** 1 km vom Bahnhof entfernt, mit einer über 1200 Jahre alten Pagode, die auch eine Buddhareliquie beherbergt. Ein kleines **Museum** gibt Auskunft über die stolze Vergangenheit. Auch den bedrohlichen Taifunen ist ein Raum vorbehalten. Die wichtigsten Funde aus der Srivijaya-Zeit befinden sich allerdings im Nationalmuseum von Bangkok (Tel. 077-43 10 66, Di–Fr 9–16 Uhr, 30 Baht).

Viele Europäer zieht es in das 4 km südlich von Chaiya in einem Wald gelegene internationale Meditationszentrum **Wat Suan Moke,** eine moderne Klosteranlage. Sie wurde von einem der angesehensten Mönche des Landes, dem mittlerweile verstorbenen Buddhadasa, gegründet. Die weltoffene Atmosphäre, die das Kloster auch für stressgeplagte Manager attraktiv macht, kommt in zahlreichen buddhistischen Kunstwerken aus aller Welt zum Ausdruck, die als Bestandteil der Meditationsübungen angesehen werden.

Hinzu kommen das *spiritual theatre* und die gepflegte Parkanlage. Ab dem 1. jedes Monats werden 10-tägige Dhamma-Meditationskurse auf Englisch veranstaltet, Anmeldung nur persönlich am Tag vor Kursbeginn. Kosten für das Essen 1500 Baht.(Tel. 077-43 15 96, Fax 077-43 15 97, www.suanmokkh.org, am Highway gelegen, ► C 16)

Verkehr

Zugverbindungen: Am Bahnhof halten die meisten Züge Richtung Süden.
Busverbindungen: Nach Bangkok und in die nähere Umgebung.

Surat Thani ► C 16

Surat Thani, die Hauptstadt der größten Provinz in Südthailand, hat einen lebhaften **Hafen,** dem heute viele Reisende zustreben: Erst die Popularität der Inseln Ko Samui (s. S. 327) und Ko Pha Ngan (s. S. 339) brachte die Hafenstadt auf die touristische Landkarte, freilich nur als Durchgangsstation. Man wartet hier auf Fähre, Flugzeug, Bus oder Bahn und verspürt wenig Sehnsucht, länger als nötig zu bleiben. Surat Thani bietet Erlebnishungrigen und Erholungsuchenden keinerlei Reize.

In einer guten Autostunde erreicht man die Ausflugsorte **Khanom** und **Sichon** mit weitläufigen Stränden, zwischen denen sich mächtig der 814 m hohe **Khao Phra** erhebt.

15 km von Surat Thani entfernt, herrscht auf dem Bahnhof von **Phunpin** Hochbetrieb, wenn der Zug aus Bangkok einläuft. Neben Thai- und Chinesenfamilien sind es meist junge *farang,* die hier, mit Rucksäcken und Rollkoffern beladen, in die zahlreich wartenden Busse umsteigen.

Infos

Tourist Office: 5 Thanon Talat Mai, Tel. 077-28 88 17-9, Fax 077-28 28 28, tatsurat @tat.or.th.

Übernachten

Für Nachtschwärmer ► Southern Star Hotel: 253 Thanon Chonkasem, Tel. 077-21 64 14, Fax 077-21 64 27. Großes Hotel mit klimatisierten Zimmern, Restaurant und der größten Disco der Stadt. 1000–2700 Baht.
Thai-Standard ► Wang Tai Hotel: 1 Thanon Talat Mai, Tel. 077-28 30 20, Fax 077-28 10 07. Großes Hotel mit Swimmingpool und reichhaltigem guten Frühstücksbuffet, Restaurant mit Flussblick. Um 1000 Baht.
Behaglich ► 100 Islands Resort: 19/6 Moo 3 Thanon By Pass, Tel. 077-20 11 50-8, Fax 077-20 11 59, www.roikoh.com. Neues Hotel mit sauberen, klimatisierten Zimmern, hübschem Pool und Spa. 800–1200 Baht.

Verkehr

Schiffsverbindungen: Von Don Sak fahren mehrmals tgl. Fähren und Schnellboote nach Ko Samui, Ko Pha Ngan und Ko Tao.
Flugverbindungen: Zwei Flüge tgl. nach Bangkok mit Thai Airways, Tel. 077-27 26 10. Preiswertere Flüge nach Bangkok mit Air Asia, www.airasia.com.
Zugverbindungen: Am Bahnhof, 15 km westlich der Stadt, halten alle Züge zwischen Bangkok und dem Süden.
Busverbindungen: Vom Busterminal verkehren klimatisierte oder V.I.P.-Busse nach Bangkok, 670 km, nach Phuket, Krabi und Hat Yai sowie in alle anderen größeren Orte im Süden.
Mietwagen: Budget, am Airport, Tel. 077-44 11 66, Fax 077-44 11 67, www.budget.co.th.

Ko Samui ► D 16

Karte: S. 332
Noch in den 1960er-Jahren war Ko Samui, die mit 247 km² größte der über 80 Inseln im Südwesten des Golfs von Thailand, eine abgeschiedene, vom Tourismus völlig unbeachtete Welt. Unzugänglicher Dschungel bedeckte die Berge und die rund 30 000 Bewohner der kleinen, küstennahen Dörfer ernährten sich vom Fischfang und von den weitläufigen Kokosplantagen, die heute noch ein Viertel der Insel bedecken. Kopra, das getrocknete, ölhaltige Fruchtfleisch der Kokosnuss, wurde auf kleinen Frachtschiffen zum

Eine der beliebtesten Ferieninseln Thailands: Das Tropenparadies Ko Samui

Festland transportiert. Diese stellten mit den Fischerbooten eine unregelmäßige Verbindung zur Außenwelt her.

Im Laufe von 30 Jahren wurde die Insel komplett erschlossen und ist mit einer der zahlreichen Personen- und Autofähren oder dem Flugzeug von diversen thailändischen Städten und selbst aus Singapore gut zu erreichen. Wer einsame Sandstrände sucht, wird hier nicht auf seine Kosten kommen. Kleine tropische Paradiese sind nach wie vor an einigen Stränden zu finden und wer dem Rummel am **Chaweng** oder **Lamai Beach** an der Ostküste entgehen möchte, wird die Atmosphäre an den nördlichen oder südlichen kleinen Stränden als angenehm ruhig empfinden. Dort hält sich auch das sprichwörtliche thailändische Nachtleben in Grenzen. Urlauber aus aller Welt beherrschen das Bild, an Wochenenden und Feiertagen erholen sich außerdem viele Thaifamilien auf Samui. Statistisch gesehen stellen sie sogar die Mehrzahl der Besucher.

Kulturelle Sehenswürdigkeiten bietet Ko Samui so gut wie gar nicht. Aber es ist wunderschön, außerhalb der Hochsaison auf kleinen Sträßchen die Insel zu erkunden, schattige Gärten zu genießen und von Zeit zu Zeit an einem Strandcafé, einem Wat oder einem schönen Aussichtspunkt zu verweilen.

Rundtour um die Insel

Ban Nathon 1, die Inselhauptstadt, besuchen die meisten Touristen zum gemütlichen Einkaufsbummel mit anschließendem Kaffeetrinken. Die kleine Stadt hat sich ihren typischen thailändischen Charme weitgehend erhalten. Schön ist ein Besuch auf dem einheimischen Markt, wo man beispielsweise leckeres Obst kaufen kann.

Viele Motorradvermietungen offerieren Off-Road-Fans neonfarbige Geländemaschinen und Anfängern Scooter. Wer eines dieser Gefährte mietet, sollte die sandigen Kurven und steilen Geländestrecken nicht unterschätzen – zu viele leichtsinnige Touristen landen Jahr für Jahr mit schweren Verletzungen im Krankenhaus.

Auf der 50 km langen, asphaltierten, schmalen **Ringstraße** ist es möglich um die Insel zu fahren. Mit öffentlichen Minibussen, den *songthaew,* gelangt man auf der Nordroute über Bo Phut und auf der Südroute über Lamai bis Chaweng Noi, wo man umsteigen muss – ein Relikt aus jener Zeit, als dieser 4 km lange, steile Streckenabschnitt noch nicht asphaltiert und nur mit Allradantrieb zu bewältigen war. Wer mit dem Motorrad oder Mietwagen unterwegs ist, kann die Inselrundfahrt einschließlich einiger kleiner Abstecher gut an einem Tag bewältigen.

Die Fahrt von Ban Nathon nach Norden führt vorbei an der seichten Bang Makham-Bucht zum Dorf **Ban Bang Po** 2. Eine schmale Straße zweigt ab ins Inselinnere zu mehreren Aussichtspunkten. Im Health Oasis Resort & Healing Child Center und einigen weiteren Resorts werden alternative asiatische Heilmethoden und Meditationen angeboten. Während sich in Bang Po die Gäste der Bungalows mit der schönen Aussicht aufs Meer begnügen müssen, kann man 11 km weiter bei dem Dorf **Ban Mae Nam** 3 in einer geschützten Bucht mit einem steil abfallenden Strand das ganze Jahr über baden. Von der Ringstraße führen mehrere Stichstraßen zu Bungalows und gepflegten Luxusanlagen am 4 km langen von Kokospalmen gesäumten goldgelben Sandstrand. Vom Lomprayah-Pier im Süden der Bucht fahren Passagierboote nach Ko Pha Ngan, Richtung Ko Tao und Chumphon. Zentral liegt der Speedboat-Pier, von wo Ausflugsboote starten.

Eine ganze Reihe von Bungalowanlagen und Restaurants in allen Preisklassen liegt dicht hintereinander am schmalen Strandabschnitt bis hin nach **Ban Bo Phut** 4. Vom Pier im einstigen Fischerdorf verkehrt ein Boot zum Hat Rin Beach an der Südküste der Nachbarinsel Ko Pha Ngan, die sich bereits am Horizont erhebt. Beliebt ist das hier gelegene **Fishermen's Village** für seine ausgezeichneten Lokale. Die meisten werden von Franzosen geführt und laden am Abend zu

Ko Samui – Eine Insel wird entdeckt

Sicher könnten die Insulaner allerhand Geschichten erzählen über die merkwürdigen *farang*, die in den 1970er-Jahren begannen, ihre Insel zu entdecken. Schließlich war es für sie der erste Kontakt mit der modernen westlichen Welt. Die Neuankömmlinge, junge Leute, kamen von weit her und hatten schon viel gesehen. Merkwürdig an ihnen war nicht nur ihre zerschlissene Kleidung und ihr wildes Aussehen, merkwürdig war auch ihr Benehmen.

Aus der Sicht der ersten Globetrotter aber war Ko Samui, ähnlich wie vorher die Insel Phuket, *das* tropische Paradies schlechthin: weite, menschenleere Sandstrände, Korallenriffe, kristallklares Meer, schattige Palmenhaine, freundliche Menschen – und alles zu Preisen, die einfach lächerlich anmuteten. Man war unter sich, wohnte in einfachen Hütten am Strand, fuhr mit den Fischern hinaus und lebte ansonsten in den Tag hinein. Die Rucksackreisenden rollten in jeder Hütte oder auch unter freiem Himmel ihre Matte aus und schlugen sich auf eigene Faust von einem Ort zum anderen durch – je abenteuerlicher, desto besser.

Ko Samui sprach sich schnell herum. Samui, das war bald ein Name, der mit Goa, Kathmandu oder Bali in einem Atemzug genannt wurde. Clevere Kokosplantagenbesitzer hatten unterdessen einfache Hüttensiedlungen in den Palmenhainen am Strand angelegt. Sie sorgten auch für das leibliche Wohl ihrer Gäste, entschärften die traditionelle Thaiküche zugunsten von *Fruit Salad, Pancakes* und *Fried Noodles* und lernten, Rühreier und *French Toast* zuzubereiten.

Schon 1980 war die Insel kein Geheimtipp mehr, sondern der Anlaufpunkt aller Südostasientraveller zwischen Bangkok und Indonesien. Zwei Expressboote luden am Pier von Ban Nathon täglich neue Gäste ab, die dort von Bungalowmanagern auf Pickups verladen und über Feldwege nach Chaweng oder Lamai gekarrt wurden. Noch war die Atmosphäre familiär, das Wirgefühl intakt und wenn ein Neuankömmling keine Bleibe fand, wurde in wenigen Stunden aus Brettern und Palmwedeln eine neue, primitive Hütte gebaut.

Die Traveller wurden für einige Samui-Familien bald zur Haupterwerbsquelle, aber auch zivilisationsmüde Westaussteiger begannen, sich hier heimisch zu fühlen und beteiligten sich am Geschäft. Die Szene mochte auch auf ihre subkulturellen Gewohnheiten nicht verzichten, vor allem nicht auf Sex & Drugs & Video. Ganja (Marihuana) und Magic Mushrooms (halluzinogene Pilze) waren ebenso Bedarfsartikel wie Flaschenbier und Coca Cola. Eine Polizei, die über Gesetz und Moral hätte wachen könnnen, war an den Stränden nicht vorhanden.

Allerorten tuckerten Dieselgeneratoren, um Strom zu liefern; Feldwege wurden planiert, Wasserleitungen zu den Quellen und Bächen in den Bergen gelegt. In Ban Nathon eröffnete die erste Bank, das erste Reisebüro, plötzlich gab es Ansichtskarten und T-Shirts mit Samui-Motiven – und Vorhängeschlösser für die Türen.

Anfang der 1980er-Jahre erschloss eine Autofährverbindung zwischen Donsak und

Thema

Thong Yang Beach die Insel dem Kraftfahrzeugverkehr. Wenig später wurde östlich von Ban Bo Phut mit dem Bau des Inselflughafens begonnen. An den Stränden von Chaweng und Lamai wichen die einfachen Hütten soliden Bungalows, die Preise verdoppelten, verzehnfachten sich und schossen schließlich in Schwindel erregende Höhen.

Blitzende Motorräder brausten über die neue, asphaltierte Ringstraße. Jeeps, Cross-Bikes, Tauchzubehör, Surfbretter – innerhalb weniger Jahre gab es alles zu mieten, was das anspruchsvolle Touristenherz begehrte. Die Bungalowrestaurants rüsteten sich mit Videorecordern aus und wurden umgehend mit Hollywoodklassikern beliefert. Die erste Diskothek eröffnete, der erste Supermarkt, der erste Waschsalon, Luxusanlagen mit Tennisplatz und Swimmingpool entstanden.

Ko Samui entwickelte sich so schnell, dass ein seltsamer Effekt auftrat: Die Neuankömmlinge waren begeistert, aber wer nach einigen Jahren wiederkam, war enttäuscht.

Der harte Kern der klassischen Travellerszene winkte ab: »Ko Samui? Kannste vergessen. Total versaut.« So zog die Karawane weiter – auf die Nachbarinseln Ko Pha Ngan und Ko Tao, die nördlichste bewohnte Insel im Archipel, wo sich dann das selbe Spiel wiederholte. ›Kenner‹ meiden inzwischen auch diese Inseln und fahren weiter zu anderen kleinen Inseln. Und dort, so erzählt man sich, soll die Atmosphäre noch ganz so sein wie früher.

So war es einst: idyllisches Inselleben

Ko Samui und die Nachbarinseln

0 2 4 km
Ko Pha Ngan, Ko Tao, Chumphon
Ausflugsboote
Thong Sala, Hat Rin (Ko Pha Ngan)
Thong Son Bucht
Ko Som
Ao Plai Laem
Ao Mae Nam
Ban Tai Beach
Bang Po Beach
Ao Thong Phlu
Ban Tai
Ban Bang Po
Mae Nam Beach
Big Buddha Beach
Choeng Mon Beach
Bo Phut Beach
Ko Fan
Ban Plai Laem
Bang Rak Beach
Ban Bang Rak
Ban Thong Phlu
Ban Talat Mae Nam
Ao Laem Yai
Khao Toei 464 m
Ban Ok Tha
Ban Bo Phut
Tesco Lotus (Supermarkt)
Samui International Airport
Ao Yai Noi
Ban Bang Makham
Wat Si Tawip
Ban Khao Phra
Ban Don
Ko Mat Lang
Nathon
Ban Phru Kam
Wat Chaweng
Chaweng
Chaweng Yai Beach
Fisherman's Village
Buffalo Fighting Stadium
Bangkok Samui Hospital
Hin Lat-Wasserfall
Ban Na Thon
Samui Hospital
Ban Li Pa Yai
582 m
Ban Sai Yo
Chaweng Beach
Ko Samui
423 m
Ban Ko Fan
Ao Chaweng
Santi Bay (Ao Laem Din)
Ban Laem Din
Khao Phlu 630 m
Ban Thang Soi
Ban Li Pa Noi
Ban Chaweng Noi
Coral Cove
Wat Ko Samui
Khao Thai Kwai 635 m
Khao Ma Ngaen 350 m
Ban Don Klang
Ban Thong Yang
268 m
Thong Ta Khien Bay
573 m
Ban Saket
Ban Khlong Sak
Ban Lamai
Laem Thong Khrok
Ao Na Sai
Na Muang-Wasserfall
Donsak
Ban Thung Hua Khwai
Laem Nan
Ban Chai Thale
Overlap Stone
Lamai Beach
Ban Taling Ngam
Wat Kiri Wongkaram
Wat Khunaram (Mumified Monk)
Ao Lamai
Ban Thurian
Hin Ta - Hin Yai (Großvater- & Großmutter-Felsen)
Taling Ngam Beach
Ban Ok
Ban Hua Thanon
Khao Khwang 410 m
Ban Na Phon
Ban Na Khai
Samui Stadium
Na Khai Bay
Ao Bang Nam Chut
Triple Coconut Tree
Ao Phang Ka
Ban Mai
Ban Han
Ban Phang Ka
Wat Khin Mat
Ban Thale
Samui Aquarium & Tiger Zoo
Ban Thong Tanot
Ban Thong Krut
Ban Laem So
Samui Butterfly Garden
Ban Thale Park
Laem Set
Laem Hin Khom
Thong Krut Bay
Bang Kao Bay (Ao Bang Kao)
Laem Sor
Chedi Laem Sor
Golf von Thailand
Laem Hua Sai
Hin La Lek
Hin Ang Wang
163 m
Ko Ra Yai
Ko Tan
Ao Ok
Ban Ko Tan
Ko Mat Sum
Ao Tok
213 m
Laem Hua Kruat
Ko Mat Daeng
Ko Mat Kong
Ko Wang Nok
Ko Rap
Ko Nang Yuan
Mae Hat
Ko Tao
Sai Ri Beach
0 20 40 km
siehe Detailkarte
Ko Pha Ngan
Chalok Lam
Hat Rin Beach
Ang Thong Marine National Park
Thong Sala
Tai
Don Thup
Tha Chana
Ko Wua Talap
Ko Sam Sao
Bo Phut
Te
Pak Kiu
Ko Phaluai
Nathon
Ko Samui
Thong Yang
Chaiya
Phum Riang
Hua Thanon
Ko Tan
Chong Samui
Wat Suan Moke
Donsak
Khao Noi
Tha Chang
Phot
Tha Se
Ao Ban Don
Tha Thong
Kanchanadit
Khanom
Hua Han
Nai Plao Beach
Phunphin
Surat Thani
Thong Yi

Fisch und anderen Köstlichkeiten ein. Im Hinterland von Bo Phut werden Büffelkämpfe veranstaltet.

Während die Ringstraße in Ban Bo Phut landeinwärts nach Süden abknickt, führt eine Küstenstraße vom Ort in den Nordosten der Insel, wo sich auch der von Bangkok Airways betriebene **Samui International Airport** **5** befindet, dessen luftige Abfertigungshallen und bunt bemalte, offene Busse bereits Urlaubsstimmung aufkommen lassen.

Der graue, flache Sandstrand des **Big Buddha Beach** **6** an der Nordküste eignet sich nicht für einen gemütlichen Strandurlaub, da hier die Flugzeuge in dichtem Abstand ein- und abfliegen. Zudem ist das Wasser wegen des Hafens oft stark verschmutzt. Einen Besuch lohnt jedoch die imposante Buddhafigur auf der kleinen Insel Ko Fan. Zwei Dämme verbinden das Kap mit dem Festland. Hier thront malerisch der 12 m hohe **Big Buddha.** Die fotogene Statue, die von zwei mürrisch dreinblickenden Tempelwächterfiguren beschützt wird, ist das wohl meistbesuchte Ausflugsziel der Insel, obwohl sie weder alt noch künstlerisch besonders wertvoll ist. Rings um den Parkplatz konzentrieren sich einige Andenkenläden und Essensstände. Besonders einheimische Touristen kommen hierher. Ein Besuch der Insel ist für sie ohne eine Aufwartung beim großen Buddha undenkbar. Voll wird es daher vor allem an Feiertagen und an Wochenenden.

Eine schmale Stichstraße führt von dort in den äußersten Nordosten zu den kleinen Buchten **Samrong** und **Thong Son** **7**, an denen ruhig und abgeschieden mehrere Resorts und Eigentumswohnungen liegen. Weiter im Süden gelangt man zum hübschen **Choeng Mon Beach** **8**, an dem komfortable Anlagen und luxuriöse, klimatisierte Hotels mit Swimmingpool in weitläufigen Gartenanlagen errichtet wurden. Von der mit Kokospalmen und Kasuarinen bestandenen, kleinen Bucht kann man bei Ebbe zur winzigen Insel **Ko Fan Noi** hinüberwandern. Durch endlos scheinende Kokoshaine führt die Straße nun nahe der Küste in Richtung Süden.

Am 6 km langen, Palmen gesäumten weißen Sandstrand von **Chaweng** **9** an der Ostküste von Ko Samui entstanden nicht ohne Grund in den 1970er-Jahren die ersten Hütten. Dieses ist zweifellos der Traumstrand der Insel. Unter Kokospalmen und Schatten spendenden Bäumen drängen sich heute komfortable Luxushotels und solide Bungalows. Auch einige gute Restaurants und Beach Bars bieten Strandblick. Dahinter an der Straße und bis weit ins Hinterland haben sich Kleidungsgeschäfte, Souvenirläden, Restaurants, Supermärkte, schrille Diskotheken und Girliebars breit gemacht. An der Ringstraße oberhalb des Strandabschnitts wurden das Bangkok Samui Hospital, ein exklusives Privatkrankenhaus, und Tesco Lotus, ein überdimensioniertes Einkaufszentrum, aus dem Boden gestampft. Tag und Nacht läuft ein Unterhaltungsprogramm ab, das keinen Wunsch offen lässt. Am langen Sandstrand, der bei Ebbe noch breiter wird, bleibt selbst während der Hochsaison zwischen den Liegestühlen der Sonnenanbeter genügend Platz zum Frisbee- und Volleyballspielen. Katamarane und Surfbretter liegen bereit, zudem werden Motorboot- und Tauchausflüge angeboten. Auch während der Zeit des Nordostmonsuns im europäischen Winter kann man hier baden, denn die hohen Wellen brechen sich an einem vorgelagerten Riff. Nur ein Felsvorsprung trennt den südlichen, kleineren **Chaweng Noi Beach** vom Hauptstrand.

Jenseits der Bucht windet sich die Straße hinauf in die Berge. Von den beiden **Aussichtspunkten** beim Kilometerstein 26 und 28 eröffnen sich wunderschöne Panoramen über das Meer. Dazwischen liegt die kleine **Coral Cove** **10**, eine von hohen Granitfelsen umrahmte, abgelegene Bucht, die ein kleines, aber attraktives Korallenriff birgt, das zum Schnorcheln einlädt.

Traveller und Pauschaltouristen finden einen Treffpunkt am halbmondförmigen **Lamai Beach** **11**, der vor allem im Süden dicht bebaut, aber etwas preiswerter und ruhiger ist als Chaweng. Das Dorf Lamai, in dem sogar noch einige Fischer ihrer Arbeit nachgehen, erstreckt sich entlang der Hauptstraße. Direkt

Büffelkämpfe auf Ko Samui

Thema

Der Büffelkampf, eine traditionelle Unterhaltungsform der einheimischen Männerwelt, findet vor allem im malaiischen Raum zwischen Ko Samui und Westsumatra seine Anhänger. Es geht dabei weit weniger blutig zu als beim spanischen Stierkampf, denn in der Arena messen zwei Wasserbüffel ihre Kräfte.

Diese althergebrachten Kämpfe dienen vor allem der Wettleidenschaft. Nachdem die kräftigen Tiere vor dem Kampf von allen Zuschauern fachkundig begutachtet worden sind, können die Wetten abgeschlossen werden. Dabei geht es keinesfalls um geringe Beträge. Von ihren stolzen Besitzern in die Arena geführt, stehen sich die Tiere regungslos Auge in Auge gegenüber. Manchmal sieht einer der Kontrahenten sogleich die Aussichtslosigkeit eines Kampfes ein und macht sich zur Enttäuschung der Zuschauer und zur Schmach des Besitzers davon. Ist jedoch die Kampfleidenschaft der Tiere entfacht, haben sie keinerlei Ähnlichkeit mehr mit den friedlich grasenden Wasserbüffeln auf den Reisfeldern. Sie gehen mit voller Wucht aufeinander los, verkeilen ihre Hörner ineinander und versuchen, sich gegenseitig unter Aufbietung all ihrer Kräfte vom Platz zu schieben. Manchmal ist ein Kampf bereits nach wenigen Sekunden zu Ende, es gibt aber auch Wasserbüffel, die über eine halbe Stunde gegeneinander kämpfen. Dann beginnt das Publikum zu toben und jeder feuert seinen Favoriten an. Sobald der Sieger feststeht, werden die Wetten ausgezahlt und dem erfolgreichen Tier winkt ein kulinarischer Leckerbissen. Die Freude über den Gewinn oder die Enttäuschung über eine verlorene Wette steht so manchem ins Gesicht geschrieben, wenn er sich auf den Heimweg begibt.

an der scharfen Linkskurve sind in der **Cultural Hall** des Wat Lamai einige Funde ausgestellt, die auf eine rege Handelstätigkeit mit China im 19. Jh. hinweisen. In der parallel zur Küste verlaufenden Strandstraße zeigt sich Lamai von einer ganz anderen Seite, vor allem nach Sonnenuntergang. Dann drängen sich die Urlauber in der vom Neonlicht erleuchteten Straße, die Reisebüros, Supermärkte, Banken, Telefonbüros und Schneider säumen. Auf den Grills vor den Seafoodrestaurants werden frische Garnelen und Fische zubereitet und in den offenen Bierbars gehen grell geschminkte Mädchen auf Kundenfang. Überall sorgen Videos mit den Kinohits der letzten Jahre dafür, dass selbst bei Verständigungsproblemen keine Langeweile aufkommt.

Einheimische Touristen werden mit Reisebussen zu den Felsen gefahren, die im Süden die Bucht von Lamai abschließen. Hier kann man mit frischer junger Kokosmilch seinen Durst stillen und in der von Souvenir- und Imbissbuden gesäumten Gasse ein originelles Mitbringsel erstehen. An ihrem Ende erheben sich aus dem Meer **Hin Ta** und **Hin Yai,** die Großvater- und Großmutterfelsen, auch Wonderful Rock genannte Felsformationen, die fantasievolle Gemüter an ein weibliches und männliches Geschlechtsteil erinnern. Einen Kilometer weiter erreichen Wanderer nach einem schweißtreibenden, 20-minütigen Aufstieg auf einer unbefestigten Straße den **Overlap Stone** 12, einen Aussichtspunkt, von dem man die einsame Südküste überblickt.

Während die Hauptstraße weiter landeinwärts zurück nach Nathon führt, zweigt hinter **Ban Hua Thanon** 13, einem überwiegend von Chinesen und muslimischen Fischern bewohnten Dorf, eine schmale Straße nach Süden ab. Ein Korallenriff, das bis zur Küste reicht, trübt das Badevergnügen an diesem Strandabschnitt. Die meisten der von der Hauptstraße abzweigenden Wege enden an kleinen Buchten, an denen wenige einsame Resorts in allen Preisklassen ruhebedürftigen Urlaubern eine Bleibe bieten.

An der schmalen Sackgasse nach **Laem Set** 14 haben sich zwei Touristenattraktionen angesiedelt: Das wenig empfehlenswerte **Samui Aquarium & Tiger Zoo** (Tel. 077-42 40 17, tgl. 9–18 Uhr, Show um 13 Uhr, Eintritt 450 Baht) und **Samui Butterfly Garden.** Im März sind hier wunderschöne frei fliegende Schmetterlinge zu bestaunen. Ansonsten sieht man nur aufgespießte Exemplare. Zudem wird in einem Museum eine bunte Sammlung von Insekten aus aller Welt gezeigt (Tel. 077-42 40 20-2, tgl. 9–18 Uhr, Eintritt 150 Baht).

Weiter im Westen, im Dorf **Ban Thale** 15, steht noch eines der letzten traditionellen Samui-Häuser, das Mitte des 19. Jh. aus hartem Teakholz ohne einen einzigen Nagel erbaut wurde und dessen Außenwände mit Schnitzereien verziert sind. Die derzeitigen Bewohner öffnen das Haus für Besucher, eine Spende ist erwünscht.

Kreuz und quer, zum Teil auf unbefestigten Wegen durch scheinbar endlose Kokoshaine, geht es nun zum südlichsten Punkt der Insel, dem **Laem Sor,** auf dem sich eine schlichte, aber äußerst fotogene gelbe Pagode, der **Chedi Laem Sor** 16, erhebt. Von der nächsten Bucht aus, der Thongkrut Bay, können Schnorcheltouren auf die vorgelagerten Inseln Ko Mat Sum und Ko Tan organisiert werden. Diese Inseln eignen sich gut zum Ausspannen.

An der asphaltierten Straße weiter im Norden markiert ein Elefantentor die Abzweigung zum **Hat Taling Ngam** 17. Auf den steilen Felsen bis hinab in die Bucht erstreckt sich ein im traditionellen Thaistil erbautes Luxusresort mit einem großartigen Restaurant, zwei formvollendeten Swimmingpools und exklusiven Aussichtsplätzen für die fantastischen Sonnenuntergänge.

Im Inselinneren

Keine überwältigenden Naturereignisse, aber weitere schöne Ausflugsziele sind die beiden Wasserfälle im Inselinnern: Schöner als der **Hin-Lat-Wasserfall** 18, 2 km südlich von Ban Nathon, ist der **Na-Muang-Wasserfall** 19 bei Ban Suan Thurian, 2 km abseits der Ringstraße. Zum einen bietet sein Pool die Möglichkeit zu einem erfrischenden Bad mitten im Dschungel und zum anderen werden hier Ausritte auf Elefanten angeboten. Bereits kurz zuvor zweigt eine steile, 2 km lange unbeschilderte Straße zum **Na-Muang II-Wasserfall** ab, der in mehreren Stufen die Felsen hinabplätschert.

Einige Veranstalter bieten Dschungelwanderungen durch das gebirgige Inselinnere an. Während der schweißtreibenden Tour durch die menschenleere Bergwelt zeigt sich Ko Samui von einer anderen Seite – Natur pur und immer wieder herrliche Aussichten auf die abwechslungsreiche Küstenlandschaft stehen hier auf dem Programm.

Infos

Tourist Office: in Nathon, im alten Postamt hinter dem neuen an der Uferstraße nördl. vom Pier, Tel. 077-42 05 04, tgl. 8.30–12 und 13–16.30 Uhr.

Übernachten

Luxus ▶ **Resort & Spa Baan Taling Ngam:** 295/1 Moo 3, Hat Taling Ngam, Tel. 077-42 91 00, Fax 077-42 32 20, www.kosamui.com/baantalingngam. In einen Hang gebaute, große Luxusanlage, die Villen und Zimmer mit allem Komfort bietet, dazu einen Pool mit Blick übers Meer, ein Spa, Restaurants (im Baan Chantra abends königliche Thaiküche und Dinner mit Thaitänzen), Tauchen, Kajakfahren und anderer Wassersport, traumhafte Sonnenuntergänge, aber kein schöner Strand. Zimmer 18 000 Baht, Villen bis 43 000 Baht.

aktiv unterwegs

Bootstour zum Ang Thong Marine National Park

Tour-Infos

Start: Strände von Ko Samui oder Ko Pha Ngan
Zeit: Jan.–Okt.
Karte: s. S. 332
Veranstalter: Empfehlenswert sind die Fahrten mit **Lomprayah,** www.lomprayah.com, Mo, Mi u. Fr von etwa 8–16.30 Uhr. Im Preis von 1800 Baht sind Mittagessen, Getränke, Nationalparkeintritt, Kanufahrten und eine Schnorchelausrüstung inbegriffen.
Zweitägige Touren mit dem Seekajak einschließlich einer Übernachtung in den Parkunterkünften auf Ko Wua Talab organisiert **Sea Canoe,** Tel. 077-23 04 84, www.seacnoe.net Di, Do u. Sa für 10–13 000 Baht je nach Teilnehmerzahl. **Blue Star Sea Kayaking** (s. S. 338) bietet ebenfalls Touren an.

20 km westlich von Ko Samui erheben sich aus dem relativ seichten Meer 42 Inseln, die seit 1980 unter Naturschutz stehen. In diesem ehemaligen militärischen Sperrgebiet findet man eine relativ intakte Natur vor, die am besten während einer Kajaktour erkundet In der Saison starten am Morgen Dutzende von Ausflugsbooten Richtung Ko Thai Plao, Ko Wua Te und Ko Sam Sao, wo die Strö-Manchmal kommen Delphine und begleiten die Boote durch die Inselwelt. Sie sind aber relativ scheu, da sie von den einheimischen Fischern gejagt werden.

Nichts ist am Ende einer Schnorcheltour angenehmer als ein Bad im von steilen Felswänden umschlossenen Salzwassersee Thale Noi auf der Insel Ko Mae, den man auf einem schmalen Pfad erreicht. Von hier führt ein unterirdischer Tunnel zum Meer. Die bewaldete Felseninsel Ko Sam Sao wartet mit einer natürlichen Brücke und einem 240 m hohen Aussichtspunkt auf. Mit etwas Glück entdeckt man inmitten des Grüns der niedrigen Bäume und Büsche seltene Orchideenarten oder sogar Makaken, Warane, Ottern und Eichhörnchen, die ebenso wie viele Vogelarten die kleinen Inseln bevölkern.

Auf Ko Wua Talab, wo sich auch das Park Headquarter mit einigen Unterkünften befindet, kann man nach dem Mittagessen die höchste Erhebung im Archipel, den Utthayan Hill, in einer halbstündigen Tour erklimmen. Man wird mit einem malerischen Blick auf die grüne Inselwelt belohnt.

Der geschützte Archipel ist ein beliebtes Ausflugsziel für Tagestouristen

Gepflegt ▶ Poppies Samui Resort: Chaweng Beach, Tel. 077-42 24 19, www.poppiessamui.com. Am zentralen Strandabschnitt liegen versteckt hinter dichtem Grün geschmackvolle Bungalows. Spa, Pool, fantastisches Restaurant. Ab 7800 Baht.

Geruhsam ▶ Coral Bay Resort: 9 Moo 2, Yai Noi Beach, Tel. 077-42 22 24, Fax 077-42 23 92, www.coralbay.net. Klimatisierte Holzbungalows und luxuriöse Villen unter Kokospalmen mit Swimmingpool in ruhiger Lage, flacher Strand mit Korallen. 5500–32 000 Baht.

Mediterraner Stil ▶ Imperial Samui: 86 Moo 3, Chaweng Beach, Tel. 077-42 20 20-36, Fax 077-42 23 96-7, www.imperialhotels.com. Fünf-Sterne-Hotel direkt am Chaweng Noi Beach, zwei interessant gestaltete Swimmingpools, Wassersportmöglichkeiten, Restaurants, Bar. 5300–17 000 Baht.

Ungewöhnliche Räume ▶ Imperial Boat House: 83 Moo 5, Choeng Mon Beach, Tel. 077-42 50 41-52, Fax 077-41 32 20, www.imperialhotels.com. Luxuriös eingerichtete Zimmer in einer 3-stöckigen Hotelanlage und in umgebauten Reisbarken, die rings um den Swimmingpool arrangiert sind, Spa, Restaurants und Wassersportmöglichkeiten. 4200–8400 Baht.

Für Kinder geeignet ▶ Peace Resort: Bo Phut Beach, Tel. 077-42 53 57, Fax 077-42 53 43, www.peaceresort.com. Unterschiedlich ausgestattete Bungalows, einige direkt am Meer, Restaurant, Swimmingpool, Spielplatz. 4000–8000 Baht.

Der Pionier ▶ First Beach Resort Bungalow: 4 Moo 3, Chaweng Beach, Tel. 077-23 04 14, Fax 077-42 22 43, www.firstbungalowsamui.com. Eine der frühesten Anlagen auf der Insel an einem schönen, zentralen Strandabschnitt, zweckmäßig eingerichtete, solide Bungalows mit und ohne Klimaanlage. 2300–10 000 Baht.

Naturnah ▶ Seafan Beach Resort: Mae Nam Beach, Tel. 077-42 52 04, Fax 077-42 53 50, www.seafanresort.com. Sehr hübsch in die Landschaft integrierte Anlage unter Kokospalmen in weitläufigem Garten direkt am Strand, große klimatisierte, komplett eingerichtete Holzbungalows, Swimmingpool, Wassersportmöglichkeiten. 2600–3500 Baht.

Klein aber fein ▶ Corto Boutique Resort: Chaweng Yai Beach, Tel. 077-23 00 41, www.corto-samui.com. Kleine Anlage mit geschmackvoll und individuell gestalteten Bungalows am Strand. Kleiner Pool und Restaurant am Strand. Ab 1500 Baht.

Essen & Trinken

Fast allen Bungalowanlagen und Resorts sind Restaurants angeschlossen mit Preisen entsprechend der Übernachtungstarife. Da die Köche häufig wechseln, variiert die Qualität von Saison zu Saison.

Für Verliebte ▶ The Mangrove: 32/6 Moo 4, nahe Big Buddha Pier, Tel. 077-42 75 84, tgl. außer dem 29.–31. jeden Monats ab 17 Uhr. Romantisches, offenes Restaurant abseits der Hauptstraße in den Mangroven unter französisch-belgischer Leitung. Wechselnde Spezialitäten aus der französischen Küche mit internationalem Einschlag. Um 500 Baht.

Geschmackvoll ▶ Eat Sense Restaurant: Chaweng Beach, Tel. 077-41 42 42, www.eatsensesamui.com, tgl. 11–24 Uhr. Im Zentrum der weiten, belebten Bucht mit Blick auf den Strand. Gehobene lokale und internationale Küche stilecht serviert, abends Menü. Reservierung empfehlenswert. Um 500 Baht.

Für Feinschmecker ▶ Bellini: Soi Colibri, Chaweng Beach, Tel. 077-41 38 31, www.bellini-samui.com. Der italienische Chef Francesco widmet sich der gehobenen Kochkunst. Die modern gestaltete Einrichtung des klimatisierten Restaurants und die große Bar mit Wasserfall kreieren das entsprechende Ambiente. Um 500 Baht.

Heimische Kost ▶ Chez Andy: Chaweng Beach, Tel. 077-42 25 93, www.chezandy.com, tgl. 15–23 Uhr. Steakhaus und Schweizer Restaurant mit Biergarten. All-you-can-eat-Buffet mit vielen Fleischgerichten 400 Baht.

Zum Sonnenuntergang ▶ Sunset Restaurant: Thanon Chonwithee, im Süden von Nathon, tgl. 10–22 Uhr. Beliebtes Restaurant mit

Biergarten, der ideale Platz für den Sundowner, westliche und einheimische Gerichte, vor allem Seafood. 100–200 Baht.

Kreativ und gesund ▶ About Art Café By June: Thanon Chonvithi, gegenüber dem südlichsten Piers in Nathon, Tel. 089-724 96 73, tgl. 9–17 Uhr. In der Schmuck- und Kunstgalerie wird Vegetarisches aus biologischem Anbau serviert. Um 100 Baht.

Aktiv

Seekajak ▶ Blue Star Sea Kayaking: Vor der Gallery Lafayette, einer Kunstgalerie in Chaweng, Tel. 077-41 32 31, Fax 077-23 04 97, www.bluestars.info. Ein- bis mehrtägige Touren mit dem Seekajak für Anfänger und Fortgeschrittene, z. B. im Ang Thong Archipel.

Tauchen ▶ Viele Tauchbasen auf Ko Samui organisieren Touren und bieten Kurse an. **Deutsche Tauchschule Calypso:** Chaweng Beach, Tel./Fax 077-42 24 37, www.calypso-diving.com. **Easy Divers:** unter Schweizer Leitung, Chaweng Beach, Tel. 077-41 33 73, Fax 077-41 33 74, www.easydivers-thailand.com. **Samui International Diving School:** Malibu Resort, Chaweng, Tel. 077-42 23 86, www.planet-scuba.net.

Traditionelle Massage ▶ Traditionelle Massage wird von Frauen an den meisten Stränden angeboten. Zudem verfügen viele teure Resorts über ein Spa mit professionellen Massagen und Anwendungen, z. B.: Poppies, Central Samui Beach Resort, Chaweng Regent, Long Island Resort, Tongsay Bay, Chedi oder Santiburi Dusit Resort. Verhältnismäßig günstige Preise haben: **Health Oasis Resort:** 26/4 Moo 6, Maenam, 3 km nördlich von Nathon, Tel. 077-42 02 55, Fax 077-42 01 25, www.healthoasisresort.com. Meditationen und alternative Behandlungsmethoden von 3 Std. bis hin zu 3 Wochen, Kurse sowie ein vegetarisches Restaurant. **The Spa Resort:** Lamai Beach, Tel. 077-42 46 66, Fax 077-42 41 26, www.thesparesorts.net, auch Bungalows, u. a. Reiki-, Yoga- und Kochkurse, Meditationen, Heilfasten und Teezeremonie. **Tamarind Retreat:** oberhalb des nördlichen Lamai Beach, Tel. 077-42 42 21, www.tamarindretreat.com, mit Kräutersauna, Naturkosmetik und mehr.

Termine

Wasserbüffelkämpfe: Einmal im Monat und während großer Feste werden in einem der Stadien auf der Insel Kämpfe zwischen jeweils zwei Wasserbüffeln ausgetragen, ein traditioneller Wettkampf und eine immer wieder beliebte Gelegenheit zu (illegalen) Wetten.

Verkehr

Schiffsverbindungen: Anreise in 2 1/2 Std. mit einem wenig empfehlenswerten Expressboot oder der Autofähre ab Donsak. Etwas länger aber weitaus sicherer sind Verbindungen ab Chumphon über Ko Tao und Ko Pha Ngan. Regelmäßige Bootsverbindungen gibt es ab Ko Samui zu den Nachbarinseln Ko Pha Ngan und Ko Tao. Ausflugsboote fahren ins Ang-Thong-Archipel. Die Tagesausflüge kosten inklusive Seekayaktour und Schnorcheln ab 2000 Baht. Eintritt in den Nationalpark 200 Baht.

Flugverbindungen: Bangkok Airways, Tel. 077-24 56 00, in Chaweng Tel. 077-42 25 12, www.bangkokair.com, hat das Monopol auf Ko Samui und fliegt von Bangkok und Phuket mehrmals und von Singapur, Hong Kong und U-Tapao (Pattaya) 1 x tgl. direkt nach Ko Samui. Thai Airways verkehrt tgl. von Bangkok nach Surat Thani. Von dort geht es weiter mit dem Boot.

Busverbindungen: Einige Busse aus Bangkok und dem Süden Thailands fahren mit der Autofähre direkt bis Ko Samui. **Songthaew** verkehren auf der Rundstraße der Insel von Nathon nach Lamai und auf der Nordroute nach Chaweng. Nur wenige aber fahren auf der bergigen Strecke zwischen den beiden Stränden und an der Südküste entlang.

Mietwagen, Motorräder, Jeeps und Fahrräder können in Nathon, am Lamai Beach sowie am Chaweng Beach gemietet werden. Da viele Anfänger mit dem Motorrad auf der Insel herumfahren, kommt es häufig zu Unfällen. Für Motorradfahrer besteht Helmpflicht.

Avis: am Airport, Tel. 077-42 50 31-8, Tong-

sai Bay, Tel. 077-42 54 54, www.avisthai land.com.
Budget: am Airport, Tel. 077-42 71 88, Fax 077-42 71 89, bracusm1@budget.co.th, www.budget.co.th. Filiale am Chaweng Beach, Tel. 077-41 33 84.

Ko Pha Ngan ► D 15

Die Nachbarinsel Ko Pha Ngan, einstiger Fluchtpunkt der Traveller und Austragungsort heißer Full-Moon-Parties, ist fast ein Drittel kleiner als Ko Samui. Am Pier von **Tong Sala,** dem Hauptort, treffen die Passagiere vom Festland und von Ko Samui ein. Im ehemaligen Fischerdorf konzentrieren sich alle Dienstleistungsunternehmen: Reisebüros, Internetcafés und Geldautomaten, Geschäfte, ein Markt und ein Postamt.

Mit offenen Pickups oder einem gemieteten Motorrad geht es gleich weiter zu den Stränden, die teils nur über schmale, teils steile Straßen oder sogar nur vom Meer aus erreichbar sind. Zu einigen abgelegenen Stränden, wie dem Bottle Beach, kommt man nur mit laut dröhnenden Longtailbooten ab Chalok Lum. Hier blieb bislang das anspruchslosere Travellerpublikum weitgehend unter sich. Einsame Buchten muss man auch auf Ko Pha Ngan schon suchen. Viele Besucher sind von der angenehmen Atmosphäre der Bungalowanlagen so begeistert, dass sie immer wieder hierher zurückkehren. Auch Komfort suchenden Urlaubern offeriert Ko Phan Ngan einen zunehmend vielfältigeren Service, von Wellnessangeboten bis zu Ferienhäusern für Langzeiturlauber.

Wer wie Robinson an einem einsamen Strand leben möchte, entdeckt nach langer Suche an der schwer zugänglichen, felsigen **Ostküste** einige Hütten in abgelegenen Buchten. Dagegen reiht sich vor allem an der **Südküste** und anderen beliebten Stränden eine Bungalowsiedlung an die andere. Während das Wasser an der **Westküste** bei Ebbe höchstens knöcheltief ist, zeigen sich bei Flut die von Palmen gesäumten Sandstrände von ihrer schönsten Seite.

Entlang der Westküste

Mit einem gemieteten Fahrzeug ist eine Rundfahrt auf schmalen Straßen durch den Westen der Insel mit mehreren Abstechern möglich. An der seltener besuchten Westküste gelangt man nördlich von Thong Sala zum **Wat Khao Phu Noi,** dem ältesten buddhistischen Tempel der Insel mit einem alten Stupa und der Statue eines hoch verehrten Abtes. Ein Besuch des alten Tempels auf dem Berg lohnt allein schon wegen des freundlichen, englisch sprechenden Mönch Somchai, der Besuchern gerne seinen Segen spendet.

Nördlich des Dorfes **See Thanu** bietet sich vom **Chao Pao Beach** und weiter nördlich zum Sonnenuntergang ein beeindruckendes Panorama. Über eine breite Straße mit teils steilen Streckenabschnitten gelangt man zu mehreren kleinen Stränden im Nordwesten der Insel, von denen der hübsche, lange Badestrand **Hat Yao** und die pittoreske **Mae Hat** auch von Ausflugsbooten angefahren wird. Vor Mae Hat und der kleinen, mit einer Sandbank verbundenen Ko Ma liegt eines der schönsten Schnorchelgebiete Ko Pha Ngans.

Im Norden

Von der Westküstenstraße gelangt man bei **Baan Hin Kong** auf die Asphaltstraße durch das Inselinnere. Auf dem Weg nach Norden zum besuchenswerten Fischerdorf Chalok Lum kann man den hübschen **chinesischen Tempel** mit einer guten Aussicht über die bewaldeten Berge und den **Paradise-Wasserfall** besuchen.

Das größte Fischerdorf an der Nordküste, **Chalok Lum**, liegt in einer tiefen Bucht. Im geruhsamen Dorf werden Bootstouren zum Fischen oder Tauchen angeboten. Fährt man die Straße Richtung Thong Sala erreicht man den **Phaeng-Wasserfall** im Nationalpark am Fuß des 627 m hohen **Khao Ra,** dem höchsten Berg der Insel.

Vor allem Thaitouristen besuchen den **Than-Sadet-Wasserfall** im abgelegenen Nordosten der Insel, im Hinterland der Bucht **Thong Nai Pan Yai,** zu der Boote von Hat Rin und Mae Nam auf Ko Samui fahren. Sie kommen vorallem wegen des berühmten einstigen Besuchers, des verehrten Königs Rama V., der sich hier mit zahlreichen Monogrammen verewigte.

Im Süden

Allen, die Ruhe und Entspannung in der Meditation suchen, offeriert das **Wat Khao Tham** auf einem Hügel nahe dem Dorf Ban Tai zehntägige Vipassana-Meditationskurse (s. S. 45). An den flachen Stränden bis zum nächsten Ort **Ban Khai** leben viele Langzeittraveller.

Eine Hügelkette, die bis zum Meer reicht, erschwert den Zugang zum südöstlichen Zipfel der Insel, an dem der bekannteste Strand **Hat Rin** liegt. Seine große Beliebtheit verdankt der Strand seinem feinen weißen Sand. Am schönsten Badestrand der Insel mit mehreren Diskotheken, Restaurants, Bars und Reisebüros geht es recht turbulent zu.

Vor allem während der **Full-Moon-Parties** strömen Tausende von Travellern dorthin, um sich bei lauter Musik bis zum Morgengrauen auszutoben. Wer es bei seiner Reiseplanung versäumt hat, zum entsprechenden Termin hier zu sein, findet sich zu Halb- und Neumondpartys am Ban Tai Beach ein. Da während der langen tropischen Nächte beim Eimertrinken dem Alkohol reichlich zugesprochen wird, enden am folgenden Tag regelmäßig einige Touristen im Krankenhaus. Das strikte Vorgehen der Polizei gegen den Drogenhandel hat den Konsum von Marihuana weitgehend unterbunden.

Infos

www.phanganresorts.com, phanganexplorer.com oder www.kohphangan.com

Übernachten

Luxus am Strand ▶ Panviman Resort: 1/1 Moo 5, Thong Nai Pan Noi Beach, im Nordosten, Tel./Fax 077-44 51 00, www.panviman.com. Zwischen zwei Stränden an einem steilen Hang mit schöner Aussicht, 2-stöckige Hotel- und Bungalowanlage, 75 gepflegte Zimmer mit Klimaanlage, Pool, Restaurant. 4000–19 000 Baht.

Familienfreundlich ▶ Green Papaya Resort: Salad Beach, Tel. 077-37 42 30, Fax 077-34 92 78, www.greenpapayaresort.com. Komfortable Holzhäuser mit Veranda an einem kleinen Sandstrand im Nordwesten in tropischem Garten mit Swimmingpool. Schöner Ausblick vom Restaurant. 3500–8500 Baht. Große Familien-Häuser 6000–20 000 Baht.

Partystrand ▶ Phangan Buri Resort & Health Spa: Hat Rin Nai Beach, Tel. 077-37 54 81, Fax 077-37 54 88, www.phanganburi resort.net. Resort am Meer mit über hundert komfortablen Zimmern und Bungalows,

empfehlenswertes Restaurant, Pool und Spa. 2500–5500 Baht.

Unter Palmen ▶ Chaloklum Bay Resort: Chalok Lum Bay, Tel. 077-37 41 47, Fax 077-37 41 48, www.chaloklumbay.com. Holzbungalows mit Fan oder Klimaanlage, kleine Terrasse, im Palmenhain am Strand, Pool, Restaurant. 1800–4500 Baht.

Entspannt ▶ Longtail Beach Resort: Thong Nai Pan Yai, Tel. 089-971 65 15, www.longtailbeachresort.com. Angenehme, ruhige Anlage mit einfachen aber ansprechenden Bungalows. Europäisch-thailändisches junges Management. Beliebt bei deutschen Reisenden. 300–800 Baht.

Body & Mind ▶ The Sanctuary: Hat Tien, Tel. 081-271 36 14, Buchungen: www.thesanctuary-thailand.com. Einsam gelegene Bungalows, 10 Min. nördlich vom Hat Rin Beach, vegetarische Küche, Tai Chi, Meditations-, Yoga- und Massagekurse. 500–4000 Baht.

Tolle Aussicht ▶ Wang Sai Resort: Mae Hat Beach, Tel. 077-37 42 38. Schöne Bungalows am Hang mit Blick auf die Bucht und klimatisierte Häuser, z. T. mit TV, direkt am

Auf Ko Pha Ngan können Häuser für einen Langzeitaufenthalt gemietet werden

Zu Ende, wenn die Sonne aufgeht: Full-Moon-Parties in Ko Pha Ngan

Strand. Sehr gutes Essen im Restaurant. 300–2500 Baht.

Essen & Trinken

Fast allen Bungalowanlagen sind Restaurants angeschlossen, die Seafood und Travellergerichte oder gebratenen Reis servieren. Beliebt sind zudem Pizza und Pasta.

Nett ausgehen ▶ **Peppercorn:** Nahe dem Dorf Sri Thanu, Tel. 087-896 43 63, tgl. außer Di 13–22 Uhr. Das Restaurant im Dschungel bietet gehobene westliche Küche und eine Auswahl an Thaigerichten. Super Salate und gute Steaks. 200–400 Baht.

Currys und mehr ▶ **Om Ganesha:** am Pier von Hat Rin, Sunset Beach, Tel. 077-37 51 23. Indisches Restaurant mit scharfen Currys und Tandoorigerichten. Ab 70 Baht.

Leckere lokale Küche ▶ **Nongnook Restaurant:** im westlichen Dorf Chalok Lum, kleines, gutes Thairestaurant mit freundlichen Leuten. Um 80 Baht.

Preiswert und gut ▶ **Khun Phen:** Thong Sala, kleines, einfaches Restaurant im Zentrum nahe der Bank. Günstige, sehr gute Thaigerichte und Burger, auch zum Mitnehmen. Um 60 Baht.

Abends & Nachts

Full-Moon-Parties ▶ **Rin Beach:** Die größte regelmäßige Beachparty der Welt zum Vollmond mit Tausenden junger Gäste, die zu dröhnender Musik bis zum frühen Morgen tanzen.

Halb-, Neumond und After-Parties ▶ **Ban Tai:** Eintritt ab 300 Baht.

Action bei Tag und Nacht ▶ **Big Boom Bar:** Hat Rin Beach, im Zentrum des Partystrands mit Beach-Volleyball-Wettbewerben und Full-Moon-Partys.

Zudem weitere Bars, Clubs und Discos, die Szene wechselt schnell, derzeit überwiegend Hip Hop, R & B, Techno, House & Funk, Drum & Bass und natürlich Reggae.

Aktiv

Tauchen ▶ Mehrere Tauchschulen fahren von Ko Pha Ngan zum Ang Thong Marine National Park, zu den Tauchplätzen rings um die Insel und nach Ko Tao. Tauchschulen unter deutscher Leitung und mit eigenen Booten sind u. a.: **Chalok Lum Diving:** Chalok Lum, Tel. 077-37 40 25, www.chaloklum-diving.com. **Phangan Divers:** Hat Rin, Tel. 077-37 51 17, www.phangandivers.com; nahe dem Pier.

Fischen ▶ Mit **Mr. Mee** in Chalok Lum, Tel. 077-37 41 37.

Meditationskurse ▶ Wat Khao Tham: www.watkowtahm.org, 10- und 20-tägige Vipassana-Meditationskurse geleitet von Rosemary & Steve Weissman. Zudem kann man auf der Insel Thaikochen, Massage und Thaiboxen lernen.

Verkehr

Schiffsverbindungen: Expressboote von Surat Thani, Don Sak, Ko Samui (Nathon, Bo Phut); ein Katamaran fährt von Chumphon über Ko Tao nach Tong Sala. Autofähren ab Don Sak. Kleinere Boote fahren bei gutem Wetter von der Nordküste von Ko Samui (Big Buddha Beach) zum Hat Rin Beach.

Busse: 2 Busse fahren gegen 19 Uhr von Bangkok direkt bis auf die Insel.

Öffentliche Verkehrsmittel: Auf der Insel fahren Pickups und Jeeps sowie Motorradtaxen, zu abgelegenen Stränden kommt man mit Booten.

Ko Tao ▶ D 15

Die 8 km lange und nur 3 km breite ›Schildkröteninsel‹ Ko Tao ist erst durch den Einsatz von Schnellbooten näher gerückt. Zuvor brauchten die Boote für die 58 km lange Strecke von Ko Samui bis zur nördlichen Insel fünf lange Stunden und für die 74 km von Chumphon, auf dem Festland, sogar eine ganze Nacht. Zuerst zog es diejenigen hierher, die dem Komfort und dem Luxus von Ko Samui entsagen wollten und mit der Szene auf Ko Pha Ngan nichts anfangen konnten. Dann kamen die Taucher. Noch immer sind die zahlreichen Bungalows zumeist einfach ausgestattet.

Die 600 Einwohner von Ko Tao, die überwiegend im Dorf **Mae Hat** leben, haben nach den Kokospalmen den Tourismus als Einkommensquelle entdeckt. Pro Jahr kommen über 100 000 Besucher. Vor allem zwischen Weihnachten und dem chinesischen Neujahrsfest drängen sich Touristen auf der Insel. Auch ansonsten herrscht außerhalb der regenreichen Monate Oktober bis Dezember Hochbetrieb. Die meisten Bungalowanlagen stehen an den langen Sandstränden an der Westküste, dem ziemlich verschmutzten **Mae Hat Beach,** nördlich des Dorfes und dem angrenzenden **Sai Ri Beach** sowie in der kleineren südlichen **Chalok Ban Kao Bay.**

Der schönste Strand mit vorgelagerten Korallenriffen erstreckt sich zwischen den nordöstlich von Ko Tao liegenden Drillingsinseln **Ko Nang Yuan** (auch Ko Hang Tao genannt), die zwei schneeweiße Sandbänke miteinander verbinden – eine faszinierende Inselidylle, die man vor allem abends von den Aussichtspunkten auf den beiden größeren Inseln aus genießen kann. Tagsüber locken der Strand und das bunte Korallenriff zahllose Taucher und Schnorchler an.

Die malerischen, von glatt geschliffenen Granitfelsen begrenzten kleinen Sandstrände im Süden und Osten der felsigen Insel Ko Tao eignen sich nur begrenzt zum Baden. Scharfkantige Korallen im seichten Wasser trüben das Badevergnügen. Hingegen locken vor der Küste im Golf von Thailand die schönsten Korallenriffe mit optimalen Bedingungen für Tauchanfänger, da die fischreichen, ruhigen Gewässer leicht zu erreichen sind. Zahlreiche Tauchbasen operieren auf der Insel, wo sie auch Tauchschulen betreiben. Das kristallklare Wasser bietet Korallen ideale Wachstumsbedingungen, sodass unter den hundert vorkommenden Korallenarten auch seltene Exemplare zu finden sind. Bunte Anemonenfische und urtümliche Meeresschildkröten tummeln sich in den Riffen zwischen harten und weichen Korallen und Schwämmen, während an den Steilabfällen ab und an

Rochen, Leopardhaie und riesige Walhaie für einen aufregenden Tauchgang sorgen.

Infos

Im Internet unter www.kohtao.com, www.kohtaoonline.com sowie www.on-koh–tao.com.

Übernachten

Wer nicht tauchen geht, wird vor allem in der Saison nur mit Schwierigkeiten eine Bleibe finden. Viele Unterkünfte nehmen bevorzugt Taucher auf. Ein großes Problem der kleinen Insel ist die Wasserknappheit.

Gepflegt ▶ **Jamahkiri Resort & Spa:** Sairee Beach, Tel. 077-45 64 00, www.jamahkiri.com. Luxuriöse, klimatisierte und elegant eingerichtete Villen mit 1–3 Schlafzimmern, privatem Jacuzzi und kleinem Pool an einem Hang. Großes Spa. 6000–15 000 Baht.

Geschmackvolles Refugium ▶ **Charm Churee Villa:** südlich von Mae Hat, Tel. 077-45 63 93, Fax 077-45 64 75, www.charmchureevilla.com. Naturnahes Boutiqueresort in wunderschöner Lage auf Felsen und am Hang über einer privaten, kleinen Bucht. Gutes Restaurant und freundlicher Service. Spa im balinesischen Stil. 3200–18 700 Baht.

Meerblick vom Bett ▶ **Sensi Paradise Beach Resort:** Mae Hat Beach, Tel. 077-45 62 44, Fax 077-45 62 45, www.kohtaoparadise.com. Bungalows und Häuser unterschiedlicher Größe und Ausstattung an einem Hang. Pool und gutes Restaurant an einer kleinen Bucht, die sich gut zum Schnorcheln eignet. 1000–12 000 Baht.

Kreativ wohnen ▶ **Koh Tao Cabana:** Sai Ri Beach, Tel. 077-45 62 50, www.kohtaocabana.com. Auf einem weitläufigen Gelände stehen klimatisierte Häuser und einfache Bungalows. Vom Restaurant Blick über die Bucht. 2400–16 000 Baht.

Für Langzeitaufenthalte ▶ **Koh Tao-Utopia Suites:** 200 m südlich vom Mae-Hat-Pier, Tel./Fax 077-45 67 29, www.utopiasuites.com. 2-stöckiges Haus mit gut ausgestatteten Apartments mit Küche sowie für die relativ teure Insel preiswerte klimatisierte Zimmer mit TV und Bad mit Warmwasser, Restaurant. 1800–2800 Baht.

Abgelegen und ruhig ▶ **Tao Thong Villa:** Tel. 077-45 60 78. Familiäre, ruhige Anlage auf einer felsigen Landzunge am Westrand des Chun Chua Beach mit einfachen Bungalows und kleinem Restaurant. Je nach Ausstattung 300–1000 Baht.

Aktiv

Tauchen ▶ Viele Tauchschulen bieten Ausflüge zu etwa hundert Tauchplätzen rings um Ko Tao sowie Anfänger- und Fortgeschrittenenkurse an.

Verkehr

Schiffsverbindungen: Zur Insel fahren Speedboote und eine langsame Nachtfähre direkt ab Tha Yang Pier, 7 km östlich von Chumphon, und ein Katamaran ab Thung Kam Noi. Zudem Speedboote, Expressboote und ein Katamaran von Ko Samui über Ko Pha Ngan. Auf der Insel werden **Mountainbikes** und **Motorräder** vermietet. Zu den Stränden fahren **Boote** und **Pickups**.

Der tiefe Süden

Khao Luang ▶ D 17

Etwa 30 km nördlich von Nakhon Si Thammarat erhebt sich der 1835 m hohe Khao Luang, der höchste Berg im Süden von Thailand, umgeben von einem Nationalpark, der vor allem wegen seines dichten tropischen Dschungels und der spektakulären Karom-Wasserfälle besucht wird. Seltene Vogelarten und Säugetiere leben an den Berghängen, unter anderem Nebelparder, Tiger, Leoparden, Wildrinder und sogar Elefanten. Anfahrt über den H 4015, die Abzweigung am Kilometer 20 nach rechts ist ausgeschildert. Eintritt 200 Baht.

Nakhon Si Thammarat ▶ D 17

Nakhon Si Thammarat ist eine der größten Städte des Südens. Ursprünglich erstreckte sich die kilometerlange Stadt entlang der Küste. Durch die zunehmende Versandung der Bucht liegt Nakhon Si Thammarat heute 10 km landeinwärts.

Das kleine, bereits im 2. Jh. n. Chr. belegte Königreich Tambralinga wurde im 8. Jh. in das mächtige Srivijaya-Reich integriert. Seine blühende Hauptstadt Ligor entwickelte sich zu einem wichtigen Handelshafen, in dem indische wie auch chinesische Händler nach langer Reise über den Ozean ihre Waren entluden. Der bedeutende Ort war eines der ersten buddhistischen Zentren des Landes. Reste der alten **Befestigungsmauern** lassen die Umrisse der früheren Stadtanlage noch immer erkennen. Erst zu Beginn des 15. Jh. wurden die Erdwälle durch Ziegelmauern ersetzt; der nördliche Teil der Umfriedung ist zum Teil noch erhalten. Von den einstigen Prachtbauten ist freilich wenig geblieben. Überreste, die eine Vorstellung vom alten Bild vermitteln könnten, sucht man vergebens.

Das alte Zentrum, etwa 2 km südlich des Bahnhofs, wartet mit einigen interessanten Sehenswürdigkeiten auf: **Wat Mahathat,** das prominenteste Heiligtum der Region, wurde bereits im 8. Jh. während der Srivijaya-Epoche von König Si Thanna Sokkart gegründet. Ein prächtiger, 77 m hoher Chedi des ceylonesischen Typs, der Phra Boromathat, überragt die Klosteranlage. Seine Spitze ist reich vergoldet und mit Edelsteinen besetzt. Im Unterbau des Chedi befindet sich das zentrale Heiligtum, umgeben von einem rechteckigen, mit farbigen Ziegeln gedeckten Wandelgang, in dem zahlreiche Buddhastatuen stehen.

Das kleine **Tempelmuseum** enthält Geschenke und Votivgaben; bemerkenswert sind ein Steinbuddha aus der Dvaravati-Zeit und ein unter der siebenköpfigen Naga-Schlange sitzender Buddha aus der Srivijaya-Periode (tgl. 9–12 und 13–16 Uhr).

In einer Seitenhalle wird die Stadtgründerin, eine indische Prinzessin, verehrt. Sie soll laut Überlieferung an der Küste Schiffbruch erlitten haben und aus Dankbarkeit für ihre Rettung den Buddha Phra Singh gestiftet haben, der in einer eigens dafür errichteten **Ho Phra Singh** in der Thanon Ratchadamnoen neben der City Hall aufbewahrt wird. Allerdings beanspruchen auch Bangkok und Chiang Mai für sich, den echten Buddha Phra Singh zu besitzen (Mo–Fr 9–16 Uhr).

Im **Nationalmuseum,** 700 m südlich des Wat Mahathat, ist eine Fülle von Kunstwerken der verschiedensten Epochen ausgestellt, von prähistorischen Funden über Buddhastatuen, Silber- und Goldschmiedearbeiten aus verschiedensten Regionen bis hin zu Schattenspielfiguren (tgl. außer Mo, Di und feiertags 9–16 Uhr, Eintritt 30 Baht).

Die aus dem javanischen Raum stammende Tradition des **Schattenspiels** wird in Nakhon Si Thammarat noch immer gepflegt. Östlich vom Wat Mahathat, in der 110/18 Soi 3, Thanon Si Thammasok, stellen Suchart Subsin und seine Mitarbeiter Schattenspielfiguren her und führen gegen eine Spende kurze Szenen eines Schattenspiels vor. Einige Souvenirgeschäfte verkaufen die aus Büffelleder geschnittenen, bunt bemalten Figuren.

Infos

Tourist Office: Sanam Na Muang, Thanon Ratchadamnoen, Tel. 075-34 65 15, Fax 075-34 65 17, tatnksri@tat.or.th, tgl. 8.30–16.30 Uhr.

Übernachten

Bestes Haus am Ort ► **Twin Lotus Hotel:** 97/8 Thanon Phattanakan Khukhwang, südöstl. der Stadt, Tel. 075-32 37 77, Fax 075-32 38 21. 16-stöckig mit 400 Zimmern, bestes Hotel der Stadt. Um 3000 Baht.

Termine

Hae Pha Khun That: im Febr. religiöses Fest zu Ehren einer Buddhareliquie, Prozessionen, Schattenspieltheater.

Verkehr

Flugverbindungen: Nach Bangkok mit Air Asia, www.airasia.com, Orient Thai, www.fly12go.com, und Nok Air, www.nokair.com.

Zugverbindungen: Auf der Stichlinie nach Nakhon Si Thammarat verkehren tgl. zwei Schnellzüge von Bangkok.

Busverbindungen: Vom zentralen Busbahnhof u. a. nach Surat Thani in 2 Std., Bangkok in 12 Std. oder Hat Yai in 5–6 Std.

Phattalung ► D 18

Rund um Phattalung erstreckt sich eine flache Küstenlandschaft. Nahe der Stadt ragen aus der weiten Ebene zwei Kalkfelsen in den Himmel, von denen einer nördlich der Stadt an der Bahnlinie liegt. Dieser beherbergt das Höhlenkloster **Tham Malai und** der andere, westlich des Stadtzentrums, den Höhlentempel **Wat Khua Sawan,** der vermutlich schon während der Srivijaya-Periode gegründet wurde. Von dem Chedi auf dem Felsen bietet sich eine schöne Aussicht auf die Stadt und ihre Umgebung. Im Osten erstreckt sich der Binnensee **Thale Luang,** der langsam verlandet. Er ist mit dem südlicheren Thale Sap verbunden, den nur eine schmale Landzunge vom Meer trennt. Der flache **Thale Noi** nordöstlich von Phattalung ist ein bedeutendes Vogelreservat, das von Januar bis April nahezu 200 Vogelarten frequentieren.

Verkehr

Zugverbindungen: Die Stadt liegt an der Hauptlinie Hat Yai – Bangkok.
Busverbindungen: Vom Busbahnhof u. a. nach Bangkok, 888 km, in 15 Std. oder Hat Yai in 2 Std.

Hat Yai ► E 19

Mit der Erschließung der malaiischen Halbinsel durch die Eisenbahn hat sich Hat Yai von einer kleinen, unbedeutenden Siedlung zum wichtigsten wirtschaftlichen Umschlagplatz des Südens entwickelt. Die großen Fernstraßen erreichten Hat Yai erst in den 1970er-Jahren und brachten, zusammen mit dem internationalen Flughafen und der Universität, einen weiteren Wachstumsschub. Ein Hauch von Wildwest liegt über der Stadt, denn hinter den Kulissen der gesichtslosen Neubauten hält Hat Yai all das bereit, was Malaysia nicht bietet: preisgünstige Einkaufsmöglichkeiten und ein ausschweifendes Nachtleben, das die muslimischen Sittenwächter des Nachbarlandes nicht gestatten. Kein Wunder, dass gigantische Clubs, Massagesalons und Hotels das Stadtbild bestimmen. Am Wochenende und während der malaysischen Feiertage herrscht Hochbetrieb.

Hat Yai ist auch *der* Verkehrsknotenpunkt zwischen Bangkok und Kuala Lumpur, hier teilt sich die Bahnlinie nach Malaysia. Die Hauptstrecke führt weiter nach Padang Besar und über die Grenze nach Butterworth, dem Bahnhof der Insel Penang, die andere verläuft entlang der Ostküste über Yala zur malaysischen Grenze.

Infos

Tourist Office: 1/1 Soi 2, Thanon Niphat-U-Thit 3, Tel. 074-24 37 47, Fax 074-24 59 86, tgl. 8.30–16.30 Uhr, tatsgkhl@tat.or.th. Informationen über Hat Yai und andere Städte im Süden.

Übernachten

Mit allem Komfort ► Novotel Centara Hat Yai: 1 Thanon Sanehanusorn, Tel. 074-35 22 22-36, Fax 074-35 22 23, www.centralhotelsresorts.com. Zentral gelegenes komfortables 5-Sterne-Hotel, hervorragendes chinesisches Restaurant, Fitnesscenter. 2000–3000 Baht.
Groß ► J. B. Hotel: 99 Thanon Chuti Anusorn, Tel. 074-23 43 00, Fax 074-23 43 28, www.jbhotelhatyai.com. Großes Hotel mit Swimmingpool und Tennisplätzen im Norden der Stadt. 1600–7000 Baht.
Pool mit Aussciht ► Lee Gardens Plaza: 29 Thanon Prachatipat, Tel. 074-26 11 11, Fax 074-35 35 55, www.leeplaza.com. 405 klimatisierte Zimmer in einem zentral gelegenen Hochhaus, Pool auf dem Dach, Restaurant. Ab 1300 Baht.

Verkehr

Flugverbindungen: Vom Flugplatz, 12 km westl. der Stadt, mit Thai Airways (Tel. 074-23 42 38) 2 x tgl. nach Bangkok, weitere Flüge nach Bangkok mit Air Asia, www.airasia.com, und Nok Air, www.nokair.com, sowie nach Bangkok und Phuket mit Orient Thai, Tel. 074-24 01 69. Internationale Flüge nach Kuala Lumpur und Singapur.
Zugverbindungen: Mit dem internationalen Expresszug dauert es etwa 16 Std. nach

Die Tradition des Schattenspiels wird in Nakhon Si Thammarat gepflegt

Die muslimische Minderheit

Thema

Drei Viertel der über 3 Mio. Muslime leben im Süden Thailands, wo es immer wieder zu blutigen Auseinandersetzungen zwischen jungen Muslimen und der Zentralregierung kommt. Praktizierende Muslime mit einer schlechten Ausbildung haben in der modernen Gesellschaft Thailands nur geringe Chancen auf einen gut bezahlten Beruf, sodass die meisten als Bauern oder Fischer mit einem kärglichen Einkommen leben.

Der Rückgang des Tourismus und der Fischereierträge sowie der Verfall der Kautschukpreise haben die Bevölkerung des tiefen Südens besonders hart getroffen. Und so fühlt man sich von der Zentralregierung im Stich gelassen und sucht Zuflucht in der Religion. Mit dem islamischen Nachbarland Malaysia fühlt man sich enger verbunden als mit dem fast 1000 km entfernten Bangkok. Und das nicht erst seit ein paar Jahren.

Bereits im 13. Jh. gab es im Süden des heutigen Thailand islamische Fürstentümer unter Oberhoheit des Sultanats Pattani. Durch die Einwanderung von Thai aus dem Norden verloren die Herrscher an Einfluss, doch die ferne Zentralregierung ließ sie ansonsten gewähren. Erst 1832 errang das siamesische Reich die endgültige Kontrolle über Pattani. 1909 mussten die Sultanate Kedah, Perlis, Kelantan und Terengganu an das britische Empire abgetreten werden. Daraufhin begann man die verbliebenen Gebiete stärker unter thailändische Kontrolle zu bringen.

Seit den 1950er-Jahren bis 1989 terrorisierten Kommunisten und Separatisten neben ganz gewöhnlichen Banditen den Süden mit Überfällen. Nach einer kurzen Phase der Ruhe kam es 2001 zu vereinzelten Bombenanschlägen. Durch die Beteiligung Thailands am Irak-Krieg eskalierte die Situation erneut. Polizei- und Militärposten wurden überfallen und einflussreiche buddhistische Thai ermordet. Thaksin fürchtete das Erstarken islamischer Fundamentalisten und Separatisten und begann mit eiserner Faust durchzugreifen. Anfang 2004 verhängte die Regierung das Kriegsrecht über die Provinzen Yala, Narathiwat und Pattani. Starke Militärverbände wurden in den Süden verlagert, Demonstranten verhaftet und militante Muslime, die sich in die Moschee von Pattani geflüchtet hatten, erschossen. Nach einer Demonstration im Oktober erstickten 78 Festgenommene in einem LKW, der sie in eine Kaserne bringen sollte. Trotz vielfältiger Versuche, die Region mit militärischer Gewalt und politischen Zugeständnissen zu befrieden, eskalierte die Situation. Immer wieder wurden Menschen ermordet, explodierten Bomben, so 2006 in 22 Banken in der Provinz Yala und in sechs Einkaufszentren von Hat Yai. Da die Verantwortlichen unbekannt blieben, gab es keinen, mit dem die Zentralregierung hätte verhandeln können. Nach dem Sturz von Thaksin versuchte die Militärregierung einen gewaltfreieren Weg zu gehen und suchte das Gespräch. Doch die Gewalttaten stiegen weiter an, sodass erneut alle Schulen geschlossen wurden und eine Serie von Bombenanschlägen den Süden erschütterte. Mittlerweile ist bekannt, dass auch die Separatisten von Jemaah Islamiyah unterstützt werden.

Solange sich die Situation nicht beruhigt hat, sollte man die betroffenen Südprovinzen Pattani, Yala und Narathiwat nicht bereisen und auch in Hat Yai vorsichtig sein.

Bangkok, 945 km, und 5 Std. nach Butterworth (Penang, Malaysia), Anschluss an den Express nach Kuala Lumpur, von dort weiter nach Singapur, insgesamt ist man von Hat Yai nach Singapur etwa 24 Std. unterwegs. Weitere Eilzüge fahren in Richtung Norden und nach Yala.

Busverbindungen: Gute Verbindungen in alle Städte des Südens und zu allen Tourismuszentren, Busse, Minibusse und Überlandtaxen fahren auch nach Malaysia (Butterworth/Penang und Kuala Lumpur) sowie nach Singapur.

Mietwagen: Avis, am Airport, Tel. 074-25 03 21, www.avisthailand.com.

Budget: am Airport, Tel. 074-24 00 46, Fax 074-24 00 47, brachy6@budget.co.th, www.budget.co.th.

Songkhla ► E 19

Die benachbarte Provinzhauptstadt Songkhla nimmt sich neben der ›Boomtown‹ Hat Yai geradezu gemütlich aus. Durch ihre Lage auf einer Landzunge zwischen dem Meer und dem ruhigen Binnensee **Thale Sap** war Songkhla für einen Hafen geradezu prädestiniert und lebte lange Zeit vor allem vom Warenumschlag. Für die großen Frachter ist die Zufahrt zu eng geworden, sodass die kleinen Fischerboote und der Handel mit Fischen und anderen Meerestieren das Geschehen am Hafen bestimmen.

Schmale Gassen, gesäumt von ziegelgedeckten zweistöckigen Häusern, prägen das Bild der Altstadt. Vor allem in der Architektur der alten Geschäftshäuser in der **Thanon Nakhon Nai** sind deutlich chinesische Einflüsse zu spüren. Auch das hübsche **Nationalmuseum,** das bis zu 1300 Jahre alte Kunstgegenstände, chinesische Keramiken und Möbel sowie viele andere Ausstellungsstücke aus den südlichen Provinzen zeigt, ist in einem 1878 erbauten Anwesen des ehemaligen Gouverneurs im chinesischen Stil nahe dem Hafen untergebracht (tgl. außer Mo, Di und feiertags 9–16 Uhr, Eintritt 30 Baht). In der Filiale des Nationalmuseums, im Wat Matchimawat in der Thanon Saiburi, sind Funde aus der Srivijaya-Periode aus dem Wat Sathing Phra, 30 km nordwestlich der Stadt, zu sehen (tgl. 13–16 Uhr).

Ein **Heimatmuseum** hat das Institute for Southern Thai Studies am Highway 4146 2 km hinter Ko Yor, nahe der Brücke, eingerichtet (Tel. 074-33 11 84-9, tgl. 8.30–17.30 Uhr, Eintritt 50 Baht).

An der Meerseite zieht der 5 km lange **Samila Beach** mit den vorgelagerten Felseninseln **Ko Meo** und **Ko Nu** (Katze und Maus) einheimische Besucher an, die im Schatten der Kasuarina-Bäume picknicken. Auf einer Landspitze findet sich das Wahrzeichen der Stadt, die **Goldene Meerjungfrau.** Am südlichen Ende, vor den auf Stelzen errichteten Häusern des muslimischen Dorfes **Khao Seng,** liegen nur noch wenige der traditionellen, mit bunten Ornamenten bemalte Kor-Lae-Fischerboote vor Anker, die man nur an der Ostküste im tiefen Süden findet.

Übernachten

Meer und Golf ► **B. P. Samila Beach Hotel and Resort:** 8 Thanon Ratchdamnoen, Tel. 074-44 02 22, Fax 074-44 04 42, www.bphotelsgroup.com. Das große Hotel liegt am Stadtstrand neben dem Golfplatz. 2300–2500 Baht.

Strandhotel ► **Haad Kaew Resort:** 163 Moo 1, Thanon Singha – Nakhorn, am Strand Haad Sai Kaew, 6 km nördl. der Stadt, Tel. 074-33 10 58-66, Fax 074-33 12 20. Auf der Landzunge zwischen dem Thale Sap und einem kilometerlangen Strand gelegenes Hotel mit 140 klimatisierten Zimmern und weiteren 40 Bungalows mit großem Swimmingpool und Seafoodrestaurant. 900–1600 Baht.

Essen & Trinken

Die Stadt Songkhla ist für ihre Seafoodrestaurants berühmt, die sich am Ende der Landzunge konzentrieren.

Verkehr

Busverbindungen: Obwohl aus Bangkok Busse nach Songkhla fahren, lohnt es sich, zunächst nach Hat Yai zu fahren (25 km, laufend Busse), da von dort die Verbindungen besser sind.

14 Die Insel Phuket

Phuket – die Perle des Südens: Seit Jahrzehnten zieht es mehr und mehr sonnenhungrige Touristen vor allem im Winter auf die 867 km südlich der Hauptstadt gelegene größte Insel von Thailand. Mittlerweile sind es fast 5 Mio. Besucher, sechzehn Mal so viele Menschen wie die Insel Einwohner hat. Mit dem Flugzeug von Bangkok ist man in einer Stunde am Ziel. Chartermaschinen aus Europa steuern die Insel direkt an.

Phuket, eine Insel? Wer auf dem Landweg anreist, wird es kaum wahrnehmen. Zwei Brücken stellen die Verbindung zum Festland her, die weit unspektakulärer sind als alle, die in Bangkok den Menam Chao Phraya überspannen. Vorbei am internationalen Airport geht es mit dem Bus weiter Richtung Süden auf dem Highway durch das Inselinnere oder über schmale Straßen entlang der Westküste durch eine abwechslungsreiche, hügelige Tropenlandschaft mit kleinen und größeren Ferienorten, vorbei an Kokospalmen, Kautschuk- und Obstplantagen. Im Gegensatz zum nördlichen Thailand scheint alles von einem immergrünen Teppich bedeckt, was weniger dem steinigen, an sich unfruchtbaren Boden zu verdanken ist als dem ständig tropischen Klima. Vor allem der Südwestmonsun zwischen Mai und Oktober bringt reichlich Niederschläge, denn die feuchten Luftmassen stauen sich vor der bis über 530 m hohen Bergkette, die die Insel unweit der Küste von Norden nach Süden durchzieht.

Die 16 Sandstrände der Insel in weit ausladenden Buchten oder zwischen steilen Felsen zeigen je nach Ausrichtung unterschiedlichen Charakter. Zum Schwimmen eignet sich die flach abfallende Küste im Osten weniger gut als jene an der Westküste, die allerdings in den europäischen Sommermonaten ungeschützt dem Monsun ausgesetzt ist. An den attraktivsten Stränden stehen dicht an dicht internationale Hotels, Apartment- und Bungalowanlagen aller Preisklassen, dazwischen drängen sich Bars, Restaurants und Einkaufszentren.

Phuket Town 1 ▶ B 18

Cityplan: S. 350; **Karte:** S. 357

In der lebhaften Provinzstadt **Phuket Town** ist der chinesische Einfluss unübersehbar. Die wie Perlen aneinander gereihten, 2-stöckigen **alten Geschäftshäuser** prägen das Zentrum. Zunehmend werden die schönsten Fassaden restauriert, verspielter Stuck ergänzt, bunte chinesische Bodenfliesen freigelegt und die geschnitzten Holztüren in kräftigen Farben bemalt oder gar vergoldet. Einige der schönsten Geschäftshäuser stehen in der Thanon Deebuk und Krabi zwischen Thanon Satun und Yaowaraj. Vor allem junge Maler haben sich hier niedergelassen. In ihren Galerien läßt es sich herrlich stöbern und bei Interesse auch ein Schwätzchen halten. Auch wenn das **Thavorn Hotel** 1 in der Thanon Rasada zum Übernachten nicht mehr empfohlen werden kann, lohnt doch ein Blick in die Lobby und Bar. Sie beherbergen eine bunte Sammlung von historischen Fotos, Safes, Werkzeugen, Blechspielzeug, Filmplakaten und anderen Kuriositäten, ein angestaubtes Museum, das die Geschichte des Hauses und des Zinnbergbaus auf der Insel dokumentiert. Auch das erste chinesische

Hotel, das **On On Hotel** 2 in der Thanon Phang Nga, in der die Anfangszene des Films ›The Beach‹ gedreht wurde, ist sehenswert aber weniger zum Übernachten geeignet.

Zudem beeindrucken die alten Verwaltungsgebäude und **Landhausvillen** im Kolonialstil, die sich im 19. Jh. wohlhabende chinesische Minenbesitzer nach Vorbildern aus Penang erbauen ließen. Dazu zählt das prächtige Anwesen neben dem Thai Airways Office, gegenüber vom Markt. Auch das **Gerichtsgebäude** 3 im nordöstlichen Verwaltungsviertel ist ein repräsentativer Altbau im Kolonialstil. Im luftigen **Gebäude der Provinzverwaltung** 4 schräg gegenüber wurden Szenen für den Film ›Killing Fields‹ gedreht, die in der französischen Botschaft in Phnom Penh spielen. Jogger nehmen in der abendlichen Kühle den schmalen, 1 km langen Weg hinauf zum **Rang Hill** 5. Dort erwartet sie nicht nur ein Fitnesspark und ein Drink in einem der Restaurants, sondern auch eine schöne Sicht über die Stadt. In der schmalen **Soi Rommani** nahe dem Thai-Tempel Wat Mongkul Nimit wurden zahlreiche Häuschen liebevoll restauriert. Kleine, einladende Kneipen öffnen meist am frühen Abend. In einigen kann man auch lecker und günstig essen. Vor allen an Wochenenden in der Hauptsaison gibt es Jazzsessions. Einige sind mit Antiquitäten nostalgisch eingerichtet, andere bunt und glitzernd im Stil der 1970er-Jahre oder auch rustikal mit einfachen Holztischen auf dem Bürgersteig.

Braun gebrannte Tagesausflügler von den Stränden bummeln über den offenen **Obst- und Gemüsemarkt** 6 und durch die Hallen jenseits der Straße. Hier verschaffen sie sich einen ersten Eindruck von der Vielfalt tropischer Früchte und anderer Lebensmittel, die die Grundlage für die abwechslungsreiche thailändische Küche bilden. Asiatische Touristen bevorzugen hingegen die modernen **Einkaufszentren** 7 in der Thanon Tilok Uthit 1 oder am westlichen Stadtrand. Ein beliebtes Ziel der Gruppenreisenden ist die **Cashewfabrik** 8, in der die Verarbeitung der auf der Insel geernteten Cashewnüsse beobachtet werden kann – vom Knacken der Schale über das Rösten und Würzen bis zum Verpacken (Tel. 076-21 96 22-3, tgl. 7–19.30 Uhr).

An buddhistischen Feiertagen, vor allem zum Vegetarierfest, herrscht in den chinesischen Tempeln der Stadt Hochbetrieb. Aber auch an anderen Tagen lohnen sie einen Abstecher, zum Beispiel der große **Bang Niaw Tempel** 9 an der Thanon Phuket, südlich der Kreuzung mit der Thanon Ong Sim Phye oder der hübsche **Hok Huan Kong Tempel** 10 südlich vom Uhrturm.

Infos

Tourist Office: 191 Talang, Tel. 076-21 10 36, 076-21 71 38, Fax 076-21 35 82, tgl. 8.30–16.30 Uhr, tatphket@tat.or.th, www.phuket tourism.org, www.phuketgazette.net, www.phukethotels.com, www.phuket.com, www.suedthailand.info oder www.phuket-travel.com (Reisebüro). Einige Sites bieten v. a. Hotelbuchungen an, sind aber hinsichtlich ihrer Informationen nicht immer aktuell.

Übernachten

Die meisten Touristen übernachten in den Resorts an der Küste.

Guter Service ▶ **Metropole Hotel** 1: 1 Soi Surin, Thanon Montri, Tel. 076-21 50 50, www.metropolephuket.com; 18-stöckiges, gepflegtes Hotel mit aufmerksamem Service; Restaurant mit riesigem Mittagsbuffet, Pool, Shuttlebus zum Airport und Strand. 3200–3800 Baht.

Stilvoll ▶ **Sino House Apartment Hotel** 2: Thanon Monti Rd., Tel. 076-22 13 98, www.sinohousephuket.com, Apartmenthotel im sino-portugiesischen Stil. 1600–2500 Baht.

Für Rucksackreisende ▶ **Phuket Backpacker Hostel** 3: 167 Thanon Ranong Rd., Tel. 076-25 66 80, Fax 076-25 66 82, www.phuketbackpacker.com. Das beste Gästehaus der Insel. Schlafsäle und Zimmer mit Ventilator oder Klimaanlage. Angenehme Aufenthaltsräume. Schlafsaalbetten 300–500 Baht, Zimmer 700–1200 Baht.

Essen & Trinken

Gepflegt rustikal ▶ **Ka Jok See** 1: Thanon 26 Takua Pa, Tel. 076-21 79 03, Di–Sa ab 18

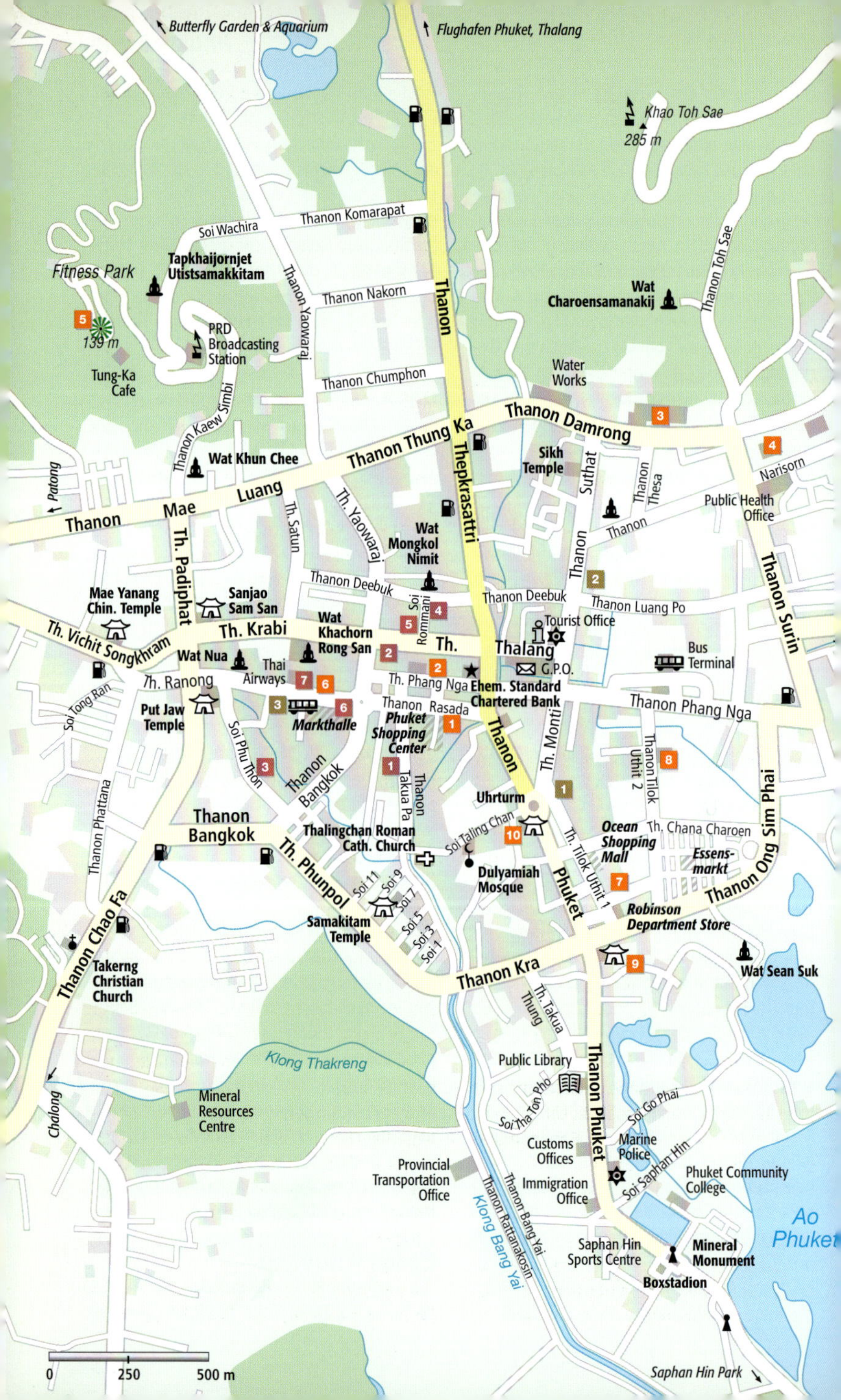

Butterfly Garden & Aquarium
Flughafen Phuket, Thalang
Khao Toh Sae
285 m
Thanon Komarapat
Soi Wachira
Tapkhaijornjet Utistsamakkitam
Fitness Park
139 m
Tung-Ka Cafe
PRD Broadcasting Station
Thanon Yaowaraj
Thanon Nakorn
Thanon Chumphon
Thanon Thepkrasattri
Wat Charoensamanakij
Thanon Toh Sae
Water Works
Thanon Damrong
Thanon Thung Ka
Thanon Kaew Simbi
Wat Khun Chee
Patong
Thanon Mae Luang
Sikh Temple
Thanon Suthat
Thanon Thesa
Narisorn
Public Health Office
Th. Satun
Th. Yaowaraj
Th. Padiphat
Wat Mongkol Nimit
Thanon Deebuk
Soi Rommani
Thanon Luang Po
Thanon Surin
Mae Yanang Chin. Temple
Sanjao Sam San
Wat Khachorn Rong San
Th. Krabi
Th. Vichit Songkhram
Tourist Office
Th. Thalang
Wat Nua
Thai Airways
G.P.O.
Bus Terminal
Th. Ranong
Th. Phang Nga
Ehem. Standard Chartered Bank
Thanon Phang Nga
Soi Tong Ran
Put Jaw Temple
Markthalle
Thanon Rasada
Phuket Shopping Center
Soi Phu Thon
Thanon Bangkok
Th. Monti
Thanon Tilok Uthit 2
Thanon Ong Sim Phai
Thanon Takua Pa
Uhrturm
Thanon Phattana
Thalingchan Roman Cath. Church
Soi Taling Chan
Ocean Shopping Mall
Th. Chana Charoen
Essens-markt
Th. Phunpol
Dulyamiah Mosque
Th. Tilok Uthit 1
Soi 11
Soi 9
Soi 7
Soi 5
Soi 3
Soi 1
Samakitam Temple
Robinson Department Store
Thanon Phuket
Thanon Chao Fa
Takerng Christian Church
Thanon Kra
Wat Sean Suk
Th. Thung
Th. Takua
Klong Thakreng
Public Library
Chalong
Mineral Resources Centre
Soi Tha Ton Pho
Soi Go Phai
Customs Offices
Marine Police
Provincial Transportation Office
Immigration Office
Soi Saphan Hin
Phuket Community College
Thanon Rattanakosin
Thanon Bang Yai
Klong Bang Yai
Ao Phuket
Saphan Hin Sports Centre
Mineral Monument
Boxstadion
Saphan Hin Park
0
250
500 m
1 2 3 4 5 6 7 8 9 10

Phuket Town

Sehenswert
1 Thavorn Hotel
2 On On Hotel
3 Gerichtsgebäude
4 Gebäude der Provinzverwaltung
5 Rang Hill
6 Obst- und Gemüsemarkt
7 Einkaufszentren
8 Cashewfabrik
9 Bang Niaw Tempel
10 Hok Huan Kong Tempel

Übernachten
1 Metropole Hotel
2 Sino House Apartment Hotel
3 Phuket Backpacker Hostel

Essen & Trinken
1 Ka Jok See
2 China Inn Café
3 Tamachart Natural Restaurant
4 Rommanee Café & Antique
5 Krum Krim
6 Siam Bakery
7 Essensmarkt

Uhr, Reservierung empfohlen. Zum Abendessen kommen selbst Gäste von den Stränden und genießen in dem kleinen Restaurant Thaigerichte, die dem Gaumen der Touristen angepasst sind. 100–200 Baht.

Charmant ▶ **China Inn Café** 2**:** 20 Thanon Thalang, Tel. 076-35 62 39, tgl. außer Mo 9–23 Uhr. Kleines Café-Restaurant im schönsten, liebevoll restaurierten chinesischen Geschäftshaus, netter, begrünter Innenhof, kleine Karte mit frisch zubereiteten, liebevoll dekorierten Gerichten. Um 200 Baht.

Ein Erlebnis ▶ **Tamachart Natural Restaurant** 3**:** 62 Soi Phu Thon, Tel. 076-22 42 87, tgl. außer Mo. Begrüntes und mit Trödel eingerichtetes altes Holzhaus mit Vorgarten. Leckere Thaigerichte, auch viele einheimische Gäste. Unter 100 Baht.

Stilvoll entspannen ▶ **Rommanee Café & Antique** 4**:** Soi Rommani. Rustikal sitzt man inmitten von Antiquitäten und genießt kleine Snacks. Unter 100 Baht.

Genuss im Freien ▶ **Krum Krim** 5**:** Soi Rommani. Tische auch auf dem Bürgersteig, lockt mit gutem Essen. Ab 18 Uhr bis nachts. Unter 100 Baht.

Macht süchtig ▶ **Siam Bakery** 6**:** 13 Thanon Yaowarat, Tel. 076-35 59 47, Mo–Sa 7.30–19 Uhr. Französische Bäckerei mit sehr leckeren Kuchen und Desserts. Um 50 Baht.

Wo Einheimische essen ▶ **Essensmarkt** 7**:** nachmittags und abends neben dem Obst- und Gemüsemarkt. Unter 50 Baht.

Einkaufen

Souvenirs ▶ Boutiquen in alten chinesischen Geschäftshäusern mit Textilien, Holzschnitzereien, Keramiken und anderen Souvenirs säumen die Straßen im Zentrum. Märkte und Einkaufszentren in der Innenstadt halten alles bereit, was in den Dörfern nicht zu bekommen ist. Hier ist das Preisniveau niedriger als an den großen Stränden.

Einkaufszentren ▶ Nordwestlich der Stadt am H 402 liegen mehrere Einkaufszentren. **Central Festival Phuket:** www.central.co.th, mit 150 Läden, zwei Supermärkten, sieben Kinosälen, mehreren Banken, Restaurants und einem Essensmarkt. **Tesco Lotus Supercenter:** Lebensmittel, Kleidung, Haushaltswaren. **Index Living Mall:** Möbel. **Big C:** www.bigc.co.th.

Termine

Vegetarian Festival: Sept. Neuntägige Feierlichkeiten der chinesischen Bevölkerungsgruppe, in Trance versetzte Männer stechen sich Speere und Haken in die Haut und laufen über glühende Kohlen.

Verkehr

Schiffsverbindungen: Mehrmals tgl. Boote zwischen Phuket (Rassada Pier, östlich der Stadt) und Ko Phi Phi in 1 1/2–2 1/2 Std. Bootsausflüge zu verschiedenen vorgelagerten Inseln, in die Bucht von Phang-Nga und nach Similan.

Flugverbindungen: internationaler Flughafen, 31 km nördlich von Phuket Town; es fährt ein Airportbus, www.airportbusphuket.com. Flüge mit Thai Airways (in Phuket Town Tel. 076-21 11 95) mehrmals tgl. nach Bangkok. Bangkok Airways, Tel. 076-22 50 33-4, www.bangkokair.com, fliegt direkt nach Ko Samui und Bangkok. Weitere Flüge nach Bangkok mit Orient Thai, Tel. 076-35 12 38,

Beim Vegetarian Festival in Phuket wird neun Tage lang ausgiebig gefeiert

www.fly12go.com, Air Asia, www.airasia.com, Nok Air, Tel. 13 18, www.nokair.co.th.

Internationale Verbindungen u. a. nach Malaysia (Kuala Lumpur mit Thai Airways, Air Asia und MAS, 1/8-9 Thanon Tungka, Tel. 076-21 66 75, Fax 076-21 74 00), Singapur (Tiger Airways, www.tigerairways.com, Jet, Tel. 02-267 51 25, www.jetstar.com und Penang mit Fireflyz, Tel. 09-603-78 45 45 43, www.fireflyz.com.my. sowie Charterflüge in der Wintersaison nach Europa.

Busverbindungen: Vom Busbahnhof, Tel. 076-21 14 80, im Osten der Stadt fahren die Busse in alle größeren Städte des Südens und nach Bangkok ab, 890 km, 14–15 Std. Bis zum Sonnenuntergang verkehren **Inselbusse** von der Thanon Ranong vor dem Markt in Phuket Town an die Strände. Zwischen den Stränden und abends aber nur Charter.

Mietwagen: Avis, im Flughafen, Tel. 076-35 12 43-5, www.avisthailand.com.
Budget, am Eingang zum Airport, Tel. 076-20 53 96-7, Fax 076-20 53 98, www.budget.co.th, brachkt@budget.co.th, Filiale am Patong Beach, Tel. 076-29 23 89.
Pure Car Rent, 75 Thanon Rasada, Phuket Town, Tel. 076-21 10 02.

Der Westen

Karte: S. 357

Nai Yang Beach 2

Der 13 km lange **Nai Yang Beach** im äußersten Nordwesten nahe dem Flughafen wurde in Teilen zum Nationalpark erklärt, denn am **Hat Mai Khao,** nördlich der Lande-

bahn, vergraben vom Aussterben bedrohte Meeresschildkröten, darunter die riesige Lederschildkröte, zwischen November und Februar ihre Eier im heißen Sand. Von Jahr zu Jahr kommen allerdings immer weniger Tiere an Land, obwohl die Angestellten der Parkverwaltung die Eier einsammeln und für eine ungestörte Aufzucht der Jungen sorgen, die während des thailändischen Neujahrsfestes am 13. April dann ins Meer entlassen werden.

Unter Schatten spendenden Kasuarinen kann man hier kilometerweit am Strand entlang spazieren und die wunderbare Ruhe genießen. Bis auf die Restaurants und Hotels am südlichen Strandabschnitt gibt es keinerlei touristische Infrastruktur. Taucher erkunden das über 1,5 km lange Korallenriff vor der tiefen Bucht.

Bucht von Bang Tao 3

Die ehemalige Zinnmine an der **Bucht von Bang Tao**, in der zahlreiche Einstellungen von »Killing Fields« gedreht wurden, ließ man mit viel Aufwand zum 150 ha großen Touristenzentrum **Laguna Phuket** (www.laguna phuket.com) umgestalten, das sogar einen Umweltpreis erhielt. Zwischen einer künstlichen Lagune und der Andamanensee erstrecken sich in einem weitläufigen Parkareal fünf Luxusresorts verschiedener Hotelketten, die unterschiedliche Zielgruppen ansprechen. Ein breites Wassersportangebot, attraktiv gestylte Swimmingpools und vielfältige Sportanlagen lassen keine Wünsche offen. Ganz besonders eindrucksvoll wirkt die große, weiße **Islamiya-Moschee** der sunnitischen Gemeinde im Dorf Bang Tao im Hinterland.

Surin Beach 4

Kleine Badestrände nördlich von Surin stehen exklusiv Gästen luxuriöser Resorts zur Verfügung (Amanpuri, Chedi), die einen starken Kontrast zu den traditionellen Dörfern im Hinterland bilden. Am weiten Strand von **Surin** finden sich am Wochenende Thaifamilien zum Picknicken ein. Das Hinterland wird zunehmend mit Luxusvillen bebaut. Dennoch geht es an den kleinen Restaurants entlang der Strandpromenade geruhsam zu.

Kamala 5

Die Küstenstraße führt von Surin über die bewaldeten Hügel des Kaps, vorbei am malerischen, kleinen **Laem Sing Beach,** hinab nach **Kamala**, einem Moslemdorf an einem weißen Sandstrand. Viele strandnahe kleine Bungalows, Gästehäuser, Restaurants und Wohnhäuser im Dorf wurden nach dem Tsunami wieder aufgebaut. Hier liegt hinter hohen Mauern der Themenpark **FantaSea** mit Einkaufsmöglichkeiten, riesigem Restaurant und Theater. Abends wird in dem prunkvollen Restaurant, das 4000 Gästen Platz bietet, ein gigantisches Buffet aufgefahren. Im gegenüberliegenden Theatertempel wird vor bis zu 3000 Zuschauern ein Bühnenspektakel initiiert, bei dem bis zu 100 Mitwirkende einschließlich zahlreicher Elefanten eine Mischung aus Zirkus, klassischem Tanztheater und Show darbieten (Tel. 076-38 51 11-5, www.phuket-fantasea.com, tgl. 17.30–23.30 Uhr, Theaterbeginn um 21 Uhr, Eintritt Show 1500 Baht, Dinner und Show 1900 Baht).

Übernachten

... in der Bucht von Bang Tao

Elegant ▶ **Dusit Laguna Resort:** Bang Tao Bay, Tel. 076-32 43 20, Fax 076-32 41 74, www.lagunaphuket.com. Gestyltes, helles und freundliches Luxushotel, weitläufige Gartenanlage mit Pool, von zwei Lagunen und dem Strand umgeben, Restaurants für alle Anlässe, breites, kostenloses Sportangebot, auch für Familien. 5000–10 000 Baht.

Luxus für die ganze Familie ▶ **Laguna Beach Resort:** Bang Tao Bay, Tel. 076-32 43 52, Fax 076-32 43 53, www.lagunabeach-resort.com. Weitläufige und familienfreundliche Luxusanlage zwischen Lagune und Strand, die keine Wünsche offen lässt, wunderschön gestaltete Zimmer und mehrere Restaurants, Poollandschaft im Khmer-Stil, vielfältige Sportmöglichkeiten für Gäste kostenlos. 5000–7000 Baht.

... am Surin Beach

Stylish ▶ **Twin Palms:** Surin Beach, 106/46 Moo 3, Choeng Talay, Tel. 076-31 65 00, www.twinpalms-phuket.com: Das 5-Sterne-Resort für Liebhaber moderner minimalistischer Ästhetik, 72 Zimmer mit viel Luxus und Hightech, teils mit direktem Poolzugang, im hervorragenden Oriental Spoon Restaurant sonntags von 11–15 Uhr beliebter Seafood Buffet Brunch. 6000–44 000 Baht.

Romantisch ▶ **The Chedi:** Pansea Beach, 118 Moo 3, Choeng Talay, Tel. 076-32 40 17-20, Fax 076-32 42 52, www.chedi-phuket.com. Komfortable Anlage an einer schönen privaten Bucht mit feinem Sandstrand, die Bungalows am Hang sind gut in die Umgebung integriert, mit Restaurants und Swimmingpools. 5500–13 000 Baht.

Kinder wilkommen ▶ **Surin Beach Resort:** Surin Beach, 106/27 Moo 3, Choeng Talay, Tel. 076-32 50 00, Fax 076-32 58 86. Familienfreundliche Hotelanlage rings um einen großen Pool, Zimmer mit Balkon und Kochnische, Shuttlebus zum Strand. 2200–6000 Baht.

Wie in Italien ▶ **Surin Sweet Hotel:** Surin Beach, 107/8 Moo 3, Choeng Talay, Tel. 076-27 08 63-4, surinhotel@hotmail.com. Italienischer Familienbetrieb, 32 klimatisierte Zimmer mit großer Terrasse, kleiner Pool, gutes originalitalienisches Restaurant mit Tischen im Garten, samstags Barbecue im Freien. 1400 Baht.

Verkehr

Bis Sonnenuntergang fahren Inselbusse von Surin, Kamala und Bang Tao nach Phuket Town. Innerhalb der Orte und zwischen den Stränden können Tuk Tuks und Songthaew gechartert werden.

Patong 6

Von der Straße, die von Kamala Richtung Patong steil den Berg hinaufführt, eröffnen sich schöne Ausblicke auf die Küste und den turbulenten **Patong Beach**. Zwischen den beiden Parallelstraßen und im Hinterland drängen sich Bungalowanlagen und ragen Hotels bis zu 25 Stockwerke hoch in den Himmel. Urlauber sonnen sich am fast 3 km langen, feinen Sandstrand und genießen die heimische Tageszeitung oder eine entspannende Massage unter bunten Sonnenschirmen. Reisebüros, Tauchschulen, Auto- und Motorradvermietungen sorgen neben einem breiten Wassersportangebot dafür, dass sich niemand langweilt.

Zahlreiche Restaurants haben sich auf den Geschmack der Gäste eingestellt; hier muss niemand auf die gewohnte Aufschnittplatte oder Pizza verzichten. Am Abend pulsiert das Leben in den Pubs und Go-go-Bars am so genannten ›Strip‹, der Bangla Road. Laute Discomusik dröhnt aus den Bierbars, wo unter freiem Himmel grell geschminkte Transvestiten und spärlich bekleidete Mädchen ihre Dienste anbieten.

Südwestlich von Patong stehen einige Luxushotels in den von steilen Felsen umrahmten schönen Buchten **Emerald-** und **Freedom-Bay,** die sich zum Schnorcheln und Picknicken eignen.

Phuket Island

Übernachten

Oase im Trubel ▶ Impiana Phuket Cabana: 41 Thanon Thawiwong, Tel. 076-34 01 38. Boutiquehotel am Strand im Zentrum von Patong, 70 Luxuszimmer mit Balkon im modernen Thaistil. Restaurant mit Fusion Cuisine, Spa und Pool. Ab 4000 Baht.

Traditionell Thai ▶ Salathai Resort: 10/4 Thanon Sawasdirak, Tel. 076-29 66 31-4, www.phuketsalathai.com. Im lokalen Stil und dennoch modern präsentiert sich dieses neue Hotel in einem dreistöckigen Haus am Pool. 1900–4000 Baht, Suiten bis 6000 Baht.

Mitten im Tropengrün ▶ Club Andaman Beach Resort: 77/1 Thanon Taweewong, Tel. 076-34 03 61-2, Fax 076-34 05 27, www.clubandaman.com. 7-stöckiges Hauptgebäude und renovierte Cottages in einem 15 ha großen tropischen Garten mit großem Swimmingpool in Strandnähe, mehrere Restaurants. 2500–6000 Baht.

Meer vor der Tür ▶ Hotel Villa del Mar: 30 Thanon Thawiwong, Tel. 076-34 56 98, www.villa-delmar.com, kleines Hotel im ruhigen Süden der Stadt an der Uferstraße. Komfortable Zimmer mit TV, Safe. WLAN und Frühstück 1400–7500 Baht.

Man spricht Deutsch ▶ K-Hotel: 180 Thanon Rat Uthit, Tel. 076-34 08 32, Fax 076-34 01 24, www.k-hotel.com. Bei deutschen Urlaubern beliebte Hotelanlage im Zentrum, Gartenrestaurant mit guten einheimischen und deutsch-österreichischen Gerichten. In der Saison nur über Veranstalter buchbar. 2000–3000 Baht.

Chinesisches Flair ▶ Amanta House Patong: 5/17 Thanon Hat Patong, Tel. 076-29 04 01, Fax 076-29 04 00, www.amantahouse.com. Modernes Gästehaus im traditionellen chinesischen Stil mit klimatisierten Zimmern und kleinen Apartments, Internetzugang, kleiner Garten und Restaurant. 1000–3000 Baht.

Essen & Trinken

Vor allem in Patong findet man viele asiatische und europäische Restaurants. Der Schwerpunkt liegt auf Seafood in allen Variationen. Die Restaurants der Hotels warten zum Teil mit einer überraschend guten Küche auf. Neben den abendlichen Bufetts für Pauschaltouristen wird ein breites À-la-carte-Menü angeboten. Die folgenden beiden Edelrestaurants nördlich von Patong bieten neben einer ausgezeichneten Küche eine fantastische Aussicht, Reservierung empfehlenswert:

Edel ▶ Baan Rim Pa: am nördlichen Ende der Bucht, Tel. 076-34 07 89, www.baanrimpa.com, tgl. 12–23 Uhr. Gehobene thailändische Küche, auch vegetarische Gerichte. Um 500 Baht.

Romantisch ▶ Da Maurizio: nebenan, Tel. 076-34 40 79, www.damaurizio.com, tgl. 12–23.30 Uhr. Italienisch. Um 500 Baht.

Wiener Küche ▶ Patong Biergarten: im K-Hotel, 82/47 Thanon Rat-Uthit, Tel. 076-34 08 32, ganztags geöffnet. Aus den zahlreichen deutschen Restaurants in Patong, die »Futtern wie bei Muttern« versprechen, ragt dieses Lokal heraus, in dem leckere Wiener Küche serviert wird. 300–500 Baht.

Chinesisch mit Aussicht ▶ The Royal Kitchen, Royal Paradise Hotel, Tel. 076-34 06 66, www.royalparadise.com, tgl. 11–14 und 18–23 Uhr; kantonesisches Restaurant im 25. Stock des Hotels mit fantastischem Blick über die Bucht von Patong. 100–300 Baht.

Immer gut besucht ▶ Essensmarkt: Thanon Rat Uthit, Garküchen mit preiswerten Thaigerichten und teurem Seafood für Touristen. Um 50 Baht, Seafood um 200 Baht (unbedingt immer nach dem Preis fragen!).

Einkaufen

Fliegende Händler versuchen, Touristen Souvenirs und Kopien westlicher Markenwaren zu überhöhten Preisen zu verkaufen. Vorsicht ist unbedingt beim Kauf von Seide, Perlen, Edelsteinen und Schmuck angebracht.

Mega-Einkaufszentrum ▶ Jungceylon: Thanon Rat Uthit, im Zentrum von Patong, www.jungceylon.com. Das Shopping Center vereint unter seinem Dach einen Hypermarkt, ein Kaufhaus, Boutiquen, Läden mit lokalem Kunsthandwerk, internationale Fast-Food-Filialen, Kinos, ein Spa und mehr. Abends locken Kulturveranstaltungen und ein Musikbrunnen.

Abends & Nachts

In Patong konzentriert sich das Nachtleben. Zahlreiche Bierbars, Go-go-Bars und Kneipen, zum Teil mit Livemusik, säumen den ›Strip‹ in der Bangla Rd.

Tanzen bis zum Abwinken ▶ **Banana Disco:** 94 Thanon Taweewong, Tel. 076-34 03 06. Eine der bekanntesten Diskotheken füllt sich vor allem ab Mitternacht.

Riesig ▶ **The Beach Discotheque:** Royal Paradise Hotel, 135/32 Thanon Rat Uthit, www.royalparadise.com. Tolle Laser- und Lichteffekte in der größten Disco der Insel.

Ethno-Disco ▶ **Safari Disco & Fun Pub:** südl. von Patong, Tel. 076-34 03 10. Eine eigenwillig gestaltete Disco mit afrikanischem Flair, tgl. ab 22 Uhr Livemusik.

Schöne Scheinwelt ▶ **Simon Cabaret:** Thanon Sirirat, Travestieshow südl. vom Patong Beach, Tel. 076-34 20 11-5, www.phuket-simoncabaret.com, tgl. 19.30 und 21.30 Uhr, Eintritt 700–800 Baht.

Aktiv

Bungeejumping ▶ **Jungle Bungee Jump:** von einer 50 m hohen Plattform über einem See, an der Straße nach Phuket Town, Tel. 076-32 13 51, tgl. 9–18 Uhr.

Touren mit Schwerpunkt Natur ▶ **Phuket Safari Travel Service:** Patong, Tel./Fax 076-34 09 06, www.phuket-safari-travel.com, auch in deutscher Sprache.

An der Küstenstraße zwischen den Stränden werden kurze **Ausritte mit Elefanten** durch Kautschukplantagen angeboten.

Wellness ▶ Zahlreiche Resorts der gehobenen Preisklasse verfügen über einen Wellnessbereich. Außerhalb der Hotels lohnt der Besuch in einem der ersten Spas der Insel: das **Hide Away:** Thanon Nanai, Tel. 076-34 05 91, www.phuket-hideaway.com.

Verkehr

Bis Sonnenuntergang fahren Inselbusse nach Phuket Town und ein Bus zum Airport. Zwischen den Stränden können Tuk Tuks und Songthaew gechartert werden.

Mietwagen: Via Rent-a-Car: 120/18 Thanon Rat-Uthit, Patong Beach, Tel. 076-34 16 60, Fax 076-34 16 61. Weitere Auto- und Motorradvermietungen an den Stränden.

Karon Beach und Kata Beach

Eine Lagune begrenzt im Norden den 3 km langen **Karon Beach** 7, der nahtlos in den belebten Kata Beach übergeht. An diesen beiden ungeschützten Stränden weht häufig die rote Fahne, die anzeigt, dass das Baden wegen gefährlicher Strömungen oder hoher Wellen zu gefährlich ist, besonders während der Monsunzeit. Zwischen den von Dünen begrenzten Strand und dem sumpfigen Hinterland erstrecken sich große Hotels, Einkaufszentren und Apartmentgebäude.

Landschaftlich attraktiver ist **Kata Beach** 8. Dessen Buchten Kata Noi und Kata Yai trennt ein Felsvorsprung, **Ko Pu,** vor dem Tauchnovizen ihre ersten Tauchgänge absolvieren. Preiswertere Unterkünfte verschwinden hier immer mehr zugunsten großer Hotels, neben denen sich Restaurants, Bars, Discos, Einkaufszentren sowie Auto- und Motorradvermietungen etabliert haben. Vor allem bei Kindern beliebt ist der **Dino Park** im Zentrum, eine Minigolfanlage mit Dinosauriermotiven und einem angenehmen Freiluftrestaurant (Tel. 076-33 06 25, www.dinopark.com, pro Runde 240 Baht).

Übernachten

Vom Feinsten ▶ **Mom Tri's Villa Royale The Gourmet Hotel:** 2/2 Thanon Patak, am südlichen Kata Beach und auf dem Hügel, Tel. 076-33 00 15, Fax 076-33 05 61, www.boathousephuket.com. 36-Zimmer-Hotel direkt am Strand mit gepflegtem Restaurant, Kochschule und Bar mit Livemusik. Auf dem Hügel im modernen Thaistil geschmackvoll eingerichtete Villen. 4300–27 000 Baht.

Umweltbewusst ▶ **Marina Cottages:** 120 Thanon Patak, Kata-Karon, Tel. 076-33 06 25, Fax 076-33 05 16, www.marinaphuket.com. Hübsche Bungalows im Thaistil auf einer felsigen Landzunge unter Palmen. 2800–23 000 Baht.

Eine Urlaubswelt für sich ▶ **Le Meridien Phuket:** Relax Bay, nördlich von Karon

Beach, Tel. 076-37 01 00, Fax 076-34 04 79, www.lemeridien.com. Terrassenförmiges großes Strandhotel, komfortable, ansprechend gestaltete Zimmer mit Meerblick, Restaurants, Poollandschaft, breites Sportangebot. 5800–15 000 Baht.

Thai-Exotik ▶ **Sawasdee Village:** 65 Thanon Katekwan, Tel. 076-33 09 79, www.phuketsawasdee.com. Kleine Bungalowanlage mit 40 Zimmern im Thaistil zwischen Skulpturen und Pflanzen an einem Pool. 3000–7000 Baht.

Schick und modern ▶ **Phuket Kata Resort:** 30/9 Thanon Kata, Tel. 076-33 05 81, www.phuketkataresort.net. 40 hübsche, im modernen Thaistil eingerichtete Zimmer in einstöckigen Reihenhäusern um einen Pool. 2000–6500 Baht.

Markante Lage ▶ **Peach Hill Hotel & Resort:** 113/16-18 Thanon Patak, Kata, Tel. 076-33 06 03, Fax 076-33 08 95, http://peach-hill.com. Zweistöckigen Häuser und Bungalows erstrecken sich von Kata Zentrum den Hang hinauf, 2 Pools, Restaurant. 2200–3700 Baht, Villa 4300 Baht.

Geräumig mit Meerblick ▶ **Kata Hill Residence:** 5/42 Thanon Koktanode, Tel. 076-33 30 42, Fax 076-33 04 46, www.phuket.com/familyinn. Freundlich geleitetes Kleinhotel in ruhiger Lage am Hang. Klimatisierte, geräumige Zimmer und Apartments mit Kühlschrank und Balkon. Kleiner Pool, Frühstücksrestaurant. 900–2500 Baht.

Essen & Trinken

Beliebter Italiener ▶ **Long Beach Terrace:** Thavorn Palm Beach Hotel, Karon Beach, Tel. 076-39 60 90-3, tgl. 12–14 und 18–23 Uhr. Großes Restaurant an der Strandstraße, italienische Gerichte, Seafood und Steaks. 300–500 Baht.

Geheimtipp ▶ **Locanda:** Bougainvillea Terrace House, 117/1 Thanon Patak, Tel. 076-33 00 87, www.villea.com, tgl. 8–24 Uhr. An der Hauptstraße im Hinterland werden leckere Grillgerichte serviert. Gepflegter Weinkeller. Um 300 Baht.

Originelle Meeresfrüchte ▶ **Kwong Shop:** 114/53 Thanon Taina, Tel. 076-28 52 01. Frisches Seafood zum selbst Aussuchen wird sehr originell vom freundlichen Besitzer serviert. 100–200 Baht.

Aktiv

Wellness ▶ **Baray Spa:** Im Sawasdee Village, 65 Thanon Katekwan Rd., Kata Beach, Tel. 076-33 09 79, www.phuketsawasdee.com. Ein wunderbar fantasievoll gestaltetes Spa bietet dem Besucher Tausendundeinenacht in Thailand.

Verkehr

Bis Sonnenuntergang fahren Inselbusse von Kata und Karon nach Phuket Town, zudem ein Bus zum Airport. Zwischen den Stränden können Tuk Tuks und Songthaew gechartert werden.

Blick auf Kata Noi, Kata und Karon Beach

Der Süden

Karte: S. 357

Nai Harn Beach 9

Der Blick auf **Nai Harn Beach** im Süden der Insel ziert manchen Fremdenverkehrsprospekt. Die malerische Bucht mit feinem, weißen Sand und einer tief ins Land hineinreichenden **Lagune,** deren natürliche Schönheit kürzlich einer Verschönerungsaktion zum Opfer gefallen ist, wird von Felsklippen und Kokoshainen umrahmt. Dahinter erheben sich dschungelbewachsene Berge. Seitdem der exklusive Yacht Club den Westen der Bucht einnimmt, haben Liegestühle und Sonnenschirme das einstige Travellerparadies erobert. Shuttlebusse verkehren zudem von weiter landeinwärts gelegenen Hotels (Mangosteen, Evason) zum Strand. Anfang Dezember steht der Jachtklub im Zentrum des Geschehens, wenn über 100 Jachten aus aller Welt zur größten Regatta des Landes, dem King's Cup, starten.

Rings um das Laem Phrom Thep 10

Eine schmale Straße zweigt in Nai Harn östlich der Lagune ab und verläuft in Küstennähe über einen Hügel mit **Windrädern,** von dem aus man eine gute Aussicht genießt. Sie führt weiter hinab zum kleinen **Yanui Beach** und wieder hinauf nach **Laem Phrom Thep**, der felsigen südlichen Inselspitze. Oben am Aussichtspunkt, unterhalb des **Brahma-Schreins** und des **Leuchtturms,** der besichtigt werden kann, trifft man sich abends beim Sonnenuntergang.

Rawai 11

Richtung Osten führt die Straße hinab zum **Rawai Beach**. Am schmalen, gut geschützten Strand verbringen vor allem einheimische Touristen ihren Urlaub und genießen das gute Seafood. Zum Schnorcheln lohnt ein Ausflug auf die vorgelagerten Koralleninseln **Ko Hay** (Coral Island) und **Ko Lone.** Im privaten **Phuket Sea Shell Museum** an der Straße nach Chalong sind Muscheln aus aller Welt, darunter einige Raritäten, sowie Perlen aus heimischen Gewässern zu besichtigen (Tel. 076-38 12 66, tgl. 8–18 Uhr, Eintritt 200 Baht).

Übernachten

... am Nai Harn Beach

Luxus innen und außen ▶ **The Royal Phuket Yacht Club:** Tel. 076-38 11 56-63, Fax 076-38 07 08, www.theroyalphuketyachtclub.com. Terrassenförmiges Luxushotel für anspruchsvolle Urlauber an einem der schönsten Strände, große Zimmer mit Meerblick, perfekter Service, Restaurants, Swimmingpool. 4400–8000 Baht.

... in Rawai

Individuell ▶ **The Mangosteen Resort & Spa:** 99/4 Moo 7, Soi Mangosteen, im Landesinneren, Tel. 076-28 93 99, www.mangosteen-phuket.com. In einem weitläufigen Garten stehen auf einem Hügel 40 exklusive Villen mit privater Terrasse und weitem Ausblick über das Kap. Rings um das Restaurant hübscher Salzwasserpool, Restaurant, Bar und Spa. 4400–9000 Baht.

Für Gutbetuchte ▶ **The Evason Phuket Resort:** 100 Vichit Rd., Tel. 076-38 10 10-7, www.sixsenses.com. Nach einem Umbau erstrahlt das älteste internationale Hotel der Insel in neuem Glanz. Über einer kleinen Bucht auf dem Hügel 282 Zimmer, teils mit Open-Air-Bädern. Die vorgelagerte kleine Insel gehört exklusiv zum Resort. Pool, 3 Restaurants, Spa, Tennisplatz. 4700–15 000 Baht, Villen bis 30 000 Baht.

Entspannt ▶ **Friendship Beach Waterfront Resort:** 27/1 Soi Mittrapap, Tel. 076-28 89 96, www.friendshipbeach.com. Häuser mit 1–2 Schlafzimmern unter Palmen am Meer. Ein Pool ersetzt den Badestrand, gutes Restaurant, Fr und Sa ab 16 Uhr Livejazz im Garten am Pool. 2400–7900 Baht.

Einfach romantisch ▶ **Nai Ya Beach Bungalow:** 99 Moo 6, Yanui Beach, Tel. 076-28 88 17. Bambusmatten-Bungalows mit Ventilator am Hang unter Bäumen, von Nov.–April geöffnet. Um 800 Baht.

Essen & Trinken

Großartig ▶ **Kan Eang Seafood I:** Chalong Bay, Tel. 076-38 13 23, www.phuket-seafood.com, tgl. 10–22 Uhr. Zwei riesige Seafoodrestaurants am Strand unter Kasuarinen, die bei Touristen wie Einheimischen beliebt sind. Fisch, Hummer, Krebse und Garnelen werden frisch aus den Tanks zubereitet. Abholservice. Viele Gerichte um 100 Baht, Seafood ab 200 Baht.

Meer genießen ▶ **Baan Had Rawai Seafood:** am westlichen Ende des Rawai Beach, schlichtes, großes Seafoodrestaurant am Meer, Thaigerichte, vor allem Seafood. Um 100 Baht.

Beliebt ▶ **Essensstände:** entlang der Uferstraße in Rawai. Unter 50 Baht, Seafood teurer.

Termine

Phuket King's Cup Regatta: Anfang Dez., große Segelregatta. Sie wird unter der Patronage des Königs abgehalten, der als begeisterter Segler schon manchen Preis gewann. Die fünftägigen Rennen mit Booten verschiedener Klassen finden vor allem zwischen Phuket und Ko Phi Phi statt.

Verkehr

Bis Sonnenuntergang fahren von Nai Harn, Rawai und Chalong Busse nach Phuket Town. Zwischen den Stränden kann man Tuk Tuks und Songthaew chartern.

Chalong und die Panwa-Halbinsel

In der weiten, seichten **Chalong Bay** 12 nördlich von Ban Rawai, die sich nicht zum

Baden eignet, ankern viele Jachten. Hier legen auch die Ausflugsboote auf die vorgelagerten Inseln ab. Im Hinterland, 2,7 km vom Kreisverkehr, zählt **Wat Chalong** 13, ein bedeutender buddhistischer Thaitempel, zu den meistbesuchten Ausflugszielen. Neben dem Vihara werden in einem Holzgebäude die Statuen zweier Mönche von einheimischen Besuchern verehrt, die 1876 während der blutigen Auseinandersetzungen zwischen verfeindeten chinesischen Clans Frieden stifteten und Verletzte heilten.

Über eine Stichstraße erreicht man die **Makham Bay** 14, in der manchmal Kreuzfahrtschiffe vor Anker liegen. Viele Skipper bevorzugen Chalong und den Jachthafen bei Pak Chit im Nordosten der Insel. Die Stichstraße über die Panwa-Halbinsel endet am neuen **Marine Biological Research Centre & Aquarium** 15, in dem die Unterwasserwelt der Korallenriffe in über 20 Becken und einem Unterwassertunnel greifbar nahe rückt (Tel. 076-39 11 26, tgl. 8.30–16 Uhr, Eintritt 100 Baht, Busse ab Phuket Town).

Der Osten

Karte: S. 357

Ko Sire 16

Die flach abfallende Ostküste von Phuket hält nur wenige touristische Attraktionen für den Reisenden bereit. Zumeist ist das Ufer von Schlick bedeckt und mit Mangroven überwachsen. Das Seenomadendorf auf **Ko Sire** lohnt trotz seiner touristischen Vermarktung kaum den Weg. Zumal den Menschen nicht zu verdenken ist, dass sie die Touristen, die sie wie Tiere im Zoo bestaunen, nicht gerade mit offenen Armen empfangen. Ein Besuch des **Tempels** auf dem 201 m hohen Berg bietet allerdings eine gute Aussicht. Eine **Abalonefarm** ist ein häufiges Ziel chinesischer Reisegruppen. Hier können die begehrten riesigen Seemuscheln ganz frisch im angeschlossenen Restaurant gekostet werden (Tel. 076-25 29 44, www.phuketabalone.com).

Denkmal der beiden Kriegerinnen 17

Am Highway 402 nach Norden erhebt sich an der Kreuzung mit den Highways 4025 und 4027 inmitten des Kreisverkehrs das **Denkmal der beiden Kriegerinnen**, vor dem die Einheimischen Blumenkränze und andere Opfergaben niederlegen. Die beiden energischen Frauen, Chan, die Gouverneurswitwe, und ihre Schwester Mook hatten 1785 durch einen Trick die Abwehr eines burmesischen Überraschungsangriffs organisiert. Nach dem Tod des Gouverneurs standen die führerlosen Bewohner von Thalang einem übermächtigen feindlichen Heer gegenüber. Daraufhin schritten die beiden Frauen zur Tat und verkleideten alle weiblichen Bewohner des Ortes als Männer. Die überraschend große Anzahl an Kriegern trieb die Burmesen sogleich in die Flucht.

Thalang National Museum

Diesen Kampf dokumentiert nach seinem Umbau das kleine **Thalang National Museum,** östlich vom Denkmal. Darüber hinaus informiert es über die Geologie der Insel, über die wirtschaftliche Entwicklung, die mit der Einwanderung der Chinesen eine positive Wende nahm, und über die anderen Bevölkerungsgruppen (Tel. 076-31 14 26, tgl. 9–16 Uhr, Eintritt 30 Baht).

Khao Phra Taeo Wildlife Park 18

Ursprünglich bedeckten den Großteil der Insel tropische Regenwälder, die heute nur noch vereinzelt in Bergregionen zu finden sind. Der 1977 etablierte **Khao Phra Taeo Wildlife Park** bietet als größtes zusammenhängendes Waldgebiet auf 2333 ha eine gute Möglichkeit, die ursprüngliche Fauna und Flora kennen zu lernen. In den Bergen leben noch Gibbons, Languren und Makaken, Zibetkatzen und Malaienbären. Sie wird man jedoch bei einer Wanderung ebenso wenig zu Gesicht bekommen wie die Nachttiere: das Pangolin und die langsamen Loris. Dafür ist die Chance umso größer, Insekten und einige der hundert Vogelarten zu sehen. Wer mit offenen Augen den vielfältigen tropischen Bergwald durchstreift, wird eine endemische Palmenart, die 3–5 m hohe Kerriodoxa elegang, mit ihren riesigen, fächerförmigen Blättern entdecken (Eintritt 200 Baht).

Vom zentralen Highway 402 zweigt südlich von Thalang eine Straße zum **Tone-Sai-Wasserfall** ab. Sie endet an einem kleinen See, der von dem Headquarter, mehreren Ständen, an denen Essen angeboten wird, und einem Restaurant umgeben ist. Hier beginnen einige Wanderwege, unter anderem zu dem Wasserfall, der nur in der Regenzeit interessant ist. Auch von Osten ist der Park erreichbar.

Gibbon Rehabilitation Project 19

Jenseits der Berge zweigt vom Highway 4027 ein etwa 1 km langer Weg zum kleinen **Bang-Pae-Wasserfall** und zum **Gibbon Rehabilitation Project** ab. Ziel dieses privat finanzierten Projektes ist es, Gibbons, die als Haustiere in Bars, Hotels und Privathäusern ein klägliches Dasein führten, auszuwildern. Es ist allerdings ein langwieriger Prozess, die Tiere mit dem nötigen Rüstzeug für ein Überleben in der Freiheit auszustatten. Besucher können sich hier über das Projekt persönlich informieren und einige Gibbons beobachten – auch wenn sie (noch) in Käfigen gehalten werden (Tel. 076-26 04 92, tgl. 10–16 Uhr, Spende, Eintritt in die Nationalparks und No-Hunting-Area 200 Baht).

Ausflugsziele

Tauch- und Schnorcheltouren

Zum Tauchen und Schnorcheln eignen sich die Strände von Phuket kaum, deshalb fahren die meisten Touristen auf die umliegenden Inseln. Im Rahmen eines Tagesausflugs steuern ab Chalong die Freunde des Unterwassersports **Ko Racha Yai,** das beliebte Tauchziel mit Unterkünften 21 km südlich von Phuket, **Ko Hay** (Coral Island), 6 km vor Rawai mit einem Resort, oder **Ko Mai Thon,** 16 km vor Chalong, an. Bei längeren Touren sind die Similan-Inseln (s. S. 369) und noch weiter nördlich Richelieu Rock, die Burma Banks in Myanmar, Ko Phi Phi (s. S. 370) und die Inseln Hin Daeng u. a. südlich von Ko Lanta begehrte Ziele.

Bootstouren

Beliebt ist die Halbtagesfahrt zum so genannten **James-Bond-Felsen** und durch die **Phang Nga Bay.** Ausflugsboote fahren nach Ko Phi Phi und zur Perlenzuchtfarm von **Ko Nakha Noi.** Im Rahmen einer Tour öffnet die Perlenfarm ihre Tore. Die Sicherheitsvorkehrungen in der Anlage sind streng, schließlich sind einige der in Austern heranreifenden Südseeperlen mehrere Tausend Dollar wert.

Mit schönen Stränden und Unterkünften warten die größeren Inseln in der Phang Nga

Bay **Ko Yao Noi** auf. Sie wird von Bang Rong oder Ao Po aus angefahren.

Aktiv

Tauchen ▶ Zahlreiche Tauchbasen auf Phuket bieten Kurse in deutscher Sprache an. Zudem veranstalten sie ein- und mehrtägige Tauchausflüge, zum Teil auch Live-Aboard-Touren. **Aqua Divers:** Nai Thon Beach, Tel. 076-31 63 00, www.aquadivers.de. **Calypso Divers:** Kata Beach, Tel./Fax 076-33 08 69, www.calypsophuket.com. **Nautilus Divers:** 5/33 Kata Noi Rd., Kata Beach, Tel. 076-28 41 83, www.nautilusphuket.com. **Ocean Rover** (Fantasea Divers): Chalong, Tel. 076-28 13 88, Fax 076-28 13 89. www.ocean-rover.com. **Santana Diving Centre:** 49 Thanon Taweewong, Patong Beach, Tel. 076-29 42 20, Fax 076-34 03 60, www.santanaphuket.com. **Sea Bees:** Chalong, Tel. 076-38 17 65, www.asia-marine.net.

Bootsverleih ▶ **Thai Marine Leisure:** Phuket Boat Lagoon, Tel. 076-23 91 11, www.thaimarine.com.

Kreuzfahrten ▶ In der Phang Nga Bay auf umgebauten Dschunken. **Lazy Tours:** Tel. 081-476 16 56, 081-892 19 67, www.lazy-tours.com. June Hong Chian Lee, www.thejunk.com.

Seekajak ▶ Touren in der Phang Nga Bay in die Hongs um Ko Bileh. **Sea Canoe Thailand:** 367/4 Thanon Yaowarat, Phuket Town, Tel./Fax 076-21 22 52, www.seacanoe.net. **John Gray's Sea Canoe:** 124 Soi 1, Thanon Yaowarat Rd., Phuket Town, Tel. 076-25 45 05-7, www.johngray-seacanoe.com.

Wat Chalong, der größte Tempel auf Phuket

aktiv unterwegs

In der Phang Nga Bay

Tour-Infos

Start: Von Phang-Nga-Stadt aus beginnen die meisten organisierten Bootstouren nahe dem Nationalpark-Büro am Pier von Ban Tha Dan, etwa 10 km außerhalb der Stadt. Auch von Phuket, Krabi-Stadt und anderen Stränden aus werden Touren angeboten.

Dauer: Es werden Ganz- und Halbtagsausflüge angeboten.

Preise: Tages- und Halbtagsausflüge ab Krabi, Phuket und Khao Lak ab 1000 Baht. Boote für Rundfahrten können im Nordosten von Phuket in Ao Krung, Ao Po und Bang Rong ab 3000 Baht gechartert werden. Informationen zu Dschunken und Seekajaks s. S. 365. Eintritt für den James-Bond-Felsen und den Strand von Ko Hong 200 Baht, andere Strände und Inseln kostenlos.

Ein 400 Quadratkilometer großer Teil der seichten Bucht von Phang Nga mit 40 Inseln ist 1981 als Meeresnationalpark unter Schutz gestellt worden. Bizarre Kegelfelsen und Karsttürme ragen bis zu 400 m hoch steil aus dem türkisblauen Meer empor und bilden zusammen mit den von Mangroven umgebenen Inseln eine dramatische Kulisse vor der die Ausflugsboote kreuzen. Beliebt ist die Halbtagesfahrt durch die Bucht von Phang Nga zum so genannten James-Bond-Felsen Ko Tapu, der aufgrund des Films »Der Mann mit dem goldenen Colt« berühmt wurde.

Zu Beginn der Tour gleitet das Boot durch die Mangrovensümpfe in der Gezeitenzone, die Heimat eigenartiger Schlammspringer. Dann erreicht man bizzar geformte Inseln, die ihrer Form entsprechende Namen tragen, wie Eierinsel, Insel des kleinen Hundes und Kröteninsel.

Gegen Mittag legen die Ausflugsboote auf **Ko Panyi** an, wo tausende von Touristen in riesigen Seafoodrestaurants des muslimischen Fischerdorfs ihr Essen einnehmen. Die 200 Häuser des Dorfes wurden auf Pfählen ins Meer gebaut. Der Name der Insel ("Flaggeninsel") kommt von einer Fahne, die die Bewohner auf einem Felsvorsprung hissten, als sie vor etwa 200 Jahren aus Malaysia einwanderten. Inzwischen ist der Tourismus neben der Fischerei ihre Haupteinnahmequelle.

Danach geht es in 15 Minuten zu dem von Souvenirhändlern und Ausflugsbooten umgebenen markanten **James-Bond-Felsen,** ein schmaler, sich nach unten verjüngender Felsen, der senkrecht aus dem Wasser ragt. Am Ende der Tour stoppen einige Boote am **Bilderberg Khao Khian,** wo man an einem Kliff über 3000 Jahre alte Felsmalereien bewundern kann. Kleine Boote können zudem durch die **Höhlenpassage Tham Lot** fahren, von deren Decke zahlreiche Stalaktiten hängen.

Ein unvergleichliches, aber relativ teures Erlebnis sind Touren zu den Felsen der Phang Nga-Bucht mit **Seekajaks**. Sea Canoe war der erste Veranstalter, mittlerweile operieren zahllose andere mit insgesamt über 200 Booten, sodass es zu bestimmten Zeiten in der Hochsaison fast wie auf den schwimmenden Märkten zugeht. Die langen Strecken werden auf einem größeren Boot zurückgelegt, das die seefesten Kanus für die Ausflüge mitführt. In jedem aufblasbaren Kanu sitzen zwei Passagiere, die von einem Führer gepaddelt werden. Es geht um malerische Inseln herum und durch Höhlen hindurch. Höhepunkte sind Fahrten in Hongs, natürliche Lagunen, die von hohen, üppig bewachsenen Felswänden völlig umschlossen sind.

Nur zu einem ganz bestimmten Zeitpunkt zwischen Ebbe und Flut kann man für kurze Dauer mit den Kanus durch enge Höhlen in diese unberührten Naturwunder eindringen. Beliebt sind die große Höhle **Ko Phanak** und die kleine **Ko Hong.** Ihr Inneres ist ausgewaschen und bildet eine von hohen Felsen umgebene Lagune, die nur durch eine schmale Zufahrt zugänglich ist. Durch dien Monsunregen und die Auswaschungen des Meeres entstehen in dieser Region immer neue Höhlen, bzw. verschwinden, wenn ihr Dach zusammenbricht. Die steilen Wände der Kalkfelsen bedecken teils endemische Pflanzen, die in einem ungewöhnlichen klimatischen Umfeld gedeihen. Sie müssen nicht nur mit wenig Wasser, sondern auch in extremer Sonne oder in permanentem Schatten überleben. Hingegen sind die dem Gezeitenwechsel ausgesetzten Uferzonen mit Mangroven bewachsen.

Entlang der Andamanenküste

Bunte Hochglanzprospekte versprechen Touristenparadiese mit herrlichen Stränden, imposanten Bergen und eindrucksvollen Wasserfällen: Auf den verführerischen Bildern locken palmengesäumte Sandstrände und vor dem Hintergrund der türkisblauen Andamanensee tummeln sich Taucher inmitten von Schwärmen vielfarbiger Korallenfische. Durch eine Inselwelt aus bizarren Felsformationen, die chinesischen Tuschzeichnungen entstammen könnten, gleitet ein einsames Segelboot.

Die landschaftlich schönsten Küstenabschnitte sind ebenso wie zahlreiche vorgelagerte Inseln touristisch gut entwickelt. Einige waren zuvor unbewohnt, andere von muslimischen Fischern, von Morgan oder Chao Lee besiedelt. Diese einstigen Seenomaden zogen nachweislich bereits seit 3000 Jahren durch diese Region, wurden erst in jüngster Zeit sesshaft und ließen sich in Siedlungen nieder. Sie gehören zu der protomalaiischen Bevölkerungsgruppe, sind bis heute größtenteils Animisten und haben ihre eigene Sprache und Kultur beibehalten. Ihren Lebensunterhalt bestreiten sie recht mühsam mit dem Fischen, dem Anbau von Kokospalmen, Reis und Gemüse sowie dem Verkauf von Muscheln an Touristen.

Eine Gebirgskette, die sich auf dem Festland Richtung Norden fortsetzt, isolierte bis in die jüngste Vergangenheit die Westküste von den Hauptverkehrswegen Richtung Bangkok. Die traditionellen Handelswege führten über das Meer nach Penang und Indien. Bereits in der Zeit vom 7. bis zum 9. Jh. schürften indische Auswanderer in Takua Pa Zinn und betrieben einen regen Handel mit Indien und China. Die reichen Erzvorkommen, die im Tagebau gefördert wurden, lockten vom 17. bis zum 19. Jh. auch chinesische Einwanderer ins Land. Neben der Zinngewinnung, die in den 1990er-Jahren eingestellt worden war, trug der erst Anfang des vergangenen Jahrhunderts eingeführte Gummibaum dazu bei, dass der tropische Süden im 20. Jh. zunehmend an wirtschaftlicher Bedeutung gewann und in den Fokus der Zentralregierung geriet. Noch heute prägen Kautschukplantagen das Landschaftsbild. Zu einem wichtigeren Wirtschaftsfaktor entwickelt sich inzwischen der Tourismus und im geringeren Maße die Fisch-, Garnelen- und Perlenzucht sowie der Anbau von Kokos- und Ölpalmen.

Im Umfeld der Urlauberinsel Phuket belebten Tagesausflügler schon sehr früh die Bucht von Phang Nga und das einstige Travellerparadies Ko Phi Phi. Erst später wurde der einstige Geheimtipp Krabi wie auch die Insel Lanta zu einem Ziel für Pauschalurlauber ausgebaut. Die ersten Tauchbasen hatten sich schon früh auf Phuket etabliert. Doch die Similan-Inseln, eines der weltweit schönsten Tauchreviere, und weitere vorgelagerte Riffe und Wracks blieben noch in den 1980er-Jahren nur einigen wenigen Tauchsportenthusiasten vorbehalten, die die lange und etwas mühsame Anreise nicht scheuten. Mittlerweile hat sich das Tauchen zu einem regelrechten Massensport entwickelt. Und so bieten verschiedene Tauchbasen komfortable Live-Aboard-Touren nicht nur zu den Similan-Inseln, sondern auch zu den Burma Banks im benachbarten Myanmar an.

Ko Similan Marine National Park ▶ A 17

Die unbewohnte Gruppe der **Similan-Inseln**, 100 km nordwestlich von Phuket, gilt als eines der besten Tauchgebiete der Welt. Sie wurde 1982 als Mu Ko Similan Marine National Park unter Naturschutz gestellt, um der Zerstörung der Korallenriffe durch Dynamitfischen und dem Überfischen durch Trawler mit riesigen Schleppnetzen Einhalt zu gebieten. Dafür kam mit den eintreffenden Touristen eine neue Gefährdung für die Natur. Eine zunehmende Anzahl von Seglern, Tauchern und Sightseeingtouristen zerstörte mit den Ankern ihrer Boote die Riffe, warf ihre Abfälle achtlos über Bord oder ließ sie am Strand zurück.

Die neun kleinen Similan-Inseln mit ihren farbenprächtigen Korallenriffen, die bereits in 2 m Tiefe beginnen, bieten bei Sichtweiten von über 30 m optimale Bedingungen zum Tauchen wie Schnorcheln. Neben einer bunten Vielfalt an Korallenfischen, die diese Welt beleben, ziehen häufig auch große Fische wie Mantas, Rochen und Haie vorbei. Der Tsunami hat nur wenige Teile des Riffs beschädigt. Schäden wurden an den Tauchplätzen Christmas Point, Deep Six vor der Insel Nr. 6 sowie rings um die Insel 9 festgestellt.

Die eindrucksvollen Felsformationen, wie beispielsweise der ›Elefantenkopf‹ von **Hin Pousar,** 2 km südwestlich der Insel Nr. 8, sind vulkanischen Ursprungs. Vor über 200 Mio. Jahren trat Magma durch das Sedimentgestein an die Oberfläche, erkaltete und bekam Risse. Im Laufe der Jahrmillionen wurden die Granitfelsen vom Regen ausgewaschen und von Wind und Wetter glatt geschliffen, sodass von der Natur geformte riesige Skulpturen entstanden (Nationalpark Tel. 076-59 50 45, geöffnet 16.11.–15.5., Eintritt 400 Baht).

Verkehr

Von November bis April, wenn das Meer ruhig ist, werden von Phuket und Khao Lak ein- bis mehrtägige Tauchausflüge und Touren nach Similan organisiert. Zudem fahren Boote ab Thap Lamu in 2–3 Std.

Khao Lak ▶ B 17

Am 26. Dezember 2004 rückten die Strände von **Khao Lak** und Ko Phi Phi schlagartig in den Fokus der Weltöffentlichkeit. An jenem Morgen, als drei bis zu 10 m hohe Riesenwellen die Küste überrollten, waren alle Resorts und Bungalowanlagen mit Urlaubern bis auf das letzte Bett belegt. Es war Hochsaison. In keiner anderen der vom Tsunami zerstörten Region waren so viele Gäste aus aller Welt betroffen. Sie hatten sogar die Katastrophe auf Videos gebannt. Diese dramatischen Filme über die Zerstörung eines Urlaubsparadieses haben die Bilder zur größten Naturkatastrophe Thailands geliefert.

Am 12 km langen Sandstrand von Khao Lak ist der Wiederaufbau noch immer nicht abgeschlossen. Schon sind neue Straßen angelegt, Bäume gepflanzt und beschädigte Resorts wieder erstellt. Viele Bungalowanlagen mussten großen, teuren Resorts weichen. Die vierspurig ausgebaute Fernstraße durch das Hinterland säumen nun neue zwei- bis dreistöckige Reihenhäuser. Jenseits der Straße am Fuß der Bergkette steht als beeindruckendes Mahnmal ein Polizeiboot, das durch die Tsunami-Welle den Ban-Niang-Fluss hinauf bis ins Hinterland getragen worden ist. Ein Tsunami-Überwachungssystem soll nun gewährleisten, dass alle Menschen rechtzeitig gewarnt und evakuiert werden.

Mehrere Strände von unterschiedlichem Charakter erstrecken sich entlang der Küste. Im Süden, am dicht bebauten Sunset Beach, dominieren die großen Resorts. Daran grenzen im Norden die über 2 km langen Strände Nang Thon und Bang Niang mit vielen Resorts sowie Geschäften, Tauchbasen und Restaurants im Hinterland. Jenseits der Lagune breiten sich zwei große Ferienanlagen am Strand nahe dem Moken-Dorf und Ban Khuk Khak aus. Danach führen Stichstraßen zu kleineren Buchten mit weißen Sandstränden und weiteren Bungalowanlagen.

Übernachten

Traumhaft ▶ **Khaolak Wanaburee Resort:** 26/11 Moo 7, Sunset Beach, Tel. 076-48 53

33, Fax 076-48 57 50, www.wanaburee.com. 34 luxuriös ausgestattete Villen in einem weitläufigen Garten am Meer, hübscher Pool und Strandrestaurant. 5000–16 000 Baht.

Mit Ausblick ▶ **Khao Lak Palm Beach Resort:** 26/14 Moo 7, Sunset Beach, Tel. 076-42 92 00, Fax 076-48 56 95, www.khaolak palmbeach.com. 60 komfortable Zimmer am Hang mit Terrasse, Restaurant, 2 Pools und Spa mit Sauna. 3800–12 000 Baht.

Direkt am Strand ▶ **Suwan Palm Resort:** 30/27 Moo 7, Nang Thon Beach, Tel. 076-42 31 70-80, Fax 076-42 31 81, www.suwan palm.com. Klimatisierte Balkonzimmer unterschiedlicher Größe in zwei- bis dreistöckigen Häusern. Pool, Spa, Irish Pub und Restaurant, Frühstück inklusive. 1600–4300 Baht.

Freundliche Atmosphäre ▶ **Khao Lak Bungalow:** 26/3 Moo 7, Nang Thong Beach, Tel. 076-48 51 44, www.khaolakbungalows.com. Hübsche Steinbungalows und Zimmer im zweistöckigen Gebäude. 1500–3500 Baht.

Sozialprojekt ▶ **Beluga School for Life:** 7/5 Moo 4, Tambon Thung Mapraow, Tel. 085-473 36 15, www.beluga-schoolforlife.com. Etwa 10 km im Hinterland gelegene Anlage, die eine Schule für Waisenkinder mit einem ansprechenden touristischen Angebot kombiniert. 1500–3000 Baht.

Aktiv

Touren ▶ Touren in die dschungelbedeckte Bergwelt im Hinterland, u. a. zum Khao Sok National Park, werden von verschiedenen Organisationen angeboten, ebenso Tauchtrips nach Similan. Touren auf Deutsch organisiert **Holiday Service Khao Lak:** Tel. 076-59 53 24, www.holiday-service-khaolak.com.

Elefantencamp ▶ **Asia Safari Park & Elephant Village:** Mit Minizoo und Orchideengarten am Kilometer 54, Tel. 076-59 52 63-4. Eintritt 200 Baht. Elefantenreiten 1 Std. 1100 Baht.

Verkehr

Busverbindungen: Die Busse zwischen Phuket und Takua Pa fahren an Khao Lak vorbei.

Ko Phi Phi ▸ C 18

Jeden Morgen verlassen zahlreiche Ausflugsboote Phuket sowie Krabi in Richtung Ko Phi Phi, das auf halbem Weg zwischen den beiden Urlaubsparadiesen liegt. Die größere der Inseln, **Ko Phi Phi Don**, hat sich zu einem bedeutenden Touristenzentrum entwickelt. Auf der Insel mit den langen, von Palmen gesäumten Sandstränden, die von bizarren, von Dschungel bedeckten Kalkfelsen umrahmt werden, rückt der Südseetraum greifbar nahe. Der Tsunami verwüstete Ende des Jahres 2004 Teile des Zentrums zwischen dem Pier in der Ton Sai Bay und der Lo Dalam Bay mit dem Dorf Ban Laem Trong. Viele Resorts

Geschmückter Heiliger Baum auf Ko Phi Phi

am **Long Beach,** am **Loh Ba Kao Beach** an der Ostküste, an der gegenüberliegenden **La-Nah-Bucht** sowie am **Laem Thong Beach** an der Nordspitze blieben von der Naturkatastrophe verschont. Die neue Bebauung mit Ladenzeilen und Resorts nimmt wenig Rücksicht auf das fragile ökologische Gleichgewicht der Insel. Am östlichen Ende der seichten **Lo Dalam Bay** erinnert ein kleiner Tsunami Memorial Park an die Opfer der Katastrophe. Die ehemalige Kläranlage dahinter wurde mit dänischer Hilfe in ein Sumpflandbiotop (Wastewater Collection and Constructed Wetland System) umgewandelt.

Es lohnt sich, 20 Minuten zum östlichen **Aussichtspunkt** hinaufzusteigen. Von oben eröffnet sich ein grandioses Panorama über das Meer und die gegenüberliegenden bewaldeten Felsformationen. Diese sind mit der Hauptinsel durch die schmale, von Kokospalmenhainen bedeckte und von zwei sichelförmigen weißen Stränden eingerahmte Landenge verbunden. Zu den Gästen der über 50 Unterkünfte gesellen sich in der Saison über tausend Tagesausflügler, die mittags in den Restaurants des Ortes verköstigt werden. Auf dem Programm fast aller Touristen steht eine Schnorchel- und Sightseeingtour.

Phi Phi Le, die kleinere Schwesterinsel, lockt mit einmaligen Landschaften und spektakulären Felsformationen, die steil aus dem Meer emporragen. Am späteren Vormittag legen die Ausflugsboote aus Phuket am Pier vor der **Viking Cave** an, um Touristen die Möglichkeit zu bieten, die größte Höhle zu besichtigen. Ihr Namen soll sich von den angeblich ›prähistorischen‹ Zeichnungen der Wikingerschiffe rechts vom Haupteingang herleiten, die diese frühen Weltenbummler hinterlassen haben sollen. Hier kann man sich zur Erntezeit einen Eindruck von der gefährlichen Arbeit der Schwalbennestsammler von Phi Phi Le verschaffen, wenn sie die Bambusstangen in Schwindel erregende Höhe hinaufklettern, um unter der Höhlendecke die wertvollen Nester der Salangane zu plündern.

Im tief eingeschnittenen Fjord der **Pi Leh Bay** auf der Rückseite der Insel sind im spiegelglatten, türkisgrün schimmernden Wasser die Korallen auf dem Meeresgrund zu erkennen. Mittags fahren alle Ausflugsboote in die **Maya Bay** ein, die als Drehort für den Spielfilm ›The Beach‹ diente. Die dabei vorgenommenen Eingriffe in die Natur brachten landesweit Debatten über den Schutz von Nationalparks in Gang.

Auf der 4 km nördlich gelegenen kleinen **Ko Mai Phai,** auch Bamboo Island genannt, treffen sich Fischer und Ausflügler zu einer Rast unter den Kasuarinen am langen schneeweißen Sandstrand. Anders als ihr Name vermuten ließe, ist die Insel überwiegend von Kokospalmen bedeckt, doch es wachsen hier auch einige Bambusarten, darunter der seltene schwarze Bambus, dem magische Kräfte zugesprochen werden.

Auf dem Rückweg fährt das Ausflugsboot an der touristisch weniger entwickelten Ostküste vorbei, in deren Buchten vereinzelte Resorts der gehobenen Preisklasse liegen. In der abgelegenen **Ran-Ti-Bucht** versteckt sich unter Kokospalmen die Moschee eines muslimischen Fischerdorfs.

Nun geht es zurück zum Hauptpier, nicht ohne einen letzten Schnorchelstopp am **Shark Point,** unweit des **Long Beach** (Hat Yai), dessen fantastische Korallenriffe selbst vom Strand leicht zu erreichen sind. Taucher fahren lieber an die steil abfallenden Küstenstreifen südlich der Hauptinsel und vor die Lo Sanah Bay von Phi Phi Le.

Übernachten

Luxus pur ▶ **Zeavola:** Laem Thong Beach, Tel. 075-62 13 34, www.zeavola.com. Luxusresort mit Bungalows unter Palmen, Swimming- und Whirlpool, Spa, Jacuzzi, Tennisplätzen und Wassersportmöglichkeiten sowie Restaurant und Bar. Ab 18 000 Baht.

Exklusiv ▶ **Pee Pee Island Village:** Lo Ba Kao Bay, Tel. 076-81 50 14, Fax 076-21 49 18, www.ppisland.com. Einzige Anlage an hübschem Strand mit 84 klimatisierten Holzbungalows im Thaistil, Pool, Restaurant, 3 Bars, Spa und Kino. Ausflugsmöglichkeiten, Wassersportangebote und Tauchkurse. 4000–8200 Baht, Villen bis 25 000 Baht.

Wunderbarer Blick ▶ **Phitharom PP Resort:** Lo Dalam Bay, Tel. 075-60 11 22, www.phiphiresortphitharom.com. Hübsche, geschmackvoll eingerichtete Häuser am steilen Hang mit je 3 Zimmern und schöner Aussicht. 1700–4500 Baht.

Sandstrand vor der Tür ▶ **Paradise Resort:** Long Beach, Tel. 081-968 39 82, www.paradiseresort.co.th. Bungalows mit Klimaanlage oder Ventilator am Strand. Nettes Restaurant mit Terrasse. Auslegerboote zum Hauptpier, zudem ein Fußweg entlang der Küste. 1000–2500 Baht.

Zum Entspannen ▶ **Relax Beach Resort:** Pak Nam Beach, Tel. 810-83 01 94, suteejansom@yahoo.com; 15 aus Naturmaterialien errichtete einfache Häuser auf Stelzen an einem kleinen Strand mit Dusche, Moskitonetz und Terrasse. Strandrestaurant. Mit dem Boot oder zu Fuß über den View Point zu erreichen. 900–1800 Baht.

Aktiv

Tauchen & Schnorcheln ▶ Mehrere Tauchschulen auf Ko Phi Phi, zudem werden Bootsausflüge zum Schnorcheln und Inselrundfahrten mit Zwischenstopp in der Maya Bay angeboten.

Klettern ▶ Kletterkurse veranstaltet u. a. **Phi Phi Climbers:** www.phiphiclimbers.com.

Verkehr

Schiffsverbindungen: Am Morgen Ausflugsboote und organisierte Touren ab Phuket und

Krabi: Buddhafiguren im Waldtempel bei Ao Nang

Krabi in 1 1/2–2 1/2 Std. nach Ko Phi Phi Don. In der Saison Boote zum Ao Nang Beach bei Krabi und nach Ko Lanta.

15 Krabi ▶ C 18

Karte: S. 374

Erst in jüngerer Vergangenheit begannen Archäologen mit der Erforschung der Höhlen in den Karstfelsen rings um **Krabi**. Im Nordwesten der Provinz bei Ao Luk entdeckten sie Steinwerkzeuge, Schmuck, Knochenreste und prähistorische Höhlenmalereien. Die Funde lassen darauf schließen, dass dieses Gebiet bereits in früher Zeit von Menschen besiedelt war. Ausgrabungen förderten zudem verschiedene Gegenstände aus der chinesischen Han-Dynastie zutage. Demzufolge müsste hier schon im 7. und 8. Jh. ein bedeutendes Handelszentrum gewesen sein.

Bereits zu jener Zeit wurden die Schwalbennester der Salangane, das weiße Gold, in China hoch gehandelt.

Krabi Town, die Provinzhauptstadt mit etwa 50 000 Einwohnern, liegt im Mündungsgebiet am Westufer des Krabi River. Die meisten Bewohner der Provinz arbeiten auf Kautschuk- und Palmölplantagen oder leben vom Fischfang und nicht zuletzt vom Tourismus. Obwohl die Stadt über keine nennenswerten Sehenswürdigkeiten verfügt, bietet sie Touristen, die an den Stränden wohnen, gute Einkaufsmöglichkeiten. Lohnend ist ein Bummel über den Markt.

Einen großen Teil der Küstenlandschaft im von den Gezeiten beeinflussten Mündungsgebiet des Krabi und Chilat River rings um die Stadt bedecken **Mangrovensümpfe,** die von bis zu 200 m hohen Felsen überragt werden. Während einer Tour mit dem Longtailboot oder Kajak kann man Ottern, Affen und zahlreiche Vogelarten beobachten. Die Fahrt geht durch bis zu 1000 m lange Canyons, Sümpfe und Gezeitenseen, an traditionellen, auf Stelzen erbauten Holzhäusern der Köhler und Fischer vorbei. Romantikern sei eine abendliche Paddeltour rechtzeitig zum Sonnenuntergang an der Küste entlang empfohlen. Besonders interessant ist eine Tour durch die Inselwelt um **Ko Bileh** vor Ko Yao Noi. Auch Seekajakveranstalter aus Phuket kommen

hierher, um bei richtigem Wasserstand durch schmale Tunnel zu den von Felswänden umschlossenen Lagunen, den **Hongs,** innerhalb der Inseln vorzudringen.

Der lange Sandstrand **Nopparat Thara Beach,** 18 km nordwestlich von Krabi Town, und einige vorgelagerte, von Korallenriffen umgebene Inseln wurden zum 390 km² großen Hat Nopparat Thara National Park erklärt. Unter den Schatten spendenden Kasuarinen am langen Sandstrand, an dem auch das Headquarter des Nationalparks liegt, picknicken vor allem einheimische Touristen.

Der angrenzende, für den Pauschaltourismus entwickelte **Ao Nang Beach** bietet das breiteste Angebot an Hotels, Restaurants und Wassersportmöglichkeiten. Man kann stundenlang am Strand entlang spazieren gehen und die Sonnenuntergänge über dem Meer, das von kleinen Felseninseln durchsetzt ist, beobachten. Vom südlichen Ende des Strandes aus fahren Boote zum **Rai Leh West** und **Phra Nang Beach,** 2 km weiter südlich. Die traumhaften Sandstrände liegen in malerischen Buchten, die vollständig von steilen Felsen umrahmt werden. Diese Bungalowanlagen im Schatten der Kokospalmen sind nur mit dem Boot zu erreichen. Die reizvolle Landschaft lockt seit Mitte der 1980er-Jahre immer mehr Touristen nach Krabi. Flüge ab

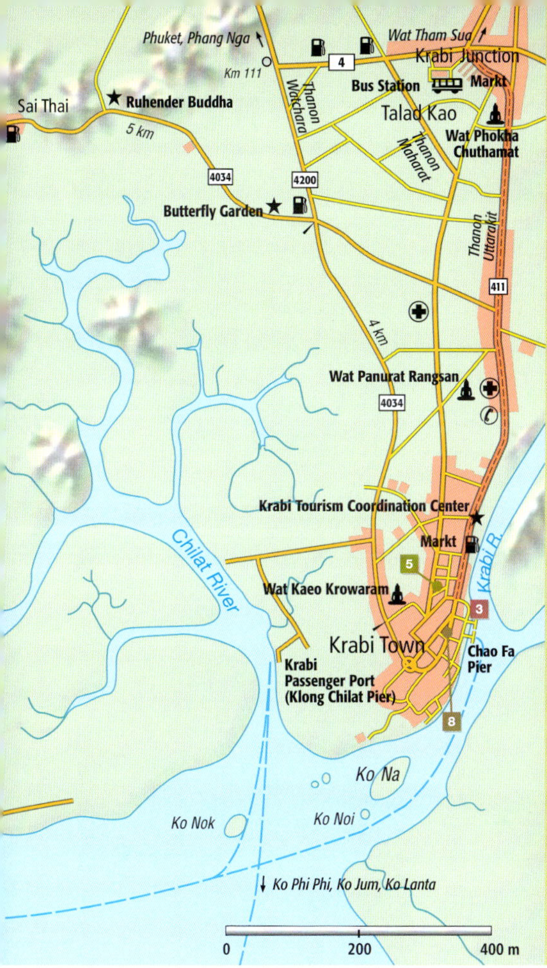

Krabi und Umgebung

Übernachten

1 Rayavadee Premier Resort
2 Krabi Thai Village Resort
3 Railay Bay Resort & Spa
4 Ao Nang Villa
5 Peace Laguna Resort
6 Somkiet Buri Resort
7 Sand Sea Resort
8 Chan-Cha-Lay

Essen & Trinken

1 Wanna's Place
2 Ao Nang Cuisine
3 Nachtmarkt
4 Thai-Pancake

Aktiv

1 Coral Diving
2 Ko-Tiki
3 Poseidon
4 Phra Nang Divers
5 Sea Kayak Krabi

Bangkok und Singapur erleichtern die einst mühsame Anreise erheblich. Da das Angebot vor allem an dem schönsten Strandabschnitt, dem Phra Nang Beach, sehr begrenzt ist, kommt es oft zu Engpässen.

Zudem treffen hier in der Saison zahlreiche Tagesausflügler mit Longtailbooten ein, um die große **Phra-Nang-Höhle,** eine Felsenhöhle direkt am Strand, zu besichtigen und im Meer zu baden. Die steilen Kalkfelsen fordern professionelle Kletterer heraus, eignen sich aber auch für Anfänger, die unter fachlicher Anleitung, gut angeseilt, den Aussichtspunkt an der **Rai Leh East Bay** erklimmen oder zum tiefen Felsenkessel in die **Phra Nang Lagoon** hinabklettern. Im türkisblauen, warmen Meer kann man hervorragend schwimmen, schnorcheln und tauchen. Die besten Schnorchelgebiete erstrecken sich rings um die vorgelagerten Inseln **Ko Thap, Ko Kai** und **Ko Boda.**

Gerne unternehmen einheimische Touristen einen Ausflug zum **Muschelfriedhof Susan Hoi** bei Ban Laem Po, auf halbem Weg zwischen Krabi und Phra Nang Beach. Es ist kaum zu glauben, dass diese wenig spektakulären, weißen Steinschichten aus 75 Mio. Jahre alten Fossilienablagerungen bestehen.

Während eines Badeurlaubs bietet der Besuch des Höhlenklosters **Wat Tam Sua** (Tigerhöhlentempel) nördlich von Ban Talad Kao (Krabi Junction) eine willkommene Abwechslung vom Strandleben. Buddhistische Gläubige finden sich in der Grotte ein, um vor den Buddhafiguren Opfergaben niederzulegen und die eigenwillige Meditationsmethode eines hochverehrten Mönches zu praktizieren. Fußpfade führen zu den Hütten, die sich Mönche und Nonnen unter Schatten spendenden Bäumen zwischen den Klippen errichteten. Im angrenzenden Wald stehen einige schöne alte Tropenbäume mit eindrucksvollen Brettwurzeln. Auf weiteren Wegen gelangen Besucher zu zwei Wasserfällen. Vor dem kleinen Wasserfall führt eine steile Treppe die 300 m hohe Klippe hinauf zum bedeutendsten Heiligtum, einem Fußabdruck Buddhas. Auf dem langen, beschwerlichen Weg wird man immer wieder durch schöne Ausblicke für die Mühe belohnt.

Infos

Tourist Office: Krabi Tourism Coordination Center, Ortseingang am Fluss und an der Bootsanlegestelle, Tel. 075-62 21 63, Fax 075-62 21 64, tatkrabi@tat.or.th, tgl. 8.30–16.30 Uhr. Im Internet: www.krabi-tourism.com, www.krabi.com.

Übernachten

Für Honeymooner ▶ Rayavadee Premier Resort 1: 214 Moo 2, Ao Nang, zwischen Phra Nang und Rai Leh Beach, Tel. 075-62 07 40-3, Fax 075-62 06 30, www.rayavadee.com. Exklusives Tropenparadies in traumhafter Lage, geschmackvoll eingerichtete Bungalows, mehrere Restaurants, Wellnessbereich, großer Pool, Wassersport. Ab 22 000 Baht.

Geschmackvoll ▶ Krabi Thai Village Resort 2: 260 Moo 2, Ao Nang Beach, Tel. 075-63 77 10-9, Fax 075-63 77 20, www.krabithaivillage.com. Etwas abseits vom Strand in ruhiger Lage. 120 elegant eingerichtete, klimatisierte Zimmer. Pool, Spa und Restaurant. 3800–6200 Baht.

Zwei Strände ▶ Railay Bay Resort & Spa 3: 145 Moo 2, Ao Nang Beach, Tel. 075-62 25 70-2, Fax 075-62 25 73, www.krabi-railaybay.com. Bungalows und zweistöckige Häuser, Pool, Strandrestaurant und Bar. 3500–12 000 Baht.

Vor dramatischer Kulisse ▶ Ao Nang Villa 4: Ao Nang Beach, 113 Moo 2, Ao Nang Beach, Tel./Fax 075-63 72 70-4, www.aonangvilla.com. Dreistöckiges Haupthaus mit klimatisierten Zimmern und mehrere Bungalows, in hübscher Lage am Ende des Strandes vor der malerischen Kulisse der steil aufragenden Kalkfelsen, gutes Restaurant. 3000–5500 Baht.

Krabi: Einheimische bevorzugen die Schattenplätze am Strand

Häuschen am See ▶ Peace Laguna Resort 5: Ao Nang Beach, 193 Moo 2, Ao Nang Beach, Tel. 075-63 73 44-7, Fax 075-63 73 47, www.peacelagunaresort.com. Etwas abseits des Strandes an einem ruhigen See gelegene zweistöckige Anlage mit Pool. 1800–9000 Baht.

Viel tropisches Grün ▶ Somkiet Buri Resort 6: Ao Nang Beach, Tel. 075-63 73 21, Fax 075-63 73 20, www.somkietburi.com. Am Fuß der steil aufragenden Felsen liegt 300 m vom Strand das Resort mit 26 hellen, klimatisierten Zimmern mit Balkon in 2-stöckigen Häusern. Mit Restaurant, Spa und Pool. 1800–5000 Baht.

Palmenstrand ▶ Sand Sea Resort 7: Rai Leh West, Tel. 075-62 21 67, www.sandsea resort.com. Kleine Häuser mit Fan, größere mit Klimaanlage, TV und Kühlschrank unter Palmen, die schönsten in erster Reihe am Strand. Gutes Seafoodrestaurant, Minimarkt. 1400–5500 Baht.

Für Stadtmenschen ▶ Chan-Cha-Lay 8: Krabi Town, 55 Thanon Uttarakit, Tel. 075-62 09 52, www.chanchalay.com. Gästehaus über einem Restaurant. Saubere Zimmer mit Fan, Gemeinschaftsduschen, freundliche Atmosphäre. 250–650 Baht.

Essen & Trinken

Nahezu alle Unterkünfte an den Stränden verfügen über ein Restaurant.

Zuverlässig gut ▶ Wanna's Place 1: Ao Nang Beach, an der Strandstraße. Alteingesessenes, sehr beliebtes Restaurant mit Thai- und internationaler Küche; viele Schweizer Spezialitäten. 200–350 Baht.

Auch für Anfänger ▶ Ao Nang Cuisine 2: am Ao Nang Beach, in der Einkaufszeile an der Strandstraße; leckere Gerichte, Speisekarte auch in Deutsch. Um 100 Baht.

Einfach mal probieren ▶ Nachtmarkt 3: abends werden in Ao Nang an der Straße nach Krabi und in der Stadt am Pier Essensstände aufgebaut. Unter 50 Baht.

Leckerer Snack ▶ Thai-Pancake 4: schmecken am Essensstand gegenüber dem Sand Sea Resort vor der Wechselstube am besten.

Aktiv

Die Hotels und Bungalowanlagen bieten Ausflüge zu den vorgelagerten Inseln und zu Zielen auf dem Festland an.

Klettern ▶ Mehrere Kletterschulen offerieren insgesamt mehr als 700 verschiedene Routen an den Felsen am Phra Nang und Rai Leh Beach sowie auf Ko Phi Phi und anderen Festlandsfelsen (Lektüretipp: das Buch »King Climbers Route Guide Book«, Bestellung in den USA über kingclimbers@iname.com, beschreibt die Touren).**King Climbers:** Tel. 075-63 71 25, www.rai lay.com.

Tauchen ▶ Am Ao Nang Beach u. a.: **Coral Diving 1 :** Krabi Resort, Tel./Fax 075-63 76 62, www.coral-diving.com. **Kon-Tiki 2 :** Tel. 075-63 76 75, www.kontiki-krabi.com. **Poseidon 3 :** Tel. 075-63 72 63, www.poseidon-krabi.com. Am Phra Nang Beach: **Phra Nang Divers 4 ,** Tel. 075-63 70 64, www.phranangdivers.com.

Seekajaktouren und Bootsfahrten durch die Mangroven ▶ Sea Kayak Krabi 5 : 40 Maharat Soi 2, Tel. 075-63 02 70, www.seakayak-krabi.com. **Sea Canoe Thailand:** www.seacanoe.net, Tel. 075-63 71 28.

Elefantenreiten ▶ Elephant Camp: ca. 10 km nördlich der Strände am Highway 4034, Tel. 075-64 43 49.

Verkehr

Schiffsverbindungen: Mehrmals tgl. vom Krabi Passenger Port und in der Saison einmal tgl. vom Ao Nang Beach nach Ko Phi Phi in 1 1/2–2 1/2 Std. Außerdem Boote von Krabi nach Ko Lanta in 3 Std.

Flüge: Thai Airways, Tel. 075-62 24 39, Air Asia, www.airasia.com fliegt ab Bangkok, Tiger Airways, www.tigerairways.com, ab Singapur Krabi an. Minibusse verkehren vom Flugplatz, 12 km östlich von Krabi Town, in die Stadt und zum Ao Nang Beach.

Busverbindungen: V.I.P.- und klimatisierte Busse ab Bangkok, Phuket, Surat Thani, Nakhon Si Thammarat, Hat Yai und Sungai Golok an der Grenze zu Malaysia. Zudem viele Minibusse zu anderen Urlaubszentren.

Pickups und **Taxis** fahren von Krabi Town regelmäßig zum Ao Nang Beach, nach Ao Luk und zu anderen Zielen in der Umgebung.

Longtailboote stellen ab Krabi Town und Ao Nang Beach die einzige Verbindung zum Phra Nang Beach und Rai Leh Beach her.

Mietwagen: Avis, am Airport, Tel. 075-69 19 41, www.avisthailand.com. Filiale im Sheraton Krabi Beach Resort, Tel. 075-62 80 82. **Budget,** am Airport, Tel. 075-63 79 13, Fax 075-63 79 14, brackb4@budget.co.th, www.budget.co.th, Filiale im Ao Nang Villa Hotel.

Ko Lanta ▶ C 18

Nachdem der Massentourismus von Phuket auch nach Ko Phi Phi und Krabi vorgedrungen war, wichen Traveller auf die 24 km lange abgelegene **Ko Lanta Yai** südlich von Krabi aus. Obwohl sich die Strände an der Westküste nicht mit denen anderer Touristenzentren an der Andamanensee messen können, wurden sie innerhalb weniger Jahre mit über hundert Bungalowanlagen und teureren Resorts bebaut. Bislang haben das bewaldete Inselinnere und die Schwesterinsel Ko Lanta Noi aber noch weitgehend ihren ländlichen Charme bewahren können. Die meisten Straßen, die über die Insel und zu den kleinen Fischerdörfern an der Westküste führen, sind in schlechtem Zustand.

Vom **Kap Kaw Kwang** bis hinab zum **Mai Pai Beach** sind alle Strände mit Bungalowanlagen bebaut. Die meisten Unterkünfte stehen am **Klong Dao, Long Beach** und **Klong Khong Beach** an der Westküste. Dort konzentrieren sich auch viele Restaurants, Bars und Einkaufsmöglichkeiten.

Die mit Dschungel bedeckte Südspitze der Insel wurde mit 15 vorgelagerten Inseln 1990 zum **Lanta Islands National Park** erklärt. Ein Wanderweg beginnt in der **Bucht Klong Jak,** die nach dem 3 km flussaufwärts liegenden Wasserfall – einem netten Picknickplatz – auch Waterfall Bay genannt wird. Er führt nach 3 km an einem Leuchtturm und dem Park Headquarter vorbei. Von hier aus nach einem weiteren Kilometer stößt man auf das Dorf **Sangha-U,** das von Chao Lee bewohnt wird, Seenomaden, die in jüngster Zeit Thai Mai (Neue Thai) genannt werden. Den mit Wellblech eingedeckten, von Fernsehantennen überragten Hütten am von Müll übersäten Ufer fehlt allerdings jegliches romantische Flair. Auf dem Rückweg kann man sich am einsamen **Laem Tanod Beach** östlich des Leuchtturms bei einem erfrischenden Bad erholen.

Wem Ko Lanta inzwischen zu touristisch ist, der entflieht auf kleinere, abgelegene Inseln wie **Ko Talabeng,** dessen Höhlen nur bei Ebbe besucht werden können, **Ko Ngai, Ko Rok Noi** und **Yai** oder **Ko Kradan,** die zumeist im Rahmen von organisierten Bade-

Ko Lanta: auch diese Insel wurde touristisch erschlossen

und Schnorchelausflügen besucht werden. Auf der autofreien Insel **Ko Ngai** (auch Ko Hai) werden Übernachtungsmöglichkeiten angeboten, wobei die mit Generatorenstrom klimatisierten Zimmer wesentlich teurer sind als die mit Ventilatoren. Leider sind in dieser Region bereits viele Korallenriffe durch Dynamitfischen und durch Bootsanker beschädigt.

Infos

Im Internet: www.kolanta.net, www.lanta.de

Übernachten

... auf Ko Lanta Yai

Die einfachen Bungalows an der Westküste wurden zunehmend von teuren Resorts verdrängt. Während der Regenzeit von Mai bis Okt. schließen einige der kleineren Anlagen.

Wohlfühlurlaub ▶ **Twin Lotus Resort & Spa:** nördlicher Klong Dao Beach, Tel. 075-60 70 00, Fax 075-60 70 99, www.twinlotusresort.com. Modernes Boutiqueresort, dessen Gestaltung an der Lotusblume orientiert ist. Geschmackvoll eingerichtete Zimmer, Villen und Suiten. Restaurant, Spa und Pool, Yoga- und Fitnesskurse. 7500–32 000 Baht.

Edler Thai-Stil ▶ **Pimalai Resort & Spa:** Ban Kan Tiang Beach im Südwesten, Tel. 075-60 79 99, Fax 075-60 79 98, www.pimalai.com. Die erste Luxusanlage der Insel direkt am Strand. Sehr geschmackvoll im Thaistil eingerichtete Räume, 3 Restaurants, Pool, Spa, Wassersport- angebot, Tauchbasis, eigene Boote zum Pier bei Hua Hin. 8000–24 000 Baht.

Viel Platz zum Entspannen ▶ **Sri Lanta Resort:** Klong Nin Beach, Tel. 075-66 26 88, Fax 075-66 26 87, www.srilanta.com. Mit Bambus und anderen Naturmaterialien gestaltete Bungalows in Thaistil am Hang unter Bäumen über dem Strand, ruhige Atmosphäre, fantastischer Pool, Spa und Strandrestaurant. 5600–24 000 Baht.

Mit Aussicht ▶ **Moonlight Bay Resort:** Klong Nin Beach, Tel. 075-66 25 90, Fax 075-66 25 94, www.moonlight-resort.com. Einfachere Zimmer und klimatisierte Luxusbungalows in ruhiger Lage unter Bäumen an einem kleinen Strand auf einer Anhöhe, Pool und Restaurant. 1500–8000 Baht.

Romantik ▶ **Southern Lanta Resort & Spa:** Klong Dao Beach, Tel. 075-68 41 75-7, Fax 075-68 41 74, www.southernlanta.com. Resort mit insgesamt 100 klimatisierten Bungalows auf einem weitläufigen Grundstück und mit teuren Suiten direkt am Strand. 2 Restaurants, Livemusik, Kochkurse, Spa, Pool, Strandliegen und Strandbar, Motorrad-, Auto- und Kajakvermietung. 1000–2800 Baht, Suiten 2000–14 000 Baht.

Kinderfreundlich ▶ **Andaman Lanta Resort:** Klong Dao Beach, Tel. 075-68 42 00-2, Fax 075-68 42 03, www.andamanlanta.com. Familienfreundliche Anlage, ein zweistöckiges Gebäude mit gut eingerichteten Zimmern sowie Bungalows am Ende des Strandes, mit Restaurant und Swimmingpool. 900–3300 Baht, Suiten 3000–6000 Baht.

Naturnah und gemütlich ▶ **Bamboo Bay Resort:** Mai Pai Beach im Süden, Tel. 075-66 50 23, www.bamboobay.net. Saubere Bungalows oberhalb der Strandstraße am Hang mit fantastischer Aussicht unter dänischer und einheimischer Leitung. 300–2300 Baht.

... auf Ko Ngai (Ko Hai)

Luxus am Strand ▶ **Thapwarin Resort:** Reservierungen über Tel. 075-20 31 69, www.thapwarin.com. Mit Palmblättern gedeckte Bungalows aus Bambus, Holz und anderen Naturmaterialien mit Ventilator oder Klimaanlage und Warmwasser. Strandrestaurant mit kleiner Bar. Schnorchelausflüge und Seekayaktouren sind möglich. 1400–5400 Baht.

Unter Pamen ▶ **Coco Cottage:** Reservierungen über Tel. 075-22 43 87, www.cococottage.com, ein weiteres, überwiegend mit Naturmaterialien erbautes Resort. 28 Zimmer in Einzel- und Doppelbungalows am Strand. Das Restaurant offeriert eine große Bandbreite an Gerichten, von frischen Meeresfrüchten bis Pizza. 1000–3400 Baht.

Für jeden etwas ▶ **Koh Hai Fantasy Resort:** Tel./Fax 075-21 03 17, www.kohhai.com. Hübsche Villen und Suiten im balinesischen Stil im Hinterland und klimatisierte

Bungalows teilweise direkt an einem kleinen Strand mit schönen Schnorchelmöglichkeiten. 1900–3500 Baht, Suiten bis 8500 Baht.

Termine

Laanta Lanta Festival: im Dezember am Phra Ae Beach, mit traditionellen Tänzen der einheimischen Fischer und Essensstände.

Chao Lee Bootszeremonie: Religiöse Zeremonie der Seenomaden zum Vollmond im 6. und 11. Mondmonat nahe Ban Saladan; Segnung der Boote begleitet von Tänzen und Gesängen.

Verkehr

Schiffsverbindungen: Fähren zum Saladan Pier auf Ko Lanta ab Krabi über Ko Yum oder Raileh Beach in 3 Std., in der Saison ab Phuket über Ao Nang Beach 1 x tgl. in 4 1/2 Std., ab Ko Phi Phi in 1 1/2 Std. Ständig Autofähren zwischen Hua Hin, 64 km südlich vom Krabi Airport, und Ko Lanta Noi. Nach Ko Hai Longtailboote ab Pak Meng Pier nahe Trang. Speedboote von Ko Lanta über Ko Muk und Ko Bulon nach Ko Lipe.

Tarutao Marine National Park ► C/D 19/20

Diesseits wie jenseits der Grenze lagen die Inseln im Dornröschenschlaf, bis in Malaysia ein ehemaliger Arzt der Insel Langkawi zum Ministerpräsidenten gewählt wurde. Seither boomt Langkawi, das zur Freihandelszone erklärt wurde; es entstand ein internationaler Flughafen, die Feldwege wurden asphaltiert, die kleinen chinesischen Geschäftshäuser zu steuerfreien Einkaufszentren umgebaut und an den Stränden schossen Luxusresorts wie Pilze aus dem Boden. An den anderen Inseln scheint diese rasante Entwicklung vorbeizugehen.

Die über 50 zu Thailand gehörenden Inseln waren aufgrund ihrer abgelegenen Lage ideale Schlupfwinkel für Schmuggler und Seeräuber, die am Zugang der Straße von Malacca, einem stark befahrenen Schifffahrtsweg, ihr Unwesen trieben. Nachdem die Inselgruppe 1974 zum ersten Meeresnationalpark des Landes erklärt wurde, vertrieb man unterstützt von der Marine auch die letzten Piraten aus den Gewässern. Die Inseln waren unbewohnt, mit Ausnahme der kleinen Insel **Ko Lipe,** wo 500 Chao Lee, Seenomaden bzw. Thai Mai (Neue Thai) leben, die früher auf Ko Adang und Ko Rawi siedelten.

Nach einer zweistündigen Überfahrt ankern die Boote vor **Ko Tarutao,** der 26 km langen und 11 km breiten Hauptinsel, auf der während des Zweiten Weltkriegs politische Häftlinge interniert waren. Heute befindet sich hier das **Park Headquarter,** in dem sich jeder Ankommende registrieren lassen muss und dem ein kleines **Museum** angeschlossen ist. Ein kleiner Spaziergang auf dem **Toe-Boo Cliff-Nature Trail** zum **Aussichtspunkt** vermittelt einen ersten Eindruck von der Inselwelt. Nach einer dreistündigen Wanderung durch das Innere der Insel erreicht man die **Taloh Wow Bay** an der Ostküste, wo noch die überwucherten Grundmauern eines ehemaligen Gefängnisses zu sehen sind.

Die grandiose Natur entschädigt Besucher für viele Entbehrungen, für primitive Unterkünfte ebenso wie für monotone Mahlzeiten, Treibholz an den Stränden, Quallen und Sandfliegen. An der Küste laden schöne, von Kokospalmen gesäumte Sandstrände zum Baden ein. Im von Dschungel und Mangroven bedeckten Inselinnern leben Languren, Javaneraffen, Zwergrehe sowie Wildschweine und im Meer tummeln sich Delphine, Wale und sogar die seltenen Dugongs (Seekühe), behäbige Meeressäuger, die sich von Seegras ernähren.

An einigen Stränden, wie in der 3 km langen **Sone-Bucht** an der Westküste von Tarutao, vergraben zwischen November und April große Meeresschildkröten ihre Eier zum Ausbrüten in dem heißen Sand. Neben Suppenschildkröten und der echten Karettschildkröte kommt auch die riesige Lederschildkröte, die über 2 m lang und bis zu 600 kg schwer werden kann, an diesen Strand, während auf Ko Adang nur die bis zu 1 m langen Suppenschildkröten zwischen September und Dezember ihre Eier ablegen.

Vogelliebhaber können hier Nashornvögel, Seeadler, Salangane, Eisvögel, Nektarvögel und Mynas (Indische Hirtenstare) beobachten. Hauptattraktion des 1400 km² großen Nationalparks ist jedoch die mannigfaltige Unterwasserwelt der ökologisch intakten Korallenriffe, die sich besonders gut zum Tauchen eignen.

Die besten Schnorchelmöglichkeiten bestehen vor **Ko Rawi** und **Ko Adang,** 50 km westlich von Tarutao. An der Ostküste der Insel, auf der bis zu 700 m hohe bewaldete Granitberge imposant emporragen, lassen sich Ausflüge zu zwei Wasserfällen und einem Aussichtspunkt unternehmen.

Übernachten

Neben den sehr einfachen Holz- und Bambushütten mit Gemeinschaftsdusche und WC entstehen zunehmend solide Bungalows mit Dusche und WC. Einige sind sogar klimatisiert. Viele davon stehen auf Ko Lipe am belebten Pattaya Beach, andere auch am Sunrise und Sunset Beach sowie auf Ko Bulon.

Umfassendes Angebot ▶ Varin Resort: Im Zentrum des Pattaya Beach, Tel. 081-543 05 05. Stein-Bungalows am Strand, die abends mit Ventilator oder Klimaanlage gekühlt werden können. Im Restaurant wird abends frischer Fisch gegrillt, Tauchbasis der Ocean Pro Divers unter australischer Leitung, www.oceanprodivers.net. 600–3000 Baht, Familienbungalow 5000 Baht.

Gemütlich ▶ Pooh's Bungalows: am Phoo's Highway abseits vom Strand, Tel. 089-466 88 26, http://poohlipe.com. 6 Zimmer in Reihenhäusern mit Fan und Dusche/WC. Das Restaurant mit Internet ist die Informationsbörse und der Treffpunkt der Insel dank des freundlichen Mr. Pooh. 800–1400 Baht.

Nah am Pier ▶ Porn Resort: Sunset Beach, Ko Lipe, Tel. 089-464 57 65, 074-72 80 88, 27. Saubere Bungalows mit Dusche/WC und Fan, am Abend, wenn der Generator läuft, auch Zelte zu mieten. Gutes Strandrestaurant, Tauchbasis und Schnorchelausflüge nach Ko Rawi. 400–700 Baht.

Verkehr

Der nächste Bahnhof befindet sich in Trang, Verbindungen mit Bussen nach La Ngu und weiter mit Minibussen nach Ban Pakbara, dem Hafen, 58 km nordwestlich von Satun. Während der Trockenzeit fahren Boote über

Ko Tarutao Richtung Ko Lipe oder Ko Adang, wobei die letzte Strecke im Longtailboot zurückgelegt wird. Ältere Fähren bieten die Strecke von Ban Pakbara über Ko Bulon an. Speedboote verkehren Nov.–Mai von Ko Lanta und Langkawi, Telaga Harbour Park (Malaysia) nach Ko Lipe. Im Mai, wenn der Monsun einsetzt, können wegen der stürmischen See kleine Boote die Inseln jedoch nicht mehr erreichen, sodass der Nationalpark von Mai bis September geschlossen wird. Eintritt 400 Baht.

Farbenreiche Korallenriffe im Tarutao Marine National Park

Register

Der Haupteintrag ist **fett** hervorgehoben.

Register

Der Haupteintrag ist **fett** hervorgehoben.

Der Haupteintrag ist **fett** hervorgehoben.

Register

Der Haupteintrag ist **fett** hervorgehoben.

Abbildungsnachweis
Bilderberg, Hamburg: S. 23 (Blickle), 5, 21 (Trood), 382/383 (Allstills 53 N)
Roland Dusik, Lauf: S. 58, 69
DuMont Bildarchiv, Ostfildern: S. 8/9, 11, 51, 104, 114, 120/121, 136, 200, 208/209, 246, 258/259, 262/263, 347 (Sasse)
laif, Köln: S. 290/291 (Bialobrzeski), 304 (Cintract, Romain), 133 (Delano), S. 18/19, 185 (Engelhorn), 292 (Enker), 3, 313, 328/329, 342 (Hemispheres), 15, 158/159, 162 (Heuer), 116 re, 126/127 (Hilger), 60/61, 222/223 (Huber), 5, 161, 254, 370/371, 373 (Kirchgessner), 34, 46/47 (Kirchner), 45 (Knop), 316 (Kürschner), 5, 112/113 (Le Lan), 80/81 (Maisant, Ludovic), 24, 189, 232 (Modrow), 7, 354/355 (OnAsia, Jerry Redfern), 73 (Redux), 27 (Römers), 1, 4, 6, 116 li, 142/143, 152/153, 202 li, 219, 310, 336, U4 (Sasse)
LOOK, München: Titelbild (Kay Maeritz)
Volker Klinkmüller, Bangkok: S. 180/181, 376/377, 379
Renate Loose, Berlin: S. 1 re + li, 2, 3 o + u, 4, 6, 7 o + u, 17, 25, 30/31, 32, 36, 42, 50, 53, 54, 63, 64/65, 71, 72, 77, 88, 93, 96, 102, 106, 124, 128, 149, 150, 168, 170 re + li, 171 li, 176, 190/191, 194, 198/199, 202 re, 203 li 205, 215, 226, 228, 229, 230/231, 234 (2), 238, 243, 245, 248/249, 255, 260, 266/267, 271, 272, 281, 283, 294 li, 302/303, 307, 312 (2), 319, 320, 324, 331, 340/341, 360/361, 364/365, U4
Mauritius Images, Mittenwald: S. 294 re, 308/309 (Imagebroker.net)
Martin Thomas, Aachen: S. 66, 117 li, 164/165
Transit, Leipzig: S. 131 (Hirth)
White Star, Hamburg: S. 41, 74 (Reichelt)

Kartografie
DuMont Reisekartografie, Fürstenfeldbruck

Umschlagfoto
Titelbild: Bangkok, Wat Sakhet, Plattform mit Chedi

Über die Autorin: Renate Loose brachte mit ihrem Mann Stefan Loose 1977 den ersten Reiseführer im Selbstverlag heraus. Beide leisteten mit der Herausgabe von Travel Handbüchern zu asiatischen Ländern Pionierarbeit auf dem deutschen Reiseführermarkt. Zu den Ländern, mit denen sich Renate Loose seitdem besonders intensiv beschäftigt, gehört Thailand. Landeskenntnis und Reiseleidenschaft, ein kritischer Blick und das Wissen darum, was Reisende wissen wollen und wissen müssen, prägen dieses Buch in der DuMont-Serie ›Reisehandbuch‹.

Lektorat: Ronit Jariv, Simone Nörling

Hinweis: Autorin und Verlag haben alle Informationen mit größtmöglicher Sorgfalt geprüft. Gleichwohl sind Fehler nicht vollständig auszuschließen. Alle Angaben erfolgen ohne Gewähr. Bitte schreiben Sie uns! Über Ihre Rückmeldung zum Buch und über Verbesserungsvorschläge freuen sich Autorin und Verlag:
DuMont Reiseverlag, Postfach 3151, 73751 Ostfildern, E-Mail: info@dumontreise.de

1. Auflage 2010

Grafisches Konzept: Groschwitz, Hamburg
Printed in Hungary